경 제 학 총 서

경제학원론

[제 2 판]

정 창 영

法 文 社

제2판 머리말

본서가 출판된 지 5년여의 기간이 지나는 동안 국내외 여건은 커다란 변화를 보였다. 무엇보다도 '97년 말 경제위기에 봉착한 후 우리 경제는 금융, 재벌, 노사관계 및 공공부문의 개혁과 구조조정으로 쉴 틈이 없었다. 또한 증권시장의 대외개방과 외환시장의 자유화로 외국투자자들의 신뢰를 얻는 일이 매우 중요해졌다.

밖으로는 세계화의 급속한 진전에 따른 글로벌 경쟁이 치열해졌으며, 세계의 공장으로 부상한 중국과 침체를 지속하는 일본 사이에서 한국 경제의 진로에 대한 논의가 활발하였다. 산업화 시대가 끝나가고 지식기반사회가 펼쳐지고 있는 것도 커다란 변화를 예상케 한다. 고령화사회의 도래, 환경에 대한 높은 관심 및 북한경제의 불안정도 커다란 부담이다.

이 번의 개정판에서는 경제학을 처음 배우는 학부 학생들로 하여금 이러한 대내외 경제여건의 변화에 직면해서 이론이 현실을 어떻게 설명할 수 있는가를 스스로 터득하게 하는 데 주안점을 두었다. 이론과 현실을 늘 대비시키는 가운데 학생들이 스스로 생각하도록 이끄는 것은 이 책이 초판 이후 추구해 온 주요한 목표이다.

또 하나의 목표는 개별적인 경제이론들을 설명하는 가운데서도 경제학의 전체 체계를 파악할 수 있게끔 하는 것이다. 이를 위해 개정판에서는 난해한 부분을 상당한 정도로 삭제함으로써 더 쉽게 논의를 풀어 나갔다. 너무 많은 분량의 지식을 주입식으로 설명하는 데서 벗어나 필수적인 부분만을 포함시키려고 노력하였다. 이런 가운데 관련 통계나 자료를 모두 최신의 것으로 수정하였다.

초판 이래의 기본 목적이나 체계는 그대로 유지하면서도 전편에 걸쳐서 모든 내용을 새롭게 검토하면서 삭제, 수정 및 보완작업을 수행하였다. 독자들이 더 쉽고 명료하게 배울 수 있도록 하기 위함이다.

저자는 그동안 훌륭한 스승, 선후배 교수, 친지, 친척, 제자 및 수많은 이웃들로부터 많은 격려와 도움을 받았다. 이 부족한 책은 이 분들께 드리는 진정한 고마움의 표시이기도 하다. 이번의 개정작업에서는 한국은행의 김웅 과장이 그림과 자료를 새롭게 작성해 주었으며, 박사과정의 박현 군이 정성껏 교정을 봐 주었다. 또한 김기범, 김현철, 오정택, 이진식 군 등이 저자의 강의와 저술 및 연구활동을 늘 뒷받침 해 주었다. 법문사의 배효선 사장, 위호준 과장 및 최문용 선생은 좋은 책을 만들기 위해 온갖 정성을 기울였다. 이 모든 분들께 마음으로부터의 감사를 드린다.

이 책을 착하고 슬기롭게 무럭무럭 자라는 귀여운 손녀딸 재윤, 소정에게 준다.

2003년 1월
상경대학 연구실에서
정 창 영

머 리 말

이 책은 대학의 학부생들을 위하여 경제학을 알기 쉽게 초보적인 수준에서 풀어 쓴 것이다. 다루는 내용의 범위는 경제학의 기초로 한정하였으며, 서술에 있어서도 수학의 사용은 지극히 초보적인 수준으로 제한하였다. 그 대신 표와 그림을 상당히 활용하였다. 또한 독자들이 스스로 읽으면서 이해가 가능하도록 평이한 문장을 사용하였다.

본서는 두 가지 목표를 지니고 있다. 하나는 경제학의 전반적인 체계를 기초적인 수준에서 명확히 밝히려는 것이다. 이를 위해 수많은 경제이론들을 제시하는 중에도 이들 개개의 이론들이 전체 경제학의 체계에서 서로 어떻게 연결되어 있는지를 밝히려고 노력하였다. 즉, 개별적인 나무' 들인 수많은 경제이론들로 구성된 경제학이라는 전체 숲' 을 보이려고 하였다. 이는 곧 부분보다 전체를 중요시하는 것이며, 경제학의 논리적인 구조를 선명하게 하려는 것이다.

둘째는 지난 한 세대 동안에 세계경제 속에서 급속히 발전한 한국경제의 현실을 이해하는 데 도움을 주기 위한 것이다. 이는 경제학의 주요한 목표가 이론을 사용하여 복잡한 현실을 설명하는 데 있음을 상기할 때 당연한 것이다. 즉, 경제이론과 경제현실은 반드시 서로 부합되어야만 하는 것이다. 이처럼 이론과 현실을 늘 대비시키는 자세는 경제학을 처음 배우는 학생들로 하여금 단순히 이론을 습득하는 데서 벗어나, 현실에 비추어 스스로 생각하고 평가할 수 있도록 유도하는 장점이 있다.

이 책은 초판 이래의 기본 목적이나 체계는 그대로 유지하면서 이번의 신판에서 저자는 본서의 전면적인 수정과 보완작업을 행하였다. 전편에 걸쳐서 모든 것을 하나 하나 새롭게 검토하면서 삭제, 수정 및 보완을 하였다. 동시에 체제의 구성도 학생과 독자들이 더 쉽게 내용을 이해할 수 있도록 크게 개선하였다.

저자는 평소 강의, 연구 및 집필활동을 하면서 교내외의 많은 분들로부터 크나큰 격려와 도움을 받았다. 이 기회를 빌어서 이 분들께 충심으로 고마운 뜻을 표하며, 특히 상경대학의 여러 교수님들께 감사의 말씀을 드리고자 한다. 또한 저자를 늘 한결같은 마음으로 도운 한은의 정경석부장, 김동욱 · 최인철 박사 그리고 이상욱, 박성하, 서익호, 하태정, 김준영, 김대행 군에게도 감사를 드린다. 좋은 책을 만들기 위해 온갖 정성을 기울인 법문사의 배효선사장님을 비롯하여 박건천부장, 이영관차장 및 위호준과장께도 심심한 감사의 뜻을 표한다.

1997년 8월

저 자

Contents

차 례

제 I 부 서 론

제 1 편 경제이론과 경제현실

제 II 부 가격기구에 의한 자원배분

제 2 편 수요와 공급

제 5 장 현실문제에의 응용

제 3 편 소비자수요의 이론

제 6 장 한계효용분석

제 7 장 무차별곡선분석

제 4 편 기업의 이론

제 8 장 생산의 이론

제 9 장 비용의 이론

제 5 편 재화시장에서의 가격결정이론

제 10 장 완전경쟁시장

제 11 장 독점시장

제 11 장 부록: 독점적 경쟁시장

제 12 장 과점시장

제 13 장 한국의 독과점과 경제력집중

제 6 편 요소시장에서의 가격결정이론: 소득분배의 이론

제 7 편　일반균형이론, 후생경제학 및 정부부문

제 Ⅲ 부　국민소득과 물가수준: 단기 분석

제 8 편　재화시장

제 25 장 저축과 소비

제 26 장 투　자

제 9 편 금융시장

제 27 장 금융시장의 개관

제 32 장 AS-AD 모형

제 33 장 인플레이션과 실업

제 33 장 부록: 합리적인 기대의 가설

제 IV 부 개방경제

제 11 편 국제무역과 국제수지

제 34 장 국제무역

제 V 부 경제성장: 장기분석

제 12 편 경제성장

제 36 장 경제성장

서 론

제 I 부

제 1 편　경제이론과 경제현실

제 I 부의 개요

제 I 부 서론은 제1편 경제이론과 경제현실로 구성되어 있다.
여기서는 먼저 제1장에서 경제학의 정의와 방법론에 대해 살펴본다.
제 2 장은 경제학의 발달과정을 설명한다.
제1편의 제목인 "경제이론과 경제현실"이 나타내듯이 경제이론과 경제현실을 늘 대비하는 자세가 필수적임을 보이는 것이 제1부 서론의 목적이라고 할 수 있다.

제 1 편

경제이론과 경제현실

요 약

제 1 장 경제학의 정의와 방법론에서는 우선 경제학의 정의와 분야에 대해 설명한다. 그리고 경제학의 방법론에 대해서도 살펴본다.

제 2 장 경제학의 발달과정에서는 고전학파 이후 현재에 이르기까지의 발달과정을 설명한다.

제 1 편

경제이론과 경제현실

제 1 장　경제학의 정의와 방법론

제 2 장　경제학의 발달과정

제 1 장

경제학의 정의와 방법론

제 1 장에서는 먼저 경제학을, 수많은 용도를 지니고 있는 희소한 자원을 어떤 재화와 용역을 생산하는 데 사용할 것인지를 선택하는 문제를 다루는 것으로 정의한다. 그리고 나서는 희소한 자원의 효율적인 배분문제를 취급하는 미시경제학과 단기적인 거시경제 문제를 다루는 거시경제학 등 경제학의 주요한 분야를 살펴본다.

경제학의 방법론에서는 어떤 이론의 옳고 그름을 언제나 현실과 대비시킴에 의하여 판단하는 과학적인 방법에 대해 설명한다. 또한, 이론의 구성부분에 대해 살펴보며 실증경제학과 규범경제학의 차이를 알아본다. 끝으로 방법론의 관점에서 경제학이 가지고 있는 특수성은 무엇인지 알아 본다.

1.1 경제학의 정의

경제학의 정의

모든 경제문제는 **자원의 희소성**(scarcity of resources) 때문에 일어난다. 즉, 인간의 물질적인 욕망은 무한한 데 비해 이를 충족시키는 수단인 자원의 양은 상대적으로 볼 때 희소한 것이다.

여기서 **자원**이란 토지와 같은 자연자원 이외에도 노동, 자본 등 모든 생산요소들을 총체적으로 일컫는 말이다. 우리는 바로 이 자원 또는 생산요소들을 사용하여 갖가지 재화와 용역(service)을 생산하게 된다.

그런데 인간의 재화와 용역에 대한 수요는 끝이 없으므로 이를 만드는 데 쓰이는 자원의 용도도 수없이 많으나, 실제로 자원의 양은 한정되어 있으므로 사람들의 모든 욕구를 충족시킬 수는 없다. 따라서, 자원의 희소성은 자연히 수많은 재화와 용역에 대한 수요 중에서 어떤 것을 충족시킬 것인가 하는 **'선택'** 의 필요성을 일으키게 된다. 이는 곧 한정된 자원을 사용하여 어떤 재화를 생산할 것인가를 선택할 필요가 있음을 말한다.

예를 들어, 한 국민경제가 단지 두 종류의 재화인 전쟁물자와 평화재만을 생산하다고 가정해 보자. 이 나라의 자원의 양이 일정하게 주어져 있을 때 생산이 가능한 두 재화의 서로 다른 산출량의 조합은 [그림 1-1]의 **생산가능곡선**(production possibility curve; *PPC*)을 사용해 나타낼 수 있다.[1)]

이 그림에서 *OR*은 현존하는 자원을 평화재의 생산에 모두 투입하였을 때 생산이 가능한 최대의 평화재의 산출량을 나타낸다. 한편, *OW*는 모든 자원을 전쟁물자의 생산에만 투입하였을 때 생산이 가능한 최대의 전쟁재의 양을 표시한다. 그러나, 이 양극단 이외에 *PPC*선상에 있는 어떠한 조합도 가능한

그림 1-1 생산가능곡선

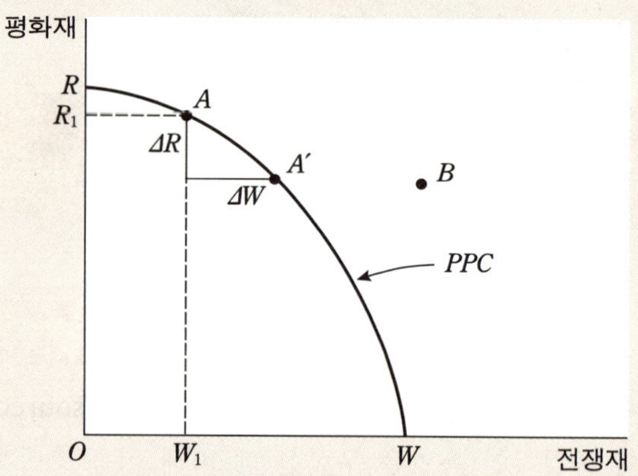

1) 남한은 2000년에 총국민소득(gross national income; GNI)인 4,592억 달러의 2.5%인 114억 달러를 군사비로 지출하였으며, 같은 해 북한의 GNI는 168억 달러이었고 군사비 지출은 약 50억달러로 추정되고 있어 29.8%를 점유하고 있다. 즉, 남북한이 모두 막대한 군사비를 쓰고 있으며 특히 북한의 경우에는 상대적으로 부담이 지극히 과중하다. 참고로 2000년 1인당 GNI는 남한 8,595달러이며 북한은 714달러로 추정되었다.

데, 예를 들어 점 *A*는 R_1만큼의 평화재와 W_1만큼의 전쟁재의 조합을 생산해 내는 점이다. 그러나, *PPC*의 영역 밖에 위치하는 점 *B*는 현존하는 자원으로는 생산해 낼 수 없다.

위의 *PPC*를 볼 때 알 수 있는 것은 자원의 양이 일정하게 주어져 있을 때 한 재화의 생산량을 늘리기 위해서는 반드시 다른 재화의 산출량을 줄여야만 한다는 것이다. 예를 들어, *PPC*선상을 따라서 점 *A*에서 점 *A′* 으로 이동하였다면, 전쟁재의 산출량은 ΔW 만큼 증가하는 반면에 평화재의 산출량은 ΔR 만큼 줄어들게 된다. 이 때 ΔW 만큼의 전쟁재를 추가로 생산하는 데 소요된 **기회비용**(opportunity cost)은 이로 말미암아 희생된 평화재의 산출량 ΔR이 된다. 따라서, 한정된 자원을 사용하는 데 합리적인 의사결정을 하려면 반드시 기회비용을 참작하고 선택을 내려야만 한다.

앞에서 우리는 모든 경제문제의 근원이 되는 자원의 희소성과, 이로부터 파생되는 선택의 불가피함 및 어떤 선택을 내렸을 때 초래되는 기회비용 등 경제학에서 가장 기초가 되는 개념들을 생산가능곡선을 이용하여 설명하였다.

이제 위의 논의를 토대로 하여 **경제학**의 정의를 내려보기로 하자. 가장 널리 통용되는 정의에 따르면 수많은 용도를 가지고 있는 희소한 자원을 어떤 재화와 용역을 생산하는 데 사용할 것인지를 선택하는 문제를 다루는 것이 경제학이라고 본다. 즉, 인간의 재화와 용역에 대한 욕구는 무한대이나 자원의 희소성 때문에 이를 모두 충족시킬 수는 없으므로 그 중 어떤 재화와 용역을 생산하는 데 희소한 자원을 사용할 것인지를 선택하는 문제에 대해 취급하는 것이 경제학이라는 것이다.[2)]

경제학의 분야

위에서 우리는 경제학을 **희소한 자원의 효율적인 배분**(efficient allocation of scarce resources)문제에 대해 취급하는 것이라고 규정하였다. 즉, 인간의 물질적인 욕망은 무한하므로 이를 충족시키는 데 쓰는 자원의 용도도 수없이 많으나 실제에 있어서는 자원의 양이 제한되어 있으므로, 어떤 재화와 용역을 생산하는 데 이 희소한 자원을 배분할 것인가 하는 선택의 문제를 다루는

2) Paul A. Samuelson and William D. Nordhaus, *Economics*, 15th ed., McGraw-Hill, N.Y., 1995, ch. 1.

것이 경제학이라고 하였다.

그런데 희소한 자원의 효율적인 배분문제를 취급하는 분야는 경제학의 여러 분야 중에서도 특히 **미시경제학**(microeconomics)에서 다룬다.

이 밖에도 경제학에는 여러 갈래의 분야가 있다. 먼저 **거시경제학**(macroeconomics)은 1930년대의 대공황(the Great Depression)을 계기로 생겨났다. 대공황 중에는 자원이 희소하다는 얘기를 할 수 없었는데 그 이유는 노동, 자본설비와 같은 주요한 자원이 대량으로 실업상태에 빠졌기 때문이다.[3] 자원이 희소하다는 것은 자원의 완전고용을 전제로 하고서만 성립할 수 있는 것인데, 1930년대의 대공황 중에는 자원의 불완전고용이 오히려 일반적인 현상이었으며 따라서 자원은 희소한 것이 아니었다.

이는 곧 대공황 중에는 희소한 자원의 효율적인 배분문제보다 자원의 완전고용을 이룩하는 것 자체가 현실적으로 중요한 과제였음을 나타낸다. 즉, 실업자를 줄이고 유휴상태에 빠져 있는 자본설비의 가동률을 높이는 것이 절실한 당면과제였다. 이와 같이 거시경제학은 대공황을 계기로 자원의 완전고용을 이룩하는 문제를 취급하였고, 그 후에도 국민경제 전체가 당면하는 인플레이션, 실업, 불황 등의 문제를 취급한다.[4]

경제학의 기본을 이루는 미시경제학과 거시경제학 이외에 경제학에는 여러 분야가 있다. 여기서는 일정한 순서 없이 경제학의 몇몇 분야를 간략하게 설명하기로 한다.

경제발전론(development economics)은 경제분석을 발전도상국의 문제에 적용하는 분야이므로 우리 나라의 입장에서 볼 때 특별한 중요성을 가진다. 자본축적, 고용증대, 기술진보, 산업구조의 변화, 농업문제, 공업화, 무역의 역할, 외채, 소득분배, 경제계획 등이 주요한 분석대상이 된다. 경제성장이론(economic growth theory)은 선진국의 경제성장을 직접적인 분석대상으로 하는 분야이나, 우리는 이로부터 많은 것을 배울 수 있다.

국제경제학(international economics)은 개방경제하에서의 국제무역 및 국제수지 문제를 다루는 분야인데, 지금처럼 세계화(globalization)가 급진전

---

3) 미국경제를 예로 들면, 1933년에 실업률은 무려 25%나 되었다. Samuelson and Nordhaus, *Economics*, p. 387.

4) 물론 자원의 불완전고용상태가 해소되고 나면 자원은 다시 희소해지며 따라서 희소한 자원의 효율적인 배분문제를 다루는 미시경제학의 중요성도 되살아나게 된다.

되고 있고 한국경제와 같이 해외의존도가 높을 때 현실적으로 중요성이 크다.[5] 화폐금융론(monetary economics)은 금융시장에 대해 분석하는데, 화폐에 대한 수요와 공급, 금융제도 및 금융정책 등을 주로 다룬다. 재정학(public finance)은 국가의 경제행위에 대해 경제분석을 적용하는 분야로서 조세 및 정부지출이 주된 연구대상이다. 오늘날 대부분의 국민경제에서 정부의 비중은 점점 증대되고 있는 것이 일반적인 추세이다.

노동경제학(labor economics)은 임금, 고용 및 노동조합 등을 중점적으로 다룬다. 우리 나라의 경우 특히 지난 1987년의 민주화와 더불어 광범위하게 일어난 노사분규 이후 근로자의 후생증대문제가 사회적으로 중요하게 인식된 반면, 산업평화의 정착은 국제경쟁력의 유지를 위해 필수요건이 되었다. 산업조직론(industrial organization)은 기업의 형태와 시장의 구조를 중점적으로 다루는 분야이다. 시장의 구조를 보면, 독점시장, 과점시장 및 경쟁시장 등이 있다. 이 밖에 산업의 구조가 변화하는 과정, 정부의 독과점규제 등도 산업조직론의 연구대상이다.

농업경제학(agricultural economics)은 농업부문의 문제에 경제분석을 적용하는 분야로서 농산품의 생산, 판매 및 농가소득 등을 주로 다룬다. 농업생산의 조직형태는 나라별로 크게 다른데, 한국, 대만, 일본과 같이 소규모의 가족농업 위주인 경우와 미국처럼 대규모의 기업농인 경우 등이 있다. 이처럼 생산조직의 형태가 상이한 것은 생산상의 효율에 큰 영향을 미치게 된다. 최근에 들어오면서 농가부채의 급속한 증가, 도농격차의 확대에 따른 과도한 이농현상, 곡물자급률의 빠른 하락 등 우리 나라 농촌은 상당한 어려움을 겪고 있다. 더구나 우루과이 라운드(Uruguay Round: UR)의 타결에 따라 1995년 1월부터 새로운 세계무역기구(World Trade Organization: WTO) 체제가 출범하게 되어 구조적으로 매우 취약한 한국의 농업부문은 전면적인 개방의 위기를 맞게 되었다.

---

5) 재화의 수출과 수입을 합한 것을 국내총생산(Gross Domestic Product: GDP)으로 나눈 것이 해외의존도인데, 2000년 우리 나라의 해외의존도는 72.1%이었다. 한국은행, 「조사통계월보」, 2002.9.

1.2 경제학의 방법론

경제학의 방법론

(1) 이론과 현실

모든 과학의 목적은 현실을 설명하기 위한 것이라고 볼 수 있다. 그러나, 사회과학의 분석대상인 사회현실이나 자연과학의 분석대상인 자연현상은 그 자체로서는 너무나 복잡하고 서로 얽혀 있어서 어떤 의미를 발견하기가 매우 어렵다. 따라서, 복잡한 현실을 설명하는 것을 목적으로 하는 모든 과학은 이 복잡한 자연현상이나 사회현실을 단순화하고 추상화시킬 필요가 있는 것이다.

이러한 현상의 단순화와 추상화 과정을 통해 과학은 비로소 복잡한 현실의 인과관계(causal relationship)를 설명할 수 있는 것이다. 그리고 복잡한 현실의 인과관계를 설명할 수 있을 때 한 걸음 더 나아가, 이에 기초한 현실의 예측과 통제가 가능해지게 되는 것이다. 이러한 측면에서 본다면 사실 모든 과학은 어느 정도 현실을 왜곡하는 것이 되나, 이것 없이는 복잡한 현실의 인과관계를 이해하고 설명할 수 없는 것이다.

그러나, 동일한 현상도 보는 이에 따라서 상이하게 인식될 수 있다는 점을 유의할 필요가 있다. 예를 들면, 물리학의 경우 갈릴레오, 뉴튼, 아인슈타인, 플랑크는 동일한 자연현상을 서로 다르게 보았으며, 이는 물리학에서의 인식을 혁명적으로 전환시켰다. 경제학의 경우에도 스미드, 마르크스, 마샬, 케인즈는 경제현상을 인식하는 데 있어서 혁명을 가져온 학자들이다. 이렇게 본다면 현실을 인식하는 데 있어서 모든 학자는 어느 정도는 선입관에 의해 영향을 받고 있다고 보아야 할 것이다.

이처럼 복잡한 현실의 인과관계를 설명하는 것이 과학의 목적이라고 할 때 우리는 어떠한 방법으로 이를 달성할 것인가? 보통 **과학적인 방법**(scientific method)을 사용하게 마련이다. 과학적인 방법이란 어떤 이론의 옳고 그름을 언제나 현실과 대비시켜 판단하려는 태도를 말한다. 즉, 어떤 이론이 현실을 제대로 설명할 수 있다면 그 이론을 올바른 것으로 받아들이고, 현실과 부합하지 않는다면 그 이론을 배격하는 것을 말한다. 이는 곧 이론의 타당성 여부를 현실과의 부합성 여부에 따라서 검증하는 것이 된다. 우리는 흔히 이론상으로는 옳으나 현실은 그렇지 않다는 말을 듣는다. 그러나, 여기서의 논의가 분명히 하는 것처럼 현실이 틀릴 수는 없으며, 틀린다면 언제나 현실을 설명하려고 하는 이론이 틀린 것이다.

(2) 이론의 구성부분

과학적인 방법에 대해 자세히 보기 위해서 어떤 한 이론이 어떻게 구성되어 있는가 살펴보자. 한 **이론**(theory)은 우선 첫째로 그 이론에서 사용하는 용어 또는 개념을 명확하게 정의하여야 한다. 둘째는 그 이론이 어떠한 전제 아래서 맞는다는 것을 명시하는 **가정**(assumptions)이 있어야 한다. 셋째는 현실의 인과관계를 나타내는 **가설**(hypothesis)이 있어야만 한다. 넷째는 이미 세운 가정과 가설로부터 논리적인 추론인 **연역법**(deductive method)을 사용하여 현실의 인과관계를 **예측**(prediction)하는 것이 있어야 한다. 다섯째는 이 예측을 현실과 대비시킴으로써 이론의 타당성 여부를 **검증**(test)하는 것이 또한 필요하다. 만일 예측이 현실과 부합하면 이 이론은 받아들이게 되고 현실과 다른 경우에는 배격하게 되는 것이다.[6)]

이처럼 어떤 한 이론은 다섯 가지의 구성요소를 가지고 있다. 개념의 정의, 가정의 설립 및 가설의 구축으로부터 네번째 단계인 현상의 인과관계에 대한 예측으로 넘어갈 때 우리는 논리적인 추론인 연역법을 사용하게 되며, 현실에 대한 예측을 현실 그 자체와 대비시키는 다섯번째의 검증과정에서 우리는 통계학적 방법인 **귀납법**(inductive method)을 사용하게 된다. 즉, 이론을 만드는 데 있어서는 연역법과 귀납법을 모두 사용하는 것이다.

(3) 가정의 현실성에 대한 논의

아직 경제학의 방법론에 관해서 논의할 때 결말이 나지 않는 문제는, 가정이 현실적이어야 하는가의 여부이다. 예를 들면, 프리드만(Milton Friedman)은 우리가 위에서 말한 대로 어떤 한 이론의 타당성 여부는 현실의 **예측능력**(predictive power)에 의해서만 결정될 수 있다고 주장한다. 즉, 가정까지도 현실적일 필요는 없으며 어떤 이론의 예측이 현실과 부합된다면 그

---

6) Richard G. Lipsey, Peter O. Steiner, Douglas D. Purvis, *Economics*, 8th ed., Harper & Row, N.Y., 1987, Ch. 2.

이론은 가정이 현실성을 가지느냐의 여부에 상관 없이 옳은 이론으로 받아들여야 한다는 것이다. 그는 한 걸음 더 나아가 가정이 비현실적일수록 그 이론은 좋은 이론이라고까지 주장한다. 앞에서도 지적한 바와 같이 이론이란 복잡한 현실을 단순화하고 추상화하는 것이므로 이론이 세우는 가정은 비현실적이게 마련이며, 오히려 가정이 현실과 멀리 떨어져 있을수록 이론의 적용범위는 넓어지고 더욱 일반적인 이론이 된다는 주장이다. 이러한 관점에서 프리드만은 완전경쟁시장을 가정하는 것을 변호하고 있는 것이다. 즉, 그에 의하면 불완전경쟁시장의 가정은 현실에 대한 예측능력을 증대시키지는 못하면서 공연히 미시경제이론을 더 복잡하게만 만들었다는 것이다.

그러나, 다른 한편에서는 가정이 현실적일 때 비로소 이에 기반을 두고 있는 이론도 현실성을 지닐 수 있다고 주장한다.[7)]

특히 최근에 들어오면서 경제이론이 경제현실로부터 점점 멀어지는 듯한 느낌을 갖게 하는 이유는 이론이 기초하고 있는 가정이 비현실적이기 때문이라고 생각한다. 따라서, 가정도 현실성을 가져야만 하는가의 여부는 아직 결말이 나지 않은 경제학의 방법론상의 문제이다.

(4) 실증경제학과 규범경제학

이제 우리는 **실증경제학**(positive economics)과 **규범경제학**(normative economics)을 구별할 수 있게 되었다. 실증경제학이란 경제현실을 있는 그대로 분석하는 것을 말한다. 반면에 규범경제학은 **가치판단**(value judgment)을 포함하는 것이다. 예를 들면, "쌀값의 하락은 쌀의 수요를 증대시킨다"고 말하는 것은 실증경제학에 속하는 말이다. 왜냐하면, 이 말의 타당성 여부는 현실과의 부합 여부에 따라서 검증될 수 있기 때문이다.

그러나, 누가 "따라서 쌀값은 떨어뜨려야 한다"고 주장한다면 이는 규범경제학에 속하는 말이다. 왜냐하면, 이 말은 가치판단을 포함하고 있어서 현실과 대비시켜 타당성 여부를 가려낼 수 없기 때문이다. 이렇게 본다면 우리가 보통 경제학이라고 부르는 것은 실증경제학임을 알 수 있다. 즉, 다른 과학의 경우와 마찬가지로 경제학도 현실 또는 실증적인 증거(empirical evidence)에 의해 진위가 판가름될 수 있는 이론만을 다루는 것이다.

---

7) Wassily Leontief, "Theoretical Assumptions and Nonobserved Facts," *The American Economic Review*, March 1971, pp. 1~7.

(5) 방법론의 관점에서 본 경제학의 특수성

방법론의 관점에서 볼 때 경제학은 몇 가지 특수성을 가지고 있다. 첫째로, 경제학은 화학이나 물리학에서처럼 실험실에서의 통제된 실험(controlled experiment)이 불가능하며, 천문학의 경우와 마찬가지로 현상을 관측하는 것으로 만족하여야 한다. 그 이유는 물론 경제학이 사람의 경제행위를 분석대상으로 하는 학문이기 때문이다.

둘째로, 경제학은 천문학과도 달라서 정밀과학이 아니며, **경제법칙**이란 오직 평균적으로만 성립하고 평균의 주위에 상당한 정도로 예외의 분산이 있는 확률법칙이다. 그러나, 경제학에서는 소수점 몇 자리까지의 정확한 답이 요구되는 것은 아니며 인과관계의 올바른 방향만을 이해하여도 충분한 경우가 많다.

셋째는 수학이나 논리학과는 달리 경제학은 실질적인 분석대상이 현실적으로 존재하는 **실질과학**(real science)이라는 것이다. 따라서, 실질과학인 경제학에서의 진리와 수학이나 논리학에서의 진리는 그 속성이 근본적으로 다르다. 수학이나 논리학에서는 가정이 올바르고 이로부터의 추론이 올바르면 이론도 옳으며 진리인 것이다. 그러나, 실질과학인 경제학에서는 가정이 올바르며 이로부터의 추론이 올바른 것만으로는 부족하며, 반드시 이론 자체가 현실과 부합하여야만이 그 이론은 진리인 것이다.

주요개념

자원의 희소성　생산가능곡선(PPC)　기회비용　미시경제학
거시경제학; 과학적인 방법　가정　가설　귀납법　연역법
예측　검증　실증경제학　규범경제학　실질과학

요　약

1. 모든 경제문제는 인간의 물질적인 욕망은 무한한 데 비해 이를 충족시키는 수단인 자원의 양은 상대적으로 희소한 데서 비롯된다.

2. 이는 곧 한정된 자원을 사용하여 어떤 재화와 용역을 생산할 것인가 하는 선택의 필요성을 제기한다.

3. 생산가능곡선이란 한 나라의 자원의 양이 일정하게 주어져 있을 때 생산이 가능한 두 재화의 서로 다른 산출량의 조합을 나타낸다.

4. 기회비용은 한 재화의 산출량을 늘리기 위해 희생된 다른 재화의 양으로 표시된다.

5. 경제학은 수많은 용도를 가지고 있는 희소한 자원을 어떤 재화와 용역을 생산하는 데 사용할 것인지를 선택하는 문제를 다룬다.

6. 경제학의 두 핵심분야는 희소한 자원의 효율적인 배분문제를 다루는 미시경제학과 단기적인 거시경제문제를 다루는 거시경제학이다.

7. 모든 이론의 목적은 현실을 설명하기 위한 것인데, 과학적인 방법이란 이론의 옳고 그름을 현실과 대비시킴에 의해 판단하는 것이다.

8. 한 이론의 구성부분을 보면 가정과 가설로부터 논리적인 추론인 연역법을 사용하여 현실의 인과관계를 예측하며, 이를 귀납법을 사용하여 현실과 대비시켜 이론의 타당성 여부를 검증하는 것이다.

9. 실증경제학이란 경제현실을 있는 그대로 분석하는 것이며 규범경제학은 가치판단을 포함하는 것이다.

10. 실질과학인 경제학은 이론과 현실이 부합되어야 하므로 우리 나라에서의 경제학연구도 이론이 한국경제의 현실을 설명할 수 있도록 되어야 한다.

연습문제

1. 한국은 대만, 이스라엘, 중동국가, 파키스탄, 미국 등과 더불어 정부의 군사비지출이 막대한 나라에 속한다. 정부의 재정지출이 일정할 때 군사비지출이 과다하면 교육, 주택, 보건 및 사회보장관련지출이 줄어들 수밖에 없다. 이를 기회비용의 개념을 사용하여 설명하라.

2. 대공황 중인 1933년에 미국의 실업률은 무려 25%에 달하였다. 2000년 한국의 실업률은 4.1%, 일본은 4.7%, 미국은 4.0%, 독일은 8.1%, 프랑스는 9.9%이었

다. 이로부터 대공황의 심각성을 미루어 짐작할 수 있겠는가?

3. 부존자원이 빈약하고 국내시장이 협소한 한국경제는 해외의존도가 높을 수밖에 없다. 그러나, 우리와 똑같이 부존자원이 빈약한 일본의 해외의존도가 2000년에 23.1%로 월등히 낮은 이유는 무엇인가?

4. 1992년 현재 한국의 농가 1호당 평균 경지면적은 1.26ha(3.783평)에 불과하다. 이는 미국의 183ha, 영국의 64ha, 프랑스의 29ha, 독일의 17ha, 태국의 4.2ha 및 일본의 1.4ha와 잘 비교된다. 이제 WTO체제의 출범과 더불어 농업이 전면 개방되게 되었는데 우리 농업이 살 수 있는 길은 무엇인가 생각해보자.

5. "이론상으로는 맞으나 현실은 그렇지 않다"는 말에 대해 논평하라.

6. 동일한 경제현실도 보는 이에 따라 크게 달리 보일 수 있어서 "제 눈에 안경"이라는 말을 자주 한다. 그 의미와 해결방안은 무엇인가?

7. 다음의 문장을 실증경제학에 속하는 것과 규범경제학에 속하는 것으로 구분하라.
   1) 1987년의 민주화와 더불어 임금은 크게 올라 1987~96년의 기간중 제조업 근로자의 연평균 실질임금상승률은 9.1%에 달하였다. 그 결과 물가도 크게 상승하였다.
   2) 1996년 말 현재 서울의 무주택가구 비율은 32%에 달하고 있다. 따라서, 부동산 투기를 억제하여 주택가격을 안정시키는 것이 반드시 필요하다.
   3) 서울도심의 교통혼잡을 피하기 위해 싱가포르처럼 4대문 안에 진입하는 차량에 대해서는 일정한 요금을 부과해야 한다.
   4) 정부는 기초생필품의 가격안정을 위해 계속해서 물가관리를 시행해야 한다.

8. 다음은 경공업과 중화학공업품의 두 재화만 있을 때에 가능한 산출량의 조합을 나타낸 것이다.

	경공업품	중화학공업품
1	0	100
2	20	80
3	30	60
4	50	50
5	70	30
6	80	0

이를 생산가능곡선으로 그리고 그 의미를 설명하라.

제 2 장

경제학의 발달과정

여기서는 경제학의 발달과정을 전체로서 파악하는 것이 목적이다. 경제학자들은 당대에 가장 중요한 현실문제를 중점적으로 다루었다. 그리하여 고전학파는 장기의 경제발전문제를 주로 다루었으며, 신고전학파는 희소한 자원의 효율적인 배분문제를, 그리고 케인즈학파는 단기적인 거시경제문제를 중요시하였다.

그리하여 1950년대와 1960년대에는 신고전학파적인 결합이 경제학의 주류를 형성하기에 이르렀다. 그러나, 세계경제가 인플레이션이 심화되고 석유파동으로 인한 스태그플레이션이 일어나는 등 1970년대 이후에는 여건의 큰 변화가 있자 화폐주의, 신 고전학파적인 거시경제학 및 신케인즈학파 등 여러 상이한 주장이 대두되었다.

여기서는 경제학의 발달과정을 그 전체로서 파악해 보려고 한다. 우리는 보통 부분에만 골몰하다가 전체의 큰 흐름을 놓치는 경우가 많다. 이 장에서의 논의는 이러한 문제점을 방지하기 위한 것이다. 사실 뒷부분에서의 서술을 앞지른다고도 볼 수 있는 내용이므로, 성격상 맨 끝에 다시 읽어 보는 것도 경제학의 포괄적인 이해를 위해 유익할 것이다. 또는 시간의 제약이 있는 경우에는 아무 지장 없이 뛰어 넘을 수도 있는 장이다. 이 장의 목적은 경제학의 큰 흐름을 포착하는 데 있으므로 설령 낯선 개념들이 몇몇 있다 하여도 여기에 구애받을 필요는 없다.

2.1 영국의 고전학파

경제학의 제 1 기는 아담 스미드(Adam Smith, 1723~1790)의 『국부론』(*An Inquiry into the Nature and Causes of the Wealth of Nations*)이 출판된 1776년부터 1870년경까지의 약 100년 동안이다. 국부론의 출판과 더불어 경제학은 비로소 윤리학, 정치학 또는 도덕철학의 한 분야가 아니라 완전한 독립적인 과학으로서 시작하게 된다. 이 기간중에 저술활동을 한 주요한 학자로는 스미드, 데이비드 리카도(David Ricardo, 1772~1823), 토마스 맬더스(Thomas Malthus, 1776~1834) 및 존 스튜아트 밀(John Stuart Mill, 1806~1873)이 있다. 우리는 흔히 이들을 영국의 **고전학파**(the English classical school) 경제학자라고 부른다.

스 미 드

우선 스미드의 생각을 정리해 보면 원리는 매우 단순하다. 즉 첫째로 그는 경제적인 측면에서 볼 때, 인간의 가장 주된 심리적인 동인은 자신만의 이익을 추구하는 것이라고 가정한다. 두번째 스미드의 가정은 우주에는 자연적인 질서(natural order)가 존재하여 각 개인이 자신의 이익만을 추구하기 위해서 행동할 때 사회 전체로도 이익이 된다는 것이다. 따라서 이 두 가지 가정으로부터 스미드가 얻는 결론은, 모든 경제적인 문제는 정부가 간섭하지 않고 내버려 둘 때 가장 좋은 결과를 초래하게 된다는 것이다. 이를 우리는 **자유방임주의**(laissez-faire)라고 부른다.

이제 이러한 기본적인 사상이 담겨져 있는 『국부론』의 내용을 간략하게 살펴보자. 제 1 권은 노동생산성, 즉 1인당 산출량[1)]을 증대시키는 가장 중요한 인자가 분업임을 보이는 데서 시작된다. 분업에 대한 설명이 끝난 후에는 화폐에 관해서 보는데, 그 이유는 화폐의 사용이 분업을 촉진시키는 데 필요하기 때문이다. 이는 자연히 분업에 기반을 두고 이루어지는 교환의 조건

---

1) 노동생산성(labour productivity) $= \dfrac{\text{산출량}}{\text{노동자의 수}} =$ 1인당 산출량

(terms of trade)인 가격에 대한 논의로 이끈다. 그러나 가격은 임금, 이윤 및 지대로 구성되므로 이 세 가지에 관해서도 설명하고 있다.

『국부론』의 제 2 권은 스톡(stock)의 축적에 관해 살펴본다. 교환이 없고 분업이 존재하지 않는 미개사회에서는 스톡의 축적은 필요하지 않다. 그러나 교환과 분업이 일단 일어나면 만든 재화를 팔아서 수입이 나올 때까지 생계를 지탱하기 위해 스톡은 축적되어 있어야만 한다.

한 나라의 산출량은 두 가지 방법에 의해 증가시킬 수 있다고 스미드는 생각한다. 첫째는 **생산적인 노동자**(productive labourers)[2)]의 숫자를 늘리는 것이며, 둘째는 이 생산적인 노동자들의 생산능력, 즉 생산성을 증대시키는 것이다. 그런데 생산적인 노동자의 수는 스톡의 증가에 의해서만 증대될 수 있다. 따라서 스톡의 축적은 경제성장을 촉진시키는데, 스톡의 증가를 위해서는 절약이 필수적임을 스미드는 강조한다.

『국부론』의 제 3 권은 경제발전의 자연적인 순서에 관해 다룬다. 스미드에 의하면 농업부문에 고용된 자본이 가장 많은 생산적인 노동자를 고용하며, 그 다음이 제조업이고, 제일 적은 것이 국제무역이다. 따라서 경제발전의 자연적인 순서도 농업, 제조업 및 국제무역의 순이어야 한다. 그러나 근대 유럽 국가들의 경제정책은 농업에 비해 공업과 국제무역을 우대함으로써 이 자연적인 경제발전의 순서가 뒤바뀌어졌다는 것을 지적한다.

『국부론』의 제 4 권은 중상주의제도와 중농주의제도에 대해 신랄하게 비판하고 있으며 특히 중상주의 정책에 강력하게 반대한다. 제 5 권은 오늘날의 재정학에 해당하는 것으로서 국가의 세출과 세입에 관해 분석한다.

맬 더 스

토마스 맬더스는 1798년에 인구증가에 관한 최초의 체계적인 연구인 『인구론』(*An Essay on the Principle of Population*)을 출판하였다. 그의 『인구론』의 요지는 첫째로 인구증가가 억제되지 않는 한 인구는 기하급수적으로 증가하여 매 25년마다 두 배로 증가한다는 것이다. 한편 식량의 공급은 산술급수적으로밖에 증가할 수 없다고 본다. 따라서, 위의 두 가지 주장을 합해

2) 생산적인 노동자란 재화를 생산하는 노동자를 뜻하며, 비생산적인 노동자(unproductive labourers)란 용역(service)을 생산하는 노동자를 말한다.

놓으면 인구증가와 식량공급의 증가 사이에 분명한 괴리가 존재하게 된다. 이 때 인구증가에 대한 궁극적인 억제(ultimate check)는 제한된 식량공급이다. 이 밖에 인구증가를 억제하는 요인으로는 사망률을 높이는 질병, 전쟁 및 기근과 같은 능동적인 억제요인(positive checks)과 출산율을 줄이는 도덕적인 극기, 피임 등의 예방적인 억제(preventive checks)가 있다. 결국 출산력에 비해 이러한 여러 가지 억제요소가 적을 때에는 인구는 증가할 것이며, 반대로 억제요소의 크기가 출산력을 초과하면 인구는 감소하게 된다.

맬더스는 출산력이 여러 가지의 억제요소를 능가한다고 생각하였다. 따라서 결국은 인구증가가 식량공급의 제한에 의해 억제되며, 이는 곧 생존수준의 경제(subsistence economy)로 향해 가는 것을 뜻하는 것이다. 이러한 맬더스의 생각은 고전학파에 의해 그대로 이어졌다.

리 카 도

리카도는 맬더스와 거의 동일한 시대에 살고 있었으나, 그의 생각은 맬더스보다 그 당시에 또는 그 이후에도 훨씬 더 큰 영향을 미쳤다. 리카도는 『경제학 및 조세원리』(*On the Principles of Political Economy and Taxation*)를 1817년에 출판하였는데, 이 책은 저자가 복잡한 경제현실을 추상화하는 데 있어서 탁월한 분석능력을 지니고 있음을 잘 보여 주는 것이다.

리카도는 경제학의 분석대상을 사회를 구성하는 세 계급인 지주, 자본가 및 노동자에게 산출물이 어떻게 분배되는가를 규명하는 것이라고 본다. 그러나 리카도가 말하는 소득분배는 오늘날 우리가 말하는 소득분배와는 뜻이 다르다. 즉 그의 주된 관심사는 토지, 노동 및 자본의 대가인 지대, 임금 및 이윤이 시간의 경과와 더불어 어떻게 변화하는 경향이 있으며, 이러한 변화가 경제성장에 어떠한 영향을 주는가 하는 것이었다. 이는 소득분배의 문제를 보는 것이라기보다는 경제발전에 대해 궁극적으로 분석의 초점을 맞춘 것이다.

우선 지대가 시간의 경과와 더불어 어떻게 변화하는가 살펴보자. 인구의 증가로 말미암아 식량생산은 점차로 열등지까지 확대될 수밖에 없으며 동시에 기존의 경작지에서도 더욱 집약적인 생산방법을 사용하게 된다. 그러나 **수확체감의 법칙**이 작용하므로 동일한 양의 식량을 생산하는 데 소요되는 노동투입량은 증가하게 된다. 한편, 공산품을 생산하는 데 소요되는 노동투입량은 일정하므로 공산품에 비해 식량의 상대가격은 상승한다. 따라서 토지의 단위면적당 지대도 시간의 경과와 더불어 상승하는 추세를 가지며, 국민소득 가운데서 지대가 차지하는 몫도 증가하게 된다.

둘째로 임금의 추세를 보면 한 노동자를 생존수준에서 유지하기 위해 필요한 식량의 양, 즉 자연임금률은 일정하다. 그러나 시장임금률은 노동의 공급과, 스톡의 크기에 의해 결정되는 노동에 대한 수요에 의해 좌우된다. 만일 스톡이 노동의 공급보다 더 빨리 증가하면 시장임금률은 자연임금률을 초과하게 될 것이다. 그러나 맬더스의 말대로 결국은 인구증가율이 스톡의 축적률보다 빨라 시장임금률은 자연임금률 수준으로 떨어진다. 그러면 자연임금률은 시간의 경과와 더불어 어떻게 변화하는가? 이미 살펴본 대로 한 노동자를 생존수준에 유지하기 위해 필요한 식량의 양은 일정하나, 이만큼의 식량을 사기 위하여 필요한 화폐임금은 시간이 지남에 따라 상승한다. 그 이유는 위에서 본 대로 식량생산에 있어서의 수확체감현상으로 식량의 상대가격이 오르기 때문이다.

셋째로 이윤의 추세를 보면 지대와 임금의 계속적인 상승으로 말미암아 이윤은 감소하게 된다. 따라서 저축도 없어지게 되며 자본스톡도 일정한 수준에 머무르게 된다. 또한 인구도 고정된다. 즉 경제가 **정체상태**(stationary state)에 다다르게 되는 것이다.

밀

밀의 『경제학원론』(*Principles of Political Economy with Some of Their Applications to Social Philosophy*)은 1848년에 출판되었는데, 마샬의 『경제학원론』이 나온 1890년부터는 마샬의 책에 의해 서서히 대체되기 시작하였으나 1900년경에 이르기까지도 밀의 책은 영국과 미국의 대학에서 기초적인 교과서로 널리 사용되었다. 밀의 『경제학원론』은 논의의 전개가 부드러워 읽기 쉬운 책이며 고전학파의 체계를 집대성한 것이다. 따라서 고전학파의 경제학 전체를 이해하는 데에 밀의 책은 좋은 길잡이가 된다.

밀의 『경제학원론』은 모두 5부로 구성되어 있는데 1부는 생산, 2부는 분배, 3부는 교환, 4부는 경제성장이 생산과 분배에 미치는 영향, 그리고 5부는 정부의 경제행위에 대한 분석이다. 널리 알려진 바와 같이 밀은 불변인 생산의 법칙과, 사회제도 · 법 및 관습에 의해 결정되므로 변동될 수 있는 분배의 법칙을 구별하여 생각하고 있다. 따라서 생산의 법칙은 사람들이 어떻게 해도 영향을 미칠 수 없으나, 분배의 법칙은 인간의 의지에 따라서 사유재산제도를 인정하는 범위 내에서도 어느 정도는 변화시킬 수 있다고 생각하였다. 이러한 양분법은 밀의 사회개혁 의지를 반영하는 것으로 생각할 수 있다. 이에 따라 밀은 생산을 1부에서 다루며 분배를 2부에서 취급하는 것이다.

1부인 생산에서는 두 원천적인 생산요소인 토지와 노동, 임금기금설, 생산적인 노동과 비생산적인 노동, 전기의 노동에 의해 생산되어 축적된 스톡인 자본, 농업생산에 있어서의 수확체감현상 등을 다룬다. 그리고 1부의 마지막 장인 13장에서는 경제성장이 기술진보와, 농업생산에 있어서의 수확체감 사이의 경쟁에 달려 있다고 결론을 맺는다.

2부인 분배에서는 사유재산제도, 여러 가지 종류의 토지소유제도, 그리고 임금, 이윤 및 지대의 결정에 관해 설명한다.

3부는 교환에 관해 다룬다. 여기서 우리가 주의할 것은 **가치론**(theory of value), 즉 재화의 상대가격을 결정하는 문제를 3부에서 다루면서 이미 2부에서 생산요소의 가격 결정에 관해 취급하였다는 것이다. 이는 곧 생산요소의 가격결정, 즉 분배가 가치론과 상관이 없다는 것을 뜻하나 이는 잘못이다. 밀이 이러한 오류를 범한 것은 당시에는 일반균형하에서의 가격결정이론이 없었기 때문이다. 그러나 지금 생각하면 재화의 가격과 생산요소의 가격은 동시에 결정되는 것이므로, 재화의 가격이 어떻게 결정되는가를 알기 전에는 생산요소의 가격이 어떻게 결정되는가도 말할 수 없는 것이다.

3부의 1장부터 6장까지가 재화의 상대 가격의 결정문제를 다루는 가치론인데, 시장가격은 수요와 공급에 의해 결정되나 자연가격은 공급 측면인 생산비에 의해 정해진다는 리카도의 잘못된 주장을 되풀이하고 있다. 또한 생산비는 주로 투입된 노동의 양이라고 봄으로써 **노동가치학설**(labour theory of value)을 따르고 있다. 7장부터 13장까지는 화폐에 대해 살펴본다. 14장은 공급이 수요를 초과할 수 없다는 주장을 하고 있다. 17장은 비교우위의 법칙을 설명하며, 18장에서는 교역조건(terms of trade)이 나라간에 생산비뿐만 아니라 상호수요(reciprocal demand)에도 의존함을 보인다. 그리고 20장에서는 금본위제도 아래서 국제수지의 불균형이 어떻게 조정되는가를 본다.

4부에서는 생산요소의 가격을 장기적으로 변화시키는 요인에 대해 분석한다. 특히 이윤이 시간의 경과와 더불어 극소의 수준으로 하락하는 경향이 있음을 지적한다. 이에 따라서 6장은 정체상태에 대해 논하는데, 밀은 이 정체상태가 반드시 바람직하지 않은 것은 아니라고 말함으로써 오늘날의 반성장론을 주장하는 사람들과 유사한 생각을 가지고 있었다. 즉 밀은 오직 후진국에서만 생산의 증대가 중요한 과제이며, 선진국에서는 분배의 공평이 더욱 중요한 문제라고 생각하였다.

5부에서는 정부의 경제행위를 대상으로 각종의 조세, 공채, 정부의 역할 등의 문제를 다루면서 자유방임주의를 지지한다.

이상에서 우리는 영국의 고전학파에 속하는 스미드, 맬더스, 리카도 및 밀의 경제학에 관해 각각 살펴보았다. 여기서 발견하는 것은 고전학파 학자들의 주된 관심사가 **장기의 경제발전(long-run economic development)**에 관한 것이었다는 점이다. 즉 고전학파에서의 경제학은 경제발전에 대해 연구하는 분야이었다. 바로 이러한 공통점 때문에 우리가 1776년부터 1870년경까지를 하나로 묶어 보았던 것이다. 이와 같이 영국의 고전학파가 경제발전의 문제를 특히 중요시한 것은 실천적인 학문으로서의 경제학이 지니는 속성을 생각할 때 당연한 것이라고 볼 수 있다. 즉 고전학파 시절에는 영국에서 산업혁명이 진행중이었으므로 경제발전의 문제가 현실적으로 가장 중요한 과제이었던 것이다.

그런데 고전학파 학자들에 따르면 장기에 있어서 경제발전은 두 가지 요인에 의해 좌우되는데, 하나는 경제성장을 촉진하는 기술진보이고, 다른 하나는 경제성장에 대해 부(-)의 영향을 미치는 인구증가이다. 처음에는 기술진보가 인구증가보다 더 빨라서 자본주의경제는 발전하나, 결국에는 인구증가가 더 빨라서 정체상태에 도달하게 된다고 생각하였다.

오늘날에 와서도 우리는 장기에 자본주의경제가 어떻게 될 것인가에 대해 고전학파와 똑같은 식으로 답을 할 수 있을 것이다. 즉 기술진보와 인구증가[3] 중 어느 것이 더 빠른가에 따라 해답은 달라진다. 산업혁명 이후 지난 200여 년을 돌이켜 보면 선진 자본주의경제는 기술진보가 인구증가보다 훨씬 더 빨라서 급속한 경제성장을 이룩하였음을 발견하게 된다. 즉 고전학파의 예측은 빗나갔다.

---

3) 여기서 인구증가는 자연자원의 양과 비교해 보았을 때의 인구증가이다.

2.2 신고전학파

한계혁명

경제학의 제 2 기는 영국의 제본스(William Stanley Jevons, 1835~1882), 오스트리아학파의 창시자인 멩거(Carl Menger, 1840~1921) 및 스위스의 로잔느학파의 창시자인 왈라스(Leon Walas, 1834~1910)가 각각 독립적으로 1870년대 초에 거의 동시에 고전학파의 노동가치학설을 부정하고 한계효용이론을 제시한 것이 그 출발점이다. 노동만을 가치의 유일한 원천이라고 생각하는 노동가치학설은 교환가치와 사용가치 사이의 모순을 해결할 수 없었다. 즉 다이아몬드의 사용가치는 아주 작으나 교환가치는 매우 크고, 반면에 물의 사용가치는 매우 크나 교환가치는 매우 작은 것을 객관적인 가치학설인 노동가치학설은 설명할 수 없었던 것이다. 이를 우리는 스미드의 다이아몬드와 물의 모순이라고 하는데, 이 모순을 해결한 것이 바로 주관적인 가치학설인 한계효용이론이다. 즉 한계효용이론에 의하면 어떤 재화의 가치는 총효용에 의해 결정되는 것이 아니라 한계효용에 의해서 결정되므로, 물의 경우에는 공급량이 거의 무한대이어서 물을 한 단위 추가로 더 소비하는 데서 얻는 한계효용은 매우 작고 따라서 물의 가치는 매우 싸다는 것이다.

이와 같이 효용이론의 전개는 가치학설에 있어서 신기원을 이룩하였으나, 이보다 더 중요한 점은 사실상 한계개념의 도입 그 자체에 있으며 바로 이것이 1870년대 초 이전의 고전학파경제학과 그 이후의 근대경제학(modern economics)을 뚜렷하게 구별할 수 있는 요소가 된다. 어떤 사람들은 경제학에서의 한계개념의 도입을 **한계혁명(marginal revolution)**이라고까지 부를 정도로 중요하게 생각하고 있다.

각종의 한계개념, 예를 들면 한계효용, 한계비용 및 한계생산성 등은 총효용, 총비용 및 총생산성이 소비, 산출량 및 생산요소의 투입량을 각각 한 단위 추가로 더 증가시킬 때 얼마나 느는가를 보이는 것이다. 여기서 접두어 '한계' 라는 말은 '추가적' (additional)이라는 뜻이다. 이는 곧 경제적인 변수들이 조금씩 서서히 변화하는 것을 전제로 하며, 도약이 없음을 가정하는 것이다. 수학적으로 표현한다면 경제적인 함수가 연속적이고 미분이 가능함을 가정하는 것이다. 이와 같이 한계개념을 사용할 때에는 경제학에 미적분학의 적용이 가능해지며 바로 이것이 1870년대 초 이후 경제학에서 점차로 수학을 많이 사용하게 된 이유이다.

한계효용이라는 개념의 도입은, 더욱 일반적인 문제인 주어진 일정한 분량의 수단을 가지고 극대의 효과를 얻으면서 주어진 분량의 수단을 배분할 수 있는 방법을 모색하게 만드는 계기가 되었다. 즉 소비의 경우에는 주어진 소득수준을 제약조건으로 하여, 구입하는 각 재화의 한계효용이 균등하도록 소득을 배분하면 소비자의 만족이 극대가 되는 효과를 얻을 수 있는 것이다. 이러한 논리는 한계생산성의 개념을 사용하여 같은 식으로 기업의 행위에도 확대 적용되었다. 즉, 생산요소들의 한계생산성이 균등하도록 기업이 생산요소를 구입하면 기업의 생산비는 극소가 된다는 것이다.

이와 같이 1870년대 초 이후에는 경제학의 주된 문제가 희소한 자원을 수많은 용도에 어떻게 하면 가장 효율적으로 배분할 수 있는가 하는 것이 되었다. 여기서 효율적이라는 말의 뜻은 소비자주권사상(consumer sovereignty)에 입각하여 소비자의 만족을 극대로 만드는 것을 말한다. 따라서 자원의 양이 증가하는 것을 주된 분석대상으로 삼았던 고전학파의 장기적인 경제발전에 대한 연구와는 달리, 1870년대 초 이후의 근대경제학은 자원의 양이 일정하게 주어져 있으며 희소할 때 이 자원을 어떻게 하면 가장 효율적으로 배분할 수 있는가의 문제를 주된 연구대상으로 삼은 것이다. 사실 위에서의 한계혁명이라는 말의 진정한 뜻은 고전학파가 장기적인 경제발전에 대한 연구를 중요시하던 것과는 달리 1870년대 초 이후의 근대경제학에서는 **희소한 자원의 효율적인 배분**(efficient allocation of scarce resources)을 주된 분석대상으로 하였다는 점에서 찾아야 한다.

왈라스와 마샬

한계분석의 적용에서 시작되는 근대경제학의 체계를 집대성한 학자가 왈라스와 영국의 마샬(Alfred Marshall, 1842~1924)이며, 이들이 중심이 되는 학파를 **신고전학파**(neoclassical school)라고 부른다. 왈라스는 1874년에 『순수경제학의 요소』(*Elements of Pure Economics*)를, 마샬은 1890년에 『경제학원론』(*Principles of Economics*)을 각각 출판하였다. 이 두 권의 저술은 경제학의 진로에 매우 큰 영향을 주었다.

왈라스와 마샬은 모두 가격결정의 미시경제적인 기초를 주된 분석대상으로 삼았다. 즉 그들은 균형가격과 균형수급량의 결정을 시장에서의 교환의 결과로 보았던 것이다. 그러나, 이들 사이의 주요한 차이점은 마샬이 부분균형분석(partial equilibrium analysis)을 사용한 반면에, 왈라스는 일반균형분석(general equilibrium analysis)을 사용한 데 있다. 즉 두 사람 모두 어떤 재화, 예를 들면 쌀의 균형가격과 균형수급량은 수요와 공급이 만나는 데서 결정된다는 것은 똑같다. 그러나 마샬의 경우에는 쌀에 대한 수요는 쌀의 가격만의 함수라고 가정하고 기타의 변수인 쌀과 대체재의 관계에 있는 보리쌀의 가격, 소비자의 소득 및 기호 등은 "다른 모든 것이 일정하다"(ceteris paribus; other things being equal)라는 조건을 내세워 무시하는 것이다. 이는 공급의 경우에도 마찬가지이다.

반면에 왈라스는 모든 시장의 상호연관성을 중요시하므로, 쌀시장을 분석하기 위해 마샬이 설정한 다른 모든 것이 일정하다는 가정은 옳지 못하다고 생각하였다. 왜냐하면, 모든 시장이 상호연관성을 맺고 있으므로 쌀의 가격이 변화하면 다른 모든 시장에도 영향을 미치기 때문이다. 즉 다른 모든 것은 일정하지 않은 것이다. 이와 같이 모든 시장의 상호연관성은 왈라스체계의 핵심을 형성하고 있으며 이러한 뜻에서 그의 분석은 일반균형분석인 것이다. 왈라스가 일반균형체계를 발견한 것은 높이 평가되고 있으며, 특히 슘페터(Joseph Schumpeter, 1883~1950)는 왈라스를 위대한 경제학자 가운데서도 가장 위대한 경제학자로 보았고, 그의 『순수경제학의 요소』를 경제학의 대헌장(Magna Carta)이라고 격찬하였다.

마샬의 『경제학원론』은 케인즈(John Maynard Keynes, 1883~1946)의 『고용, 이자 및 화폐에 관한 일반이론』(*The General Theory of Employment, Interest and Money*)이 1936년에 출판될 때까지 영국과 미국의 대학에서 경제학원론의 교재로 널리 사용되었다. 이 책은 모두 6권으로 구성되어 있는데, 제 1 권은 서론으로서 경제학의 정의와 방법론에 관해 서술하고 있다. 제 2 권은 경제학에서 사용하는 주요한 개념을 풀이하는데 재화, 부, 생산, 소비, 소득 및 자본 등의 개념을 규정한다. 제 3 권은 수요에 관해 보는데, 마샬은 고전학파가 가치를 결정하는 요인으로서 생산비, 즉 공급 측면만을 강조하고 수요 측면을 경시하였음을 비판한다. 이 밖에 한계효용체감의 법칙, 소비자의 만족을 극대화하기 위한 한계효용균등의 법칙, 수요곡선, 수요의 가격탄력도 및 소비자잉여 등에 관해 분석하고 있다.

제 4 권은 생산에 관해서 분석하는데, 토지, 노동 및 자본의 세 가지 생산요소에 관해 설명한다. 그리고 산업조직에 대한 설명에서 내부경제와 외부경제를 구별하고 있다. 제 5 권은 수요와 공급이 가치를 결정함을 보이고 있다. 이 밖에 한계비용, 대표적인 기업, 독점의 이론 등도 5권에서 다룬다. 제 6 권은 국민소득의 분배에 관한 것이다. 생산요소에 대한 수요의 이론으로 한계생산성이론을 제시한 뒤에, 노동, 자본 및 토지의 가격인 임금, 이윤 및 지대의 결정에 관해 분석한다.

이상에서 우리는 왈라스와 마샬에 의해 대표되는 신고전학파의 경제학에 관해 살펴보았다. 이들의 이론이 지배하던 기간은 1870년대 초 이후 케인즈의 『일반이론』이 출판된 해인 1936년 이전까지로서 이를 우리는 경제학의 2기라고 분류하는 것이다. 이 기간중의 경제학은 희소한 자원의 효율적인 배분문제를 주로 다루었으며, 이를 오늘날에 와서는 미시경제학이라고 부른다. 현실적으로 보았을 때도 이 기간중에는 선진국에서는 이미 어느 정도의 경제발전은 달성된 뒤였으므로, 고전학파시절에서처럼 경제발전의 문제보다는 자원의 효율적인 배분이 실제에 있어서도 중요성을 가지게 되었다고 볼 수 있다.

2.3 케인즈학파

단기적인 거시경제문제

경제학의 제 3 기는 케인즈가 1936년에 『일반이론』을 출판함과 동시에 시작된다. 고전학파가 장기적인 경제발전의 문제를 주로 취급하였고, 신고전학파가 자원의 효율적인 배분문제를 중요시한 데 비해 케인즈는 실업, 불황 등의 **단기적인 거시경제문제**(short-run macroeconomic problems)를 가장 중요하게 생각하였다. 즉, 신고전학파는 미시경제학이 위주인 데 반해, 케인즈는 거시경제학이 주가 되었던 것이다.

케인즈가 단기적인 거시경제문제를 주로 다룬 것은 당시의 경제적인 상황을 생각할 때 수긍이 가는 것이다. 즉 『일반이론』이 출판된 1936년은 세계적인 대공황이 일어난 얼마 후였다. 대공황은 가격기구 또는 **보이지 않는 손**(**invisible hand**)의 작용에 의해서 효율적인 자원의 배분과 완전고용이 자동적으로 성취된다는 신고전학파의 생각을 송두리째 뒤흔들어 놓았다. 즉, 대공황 중에는 대량으로 노동력의 실업현상이 일어났으며 생산설비가 유휴상태에 빠지게 되었다. 이와 같이 가격기구에만 의존한 결과로 자원이 대량으로 실업상태에 빠진 것은 경제질서에 대한 새로운 접근을 요청하게 되었다.

이에 케인즈는 총체적인 경제개념(**aggregate concepts**)을 사용하는 거시경제학의 체계를 새롭게 구축하였다. 여기서 총체적인 개념이란 국민경제 전체의 소비(**consumption**; *C*), 저축(**saving**; *S*) 및 투자(**investment**; *I*)와 같이 국민경제 전체를 대상으로 하는 개념을 말한다. 이러한 총체적인 개념을 사용하여 케인즈는 당시의 구미경제에서 자원의 대량실업현상이 발생한 이유는 수요가 공급능력에 미치지 못하는 데 있다고 생각하였다.

일반적으로 볼 때 어떤 나라의 국민소득은 모든 재화와 용역에 대한 총수요(**aggregate demand**; *AD*)와 총공급(**aggregate supply**; *AS*)이 일치하는 수준에서 결정될 것이다. 그러나, 당시의 구미선진국에서는 오랜 기간에 걸친 자본축적으로 총공급의 능력은 상당히 있는 데 비해 총수요가 이에 뒤따르지 못하므로, 자연히 생산설비가 유휴화되고 실업이 발생하였던 것이다. 이러한 상황 아래서 국민소득을 증대시키려면 총수요가 증가하여야만 한다.

총수요는 소비재에 대한 수요(*C*)와 투자재에 대한 수요(*I*)로 구성되나, 일반국민의 소비성향은 안정적이므로, 결국 총수요를 증대시키려면 투자를 늘려야 하며 따라서 케인즈는 정부의 재정투자지출을 강조하였다. 이러한 케인즈의 처방전은 구미경제가 자원의 완전고용을 다시금 되찾게 하는 데 크게 기여하였다.

일반이론

케인즈의 『고용, 이자 및 화폐에 관한 일반이론』은 모두 6권으로 구성되어 있다.

제 1 권은 서론으로서 고전학파 및 신고전학파의 경제이론이 현실과 유리되어 있음을 지적하는 것으로서 시작된다. 그리고 총수요와 총공급의 개념을 사용하여 국민소득의 결정이론인 유효수요의 원리를 제시하고 있다. 제 2 권은 주요한 개념들을 정의하고 있는데, 소득, 저축, 투자 등의 총체적인 개념들이다. 제 3 권은 소비성향에 관해 살펴보고 있다. 총수요와 총공급이 만나는 데서 국민소득과 고용량이 결정되나 현실적으로 볼 때 총수요가 중요하므로 그 첫번째 구성부분인 소비에 관해 분석하는 것이다. 평균소비성향, 한계소비성향 및 승수의 개념들을 설명하고 있다.

제 4 권은 총수요의 두번째 구성부분인 투자에 관해 살펴본다. 투자는 자본의 한계효율과 이자율이 일치하는 수준에서 결정된다. 이자율의 결정이론으로서는 유동성선호이론을 제시하고 있다. 여기서 유동성, 즉 화폐를 선호(수요)하는 동기로 소득의 함수인 거래적 및 예비적인 동기와, 이자율의 함수인 투기적인 동기의 세 가지를 들고 있다. 제 5 권은 화폐임금과 물가에 대해 분석한다. 여기서는 화폐임금의 하향경직성 때문에 화폐임금의 신축적인 변동을 가정하고 완전고용의 가능성을 믿은 고전적인 이론이 오류임을 지적한다. 제 6 권은 경기순환, 중상주의사상 및 일반이론이 시사하는 사회철학의 방향 등 기타 몇 가지 문제에 대해 논술하고 있다.

2.4 케인즈 이후의 주류경제학

경제학의 제 4 기는 1960년대 중반 이후 현재까지이다. 케인즈의 처방전이 구미의 여러 나라에서 효력을 나타낸 결과 다시금 구미경제는 거의 완전고용수준 근처에서 운용되게 되었다. 따라서, 희소한 자원의 배분문제를 다루는 미시경제학이 그 중요성을 다시 되찾게 되었다. 그리하여 현재 경제학의 주류는 신고전학파의 미시경제학과 케인즈 이후의 거시경제학이다. 이를 사뮤엘슨(P.A. Samuelson)은 **신고전학파적인 결합**(neoclassical synthesis)이라고 불렀으며, 주류 경제학의 근간을 형성하게 되었다.

그런데 이러한 신고전학파적인 결합의 한 기둥을 이루는 케인즈 경제학은 대체로 1960년대 중반에 이르기까지는 구미 선진국의 경제현실을 비교적 제대로 설명할 수 있었고, 전통적인 케인즈의 재정 · 금융정책을 사용하여 인플레이션과 실업문제를 다스리는 것도 성공적이었다고 볼 수 있다. 그러나 1960년대 중반 이후부터는 현실을 설명하는 데 있어서나 정책적인 처방을 제시하는 데 있어서 케인즈류의 경제이론이나 정책이 점점 더 어려움을 드러내게 되었다.

따라서 1960년대 중반 이후부터는 거시경제이론이나 정책에 있어서 상당한 견해의 차이를 나타내는 케인즈주의와 **화폐주의**(monetarism)가 서로 대립되기에 이르렀다. 미국 시카고 대학의 프리드만(Milton Friedman)이 중심이 되는 화폐주의는 주류거시경제학의 근간을 이루는 케인즈주의와 비교할 때 상당한 차이점을 보여 준다.

몇 가지 주요한 화폐주의자들의 주장을 보면, 통화량이 명목국민소득을 결정하는 가장 중요한 인자라든가, 금융정책만이 중요하다든가, 시장기구의 자동조절기능을 믿어 정부가 개입하지 않는 것이 제일 좋다는 것 등이 그것이다. 반면에 주류를 이루는 케인즈주의자들은 지출(소비, 투자, 정부지출 등)의 수준이 국민소득을 결정하는 가장 중요한 인자이고, 화폐정책보다 재정정책이 더욱 효력이 있으며, 시장기구에 모든 것을 맡겨 놓으면 완전고용을 이룩할 수 없으므로 정부가 적극적으로 금융, 재정정책을 사용하여 개입하여야 한다고 본다.

이상에서는 1960년대 이후 전개된 화폐주의를 주류거시경제학의 근간을 이루는 케인즈주의와 상호 대립적인 것으로 보고 비교하였다. 물론 양자 사이에는 상당한 차이점이 있는 것이 사실이나, 화폐주의자들의 주장 가운데서 적지 않은 부분이 주류거시경제학에 의해 수용되었다. 예를 들면 초기 케인즈주의자들은 재정정책의 중요성만을 너무 지나치게 강조하였으나, 이제는 모두가 화폐의 중요성을 인정하게 되었다. 이는 결국 주류거시경제학이 경제현실을 좀더 잘 설명하는 데 도움을 주는 것이다.

또한 화폐주의와 케인즈주의 사이에 차이점이 존재한다는 것이 양측의 논쟁중 지나치게 강조되었는데, 이는 어떤 기본적인 차이라기보다는 강조하는 바가 서로 다른 것이라고도 볼 수 있다. 또한 양자간에는 서로 상당한 유사점이 있다는 것도 충분히 유의하여야만 할 것이다.

주류거시경제학에 대한 비판은 화폐주의자들 이외에 **합리적인 기대의 가설**(rational-expectations macroeconomics)을 주장하는 루카스(Robert Lucas), 사잔트(Thomas Sargent), 월레스(Neil Wallace) 등에 의해서도 근자에 들어와 제기되었다. 합리적인 기대의 가설은 여러 가지 측면에서 화폐주의와 공통점을 지니고 있는데, 대표적인 보기가 정부에 의한 시장기구에 대한 개입을 바람직하지 않다고 보는 것이다.

합리적인 기대의 가설은 두 가지 중요한 전제에 기초하고 있다.[4] 첫째는 사람들이 의사결정을 할 때는 현존하는 모든 정보를 활용하며, 또한 장래에 대해 예측하는 데 있어서도 체계적으로 오류를 범하는 일이 없으므로 장래에 대해 합리적인 기대 또는 예상을 한다는 것이다. 이러한 첫번째 전제로부터 파생되는 것은 경제정책을 사용하여 사람들을 속일 수 없다는 것인데, 왜냐하면 정부가 일단 반복해서 어떤 정책을 택하면 사람들은 이미 이를 간파하고 행동하기 때문이다.

두번째 전제는 가격과 임금은 신축성을 지니고 있어서 모든 시장은 항상 수요와 공급이 만나는 데서 균형상태에 있다는 것이다. 이는 고전학파적인 가정이므로 합리적인 기대의 가설을 흔히 **신 고전학파적 거시경제학**(new classical macroeconomics)이라고도 부른다. 이러한 가정을 노동시장에 적용하면 모든 실업은 자발적이라는 것을 뜻한다. 즉, 실질임금이 너무 낮아서 일을 하지 않는다는 것이다.

합리적인 기대와 물가 및 임금의 신축성을 가정하면 소위 정책 무력성 정리(policy ineffectiveness theorem)가 나온다. 즉 경제정책은 국민소득의 수준이나 고용량에 대해 영향을 미칠 수 없다는 것이다. 물론 사람들이 예상 못한 갑작스런 경제정책의 변경은 일시적으로 소득과 고용에 영향을 미치나 곧 사람들이 이에 기초하여 기대를 재조정하게 됨으로써 효력이 없어진다는 것이다.

합리적인 기대의 가설에 대해서는 많은 논란이 있었다. 예를 들면 가격과 임금이 신축성을 가진다는 가정은 현실성이 없다는 비판이 제기되었다. 만일 실제에 있어서 가격과 임금이 경직성을 띠고 있다면 경제정책은 최소한 단기에 있어서는 효력을 가지게 될 것이다.

그러나 다른 한편으로는 장래에 대한 기대 또는 예상을 중요시 할 필요가 있다든가, 또는 **거시경제학의 미시경제적인 기초**(microeconomic foundations of macroeconomics)를 중요시하는 것 등은 주류거시경제학이 합리적

---

4) P.A. Samuelson and W.D. Nordhaus, *Economics*, 12th ed., McGraw Hill, N.Y., 1995, Ch. 31.C.

인 기대의 가설에서 배우고 수용해야만 할 점이다.

그리하여 1980년대에 들어와서는 **신케인즈학파 거시경제학**(new Keynesian macroeconomics)이 제시되기에 이르렀다.[5] 신 고전학파적 거시경제학에서는 완전경쟁시장을 가정하며 신축적인 가격을 전제로 모든 시장은 항상 수요와 공급이 만나는 데서 균형을 이루고 청산(market clearing)된다고 본다. 또한 합리적인 기대를 전제로 하며, 거시경제학의 미시경제적인 기초를 중요시하고 있다. 이는 거시경제학의 이론체계가 가계, 기업 등 개별적인 경제주체의 합리적인 경제행위를 전제로 하여 구축되어야 한다는 뜻이다.

이러한 신 고전학파적 거시경제학의 주요한 특징 중에서 신케인즈학파 거시경제학은 합리적인 기대와, 거시경제학의 미시경제적인 기초를 강조하는 것은 그대로 받아들이고 있다. 그러나, 완전경쟁시장이나 신축적인 가격을 전제로 시장이 항상 청산된다고 가정하는 것은 비현실적이라고 보아 배격한다.

대신에 불완전한 시장을 가정하며, 임금과 가격의 경직성을 전제로 하여 실업이 상당 기간 지속될 수 있고, 경제정책은 효력을 가질 수 있다는 케인즈의 원래 생각을 지지한다.

그런데 시장의 불완전성은 **불완전한 정보**(imperfect information)와 **거래비용**(transaction cost) 때문에 생긴다. 예를 들면, 노동시장의 경우 노동자들의 속성에 대한 정보가 불완전한 가운데서 전직을 줄이며 채용 및 훈련비용을 줄이기 위해 실업이 존재하는 데도 임금을 내리지 않는다는 **효율성임금가설**(efficiency wage hypothesis)이 제시되었다. 이렇게 하면 오히려 생산성이 오르고, 노동자들은 더 열심히 일하며, 질이 높은 노동자를 유치할 수 있게 된다.

또한 자금시장에서도 대출자인 은행과 차입자 간에 **비대칭적인 정보**(asymmetric information) 현상이 존재하고 있다. 즉 은행은 돈을 빌리려고 하는 사람이 성실하게 채무상환을 이행할지의 여부에 대한 정보가 없는 것이다. 이 때 만일 자금의 수급을 일치시키는 높은 이자율수준에서 수급이 청산된다면 오히려 채무불이행의 위험이 큰 차입자가 주로 자금을 빌리는 **역선택**(adverse selection) 현상이 발생하게 된다. 즉, 정보가 비대칭적으로 분포된 상황하에서 정보를 갖지 못한 측의 입장에서 보면 가장 바람직하지 않은 상

5) N.G. Mankiw, "Symposium on Keynesian Economics Today," *The Journal of Economic Perspectives*, Winter 1993, vol. 7, no.1.

대방과 거래를 할 가능성이 높아지는 것이다. 따라서 은행의 입장에서는 오히려 자금에 대한 초과수요가 있다고 할지라도 이자율을 올리는 것보다는 **신용할당**(credit rationing)에 의해 낮은 이자율수준에서 자금을 배분하는 것이 이익이 될 수 있는 것이다.

재화시장에서도 생산물가격이 경직적일 수 있다. 기업이 수요의 변동 등 거시경제적 요인의 변화에 따라 가격을 변화시킬 때에는 거래비용의 일종인 소위 **메뉴비용**(menu cost)이 발생하기 때문이다. 즉 새로운 가격표를 작성·인쇄하고, 소비자들에게 조정된 가격을 인지시키는 데 드는 메뉴비용이 가격변동으로 얻는 이윤 증가보다 클 경우 기업은 가격을 조정하지 않을 유인을 가지게 되는 것이다.

이처럼 신케인즈학파 거시경제학에서는 불완전한 정보와 거래비용에 연유한 시장의 불완전성을 가정하여 신 고전학파적 거시경제학과는 달리 실업이 지속될 수 있으며 경제정책도 효력을 가질 수 있음을 보인다.

위의 논의에서 볼 수 있는 것처럼 거시경제학에는 견해를 달리하는 상이한 이론들이 여럿 있으나, 케인즈 이후의 주류거시경제학은 화폐주의와 합리적인 기대의 가설이 제시하는 것 중 타당한 것을 수용함으로써 경제현실을 더 잘 설명할 수 있고, 이에 따라서 정책적인 처방전도 좀더 만족스럽게 제시할 수 있게 되었다.

그런데 1970년대에는 케인즈류의 생각이 퇴조를 보였고 신 고전학파적 거시경제학이 각광을 받았다. 이는 **필립스곡선**(Phillips Curve)이 장기는 물론 단기에도 존재하지 않는다는 견해가 널리 받아들여졌기 때문이다. 또한 케인즈는 총수요의 변화가 경기변동의 주된 요인이라고 생각했으나 1970년대에는 두 차례의 석유파동으로 인한 총공급도 주요한 요인이었다. 그러나 신 고전학파적인 거시경제학의 주요한 전제인 가격과 임금이 완전한 신축성을 가져서 항상 시장이 균형상태에 있으며 청산된다는 것은 현실과 거리가 멀므로 1980년대에는 다시 케인즈류의 주류거시경제학이 크게 세력을 얻게 되었다.

지금까지 우리는 주류경제학의 발달과정을 편의상 네 단계로 나누어 보았다. 여기서 발견할 수 있었던 것은 경제학자들의 주된 관심사가 고전학파의 장기적인 경제발전에서 신고전학파의 희소한 자원의 효율적인 배분으로, 다시 케인즈학파의 단기적인 거시경제문제로, 그리고 현재에는 효율적인 자원배분과 단기적인 거시경제문제가 모두 중요시되는 단계에 와 있다는 점이다.

그런데 이처럼 경제학의 분석의 초점이 바뀌어져 온 것은 경제학자들이 각각 당대에 가장 중요하였던 현실적인 경제문제를 집중적으로 탐구하였기 때문인 것으로 생각된다. 이는 위에서도 지적한 바와 같이 경제학이 지니는 실천적인 측면을 고려할 때 당연한 결과인지도 모른다. 다른 하나는 주류경제학의 대개가 영국의 경제학자들에 의해 구축되었다는 점이다. 이는 곧 경제학이 주로 영국, 또는 근자에 들어오면서부터는 미국의 경제현실을 바탕으로 이론이 구축되었음을 뜻하는 것이다.

주요개념

고전학파　자유방임주의　생산적인 노동자　수확체감
정체상태　노동가치학설　장기의 경제발전　신고전학파　한계혁명
희소한 자원의 효율적인 배분　단기적인 거시경제문제　보이지 않는 손
신고전학파적인 결합　화폐주의　합리적인 기대의 가설
신 고전학파적 거시경제학　거시경제학의 미시경제적인 기초
신케인즈학파 거시경제학　불완전한 정보　거래비용　효율성 임금가설
비대칭적인 정보　역선택　신용할당　메뉴비용　필립스곡선

요 약

1. 고전학파 학자들은 장기의 경제발전(long-run economic development)은 기술진보와 인구증가 간의 속도에 달려 있으나 결국에는 후자가 전자보다 더 빨라서 자본주의 경제는 정체상태에 도달하게 된다고 주장하였다.
2. 신고전학파는 희소한 자원의 효율적인 배분(efficient allocation of scarce resources)문제를 주된 분석대상으로 삼는 미시경제학을 주로 다루었다.
3. 케인즈는 실업, 불황 등 단기적인 거시경제문제(short-run macroeconomic problems)를 분석대상으로 하는 거시경제학을 주로 다루었다.

4. 현재 주류경제학의 근간은 신고전학파의 미시경제학과 케인즈류의 거시경제학인데, 이를 사뮤엘슨은 "신고전학파적인 결합"(neoclassical synthesis)이라고 불렀다.

5. 1960년대 중반 이후 주류거시경제학의 근간을 이루는 케인즈주의가 현실을 설명하는 데 부족함이 드러나면서, 화폐주의(monetarism)와 합리적인 기대의 가설(rational-expectations hypothesis) 또는 신 고전학파적 거시경제학(new classical macroeconomics) 및 신케인즈학파 거시경제학(new Keynesian macroeconomics) 등이 제시되었다.

연습문제

1. 고전학파 경제학자들은 서비스업에 종사하는 사람들을 비생산적인 노동자로 규정하였다. 이에 대해 논평하라.

2. 고전학파가 제시한 기술진보와 인구증가의 두 요인을 참작하여 앞으로 자본주의의 장기적인 경제발전은 어떻게 귀결될 것인지 예측해보라.

3. 스미드의 다이아몬드와 물의 모순(paradox of diamond and water)을 한계효용이론을 가지고 설명하라.

4. 한계개념들, 즉 한계효용, 한계비용, 한계생산성의 뜻을 명확히 규정해보라.

5. "보이지 않는 손"이란 무엇인가?

6. 경제학자들은 당대에 가장 중요한 현실문제를 집중적으로 탐구하였다는 측면에서 볼 때 현재 우리는 어떤 문제를 중점적으로 다루어야 할 것인가 생각해보자.

가격기구에 의한 자원배분

제 II 부

제 II 부의 개요

여기서는 가격기구가 어떻게 자원배분을 하는가를 다루는 미시경제학에 대해 살펴본다. 먼저 제2편에서는 수요와 공급이 만나는 데서 가격이 결정된다는 가격기구의 작용을 본다. 제3편에서는 수요의 배후에 관해 알아보기 위해 소비자 수요의 이론을 살펴보며, 제4편은 공급의 배후를 보기 위해 기업의 이론을 탐구한다. 이제 제3편과 제4편의 분석을 종합하여 제5편에서는 재화시장에서 수요와 공급이 만나 가격결정이 이루어짐을 본다.

제6편은 요소시장에서도 수요와 공급이 만나는 데서 생산요소의 균형가격과 균형수급량이 결정됨을 보이는데, 이는 곧바로 소득분배를 결정하게 된다. 끝으로 제7편은 미시경제학의 결론 부분으로서 일반균형이론, 후생경제학 및 정부부문에 대해 개략적으로 살펴본다.

제 2 편

수요와 공급

요 약

제 3 장 경제학에서 가장 기초적인 개념인 수요와 공급이 만나는 데서 가격이 결정된다는 것을 본다.

제 4 장 가격이나 소득이 변화할 때 수요량이나 공급량이 어느 정도나 변화하는가를 보이는 탄력도의 개념에 대해 알아본다.

제 5 장 경제학에서 가장 기본적인 분석용구인 수요와 공급을 현실문제를 설명하기 위해 적용해 본다.

제 2 편

수요와 공급

제 3 장

수요와 공급에 의한 균형가격의 결정

제 3 장에서는 먼저 자원의 희소성 때문에 모든 형태의 국민경제가 반드시 해결해야 할 세 가지 기본문제인 어떤 재화를 얼마만큼씩 생산할 것인가, 어떻게 생산할 것인가, 누구를 위해 생산할 것인가에 대해 알아본다. 그리고 나서는 가격기구가 재화시장과 요소시장에서 모두 작용한 결과로 이 세 가지 기본문제를 어떻게 푸는가 살펴본다.

이어서 경제학에서 가장 기본적인 원리인 수요와 공급이 상호 작용하여 균형가격과 균형수급량이 결정됨을 본다. 이를 위해 수요함수, 수요곡선과 공급함수, 공급곡선에 대해 설명한 후 양자를 합해 놓음으로써 균형가격과 균형수급량을 구할 수 있음을 보인다.

3.1 가격기구에 의한 경제운용의 개관

국민경제의 세 가지 기본문제

어떤 나라가 자본주의제도를 택하고 있든지 사회주의제도를 택하고 있든지 간에 모든 형태의 국민경제가 반드시 해결해야만 되는 **세 가지 기본문제**가 있다. 첫째는 어떤 재화와 용역(service)을 얼마만큼씩 생산할 것인가이다. 즉 생산할 재화와 용역의 종류 및 수량을 결정하는 문제이다. 둘째는 어떻게 이들 재화와 용역을 생산할 것인가이다. 즉 어떠한 생산방법을 채택할 것인가를 결정하는 문제인데, 예를 들면 자본을 상대적으로 많이 사용하는 자본집약적인 생산방법을 사용하여 재화와 용역을 생산할 것인가, 아니면 노동을 생산과정에서 상대적으로 많이 사용하는 노동집약적인 생산방법을 쓸 것인가를 결정해야만 한다. 동일한 재화와 용역의 경우에도 자본이 상대적으로 풍부한 미국에서는 자본집약적인 생산방법을 사용하여 생산할 수 있으며, 노동이 상대적으로 풍부한 한국에서는 노동집약적인 생산방법을 선택하여 생산할 수 있다. 셋째는 누구를 위해 재화와 용역을 생산할 것인가의 문제인데, 이는 다른 말로 하면 생산된 재화와 용역을 누구에게 분배할 것인가를 결정하는 것이다.

이와 같이 모든 형태의 국민경제가 반드시 해결해야만 하는 세 가지 기본문제가 존재하는 이유는 자원의 희소성(scarcity of resources)이 세계 어느 나라에나 공통으로 적용되기 때문이다. 즉 인간의 물질적인 욕망은 무한한데 비해 이를 충족시키는 수단인 자원은 상대적으로 희소한 것이 사실이다. 만일 가정하기를 자원이 무한대로 존재한다고 하면 사람들이 원하는 모든 재화와 용역을 무한대로 생산할 수 있으며, 또한 효율적인 생산방법의 선택이 중요한 문제가 될 수 없고, 모든 사람에게 원하는 재화와 용역을 무한대로 제공할 수 있으므로 세 가지 기본문제는 생기지 않을 것이다.

가격기구에 의한 세 가지 기본문제의 해결

자원의 희소성 때문에 모든 형태의 국민경제가 반드시 해결해야 하는 세 가지 기본문제가 생기나, 우리 나라와 같이 자본주의제도를 택하고 있는 나라에서는 **가격기구**(price mechanism) 또는 **시장기구**(market mechanism)를 이용하여 경제의 세 가지 기본문제를 해결한다.

여기서 가격기구 또는 시장기구가 작용한다는 것은 시장에서 수요와 공급이 상호 작용하여 균형가격 및 균형수급량이 결정되는 것을 뜻한다. 이를 보통 **보이지 않는 손**(invisible hand)이 작용한다고도 말한다. 가격기구는 모든 시장에서 작용하고 있는데, 시장은 각종의 재화와 용역이 거래되는 **재화시장**(상품시장 또는 산출물시장; product market, commodity market)과 각종의 생산요소가 거래되는 **요소시장**(factor market)으로 크게 나눌 수 있다.

그러나 실제로는 수만 개에 달하는 각종의 재화시장을 생각할 수 있으며, 요소시장의 경우에도 질이 다른 수천 개의 요소시장을 들 수 있다. 재화시장의 한 예로는 쌀시장을 들 수 있고, 요소시장의 예로는 자본이 거래되는 자본시장과 노동이 거래되는 노동시장을 생각할 수 있다. 그러나 노동시장이라고

그림 3-1 가격기구의 작용에 의한 경제의 세 가지 기본문제의 해결

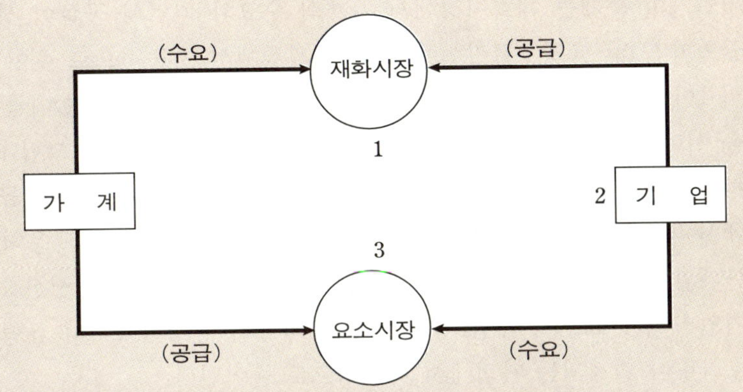

해도 그 안에는 크게 나누어 비숙련노동시장과 숙련노동시장으로 나눌 수 있고, 그 안에 다시 질이 다른 수많은 종류의 노동시장이 있을 것이다.

[그림 3-1]을 사용하여 가격기구의 작용이 경제의 세 가지 기본문제를 어떻게 푸는가 살펴보자. 이 그림에는 재화시장과 요소시장 이외에 경제행위의 두 주체인 **가계**와 **기업**이 표시되어 있다. 또 하나의 주요한 **경제주체**인 **정부**는 단순화를 위해 제외시켰다. 그림에서 보는 것처럼 두 시장과 두 경제주체는 상호 연관되어 있다. 즉 가계는 재화시장에서 각종의 재화와 용역을 수요하는 한편, 요소시장에는 가계가 소유하고 있는 각종의 생산요소를 공급하고 있다. 기업은 재화시장에 자신이 생산한 각종의 재화와 용역을 공급하며, 요소시장으로부터는 생산활동을 위하여 필요한 각종의 생산요소를 수요하게 된다.

재화시장에서는 가계의 수요와 기업의 공급이 상호 작용하여 재화 및 용역의 균형가격과 균형수급량이 결정된다. 똑같이 요소시장에서도 가계의 공급과 기업의 수요가 상호 작용하여 생산요소의 균형가격과 균형수급량이 결정된다. 즉, 가격기구는 재화시장과 요소시장에서 모두 작용하고 있으며, 재화 및 용역과 생산요소의 균형가격 및 균형수급량은 가격기구가 작용한 결과로 동시에 상호 연관적으로 결정되는 것이다.

그러면 이제 가격기구가 재화시장과 요소시장에서 모두 작용한 결과로, 재화 및 용역 그리고 생산요소의 균형가격과 균형수급량이 동시에 상호 연관

적으로 결정되는 것이 국민경제의 세 가지 기본문제를 어떻게 푸는가 살펴보기로 하자. 우선 첫번째 기본문제인 어떤 재화와 용역을 얼마만큼씩 생산할 것인가의 문제는 재화시장에서 가계의 수요와 기업의 공급이 상호 작용하여 균형가격 및 균형수급량이 결정되는 과정에서 자동적으로 풀어진다. 그림에서 1이라고 표시된 것이 이를 나타낸다. 두번째 기본문제인 이들 재화와 용역을 어떠한 생산방법을 사용하여 생산할 것인가의 문제는, 그림에서 2가 표시하듯이 기업이 생산요소를 수요하여 재화와 용역을 생산해서 공급하는 과정에서 자동적으로 풀어진다. 세번째 문제인 생산된 재화와 용역을 누구에게 분배할 것인가의 문제는 그림에서 3이 나타내듯이 가계의 생산요소의 공급과 기업의 생산요소에 대한 수요가 상호 작용하여 생산요소의 균형가격과 균형수급량이 결정되는 과정에서 자동적으로 풀어진다.

이와 같이 자본주의경제는 재화시장과 요소시장에서 모두 가격기구가 작용한 결과로, 모든 형태의 국민경제가 반드시 해결하여야만 하는 세 가지 기본문제를 자동적으로 풀고 있는 것이다. 다른 말로 하면, 시장기구는 수많은 가계와 기업 및 정부에 널리 분산되어 내려지는 의사결정을 궁극적으로 조정하는 기구(coordination mechanism)로서의 역할을 수행하고 있는 것이다.

이제 우리는 [그림 3-1]을 사용하여 제 2 부에서 다룰 미시경제학의 개략적인 내용을 살펴볼 수 있다. 제 2 편에서는 가격기구에 의한 경제운용의 개관을 설명하고 난 후에, 경제학에서 가장 기본적인 개념인 수요와 공급이 상호 작용하여 균형가격 및 균형수급량이 결정된다는 것을 본다. 이어 제 3 편에서는 소비자 수요의 이론에 대해 분석하는데, 이는 곧 가계가 재화시장에서 재화와 용역을 수요하는 행위를 살펴보는 것이다. 즉 제 2 편에서는 수요와 공급이 상호 작용하여 균형가격 및 균형수급량이 결정된다는 것을 보고 나서, 제 3 편에서는 이 가운데 수요의 배후에 작용하는 원리가 무엇인가를 살펴보기로 한다. 제 4 편에서는 생산과 생산비의 이론에 대해 살펴보는데, 이를 우리는 기업의 이론이라고도 하며 공급곡선의 배후에는 어떠한 원리가 작용하고 있는가를 살펴보는 것이다. [그림 3-1]로 말하면 기업이 요소시장에서 생산요소를 수요하고, 이 요소를 사용하여 재화 및 용역을 생산하여 재화시장에 공급하는 측면을 분석하는 것이다.

제 5 편에서는 재화시장에서의 가격결정이론에 대해 살펴보는데, 여기서는 재화시장을 완전경쟁시장, 독점적 경쟁시장, 과점시장 및 독점시장으로

나누어 이들 각 시장에서 수요와 공급이 상호 작용하여 가격이 어떻게 결정되는가를 분석하는 것이다. 따라서 위의 그림으로 표시하면 재화시장을 보는 것이 된다. 제 6 편에서는 요소시장에서의 가격결정이론에 관해 살펴보는데, 가계의 생산요소의 공급과 기업의 생산요소에 대한 수요가 상호 작용하여 생산요소의 균형가격과 균형수급량이 결정된다는 것을 보인다. 그러나, 요소시장에서 가격기구가 작용하여 요소의 가격과 수급량이 결정되면 이에 따라 소득의 분배가 결정되므로, 요소시장에서의 가격결정이론은 분배이론이라고도 부른다. 위의 그림으로 말하면 요소시장에 대해 분석하는 것이다. 제 7 편은 미시경제학의 결론부분으로서 가격기구에 의한 자원배분에 대해 평가한 후 정부부문에 대해 살펴본다.

3.2 수요와 공급에 의한 균형가격의 결정

위에서 우리는 가격기구의 작용에 의한 국민경제의 운용에 관해 개략적으로 살펴보았다. 이제 그러면 경제학에서 가장 기본적인 개념인 수요와 공급이 상호 작용하여 균형가격 및 균형수급량이 결정된다는 이론에 대해 살펴보기로 하자. 여기서 수요나 공급은 어떤 한 가계나 기업의 수요나 공급을 뜻하는 것이 아니라, 어떤 재화에 대한 모든 가계의 수요 및 모든 기업의 공급, 즉 **시장수요(market demand)**와 **시장공급(market supply)**을 가리킨다. 그러면 우선 첫째로 수요부터 살펴보기로 한다.

수 요

어떤 재화에 대한 수요에 영향을 주는 요인으로는 다음의 몇 가지를 생각할 수 있다.

해당 재화의 가격　어떤 재화의 가격이 상승하면 그 재화에 대한 수요량은 감소하며 가격이 하락하면 수요량은 증가하는 것이 보통이다.

여타 재화의 가격　특히 **대체재(substitute goods)**와 **보완재(complementary goods)**의 가격이 해당 재화에 대한 수요량에 영향을 미친다. 대체재란 쌀과 보리쌀의 경우와 같이 어떤 한 재화의 가격 상승이 다른 재화에 대한 수요증가를 가져오는 경우이다. 한편, 가솔린과 자동차처럼 어떤 한 재화의 가격이 상승할 때 다른 재화에 대한 수요량이 감소하면 이들 두 재화는 서로 보완재의 관계에 있다.

가계의 소득 소비자의 평균소득수준이 상승하면 수요량은 증가하는 것이 일반적이다.

소비자의 기호 소비자의 기호가 변화하면 수요량에 영향을 미친다.

소득분배의 양상 한 나라의 소득분배의 양상도 수요에 영향을 미친다. 즉, 상대적으로 소득분배가 공평한 나라와 불공평한 나라는 수요의 유형이 다를 것인데, 소득분배가 불공평한 국가의 경우에는 사치품에 대한 수요가 많을 것이다.

인구의 크기 인구가 증가할수록 수요량은 커질 것이다.

위의 설명을 기초로 하여 어떤 A라는 재화에 대한 일반적인 **수요함수**(demand function)를 적어 보자.

$$D_A = f(P_A, P_S, P_C, Y, T, W, N)$$

여기서 D_A는 A재화에 대한 수요량을 나타내며, P_A는 A재의 가격, P_S는 A재와 대체재의 관계에 있는 어떤 재화의 가격, P_C는 A재와 보완재의 관계에 있는 어떤 재화의 가격, Y는 소비자들의 평균소득수준, T는 소비자들의 기호, W는 소득분배의 양상, 그리고 N은 인구의 크기를 표시한다.

이 때 특히 유의할 것은 수요량의 개념이다. 위의 일반적인 수요함수에서 수요량은 소비자가 실제로 구매한 수량을 나타내는 것이 아니라 소비자가 구매하기를 원하는 의도한 구매량을 뜻한다. 즉, 수요량은 **사후적**(ex post)인 개념이 아니라 **사전적**(ex ante)인 개념이다. 둘째로 위의 일반적인 수요함수에서 수요량은 일정기간 동안의 구매량을 말하는 **유량**(flow)개념이며, 일정한 시점에서의 구매량을 나타내는 **저량**(stock)개념이 아니다. 따라서, 수요량을 말할 때에는 반드시 1주일, 1개월, 1년 동안의 수요량 등 기간을 명시하여야만 한다.

일반적인 수요함수는 부분균형분석방법을 사용하여 단순화시킬 수 있다. 즉, 위의 일반적인 수요함수에서 A재에 대한 수요량에 영향을 주는 요인으로 A재의 가격만 남겨 놓고 **다른 모든 것은 일정하다**(other things being equal:

표 3-1 수요표

단위당 가격(P_A)	단위기간당 수요량(D_A)
9	20
8	30
7	40
6	50
5	60

ceteris paribus)고 가정하면 다음의 수요함수를 얻게 된다.

$$D_A = f(P_A)$$

이것이 우리가 보통 사용하는 수요함수이다. 즉 수요함수란 수요량과 가격 사이의 함수관계를 말한다.

이제 간단한 실례를 하나 들어 보기로 하자. 가상적인 수요함수가 다음과 같이 선형의 1차함수라고 생각해 보자.

$$D_A = 110 - 10P_A$$

위의 수요함수를 토대로 **수요표**(demand schedule)를 만들어 보면 〈표 3-1〉과 같다.

그림 3-2 수요곡선

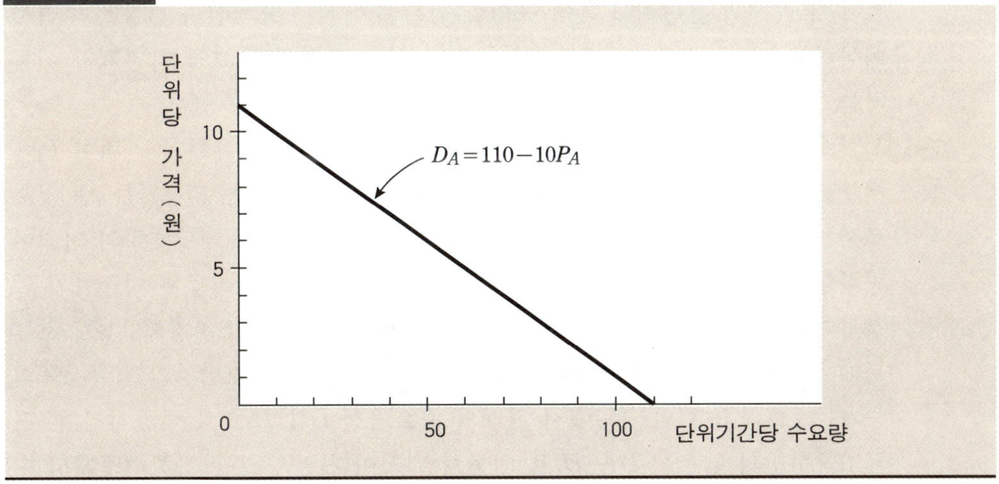

그림 3-3

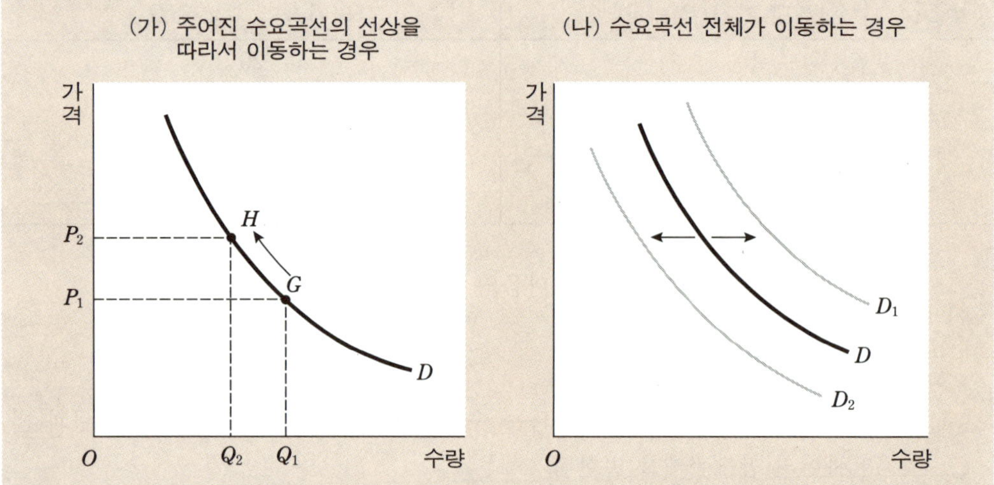

또한, 위의 수요함수에 기초하여 **수요곡선**(demand curve)을 그려보면 [그림 3-2]와 같다.

이 그림이 나타내는 것처럼 수요곡선은 부(-)의 기울기를 가지고 있어서 우하향(downward to the right)의 형태를 취한다. 이를 풀이하면 재화의 가격이 하락할수록 수요량은 증가하며 가격이 상승할수록 수요량은 감소한다는 것이 되는데, 이를 **수요의 법칙**(law of demand)이라고 부른다.

수요곡선과 관련해서 특히 유의할 점은 주어진 수요곡선의 선상을 따라서 이동하는 것(movement along the demand curve)과 수요곡선 전체가 이동하는 것(shift in the demand curve)을 명확하게 구별하는 일이다.

[그림 3-3]의 (가)에서 점G로부터 점H로의 이동은 재화의 가격이 P_1에서 P_2로 상승함에 따라서 수요량이 Q_1에서 Q_2로 감소하는 것을 나타낸 것으로서 수요곡선의 선상을 따라서 이동하는 경우이다. 이는 해당재화의 가격이 변화할 때 일어나는 것이다. 이에 반해 수요곡선 전체의 이동은 지금까지 일정하다고 가정하였던 여타 재화의 가격, 소비자의 소득, 소비자의 기호, 소득분배 및 인구가 변화할 때 일어나는 것이다. 예를 들어, 소비자의 평균소득의 증가는 [그림 3-3]의 (나)에서 원래의 수요곡선 D를 D_1으로 이동시키며, 평균소득수준의 감소는 D를 D_2로 이동시킬 것이다. 즉, 모든 가격수준에서 수

요량은 증가하거나 또는 감소하게 되는 것이다.

공　급

어떤 재화의 공급에 영향을 주는 요인으로는 다음의 몇 가지를 생각할 수 있다.

해당재화의 가격　어떤 재화의 가격이 상승하면 기업들의 그 재화에 대한 공급량은 증가하며, 가격이 하락하면 공급량은 감소하는 것이 보통이다.

생산요소의 가격　어떤 재화를 생산하는 데 사용되는 생산요소의 가격이 변화하면 이는 그 재화의 공급량에 영향을 미친다. 예를 들어, 노동의 가격인 임금의 인상은 노동을 생산과정에서 상대적으로 많이 사용하여 생산되는 어떤 재화를 공급하는 기업들의 이윤을 감소시킴에 의해 그 재화의 공급량은 줄어들 것이다.

기술수준　어떤 재화를 생산하는 데 있어서 기술진보가 일어나면 그 재화의 공급량은 증가할 것이다.

정부의 조세부과와 보조금 지급　정부가 기업이 부담하는 조세를 인상하면 생산비가 상승하여 공급량은 감소하게 되며, 반대로 기업에게 보조금을 지급하면 공급량은 증가할 것이다.

기후　농산물의 경우에는 기후도 공급량에 영향을 미친다.

위의 설명을 기초로 하여 어떤 A라는 재화에 대한 일반적인 **공급함수**(supply function)를 적어 보면 다음과 같다.

$$S_A = g(P_A,\ P_L,\ P_K,\ T_e,\ R,\ W_e)$$

여기서 S_A는 A재의 공급량을 나타내며, P_A는 A재의 가격, P_L은 노동의 단위당 가격인 임금, P_K는 자본의 단위당 가격인 이자율, T_e는 기술수준, R는 정부의 조세부과 및 보조금 지급 그리고 W_e는 기후를 표시한다. 수요량의 경우와 마찬가지로 여기서도 공급량은 기업들이 공급하기를 원하는 의도한 공급량으로서 사전적인 개념이며, 또한 일정한 기간 동안의 공급량을 말하는 유량개념이다.

이제 위의 일반적인 공급함수는 부분균형분석방법을 적용하여 단순화시킬 수 있다. 즉 A재의 공급량에 영향을 주는 요인으로 A재의 가격만 남겨 놓

표 3-2 **공급표**

단위당 가격(P_A)	단위기간당 공급량(S_A)
5	0
6	20
7	40
8	60
9	80

고 나머지 모든 요인은 전과 같이 일정하다고 가정하면, 우리가 보통 말하는 다음과 같은 공급함수를 얻게 된다.

$$S_A = g(P_A)$$

여기서도 단순한 실례를 하나 들어 보기로 하자. 가상적인 공급함수가 다음과 같이 선형의 1차함수로 주어졌다고 하자.

$$S_A = -100 + 20P_A$$

위의 공급함수를 토대로 **공급표**(supply schedule)를 만들어 보면 〈표 3-2〉와 같다.

또한, 위의 공급함수를 기초로 하여 **공급곡선**(supply curve)을 그려 보면

그림 3-4 **공급곡선**

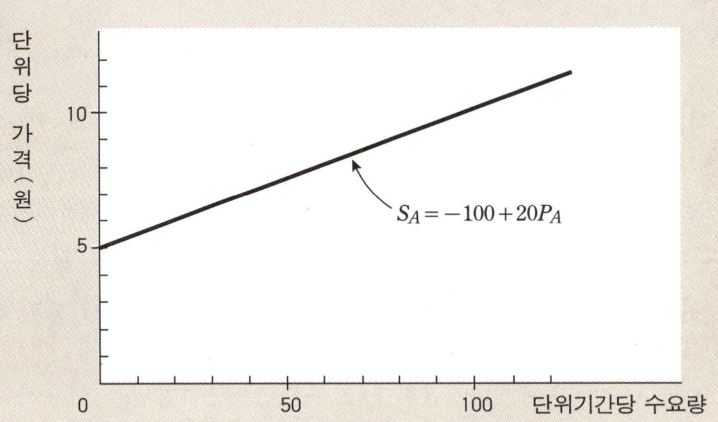

그림 3-5

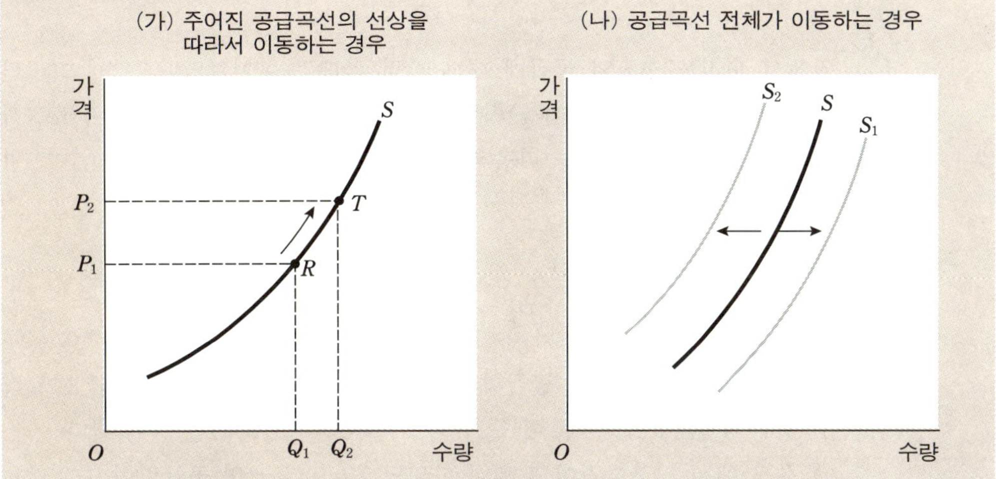

[그림 3-4]와 같다.

이 그림이 나타내는 것처럼 공급곡선은 정(+)의 기울기를 가지고 있어서 우상향(upward to the right)의 형태를 취한다. 즉, 재화의 가격이 상승할수록 공급량은 증가하며 가격이 하락할수록 공급량은 감소한다.

수요곡선의 경우와 마찬가지로 공급곡선의 경우에도 주어진 공급곡선의 선상을 따라서 이동하는 것과 공급곡선 전체가 이동하는 것을 구별하여야 한다. 주어진 공급곡선의 선상을 따라서 이동하는 것은 해당 재화의 가격이 변화할 때 일어난다. 즉, [그림 3-5]의 (가)에서 점 R로부터 점 T로의 이동은 재화의 가격이 P_1에서 P_2로 상승함에 따라서 공급량이 Q_1에서 Q_2로 증가한 것을 나타낸다. 이에 반해 공급곡선 전체의 이동은 일정하다고 가정하였던 생산요소의 가격, 기술수준, 정부의 조세부과와 보조금지급 및 기후 등이 변화할 때 생긴다. 예를 들어, 어떤 재화를 생산하는 데 있어서 기술진보가 일어나 생산비가 감소하게 되면 모든 가격수준에서 공급량이 늘어나므로 [그림 3-5]의 (나)에서처럼 공급곡선 전체가 S에서 S_1으로 이동하게 된다. 반대로 정부가 추가로 조세를 부과하면 생산비가 늘어나 모든 가격수준에서 공급량이 줄어들므로, 공급곡선 전체가 S에서 S_2로 이동하게 된다.

균형가격의 결정

위에서 우리는 수요와 공급에 대해 각각 차례로 살펴보았다. 이제 그러면 수요와 공급이 상호 작용하여 균형가격이 결정되는 것에 관해 살펴보기로 하자. 간단한 실례로 위에서는 다음과 같은 선형의 수요함수와 공급함수를 가정하였다.

$$D_A = 110 - 10P_A$$
$$S_A = -100 + 20P_A$$

위의 간단한 수요함수와 공급함수에 기초하여 만든 수요표와 공급표가 각각 〈표 3-1〉과 〈표 3-2〉인데, 이 둘을 합해 놓으면 〈표 3-3〉을 얻게 된다.

〈표 3-3〉에서 시장가격이 A재 한 단위당 7원보다 크면 공급량이 수요량을 초과하게 되어 **초과공급**(excess supply)이 발생하므로 시장가격은 하락하게 된다. 반대로 시장가격이 7원보다 낮으면 수요량이 공급량을 초과하게 되어 **초과수요**(excess demand)가 발생하므로 시장가격은 상승하게 된다. 오직 시장가격이 A재 한 단위당 7원인 경우에 모든 가계가 원하는 수요량과 모든 기업이 의도한 공급량이 일치하게 되므로 시장가격은 더 이상 변화하지 않는다. 이와 같이 의도한 수요량과 공급량을 일치시켜 더 이상 가격이 변동되지 않을 때 그 가격을 **균형가격**(equilibrium price)이라고 부르며, 이 때의 수량을 **균형수급량**(equilibrium quantity)이라고 한다. 위의 예에서 균형가격은 7원이며 균형수급량은 40단위이다.

표 3-3 균형가격 및 균형수급량의 결정(1)

단위당 가격(P_A)	단위기간당 수요량(D_A)	단위기간당 공급량(S_A)	가격의 변화방향
9	20	80	하락
8	30	60	하락
7	40	40	균형
6	50	20	상승
5	60	0	상승

그림 3-6 균형가격 및 균형수급량의 결정(2)

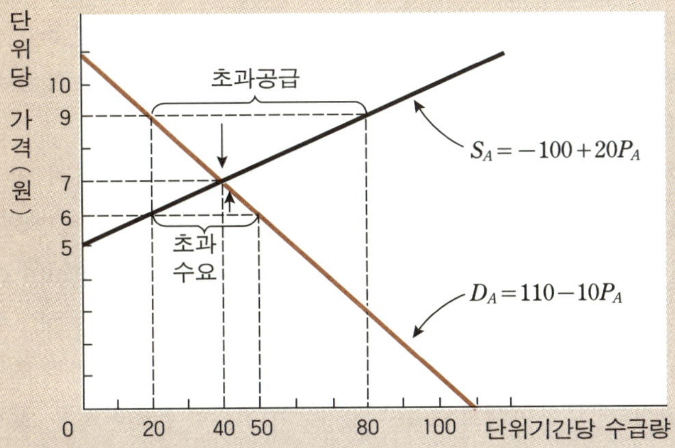

우리는 그림을 사용해서도 이를 보일 수 있다. [그림 3-6]은 다만 [그림 3-2]의 수요곡선과 [그림 3-4]의 공급곡선을 합해 놓은 것이다.

[그림 3-6]에서 만일 시장가격이 9원이라면 의도한 수요량은 20단위인 데 비해 의도한 공급량은 80단위이므로 60단위만큼의 초과공급이 발생하여 시장가격은 하락하게 된다. 반면에 시장가격이 6원이라면 의도한 공급량은 20단위인 데 비해 의도한 수요량은 50단위가 되어 30단위만큼의 초과수요가 발생하게 되고 따라서 시장가격은 상승한다. 오직 시장가격이 7원인 경우에만 의도한 수요량과 공급량이 각각 40단위로서 일치하므로 더 이상 가격이 변화할 필요가 없게 된다. 즉 균형가격과 균형수급량은 수요곡선과 공급곡선이 서로 만나는 데서 결정된다.

균형가격과 균형수급량은 수요함수와 공급함수를 연립방정식으로 놓고 해를 구함으로써 찾을 수도 있다.

$$D_A=110-10P_A$$
$$S_A=-100+20P_A$$

위의 연립방정식에서 $D_A=S_A$일 때가 균형상태이므로 다음 식을 풀면 균형가격은 7원이 된다.

$$110-10P_A=-100+20P_A$$

이 값을 위의 두 식 가운데 어느 곳이든 대입하면 균형수급량 40단위를 얻게 된다. 이상에서와 같이 〈표 3-3〉을 사용하거나 [그림 3-6]을 이용하거나 또는 연립방정식의 해를 얻음에 의해 우리는 모두 균형가격 및 균형수급량을 결정할 수 있다.

지금까지 우리는 수요와 공급이 상호 작용하여 균형가격 및 균형수급량이 결정된다는 것을 세 가지 서로 상이한 방법을 이용하여 설명하였다. 현재 경제학에서는 균형가격, 균형수급량 등의 **균형개념**(equilibrium concept)을 매우 중시하고 있다. 사실 경제학은 현재 이러한 균형개념들을 중심으로 하여 구축되어 있다고 볼 수 있다. 이것이 가지는 의미는 기본적으로 경제학자들이 경제현상을 균형현상으로 본다는 것이다. 즉 경제현실은 일시적으로는 불균형 현상을 보일 수 있으나 궁극적으로는 가격기구 또는 "보이지 않는 손"이 작용하여 균형상태로 되돌아가고 만다는 것이다.

주요개념

세 가지 기본문제　가격기구(시장기구)　보이지 않는 손　재화시장
요소시장　경제주체: 가계, 기업, 정부　시장수요　시장공급
대체재　보완재　사전적(ex ante)　사후적(ex post)　유량　저량
수요함수　수요표　"다른 모든 것은 일정하다면"(ceteris paribus)
수요곡선　수요의 법칙　공급함수　공급표　공급곡선　초과수요
초과공급　균형가격　균형수급량　균형개념

요 약

1. 자원의 희소성 때문에 모든 형태의 국민경제는 세 가지 기본문제, 즉 어떤 재화를 얼마만큼씩 생산하며 어떤 생산방법을 사용하여 생산하고 생산된 재화를 누구에게 분배할 것인가를 반드시 해결해야만 한다.

2. 자본주의경제에서는 가격기구, 시장기구 또는 보이지 않는 손이 작용하여 세 가지 기본문제를 자동적으로 푼다.

3. 재화의 가격이 하락할수록 수요량은 증가하며 가격이 상승할수록 수요량은 감소하는데, 이를 수요의 법칙이라고 한다.

4. 주어진 수요곡선의 선상을 따라서 이동하는 것은 가격이 변화할 때 일어나며, 수요곡선 전체의 이동은 일정하다고 가정하였던 다른 재화의 가격, 소비자의 소득, 기호, 소득분배 및 인구 등이 변화할 때 발생한다.

5. 가격이 상승할 때 공급량은 증가하므로 공급곡선은 우상향의 형태를 취한다.

6. 시장수요와 시장공급이 사전적으로 일치하는 데에서 균형가격과 균형수급량이 결정된다.

연습문제

1. 자원이 무한대로 존재한다고 가상하면 세 가지 기본문제는 생기지 않는다. 그 이유를 설명하라.

2. 농업생산에 있어서 미국은 대형 트랙터 등을 사용하며, 한국, 일본, 대만 등은 노동력을 집약적으로 사용하는 이유는 무엇인가?

3. 가격기구가 작용해서 경제의 세 가지 기본문제가 자동적으로 해결됨을 보여라.

4. 두 가지 자원배분기구인 시장과 계획(market vs plan)을 상호 비교하면서 평가하라.

5. 대체재와 보완재의 실례를 들어보라.

6. "한국의 소득분배의 불균등도는 선진국과 대체로 비슷하다. 프랑스와 이탈리아보다는 다소 공평하고, 영국과 스칸디나비아제국보다는 불공평하며, 미국과 캐나다와 비슷하다. 반면에 대만은 자본주의 국가들 중에서 제일 공평한 나라이다. 따라서, 한국에 비해 대만에는 화려한 백화점이나 상점들이 별로 없다" 이 관찰에 대해 논평하라. (Tibor Scitovsky, "Economic Development in

Taiwan and South Korea," Gerald M. Meier(ed.), *Leading Issues in Economic Development*, Oxford University Press, Oxford, 1995.)

7. 유량과 저량의 실례를 들어보라.

8. 쌀에 대한 수요곡선은 다음 중 어떤 것이 변화한다고 가정하는가?

   ① 쌀의 가격 ② 보리쌀의 가격

   ③ 소비자의 소득 ④ 소비자의 기호

제 4 장

수요와 공급의 탄력도

제 4 장에서는 각종의 탄력도에 대해서 알아본다. 먼저 가격이 변화할 때 수요량이 얼마나 변화하는가를 보이는 수요의 가격탄력도는 총수입의 변화방향을 가리켜 준다. 이밖에 수요의 소득탄력도는 소득이 변화할 때 수요량의 변화정도를 나타내며, 수요의 교차탄력도는 한 재화의 가격이 변화할 때 다른 어떤 재화에 대한 수요량이 얼마나 변화하는가를 보여 준다. 한편 공급의 가격탄력도의 크기는 장기일수록 커지게 마련이다.

수요곡선이나 공급곡선을 보면 어떤 재화의 가격이 변화할 때 수요량과 공급량이 어떤 '방향' 으로 변화하는가를 쉽게 알 수 있다. 즉, 가격이 상승하면 수요량은 감소하며 공급량은 증가하고, 반대로 가격이 하락하면 수요량은 증가하고 공급량은 감소한다는 것을 볼 수 있다. 그러나 구체적으로 가격이 변화할 때 과연 어느 '정도' 나 수요량이나 공급량이 변화하는가를 알기 위해서는 마샬(Alfred Marshall)이 고안한 탄력도(coefficient of elasticity)의 개념을 이해해야만 한다. 일반적으로 탄력도란 종속변수의 변화율을 독립변수의 변화율로 나눈 것이다. 예를 들면, $y=f(x)$의 함수에서 y는 종속변수이며 x는 독립변수이므로 탄력도(e)는 다음과 같이 정의된다.

$$e=\frac{\frac{\Delta y}{y}}{\frac{\Delta x}{x}}$$

아래에서는 정부나 기업이 현실적으로 정책결정을 내릴 때 많은 도움을 주는 탄력도의 개념을 수요의 탄력도와 공급의 탄력도로 나누어 자세히 살펴보기로 한다.

4.1 수요의 탄력도

수요의 가격탄력도

(1) 점탄력도

수요의 탄력도 가운데서도 가장 중요한 것은 가격이 변화할 때 수요량이 어느 정도나 변화하는가를 보이는 **수요의 가격탄력도**(price elasticity of demand; e_d)이다. 수요의 가격탄력도는 수요량(q)의 변화율을 가격(p)의 변화율로 나눈 것으로서 다음과 같이 정의할 수 있다.

$$e_d = \frac{\frac{\Delta q}{q}}{\frac{\Delta p}{p}} = \frac{\Delta q}{\Delta p} \cdot \frac{p}{q}$$

여기서 e_d의 값은 수요곡선이 우하향의 형태를 취하므로 언제나 부(-)의 값을 갖게 되나 절대치를 택하여 부의 기호는 무시하는 것이 관례로 되어 있다.

수요의 가격탄력도는 어떤 주어진 수요곡선의 한 점에 대해서 계산할 수 있는데 이를 **점탄력도**(point elasticity)라고 한다. 이제 [그림 4-1]을 이용하여 점탄력도를 계산해 보기로 하자.

수요곡선 ABC상의 한 점인 B에서의 수요곡선의 기울기인 $\frac{\Delta p}{\Delta q}$는 $\frac{BD}{DC}$가 되므로 그 역인 $\frac{\Delta q}{\Delta p}$는 $\frac{DC}{BD}$이다. 또한, 점 B에서의 $\frac{p}{q}$는 $\frac{BD}{OD}$이다. 따라서 점 B에서의 수요의 가격탄력도는 다음과 같이 계산할 수 있다.

$$e_d = \frac{\Delta q}{\Delta p} \cdot \frac{p}{q} = \frac{DC}{BD} \cdot \frac{BD}{OD} = \frac{DC}{OD}$$

이 때 $DC=OD$이면 $e_d=1$이 되는데 이를 수요가 **단위탄력적**(unitary elastic)이라고 하고, $DC>OD$이면 $e_d>1$이 되는데 이를 **탄력적**(elastic)이라

그림 4-1 점탄력도의 산출(1)

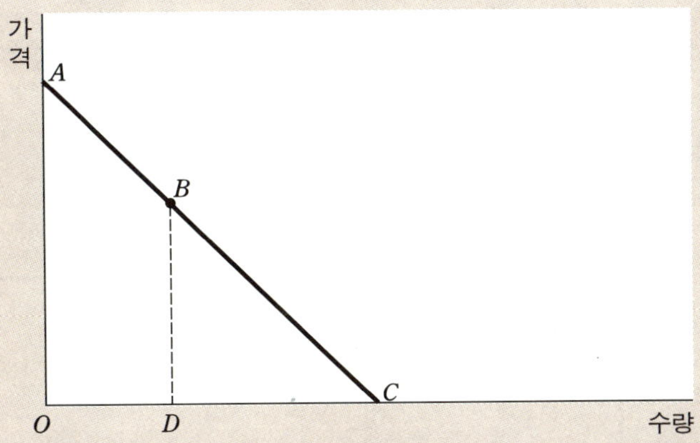

고 부르며, $DC < OD$이면 $e_d < 1$이 되는데 이를 **비탄력적(inelastic)**이라고 한다. [그림 4-2]가 $OD = DC$라고 놓고 이 세 가지 경우를 표시하고 있다.

여기서 볼 수 있는 것은 동일한 수요곡선상에서도 점마다 수요의 가격탄력도가 다르다는 것이다. 즉 [그림 4-2]에서 수요곡선 ABC의 기울기(slope)는 모든 점에서 동일하나 탄력도는 점마다 다르다. 따라서 일반적으로 말해

그림 4-2 수요가 탄력적, 단위탄력적 및 비탄력적인 경우

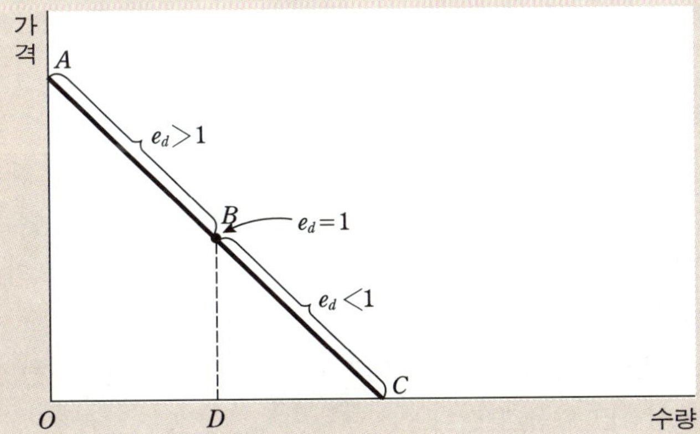

그림 4-3 수요의 가격탄력도가 일정한 수요곡선

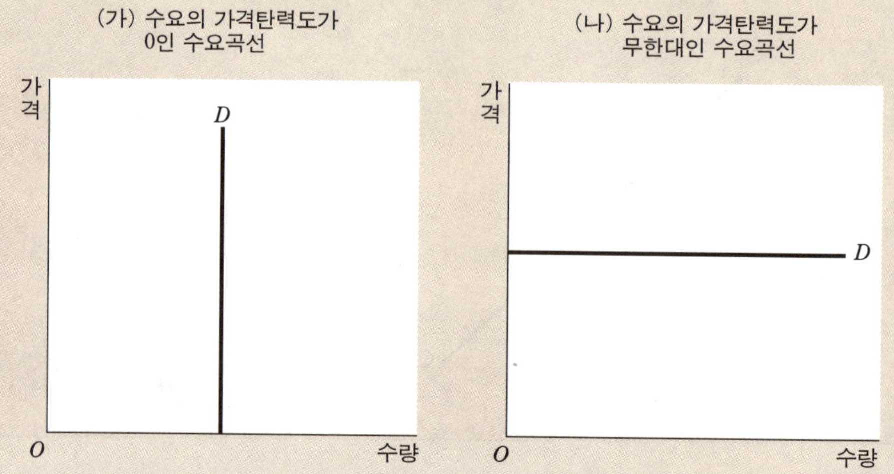

수요곡선의 기울기만 가지고서는 수요의 가격탄력도를 알 수 없는 것이다. 다만 [그림 4-3]이 보이는 것처럼 두 극단인 경우에 한하여 수요의 가격탄력도는 일정하다. 즉, [그림 4-3]의 (가)는 수요곡선이 수직선인 경우로서 가격이 아무리 변화하여도 수요량은 일정하므로 수요의 가격탄력도는 0이 되고, [그림 4-3]의 (나)는 수요곡선이 수평선인 경우로서 가격이 일정한데도 수요량은 무한대로 변화하므로 수요의 가격탄력도는 무한대가 된다.

수요곡선이 [그림 4-1]에서처럼 직선이 아니고 곡선의 형태를 취하고 있는 경우에도 점탄력도를 구하는 방법은 동일하다. 이제 수요곡선이 [그림 4-4]와 같을 때 점 B에서의 수요의 가격탄력도를 구해 보자. 이를 위해서는 점 B에 접하는 접선을 그리는 것이다. 이 접선이 종축과 만나는 점을 A, 횡축과 만나는 점을 C, 그리고 점 B에서 수직으로 내렸을 때 얻는 점을 G라고 하면 그 이후의 과정은 수요곡선이 [그림 4-1]에서처럼 직선인 경우에 점탄력도를 구하는 방식과 똑같다. 즉 [그림 4-4]에서 점 B에서의 수요의 가격탄력도는 $\frac{GC}{OG}$가 된다.

이렇게 볼 때 수요곡선상의 어떤 한 점에서의 점탄력도는 미분개념을 사용하여 표시하면 다음과 같다.

그림 4-4 점탄력도의 산출(2)

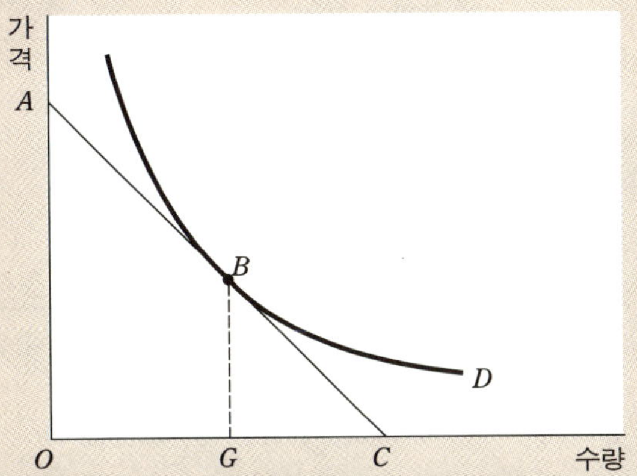

$$e_d = \lim_{\Delta p \to 0} \frac{\Delta q}{\Delta p} \cdot \frac{p}{q} = \frac{dq}{dp} \cdot \frac{p}{q}$$

(2) 총수입의 변화방향

이상에서 우리는 수요의 가격탄력도를 점탄력도로 설명하였다. 수요의 가격탄력도가 현실적으로 중요한 의미를 갖게 되는 까닭은 이것이 기업들의 총수입의 변화방향을 가리켜 주기 때문이다. 총수입은 가격(p)과 수량(q)을 곱한 pq이다.

첫째로, 수요의 가격탄력도의 크기가 1인 경우, 즉 어떤 재화에 대한 수요가 단위탄력적인 경우를 보자. 만일 이러한 성격을 가지는 재화의 가격을 인상하는 경우에는 가격의 상승률과 수요량의 감소율이 동일하므로 총수입에는 전혀 변화가 없게 된다. 가격이 하락하는 경우에도 가격의 하락률과 수요량의 증가율은 동일하므로 총수입에는 변화가 없다. 수요의 가격탄력도가 1인 어떤 재화의 경우, 예를 들어 그 재화의 가격을 10% 인상시키면 수요량도 10% 감소하므로 $p \times q$=총수입은 일정하게 된다. 반대로 가격을 10% 인하시키면 수요량도 같은 비율인 10% 증가하므로 역시 총수입은 일정한 것이다.

둘째로, 수요의 가격탄력도가 1보다 큰 재화, 즉 수요가 탄력적인 재화의 경우를 보자. 이 때 가격이 상승하면 가격의 상승률보다 수요량의 감소율이 더 크므로 총수입은 감소하게 된다. 반대로 가격을 인하하면 가격의 감소율

표 4-1 수요의 가격탄력도와 총수입

수요의 가격탄력도(e_d)	가격의 변화	총수입의 변화
$e_d>1$	↑ ↓	↓ ↑
$e_d=1$	↑ ↓	— —
$e_d<1$	↑ ↓	↑ ↓

* ↑표는 상승(증가)을 나타내고, ↓표는 하락(감소)을 나타내며, —표는 일정함을 나타낸다.

보다 수요량의 증가율이 더 크므로 총수입은 증가한다.

셋째로, 수요의 가격탄력도가 1보다 작은 재화, 즉 수요가 비탄력적인 재화의 경우를 보자. 이 때 가격을 올리면 가격의 상승률보다 수요량의 감소율이 더 작으므로 총수입은 증가하게 된다. 반대로 가격을 내리면 가격의 하락률보다 수요량의 증가율이 더 작으므로 총수입은 감소하게 된다. 이상의 설명을 다시 요약해 보면 〈표 4-1〉과 같다.

이상의 논의를 기초로 하여 우리는 수요의 가격탄력도가 일정한 또 하나의 수요곡선을 생각할 수 있는데 **직각쌍곡선(rectangular hyperbola)**인 경우가 바로 그것이다. 직각쌍곡선이란 곡선상의 아무 점이나 택하여 이 점에서

그림 4-5 수요곡선이 직각쌍곡선의 형태를 취하는 경우

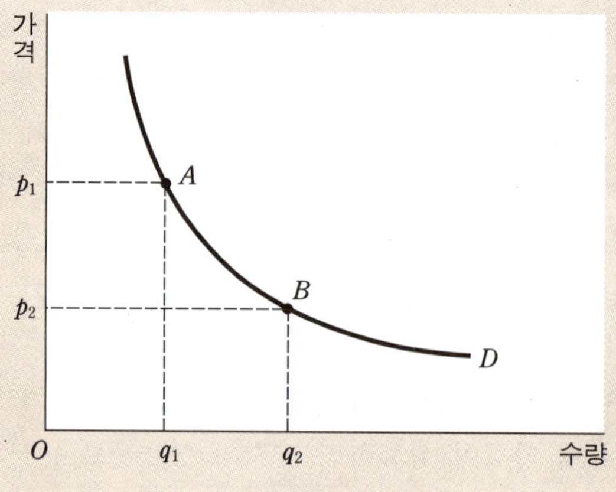

수직으로 직선을 내려 횡축과 만나는 점을 만들고, 수평선을 그려 종축과 만나는 점을 얻어 이 둘을 곱해 면적을 얻으면 그 값이 언제나 일정한 곡선이다. 즉 $pq=k$가 되는데 여기서 k는 일정한 값을 갖는 상수이다. [그림 4-5]를 가지고 보면 수요곡선상에서 임의로 택한 점 A와 점 B로부터 p_1q_1과 p_2q_2를 계산하면 그 값이 똑같은 것이다. 이는 직각쌍곡선상의 모든 점에서 성립한다. 따라서, pq의 값이 일정하므로 직각쌍곡선상의 모든 점에서 수요의 가격탄력도는 1이 된다.

수요의 가격탄력도는 재화별로 다르다. 일반적으로 쌀이나 채소와 같은 필수품은 낮은 수요의 가격탄력도를 나타낸다. 반면에 승용차와 같은 내구소비재는 보다 높은 탄력도를 가지고 있다.

수요의 소득탄력도

지금까지는 수요의 탄력도 가운데서 가장 중요한 수요의 가격탄력도에 관해 살펴보았다. 그러나, 수요에 영향을 주는 요인에는 해당재화의 가격 이외에도 소비자의 소득 및 다른 재화의 가격 등이 있다. 이 가운데 소득이 변화할 때 수요량이 어느 정도나 변화하는가를 나타내는 것이 **수요의 소득탄력도**(income elasticity of demand)이다. 수요의 소득탄력도(e_y)는 다음과 같이 정의될 수 있다.

$$e_y=\frac{\frac{\Delta q}{q}}{\frac{\Delta y}{y}}$$

여기서 y는 소비자의 소득이며 q는 수요량이다.

수요량의 가격탄력도가 언제나 부(-)의 값을 가지는 데 반해 **정상재**(normal goods)의 경우에는 소득이 증가하면 수요량이 늘어나므로 e_y의 값은 일반적으로 정(+)의 값을 가진다. 그러나, 특수한 경우인 **열등재**(inferior goods)는 소득이 증가할 때 수요량은 감소하여 수요의 소득탄력도는 부의 값을 가진다. 수요의 소득탄력도도 재화별로 다르다. 식량이나 의복은 낮은 탄력도를 가지는 반면에 냉장고, 텔레비전 및 승용차 등의 내구소비재는 높은 소득탄력도를 가지고 있다. 따라서 한 나라의 경제성장과 더불어 소득탄력도가 높은 재화에 대한 수요는 상대적으로 크게 증가하게 된다. 또한 어떤 동일한 재화에 대한 수요의 소득탄력도도 경제성장과 더불어 그 값이 변화한다. 예를 들면, 흑백텔레비전에 대한 수요의 소득탄력도는 20년 전과 현재를 비교하면 그 값이 크게 떨어졌을 것이다.

수요의 교차탄력도

다른 어떤 재화(A)의 가격(P_A)이 변화할 때 해당 재화(B)의 수요량(q_B)이 얼마나 변화하는가를 나타내는 것이 **수요의 교차탄력도**(cross elasticity of demand; e_{BA})인데 다음과 같이 정의할 수 있다.

$$e_{BA} = \frac{\frac{\Delta q_B}{q_B}}{\frac{\Delta p_A}{p_A}}$$

일반적으로 e_{BA}가 0보다 크면 A, B 두 재화는 서로 대체재이다. 쌀과 보리쌀이 그 예이다. 만일 e_{BA}가 0보다 작으면 A, B 두 재화는 서로 보완재이다. 석유와 석유난로가 그 예이다.

4.2 공급의 가격탄력도

한 재화의 가격(p)이 상승할 때 공급량(q)이 어느 정도나 증가하는가를 나타내는 것이 **공급의 가격탄력도**(price elasticity of supply; e_s)인데, 다음과 같이 정의할 수 있다.

$$e_s = \frac{\frac{\Delta q}{q}}{\frac{\Delta p}{p}}$$

공급곡선은 일반적으로 우상향의 형태를 가지므로 공급의 가격탄력도의 값도 정(+)의 부호를 가진다. 공급의 가격탄력도는 단기에서보다 가격상승에 대한 충분한 조정이 이루어진 장기에서 더욱 크게 마련이다.

주요개념

수요의 가격탄력도　점탄력도　단위탄력적　탄력적　비탄력적
총수입의 변화방향　직각쌍곡선　수요의 소득탄력도　정상재　열등재
수요의 교차탄력도; 공급의 가격탄력도

요　약

1. 탄력도란 종속변수의 변화율을 독립변수의 변화율로 나눈 것이다.
2. 수요의 가격탄력도는 가격이 변화할 때 수요량이 어느 정도나 변화하는가를 나타낸다.
3. 수요곡선이 직선인 경우 기울기는 동일하나 탄력도는 점마다 다르다.
4. 수요의 가격탄력도가 1인 경우를 단위탄력적, 1보다 큰 경우를 탄력적, 1보다 작은 경우를 비탄력적이라고 한다.
5. 수요곡선이 수직선인 경우, 수평선인 경우 및 직각쌍곡선인 경우의 가격탄력도는 각각 0, ∞ 및 1이다.
6. 수요의 가격탄력도는 기업의 총수입의 변화방향을 가리켜 주므로 중요한 개념이다.
7. 수요의 가격탄력도는 재화별로 다른데, 쌀과 같은 필수품은 낮으며 승용차는 높다.
8. 수요의 소득탄력도는 소득이 변화할 때 수요량이 어느 정도나 변화하는가를 나타내는데, 그 값은 재화별로 다르며 또한 동일한 재화의 경우에도 경제성장과 더불어 변화한다.
9. 공급의 가격탄력도는 가격이 상승할 때 공급량이 어느 정도나 증가하는가를 나타낸다.

10. 공급의 가격탄력도는 단기에서보다 가격상승에 대한 충분한 조정이 이루어진 장기에서 더욱 크다.

연습문제

1. 수요의 가격탄력도(e_d)를 수요량(q)과 가격(p)의 두 변수를 사용하여 정의하라.

2. 수요곡선이 다음과 같이 주어져 있을 때 점 G에서의 점탄력도를 구하라. 또한, $OC=CH$일 때 수요곡선 FGH상에서 수요의 가격탄력도가 단위탄력적, 탄력적, 비탄력적인 구간을 각각 표시해보라.

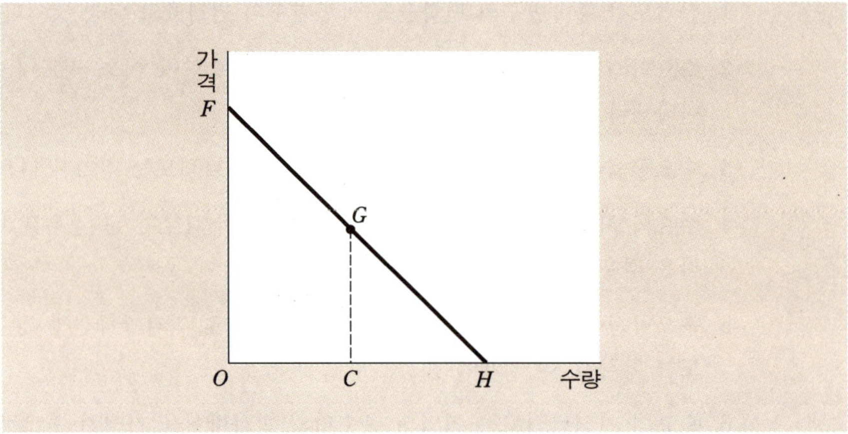

3. 수요곡선이 다음과 같을 때 점 G에서의 수요의 가격탄력도는?

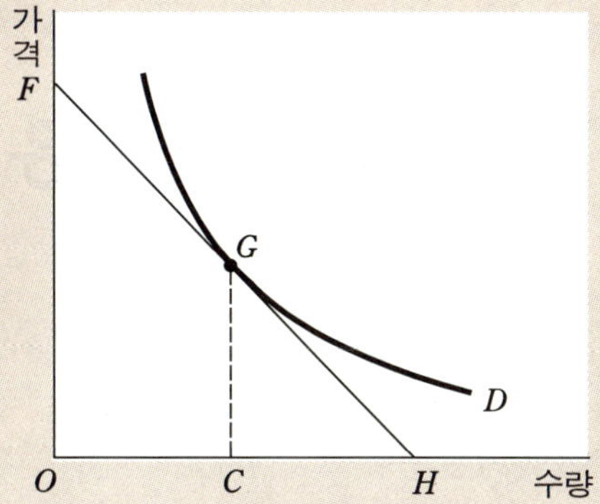

4. 한국 수출기업의 세계시장에서의 점유율은 대개 매우 낮으므로 이 기업이 직면하는 수요곡선은 수평선이 되는데, 이 때의 수요의 가격탄력도는?

5. 쌀의 작황이 풍작일 때 농민들의 총수입이 오히려 감소하였다면 쌀에 대한 수요의 가격탄력도는?

6. 소득이 5% 상승하였을 때 자동차에 대한 수요량이 10% 증가하였다면 자동차에 대한 수요의 소득탄력도의 크기는?

7. 식료품, 의류 및 승용차에 대한 수요의 가격탄력도의 크기를 비교해보라.

8. 석유의 가격이 상승하였을 때 석유난로에 대한 수요량이 감소하여 교차탄력도가 마이너스인 경우 두 재화는 서로 어떤 관계인가?

9. 노량진 수산시장에 공급된 신선한 생선의 양은 어떤 특정한 날에는 고정되어 있을 것이다. 만일 그 날 생선에 대한 수요가 크게 증가하였다면 생선의 가격에 미치는 영향은 어느 정도나 클 것인가?

제 5 장

현실문제에의 응용

제 5 장에서는 수요 · 공급의 분석용구를 한국경제의 실제문제에 적용한 몇 가지 예를 든다. 쌀시장, 최고가격제, 최저임금제, 유류세 부과의 영향 및 배추, 무우, 고추, 마늘 시장에 대한 거미집이론의 적용 등이 그것이다.

수요와 공급은 경제학에서 가장 기본적인 분석용구(analytical tools)이다. 그러나, 단순한 지식의 암기는 의미가 없으며 이 중요한 분석용구를 실제의 경제문제를 이해하기 위하여 응용할 수 있는 능력을 배양하여야 한다. 다음의 몇 가지 예는 실제문제를 이해하기 위하여 수요, 공급의 분석용구를 적용한 것을 보이고 있다.[1]

5.1 쌀 시장

쌀은 우리 국민의 주곡이며, 식량안보의 유지와 식량난을 겪고 있는 북한과의 장래 교류협력에 대비하여 자급 기반을 유지하는 일은 매우 중요한 과제이다. 또한 2001년 현재 농가의 농업소득 가운데 쌀 소득의 비중은 53.7%로 반 이상을 차지하고 있고, 전체농가소득 중에서도 25.3%를 점유함으로써 농촌의 중요한 소득원천이다.

1) 경제현실을 이해하고 설명하기 위하여 경제분석을 적용한 좋은 참고문헌으로는 다음을 참조할 것. 강태진 · 유정식 · 홍종학, 『미시적 경제분석』, 박영사, 1996.

그림 5-1 쌀 시장

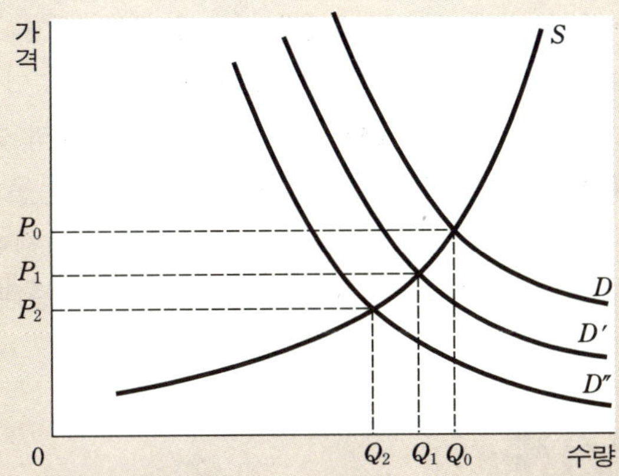

그러나 생산성 향상으로 쌀의 생산은 기상재해에도 안정적이나, 1인당 쌀 소비량은 '90년 이후 10년 동안 21.7%나 감소하였다. 이에 따라 쌀의 재고량이 2001년 말에는 1,000만 석을 넘어섰다. 즉, 쌀시장이 수급불균형을 보이고 있는 것이다. 2001년 가을의 수확기에는 쌀값이 80kg 한 가마당 15만원까지 떨어졌다. 위의 [그림 5-1]이 이를 보여준다.

위의 그림이 보이는 대로 생산은 기상이 나쁜 때에도 안정적인 생산기반이 구축되어 있으나, 수요는 기호와 소득의 변화로 계속 감소함으로써 과잉재고가 누적되어 쌀값은 떨어지고 있다. 쌀의 공급과잉은 또한 단경기와 수확기의 쌀값 계절 진폭도 2001년에 불과 0.3%밖에 안되게 만들었으며 이는 쌀의 유통시장을 위축시키는 결과를 초래하였다.

한국은 지난 UR협상에서 개발도상국 지위를 인정받아 쌀 시장의 개방을 10년간 뒤로 미룰 수 있었다. 그 결과 시장개방의 충격은 그리 크지 않았다. 즉, 쌀의 수입관세화 대신에 '95년 국내소비량의 1%로부터 2004년에는 4%까지 **최소시장접근**(minimum market access; *MMA*)을 허용하였다. 아울러 **국내보조금**(aggregate measurement of support; *AMS*)도 10년 동안 매년 750억원씩 전체의 35.5%를 감축하기로 함으로써 쌀의 수매가를 동결해도 매년 수매량을 27만석씩 감축해야만 한다.

그러나 국산 쌀이 미국, 중국산에 비해 가격이 5~6배나 차이가 나는 현실에서 2003년에 시작될 **세계무역기구**(World Trade Organization; WTO)의 **뉴라운드 협상**에서는 한층 강도 높은 쌀 시장 개방압력에 직면하게 될 것이다. 이에 대비하기 위해 첫째로 생산을 사전에 계획적으로 제한하는 **생산조정제**를 실시하여 적정생산을 유지하고 **정부비축제도**를 도입하는 등 쌀의 수급균형을 도모해야만 한다. 둘째로 논농업의 **비교역적 기능**(non-trade concerns; *NTC's*)을 보상하기 위해 2001년에 도입한 논농업 **직접지불제**를 확충해야만 한다. 셋째로 고품질 쌀의 차별화정책을 강화해야 하며, 쌀의 전업농을 중심으로 영농의 규모를 키우고 생산의 효율성을 증대시켜야 한다.

5.2 최고가격제

정부는 흔히 어떤 재화의 최고가격을 지정하는 때가 많다. 즉, 일정한 가격수준 이상으로 어떤 재화의 가격이 상승하는 것을 허락하지 않는 것이다. 이러한 **최고가격제**의 실시는 주로 인플레이션의 발생을 억제하기 위하여 채택되는 것이다. 재화 이외에도 서비스나 생산요소의 가격에 대해서도 최고가격을 지정하는 경우가 흔하다. [그림 5-2]가 최고가격제의 운영에 관하여 보

그림 5-2 최고가격제

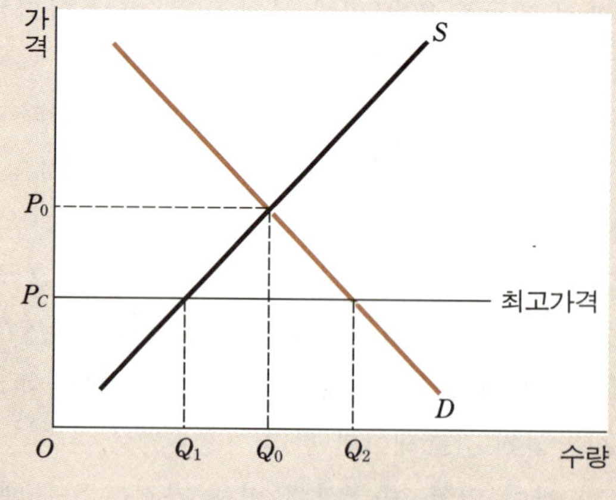

이고 있다.

여기서 균형가격은 P_0수준이 될 것이나 정부가 P_c를 최고가격으로 지정하였다고 하면 이 최고가격수준에서는 Q_2-Q_1만큼의 초과수요가 존재하게 된다. 이 때는 가격기구에 의해서는 재화를 배분할 수 없게 되며 어떤 다른 배분장치가 필요하게 되는 것이다. 예를 들면, 긴 줄을 서게 하여 먼저 온 사람부터 재화가 바닥이 날 때까지 배분하는 것도 한 방법이 될 수 있다. 가격기구가 없는 사회주의국가에서 흔히 보는 것이 바로 이것이다. 그러나, 이러한 상황 아래에서는 자연히 **암시장**이 성립하게 될 것이고 여기서의 가격은 정부가 지정한 최고가격을 웃도는 것이 보통이다.

이와 같이 정부가 시장기구의 작동에 개입하는 경우에는 각종 부작용과 비효율이 초래된다. 제품의 양이 줄어든다거나 품질이 나빠지는 일도 생길 수 있다. 또한, 전세금의 동결에서 보듯이 단기에는 서민들의 주거비가 줄어드나 장기적으로는 주택임대에 대한 수익률이 낮아져 신규의 임대주택 건설이 감소함으로써 오히려 전세금이 상승하게 된다.

5.3 최저임금제

앞의 5.2에서는 정부가 시장기구에 개입하여 어떤 재화나 서비스 및 생산요소의 가격이 일정한 수준 이상으로 상승하는 것을 막기 위하여 최고가격을 지정하는 경우에 대하여 살펴보았다. 정부가 최고가격을 정하는 것은 특히 전시중 광범위하게 실시되며 평화시에도 중요한 재화나 서비스 및 생산요소의 최고가격을 법으로 정하는 경우가 적지 않다.

그러나 정부는 또한 어떤 재화,[2] 용역 및 생산요소의 최저가격을 지정하

---

2) 전세계적으로 널리 시행되는 것이 농산물의 최저가격제이다. 특히, 미국의 경우 농업생산성의 증가율은 1900~1980년의 기간 중 제조업에 비해 2배나 빨라서 농부 1인당 산출량이 10배나 증가한 반면에, 농산물에 대한 수요의 소득탄력도는 낮아서 장기적으로 공급과잉상태에 빠져 있으므로 농민의 소득을 적정한 수준으로 유지하기 위하여 최저가격제, 경작면적제한 및 보조금 지급 등을 실시해오고 있다. 미국의 농업문제에 대해서는 R.G. Lipsey, P.N. Courant, P.O. Steiner, D.D. Purvis, *Economics* 10th ed., 1993, Ch. 6을 참조.

그림 5-3 **최저임금제**

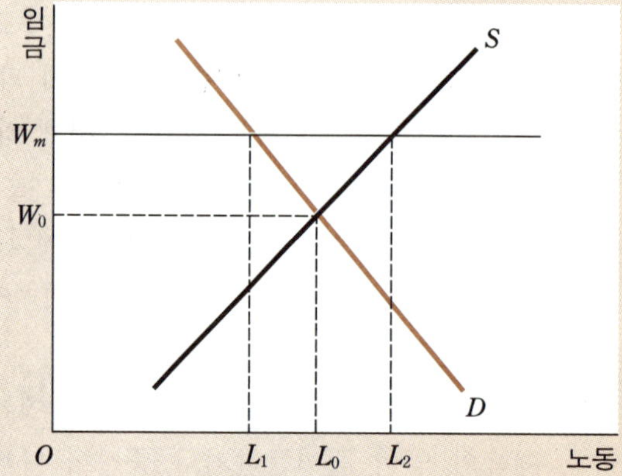

기도 하는데 노동의 가격인 임금에 대하여 **최저임금제**를 실시하는 것이 대표적인 보기이다. 사실 노동시장이라고 하여도 그 안에는 종류가 다른 수많은 노동시장이 존재하고 있으며, 그 각각의 노동시장에서 수요와 공급이 만나 서로 질이 다른 노동자들의 임금이 결정될 것이다. 만일 편의상 전체의 노동시장을 크게 두 부류로 나누어 숙련노동시장과 비숙련노동시장으로 나눈다면 최저임금제의 영향을 받는 것은 후자인데, 그 이유는 숙련노동자의 임금은 최저임금수준보다 훨씬 더 높은 데서 결정될 것이기 때문이다.

이제 [그림 5-3]을 이용하여 최저임금제의 영향을 살펴보기로 하자.

이 그림은 위에서 지적한 바와 같이 비숙련노동시장을 나타낸다. 정부의 시장기구에 대한 개입이 없다면 균형임금은 노동에 대한 수요와 공급이 서로 만나는 W_0에서 결정되며 이 때의 고용량은 L_0가 된다. 그러나 정부가 비숙련노동자의 최저임금을 균형임금수준보다 높은 W_m에서 책정한다면 비숙련노동의 공급은 L_2에 달하나 수요는 L_1에 불과하여, L_2-L_1만큼의 초과공급이 있게 되며 실제의 고용량은 L_1에 머물게 된다. 즉 최저임금제의 실시로 비숙련노동자의 고용은 L_0-L_1만큼 줄게 된 것이다. 물론 일자리를 그대로 가지고 있는 비숙련노동자들은 최저임금제의 시행으로 이익을 보게 되나 일자리가 없는 비숙련노동자들은 오히려 큰 피해를 입게 되는 것이다. 이러한 측면에서 본다면 최저임금제는 이 법이 보호하려고 하는 비숙련노동자에게 오히려 일자리를 잃게 하는 부작용을 파생시키게 된다.

최저임금제의 영향에 대한 분석에서 우리가 얻는 교훈은 정부가 시장기구에 개입하는 것이 전연 의도하지 않은 부작용을 초래할 수 있으므로 조심할 필요가 있다는 것이다. 즉, 시장기구의 힘은 그 자체로서 매우 강력하기 때문에 최저임금제의 경우에서 보는 것처럼 오히려 이 법이 보호하려고 하는 비숙련 저임금근로자들의 일자리를 빼앗음으로써 원래의 의도와는 정반대의 결과를 빚게 되는 것이다.

우리 나라는 그 동안 주로 행정지도를 통하여 저임금을 해소하기 위해 노력해 오다가 1988년 1월부터 드디어 최저임금제를 실시하게 되었다.[3)]

소득분배의 개선을 통한 형평의 증진이 우리 사회의 주요한 과제임을 참작할 때 최저임금제의 실시가 지니는 의의는 매우 크다. 또한, 경제성장이 지속됨에 따라서 종래와 같이 저임금에 기초한 수출증대에서 벗어나 생산성의 향상이나 기술혁신에 힘입은 경제성장이 요청되는 단계에 와 있으므로 한 단계 더 높이 뛰어 오르기 위해서도 최저임금제는 필요한 것이었다.

그 후 최저임금제는 2000년부터 근로자를 고용하는 모든 사업장에 확대적용되었으며, 2001년에는 최저임금액이 시간급으로는 2,100원, 일급으로는 16,800원, 그리고 월환산 최저임금액은 47만 4,600원으로 책정되었다.[4)]

5.4 유 류 세

이제 여기서는 정부가 새롭게 간접세인 유류세를 부과하였을 때 이를 실제로 누가 부담하게 되는가 하는 **조세의 귀착**(incidence of tax) 문제를 수요, 공급의 용구를 사용하여 분석해 보기로 하자. [그림 5-4]에서 S는 석유의 공급곡선, D는 석유에 대한 수요곡선을 나타내며 점 E는 조세부과 이전의 균형상태를 나타낸다.

점 E에서 균형가격은 1갤런당 3,000원이며 균형수급량은 12만 갤런이다. 이제 간접세인 유류세를 공급자에게 매 1갤런당, 1,000원씩 부과한다고 가정

3) 최저임금제 이외에도 1988년부터 농어촌의료보험제와 국민연금제도 동시에 실시되었다.
4) 노동부, 「2001 노동백서」, 2002년판, 2002. 7, pp. 268~274.

그림 5-4 유류세부과의 영향

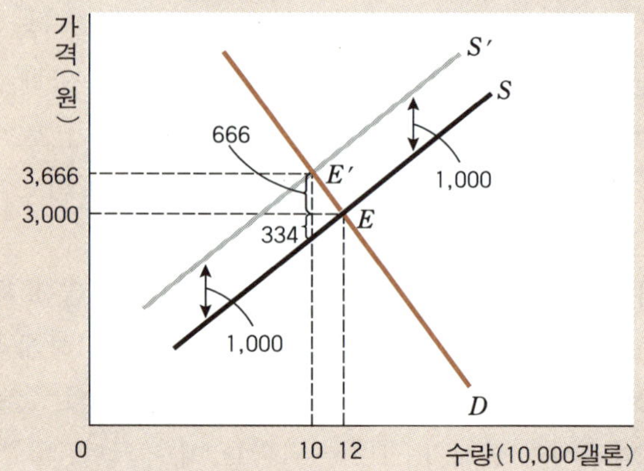

해 보자. 이는 석유에 대한 수요곡선에는 아무런 영향을 주지 않고 공급곡선만을 S로부터 S'으로 평행하게 수직으로 위로 1,000원의 구간만큼 이동시키게 된다. 왜냐하면 유류세의 인상은 공급자의 입장에서는 생산비를 증가시키기 때문이다.

그 결과로 새로운 균형점이 E'이라고 하면 이 때의 균형가격은 1갤런당 3,666원이며 균형수급량은 10만 갤런이 된다. 즉, 석유 1갤런당 3,000원에서 3,666원으로 가격이 인상되었는데 여기서 666원은 소비자가 부담하게 된다. 그러나, 공급자도 3,666원을 받아도 이 중 1,000원은 유류세로 납부하여야 하므로 결국 2,666원만을 받는 것이 되며 따라서 종전의 1갤런당 3,000원보다 약 334원이 적은 것이다. 이렇게 보면 석유 1갤런당 유류세 1,000원을 새롭게 부과하였을 때 이 가운데 약 2/3인 666원은 소비자에게 전가(shift)되며 오직 1/3만을 공급자가 부담하는 것을 알 수 있다.

5.5 거미집이론

농업부문에서는 생산을 하는 데 시간이 걸리는 것이 보통이다. 이 때는 이

번 기의 농산물의 공급량은 바로 전기의 농산물의 가격에 의해 결정된다. 즉, 금기의 수요량은 금기의 가격의 함수인 데 반하여 금기의 공급량은 금기의 가격이 아니라 전기의 가격의 함수인 것이다. 이를 함수로 나타내면 다음과 같다.

$$D_t = f(P_t)$$
$$S_t = g(P_{t-1})$$

여기서 t는 시간을 나타낸다. 예를 들면, 올해의 마늘 값이 비싸면 농가는 내년에 마늘의 생산량을 크게 늘림으로써 내년의 마늘 값은 폭락하게 된다. 내년의 마늘 값이 싸면 농가는 내후년의 공급량을 크게 줄임으로써 내후년의 마늘 값은 크게 상승하게 된다. 그러면 다시 그 다음 해의 생산량을 크게 늘리게 되므로 마늘 값은 다시 폭락하는 순환과정을 겪게 되는 것이다. 미시경제학이 대부분 시간의 개념을 무시하는 **정학**(statics)이나 **비교정학**(comparative statics)으로 구성되어 있는 데 비하여 **거미집이론**(cobweb theorem)은 시간의 경과와 더불어 어떠한 일이 일어나는가를 보는 **동학**(dynamics)에 속한다. 이제 [그림 5-5]를 이용하여 마늘시장에 대해 알아보자. 배추, 무우, 고추 시장에도 똑같은 거미집이론을 적용할 수 있다.

가정하기를 1차년도의 마늘 값이 p_1이라고 하자. 그러면 그 다음 해인 2차

그림 5-5 거미집이론: 마늘시장의 경우

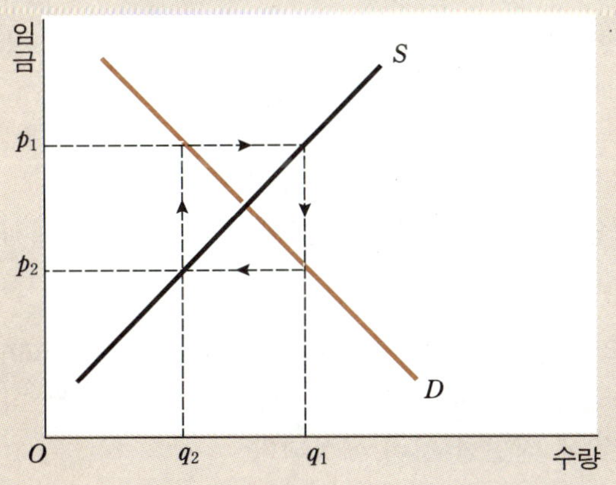

년도에 마늘의 공급량은 q_1이 될 것이다. 공급량 q_1이 수요곡선과 만나는 p_2가 2차년도의 마늘 값이다. 그러면 3차년도의 마늘의 공급량은 q_2가 되어 이 공급량 q_2가 수요곡선과 만나는 점인 p_1이 3차년도의 마늘의 시장가격이다. 이러한 식으로 순환이 일어나는데, 이를 계속되는 진동(persistent oscillations)의 경우라고 한다.

우리는 1997년에 수출주종품목인 반도체가격의 급락으로 경기침체를 겪었다. 그런데 반도체의 경우에도 생산설비의 구축을 위해서는 막대한 투자비와 더불어 상당한 시간이 소요된다. 따라서 농산품의 경우와 비슷하게 반도체 가격의 변동도 거미집이론을 사용하여 설명할 수가 있을 것이다.

주요개념

최소시장접근(MMA)　국내보조금(AMS)　세계무역기구(WTO)
뉴라운드협상　생산조정제　정부비축제도　비교역적 기능(NTC's)
직접지불제　최고가격제　암시장　최저임금제　조세의 귀착
조세의 전가　정학　비교정학　동학　거미집이론

요 약

1. 주곡인 쌀의 자급기반을 유지하는 것은 식량안보나 극심한 식량난을 겪고 있는 북한을 생각할 때 필수적인 과제이다.
2. 쌀 소득은 농가의 농업소득 가운데 절반 이상을 점유하는 주된 소득원천이다.
3. 쌀 생산은 안정적인데 반해 소비는 계속 줄고 있어서 과잉재고가 쌓이는 등 쌀시장의 수급불균형이 심각한 현실이다.
4. UR 협상으로 쌀의 최소시장접근(MMA)을 허용했으며 국내보조금(AMS)을 감축하였다. 그러나 WTO하의 뉴라운드협상으로 더욱 강도높은 쌀시장의 개방압력에 직면할 것이 예상된다.

5. 이에 대비하기 위해 생산조정제, 정부비축제도, 직접지불제 등을 추진해야만 한다.
6. 재화, 서비스, 생산요소에 대한 최고가격제는 각종의 부작용과 비효율을 초래하는 것이 보통이다.
7. 최저임금제의 실시는 저임금계층의 해소라는 긍정적인 측면과 더불어 이 제도가 보호하려고 하는 저임금근로자들의 일자리를 줄일 수 있는 위험이 있다.
8. 유류세를 부과하였을 때 조세부담은 상당 부분이 소비자에게 전가된다.
9. 배추, 무우, 마늘, 고추와 같은 농산물의 공급량은 전기의 가격에 영향을 받는데 거미집이론을 사용하여 분석할 수 있다.

연습문제

1. 쌀의 자급기반 유지가 바람직한 이유를 설명해보라.
2. 쌀 시장이 심각한 수급 불균형을 보이는 까닭은 무엇인가?
3. WTO체제의 출범과 더불어 '93 현재 국제가격으로 약 2조원에 달하는 한국의 농산물가격지지 총액(AMS)을 앞으로 10년 동안에 그 2/3수준인 약 1조 3,600억 원으로 축소해야만 한다. 이것이 농가소득에 미치는 영향에 대해 논의하라.
4. WTO하의 뉴라운드 농업협상에서 쌀 시장 개방압력의 강도는 어느 정도일 것으로 예상하는가? 이에 대한 대비책에는 어떤 것들이 있는가?
5. 정부가 최고가격을 지정할 때 생기는 각종의 부작용과 비효율의 사례를 들어보라.
6. 미국의 농업문제의 핵심은 급속한 생산성 증대에 따른 빠른 공급증대와 이에 따르지 못하는 수요의 완만한 증가에 있다. 이를 수요 · 공급의 분석용구를 사용하여 설명해보라.
7. 최저임금제의 시행이 오히려 저임금근로자에게 손해를 끼칠 수 있다는 논거는 무엇인가?
8. 정부가 간접세인 부가가치세를 부과하였을 때 실질적으로 누가 조세부담을 지

게 되는가를 결정하는 요인은 무엇인가?

9. 우리는 거의 주기적으로 고추, 무우, 배추, 마늘 파동을 겪고 있는데, 그 이유는 무엇인가?

제 3 편

소비자 수요의 이론

요 약

여기서는 수요곡선의 배후에 어떤 원리가 작용하고 있는가를 살펴본다.

제 6 장 기수적인 효용을 가정하는 한계효용분석에 관해 설명한다. 또한 가격효과, 다이아몬드와 물의 모순 및 매우 유용한 개념인 소비자 잉여에 대해 살펴본다.

제 7 장 서수적인 효용을 전제로 하는 무차별곡선분석을 설명한다. 이 밖에 소득소비곡선, 가격소비곡선, 대체효과와 소득효과, 수요이론의 검증 및 불확실성하에서의 소비자 수요 등에 대해서도 살펴본다.

제 3 편

소비자 수요의 이론

제 6 장　한계효용분석

제 7 장　무차별곡선분석

제 6 장

한계효용분석

효용의 극대화를 목표로 하는 소비자는 1원당 한계효용 균등의 법칙에 따라 소비행위를 할 때 균형상태에 있게 된다. 수요곡선이 우하향의 형태를 취하는 것은 한계효용이 체감하기 때문인데, 이는 소득효과와 대체효과를 사용해서도 설명할 수 있다. 스미드의 가치의 역설은 한계효용의 개념을 적용하면 쉽게 이해할 수 있다. 소비자 잉여는 매우 유용한 개념인데 공공재를 신규로 건설할 것인지를 판단하는 데 도움을 줄 수 있다.

6.1 시장수요곡선과 개별적인 소비자의 수요곡선

앞의 제 2 편에서 우리는 시장수요곡선과 시장공급곡선이 상호 작용하여 시장에서의 균형가격이 결정된다는 것에 관하여 살펴보았다. 이제 제 3 편에서는 시장수요곡선의 배후에 어떠한 원리가 작용하고 있는가를 분석해 보며, 제 4 편에서는 시장공급곡선의 배후에 어떠한 원리가 작용하고 있는가를 차례로 살펴보기로 한다.

우선 필요한 것은 **시장수요곡선**은 개별적인 소비자의 수요곡선과 어떠한 관계에 있는가를 아는 것이다. 시장에서의 어떤 재화에 대한 수요는 모든 소비자들의 이 재화에 대한 수요를 합한 것이라고 볼 수 있다. 따라서 시장수요곡선은 모든 가계 또는 소비자들의 수요곡선을 합하여 얻을 수 있다. 즉 시장수요곡선은 각각의 가격수준에서 개별적인 가계의 수요곡선들을 수평적으로 더함(horizontal summation)에 의하여 얻어질 수 있다.

이제 그러면 개별적인 가계의 수요곡선의 배후에는 어떠한 원리가 작용하고 있는가를 살펴보자. 개별적인 가계의 수요행위를 분석하는 데는 두 가지 접근방법이 있다. 첫째는 효용이 측정될 수 있다는 전제 아래 논의를 전개하는 것인데 이는 곧 **기수적인 효용**(cardinal utility)을 가정하는 것이다. 이러한 접근방법을 **한계효용분석**(marginal utility analysis)이라고도 한다. 둘째는 효용의 가측성을 전제하지 않고 다만 효용의 크기만을 서로 비교하여 어떤 것의 효용이 더 크거나 작은지 순서만을 매길 수 있다고 가정하는 것인데, 이는 곧 **서수적인 효용**(ordinal utility)을 가정하는 것이다. 이 접근방법은 **무차별곡선분석**(indifference curve analysis)이라고 부른다.

제 6 장과 제 7 장에서는 시장수요곡선의 배후에서 작용하고 있는 원리를 캐내기 위하여 시장수요곡선이 개별적인 수요곡선을 모두 합한 것이므로 개별적인 수요곡선의 배후에 어떠한 원리가 작용하고 있는가를 보려고 한다. 이를 위해서는 개별적인 소비자의 수요행위를 분석하여야 되는데, 여기에는 기수적인 효용을 가정한 한계효용분석과 서수적인 효용을 가정하는 무차별곡선분석이 있다. 차례로 이 두 가지 접근방법에 대하여 보기로 한다.

6.2 기수적인 효용을 전제로 하는 한계효용분석

한계효용체감의 법칙

개별적인 소비자의 수요행위를 분석하는 첫번째 접근방법은 효용을 측정할 수 있다고 가정하는 것이다. 즉, 기수적인 효용을 전제하는 한계효용분석이 개별적인 가계의 소비행위를 분석하는 첫번째 접근방법이다. 효용(utility)이란 소비자가 어떤 재화나 용역을 소비하는 데서 얻는 만족을 가리킨다. 효용은 **총효용**(total utility; *TU*)과 **한계효용**(marginal utility; *MU*)으로 구별할 수 있다. 예를 들어, 어떤 재화 10단위를 소비하는 데서 얻는 총효용이란 이 모두를 소비하였을 때 소비자가 얻는 만족이다. 이에 대하여 한계효용이란 열번째 단위의 재화를 추가로 소비함으로써 가계가 얻는 추가적인 만족을 나타낸다. 즉, 10단위를 소비하는 데서 얻는 총효용에서 9단위를 소비하는 데서 얻는 총효용을 뺀 것이 10번째 단위가 추가로 가져오는 한계효용, 즉 '추가

표 6-1 총효용과 한계효용

A재의 수요량	총 효 용	한 계 효 용
0	0	
1	4	4
2	7	3
3	9	2
4	10	1
5	10	0

적' (additional)인 효용이다. 〈표 6-1〉과 [그림 6-1]이 총효용과 한계효용 사이의 관계를 나타낸다.

〈표 6-1〉은 *A*라는 재화를 소비하는 데서 얻는 총효용과 한계효용을 나타낸다. 한 예로 *A*재 3단위를 소비함으로써 얻는 총효용은 9이나, 지금까지 *A*재를 2단위만 소비하다가 추가로 한 단위를 더하여 3단위를 소비할 때 소비자가 얻는 추가적인 효용, 즉 한계효용은 *A*재 3단위를 소비할 때의 총효용 9에서 2단위를 소비할 때의 총효용 7을 뺀 2이다.

[그림 6-2]는 〈표 6-1〉을 다만 그림으로 표시한 것이다. (가)는 막대그림으로 총효용을 보이고 있는데 이를 곡선으로 연결한 것이 총효용곡선 *TU*이

그림 6-1 총효용과 한계효용

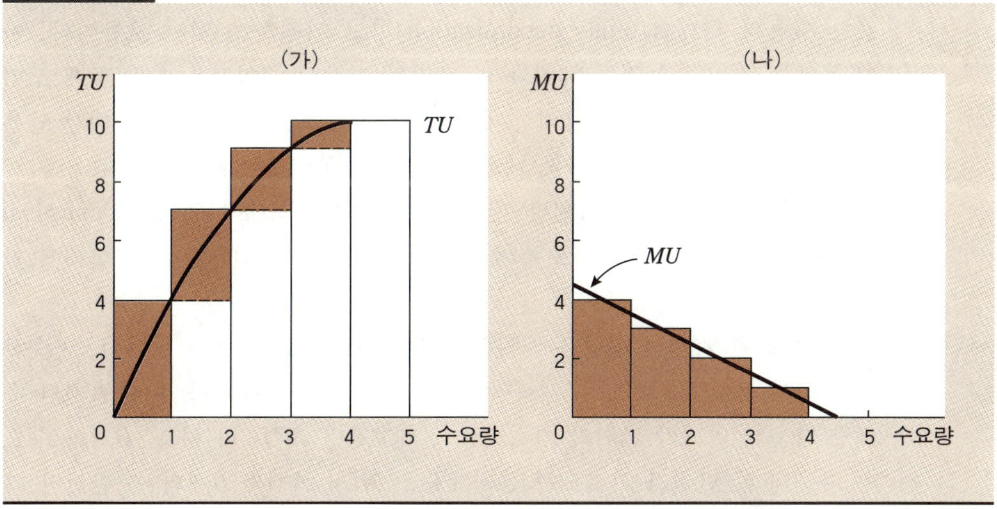

다. 여기서 그늘진 부분의 면적이 한계효용을 나타내며 이를 그대로 옮긴 것이 (나)의 그림이다. 여기서도 한계효용을 막대그림으로 나타낸 후 이를 직선으로 이은 것이 한계효용곡선 MU이다. 총효용이 극대가 될 때 한계효용은 0이 되며, 총효용이 감소하는 경우에는 한계효용은 부(−)의 값을 가지게 될 것이다.

〈표 6-1〉과 [그림 6-1]로부터 우리는 **한계효용체감의 법칙**(**law of diminishing marginal utility**)을 발견할 수 있다. 즉, 어떤 재화의 소비량을 증대시킬 때 소비자가 얻는 총효용은 증가하나 체감하는 율로 증가하는데, 이는 곧 재화의 소비량을 증가시킬 때 한계효용이 감소한다는 것을 나타낸다. 이러한 심리적인 경향을 한계효용체감의 법칙이라고 부른다. 총효용이 체감하는 율로 증가함은 [그림 6-1]의 (가)에서 총효용곡선이 밑에서 보았을 때 오목한 형태를 취하게 만든다.

여기서 우리는 개별적인 소비자의 수요곡선이 우하향의 형태를 취하게 되는 배후에는 한계효용체감의 법칙이 작용하고 있다는 것을 알 수 있다. 즉 수요량이 늘어날수록 한계효용은 체감하기 때문에 수요곡선은 우하향의 형태를 취하게 되는 것이다.

소비자균형조건

이제 그러면 소비자균형조건을 도출해 보자. 경제학에서 소비자의 행동목표는 효용의 극대화(**utility maximization**)라고 가정하는 것이 보통이다. 이때 문제는 소비자의 소득과 재화 및 용역의 가격이 주어졌을 때 어떻게 소비행위를 하는 것이 효용을 극대화시킬 수 있는가 하는 것이다. 이에 대한 답은 1원당 한계효용이 균등하도록 재화 및 용역을 구입하면 소비자의 효용은 극대화된다는 것이다. 즉, 1원당 **한계효용균등의 법칙**(**law of equal marginal utilities per won**)이 성립하도록 소비행위를 하면 그 소비자는 균형상태에 있게 된다.

실제로 한 가계는 수많은 재화와 용역을 구입하는 것이 보통이나, 단순화를 위하여 A재와 B재의 두 재화만을 수요한다고 가정해보자. 이제 A재의 수요량 가운데 마지막 단위가 가져오는 한계효용을 MU_A 라 하고, B재의 수요량 가운데 끝 단위가 가져오는 한계효용을 MU_B, A재와 B재의 한 단위당 가격을 각각 P_A 와 P_B 라 하며, 한 소비자의 일정한 소득수준을 Y_0 라고 하면 소비자균형조건(consumer's equilibrium condition)은 다음과 같이 표시된다.

$$\frac{MU_A}{P_A} = \frac{MU_B}{P_B} \text{ 또는 } \frac{MU_A}{MU_B} = \frac{P_A}{P_B}$$

단, 제약조건은 $Q_A \cdot P_A + Q_B \cdot P_B = Y_0$

여기서 Q_A 와 Q_B 는 각각 A재와 B재의 수요량이다. 이 소비자균형조건은 재화 및 용역의 종류가 많은 경우에도 똑같이 적용될 수 있다.

만일 1원당 한계효용이 재화별로 다르다면 소비자는 균형상태에 있지 않다는 것을 쉽게 납득할 수 있다. 예를 들어, A재의 1원당 한계효용이 B재의 1원당 한계효용보다 더 큰 경우에는, A재의 수요량을 늘려 한계효용체감 현상을 통하여 B재의 1원당 한계효용과 같아지게 만들어야 한다.

몇 가지 문제

(1) 가격효과

이제 위에서 본 한계효용분석을 기초로 세 가지 관련된 문제를 살펴보기로 한다. 첫째로 **대체효과**(substitution effect)와 **소득효과**(income effect)를 사용하여 수요곡선이 우하향인 것을 설명해 보자. 수요곡선이 우하향의 형태를 취하는 것은 한계효용체감의 법칙을 사용하여 설명할 수도 있고, 대체효과와 소득효과를 이용하여 설명할 수도 있다.

어떤 재화의 가격이 상승하면 소비자는 이 가격이 상승한 재화를 다른 재화로 대체하려는 대체효과가 작용하므로 원래의 재화에 대한 수요량은 감소한다. 즉 쌀의 가격이 상승하면 쌀의 수요량을 줄이는 대신 보리쌀로 대체하려는 대체효과가 작용하므로 쌀에 대한 수요량은 감소하게 된다. 또한 어떤 가계의 명목소득이 일정할 때 한 재화의 가격이 상승하면 실질소득 및 구매력은 감소하게 되어 이 재화에 대한 수요량도 감소하는 소득효과가 작용한다. 특히 가격이 상승한 재화에 대한 지출이 가계의 전체 소비지출액 가운데서 큰 비중을 차지하는 경우에는 이 가격이 오른 재화에 대한 수요량은 크게 감소하게 된다. 소득이 증가할수록 수요량이 감소하는 열등재가 아닌 한, 소득효과는 대체효과를 보강하여 수요곡선이 우하향의 형태를 취하도록 만든다.

이처럼 한계효용의 개념을 전연 사용하지 않고 대체효과와 소득효과의 개념만을 사용하여도 수요곡선이 우하향의 형태를 취한다는 것을 설명할 수 있다. 대체효과와 소득효과를 합한 것을 **가격효과**(price effect)라고 부르는데, 가격효과란 어떤 재화의 가격이 상승할 때 그 재화의 수요량이 감소하는 것, 즉 수요곡선이 우하향의 형태를 취하는 것을 말한다.

(2) 다이아몬드와 물의 모순

두번째로 살펴볼 것은 **다이아몬드와 물의 모순**(paradox of diamond and water)에 대한 것이다. 스미드는 그의 『국부론』에서 물은 사용가치(value in use)는 매우 높은데, 교환가치(value in exchange)는 아주 낮으며, 다이아몬드는 사용가치는 거의 없는 데 비하여 교환가치는 매우 높은 모순을 설명할 수가 없었다. 이제 한계효용의 개념을 사용하여 다이아몬드와 물의 모순을 해결해 보자.

시장가격은 이미 본 바와 같이 수요와 공급이 만나는 데서 결정되는데, 물의 시장가격이 낮은 이유는 물에 대한 수요곡선과 공급곡선이 낮은 가격수준에서 서로 만나기 때문이며, 반대로 다이아몬드의 가격이 비싼 이유는 다이아몬드에 대한 수요곡선과 공급곡선이 높은 가격수준에서 서로 만나기 때문이다. 그러면 왜 물에 대한 수요곡선과 공급곡선은 낮은 가격수준에서 만나며 다이아몬드의 수요곡선과 공급곡선은 높은 가격수준에서 서로 만나는가? 그 이유는 우선 공급 측면부터 보면 물은 존재량이 풍부하므로 물 한 단위를 추가로 공급하기 위하여 드는 비용은 매우 낮은 반면에, 다이아몬드는 희귀하여 한 단위를 추가로 공급하기 위하여 드는 비용은 매우 높게 된다. 수요 측면을 보면 물은 지천이므로 물 한 단위를 추가로 소비하는 데서 얻는 한계효용은 매우 낮게 마련이다. 이에 반하여 다이아몬드는 희귀하므로 이를 한 단위 추가로 소비하는 데서 얻는 한계효용은 매우 크다.

이처럼 수요곡선의 배후에는 한계효용이 있고 공급곡선의 배후에는 한계비용이 작용하고 있는데, 이 한계효용과 한계비용이 수요곡선과 공급곡선이 서로 만나는 위치를 결정하게 된다.

(3)소비자잉여

세번째로 살펴볼 것은 **소비자잉여**(consumer's surplus)의 개념이다. 소

그림 6-2 소비자잉여

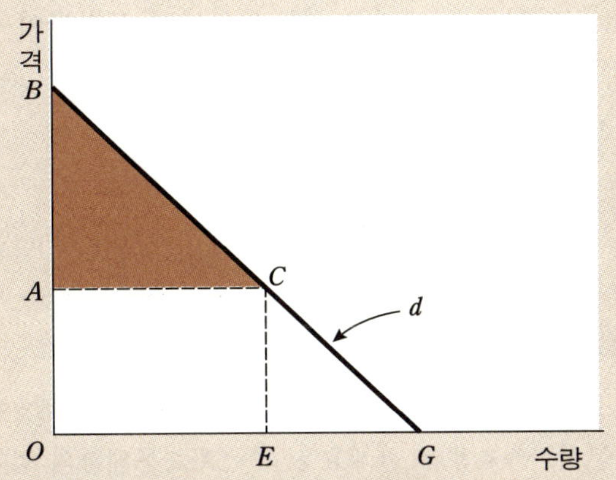

비자가 어떤 재화를 살 때 그가 지불하는 가격은 맨 끝 단위의 한계효용에 의하여 결정된다. 그러나 한계효용체감 현상이 존재하므로 그 앞 단위는 끝 단위보다 더 큰 효용을 가질 것이다. 이 때 총효용과 소비자가 실제로 지불한 총액 사이의 차이를 소비자잉여라고 하는데, 그 까닭은 소비자가 실제로 지불한 것보다 더 많은 만족을 얻기 때문이다. [그림 6-2]가 이를 보여 준다.

어떤 소비자의 수요곡선(*d*)이 *BCG*로 표시된다고 하자. 이 소비자가 만일 *OA*의 가격으로 *OE*만큼을 구입하였을 때 그가 실제로 지불한 금액은 *OACE*이다. 그러나, *OE*만큼을 소비함으로써 얻는 총효용은 *OBCE*가 된다. 이 때 소비자잉여는 총효용 *OBCE*에서 소비자가 지불한 총액 *OACE*를 뺀 *ABC*로 정의된다.

소비자잉여의 개념은 공항, 도로, 공원, 댐, 교량 등과 같은 공공재를 신규로 공급하려고 할 때 과연 이것이 타당한지의 여부를 결정하는 데 흔히 사용된다. 즉 어떤 공공재를 신규로 건설하는 데 드는 비용과 소비자들이 이 공공재를 공급하였을 때 얻는 소비자잉여의 크기를 서로 비교함으로써 어떤 공공재를 신규로 공급할 것인가의 여부를 결정할 수 있는 것이다. 보기를 들어 어떤 도로를 새롭게 건설하려고 할 때 드는 비용이 100억 원이라고 하고, 이 도로를 이용하는 사람이 200만 명이며, 이들의 소비자잉여가 똑같이 1인당 만 원이라고 하면 도로의 건설비용 100억 원보다 소비자잉여는 200억 원(200

만 명×만 원)으로 훨씬 더 많으므로 비용-수익분석(cost-benefit analysis)을 하면 이 다리는 건설하는 것이 바람직하다고 판단할 수 있는 것이다.

또한, 소비자잉여의 개념은 현대사회에서 사람들이 수많은 종류의 재화를 한계효용에 의해서 결정되는 낮은 가격으로 구입함으로써 큰 혜택을 받고 있다는 것도 보여 준다.

주요개념

시장수요곡선　기수적인 효용　서수적인 효용　한계효용분석
무차별곡선분석; 총효용　한계효용　한계효용체감의 법칙
한계효용균등의 법칙　소비자균형조건　가격효과　대체효과　소득효과
다이아몬드와 물의 모순　소비자잉여

요 약

1. 시장수요곡선은 개별적인 소비자의 수요곡선들을 수평적으로 더함에 의하여 얻어진다.

2. 기수적인 효용이란 효용을 측정할 수 있다는 전제에 기초하고 있다.

3. 총효용이란 어떤 재화나 용역을 일정한 양만큼 소비하는 데서 얻는 만족의 총량을 가리킨다.

4. 한계효용이란 어떤 재화나 용역을 한 단위 더 소비하는 데서 추가로 느끼는 만족을 말한다.

5. 총효용이 극대가 될 때 한계효용은 0이 된다.

6. 한계효용체감의 법칙이란 어떤 재화의 소비량을 증대시킬 때 소비자가 얻는 총효용은 증가하나 체감하는 율로 증가하는 현상을 가리킨다.

7. 소비자의 수요곡선이 우하향의 형태를 취하는 이유는 한계효용이 체감하기 때

문이다.

8. 소비자 균형조건은 1원당 한계효용균등의 법칙에 따라 소비자가 구매를 할 때 얻어진다.

9. 수요곡선이 우하향의 형태를 취하는 것은 대체효과와 소득효과를 사용해서도 설명할 수 있다.

10. 스미드의 다이아몬드와 물의 모순은 한계효용의 개념을 사용하여 해결할 수 있다.

11. 총효용과 소비자가 실제로 지불한 총액 사이의 차이를 소비자잉여라고한다.

연습문제

1. 총효용과 한계효용의 차이를 설명하라.

2. 총효용이 감소할 때 한계효용의 크기는?

3. 한계효용체감의 법칙을 설명하라. 총효용곡선이 밑에서 보았을 때 오목한 형태를 취하는 이유는?

4. 수요곡선이 우하향의 형태를 취하는 이유를 설명하라.

5. 가계의 소득과 재화 및 용역의 가격이 주어져 있을 때 소비자 균형조건을 설명하라.

6. 소비자의 행동 목표는 무엇이라고 흔히 가정하는가?

7. 쌀의 가격이 상승할 때 수요량이 감소하는 가격효과를 대체효과와 소득효과로 나누어 설명하라.

8. 한계효용의 개념을 사용하여 다이아몬드와 물의 모순을 해결해보라.

9. 서울 도심에 공원을 새로 조성하기 위해 200억 원의 자금이 필요할 때, 이를 이용하는 사람은 100만 명이며 이들이 똑같이 3만 원의 소비자잉여를 얻는다고 하면 이 공원은 새로 지어야 할 것인가 논의하라.

제 7 장

무차별곡선분석

서수적인 효용을 가정하면 무차별곡선과 예산선이 서로 접하는 데서 소비자는 균형상태에 있게 되며, 이 때는 제 6 장의 한계효용분석에서와 똑같이 1원당 한계효용균등의 법칙이 성립하게 된다. 제 3 편의 소비자 수요의 이론을 현실과 대비시켜 보면 수요곡선이 우하향의 형태를 가진다는 수요의 법칙은 현실과 잘 부합됨을 알 수 있다. 모든 경제주체는 불확실성하에서 위험부담을 지면서 의사결정을 하는 것이 보통이다.

7.1 무차별곡선과 예산선

개별적인 소비자의 수요행위를 분석하는 두번째 접근방법은 서수적인 효용을 전제로 하는 무차별곡선분석이다. 여기서는 효용을 기수적으로 측정할 수 있다고 가정하지 않고 다만 효용의 크기만을 어떤 것이 더 크고 작은지 서수적으로 소비자가 판단할 수 있다고 가정한다. 예를 들면, 기수적인 효용을 전제로 하는 경우에는 소비자가 A재 1단위의 효용은 5이고 B재 1단위의 효용은 4라고 말할 수 있다고 가정하나, 서수적인 효용을 전제로 하는 경우에는 소비자가 다만 A재 1단위의 효용이 B재 1단위의 효용보다 크다, 작다 또는 동일하다는 것만 말할 수 있다고 가정하는 것이다.

무차별곡선의 속성

서수적인 효용을 전제로 하는 소비자 수요의 이론에서는 무차별곡선이 주

그림 7-1 **무차별곡선**

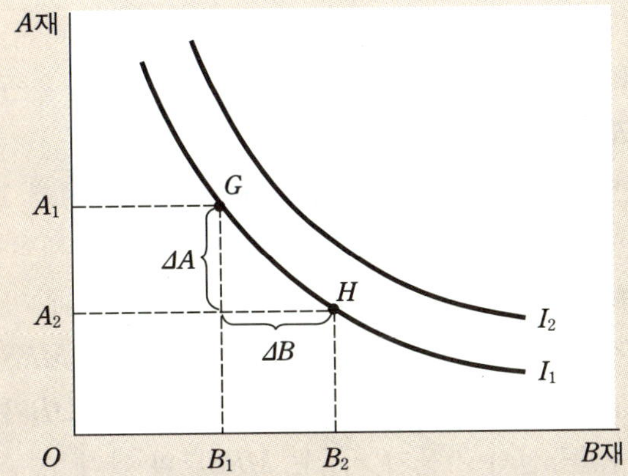

요한 분석용구가 된다. **무차별곡선**이란 두 재화, A, B만 있다고 가정할 때 한 소비자에게 동일한 수준의 만족을 주는 A재와 B재의 여러 가지 다른 수요량의 조합을 보여 주는 곡선인데 [그림 7-1]이 이를 보여준다.

이 그림에서 무차별곡선 I_1선상의 모든 점은 어떤 소비자에게 모두 동일한 수준의 만족을 준다. 예를 들면, 점 G에서는 A재를 A_1만큼 수요하고 B재를 B_1만큼 소비하며, 점 H에서는 A재를 A_2만큼 수요하고 B재를 B_2만큼 소비하는데, 이 두 가지 재화군(commodity bundle)의 조합 $G(A_1, B_1)$와 $H(A_2, B_2)$가 소비자에게 동일한 수준의 만족을 주는 것이다. 이는 I_2선상의 다른 모든 점에서도 마찬가지이다. 또한 I_2선상의 모든 점에서도 소비자가 얻는 만족은 동일하다. 그러나, I_2의 모든 점은 I_1의 모든 점에 비하여 소비자에게 더 높은 수준의 만족을 준다. 서수적인 효용을 전제로 하는 경우에는 이처럼 효용의 절대적인 크기를 알 필요는 없으며, 다만 효용이 동일하다든가, 작다든가 또는 크다든가의 비교만 소비자가 할 수 있다고 가정하는 것이다.

이제 그러면 무차별곡선이 지니고 있는 주요한 속성에 관하여 살펴보자. 첫째로, 무차별곡선은 우하향의 기울기를 갖는 것이 보통이다. 그 이유는 무차별곡선상의 모든 점에서는 만족이 동일하므로 한 재화의 소비량을 늘리면 다른 재화의 소비량은 줄여야만 하는 것이 보통이다.

둘째로, 무차별곡선은 원점에서 보아 볼록한 형태(convex to the origin)

를 취하는 것이 보통이다. 이를 이해하기 위해서는 **한계대체율**(marginal rate of substitution)의 개념을 도입해야 한다. 소비자가 동일한 수준의 만족을 유지하면서, 즉 어떤 주어진 무차별곡선의 선상을 따라서 이동하면서 B재를 추가로 한 단위 더 소비할 때 포기해야 하는 A재의 양을 두 재화 A, B간의 한계대체율(MRS_{AB})이라 한다.

이제 한계대체율을 [그림 7-1]을 이용하여 설명해 보자. 가정하기를 I_1선상을 따라서 점 G에서 점 H로 이동한다고 하면 B재의 소비량은 ΔB만큼 늘리면서 A재의 소비량은 ΔA만큼 줄이고 있다. 이 때 만일 ΔB 만큼이 B재 1단위라고 가정하면 그림에서의 ΔA가 한계대체율(MRS_{AB})이 된다. 한편, 무차별곡선 I_1의 기울기는 $\frac{\Delta A}{\Delta B}$로 표시되는데, 이 때 ΔB가 ΔB재 1단위라고 가정하면 무차별곡선의 기울기 $\frac{\Delta A}{\Delta B}$는 MRS_{AB}와 같다.

$$\text{무차별곡선의 기울기} = \frac{\Delta A}{\Delta B} = MRS_{AB}$$

점 G에서나 점 H에서나 총효용은 동일하므로 ΔA만큼을 포기하는 데서 초래되는 총효용의 감소와, ΔB만큼을 추가로 소비하는 데서 얻는 총효용의 증가는 그 절대값이 동일하여야 한다. 즉, 다음이 성립한다.

$$|\Delta B \cdot MU_B| = |-\Delta A \cdot MU_A|$$

이 식의 왼편은 B재를 ΔB만큼 추가로 더 소비함으로써 얻는 총효용의 증가를 나타내며, 오른편은 A재를 ΔA만큼 포기하는 데서 초래되는 총효용의 감소를 나타내는데 이 두 값의 절대치는 동일하여야만 한다. 앞의 식을 다시 쓰면 다음과 같다.

$$\frac{\Delta A}{\Delta B} = \frac{MU_B}{MU_A}$$

즉, 무차별곡선의 기울기는 두 재화의 한계효용의 비율과 같다. 따라서,

$$\text{무차별곡선의 기울기} = \frac{\Delta A}{\Delta B} = \frac{MU_B}{MU_A} = MRS_{AB}$$

그런데 소비자가 B재를 더 많이 가질수록, 즉 주어진 무차별곡선의 선상을 따라서 오른편으로 이동할수록 B재 한 단위를 추가로 더 얻기 위해 포기하려는 A재의 양은 감소하게 마련이다. 이를 **한계대체율체감의 법칙**이라고

하는데, 이 법칙이 작용하기 때문에 무차별곡선은 원점에서 보았을 때 볼록한 형태를 취하게 되는 것이다. 만일 한계대체율이 일정하다면 무차별곡선은 우하향의 직선으로 표시될 것이다.

예산선

소비자 균형조건을 구하기 위해서는 무차별곡선과 더불어 **예산선(budget line)**도 도입하여야 한다. 무차별곡선이 어떤 소비자의 선호유형을 나타내는 데 비하여 예산선은 주어진 소비자의 소득 아래서 구매가 가능한 영역을 보여 준다. [그림 7-2]가 어떤 한 소비자의 예산선을 나타낸다.

소비자가 주어진 소득 Y_0를 두 재화 A와 B를 구입하는 데 모두 사용한다고 가정하면 다음이 성립한다.

$$Q_A \cdot P_A + Q_B \cdot P_B = Y_0$$

여기서 Q_A 와 Q_B 는 각각 A재와 B재의 구입량이며, P_A 와 P_B 는 A재와 B재의 1단위당 가격이다. 앞의 식을 정리하면 다음의 예산선을 나타내는 식을 얻는다.

그림 7-2 예산선

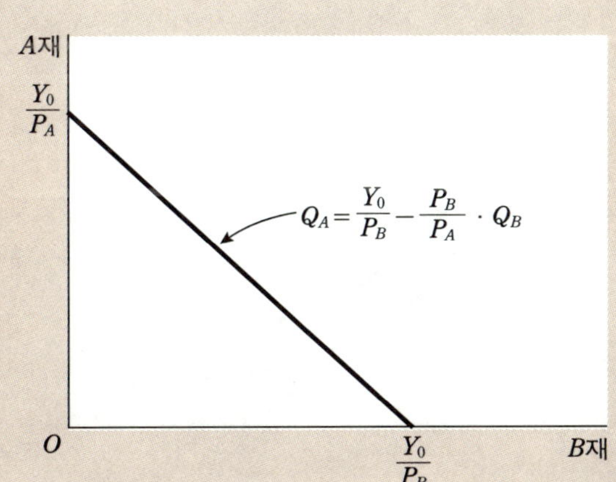

$$Q_A = \frac{Y_0}{P_A} - \frac{P_B}{P_A} \cdot Q_B$$

만일 Y_0를 가지고 A재만을 산다면 $\frac{Y_0}{P_A}$만큼의 A재를 살 수 있으며 B재만을 산다면 $\frac{Y_0}{P_B}$만큼의 B재를 살 수 있다. 이 예산선의 기울기는 $\frac{P_B}{P_A}$이다. 예산선이 나타내는 것은 예산선의 영역 내에서만 소비를 할 수 있고 그 밖에서는 주어진 예산으로는 구매할 수 없음을 보여 준다.

소비자균형조건

이제 **소비자균형조건**을 구하기 위해서는 소비자의 선호유형을 나타내는 무차별곡선지도(indifference curve map)와 예산선을 그림표 하나에 합쳐놓아야 한다. [그림 7-3]이 소비자균형을 나타낸다.

아래의 그림에서 주어진 소득 Y_0로는 I_3가 나타내는 효용의 수준에는 도달할 수 없는데 그 이유는 I_3가 예산선 밖에 위치하고 있기 때문이다. 가능한 소비점은 H, G 및 E이나 H와 G점에 비하여 점 E는 더 높은 만족을 주므로 점 E가 소비자균형점이 된다.

소비자균형점인 E에서는 무차별곡선 I_2와 예산선이 서로 접하고 있으므로

그림 7-3 소비자균형

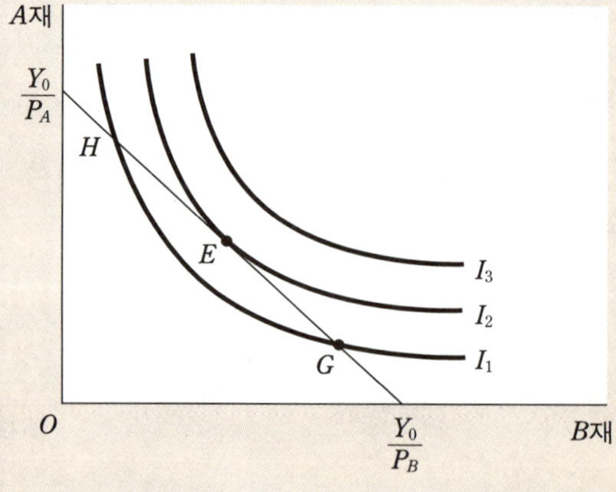

점 E에서 무차별곡선의 기울기와 예산선의 기울기는 동일하다. 따라서, 다음이 성립한다.

$$\text{무차별곡선의 기울기} = MRS_{AB} = \frac{\Delta A}{\Delta B} = \frac{MU_B}{MU_A}$$
$$= \text{예산선의 기울기} = \frac{P_B}{P_A}$$
$$\text{즉, } \frac{MU_B}{MU_A} = \frac{P_B}{P_A} \quad \text{또는} \quad \frac{MU_A}{P_A} = \frac{MU_B}{P_B}$$

위의 식이 소비자균형조건을 나타내는데 이에 의하면 1원당 한계효용이 균등하도록 A재와 B재를 수요하면 소비자 만족은 극대화된다. 이러한 결론은 이미 우리가 기수적인 효용을 전제로 한 한계효용분석에서 얻은 것과 동일한 것이다. 즉 한계효용분석에 의해서나 무차별곡선분석에 의해서나 소비자의 효용을 극대화하기 위해서는 1원당 한계효용균등의 법칙이 성립하도록 재화들을 수요하여야 하며 이 때 소비자균형조건은 충족된다.

7.2 소득과 가격의 변화

소득소비곡선

지금까지 우리는 소비자의 소득과 재화의 가격이 일정하게 주어져 있다는 가정하에서 무차별곡선과 예산선을 사용하여 소비자균형조건을 도출하였다. 이제 소비자의 소득과 재화의 가격이 변화할 때 소비자균형점이 어떻게 이동하는가 살펴보기로 한다. 우선 재화의 가격은 일정하나 소비자의 소득이 변화할 때 소비자균형점이 어떻게 이동하는가 보자. [그림 7-4]가 두 재화, A, B의 단위당 가격은 P_A와 P_B로서 일정하게 주어져 있으나, 소비자의 소득이 Y_1에서 Y_2, Y_3로 증가할 때 소비자균형점이 어떻게 이동하는가를 보여 주고 있다.

예산선의 기울기는 $\frac{P_B}{P_A}$이므로, P_A와 P_B가 일정하고 소비자의 소득만 Y_1에서 Y_2, Y_3로 증가하면 예산선은 동일한 기울기를 가지면서 오른쪽으로 이동하게 된다. 한편, 소비자의 무차별곡선지도가 I_1, I_2 및 I_3의 무차별곡선들

그림 7-4 **소득소비곡선**

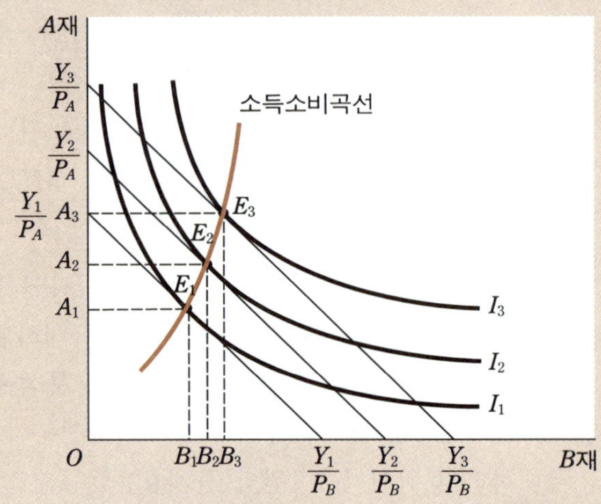

로 표시된다면 소비자균형점은 소득이 증가함에 따라서 E_1에서 E_2, E_3로 이동하게 된다. 이와 같이 두 재화의 가격은 일정하고 소비자의 소득만이 변화할 때의 소비자균형점 E_1, E_2 및 E_3를 연결한 것을 **소득소비곡선(income-consumption curve)**이라고 부른다. 소득소비곡선은 두 재화 A, B가 정상재인 경우 우상향의 형태를 취할 것이다.

가격소비곡선

재화의 가격이 변화할 때도 소비자균형점은 변화한다. 가정하기를 소비자의 무차별곡선지도와 소비자의 소득이 주어져 있으며, 두 재화 A, B 가운데 A재의 한 단위 가격인 P_A는 일정하나 P_B가 P_{B1}에서 P_{B2}, P_{B3}로 하락한다고 하고 소비자균형점이 어떻게 이동하는가 보자. [그림 7-5]가 이를 나타낸다.

다른 모든 것이 주어져 있고 B재 1단위당 가격만이 P_{B1}에서 P_{B2}, P_{B3}로 하락하는 경우 예산선은 $\left(\dfrac{Y_0}{P_A}\right)$를 기축으로 오른편으로 회전한다. 이에 따라서 소비자균형점도 E_1에서 E_2, E_3로 이동하게 된다. 이 때 B재에 대한 **가격소비곡선(price-consumption curve)**은 소비자의 소득과 A재의 가격이 일정하다는 가정 아래서, B재의 가격이 변화함에 따라 B재의 수요량이 어떻게 변화

그림 7-5 가격소비곡선

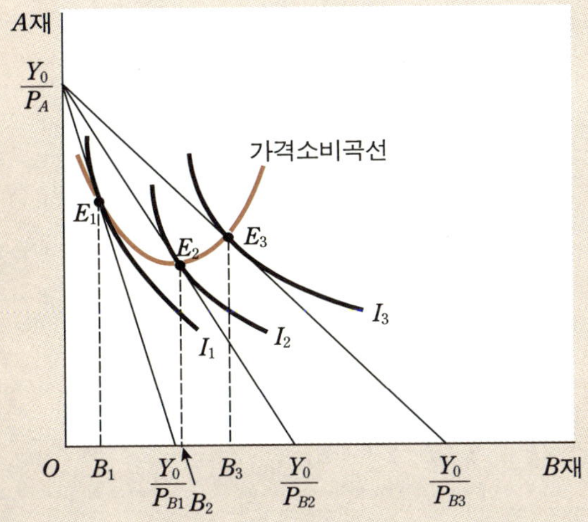

하는가를 나타낸다. 즉 [그림 7-5]에서 B재의 가격이 P_{B1}에서 P_{B2}, P_{B3}로 하락할 때 B재에 대한 수요량은 B_1에서 B_2, B_3로 증가한다.

B재에 대한 가격소비곡선으로부터 우리는 어떤 한 소비자의 B재에 대한 수요곡선을 도출할 수 있다. 즉, 소비자의 소득과 다른 재화의 가격이 일정하다는 가정 아래서 B재의 가격이 P_{B1}에서 P_{B2}, P_{B3}로 하락할 때 B재에 대한 수요량은 B_1에서 B_2, B_3로 증가한다는 것을 [그림 7-5]의 가격소비곡선은 보이고 있다. 이를 그대로 옮겨 놓으면 B재에 대한 어떤 소비자의 수요곡선을 도출할 수 있는 것이다.

7.3 대체효과와 소득효과

위에서는 가격소비곡선으로부터 수요곡선을 도출하였다. 한 재화의 가격이 변화하면 그 재화에 대한 수요량도 변화하는데 이를 **가격효과**라고 부른다. 여기서는 가격효과를 두 구성부분인 **대체효과**와 **소득효과**로 분리함으로써 수요곡선의 형태에 대하여 자세히 살펴보기로 한다.

그림 7-6 대체효과와 소득효과: 정상재의 경우

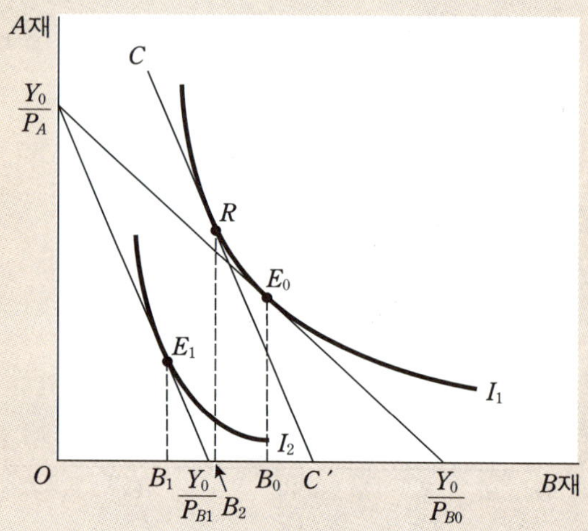

우선 대체효과에 관하여 보자. 가정하기를 B재의 가격만이 P_{B0}에서 P_{B1}으로 상승하였다고 하면, 이에 따라 소비자균형점도 [그림 7-6]에서 보이는 것처럼 E_0에서 E_1으로 이동하며 B재의 수요량은 B_0에서 B_1으로 감소한다.

그런데 새로운 균형점 E_1은 원래의 균형점 E_0에 비하여 B재의 가격이 P_{B0}로부터 P_{B1}으로 상승하므로 인해서 더 낮은 후생수준을 나타내는 I_2선상에 있다. 즉, B재의 가격상승은 소비자의 실질소득을 감소시킨 것과 같아 소비자의 후생수준을 I_1에서 I_2로 떨어뜨린 것이 된다. 이제 대체효과와 소득효과를 분리시키기 위하여 고의적으로 원래의 후생수준을 나타내는 I_1에 접하면서 새로운 예산선 $\left(\frac{Y_0}{P_A}, \frac{Y_0}{P_{B1}}\right)$와 평행선인 예산선 CC'을 그리면 I_1과 점 R에서 접하게 된다. 이러한 고의적인 방법은 B재의 가격상승으로 인한 실질소득의 감소를 가상적으로 보상하여 줌으로써 소득효과를 제거하기 위한 것이다.

즉, E_0로부터 R로의 이동은 동일한 무차별곡선 I_1상에 있으므로 실질소득수준은 동일하여 대체효과를 나타낸다. 이 때 B재의 가격상승으로 인한 대체효과의 크기는 B_0-B_2가 된다. 가격이 상승하면 다른 재화로 대체하므로 수요량은 감소하고, 가격이 하락하면 수요량은 증가하므로 대체효과는 언제나 부(−)의 값을 가진다.

대체효과는 동일한 실질소득수준을 나타내는 주어진 무차별곡선상에서의 이동으로서 상대가격의 변화가 초래하는 수요량의 변화를 나타낸다. 이에 비하여 소득효과는 재화의 가격 및 소비자의 화폐소득은 일정하나, 실질소득이 변화함으로써 I_1에서 I_2로 이동할 때 일어나는 수요량의 변화를 뜻한다.

[그림 7-6]에서 R로부터 E_1으로의 이동이 소득효과를 나타내는데, 여기서는 예산선 CC'와 $\left(\frac{Y_0}{P_A}, \frac{Y_0}{P_{B1}}\right)$가 평행이므로 두 재화의 상대가격은 일정하고 오직 실질소득의 변화가 초래하는 수요량의 변화만을 나타낸다. 소득효과의 크기는 B_2-B_1으로 표시된다.

따라서 B재의 가격이 P_{B0}에서 P_{B1}으로 상승할 때 B재에 대한 수요량은 B_0로 부터 B_1으로 감소하는데, 이 중 B_0로부터 B_2로의 이동은 대체효과를 나타내며 B_2로부터 B_1으로의 이동은 소득효과를 나타낸다. [그림 7-6]은 정상재의 경우로서 실질소득이 감소하면 B재에 대한 수요량도 감소하고 실질소득이 증가하면 수요량도 증가하므로 소득효과는 정(+)의 값을 가진다. 따라서 정상재의 경우에는 언제나 부(−)의 값을 가지는 대체효과를 정(+)의 소득효과가 보강시킴으로써 수요량은 가격과 반대방향으로 변하게 되고 이는 정상재에 대한 수요곡선이 우하향임을 나타내는 것이다.

7.4 수요이론의 검증

우리는 앞의 제 1 장에서 경제학의 방법론에 대하여 논의하면서 어떤 이론의 옳고 그름은 현실과 부합하는가의 여부에 의하여 검증될 수 있다는 것을 보았다. 즉 한 이론의 타당성 여부는 현실에 대한 예측능력에 의하여 검증될 수 있다. 여기서는 수요의 이론을 그 예측능력의 측면에서 검증하여 보기로 한다.

흔히 수요의 이론을 비판하는 논거는 사람들이 수요의 이론이 제시하는 것처럼 합리적으로 항상 행동하는 것은 아니라는 점이다.[1] 우리는 물론 주위에서 수요의 이론이 제시하는 것과는 다르게 행동하는 가계 또는 소비자를 얼마든지 발견할 수 있다. 대표적인 보기를 우리는 베블렌(Thorstein Veblen,

1) Richard G. Lipsey, Paul N. Courant, Douglas D. Purvis and O. Steiner, *Economics*, 10th ed., Harper Collins College Publisher, N. Y., 1993, p.160.

1857~1939)의 『유한계급론』(*The Theory of the Leisure Class*, 1899)에서 찾을 수 있다. 극히 부유한 사람들은 **과시적인 소비**(conspicuous consumption)를 위하여 값비싼 재화를 살 때가 있는데, 만일 이 때 이 재화의 가격이 하락하면 다른 과시소비의 대상을 찾게 될 것이므로 수요량은 감소할 것이다. 즉, 과시소비의 경우에는 어떤 재화의 가격이 비싼 것이 이 재화에 대한 수요를 창출해 내는 원인이 된다.

이 때 극히 부유한 계층의 과시소비의 대상이 되는 재화에 대한 수요곡선은 우하향이 아니라 우상향의 형태를 취하게 될 것이다. 그러면 이러한 사례들은 수요의 이론을 배격할 수 있는 것인가? 이 문제에 답하기 위해서는 수요이론의 용도가 무엇인가 생각해 보아야 한다.

대체로 세 가지 수요이론의 가능한 용도를 생각해 볼 수 있다. 첫째는 전체 가계의 총체적인 행위를 알기 위한 것이다. 예를 들면, 어떤 재화에 대한 시장수요곡선은 전체 가계의 총체적인 행위를 분석대상으로 한다. 둘째는 어떤 한 개별적인 가계의 수요행위를 이해하기 위한 것이다. 셋째는 모든 가계가 항상 어떻게 행동하는가를 보기 위한 것이다.

여기서 알 수 있는 것은 위에서 말한 수요이론에 대한 비판이 세번째 용도를 전제로 하고 있다는 것이다. 그러나, 경제학에서의 수요이론의 가장 빈번한 용도는 물론 첫번째이다. 즉 전체 가계의 총체적인 수요행위를 이해하기 위한 것이 수요이론의 주된 용도인 것이다.

따라서, 시장수요곡선이 우하향의 형태를 취하여 수요의 법칙이 성립한다는 이론이 옳은 것이라는 것을 보이기 위하여 모든 가계가 항상 그렇게 행동한다는 것은 필요가 없으며, 오직 대부분의 가계가 어떤 재화의 가격이 상승할 때 수요량을 줄이면 되는 것이다. 즉 일부분의 가계들이 수요의 법칙이 제시하는 것과 달리 행동하더라도 대부분의 가계가 이론이 예측하는 대로 행동한다면 수요의 법칙은 현실과 부합하는 것이 된다.

최근 수요에 관한 실증적인 연구가 현실세계를 예측하기 위하여 활발히 진행되고 있다. 예를 들면, 어떤 재화의 수요량에 그 재화의 가격이나 소비자의 소득이 주는 영향을 나타내는 것이 수요의 가격탄력도와 소득탄력도인데, 실제의 통계자료를 사용하여 이들 탄력도의 값을 추정함으로써 가격이나 소득이 변화하였을 때 수요량이 얼마나 변화할 것인가를 예측할 수 있게 되었다.

7.5 불확실성하에서의 소비자행위

우리는 지금까지 소비자 수요의 이론에 대하여 설명하면서 미래에 대한 모든 것이 확실한 세상을 전제로 하고 논의를 전개하였다. 이 때 가계는 효용극대화를 목표로 1원당 한계효용균등의 법칙이 가르치는 대로만 의사결정을 하면 되므로 지극히 쉽고 기계적인 것이 된다.

그러나, 현실을 보면 이와는 달리 가계, 기업 등 모든 경제주체는 미래와 관련된 의사결정을 할 때 **불확실성**(uncertainty)하에서 하는 것이 보통이며, 따라서 정도의 차이는 있으나 늘 **위험**(risk)부담을 안게 마련이다. 예를 들어, 가계는 장래의 소득수준이나 심지어는 고용여부에 대해서도 불확실한 상태에서 의사결정을 해야만 한다. 동시에 질병, 사고 및 화재 등의 재앙을 겪을 수도 있다. 기업의 경우에도 장래의 수요량이나 가격은 불확실하며, 투자결정을 할 때에도 이로부터 얼마만큼이나 수익이 날지 정확히 알 수 없다. 또한, 국내외 경쟁기업의 동향이나 기술진보의 전망 및 기업경영에 중대한 영향을 미치는 정치적인 사건이나 석유파동 등이 얼마든지 일어날 수 있는 상황하에서 의사결정을 해야만 한다.

이렇게 보면 모든 경제주체의 의사결정은 미래에 대한 **불완전한 정보**(imperfect information)로 말미암은 불확실성과, 이에 따른 위험부담 아래서 내려지게 마련이다. 이제 가계를 중심으로 불확실성과 위험부담하에서 어떻게 의사결정을 하는지 살펴보기로 하자. 일반적으로 우리는 불확실성하에서 위험부담을 꺼리는 경향이 있는데, 이를 **위험기피**(risk averse)라고 부른다. 즉 어떤 일정한 금액을 잃었을 때의 불만족이 동일한 액수를 얻었을 때의 만족보다 클 때 이 사람은 위험기피적이라고 간주한다.

보기를 들어 동전을 던졌을 때 앞면이 나오면 10만 원을 따고 뒷면이 나오면 10만 원을 잃는 내기가 있을 때 이 내기의 기대치(expected value)는 0이다. 즉 앞면이 나올 확률인 1/2×10만 원+뒷면이 나올 확률인 1/2×(-10만 원)은 0인데, 이처럼 어떤 내기의 기대치가 0일 때 이를 **공정한 내기**(fair bet)라고 부른다. 그런데 위험기피적인 사람은 이러한 공정한 내기에 응하지 않을 것이다.

위험기피적이라는 것은 소득의 한계효용이 체감한다는 것과 같다. 즉, 10만 원을 추가로 땄을 때의 한계효용보다 10만 원을 잃었을 때의 한계효용의 감소가 더 큰 것이다.

위험기피적인 가계는 물론 위험부담을 피하고자 할 것이다. 그러나, 누군가는 이 위험을 부담해야만 하는데 바로 보험시장이 **위험분산**(risk spreading)을 통해서 이를 달성할 수 있다. 즉 **보험**(insurance)은 어떤 한 개인에게는 매우 큰 위험부담을 받아들여 이를 수많은 사람들에게 분산시킴으로써 적은 위험부담으로 바꾸는 역할을 한다.

보기를 들어 화재보험의 경우 1억 원의 시가가 나가는 100만 채의 주택이 보험에 가입되었는데 화재가 날 확률은 1/1,000이라고 해보자. 이 때 집 한 채당 연간 손실의 기대치는 보험회사의 입장에서 보았을 때 1억 원×1/1,000인 10만 원이 된다. 여기에 관리운영비와 이윤을 합쳐 모두 20만 원의 보험료를 책정하였다고 해 보자.

이 때 가계는 매년 20만 원의 확실한 보험료 손실과, 1/1,000의 확률을 가진 1억 원의 막대한 손실 가운데 어느 하나를 선택해야만 한다. 그런데 위험기피적인 가계는 비록 보험료가 손실의 기대치보다는 크지만 보험에 가입함으로써 적은 확률을 가진 막대한 손실을 피하고자 할 것이다. 이렇게 함으로써 보험가입자는 보험료만큼 소비를 줄여야 하나, 만일 화재가 나는 경우에는 큰 재앙을 피할 수 있다. 따라서, 보험가입을 하지 않은 경우에 비하여 보험에 가입하면 화재가 나든 안 나든 간에 어떤 가계의 **기대효용**(expected utility)은 더 커지게 되며, 이러한 측면에서 볼 때 보험은 사회적으로 유익한 역할을 수행하고 있다.

그러나 효율적인 보험시장의 작동을 위해서는 첫째로 많은 수의 서로 독립적인 보험대상이 있어야만 한다. 이 때 비로소 보험회사는 개인에게는 큰 위험을 수많은 사람들에게 널리 분산시킬 수 있는 것이다. 또한 **도덕적인 해이**(moral hazard)가 없어야 하는데, 이는 보험가입자가 보험에 가입한 후 전보다 부주의하게 행동하게 됨으로써 보험회사의 기대비용이 상승하는 것을 말한다. 예를 들어, 자동차가 절도에 대한 보험에 들어 있을 때 차주가 문을 잠그는 일을 소홀히 하는 것이다.

만일 이러한 조건이 충족되지 못하면 보험시장은 제대로 작동할 수 없게 된다. 즉, 시장의 실패가 일어나면 정부가 **사회보험**(social insurance)을 실시할 수밖에 없다. 예를 들어, 의료보험의 경우 병약한 사람들만이 보험에 가입함으로써 보험회사의 입장에서 보면 역선택(adverse selection)이 일어날 것이므로 정부가 담당할 수밖에 없다.

연금과 고용보험의 경우에도 역선택의 가능성이 크므로 정부가 사회보험으로 시행함으로써 수혜폭을 확대시킬 수 있고, 또한 국민들의 후생수준도 증대될 수 있는 것이다.

주요개념

무차별곡선　한계대체율　한계대체율체감의 법칙　예산선
소비자균형조건; 소득소비곡선　정상재　가격소비곡선; 대체효과
소득효과　가격효과　과시적인 소비; 불확실성　위험　불완전한 정보
위험기피　공정한 내기(fair bet)　위험분산　보험　기대효용　사회보험
도덕적인 해이　역선택

요 약

1. 무차별곡선이란 소비자에게 동일한 만족을 주는 두 가지 재화군의 여러 상이한 조합을 보여준다.
2. 한계대체율체감의 법칙이 작용하므로 무차별곡선은 원점에서 보았을 때 볼록한 형태를 취한다.
3. 예산선은 소비자의 소득이 일정할 때 구매가 가능한 영역을 나타낸다.
4. 소비자균형조건은 무차별곡선과 예산선이 서로 접하는 데서 충족되며, 이 때는 1원당 한계효용이 균등하다.
5. 소득소비곡선은 재화의 가격은 일정하고 소득만이 변화할 때의 소비자 균형점을 연결한 것이다.

6. 가격소비곡선으로부터 수요곡선을 도출할 수 있다.
7. 정상재의 경우에는 언제나 부의 값을 가지는 대체효과를 정의 소득효과가 보강함으로써 수요곡선은 우하향의 형태를 취한다.
8. 수요의 법칙은 현실을 잘 설명할 수 있다.
9. 가계, 기업 등 모든 경제주체는 미래에 대한 불확실성하에서 위험부담을 지면서 의사결정을 하는 것이 보통이다.
10. 위험기피적인 사람은 공정한 내기에 응하지 않는다.
11. 보험시장은 어떤 한 개인에게는 매우 큰 위험부담을 널리 분산시킴으로써 기대효용을 높이는 유익한 역할을 수행한다.
12. 효율적인 보험시장의 작동을 위해서는 많은 숫자의 서로 독립적인 보험대상이 있어야 하고 도덕적인 해이나 역선택이 없어야 한다. 이러한 조건이 충족되지 못하면 시장의 실패가 일어나며 정부가 개입하여 사회보험을 실시해야 하는데 의료보험, 연금, 고용보험 등이 좋은 예이다.

연습문제

1. "과시적인 소비에 탐닉하는 극소수 부유층은 가격이 오를 때 수요량이 오히려 늘어나므로 수요의 이론은 틀린 것이다." 이 말에 대해 논평하라.
2. 어떤 노동자는 노동과 여가 중 하나를 선택하여야 한다. 만일 임금이 상승할 때 근로자의 노동공급이 증가하였다면 대체효과와 소득효과의 상대적인 크기는?
3. 가계와 기업이 미래에 관한 의사결정을 할 때 불확실성하에서 위험부담을 지면서 하게 되는 실례를 많이 들어보라.
4. 어떤 가계가 내기의 기대치가 0인데 응하였다면 그는 위험중립적(risk neutral)이라고 한다. 그러나, 복권의 경우에는 상금의 기대치가 통상 복권가격의 50%에도 미치지 못한다. 그러면 복권을 사는 사람은 위험에 대해 어떻게 생각하고 있는가?

5. 한 개인은 화재가 날 확률을 예측하기 어려우나 보험회사는 비교적 정확하게 예측할 수 있는 이유는 무엇인가?

6. 화재가 나든 안 나든 보험에 가입한 경우가 안 한 경우보다 가계의 기대효용이 큰 이유를 생각해보라.

7. 보험회사는 많은 숫자의 서로 독립적인 보험대상이 있어야만 사업을 영위할 수 있는 이유를 생각해보라.

8. 의료보험, 고용보험 및 연금과 같은 사회보험은 정부만이 할 수 있는데 그 이유는 무엇이며, 여기서 생기는 효과는?

9. 중고차를 사는 것은 그 실속을 모르기 때문에 불확실하며 상당한 위험부담이 있다. 보통 중고차시장에는 결점이 많은 차(lemon)들이 적지 않게 나와 있는데 이에 대한 구매자의 반응은 어떠한가?

제 4 편

기업의 이론

요 약

앞의 제3편에서는 시장수요곡선의 배후에 개별적인 소비자들의 한계효용이 있다는 것을 보았다. 여기 4편에서는 시장공급곡선의 배후에 개별적인 기업들의 한계비용이 있다는 것을 보려고 한다. 이처럼 시장공급곡선의 배후에 작용하는 원리를 찾아내기 위하여 개별적인 기업의 행위를 살펴보는 것을 기업의 이론이라고 한다.

기업의 이론은 크게 두 부분으로 구성되어 있는데 하나는 제8장에서 살펴볼 기업의 실물적인 생산 측면을 분석하는 생산의 이론이며, 다른 하나는 제9장에서 살펴볼 기업의 생산비에 대하여 분석하는 비용 또는 생산비의 이론이다.

제 4 편

기업의 이론

제 8 장

생산의 이론

제 8 장에서는 먼저 단기의 생산이론에서 가장 기본적인 개념인 수확체감의 법칙 또는 한계산출물체감의 법칙에 대하여 설명한다. 이어서 두 가변요소를 가지고 생산하는 경우에 대하여 보는데, 등량곡선과 등비용곡선이 접하여 1원당 한계산출량 균등의 법칙이 성립할 때 극소비용조건이 충족됨을 설명한다.

이 밖에 특수한 경우의 생산함수로서 규모가 증가할 때 수확의 변화 정도가 어떠한가를 살펴본다.

앞의 제 3 편에서 우리는 시장수요곡선의 배후에 개별적인 소비자들의 한계효용이 있다는 것을 보았다. 이제 제 4 편에서는 시장공급곡선의 배후에 개별적인 기업들의 한계비용이 있다는 것을 보려고 한다. 시장공급곡선의 배후에 어떠한 원리가 작용하고 있는가를 분석하기 위하여 개별적인 기업의 행위를 살펴보는 것을 **기업의 이론**(theory of the firm)이라고 한다. 기업의 이론은 제 3 편에서 본 소비자이론과 대칭되는 개념으로서 크게 두 부분으로 구성되어 있다. 그 하나는 기업의 실물적인 생산측면을 분석하는 **생산의 이론**(theory of production)이며, 다른 하나는 기업의 생산비에 대하여 보는 비용 또는 **생산비의 이론**(theory of cost)이다. 따라서 제4편에서는 생산의 이론과 비용의 이론에 관하여 차례로 살펴본다.

8.1 시장공급곡선과 개별기업의 공급곡선

위의 제 6 장에서 시장수요곡선은 모든 소비자들의 개별적인 수요곡선들을 수평적으로 더함에 의하여 얻어질 수 있다는 것을 보았다. **시장공급곡선(market supply curve)**도 마찬가지여서 개별기업들의 공급곡선을 수평적으로 더함에 의하여 도출할 수 있다. [그림 8-1]은 단순화를 위하여 어떤 시장 또는 산업에 기업이 A와 B 둘만 있다고 가정하고 어떤 재화의 시장공급곡선 또는 산업공급곡선(industry supply curve)을 도출하는 과정을 보여 주고 있다. 물론 어떤 시장 또는 산업에 속하는 기업의 수가 많을 때에도 똑같은 방법을 적용할 수 있다.

그림에서 시장가격이 어떤 재화 한 단위당 40원인 경우 A기업은 5단위를 공급하고 B기업은 10단위를 공급하므로 시장 전체의 공급량은 가격이 40원일 때 이 둘을 합한 15단위가 된다. 또한 가격이 60원인 경우에는 A기업은 10단위를 공급하며 B기업은 20단위를 공급하므로 시장 전체의 공급량은 가격이 60원일 때 이 둘을 합한 30단위가 된다. 이와 같이 시장공급곡선은 각각의 가격수준에서 개별적인 기업의 공급곡선들을 수평적으로 더하면 얻어질 수 있는 것이다. 따라서 아래에서는 개별 기업의 공급곡선의 배후에 어떠한 원

그림 8-1 개별기업의 공급곡선과 시장공급곡선

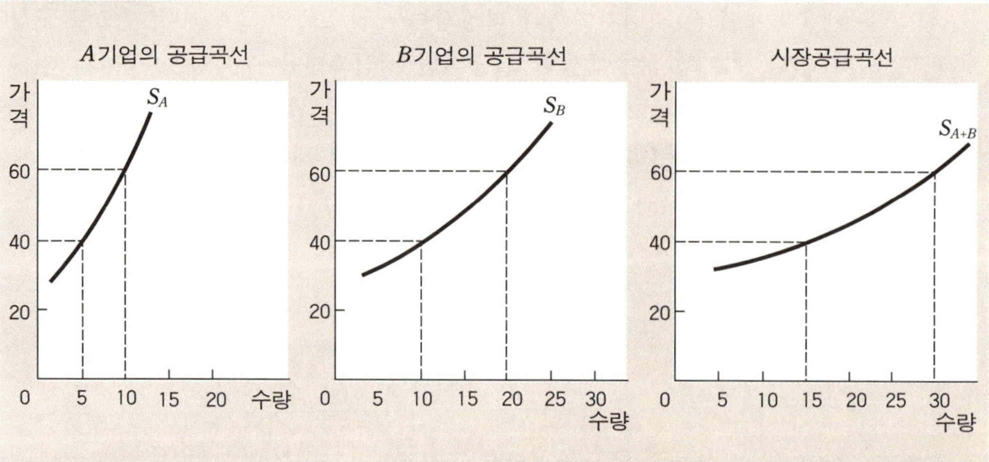

리가 작용하고 있는가를 분석함으로써, 이들 개별기업의 공급곡선들을 단순히 수평적으로 더하여 놓은 것이 시장공급곡선이므로 자연히 시장공급곡선의 배후에 작용하는 원리를 찾을 수 있도록 해 보자.

8.2 기업의 속성

개별기업의 공급곡선의 배후에서 작용하는 원리의 내용을 알기 전에 우선 기업 자체에 관하여 살펴보기로 한다.

먼저 기업이 왜 존재하는가에 대해서는 여러 가지 설명이 가능하지만 코즈(Ronald Coase)와 윌리암슨(Oliver Williamson)은 불확실성 아래서 **거래비용**(transaction cost)을 줄이기 위하여 기업이라는 조직이 존재하게 되었다고 본다.[1] 보기를 들어 자동차를 기업이 아니고 개인이 생산할 수도 있으나 이 때는 일일이 노동시장에서 필요할 때마다 노동자를 구하여 생산을 하게 되는데 여기에는 각종의 거래비용이 뒤따르게 된다. 즉, 적합한 노동자를 찾아 나서야 하며 임금을 결정해야 하고, 계약이 성립된 후에는 이를 이행하지 않는 경우에 손해보상을 법적으로 요구하여야 한다. 따라서 기업을 구성하고 상시 근로자를 고용함으로써 거래를 내부화(internalize)하면 일일이 시장을 통하여 거래하는 것보다 거래비용을 크게 낮출 수 있으므로 기업을 조직하게 된다는 것이다.

이제 그러면 기업의 형태에 대해서 알아보기로 하자. 민간기업의 형태는 크게 세 가지로 나눌 수 있는데, **개인기업**(single proprietorship), **합명회사**(partnership) 및 **주식회사**(joint-stock company 또는 corporation)가 그것이다.

개인기업에서는 소유자가 1인이며 그가 모든 책임을 지게 된다. 합명회사는 2인 이상의 소유주로 구성이 되며 이들 각자가 모두 기업행위에 대하여 책임을 지게 된다. 주식회사는 이를 소유하는 사람들과는 별개의 **법인**(legal entity)이다.

---

1) 정갑영, 『산업조직론』, 개정판, 박영사, 2001, pp. 16~17.

개인기업의 주된 장점은 소유주 한 사람이 기업을 마음대로 경영할 수 있다는 것이다. 반면에 단점은 자본을 동원할 수 있는 능력에 한계가 있으며 모든 책임을 소유자 한 사람이 담당하여야 된다는 점이다. 농업과 서비스업에서 흔히 발견된다. 합명회사는 개인기업에 비하여 동원할 수 있는 자본의 양은 커지나 **무한책임**(unlimited liability)을 지는 것은 마찬가지이다. 이 단점을 수정한 것이 유한책임회사(**limited partnership**)이다. 유한회사는 무한책임사원과 유한책임사원으로 구성된다.

주식회사는 수많은 일반대중이 주식을 소유하므로 동원할 수 있는 자본의 양이 매우 크며, 소유주는 모두가 **유한책임**만을 지는 장점을 가진다. 그러나 주식회사의 단점은 소유주가 기업의 경영에 대하여 크게 발언권이 없다는 것이다. 일반적으로 한 나라의 경제발전과 더불어 민간기업의 여러 형태 가운데서 주식회사가 차지하는 비중이 점차로 증대되는 것이 보통이다.

위에서 본 세 가지 형태의 민간기업 이외에 재화나 용역을 생산하여 공급하는 두 가지 다른 형태의 기업을 추가로 생각할 수 있다. 하나는 국영기업으로서 전기, 철도, 연초 및 체신사업 등이 여기에 속한다. 예를 들어 한국전력공사의 경우 소유주는 국가이나 민간기업의 경우와 마찬가지로 전력을 생산 · 공급함으로써 영업활동을 하고 있다. 다른 하나의 형태는 지금까지 본 기업과는 달리 재화나 용역은 무상으로 공급하며 조세수입으로 그 재원을 충당한다. 국방, 의무교육 및 도로건설 등이 여기에 속한다.

이처럼 생산활동은 민간부문에서는 세 형태의 기업에 의하여 행해지며, 정부부문에서도 두 종류의 생산활동을 구별할 수 있으나 여기서는 주로 민간부문의 기업에 의한 생산활동에 국한하여 보기로 한다.

한편, 국경없는 세계시장이 급속히 형성되면서 한 나라 이상에서 생산활동을 하는 **다국적기업**(multinational corporation; MNC) 또는 초국적기업(transnational corporation; TNC)이 세계무역과 투자에서 점유하는 중요성이 크게 증대되었다. 주로 미국, 일본, 유럽의 MNC들이 대부분을 차지하고 있으며 **외국인 직접투자**(foreign direct investment)를 주된 수단으로 삼고 있다. 한국의 다국적기업들도 최근에 들어오면서 선진국에 대해서는 각종의 무역장벽을 회피하면서 시장을 확대하기 위하여 진출하고 있고, 동남아시아 등의 발전도상국들에게는 상대적으로 낮은 임금노동자를 활용하여 생산하기 위해 진출하였다. MNC의 출현으로 종전처럼 국내에서 생산하여 외국에 수출하는 전통적인 방식은 옛 일이 되었다.

그런데 기업의 경영에 있어서 자금의 조달은 중요한 비중을 차지한다. 주식회사의 경우 우리는 대체로 네 가지 자금의 원천을 생각할 수 있다. 첫째는 **주식**(shares, stocks 또는 equities)의 발행이다. 둘째는 **회사채**(bonds)의 발행으로 주식을 가진 사람이 기업의 소유주인 데 반하여 사채(社債)를 보유한 사람은 기업에 대한 채권자이다. 또한, 주주는 기업이 이윤을 냈을 경우에만 **배당**(dividends)을 받는 데 반하여 사채는 이윤의 발생 여부에 관계없이 **이자**를 지불해야 한다. 이는 기업에게는 큰 부담이 된다. 셋째는 은행에서 차입하는 것이며, 넷째는 **사내유보이윤**이다. 선진국의 경우 주주에게는 통상의 율로 배당을 하고, 이를 초과하는 이윤은 유보함으로써 사내유보이윤을 극히 중요한 자금의 원천으로 삼고 있다.

우리 나라 기업은 IMF사태 이전에는 타인자본에 대한 의존도가 매우 높아서 **재무구조**가 취약하며 이는 금융비용을 높여서 기업의 생산비 상승에 중요한 영향을 미쳤다. 더구나 이자율이 높은 사채(私債)에도 적지 않게 의존하여 생산비를 더욱 높였다.

그러나 지난 5년 동안 기업개혁을 꾸준히 추진한 결과로 제조업부문의 **부채-자본비율**은 '97년 말 396%에서 2002년 상반기 말에는 136%로 크게 낮아졌다. 또한 수익성과 현금흐름을 중시하는 새로운 기업경영의 파라다임도 형성되가고 있다.

소비자의 행동목표를 앞에서 효용의 극대화(utility maximization)라고 가정하였는데, 이제 우리가 살펴볼 기업의 행동목표는 **이윤의 극대화**(profit maximization)라고 가정한다. 물론 현실적으로 기업은 다른 여러 가지의 행동목표를 가질 것이나, 기업이 이윤을 극대화한다는 가정 아래 수립된 이론이 현실을 제대로 예측할 수 있다면 이윤극대화의 가정은 유용한 것이다.

8.3 단기의 생산이론: 고정요소가 있는 경우

단기와 장기

이제 그러면 기업의 실물적인 생산에 관하여 분석하는 생산의 이론을 보기로 하자. 일반적으로 생산이란 투입물(inputs)이 산출물(output)로 전환되는 과정이라고 규정할 수 있을 것이다. 생산의 범주 안에는 농업이나 공업생산 이외에 서비스의 생산도 포함된다.

기업의 이론에서는 생산요소를 어떤 일정한 기간 동안에 투입량을 변동시킬 수 있는 **가변요소**(variable inputs)와 변동시킬 수 없는 **고정요소**(fixed inputs)로 나눈다. 이러한 분류는 분석의 편의를 위한 가상적인 것이라고 볼 수 있다. 생산요소를 이렇게 두 부류로 나누면 이에 따라서 **단기**(short run)와 **장기**(long run)도 구별할 수 있다. 즉, 모든 생산요소가 가변요소인 기간을 장기라고 하고, 하나 또는 그 이상의 생산요소가 불변요소인 기간을 단기라고 규정할 수 있는 것이다. 이러한 분류 역시 가상적인 것이며 분석의 편의를 위한 것이다.

단기와 장기 이외에 우리는 **최장기**(very long run)를 구별할 수 있다. 단기에서는 물론이고 장기에서도 기술은 일정하게 주어져 있다고 전제한다. 그러나 최장기에는 기술도 변화한다. 두말할 필요도 없이 현대산업사회의 가장 두드러진 특징은 기술진보(technological change)가 부단히 발생하여 생산방법이 개선되며 더 좋은 품질의 재화 및 나아가서는 신제품이 개발되어 생산되는 것이라고 할 수 있다. 바로 이러한 기술진보가 일어나는 것이 최장기이다. 기술진보가 생활수준을 향상시키는 데 중요한 원동력이 되어 왔음은 우리 모두가 잘 인식하고 있다.

먼저 단기의 생산이론을 보기 위하여 고정요소가 하나 있고, 가변요소도 하나 있다고 가정하자. 이 두 생산요소는 산출물을 생산하는 데 있어서 여러 가지 상이한 비율로 결합될 수 있는데, 이를 **가변적 요소결합비율**(variable proportions)하의 생산이라고 한다.[2] 즉, 단기의 생산이론은 가변적인 요소

2) 고정요소의 투입량은 일정하나 가변요소의 투입량이 변화하므로 두 요소의 결합비율은 가변적이 된다.

결합비율을 가정한다.

생산함수

우선 **생산함수**(production function)를 정의해 보면 일정한 기술수준을 가정하였을 때 주어진 생산요소의 투입량을 가지고 생산할 수 있는 극대의 산출량의 수준을 나타내는 함수이다. 여기서 우리는 네 가지를 유의하여야 하는데, 첫째는 기술수준이 일정하게 주어져 있다고 가정하므로 생산함수란 기본적으로 정태적인 분석용구라는 것이다. 즉, 기술진보는 무시되고 있다. 둘째는 기업이 비효율적인 생산방법은 사용하지 않는다고 가정함으로써 생산함수는 일정한 투입량을 사용하여 생산될 수 있는 '극대'의 산출량을 나타낸다. 즉, 기업은 언제나 가장 효율적인 생산방법만을 사용한다고 전제한다. 셋째로 생산함수는 투입물과 산출물 사이의 실물적이며 기술적인 관계를 나타내는 것이고 적정한 생산요소의 결합에 대해서는 전혀 드러내지 않는다. 적정한 생산요소의 결합문제는 경제적인 문제이며, 이를 결정하려면 투입물 및 산출물의 가격도 알고 있어야 한다.

넷째는 우리가 보통 생략하고 쓰지만 산출물과 투입물은 유량개념이므로 단위기간(1개월 또는 1년 등)을 명시하고 수량을 나타내야 한다. 이제 두 생산요소인 노동과 자본만이 있다고 가정하고, 생산함수를 어떤 한 기업에 대해서 표시하면 다음과 같다.

$$Q=F(L, K)$$

여기서, Q는 단위기간당 산출량을 나타내며, L과 K는 각각 단위기간당 노동의 투입량과 자본의 투입량을 나타낸다.

총산출물, 평균산출물 및 한계산출물

일반적인 생산함수를 위와 같이 표시했을 때 단기의 생산함수는 다음과 같이 나타낼 수 있다.

표 8-1 노동의 투입량과 총산출량

노동자의 수 (L)	총산출량 (TP)	노동의 평균산출량 (AP_L)	노동의 한계산출량 (MP_L)
1	10	10.0	
2	24	12.0	14
3	39	13.0	15
4	52	13.0	13
5	61	12.2	9
6	66	11.0	5
7	66	9.4	0
8	64	8.0	−2

$$Q=F(L;\ K_0)$$

즉, 단기의 생산함수는 고정요소인 자본의 투입량이 K_0로 일정할 때, 가변요소인 노동 L의 여러 가지 다른 수준의 투입량에 의하여 생산될 수 있는 극대의 산출량을 나타낸다. 어떤 기업의 단기의 생산함수를 알고 있다면 이로부터 우리는 〈표 8-1〉을 작성할 수 있으며, 다시 이를 그림으로 나타낸 것이 [그림 8-2]이다.

〈표 8-1〉은 고정요소인 자본의 투입량은 일정하다고 가정하고 가변요소인 노동의 투입량을 늘릴 때 **총산출량**(total proudct; TP), **평균산출량**(average product of labour; AP_L) 및 **한계산출량**(marginal product of labour; MP_L)을 보여 주고 있다. 총산출량은 위의 생산함수에서 Q에 해당한다. 노동의 평균생산량은 총산출량을 노동자의 수로 나눈 것이다.

$$AP_L=\frac{TP}{L}$$

한계산출량은 고정요소의 투입량이 일정하고 가변요소의 투입량만을 한 단위 추가로 더 투입하였을 때 총산출량이 추가로 얼마나 더 증가하는가를 보인다. 즉, 다음 식과 같다.

$$MP_L=\frac{\Delta TP}{\Delta L}$$

그림 8-2 총산출량, 평균산출량 및 한계산출량곡선

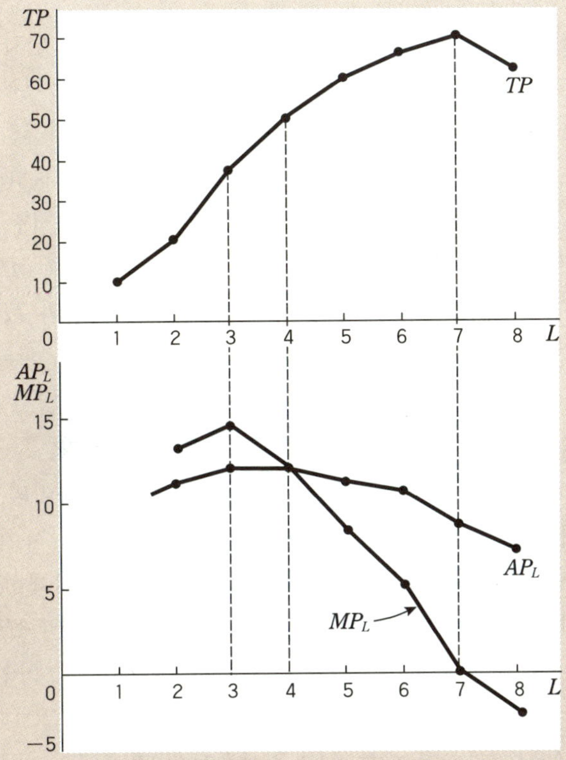

〈표 8-1〉을 그림으로 그린 것이 [그림 8-2]인데 횡축은 가변요소인 노동의 투입량을 나타내는 노동자의 수를 재며, 종축은 윗부분의 그림에서는 총산출량을 나타내고 아랫부분에서는 노동의 평균산출량과 한계산출량을 표시한다. 총산출량곡선은 처음에는 체증하는 율로 증가하다가 그 뒤 체감하는 율로 증가하고 극대점에 도달한 후 감소하기 시작한다. 평균산출량곡선과 한계산출량곡선은 처음에는 상승하다가 극대점에 도달한 후 감소하기 시작한다.

평균산출량은 총산출량을 노동투입량으로 나눈 것이므로, 그림으로 설명하면 원점과 *TP*곡선상의 점을 연결한 직선의 기울기와 같다. 한계산출량은 *TP*곡선의 기울기인데 미분기호로 표시하면 다음과 같다.

$$MP_L = \frac{d(TP)}{dL}$$

TP곡선상에서 변곡점(inflexion point)은 노동자의 수가 3명일 때인데, 변곡점에 이를 때까지 TP는 체증하는 율로 증가하며, 아랫부분의 그림에 표시되어 있는 MP_L도 증가한다. 변곡점 이후에는 TP는 체감하는 율로 증가하며 MP_L은 감소한다. 따라서 MP_L은 변곡점에서 최대가 되는데, 이는 곧 MP_L이 TP곡선의 기울기이므로 변곡점에서 TP곡선과 접하는 접선을 그리면 그 기울기가 가장 크다는 것을 나타낸다. 한편, TP가 극대일 때 MP_L은 0이 되며, TP가 감소하면 MP_L은 부(-)의 값을 가진다. AP_L은 원점과 TP곡선상의 점을 연결한 직선의 기울기에 의하여 표시되는데, AP_L이 최대가 될 때는 원점과 TP곡선상의 어떤 점을 연결한 직선이 TP곡선을 자르지 않고 접선이 되는 경우로서, 앞의 그림에서는 노동자의 수가 4명일 때가 된다.

여기서 우리는 노동의 평균산출량과 한계산출량 사이의 관계에 대하여 말할 수 있다. 사실 이는 다른 모든 평균개념과 한계개념 사이의 관계에 대하여도 똑같이 적용되는 것이다. 예를 들어 평균비용과 한계비용 사이에도 여기서 보는 것이 그대로 적용된다. AP_L이 증가할 때 MP_L은 AP_L보다 큰데, 그 이유는 한계산출량은 평균산출량보다 앞서서 변화하므로 만일 MP_L곡선이 AP_L곡선의 위에 있으면 자연히 AP_L을 증가시킬 것이기 때문이다.

한편, AP_L이 감소할 때는 MP_L은 AP_L보다 작은데, 그 까닭은 앞서서 변화하는 MP_L이 AP_L보다 작으면 이는 자연히 AP_L곡선을 끄집어 내리기 때문이다. 이처럼 AP_L이 증가할 때는 MP_L은 AP_L보다 크며 AP_L이 감소할 때는 AP_L이 MP_L보다 크므로, 자연히 AP_L이 극대가 될 때는 MP_L과 AP_L은 똑같게 된다.

수확체감의 법칙

이제 단기의 생산이론에서 가장 기본적인 개념이 되는 **수확체감의 법칙** 또는 한계(실물)산출량체감의 법칙(law of diminishing returns; law of diminishing marginal(physical) product)에 대하여 정의를 내려보자. 일정한 양의 고정요소를 가지고 생산할 때, 가변요소의 투입량을 계속해서 증대시키면 총산출량은 증가하나 체감하는 율로 증가한다. 즉, 가변요소의 투입량이 일정한 수준을 넘어서고부터는 가변요소의 추가투입에서 나오는 한계산출물은 감소하기 시작하는데, 이를 수확체감의 법칙 또는 한계산출물체감의 법칙이 작용한다고 말한다. 위의 그림표로 얘기한다면 *TP*곡선상에서는 변곡점 이후부터 *TP*가 극대가 될 때까지가 수확체감현상이 작용하는 구간이 되며, MP_L곡선상에서는 MP_L이 극대점 이후 감소하기 시작하여 0이 될 때까지가 수확체감의 법칙이 지배하는 구역이다. 일찍이 고전학파는 농업부문에 있어서 일정한 면적의 토지에 가변요소인 노동을 점차로 증가투입하면 총산출량은 체감하는 율로 증가한다는 수확체감의 법칙을 말하였다.

8.4 두 가변요소를 가지고 생산하는 경우

위에서 본 단기의 생산이론은 고정요소가 하나 있고 가변요소도 하나 있는 경우를 분석대상으로 하였다. 이제 여기서는 두 가변요소가 있다고 가정하고 생산의 이론을 전개해 보기로 한다. 이 두 가변요소는 다른 어떤 제3의 고정요소와 함께 생산을 한다고도 볼 수 있고, 또는 이 두 가변요소만 존재한다고도 볼 수 있다. 두 가변요소만 있다고 가정하는 경우에는 이는 물론 장기의 생산이론이 된다.

등량곡선과 등비용곡선

(1) 등량곡선의 속성

여기서 우리가 사용하는 주된 분석용구는 **등량곡선(isoquants)**과 **등비용곡선(isocosts)**인데, 이는 위에서 소비자 수요의 이론을 다룰 때 사용하였던 무차별곡선 및 예산선과 매우 유사한 속성을 지니고 있다. 이런 측면에서 본다면 서수적인 효용을 가정하는 무차별곡선분석과 두 가변요소를 가정하는 생산의 이론은 그 논리전개가 거의 평행을 이루고 있다.

이제 그러면 등량곡선에 대하여 우선 살펴보자. 어떤 기업의 생산함수를 알고 있다면 이로부터 우리는 등량곡선을 그릴 수 있다. 등량곡선이란 어떤 재화의 동일한 수준의 산출량을 생산해내는 두 생산요소의 여러 가지 서로

그림 8-3 **등량곡선**

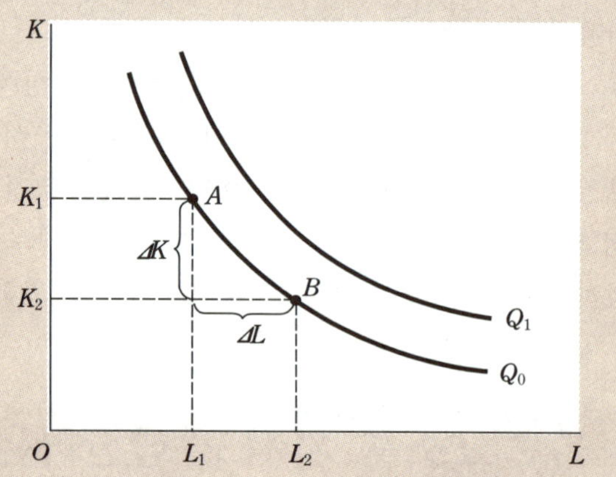

다른 조합을 연결한 곡선인데 [그림 8-3]이 이를 보여준다.

[그림 8-3]에서 자본 K와 노동 L이 두 가변요소이다. Q_0는 일정한 수준의 산출량을 생산해 내는 등량곡선인데, Q_0상의 모든 점에서 산출량의 수준은 동일하나 두 생산요소의 결합은 다르다. 예를 들어 등량곡선 Q_0상의 점 A와 점 B는 산출량의 수준은 동일하나 점 A에서는 K_1만큼의 자본과 L_1만큼의 노동을 사용하여 Q_0만큼을 생산해 내며, 점 B에서는 K_2만큼의 자본과 L_2만큼의 노동을 사용하여 Q_0만큼의 산출량을 생산해 낸다. Q_1도 일정한 수준의 산출량을 생산해 내는 등량곡선인데, 여기서도 곡선상의 모든 점에서 산출량의 수준은 동일하나 두 요소의 조합이 다르다. 원점에서 멀리 떨어져 있을수록 더 높은 수준의 산출량을 나타내므로 Q_1이 표시하는 산출량은 Q_0보다 크다.

등량곡선이 지니는 속성은 무차별곡선과 유사하다. 첫째로 등량곡선은 우하향의 기울기를 갖는 것이 보통이다. 그 이유는 등량곡선상의 모든 점에서는 산출량의 수준이 동일하므로 만일 한 생산요소의 투입량을 늘리면 다른 생산요소의 투입량은 줄여야만 동일한 수준의 산출량을 생산해 낼 수 있기 때문이다. 둘째로 등량곡선은 원점에서 보았을 때 볼록한 형태를 취한다. 이를 이해하려면 **기술적인 한계대체율(marginal rate of technical substitution: *MRTS*)**의 개념을 도입하여야 한다. 생산자가 동일한 수준의 산출량을 생산하면서, 즉 어떤 주어진 등량곡선의 선상을 따라서 이동하면서 생산요소 L을 추가로 한 단위 더 고용할 때 포기해야 하는 생산요소 K의 양을 두 생산요소 L과 K 사이의 기술적인 한계대체율($MRTS_{KL}$)이라고 부른다.

[그림 8-3]에서 등량곡선 Q_0를 따라서 점 A에서 점 B로 이동하는 경우를 보면 L의 투입량은 ΔL만큼 늘리면서 K의 투입량은 ΔK만큼 줄이고 있다. 즉, 점 A에서 점 B로의 이동은 자본 대신에 노동을 대체하고 있는 것이다. 이 때 ΔL이 L 한 단위라고 가정하면 그림에서의 ΔK가 $MRTS_{KL}$이 된다. 한편, 등량곡선 Q_0의 기울기는 $\frac{\Delta K}{\Delta L}$로 표시되는데, 이 때 ΔL이 L 한 단위라면 등량곡선의 기울기 $\frac{\Delta K}{\Delta L}$는 $MRTS_{KL}$과 같다.

$$\text{등량곡선의 기울기} = \frac{\Delta K}{\Delta L} = MRTS_{KL}$$

점 A에서나 점 B에서 산출량의 수준은 동일하므로 ΔK만큼을 포기하는 데서 초래되는 산출량의 감소와 ΔL만큼을 추가로 고용하는 데서 얻는 산출량의 증가는 절대값이 동일하여야 하므로 다음이 성립한다.

$$|-\Delta K \cdot MP_K| = |\Delta L \cdot MP_L|$$ [3)]

이 식의 왼편은 자본 K를 ΔK만큼 줄이는 데서 초래되는 산출량의 감소를 나타내며, 오른편은 노동 L을 ΔL만큼 더 쓰는 데서 나오는 산출량의 증가를 나타내는데, 동일한 수준의 산출량을 유지하여 주어진 등량곡선상에 있기 위해서는 이 두 값은 동일해야 한다. 위의 식을 다시 쓰면 다음과 같다.

$$\frac{\Delta K}{\Delta L} = \frac{MP_L}{MP_K}$$

즉, 등량곡선의 기울기 $\frac{\Delta K}{\Delta L}$는 두 생산요소의 한계산출물의 비율과 같다. 따라서, 다음 식과 같다.

$$\text{등량곡선의 기울기} = \frac{\Delta K}{\Delta L} = \frac{MP_L}{MP_K} = MRTS_{KL}$$

그런데 기업이 노동 L을 더 많이 생산과정에서 사용할수록, 즉 주어진 등량곡선의 선상을 따라서 오른편으로 이동할수록 노동 L 한 단위를 추가로 더

3) 여기서 MP_K는 자본의 한계산출물(marginal product of capital)이다.

고용하기 위해서 포기해야 하는 자본 K의 양은 감소하게 마련이다. 이를 **기술적인 한계대체율체감의 법칙**(law of diminishing marginal rate of technical substitution)이라고 부른다. 등량곡선이 원점에서 보았을 때 볼록한 형태를 취하는 이유는 바로 기술적인 한계대체율체감의 법칙이 작용하기 때문이다.

(2) 등비용곡선

이상에서는 등량곡선에 관하여 설명하였는데 이제 등비용곡선을 도입해 보자. 이는 무차별곡선분석에서 사용한 소비자의 예산선과 유사한 개념이다. 등비용곡선이란 기업이 사용할 수 있는 지출액(C_0)이 일정하게 주어져 있고, 생산요소의 가격도 자본의 단위당 가격은 P_K, 노동의 단위당 가격은 P_L로 일정하게 주어져 있을 때, 주어진 지출액을 가지고 구입할 수 있는 노동의 양 L과 자본의 양 K의 여러 가지 서로 다른 조합을 연결한 직선이다. 식으로는 다음과 같다.

$$P_L \cdot L + P_K \cdot K = C_0$$

이 식을 정리하면 다음과 같다.

$$K = \frac{C_0}{P_K} - \frac{P_L}{P_K} \cdot L$$

그림 8-4 등비용곡선

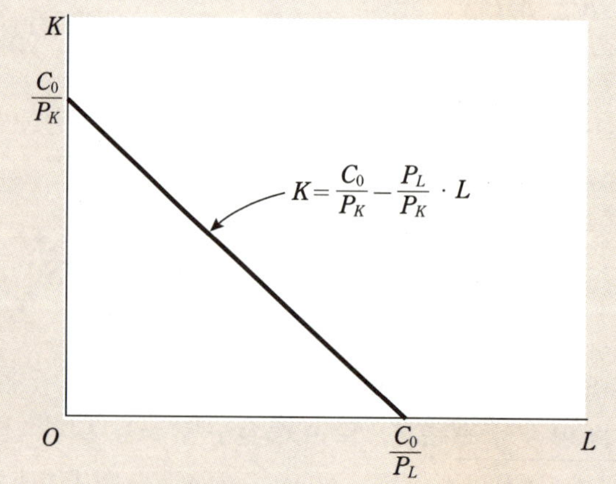

[그림 8-4]가 등비용곡선이다.

그림에서 등비용곡선이 우하향의 형태를 가지므로 그 기울기는 $-\frac{P_L}{P_K}$이다. 또한, 만일 C_0를 가지고 자본만을 구입한다면 $\frac{C_0}{P_K}$만큼의 자본을 고용할 수 있으며, 반대로 노동만을 구입한다면 $\frac{C_0}{P_L}$만큼의 노동을 고용할 수 있다. 등비용곡선이 나타내는 것은 등비용곡선의 영역 안에서만 생산요소를 구입할 수가 있고, 그 밖에서는 주어진 지출액으로는 구입할 수 없다는 것이다.

극소비용조건

이제 우리는 [그림 8-3]의 등량곡선과 [그림 8-4]의 등비용곡선을 동시에 이용하여 일정한 수준의 산출량을 생산하는 데 있어서 기업이 생산요소들을 어떻게 구입하여야만 극소의 비용을 지출하는 것이 되겠는가를 분석할 수 있다. 일정한 수준의 산출량을 극소의 비용으로 생산하기 위하여 필요한 생산요소의 결합이 어떠한 것인가 하는 문제는, 다른 식으로 표현하면 일정한 수준의 지출액을 가지고 극대의 산출량을 생산해 내려면 생산요소를 어떻게 결합해야 하는가와 동일한 문제이다. [그림 8-5]는 등량곡선과 등비용곡선을 동시에 한 그림으로 나타낸 것이다. 여기서 분명한 것은 기업의 지출액이 C_0로 주어졌을 때 극대의 가능한 산출량의 수준은 Q_1이 된다는 점이다. 점 A나 점 B가 바람직하지 못함은 이 때의 산출량 Q_0가 도달이 가능한 Q_1보다 낮기 때문이다.

따라서 일정한 수준의 산출량을 극소의 비용으로 생산하기 위하여 필요한 생산요소의 결합조건(the least-cost condition), 또는 같은 뜻인 일정한 지출액을 가지고 극대의 산출량을 생산하기 위해 필요한 생산요소의 결합조건을 충족시키는 것은, 등량곡선 Q_1과 주어진 등비용곡선이 서로 접하는 점 E에서이다. 그런데 점 E에서는 두 곡선이 서로 접하므로 그 기울기는 같다.

$$\text{등량곡선의 기울기} = MRTS_{KL} = \frac{\Delta K}{\Delta L} = \frac{MP_L}{MP_K}$$

$$= \text{등비용곡선의 기울기} = \frac{P_L}{P_K}$$

$$\text{즉, } \frac{MP_L}{MP_K} = \frac{P_L}{P_K} \quad \text{또는} \quad \frac{MP_L}{P_L} = \frac{MP_K}{P_K}$$

그림 8-5 극소비용으로 생산요소를 결합하기 위한 조건

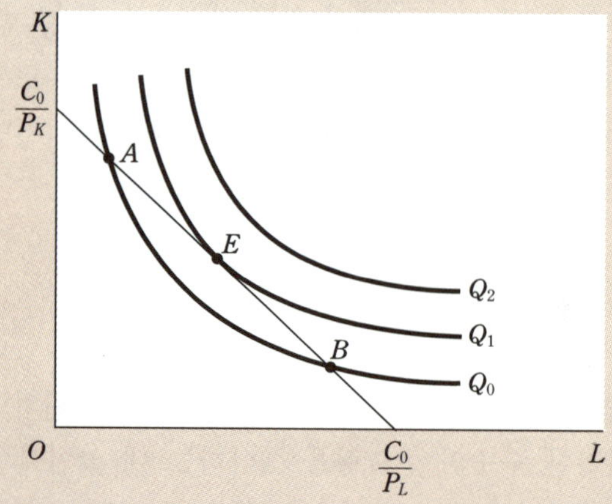

이 식이 뜻하는 것은 일정한 수준의 산출량을 극소의 비용으로 생산하기 위해서는, 또는 같은 의미인 일정한 지출액을 가지고 극대의 산출량을 생산하기 위해서는 각 생산요소의 1원당 한계산출량이 동일하도록 생산요소들을 고용하여야 된다는 것이다. 즉, **1원당 한계산출량 균등의 법칙**(law of equal marginal product per won)이 성립하도록 생산요소들을 구입하여야만 극소비용으로 일정한 수준의 산출량을 생산할 수 있으며, 똑같은 뜻인 주어진 일정한 지출액으로 극대의 산출량을 생산할 수있다. 만일 1원당 자본의 한계산출량 $\frac{MP_K}{P_K}$가 1원당 노동의 한계산출량 $\frac{MP_L}{P_L}$보다 큰 경우에는, 자본의 고용량을 늘리고 노동의 고용량을 줄여서 $\frac{MP_K}{P_K}$와 $\frac{MP_L}{P_L}$이 일치하도록 해야만 한다는 것은 상식적으로 쉽게 납득이 가는 것이다.

확장선

이제 생산요소의 가격 P_L과 P_K는 일정하다고 가정하고 기업이 쓸 수 있는 지출액만 C_0에서 C_1, C_2로 증대시켜 보자. 그러면 우리는 [그림 8-6]과 같은 **확장선**(expansion path)을 얻는다.

그림에서 등비용곡선의 기울기는 $\frac{P_L}{P_K}$이므로 기업의 지출액이 C_0에서 C_1, C_2로 증가하여도 등비용곡선은 평행을 이루며 이동한다. 이 때 등량곡선 Q_0,

그림 8-6 확장선

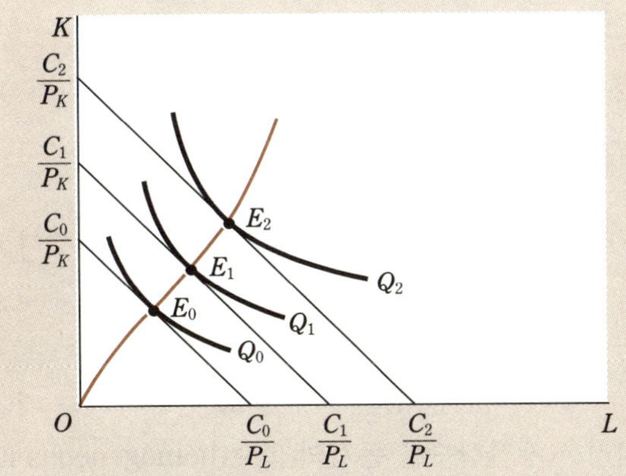

Q_1 및 Q_2와 등비용곡선들이 서로 접하는 점들을 E_0, E_1 및 E_2라고 하면 이러한 점들을 연결한 $OE_0E_1E_2$를 확장선이라고 한다. 따라서 확장선은 요소가격은 일정하고 기업의 지출액만을 변동시킬 때, 등량곡선과 등비용곡선이 서로 접하는 점들을 모두 모아 놓은 것으로써 극소의 비용으로 일정한 수준의 산출량을 생산하는 요소의 결합을 나타낸다.

8.5 동차의 생산함수

여기서는 특수한 경우인 모든 생산요소의 투입량이 동일한 비율로 증가할 때 생산량이 얼마나 증가하는가에 관하여 살펴보기로 한다. 모든 요소의 투입량이 동일한 비율로 증가할 때 산출량이 어느 정도로 증가하는가를 나타내는 것이 **규모(scale)의 증가에 따른 수확의 변화**정도인데 이는 단기에서의 수확체감현상과는 명확하게 구별되어야 한다. 즉, 단기에서의 수확체감의 법칙, 또는 같은 말인 가변적인 요소결합비율의 법칙(law of variable proportions)은 고정요소의 투입량을 일정한 수준에 묶어 놓고 다만 가변요소의 투입량만을 증대시킬 때 산출량이 얼마나 증가하는가를 대상으로 한 것인데 반하여, 규모의 증가에 따른 수확의 변화정도는 모든 요소가 가변요소일 뿐만 아니라 모든 요소의 투입량이 같은 비율로 증가할 때 산출량이 어떻게 변화하는가를 나타내는 것이다.

이제 다음의 생산함수를 보자.

$$Q=F(L,\ K)$$

만일 노동 L과 자본 K를 모두 a배씩 증가, 투입했다고 하자.

$$a^kQ=F(aL,\ aK)$$

이처럼 노동과 자본을 동일한 비율로 변화시키는 것을 규모가 변화한다고도 하고, 이러한 생산함수를 **동차의 함수**(homogeneous function)라고 부른다.

위의 생산함수에서 k가 1인 경우를 보자. 즉, 예를 들면 L과 K를 각각 2배씩 증가시킨 경우 Q도 2배로 증가하는 경우를 보자.

$$F(2L,\ 2K)=2^1Q$$

이러한 경우를 규모가 증가할 때 수확은 일정(constant returns to scale)하다고 하며, **1차 동차**의 생산함수(homogeneous production function of first degree) 또는 선형동차의 생산함수(linear homogeneous production function)라고도 부른다.

반면에 L과 K를 2배씩 증가 투입하였을 때 Q가 2배 이상 증가한다면 k는 1보다 더 큰 값을 가지게 되는데, 이를 규모에 대하여 수확이 체증하는 경우(increasing returns to scale)라고 한다. 한 예로 k가 2의 값을 가진다면 이 때는 2차 동차의 함수가 될 것이며, 이는 규모가 증가할 때 수확이 더 큰 비율로 증가하는 경우이다.

또한 L과 K를 2배씩 증가투입하였을 때 Q가 2배보다 적게 증가한다면(예를 들어 1.5배만 증가한다면) k는 1보다 작은 값을 가지게 될 것인데, 이러한 경우를 규모에 대하여 수확이 체감(decreasing returns to scale)한다고 말한다.

이 때 유의할 것은 단기에서의 가변요소의 증가투입에 따른 수확체감현상은, 장기에서 모든 요소가 동일한 비율로 증가투입되는 데 의해 일어나는 규모의 변화에 따른 수확일정, 체증 및 체감의 어떤 것과도 양립할 수 있다는 것이다. 즉, 단기에서는 수확체감현상이 지배한다고 할지라도 장기에 있어서는 규모가 증가할 때 수확이 일정할 수도 있고 체증할 수도 있으며 체감할 수도 있는 것이다.

주요개념

기업의 이론 생산의 이론 생산비(비용)의 이론 시장공급곡선; 거래비용 개인기업 합명회사 주식회사 무한책임 유한책임 법인 다국적기업 외국인 직접투자 주식 회사채 배당 이자 사내유보이윤 재무구조 부채-자본비율 이윤의 극대화; 가변요소 고정요소 단기 장기 최장기 가변적 요소결합비율 생산함수 총산출량 평균산출량 한계산출량 수확체감의 법칙 등량곡선 등비용곡선 기술적인 한계대체율(체감의 법칙) 극소비용조건 1원당 한계산출량 균등의 법칙 확장선; 규모의 증가에 따른 수확의 변화 동차의 함수 1차동차

요 약

1. 시장공급곡선은 개별 기업들의 공급곡선을 수평적으로 더하여 얻는다.
2. 거래비용을 줄이기 위하여 기업이라는 조직이 생겨나게 되었다.
3. 기업의 형태에는 개인기업, 합명회사 및 주식회사가 있는데 경제성장과 더불어 주식회사의 중요성이 크게 증대되었다.
4. 지난 5년 동안의 기업개혁으로 기업의 재무구조는 크게 개선되었다.
5. 세계시장의 형성으로 한 나라 이상에서 생산활동을 하는 다국적기업이 세계생산, 무역, 투자에서 점유하는 비중이 급속히 증대되고 있다.
6. 소비자의 행동목표가 효용극대화인 데 비해 기업의 행동목표는 이윤극대화라고 가정한다.
7. 고정요소가 있는 기간을 단기, 모든 요소가 가변요소인 기간을 장기, 기술진보가 일어나는 기간을 최장기라고 규정한다.

8. 일정한 기술수준하에서 주어진 요소투입량을 가지고 생산할 수 있는 극대의 산출량 수준을 나타낸 것이 생산함수이다.

9. 한계산출량은 고정요소의 투입량이 일정하고 가변요소의 투입량만을 한 단위 추가로 더 투입하였을 때 총산출량이 추가로 얼마나 더 증가하는가를 나타낸다. 평균산출량은 총산출량을 가변요소의 투입량으로 나눈 것이다.

10. 총산출량곡선은 처음에는 체증하는 율로 증가하다가 그 뒤에는 체감하는 율로 증가하고 극대점에 도달한 후 감소하기 시작한다.

11. 노동의 한계산출량(MP_L)은 총산출량(TP)곡선의 변곡점에서 최대가 된다. 한편, TP가 극대일 때 MP_L은 0이 되며 TP가 감소하면 MP_L은 마이너스가 된다. 노동의 평균산출량 AP_L이 극대가 될 때 MP_L과 AP_L은 똑같다.

12. 단기의 생산이론에서 핵심인 수확체감의 법칙은 일정한 양의 고정요소를 가지고 생산할 때, 가변요소의 투입량을 계속해서 증대시키면 총산출량은 체감하는 율로 증가하는 것을 가리킨다.

13. 등량곡선이란 어떤 재화의 동일한 수준의 산출량을 생산해 내는 두 생산요소의 여러 가지 서로 다른 조합을 연결한 곡선이다.

14. 등량곡선이 원점에서 보았을 때 볼록한 형태를 취하는 이유는 기술적인 한계대체율이 체감하기 때문이다.

15. 등비용곡선이란 주어진 지출액을 가지고 구입할 수 있는 노동과 자본의 여러 가지 서로 다른 조합을 연결한 직선이다.

16. 극소비용조건은 1원당 한계산출량 균등의 법칙이 성립하도록 생산요소를 구입할 때 충족된다.

17. 요소가격은 일정하고 기업의 지출액만을 변동시킬 때, 등량곡선과 등비용곡선이 서로 접하는 점들을 모아 놓은 것이 확장선이다.

18. 모든 요소의 투입량이 동일한 비율로 증가할 때 산출량이 얼마나 증가하는가를 나타내는 것이 규모의 증가에 따른 수확(returns to scale)의 변화인데 일정, 체감 및 체증하는 경우가 있다.

19. 규모가 증가할 때 수확이 일정한 경우를 1차동차 또는 선형동차라고 부른다.

연습문제

1. 기업이 시장을 통하여 거래하지 않고 거래를 내부화함으로써 거래비용을 줄일 수 있는 실례를 들어보라.
2. 재무구조의 개선 이외에 외환위기 이후 추진된 기업개혁의 주요한 성과는 무엇인가 알아보자.
3. 세계적인 다국적기업의 이름을 열 개만 들어 보라. 한국의 기업들 가운데 FT(Financial Times)가 선정한 세계 500대 기업에 드는 것은?
4. 총산출량이 극대가 될 때 한계산출량은 얼마인가?
5. 평균산출량이 극대가 될 때 한계산출량과 평균산출량이 같은 까닭은?
6. 등량곡선의 속성을 무차별곡선의 속성과 상호 비교하면서 설명하라.
7. 극소비용으로 요소를 결합하기 위한 조건을 도출해보라.
8. 단기의 수확체감현상과 규모의 증가에 따른 수확체증현상이 양립할 수 있는 이유를 설명하라.

제 9 장

비용의 이론

제 9 장에서는 먼저 기회비용의 개념에 대하여 설명한 후, 단기의 비용이론에 대하여 알아보기 위해 각종의 단기비용개념들을 살펴본다. 일반적으로 비용곡선은 앞 장에서 살펴본 산출물곡선과 서로 역의 관계에 있음을 보게 된다.

장기의 비용이론에서는 장기평균비용곡선이 수많은 단기평균비용곡선들을 접하면서 감싸는 포락선임을 발견하게 된다. 한편, 최장기에서 일어나는 기술진보는 경제성장 및 생활수준 향상의 가장 주요한 원천인데 공정혁신, 제품혁신 및 투입물의 질적 향상에서 초래되며 내생적으로 발생한다는 것을 본다. 기술진보의 결과로 최장기의 비용곡선은 하향이동하게 된다.

9.1 생산의 이론과 비용의 이론 사이의 관계

어떤 한 기업의 생산비에 관하여 분석하는 비용의 이론에 들어가기 전에, 위의 제 8 장에서 살펴본 실물적인 생산의 이론과 여기서 볼 비용의 이론이 서로 어떻게 연결이 되는가를 알아보기로 한다.

한 기업의 생산함수를 알고 있으면 이로부터 등량곡선을 그릴 수 있고, 또한 생산요소의 가격과 기업의 비용지출액이 일정하게 주어져 있으면 이로부터 등비용곡선을 그릴 수 있다. 그러면 등량곡선과 등비용곡선이 서로 접하는 점을 찾을 수 있는데, 이 점은 일정한 산출량을 극소의 비용으로 생산하는 생산요소의 결합을 나타낸다. 이는 다른 말로 표현하면, 주어진 비용으로 극대의 산출량을 생산할 수 있도록 하는 생산요소의 결합을 나타낸다. 등량곡선과 등비용곡선이 서로 접하는 점에서는 두생산요소 사이의 기술적인 한계대체율($MRTS_{KL}$)이 두 생산요소의 상대가격 $\frac{P_L}{P_K}$과 같아 각 생산요소의 1원당 한계산출물이 동일하게 된다.

이제 여러 가지 수준의 산출량을 나타내는 등량곡선들이 주어져 있을때, 생산요소의 가격은 일정하다고 가정하고 기업의 비용지출액만을 증가시키면 서로 평행을 이루는 여러 개의 등비용곡선을 얻을 수 있다. 여기서 등량곡선과 등비용곡선이 서로 접하는 점들을 모두 연결하면 확장선을 얻을 수 있게 된다. 그런데 우리는 확장선에서 두 가지 자료를 얻을 수 있다. 하나는 등량곡선으로부터 산출량의 크기에 관한 자료를 얻을 수 있고, 다른 하나는 등비용곡선으로부터 **총비용**(total cost; TC)에 관한 자료를 얻을 수 있다.

따라서 확장선으로부터 얻을 수 있는 총비용과 산출량을 인과관계로 나타낼 때, 우리는 다음의 **비용함수**(cost function)를 도출할 수 있다.

$$TC = F(Q)$$

즉, 비용함수는 산출량의 수준 Q가 변화할 때 총생산비 TC가 어떻게 변화하는가를 나타내는 함수이다. 그런데 비용함수는 확장선으로부터 도출된 것이고, 확장선은 일정한 수준의 산출량을 생산하는 데 드는 최저 생산비를 나타내므로 위의 비용함수에서의 TC도 어떤 산출량의 수준 Q를 생산하는 데 드는 최저생산비를 의미한다는 것을 유의할 필요가 있다. 지금까지의 논의를 요약하면 〈표 9-1〉과 같다.

이제 [그림 9-1]을 이용하여 확장선으로부터 총비용곡선이 어떻게 도출되는가 살펴보자. [그림 9-1]의 (가)는 확장선을 나타내는데 산출량의 수준과 비용지출액을 이로부터 얻을 수 있다. 예를 들어 확장선상의 한 점인 점 A의 산출량수준은 등량곡선 Q_1에 의해서 나타내어지는 10단위이며, 총비용 C_1은 100원이다. [그림 9-1]의 (나)는 이를 그대로 옮긴 총비용곡선인데, 예를 들어 점 A'은 산출량이 10단위일 때 총비용은 100원이 됨을 보여 준다. 확장

표 9-1 생산의 이론과 비용의 이론 사이의 관계

생산함수	→ 등량곡선					
요소가격 지출액	→ 등비용곡선	$\frac{MP_L}{MP_K} = \frac{P_L}{P_K}$ 극소비용조건 →	확장선 (산출량, 총비용)	→	비용함수 $TC = F(Q)$	

그림 9-1 확장선으로부터 총비용곡선의 도출

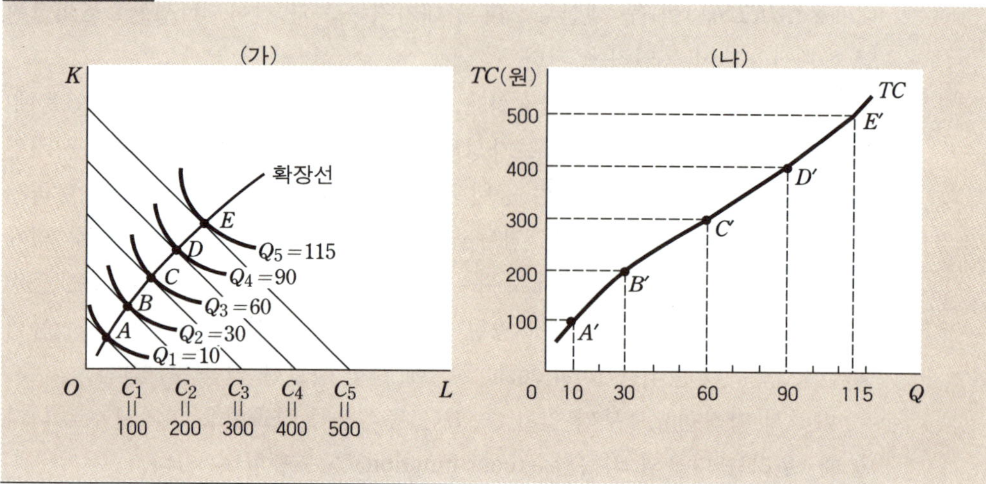

선상의 다른 점 B, C, D 및 점 E도 똑같은 방식으로 총비용곡선상의 B', C', D' 및 점 E'으로 옮겨질 수 있다.

9.2 단기의 비용이론

비용의 개념

(1) 기회비용

단기의 비용이론에 관하여 보기 전에 우선 비용의 개념부터 살펴보기로 한다. 자원은 희소하므로 어떤 한 재화를 생산하기 위하여 희소한 자원을 사용하게 되면, 이 자원을 사용하여 생산될 수 있는 다른 어떤 재화를 생산하지 못하게 된다. 전시중에 이러한 현상은 두드러지게 나타나는데, 대포를 만들기 위하여 많은 자원을 사용하게 되면 자연히 식료품을 생산하기 위해 사용될 수 있는 자원의 양은 줄어들게 마련이다. 이 때 대포의 생산비는, 대포를 생산하기 위하여 자원을 투입하였기 때문에 생산하지 못한 식료품의 양으로 나타낼 수 있다.

일반적으로 말해 X라는 재화를 한 단위 생산하는 데 드는 **기회비용**(opportunity cost 또는 alternative cost)은 X재를 생산하기 위하여 희소한 자원을 투입하였기 때문에 생산할 수 없었던 다른 어떤 재화 Y의 포기된 생산량이라고 규정할 수 있다. 기회비용의 개념은 모든 종류의 자원을 사용하는 데 대하여 적용될 수 있다. 즉, 어떤 자원을 사용함으로써 생기는 (기회)비용은, 이로 말미암아 희생된 다른 어떤 가장 최선의 용도에서의 가치가 된다. 경제학에서 뜻하는 비용은 바로 이러한 기회비용이다.

기회비용은 **현시적인 비용**(explicit cost)과 **암묵적인 비용**(implicit cost)을 모두 포함한다. 현시적인 비용이란 노동자에게 지급한 임금, 원재료의 구입비용 등과 같이 쉽게 비용으로 간주될 수 있는 것이다. 이에 반하여 암묵적인 비용은 자기 소유의 자원이 다른 어떤 최선의 용도에서 받을 수 있는 금액이다. 예를 들어 자가고용의 경우 암묵적인 임금이란 어떤 사람이 자기 자신의 영업을 하지 않고 다른 어떤 최선의 직장을 다녔을 때 받을 수 있는 임금이다. 또한 암묵적인 이자란 자신 소유의 자본을 자신이 경영하는 사업에 투입하지 않고 다른 최선의 용도에 빌려 주었을 때 받을 수 있는 이자이다. 어떤 기업이 자원을 사용하는 데서 초래되는 비용은, 이 자원의 다른 어떤 최선의 용도에서의 가치인 기회비용이므로 여기에는 현시적인 비용은 물론이고 암묵적인 비용도 포함된다. 그러나 실제의 기업회계에서 의미하는 비용(accounting cost)은 이러한 기회비용의 개념이 아니며 오직 현시적인 비용만을 포함하는 것이 보통이므로 경제학에서 뜻하는 비용과는 차이가 있다.

(2) 사적인 비용과 사회적인 비용

위에서는 경제학에서 말하는 한 용도에서의 자원의 비용이, 다른 어떤 최선의 용도에서 희생된 가치로 표시되는 기회비용을 뜻한다는 것을 보았다. 그런데 비용이라고 하여도 한 개별기업 또는 개인의 입장에서 본 **사적인 비용**(private cost)과 사회 전체의 입장에서 본 **사회적인 비용**(social cost)은 서로 다를 수 있다. 예를 들어 어떤 기업이 생산과정에서 근처 하천을 오염시키는 경우, 개별기업의 입장에서 볼 때는 오염된 하천이 비용이 안될지 모르나 사회 전체의 입장에서 보면 비용인 것이다. 이 때는 다음이 성립한다.

$$\text{사적인 비용} < \text{사회적인 비용}$$

이러한 경우 우리는 이 기업이 **외부비경제**(external diseconomies)를 창출한다고 말한다.

반면에 어떤 기업이 숙련노동자를 훈련시켰는데, 이들이 다른 기업으로 직장을 바꾼 경우를 보면 자체비용으로 숙련노동자를 양성한 기업의 입장에서는 충분한 보상을 받지 못한 것이다. 이 경우는 다음과 같다.

$$\text{사적인 비용} > \text{사회적인 비용}$$

이러한 경우 우리는 이 기업이 **외부경제**(external economies)를 창출한다고 말한다.

일반적으로 **외부효과**(externalities)는 어떤 개인, 기업 또는 집단의 행위가 사회내의 다른 개인, 기업 또는 집단을 이롭게 하거나 또는 해롭게 할 때 발생하는 것이다. 외부효과가 존재하는 경우에는 사적인 비용과 사회적인 비용이 다르므로 사적인 비용에만 근거하여 이루어지는 행위는 사회 전체의 입장에서 볼 때는 적정하지 않은 것이 된다. 아래에서의 논의는 외부효과가 존재하지 않아, 사적인 비용과 사회적인 비용이 동일하다는 전제하에서 이루어지고 있다.

단기의 비용이론

이제 비용의 개념에 대해서 살펴보았으므로 단기의 비용이론에 관하여 분석해 보기로 한다. 위의 생산의 이론에서 우리는 단기를 고정요소가 있는 기간이라고 정의하였고 장기를 모든 요소가 가변요소인 기간이라고 하였다. 따라서 단기의 비용이론(short-run theory of cost)은 고정요소가 있는 경우의 생산비에 관하여 분석하는 것이며, 장기의 비용이론(long-run theory of cost)은 모든 생산요소가 가변요소인 경우의 생산비에 관하여 분석하는 것이라고 말할 수 있다.

단기에서의 총비용(total cost; TC)은 고정요소가 있을 때 어떤 산출량의 수준을 생산하기 위하여 필요한 '최저'의 비용을 말하는데, TC는 **총고정비용**((total) fixed cost; $(T)FC$)과 **총가변비용**((total) variable cost; $(T)VC$)을 합한 것이다. 여기서 고정비용은 산출량의 수준과는 독립적으로 일정하게 주어진 생산비를 말하며, 가변비용은 산출량의 수준에 따라서 변화하는 비용을 말한다.

$$TC = TFC + TVC$$

이 식을 산출량 Q로 나누면 **평균비용**(average (total) cost; $A(T)C$)을 얻는다.

$$\frac{TC}{Q} = AC = \frac{TFC}{Q} + \frac{TVC}{Q} = AFC + AVC$$

여기서 AFC는 **평균고정비용**(average fixed cost)을 나타내는데 TFC를 Q로 나눈 것이며, AVC는 **평균가변비용**을 나타내는데 TVC를 Q로 나눈 것이다.

한편, **한계비용**(marginal cost; MC)은 산출량 한 단위를 추가로 더 생산할 때의 총비용의 증가를 나타낸다. 그러나 TC는 TFC와 TVC로 구성되어 있으며, TFC는 산출량의 수준과는 독립적으로 일정하므로 TC의 증가는 곧 TVC의 증가와 같다.

$$MC = \frac{\Delta TC}{\Delta Q} = \frac{\Delta TVC}{\Delta Q}$$

즉, MC는 산출량을 한 단위 추가로 더 생산할 때의 TC의 증가, 또는 TVC의 증가이다.

이제 어떤 기업에 대하여 가상적인 여러 가지의 비용을 보이는 실례를 든 것이 〈표 9-2〉이다.

표에서 (1)은 산출량 Q의 수준을 나타낸다. (2)는 고정비용이므로 산출량의 수준과는 독립적으로 55원으로 표시되어 있다. 즉, 산출량의 수준이 0일 때에도 임대료와 같은 고정비용은 발생한다. (3)은 가변비용이므로 산출량의 수준이 증가함에 따라서 상승하게 된다. 예를 들면 원재료비나 임금과 같은 것이다. (2)와 (3)을 더하면 총비용 (4)를 얻게 된다. (5)는 한계비용을 나타내는데, 예를 들면 산출량 4단위를 생산하는 데 드는 총비용이 160원이고, 5단위를 생산하는 데 드는 총비용이 210원이라면, 4단위를 생산하다가 추가로 한 단위를 더 생산하는 데 드는 한계비용은 50원(210-160)이 된다. 총비용 가운데 고정비용은 일정하므로 가변비용만을 가지고도 한계비용을 산출할 수 있다. 한계비용은 처음에는 감소하다가 나중에는 증가하는 것을 볼 수 있다.

표 9-2 **여러 가지 종류의 비용**[1)]

(1) 산출량 Q	(2) 고정비용 FC	(3) 가변비용 VC	(4) 총비용 $TC=FC+VC$	(5) 한계비용 MC	(6) 평균비용 $AC=\frac{TC}{Q}$	(7) 평균고정비용 $AFC=\frac{FC}{Q}$	(8) 평균가변비용 $AVC=\frac{VC}{Q}$
0	55	0	55		무한대	무한대	
				30			
1	55	30	85		85	55	30
				25			
2	55	55	110		55	$27\frac{1}{2}$	$27\frac{1}{2}$
				20			
3	55	75	130		$43\frac{1}{3}$	$18\frac{1}{3}$	25
				30			
4	55	105	160		40	$13\frac{3}{4}$	$26\frac{1}{4}$
				50			
5	55	155	210		42	11	31
				70			
6	55	225	280		$46\frac{2}{3}$	$9\frac{1}{6}$	$37\frac{3}{6}$
				90			
7	55	315	370		$52\frac{6}{7}$	$7\frac{6}{7}$	45
				110			
8	55	425	480		60	$6\frac{7}{8}$	$53\frac{1}{8}$
				130			
9	55	555	610		$67\frac{7}{9}$	$6\frac{1}{9}$	$61\frac{2}{3}$
				150			
10	55	705	760		76	$5\frac{1}{2}$	$70\frac{1}{2}$

(6)은 평균비용인데 (4)의 총비용을 (1)의 산출량의 크기로 나눈 것이다. 평균비용도 처음에는 감소하다가 후에 상승한다. (7)의 평균고정비용은 (2)의 고정비용을 (1)의 산출량의 크기로 나눈 것인데, 일정한 *FC*를 점점 커지는 Q로 나누게 되므로 점점 더 작아지게 된다. (8)의 평균가변비용은 (3)의 가변비용을 (1)의 산출량의 크기로 나눈 것인데, 처음에는 감소하다가 후에는 증가하는 형태를 취한다.

어떤 가상적인 기업의 각종의 비용을 나타낸 〈표 9-2〉를 부드러운 곡선으로 보인 것이 [그림 9-2]이다. [그림 9-2]의 (가)는 총비용곡선, 고정비용곡

1) P.A. Samuelson and W. D. Nordhaus, *Economics*, 15th ed., McGraw Hill, N. Y., 1995, p. 109.

그림 9-2 각종의 비용곡선

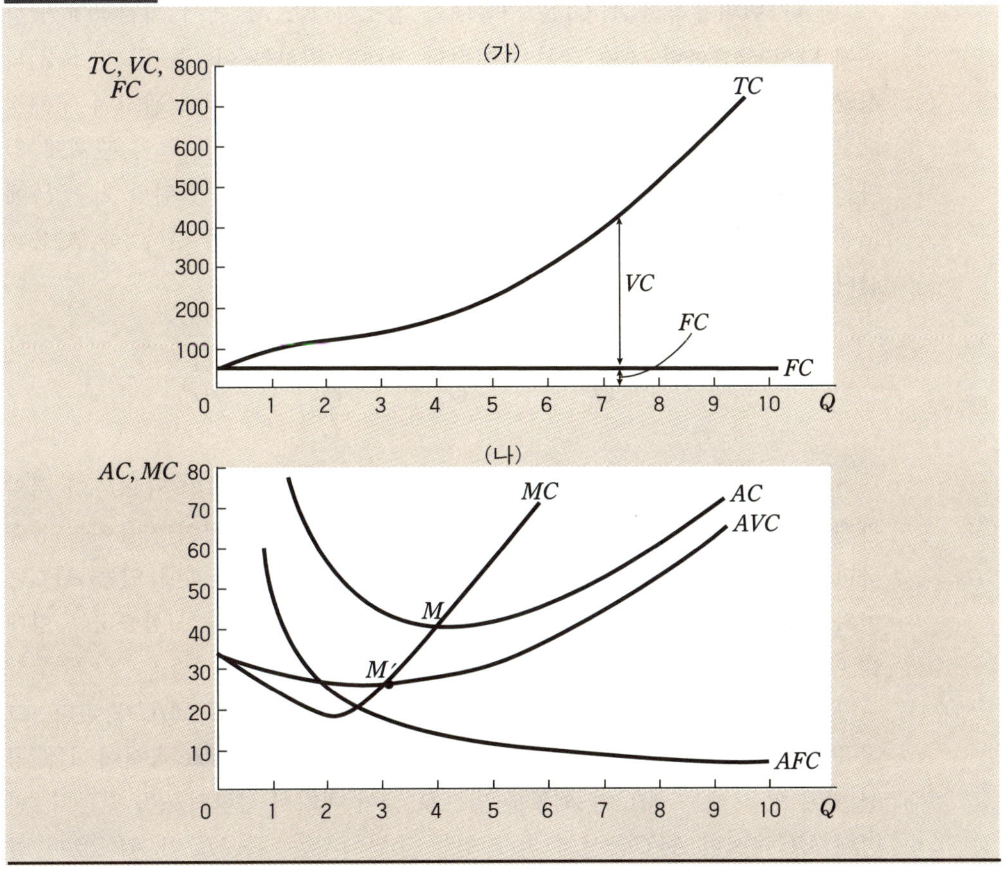

선 및 가변비용곡선을 〈표 9-2〉의 비용자료에 따라서 나타낸 것이다. 또한, [그림 9-2]의 (나)는 평균비용곡선, 평균가변비용곡선, 평균고정비용곡선 및 한계비용곡선을 역시 〈표 9-2〉의 비용자료에 기초하여 그린 것이다. 즉, (가)는 총비용을 나타내며, (나)는 평균 및 한계비용을 보여 준다.

[그림 9-2]의 (가)에서 고정비용곡선(*FC*)은 55원의 수준에서 산출량의 크기와는 상관없이 수평선으로 나타난다. 그 위에 산출량이 증가함에 따라서 상승하는 가변비용(*VC*)을 더하면 총비용곡선(*TC*)을 얻게 된다. [그림 9-2]의 (나)에서 평균고정비용곡선(*AFC*)은 산출량이 증가함에 따라서 계속적으로 떨어진다. 즉, *AFC*곡선은 직각쌍곡선의 형태를 취한다. 그 이유는 *AFC*는 *FC*를 *Q*로 나눈 것인데, 이는 곧 *FC*는 *AFC*에 *Q*를 곱한 것과 같다. 그러나

*FC*는 55원의 수준에 고정되어 있으므로 AFC곡선은 직각쌍곡선이다.[2)]

평균가변비용곡선(*AVC*)은 처음에는 감소하다가 *M′*에서 최저점에 달한 후에 다시 상승한다. *AVC*곡선이 이러한 형태를 취하는 이유는 [그림 8-2]의 평균산출물곡선 *AP*와 역의 관계에 있기 때문이다. 이 문제에 관하여 구체적으로 살펴보자. 일반적으로 비용곡선과 산출물곡선은 서로 역의 관계에 있다. 평균가변비용 *AVC*는 노동이 가변요소인 경우, 노동의 단위당 가격 P_L에 노동의 고용량 *L*을 곱한 것을 산출량의 수준 *Q*로 나눈 것이 된다. 즉, 다음과 같다.

$$AVC = \frac{P_L \cdot L}{Q} = P_L \cdot \frac{L}{Q} = P_L \cdot \frac{1}{\frac{Q}{L}} = P_L \cdot \frac{1}{AP_L}$$

여기서 노동의 단위당가격 P_L이 일정하다고 가정하면 *AVC*와 AP_L이 역의 관계에 있음을 쉽게 볼 수 있다. 즉 [그림 8-2]에서 AP_L곡선이 처음에는 상승하다가 극대점에 달한 후 다시 감소하므로 AP_L과 역의 관계에 있는 *AVC*는 이와는 반대로 처음에는 하락하다가 최저점에 달한 후에 다시 상승하는 형태를 띠는 것이다.

[그림 9-2]에서 *AVC*가 최저점에 달하는 *M′*에서 *AVC*=*MC*가 된다. 그 이유는 *MC*가 *AVC*보다 작을 때에는, 즉 다른 말로 하면 *MC*곡선이 *AVC*곡선 밑에 있을 때는, *MC*가 *AVC*를 밑으로 끌어 내려서 하락하도록 만든다. 반면에 *MC*곡선이 *AVC*곡선의 위에 있는 구간에서는, 즉 *MC*가 *AVC*보다 클 때는 *MC*가 *AVC*를 끌어 올리므로 *AVC*는 상승하게 된다. 따라서 *AVC*가 최저점에 도달하였을 때는 *AVC*=*MC*가 된다. 끝으로 *AVC*곡선이 지니는 또 하나의 성질은 산출량의 수준이 커질수록 *AFC*는 감소하므로 자연히 *AVC*는 *AC*에 점차 접근하게 된다.

[그림 9-2]의 (나)에서 평균비용곡선 *AC*는 처음에는 감소하다가 점 *M*에서 최저점에 도달한 후 다시 상승하는 형태를 취하고 있다. *AC*는 *AFC*와 *AVC*를 더한 것이므로 *AC*곡선의 형태도 *AFC* 및 *AVC*곡선의 형태에 달려 있다. *AFC*와 *AVC* 모두가 감소할 때는 *AC*도 물론 감소한다. *AC*의 하락은 AVC가 상승하기 시작한 후에도 얼마간은 계속되는데, 이는 *AFC*의 감소가

---

2) 직각쌍곡선의 정의에 대해서는 앞의 4.1을 참조할 것.

더 크기 때문이다. 그러나 결국 AVC의 상승이 AFC의 감소를 능가하게 되면 AC도 상승하게 된다.

AC가 최저점에 달할 때 $MC=AC$가 된다는 것은 위의 AVC의 경우와 같다. 즉, 그 이유는 MC가 AC보다 작을 때에는 AC를 끌어 내리므로 AC곡선은 하락하나, MC가 AC보다 크면 AC를 끌어 올리므로 AC는 상승하게 된다. 따라서 AC가 최저점에 있을 때 $AC=MC$가 된다. AC및 AVC의 평균개념과 MC의 한계개념 사이의 관계는, 앞의 생산의 이론에서 본 AP_L과 MP_L사이의 관계와 동일하다.

[그림 9-2]의 (나)에서 한계비용은 처음에는 감소하다가 최저가 된 후 다시 상승한다. 이는 위의 생산의 이론에서 [그림 8-2]의 한계산출물곡선 MP_L이 처음에는 상승하다가 극대에 달한 후 다시 감소하는 형태를 띠고 있는 것과 역의 관계에 있다. 한계비용은 산출량이 한 단위 증가할 때 총비용의 증가분을 가리키는데, 총비용의 증가분은 가변요소인 노동의 추가투입량 ΔL에 노동의 단위당가격 P_L을 곱한 것과 같다. 따라서 다음 식과 같다.

$$MC=\frac{\Delta TC}{\Delta Q}=\frac{P_L\cdot\Delta L}{\Delta Q}=P_L\cdot\frac{\Delta L}{\Delta Q}=P_L\cdot\frac{1}{\frac{\Delta Q}{\Delta L}}=P_L\cdot\frac{1}{MP_L}$$

앞에서와 같이 P_L을 상수라고 보면 MC와 MP_L은 역의 관계에 있다. 따라서 MP_L이 증가하면 MC는 감소하고 MP_L이 감소하면 MC는 증가한다. 또한, MP_L이 극대점에 달하면 MC는 최저가 된다. MC곡선이 결국에 가서는 상승하게 되는 이유는 앞의 생산의 이론에서 본 수확체감의 법칙 또는 한계산출물체감의 법칙이 작용하여 MP_L이 체감하기 때문이다.

MC곡선이 AVC와 AC가 각각 최저점에 달할 때 이들 곡선과 만난다는 것은 위에서도 지적하였다. 또한, AVC와 AC가 하락하는 구간에서는 MC가 각각 AVC와 AC의 밑에 있게 된다. 그 이유는 MC가 AVC 및 AC보다 작아야만 이들을 끌어 내릴 수 있기 때문이다. 반대로 AC와 AVC가 상승하는 구간에서는 MC가 이들보다 커서 위에 있는데, 그래야만 AC와 AVC를 끌어 올릴 수 있다.

9.3 장기의 비용이론

장기비용곡선

단기에는 투입량을 증대시킬 수 없는 고정요소가 존재하는데, 예를 들면 공장시설의 규모가 그것이다. 그러나 장기에는 모든 생산요소가 가변요소이므로 공장시설 같은 것도 마음대로 변화시킬 수 있다. 장기에 있어서의 각종의 비용도 단기의 경우와 유사하게 정의된다. 장기총비용(long-run total cost; *LRTC*)은 모든 생산요소의 투입량을 마음대로 변화시킬 수 있을 때 어떤 일정한 수준의 산출량을 생산하는 데 드는 최저의 총비용이다. **장기평균비용**(long-run average cost; *LRAC*)은 장기총비용을 산출량으로 나눈 것이다. 또한 장기한계비용(long-run marginal cost)도 산출량이 한 단위 더 증가할 때 *LRTC*의 증가분으로 정의된다. 그러나 장기에는 고정비용은 존재하지 않으므로, 단기에서처럼 고정비용이나 가변비용의 구별도 없고 평균고정비용이나 평균가변비용도 존재하지 않는다.

이제 장기평균비용곡선에 관하여 살펴보자. 기업은 장기에 있어서는 서로 다른 크기의 공장시설 가운데서 가장 적은 생산비로 어떤 일정한 산출량을 생산해 내는 공장시설을 마음대로 선택할 수 있다. [그림 9-3]에서 여러 개의 *SRAC*곡선들은 각각 일정한 규모의 공장시설을 전제로 하고 그려진 것이다. 장기에 기업가는 이들 여러 개의 *SRAC*곡선들 가운데서 최저의 생산비로 산출량을 생산해 내는 *SRAC*곡선을 선택할 수 있다.

이 그림은 7개의 서로 다른 규모의 공장시설을 전제로 하여 7개의 *SRAC* 곡선을 나타낸다. 이제 예를 들어 기업가가 시장에서의 수요가 Q_1일 것이라고 예측을 하면, 그는 첫번째 규모의 공장시설을 나타내는 $SRAC_1$ 곡선상의 점 A에서 생산을 할 것인데 $SRAC_1$ 곡선의 최저점은 A의 오른편에 있는 점 B이다. 또한, 시장에서의 수요가 늘어 Q_2가 수요량인 경우에는 $SRAC_1$상에 있어야 하는 단기에는 점 B에서 생산하게 될 것이나, 공장규모를 마음대로 변경시킬 수 있는 장기에는 첫번째 공장보다 규모가 큰 두번째 공장시설을 나타내는 $SRAC_2$ 곡선상의 점 C에서 생산하는 것이 $SRAC_1$곡선의 최저점인 점

그림 9-3 장기평균비용곡선의 도출

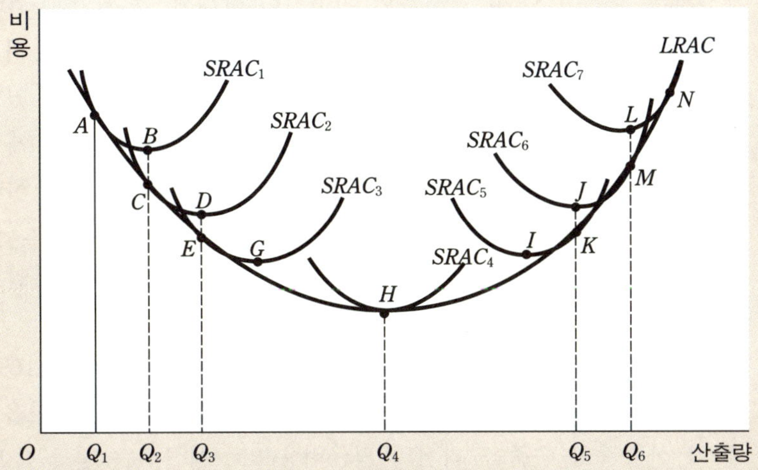

B에서 생산하는 것보다 단위당 생산비용이 BC의 크기만큼 줄어든다는 것을 볼 수 있다.

수요가 더 늘어 Q_3로 증가하는 경우에는 단기에는 $SRAC_2$곡선의 최저점인 점 D에서 생산을 해야 하나, 장기에는 이보다 큰 공장시설을 전제로 하는 $SRAC_3$의 점 E에서 생산하는 것이 산출물의 단위당 생산비용을 DE만큼 줄일 수 있다. $SRAC_3$곡선상의 최저점은 점 G이다. 수요량이 늘어 Q_4가 될 것이라고 예측이 되면 기업가는 $SRAC_4$에 의하여 표시되는 공장규모를 선택할 것이고 점 H에서 생산할 것인데, 이 점은 $SRAC_4$곡선의 최저점이다.

수요가 더 늘어 Q_5가 되면 $SRAC_5$곡선상의 점 K에서 생산하는 것이 산출물 한 단위당 비용이 가장 적게 드는데, 이는 $SRAC_6$곡선상의 최저점인 J와 비교할 때 알 수 있다. 그런데 여기서 유의할 것은 $SRAC_5$곡선상의 점 K는 최저점인 I의 오른편에 위치한다는 것이다. 이제 수요가 다시 Q_6로 늘 것이라고 예측이 되면 $SRAC_7$곡선의 최저점인 L에서 생산을 하는 것보다 공장규모가 작은 $SRAC_6$곡선상의 점 M에서 생산하는 것이 단위당 생산비가 LM만큼 적게 든다는 것을 그림으로 볼 수 있다. $SRAC_6$의 최저점은 J이다.

이제 우리는 산출량 Q_4를 중심으로 왼편과 오른편으로 나누어 최소의 비용으로 일정한 수준의 산출량을 생산해 내는 점들의 속성에 대하여 일반화할 수 있다. 우선 산출량 Q_4를 최저의 비용으로 생산하는 점은 $SRAC_4$곡선상의 최저점인 점 *H*이다. 그러나 산출량이 Q_4보다 작은 구간에서는 최저비용으로 생산하는 점들이 *SRAC*곡선들의 최저점이 아니고 그 왼편에 위치하고 있음을 볼 수 있다. 반면에 Q_4보다 큰 산출량을 생산하는 경우에는 최저의 비용으로 생산하는 점이 *SRAC*곡선들의 최저점의 오른편에 위치하고 있다.

따라서 많은 *SRAC*곡선 가운데 오직 하나인 $SRAC_4$의 경우에만 최저점에서 *LRAC*곡선과 접하고 있음을 볼 수 있다. 이 때 $SRAC_4$가 표시하는 공장규모를 적정규모(optimal scale)라고 한다. 왜냐하면 이 때 *LRAC*는 최저가 되기 때문이다. 그러나 이러한 적정규모가 이윤을 극대화하는 것인지는 수요에 대한 자료가 있어야만 알 수 있는 문제이다.

그림에서는 7개의 상이한 공장규모를 전제로 한 7개의 *SRAC*곡선들을 그렸으나 사실 이보다 더 많은 무수한 *SRAC*곡선들을 그릴 수 있을 것이다. 이 때 각 산출량의 수준을 최저의 평균비용으로 생산하는 점들을 모두 연결한 것이 그림의 *LRAC*곡선이다. 이 *LRAC*곡선은 수많은 *SRAC*곡선들과 접하고 있다. 여기서 주의할 것은 *LRAC*곡선이 수많은 *SRAC*곡선들의 최저점을 연결한 것이 아니라, *LRAC*곡선은 수많은 *SRAC*곡선들을 접하면서 감싸도록 그려졌다는 것이다. 이처럼 *LRAC*곡선은 수많은 *SRAC*곡선들을 접하면서 감싸기 때문에 *LRAC*곡선은 **포락선(envelope curve)**이라고도 불려진다. 또한, *LRAC*곡선은 기업가가 어떤 규모의 공장시설을 선택할 것인가를 결정할 수 있게 하므로 계획곡선(planning curve)이라고도 한다.

장기평균비용곡선의 형태

이제 장기의 비용이론에서 중요한 문제인 *LRAC*곡선의 형태에 관하여 살펴보기로 한다. 우리는 *SRAC*곡선과 *LRAC*곡선이 모두 *U*자형을 취한다고 가정한다. 그러나 *SRAC*곡선이 *U*자형을 취하는 이유는 *AP*가 증가하다가 감소하는 데 기인하나, *LRAC*곡선이 *U*자형을 취하는 이유는 보통 **규모의 경제**(economies of scale 또는 economies of size)와 관련하여 논의된다. 엄격하게 말하면 경제학에서 규모(scale)가 증가한다는 것은 모든 생산요소의 투입량이 동일한 비율로 증가함을 뜻하나,[3] 여기서는 규모라는 말을 이렇게 규정

3) 규모가 증가한다는 의미에 대해서는 앞의 8.5를 참조할 것.

하는 것이 아니고 다만 요소투입을 증대시켜 생산량을 증가시키는 것을 뜻하므로 규모보다는 투입량의 크기(size)만을 증가시킬 때를 의미한다. 따라서 규모보다는 크기라는 말이 더욱 정확한 표현이나 보통 양자를 구별하지 않고 쓰는 것이 관행이므로 그냥 규모의 경제라고 부르기로 한다.

만일 어떤 기업이 산출량을 늘릴 때 *LRAC*가 감소한다면 규모의 경제를 보이고 있는 것으로 생각한다. 반대로 어떤 기업이 산출량을 늘릴 때 *LRAC*가 상승하다면 그 기업은 **규모의 비경제**(diseconomies of scale)를 겪고 있다고 말한다. 위에서 본 외부경제 및 외부비경제는 기업 밖에서 어떤 일이 발생하여 그 결과로 이 기업이 이익이나 손해를 보는 것인 데 반하여, 여기서 말하는 규모의 경제나 규모의 비경제는 순전히 기업 내부에서 일어나는 것이므로 구별하여야 한다.

규모의 경제를 일으키는 요인에는 여러 가지를 생각할 수 있다. 첫째는 규모를 증가시킴에 따라서 아담 스미드가 말한 전문화와 분업이 촉진될 수가 있으므로 *LRAC*는 감소한다는 것이다. 둘째는 규모가 커짐에 따라서 종래의 생산요소의 투입량만이 증대되는 것이 아니라 새로운 기술혁신을 도입할 수 있게 함으로써 *LRAC*를 감소시킬 수 있는 것이다. 셋째는 원재료의 매입비용도 대기업의 경우 대량으로 구입하게 되므로 상대적으로 싸지게 되고, 자금을 융통하는 데 드는 금융비용도 대기업의 경우 상대적으로 유리한 것이 현실이다.

한편, 규모의 비경제가 작용하는 주된 이유로는 규모가 일정한 한도를 초과하게 되면 효율적으로 기업을 경영하기가 어렵다는 것이다. 즉, 의사결정이 관료화되어 경영능률이 떨어지므로 *LRAC*는 상승한다는 것이다.

그러면 현실적으로 *LRAC*곡선은 어떤 형태를 취하고 있는가? 산출량의 증가와 더불어 *LRAC*는 감소하는 것이 보통이다. 그러나 산출량이 더욱 증가하여 높은 수준에 있는 경우에는 *LRAC*가 일정하여 더 이상 변화하지 않는다. 즉, 경제이론에서 가정하고 있는 것처럼 *LRAC*곡선이 *U*자형을 취하는 것이 아니라 실제로는 *L*자형을 나타내는 것으로 보인다.

9.4 최장기의 생산 및 비용이론

우리는 앞의 8.3에서 단기와 장기 이외에 기술진보가 발생하는 최장기를 구별하였다. 이제 여기서는 최장기의 생산 및 비용의 이론에 관하여 살펴보기로 한다.

최장기에서는 경제성장 및 이에 수반해서 초래되는 생활수준의 향상의 가장 주요한 원천이 기술진보라고 할 수 있다. 기술진보의 정도는 흔히 **생산성**(productivity)의 증가를 가지고 표시하는데, 생산성이란 투입물 한 단위당 산출량을 가리킨다. 여러 가지의 생산성을 나타내는 지표 가운데서도 특히 노동투입량 한 단위당 산출량인 **노동생산성**(labour productivity)의 증가를 가지고 기술진보의 정도를 나타내는 것이 보통이다.

최장기에서 기술진보가 일어나 생산성이 향상되면 장기비용곡선은 하향 이동하게 된다. 이를 초래하는 주요한 보기는 기술변화가 일어나서 새로운 생산기술이 채택되는 것이다. 이를 우리는 **공정혁신**(process innovation)이라고 부른다. 근자에 급속하게 확산되고 있는 가벼운 또는 **유연한 생산**(lean production or flexible manufacturing)**기술**은 종래의 **대량생산방식**(mass production method)과는 근본적으로 다른 획기적인 새로운 기술이다.

대량생산기술은 20세기 초 헨리 포드에 의하여 확립되었는데, 몇 안되는 소품종의 표준화된 제품을 비숙련 노동자를 사용하여 역시 표준화된 수많은 부품을 조립라인(assembly line)을 통하여 조립, 생산하는 것이다. 이를 통해 저렴한 비용으로 비교적 양질의 제품을 소품종 대량생산하는 것이 가능해졌다.

이에 반하여 일본의 도요타자동차가 처음으로 개발하여 현재 대량생산방식을 급속히 대체하면서 주요 선진국으로 널리 확산되고 있는 가벼운 또는 유연한 생산기술은 혁명적인 새로운 생산기술이라고 볼 수 있다. 이를 가벼운 기술이라고 부르는 이유는 모든 투입물을 덜 사용함으로써 생산비를 저렴하게 할 수 있기 때문이다. 또한 유연하다는 것은 한 제품의 생산라인을 다른 제품의 생산라인으로 비교적 쉽게 바꿀 수 있어 대량생산방식과는 달리 새로운 제품을 만드는 데 소요되는 시설비용이 크지 않다는 뜻이다.

또한 근로자들은 팀을 만들어 작업을 하며 이 팀에 배정된 일을 모두가 함께 하므로 대량생산에서처럼 근로자가 똑같은 일을 반복적으로 행하는 데서 생기는 소외감을 없앨 수 있고, 아울러 근로자로 하여금 작업방식의 개선을 위해 노력하도록 만든다.

대량생산방식에서는 조립라인의 어느 한 군데서 이상이 생기면 모든 생산라인을 정지시켜야만 한다. 또한 조업중단을 예방하기 위해 과도한 부품재고를 늘 보유하고 있어야만 한다. 그러나 유연한 생산방식에서는 결함이 발견될 때는 어떤 근로자이든 생산을 중단하고 이를 바로 잡을 수 있으며, 부품도 꼭 필요한 만큼만 가지고 있게 된다. 소위 정확히 필요한 때 부품을 공급하는 **just in time** 방식을 쓰는 것이다.

제품의 디자인에 있어서도 대량생산방식에서는 전문 디자이너를 쓰나 그는 부품생산업자나 조립라인의 근로자와는 동떨어져서 일한다. 그러나 가벼운 생산방식에서는 디자인 팀을 만들어 모든 관련자가 함께 제품을 디자인한다. 이는 서로간에 피드백을 받을 수 있게 하며 동시에 제품개발에 소요되는 기간도 크게 단축시킨다.

이와 같이 가벼운 또는 유연한 기술은 종래의 대량생산방식에 비해 생산비가 낮고 신축성이 있으며 고품질의 재화를 생산할 수 있게 하고 신제품을 개발하는 데 소요되는 비용도 줄일 수 있다. 그 결과로 이 새 기술은 더 낮은 비용곡선을 초래하며 빠른 속도로 비용곡선을 하향이동시키게 된다.

기술진보에는 이처럼 기존의 재화를 생산하는 데 있어서 더욱 개선된 새로운 생산기술을 사용함으로써 장기평균비용이 감소하는 것 이외에, 지금까지 존재하지 않았던 재화를 새롭게 발명(invention)해 내서 이를 상업적으로 생산해 내는 **제품혁신**(**product innovation**)도 포함된다. 사실 근래에 생활수준이 크게 향상된 데는 신기술의 사용으로 기존재화를 값싸게 생산해 내는 것 이외에 바로 신제품의 개발, 보급에도 크게 연유하고 있는 것이다.

셋째로 투입물의 질이 개선되는 것도 기술진보를 일으키는 주요한 요인이다. 교육수준이 향상되면서 노동의 질이 개선된다든가, 강철이 철을 대체하고 알루미늄이 강철을 대체하는 것과 같이 원자재의 질이 개선되는 것도 기술진보를 초래하는 원인이다.

종래에는 기술진보를 경제제도 밖에서 외생적(exogenous)으로 일어나는 현상으로 간주하여 왔으나 근자에 들어오면서는 기술진보가 경제적인 요인에 의하여 내생적(endogenous)으로 설명될 수 있다고 믿게 되었다. 가장 좋은 예가 석유파동이 일어나자 소형의 석유를 절약하는 자동차들이 개발, 생산된 것이다. 또한 선진국에서 임금이 지속적으로 상승하자 노동 대신에 자본을 더 많이 사용하는 생산기술을 개발해 낸 것도 결국 기술진보가 내생적임을 드러내는 것이다.

미국의 비농업부문의 노동생산성 증가율은 1975~1995년의 기간중 연평균 1.4%이었다. 그러나 1996~2000년에는 연평균 3%의 높은 생산성 증가율을 나타냈다. 이는 컴퓨터 등 **정보기술**(information technology: IT)을 널리 활용함으로써 미국 경제 전반의 효율성이 크게 향상된 데 연유한다.

그 결과 물가는 안정된 가운데 경제성장률도 높은 소위 **신경제**(new economy) 현상을 나타내게 되었다. 현재는 생산성의 증가율이 2~2.5%로 추정되어 낮아지기는 하였으나 이것도 전에 비해서는 높은 수준임을 알 수 있다.

흔히 신경제를 인터넷 기업을 중심으로 하는 닷컴(.com) 등 첨단기술산업의 출현에 의해 발생한 것으로 간주하지만, 실제로 중요한 것은 경제의 거의 대부분을 점유하고 있는 기존 산업들이 IT를 활용함으로써 경제 전반의 효율성이 높아진 것이 오히려 신경제의 요체임을 알 수 있다.[4)]

주요개념

총비용　비용함수;　기회비용　현시적인 비용　암묵적인 비용
사적인 비용　사회적인 비용　외부(비)경제　외부효과　총고정비용
총가변비용　평균고정비용　평균가변비용　평균비용　한계비용;
장기평균비용　포락선　규모의 (비)경제;　(노동)생산성　공정혁신
유연한(가벼운) 생산기술　대량생산 방식　제품혁신　정보기술(IT)
신경제(new economy)

4) *Economist*, 2001.5.12, "The new economy".

요 약

1. 확장선으로부터 총비용곡선을 도출할 수 있는데, 비용함수는 산출량과 총생산비 사이의 관계를 나타낸다.

2. 경제학에서의 비용은 기회비용을 뜻하는데 여기에는 현시적인 비용은 물론이고 암묵적인 비용도 모두 포함된다. 따라서 실제의 기업회계에서 의미하는 비용보다 더 포괄적인 개념이다.

3. 사적인 비용과 사회적인 비용이 다를 때 외부효과가 발생한다.

4. 총비용은 가변비용(*VC*)과 고정비용(*FC*)을 합한 것이다.

5. 평균고정비용(*AFC*)과 평균가변비용(*AVC*)은 고정비용과 가변비용을 각각 산출량으로 나눈 것이다.

6. *AFC*와 *AVC*를 합하면 평균비용(*AC*)을 얻는다. 한계비용은 산출량 한 단위를 추가로 더 생산할 때의 총비용의 증가를 나타낸다.

7. *FC*는 산출량의 크기와는 관계없이 수평선이 된다. *AFC*곡선은 직각쌍곡선의 형태를 취한다.

8. *AVC*곡선은 처음에는 감소하다가 최저점에 달한 후 다시 상승하는데, 이는 평균산출물(*AP*)곡선과 역의 관계에 있기 때문이다.

9. *AVC*가 최저점에 달할 때 $AVC=MC$가 성립한다. 또한 *AC*가 최저점에 달할 때에도 $MC=AC$가 성립한다.

10. *MC*곡선은 처음에는 감소하다가 최저가 된 후 다시 상승하는데, 이는 한계산출물(*MP*)곡선과 역의 관계에 있기 때문이다.

11. 장기평균비용(*LRAC*)곡선은 수많은 단기평균비용(*SRAC*)곡선들을 접하면서 감싸도록 그려지므로 포락선이라고도 부른다.

12. 경제이론에서는 *LRAC*곡선이 *U*자형을 취한다고 가정하나 실제로는 *L*자형을 나타내는 것이 보통이다.

13. 최장기에서 기술진보는 기존의 재화를 새로운 생산기술로 만드는 공정혁신, 신제품을 생산하는 제품혁신 및 투입물의 질이 개선됨으로써 발생한다. 기술

진보는 경제성장 및 생활수준 향상의 가장 주요한 원천이다.

14. 종래의 대량생산 방식에 비해 가벼운 또는 유연한 생산기술은 생산비가 낮고 신축성이 있으며 고품질의 재화를 생산할 수 있고 신제품을 개발하는 데 드는 비용도 줄일 수 있는 등 획기적인 공정혁신이다.

15. 미국경제의 경우 IT의 활용으로 경제 전반의 효율성이 향상되어 생산성의 증가율이 전보다 높아지는 신경제 현상을 나타내고 있다.

연습문제

1. 생산의 이론과 비용의 이론이 서로 어떻게 연결이 되어 있는가 설명해보라.

2. 다음의 기회비용은?
   1) 낮잠을 1시간 잔다.
   2) 자신이 경영하는 가게에서 일한다.
   3) 친구에게 10만원을 빌려 준다.

3. 어떤 자동차 회사가 숙련공을 훈련시켰는데 이들 중 일부가 경쟁사로 옮겨갔을 때 일어나는 외부효과에 대해 설명해보라.

4. AC 및 AVC가 최저점에 달할 때 MC와 만나게 되는 이유는?

5. 수많은 단기평균비용곡선으로부터 장기평균비용곡선을 도출해보라.

6. 노동생산성 이외에 자본생산성과 총요소생산성(total factor productivity)을 정의해보라.

7. 기술진보를 초래하는 세 가지 주요한 요인은 무엇인가?

8. 한 세대 전에는 없었던 주요한 신제품의 보기를 다섯 가지만 들어보라.

9. 대량생산방식과 가벼운 또는 유연한 생산방식을 상호 비교하면서 설명해보라.

10. 미국의 신경제의 요체는 무엇인가? 이에 비추어 자동차, 반도체, 철강, 조선, 석유화학, 섬유 등 한국의 기존의 주력산업과 '90년대 말부터 출현한 벤처산업의 상대적인 중요성에 대하여 생각해보라.

11. 한 기업의 총비용함수가 $C=2,000+500Q$일 때,

 1) 고정비용은?

 2) 산출량이 10일 때 평균비용은?

 3) 한계비용은?

제 5 편

재화시장에서의 가격결정이론

요 약

앞의 제3편은 기업의 입장에서 보면 수입측면을 나타내는 것이고, 제4편은 비용측면을 드러내는 것이다. 이제 제5편에서는 기업의 수입과 비용측면을 함께 고려함으로써 이윤극대화를 목표로 하는 기업이 완전경쟁시장, 독점시장 및 과점시장 등 여러 상이한 시장형태 아래서 어떻게 가격과 산출량을 결정하는가를 본다. 그리고는 끝 부분에서 한국의 독과점과 경제력집중 문제를 살펴본다.

제 5 편

재화시장에서의 가격결정이론

제 10 장

완전경쟁시장

제10장에서는 먼저 시장구조를 완전경쟁시장, 독점시장, 과점시장 및 독점적 경쟁시장으로 나눈다. 그리고는 완전경쟁을 정의한 후 완전경쟁기업의 단기균형조건인 $P=MC$에 대해 설명한다. 완전경쟁기업의 단기공급곡선은 AVC의 최저점 이상의 MC곡선임을 밝힌 후, 이로부터 완전경쟁시장의 단기공급곡선을 도출한다. 이를 시장수요곡선과 결합하여 완전경쟁시장의 단기균형을 설명한다.

이어서 완전경쟁기업의 장기균형은 $SRMC=LRMC=SRAC=LRAC=P_0=MR=AR=d$인 데서 성립하며, 오직 정상이윤만 얻게 됨을 보인다. 끝으로 완전경쟁은 자원배분의 효율성을 초래함을 보인다.

10.1 시장구조

우리는 앞의 제 3 편에서 효용을 극대화하는 것을 목표로 행동하는 개별적인 가계가 재화와 용역을 어떻게 수요하는가에 관하여 살펴보았다. 그런데 개별적인 소비자의 수요곡선을 합해 놓으면 시장수요곡선을 얻을 수가 있고, 시장수요곡선은 기업의 입장에서 보면 수입(revenue) 측면을 나타내는 것이다.

한편, 제 4 편에서는 기업의 생산 및 비용의 이론에 관하여 살펴보았는데, 이로부터 기업의 비용(cost) 측면을 알 수가 있다. 이제 제 5 편에서는 앞의 제 3 편과 제 4 편에서 각각 살펴본 기업의 수입 측면과 비용 측면을 함께 고려함으로써 이윤을 극대화하는 것을 행동목표로 하고 있는 기업이 여러 가지

상이한 시장구조 아래서 가격 및 산출량을 어떻게 결정하는가에 관해서 살펴보기로 한다. 여기서 물론 이윤 π는 총수입 TR에서 총비용 TC를 뺀 것으로 정의되며, 기업은 바로 이 π를 극대화하려고 하는 것이다.

그런데 제 4 편에서 본 생산 및 비용의 이론은 모든 형태의 기업에게 동일하게 적용될 수가 있다고 가정한다. 그러나 기업의 수입은 그 기업이 어떤 종류의 시장에 속하여 있는가에 따라서 달라지므로, 총이윤을 극대화하는 것을 목표로 행동하는 기업들이 어떻게 가격 및 산출량을 결정하는가 하는 기업의 행태(conduct)도 이 기업이 어떤 종류의 시장에 속해 있는가에 따라서 달라지는 것이다. 그러므로 우리는 먼저 시장의 구조에 대해서 고찰해 보아야 한다.

한 산업의 구조 또는 **시장구조**(market structure)를 분류하는 주된 기준은 판매자 또는 기업의 수와 상품의 동질성 또는 이질성 여부이다. 〈표 10-1〉이 이를 보여 준다. 즉, 기업의 수와 상품이 동질적인가 또는 이질적인가의 두 가지 기준을 결합하면 우리는 몇 가지 종류의 시장형태를 구별할 수가 있다. 여기서 상품이 동질적이란 말은 동일한 상품이란 뜻이며, 이질적이란 서로 다른 상품을 의미하는 것이다.

첫째로, 기업의 수가 수없이 많으며 이들 기업이 모두 동질적인 재화를 팔고 있을 때, 우리는 그러한 시장을 **완전경쟁시장**이라고 한다. 둘째로, 시장에 한 기업밖에 존재하지 않을 때 우리는 그 시장을 **독점시장**이라고 한다. 완전경쟁시장과 독점시장은 일종의 양극단으로서 그 가운데 여러 가지 형태의 불완전경쟁시장이 존재한다. 특히 두 가지 형태의 불완전경쟁시장을 식별할 수가 있는데, 하나는 **과점시장**이며 다른 하나는 **독점적 경쟁시장**이다.

과점시장이란 몇몇 개의 대기업이 시장의 대부분을 차지하고 있는 것을 가리킨다. 이 때 이들 몇몇 개의 대기업이 동질의 재화를 공급한다면 이를 순수과점시장이라고 하며, 이질적인 재화를 공급한다면 이절적 과점시장이라고

표 10-1 시장의 분류

기업의 수	상품의 성격	
	동질적	이질적
많 음	완전경쟁시장	독점적 경쟁시장
소 수	순수과점시장	이질적 과점시장
하 나	독점시장	(해당없음)

한다. 한편, 독점적 경쟁시장은 많은 수의 기업이 이질적인 재화를 공급하고 있는 시장이다.

이처럼 완전경쟁(perfect competition), 독점적 경쟁(monopolistic competition), 과점(oligopoly) 및 독점(monopoly)의 네 가지 경쟁형태에 따라서 시장도 크게 네 종류로 구별할 수가 있는 것이다. 〈표 10-2〉는 시장구조를 구별하기 위한 주된 기준인 기업의 수와 재화의 동질성 이외에, 기업이 어느 정도나 시장가격의 형성에 영향을 줄 수 있는가를 나타내는 가격통제의 정도, 기업의 판매방법 및 우리 나라의 실례 등 세 가지를 추가로 보면서 네 형태의 시장의 성격을 보여 준다.

〈표 10-2〉를 보면 완전경쟁시장에 속하는 어떤 한 개별기업은 시장가격에 전혀 영향을 줄 수가 없고, 독점적 경쟁기업이나 과점기업은 어느 정도는 시장가격의 형성에 영향을 줄 수 있으며, 독점기업의 경우에는 영향력이 매우 크다. 판매방법을 보면 완전경쟁시장에서는 자유로운 경매에 의하나, 독점적 경쟁시장과 과점시장에서는 광고와 품질경쟁이 중요한 위치를 차지하며, 독점기업의 경우에는 국민일반에 대하여 P.R.(public relations)의 개선을 위한 선전이 필요하다. 우리 나라 시장의 실례를 생각하여 보면, 완전경쟁시장에

표 10-2 재화시장의 속성

시장구조	기업의 수	재화의 동질성 여부	가격통제의 정도	판매방법	실 례
1. 완전경쟁	많음	동일한 재화	전혀없다	경매	농산품(예: 채소, 과일 시장)
2. 불완전경쟁					
1) 독점적 경쟁	많음	이질적 또는 차별화된 재화	어느 정도 있음	광고 및 품질경쟁	소매상(구멍가게, 약국, 주유소, 음식점)
2) 과점	몇몇	(1) 동일한 재화 (2) 이질적인 재화			(1)설탕, 시멘트, 휘발유 (2)승용차, 텔레비전, 냉장고, 선풍기, 라면, 맥주, 조미료
3. 독점	하나	가까운 대체품이 없다	상당히 높다.	P.R.	담배, 전기, 인삼, 철도, 가스, 수도

는 배추, 파, 마늘, 고추 및 기타의 채소류와 각종의 과일이 거래되는 농산물 시장을 들 수 있다. 독점적 경쟁시장의 대표적인 예로는 구멍가게를 생각할 수 있는데, 지리적인 위치로 말미암아 집 근처의 구멍가게를 이용하기 마련이므로 고객이 소매상을 차별적으로 취급하는 것이 된다.

이 밖에도 약국, 주유소 및 음식점 등도 유사한 성격을 지니고 있다. 순수과점의 실례로는 설탕, 시멘트 및 휘발유 같이 재화의 질이 거의 비슷한 경우를 생각할 수 있고, 재화의 질이 실제로 다르거나 또는 소비자가 다르다고 생각하는 이질적 과점의 예로는 승용차, 텔레비전수상기, 냉장고, 선풍기, 라면, 맥주 및 조미료 등을 들 수 있다. 독점의 예로는 담배, 전력, 인삼, 철도, 가스 및 수도사업 등과 같은 정부의 독점사업을 들 수 있다.

10.2 완전경쟁의 정의

10.1에서 우리는 네 가지 종류의 주된 시장구조를 구별하였다. 이제 그러면 차례로 이들 네 종류의 시장에서 이윤을 극대화하려는 기업이 재화의 가격과 산출량을 어떻게 결정하는가 하는 행태에 대해 살펴보기로 하자. 먼저 이 장에서는 완전경쟁시장에 속해 있는 어떤 한 완전경쟁기업이 이윤을 극대화하기 위하여 재화의 가격과 산출량의 수준을 어떻게 결정하는가 알아본다. 이에 앞서서 우선 완전경쟁을 정의하여 보자.

완전경쟁(perfect competition)이 성립하기 위해서는 대체로 다음의 네 가지 조건이 충족되어야 한다.

첫째는 시장에 수많은 수요자와 공급자가 있어서 그 중 어느 하나도 시장가격에 영향을 줄 수가 없어야 한다. 즉, 어떤 한 수요자는 시장 전체의 수요량에서 차지하는 비중이 너무나 작으므로 재화를 살 때 할인할 수가 없으며, 어떠한 공급자도 시장 전체의 공급량에서 차지하는 비중이 너무나 작아서 설령 자신의 산출량의 수준을 변화시켜도 시장가격에 영향을 전연 줄 수가 없다. 따라서 완전경쟁시장에서의 수요자와 공급자는 개별적으로는 시장가격을 주어진 여건으로 받아들여야 한다. 즉, 완전경쟁시장에서의 수요자와 공급자는 개별적으로는 시장가격을 주어진 그대로 받아들여야 하는 사람들(price takers)이며, 다만 수요량이나 공급량만을 변동시킬 수 있는 사람들(quantity adjusters)이다. 그러나 물론 모든 수요자들이나 공급자들은 집합적으로는 완전경쟁시장에서의 가격을 결정하게 된다.

둘째는 완전경쟁시장에서의 모든 공급자는 동일한 재화를 판매하고 있어야 한다. 따라서 수요자는 어떤 공급자로부터 재화를 사도 마찬가지가 된다.

셋째는 자원의 자유로운 이동이 보장되어야 한다. 즉, 모든 생산요소는 자유롭게 어떤 완전경쟁시장으로 들어올 수도 있어야 하며, 빠져 나갈 수도 있어야 한다. 예를 들면, 노동자나 자본은 완전경쟁시장으로 마음대로 들어올 수도 있고 나갈 수도 있어야 한다. 또한 새로운 기업이 이 완전경쟁시장에 쉽사리 진입(entry)할 수 있으며, 기존기업이 퇴출(exit)할 수도 있어야 한다. 예를 들면, 새로운 기업이 참여하기 위하여 특허권이 필요하다든가, 거대한 투자지출이 소요된다든가, 또는 평균비용이 산출량이 증가함에 따라 감소하여 기존의 기업이 비용면에서 우위를 가지고 있다면, 이는 새로운 기업이 쉽사리 참여할 수가 없는 것이며 따라서 완전경쟁시장의 조건을 충족시키지 못하는 것이다.

넷째는 완전경쟁시장에 참여하는 수요자, 공급자 및 생산요소의 소유자가 모두 완전한 정보(perfect information)를 가지고 있어야 한다. 즉, 어떤 수요자도 시장가격보다 비싼 가격을 지불하고 재화를 사는 일이 없어야 하며, 어떤 공급자도 시장가격보다 낮게 재화를 파는 일이 없어야 한다. 또한 생산요소의 소유자, 예를 들면 노동자는 가장 높은 임금을 지불하는 기업에게 노동력을 제공할 수가 있어야 한다. 이처럼 완전한 정보는 현재에 대한 것뿐만이 아니라 미래에 관하여도 완전한 지식을 가지고 있어야 한다.

이상에서 본 것은 완전경쟁이 성립하기 위하여는 수많은 수요자와 공급자가 있어야 하며, 동질적인 재화가 공급되어야 하며, 자원이 자유롭게 이동할 수 있어야 하고, 경제주체들이 완전한 지식을 가지고 있는 네 가지 조건이 충족되어야 한다. 그러나 우리가 곧 알 수 있는 것은 현실적으로 존재하는 어떠한 시장도 이 네 조건을 모두 충족시킬 수는 없다는 것이다. 심지어 농산품시장의 경우에도 처음 세 가지 조건은 쉽게 충족될 수 있으나, 네번째 조건인 완전한 지식을 가지고 있어야 한다는 것은 기후의 변화를 정확하게 예측할 수는 없으므로 충족될 수가 없는 것이다.

그러면 문제는 자연히 왜 현실적으로 존재하지도 않는 완전경쟁시장에 대하여 분석하는가 하는 것이다. 이 의문에 대한 답변은 첫째로, 앞의 1장에서 방법론에 대하여 볼 때 지적한 것처럼 모든 이론은 불가피하게 복잡한 현실을 단순화하고 추상화한 것이라는 점이다. 즉, 어떤 이론도 현실을 완전히 그릴 수는 없다는 것이다. 둘째는 완전경쟁시장이론이 현실을 비교적 잘 설명하고 예측한다는 것이다. 즉, 비록 가정은 비현실적이지만 이론의 현실에 대한 예측이나 설명이 훌륭하므로 유용하다는 것이다. 셋째는 완전경쟁시장모형은 하나의 이상적인 상황을 전제로 한 것이므로, 현실적으로 존재하는 불완전경쟁시장을 평가할 수 있는 기준(norm)을 제공하는 것이다.

10.3 단기균형

완전경쟁기업의 단기균형: 극대이윤조건

완전경쟁시장에서 시장수요곡선과 시장공급곡선이 만나 균형가격이 결정되면, 이는 개별적인 완전경쟁기업에게는 주어진 여건이 된다. 따라서 이윤을 극대화하려는 완전경쟁기업은 가격은 일정하게 주어진 것이므로 공급량만

그림 10-1 개별기업이 직면하는 수요곡선과 시장수요곡선

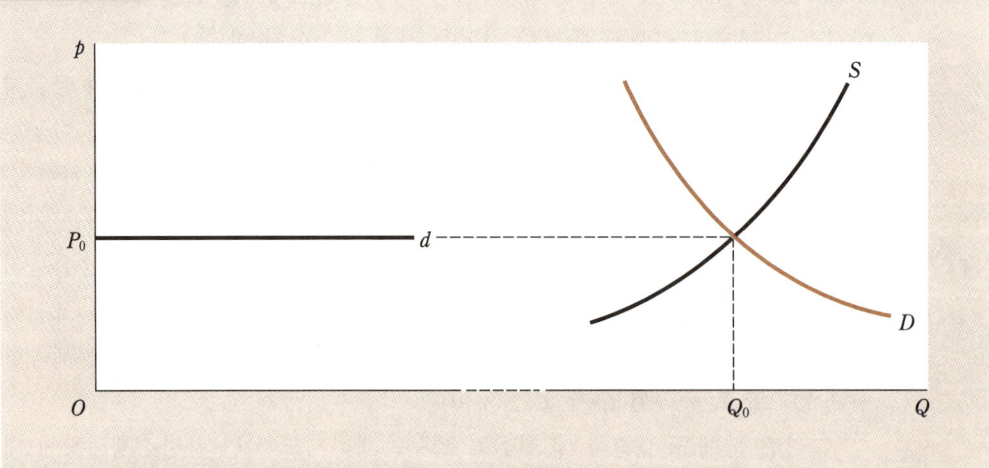

을 조절할 수 있다. 이제 공장규모가 고정되어 있는 단기에서 완전경쟁기업이 공급량을 어떤 수준에서 결정하여야 극대이윤을 얻을 수 있고, 따라서 단기균형 상태에 놓이게 되는가 살펴보기로 하자.

[그림 10-1]은 완전경쟁시장에서 어떤 한 완전경쟁기업이 당면하게 되는 수요곡선과 시장수요곡선을 나타내고 있다.

그림에서 S와 D는 각각 시장공급곡선과 시장수요곡선을 나타내며, d는 개별기업이 완전경쟁시장에서 직면하게 되는 수요곡선을 표시한다. 횡축의 가운데가 점선으로 되어 있는 이유는, 산출량 Q의 단위가 크게 증가한 것을 나타내기 위한 것이다. D와 S가 만나는 데서 균형가격 P_0 가 결정되는데, 이는 개별기업의 입장에서 보면 주어진 여건이 된다. 따라서 개별기업이 당면

그림 10-2 완전경쟁기업의 단기균형

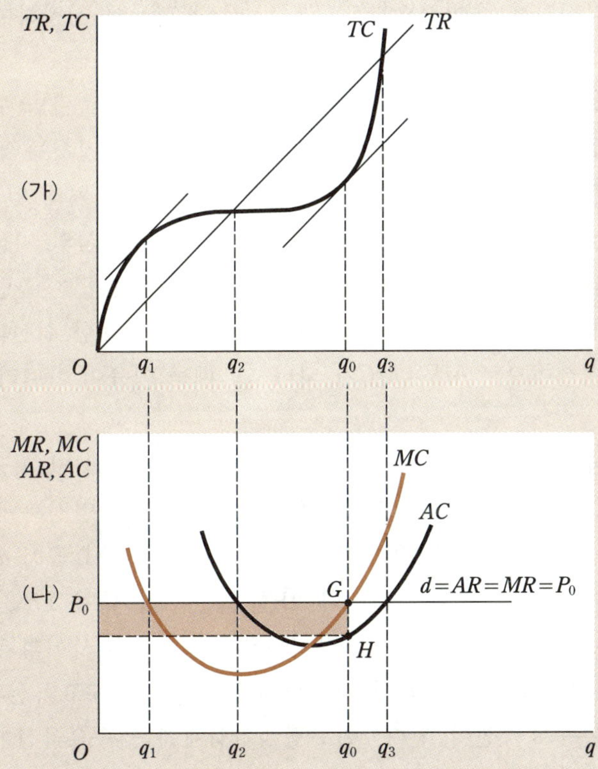

하는 수요곡선은 P_0의 가격수준에서 수평선으로 표시되는 d이다. 즉, 어떤 한 완전경쟁기업은 P_0의 가격으로 팔기를 원하는 수량만큼 얼마든지 팔 수가 있다.

이제 그러면 단기에서 완전경쟁기업이 공급량을 어떤 수준에서 결정하여야 이윤을 극대화할 수 있는가를 [그림 10-2]를 이용하여 살펴보기로 하자.

이윤을 극대화시키는 산출량의 수준을 결정하는 문제는 두 그림 중에서 (가)처럼 총수입과 총비용을 사용하여서도 설명할 수 있고, (나)처럼 한계수입과 한계비용을 사용하여서도 설명할 수 있다. 즉, (가)와 (나)는 동일한 문제를 놓고 하나는 *TR*과 *TC*와 같은 총개념을 사용하여 설명하는 것이고, 다른 하나는 *MR*와 *MC*와 같은 한계개념을 사용하여 풀이하고 있는 것이다.

우선 (가)의 총개념을 사용하여 이윤극대화를 보장하는 공급량의 수준을 찾아 보자. *TC*는 어떤 형태의 시장에 속해 있는 기업에게나 동일하다고 가정한다. *TR*은 재화의 가격 P에 판매량 Q을 곱한 $P \cdot Q$인데, 완전경쟁기업에게는 P가 일정하게 주어졌으므로 *TR*곡선은 원점에서 시작하며 P의 기울기를 가지는 직선이 된다.

이윤 π는 $TR-TC$인데, [그림 10-2]에서 보면 산출량의 수준이 q_0일 때가 $\pi=TR-TC$가 극대가 되므로 q_0가 이윤극대화를 보장하는 산출량의 수준이며, 이만큼을 공급할 때 완전경쟁기업은 단기균형에 처해 있게 된다. 그런데 생산량이 q_0일 때 *TR*곡선의 기울기인 *MR*과, *TC*곡선의 기울기인 점선으로 표시된 *MC*는 서로 평행을 이루므로 $MR=MC$가 된다. 산출량이 q_1일 때에도 *TR*곡선에 대한 접선의 기울기인 *MR*과 *TC*곡선에 대한 접선의 기울기인 *MC*는 서로 평행이므로 $MR=MC$가 되나, 이 때는 이윤이 아니라 손실이 극대가 된다.

극대이윤을 보장하는 공급량은 (나)에서처럼 한계 및 평균개념을 사용해서도 찾을 수 있다. 완전경쟁기업에게는 시장가격은 일정하게 주어진 여건이므로, 이 기업이 완전경쟁시장에서 직면하게 되는 수요곡선 d는 주어진 시장가격 P_0에서 수평선으로 나타난다. 또한 **평균수입** *AR*은 *TR*을 판매량 Q로 나눈 것이므로 $AR=P_0$가 된다. 따라서 *AR*과 산출량 Q 사이의 관계를 나타내는 *AR*곡선은, 가격과 산출량 사이의 관계를 나타내는 수요곡선과 동일하다. 즉 *AR*곡선은 수요곡선이 된다. 완전경쟁기업에게는 수요곡선이 수평선이므로 *AR*곡선도 수평선이다. 가격이 일정하므로 추가로 재화를 한 단위 더 팔아서 얻는 **한계수입** MR도 가격과 같다. 따라서 완전경쟁기업의 경우에는 다음이 성립된다.

$$d = AR = MR = P_0$$

AC, MC 등의 비용곡선은 모든 형태의 시장에 속해 있는 기업들에게 공통적으로 적용되는 동일한 모양의 것이다. 그런데 [그림 10-2]의 (가)에서 공급량이 q_2, q_3일 때 $TR = TC$이므로, (나)에서도 $AR = AC$가 되는데 유의하여야 한다. 또한 MC곡선은 물론 AC곡선의 최저점을 통과하여야 한다. 이제 한계개념을 사용하여 이윤을 극대화시키는 공급량의 수준을 찾아보자.

MR은 재화를 한 단위 추가로 더 파는 데서 얻는 총수입의 증가분이며, MC는 재화를 한 단위 추가로 더 생산하는 데 드는 총비용의 증가분이다. 따라서 만일 $MR > MC$이면 완전경쟁기업은 공급량을 증대시킬 것이며, $MR < MC$이면 공급량을 줄일 것이다. $MR = MC$인 때의 공급량이 균형공급량이 되며, 더 이상 공급량의 수준을 변동시킬 필요가 없다. 앞의 그림에서는 산출량이 q_0일 때 $MR = MC$가 되며 이윤은 극대화되어 완전경쟁기업이 단기균형 상태에 있게 된다. 공급량이 q_1일 때에도 $MR = MC$는 성립하나 이 때는 이윤이 아니라 손실이 극대가 된다. 즉, 이윤을 극대화하기 위해서는 $MR = MC$가 성립하여야 하는데 이는 필요조건이며, 충분조건은 MC가 감소하는 것이 아니라 상승하면서 MR과 만나야 한다는 것이다. 왜냐하면, 산출량을 늘릴 때 MC가 감소한다면 이는 균형산출량이 될 수 없기 때문이다.

이제 우리는 모든 형태의 기업에 적용될 수 있는 일반적인 **이윤극대화조건**을 다음과 같이 쓸 수 있다.

$$MR = MC$$

단, MC가 상승하면서 MR과 만나야 한다. 그러나 완전경쟁기업의 경우에는 $P = MR$이므로 이윤극대화조건 또는 단기균형조건은 다음과 같이 쓸 수도 있다.

$$P = MC$$

그림에서 이 조건을 충족시키는 공급량은 q_0인데, 이 때 한 단위의 재화를 파는 데서 얻는 평균수입은 Gq_0이며 한 단위를 생산하는 데 드는 평균비용은

Hq_0이므로 단위당 이윤은 GH가 된다. 따라서 q_0를 팔 때의 이윤은 그늘진 면적인 $Oq_0 \times GH$이다.

완전경쟁기업의 단기공급곡선

이상에서 우리는 이윤을 극대화하려는 완전경쟁기업은 $P=MC$일 때의 산출량수준을 공급함으로써 단기균형상태에 있게 된다는 것을 보았다. 이제 그러면 완전경쟁기업의 단기공급곡선을 도출하여 보자. [그림 10-3]은 완전경쟁기업의 단기비용곡선들을 나타낸다. 가정하기를 시장가격이 p_1의 수준에 있다고 하자. 그러면 이윤극대화를 추구하는 완전경쟁기업은 $p_1=MC$가 되는 q_1을 공급할 것이다. 이 때 평균수입은 aq_1이며 평균비용은 bq_1이므로 단위당 이윤은 ab가 되고 전체이윤은 $ab \times Oq_1$의 면적이 될 것이다. 산출량의 수준이 q_1일 때는 다음이 성립한다.

$$p_1 = MC > AC > AVC$$

이제 시장가격이 p_1에서 p_2로 하락하였다고 하자. 이윤극대화를 목표로 하

그림 10-3 완전경쟁기업의 단기비용곡선

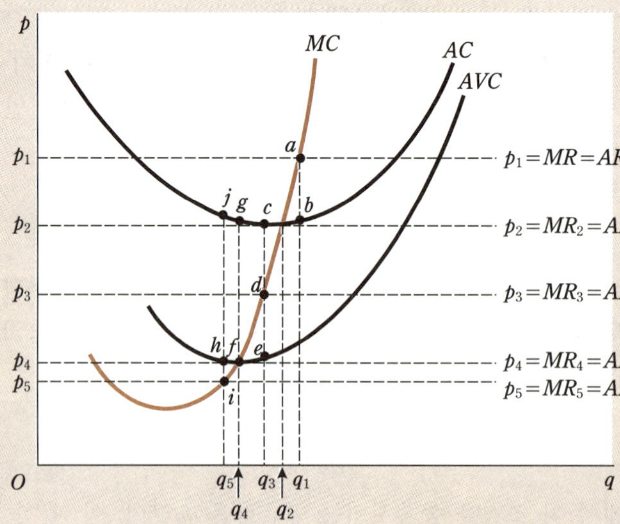

는 완전경쟁기업은 $p_2=MC$인 q_2만큼을 시장에 공급할 것이다. 그런데 산출량의 수준이 q_2일 때는 다음이 성립한다.

$$p_2=MC=AC>AVC$$

즉, MC는 언제나 AC의 최저점을 통과하는데, 시장가격 p_2에서 수평선인 수요곡선 d_2가 바로 이 점과 만나고 있다. 따라서 시장가격이 p_2일 때는 **정상이윤**[1](normal profit)만을 얻고 있다. 시장가격이 p_1일 때처럼 **초과이윤**(excess profit)은 없다.

다시 시장가격이 p_3로 하락한다고 가정하면 $p_3=MC$인 q_3를 공급할 것이다. 그러나 산출량이 q_3일 때는 다음과 같다.

$$AC>p_3=MC>AVC$$

즉, q_3를 공급할 때 평균수입은 dq_3인 데 비하여, 평균비용은 cq_3이므로 재화 한 단위당 cd의 손실이 발생하여 전체손해는 $Oq_3 \times cd$의 면적이 된다. 이 때 문제는 조업을 완전히 중단하는 경우에는 어떻게 되겠는가 하는 것이다. AC는 AVC와 AFC를 더한 것인데, 공급량이 q_3일 때의 AVC는 eq_3이며 AFC는 ce가 된다. 그런데 가격은 p_3이므로 ep_3만큼의 AVC를 모두 지불하고서도, ce만큼의 AFC 가운데 de만큼을 더 메울 수 있다. 그러나 조업을 완전히 중단하는 경우에도 ce만큼의 고정비용은 발생하게 되므로, 이 가운데 일부인 de만큼이라도 메우는 것이 단기의 완전경쟁기업에게는 손실을 줄이는 것이 되어 조업을 계속하게 되는 것이다.

이제 시장가격이 다시 p_4로 하락한 경우를 보자. p_4에서 수평선인 수요곡선 d_4를 그리면, 이는 AVC의 최저점을 MC가 통과하는 점과 만나고 있다. $p_4=MC$인 공급량의 수준은 q_4이다. 이 때는 다음이 성립한다.

$$AC>p_4=MC=AVC$$

즉, 시장가격 p_4는 AVC와 같으므로 AVC는 전연 메꾸지를 못하고 있다. 그림을 보면 공급량이 q_4일 때는 AC는 gq_4인데, 이 가운데서 fq_4는 AVC이며 gf는 AFC이다. 그런데 $p_4=AVC$이므로 AFC인 gf는 그대로 손실이 된다. 조

1) 경제학에서는 비용안에 정상이윤을 포함시킨다는 점을 유의할 것.

업을 계속하든 중단하든 gf만큼의 AFC는 부담하여야 하므로, 시장가격이 p_4일 때는 조업을 계속하든가 중단하든가 손실은 똑같다. AVC의 최저점인 f를 **조업중단점(shut down point)**이라고도 부른다.

그러나 조업중단점 이하로 가격이 하락하면 완전경쟁기업은 조업을 중단하는 것이 손실을 줄이는 것이 된다. 예를 들어 시장가격이 p_5로 하락하면 $p_5=MC$인 공급량은 q_5가 된다. 이 때는 다음과 같다.

$$p_5=MC<AVC<AC$$

즉, p_5는 AVC인 hq_5에도 못미치는 iq_5이다. 공급량이 q_5일 때 평균비용은 jq_5이며, 이 가운데서 jh는 AFC이고 hq_5는 AVC이다. 그런데 p_5는 AVC인 hq_5에도 못미치는 iq_5이므로 조업을 중단하여 jh만큼의 AFC를 손해보는 것이 더 낫다.

이상의 논의를 기초로 하여 우리는 완전경쟁기업의 단기공급곡선을 도출할 수가 있다. 즉, 완전경쟁기업의 단기공급곡선은 AVC의 최저점 이상의 MC곡선인 것이다. [그림 10-4]가 이를 보여 준다.

그림에서 (가)는 완전경쟁기업의 MC곡선과 AVC곡선을 나타낸다. 이제 이윤극대화를 추구하는 완전경쟁기업은 $P=MC$인 공급량을 선택하므로 가격이 p_1이라면 q_1만큼을 공급할 것이다. 이를 그대로 옮기면 그림 (나)에서 한

그림 10-4 완전경쟁기업의 단기공급곡선

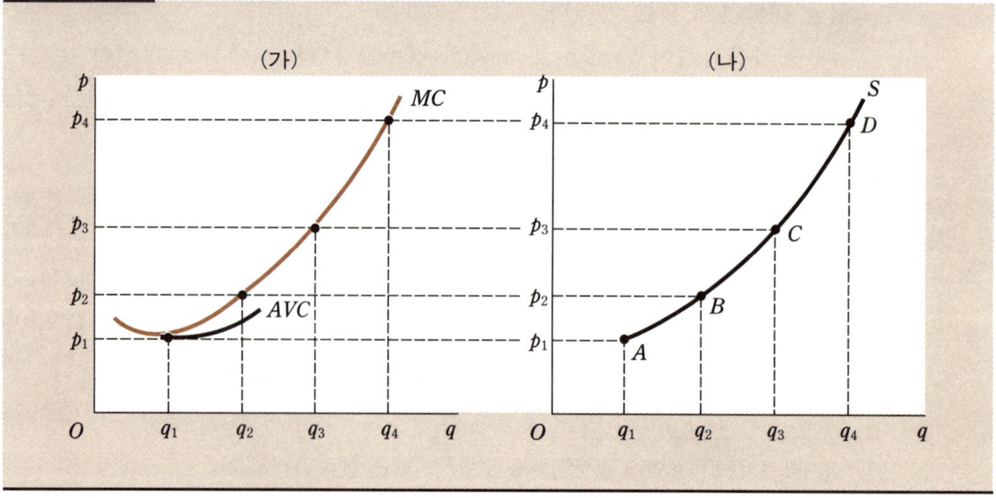

점 A를 얻게 된다. 또한 시장가격이 p_2로 상승하면 q_2를 공급할 것인데, 이를 그대로 (나)에 옮긴 것이 B점이다. 이렇게 함으로써 우리는 (가)의 AVC의 최저점 이상의 MC곡선과 형태가 동일한 완전경쟁기업의 단기공급곡선을 (나)에서 얻을 수 있다.

완전경쟁시장의 단기공급곡선

이제 그러면 한 완전경쟁기업의 단기공급곡선을 도출하였으므로 완전경쟁시장 또는 산업 전체의 공급곡선(market or industry supply curve)에 관하여 보기로 하자. 여기서 산업(industry)이란 흔히 동일한 재화를 생산하는 기업들의 집합을 뜻하며, 시장공급 및 수요(market supply and demand)와 산업공급 및 수요(industry supply and demand)는 동의어로 사용한다.

8.1에서 우리는 시장수요곡선이 모든 가계의 개별적인 수요곡선들을 수평적으로 합하여 얻을 수 있는 것과 마찬가지로, 시장 또는 산업공급곡선도 개별적인 기업들의 공급곡선을 수평적으로 더함에 의하여 얻을 수 있다고 하였다. 이 때의 가정은 요소가격이 일정하다는 것이다. 그러나 개별기업이 생산량을 늘리면 생산요소의 가격에 영향을 주지 않으나, 한 산업 전체가 산출량을 증가시키는 경우에는 자연히 생산요소의 가격은 등귀하는 것이 보통이다. 예를 들어, 한 농가는 비료의 가격에 영향을 미치지 않고 비료의 투입량을 크게 늘려 생산량을 증대시킬 수 있으나, 농업부문 전체가 산출량을 증대시키기 위하여 비료의 투입량을 늘리는 경우에는 비료의 가격이 상승하게 된다.

이와 같이 산업 전체가 산출량을 증대시키면 생산요소의 가격은 등귀하게 되며, 이에 따라 개별기업의 MC곡선도 상향 이동할 것이다. 이 때는 요소가격이 일정하다는 가정 아래 개별기업의 MC곡선들을 수평적으로 더하여 시장공급곡선을 얻을 수가 없으며, 요소가격의 상승에 따라 상향 이동하는 개별기업의 MC곡선들을 수평적으로 더하여야만 완전경쟁시장 전체의 공급곡선을 얻게 된다.

완전경쟁시장과 완전경쟁기업의 단기균형

이상에서는 완전경쟁시장의 단기공급곡선이 이윤극대화를 목표로 행동하

그림 10-5 완전경쟁시장과 완전경쟁기업의 단기균형

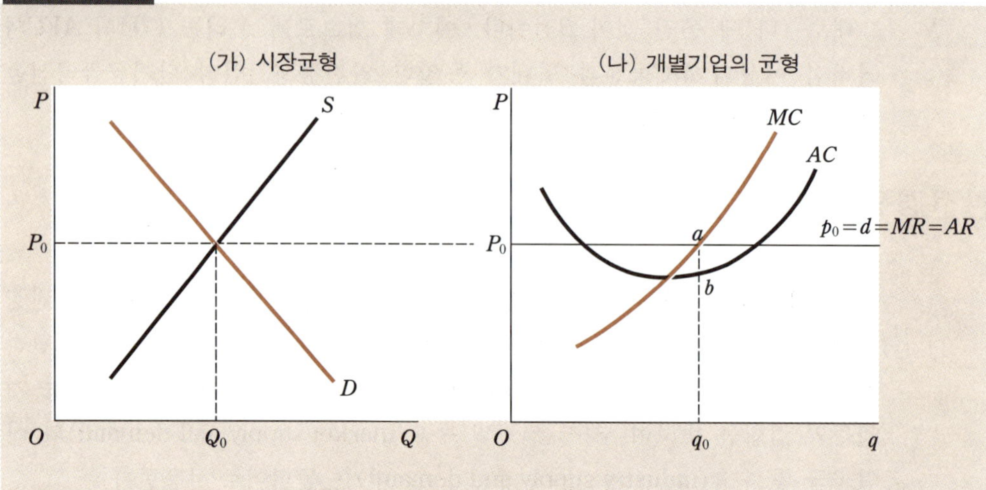

는 완전경쟁기업의 *MC*곡선으로부터 도출될 수 있다는 것을 보았다. 또한 우리는 시장수요곡선이 개별적인 가계의 수요곡선을 수평적으로 합함에 의하여 얻을 수 있다는 것을 알고 있다. 이렇게 해서 시장수요곡선과 시장공급곡선이 도출되면 단기의 완전경쟁시장의 균형을 찾을 수 있다. [그림 10-5]의 (가)가 단기의 시장균형을 나타내는데, 물론 시장수요곡선과 시장공급곡선이 만나는 데서 균형가격과 균형수급량이 결정된다는 것은 긴 설명이 필요하지 않다. (나)는 단기에서 시장균형이 이룩되면, 완전경쟁기업은 시장가격을 일정하게 주어진 것으로 보고 공급량을 $p_0=MC$가 되는 q_0의 수준에서 결정함을 보인다. 이 때의 초과이윤은 $ab\times q_0$가 된다.

10.4 장기균형

완전경쟁기업의 장기균형

단기에는 완전경쟁기업은 *MC*가 주어진 시장가격과 일치하도록 산출량의 수준만을 조절할 수 있다. 그러나 장기에는 공장규모도 변경시킬 수 있으며,

그림 10-6 완전경쟁기업의 장기균형

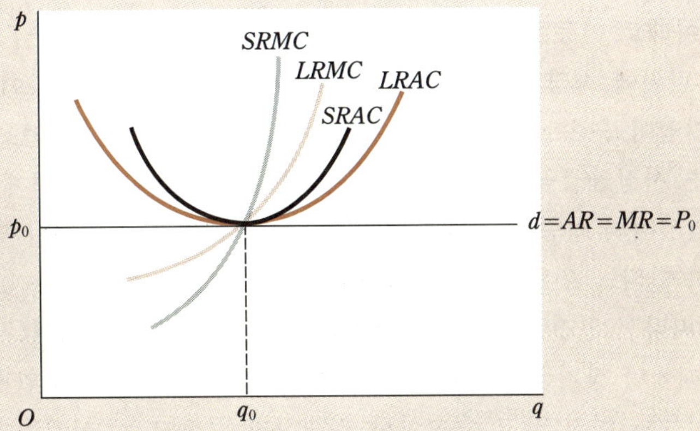

속해 있던 산업으로부터 빠져나갈 수도 있다. 즉, 장기에는 완전경쟁기업은 손실이 날 때는 속해 있던 산업에서 빠져 나올 수도 있고, 반면에 이윤이 높을 때는 이 산업으로 신규의 완전경쟁기업이 자유롭게 진입할 수도 있는 것이다.

따라서 완전경쟁기업의 장기균형상태는 [그림 10-6]과 같이 나타낼 수 있다. 여기서 볼 수 있는 것은 완전경쟁기업은 다음이 성립할 때 장기균형상태에 있다는 것이다.

$$SRMC = LRMC = SRAC = LRAC = p_0 = MR = AR = d$$

이제 그 이유를 살펴보자. 만일 시장가격이 p_0보다 크다면 완전경쟁기업은 정상이윤 이상의 초과이윤을 얻게 된다. 여기서 유의할 것은 경제학에서 비용이란 개념 안에는 정상이윤을 포함하고 있으며, 이러한 정상이윤을 초과하는 부분을 초과이윤 또는 **순수이윤**(pure economic profit)이라고 본다는 점이다. 즉, 정상이윤은 이미 투자된 자원을 다른 어떤 가장 이윤이 높은 곳에 사용하였을 때 얻을 수 있는 수익을 뜻하는데, 이는 이미 비용 안에 포함시킨 것이다.

시장가격이 p_0보다 높아서 완전경쟁시장에 참여하고 있는 완전경쟁기업이 순수이윤을 얻고 있다면 자연히 신기업들이 이 시장으로 진입하게 될 것이다. 이 때는 시장공급곡선은 오른편으로 이동하며, 이에 따라서 시장균형가격도 하락하고 개별적인 완전경쟁기업이 직면하게 되는 수평선인 수요곡선도 아래로 이동할 것이다.

반면에 시장가격이 p_0보다 낮아서 완전경쟁시장에 참여하고 있는 완전경쟁기업이 순손실을 보고 있다면, 이들 중 일부는 이 산업을 떠날 것이다. 그 때는 시장공급곡선이 위에서와는 달리 왼편으로 이동하게 될 것이다. 이는 시장가격의 상승을 초래할 것이며, 이에 따라서 개별적인 완전경쟁기업이 직면하게 되는 수요곡선도 위로 이동할 것이다.

따라서 완전경쟁기업은 $SRMC=LRMC=SRAC=LRAC=p_0=MR=AR=d$인 때에만 장기균형상태에 있을 수 있는 것이다. 여기서 완전경쟁기업들은 순수이윤도 얻지 않고 순손실도 초래하지 않으므로, 신기업이 이 산업으로 유입하지도 않고 기존의 기업이 이 산업으로부터 빠져 나갈 이유도 없는 것이다. 즉, 이 산업에 참여하고 있는 완전경쟁기업들은 다른 어떤 이윤이 가장 높은 데서 얻을 수 있는 것과 동일한 정상이윤만을 얻고 있는 것이다. 또한 장기균형 아래에서는 가격이 최저의 *LRAC*와 같으므로 완전경쟁기업은 **최적규모**(optimum scale of plant)로 **최적산출량**(optimum output)을 생산하고 있으며 이 때의 산출량 수준을 최소의 비용을 초래하는 **효율적인 규모**(minimum efficient scale)라고도 부른다. 그 이유는 만일 완전경쟁기업이 최저의 *LRAC*에서 생산하지 않고 있다면 공장규모를 줄이거나 늘림에 의해서 비용을 줄일 수 있기 때문이다.

이제 끝으로 완전경쟁기업의 장기균형이 어떠한 후생경제학적인 의미를 가지는가 살펴보자. [그림 10-6]이 보이는 것처럼 장기균형 아래서는 재화의 가격이 *LRAC*와 동일하다. 이는 곧 산출물이 가능한 최저의 비용으로 생산되는 것을 뜻하는 것이다. 둘째로 완전경쟁산업에 고용된 자원은 오직 다른 어떤 최선의 용도에서 얻을 수 있는 정상적인 보수만을 얻고 순수이윤은 없으므로 자원이 효율적으로 고용되고 있음을 알 수 있다.

셋째로 완전경쟁기업은 $P=MC$인 점에서 생산을 하는데, 여기서 가계가 지불하려고 하는 재화의 가격 P는 사회의 구성원이 그 재화의 가치를 평가한 것이며, MC는 이 재화를 한 단위 더 생산하는 데 드는 비용으로서 $P=MC$인 데서 생산한다는 것의 의의는 양자가 똑같음을 뜻하는 것이다. 이는 곧 완전경쟁기업의 장기균형이 효율성을 가지고 있음을 나타낸다.

이와 같이 완전경쟁시장에서의 장기균형은 **효율성**(efficiency)을 지니고 있으므로 다른 불완전한 시장을 평가할 수 있는 기준을 제공한다.

그러나 뒤의 7편에서 자세히 살펴보는 것처럼 완전경쟁이 효율성은 지니고 있으나 **형평**(equity)에 대해서는 우리가 전연 주의를 기울이지 않고 있음을 유의해야만 한다. 즉, 설령 완전경쟁이 효율성은 초래할 수 있으나 형평의 관점에서 볼 때는 소득분배의 불공평을 초래하는 결점을 가지고 있음을 인식해야 한다.

경제학의 한 분야로서의 **산업조직론**(industrial organization)의 연구에 크게 기여한 베인(Joe S. Bain)은 시장구조의 중요성을 강조하여 시장구조(structure; S)는 기업의 행태(conduct; C)에 영향을 미치고 이는 다시 성과(performance; P)에 영향을 미친다고 생각하였다. 즉 다음의 인과관계를 상정한 것이다.

$$S \rightarrow C \rightarrow P$$

보기를 들어 시장구조가 완전경쟁이면 기업의 행태는 완전경쟁적이 되고 이는 다시 자원배분에 있어서 효율성을 초래한다는 것이다.

여기 10장에서도 이러한 윤곽을 그대로 따라서 완전경쟁시장의 구조를 설명한 후, 완전경쟁기업의 행태를 분석하였고, 끝으로 효율성에 대하여 살펴보았다. 다른 형태의 시장구조에 대한 분석에서도 우리는 이와 같은 접근방식을 그대로 따를 것이다.[2)]

주요개념

시장구조 완전경쟁 독점 불완전경쟁 과점 독점적 경쟁;
평균수입 한계수입 완전경쟁기업의 단기균형 이윤극대화조건
정상이윤 초과이윤 조업중단점; 완전경쟁기업의 장기균형
효율적인 규모 효율성 형평 산업조직론

2) 정갑영, 『산업조직론』, 개정판, 박영사, 2001, 제 1, 3, 4장.

요 약

1. 시장구조를 나타내는 주요한 특징은 기업의 수, 상품의 차별화 정도, 진입, 퇴출의 용이함 등이다. 흔히 완전경쟁시장, 독점시장, 과점시장 및 독점적 경쟁시장으로 시장구조를 분류할 수 있다.

2. 완전경쟁이 성립하려면 수많은 수요자와 공급자가 있어야 하고, 동질적인 재화가 공급되어야 하며, 기업의 진입 · 퇴출을 포함하여 자원이 자유롭게 이동해야 하고, 완전한 정보가 있어야 한다.

3. 완전경쟁기업이 직면하는 수요곡선은 수평선이므로 가격은 주어진 여건이 되고(price taker) 오직 공급량만을 변동시킬 수(quantity adjuster) 있다.

4. 완전경쟁기업의 이윤극대화조건 또는 단기균형조건은 $P=MC$이다.

5. 완전경쟁기업의 단기공급곡선은 AVC의 최저점 이상의 MC곡선이다.

6. 요소가격이 등귀하는 경우에는 상향이동하는 완전경쟁기업의 MC곡선들을 수평적으로 합하여야 시장 전체의 공급곡선을 도출할 수 있다.

7. 완전경쟁기업의 장기균형조건은 다음과 같으며 이 때는 정상이윤만 얻게 된다.

$$SRMC=LRMC=SRAC=LRAC=p_0=MR=AR=d$$

8. 완전경쟁기업은 장기에서 $P=$최저의 $LRAC$이며, 정상이윤만 획득하고, $P=MC$이므로 자원배분의 효율성을 지니고 있다.

9. 산업조직론에서는 시장구조(S)가 기업의 행태(C)에 영향을 미치며 이는 성과(P)를 좌우하게 된다고 본다. 즉 $S \rightarrow C \rightarrow P$의 관계가 성립한다.

연습문제

1. 시장구조를 결정하는 주요한 요인들을 설명한 후, 이에 따라서 네 종류의 시장을 분류하고 한국경제에서 실제 보기를 들어보라.

2. 완전경쟁을 정의한 후, 왜 현실적으로 이러한 시장이 성립할 수 없는가 말하라. 그런데도 완전경쟁시장을 연구하는 까닭은 무엇인가?

3. 완전경쟁기업이 가격은 주어진 것으로 받아들이고 산출량만을 조절할 수 있는 이유를 말하라.

4. 완전경쟁기업의 단기균형조건을 총개념과 한계 및 평균개념을 사용하여 그림표로 그리고 설명하라.

5. 완전경쟁기업의 단기공급곡선을 도출해보라.

6. AVC의 최저점이 조업중단점이 되는 이유를 말하라.

7. 완전경쟁시장의 단기공급곡선을 요소가격이 등귀하는 경우를 상정하고 도출해보라.

8. 완전경쟁기업의 장기균형조건을 그림표로 그리고 설명하라. 이 때 정상이윤만 얻고 있으며, 최저비용의 효율적인 규모로 생산하게 되는 이유는 무엇인가?

9. 완전경쟁시장이 자원배분에 있어서 효율성을 지니고 있음을 설명하라.

10. 시장구조(S), 행태(C), 성과(P) 사이의 관계를 설명해보라.

제 11 장

독점시장

제11장에서는 다른 한 극단인 독점시장에 대하여 살펴본다. 먼저 진입장벽으로 인하여 독점을 발생시키는 여러 가지 요인들을 설명한 후, 독점기업은 이윤을 극대화하는 $MR=MC$인 산출량을 공급할 때 단기균형상태에 있으며, $MR=LRMC$일 때 장기균형에 처하게 됨을 설명한다. 독점기업은 가격차별화를 실시할 수 있음을 보이며, 끝으로 독점시장의 후생경제학적인 의의에 대하여 살펴본다. 독점은 비효율적인 자원배분에 따른 손실, 지대추구행위에 수반된 비용, X-비효율로 인한 비용 등을 일으키는 반면에 기술진보를 촉진하여 동태적인 효율을 증대시키는 장점도 있다.

11.1 독점의 원인

제10장에서는 완전경쟁시장에 대하여 보았는데, 기업이 무수하게 많아서 어떤 한 완전경쟁기업은 시장가격에 전혀 영향을 주지 않고 공급량을 얼마든지 늘리거나 줄일 수 있다는 것을 알았다. 이제 여기서 살펴볼 **순수독점**(pure monopoly) 또는 **독점**(monopoly)은 시장에 공급자가 하나밖에 존재하지 않으므로, 독점기업이 산출량을 줄이면 시장가격은 등귀하며 산출량을 늘리면 시장가격은 하락하게 된다. 즉, 독점기업은 시장가격의 형성에 상당한 영향력을 행사한다. 그 이유는 물론 시장에 독점기업 하나만 있으므로 시장 또는 산업은 독점기업 그 자체이기 때문이다.

따라서 완전경쟁시장이 하나의 극단이라면 독점시장은 반대편의 다른 극단의 시장형태가 된다. 그러면 독점이 성립하는 이유는 무엇인가? 어떤 시장에 독점기업 하나만이 존재한다는 것은 시장에의 신기업의 진입에 장애요소 즉, **진입장벽**(barriers to entry)이 있다는 것을 뜻한다. 이처럼 시장에의 진입에 장애요인이 존재하여 독점을 성립하게 만드는 이유로는 다음의 몇 가지를 생각할 수 있다.

첫째는 협소한 국내시장의 크기에 비하여 효율적인 공장의 시설규모가 상대적으로 더 큰 경우에 일어나는데, 이를 **자연독점**(natural monopoly)이라고 부른다. 이 때는 독점기업은 장기평균비용곡선이 하락하는 구간에서 생산을 하게 된다. 예를 들어, 이러한 상황 아래서 처음에 두 기업이 있었다고 하면 산출량을 증가시킬수록 평균비용은 감소하게 되고, 따라서 두 기업 사이에는 치열한 가격인하경쟁이 뒤따를 것이며 이는 '자연히' 한 기업만을 시장에 남도록 만들 것이다. 자연독점은 대부분의 **공익사업**(public utilities)의 경우에 일어난다. 전력, 수도, 우편 등이 좋은 예이다. 우리 나라, 일본 및 유럽에서는 이들 공익사업이 국유화(public ownership)되어 있으며, 미국에서는 개인기업의 형태로 운영되나 가격 및 산출량결정에 있어서 정부의 규제(regulation)를 받고 있다.

[그림 11-1]이 자연독점의 경우를 보여 준다.

그림에서 평균비용 *AC*는 전구간에서 감소하고 있는데, 이는 규모의 경제(economies of scale)나 범위의 경제(economies of scope)가 작용하고 있기

그림 11-1 자연독점

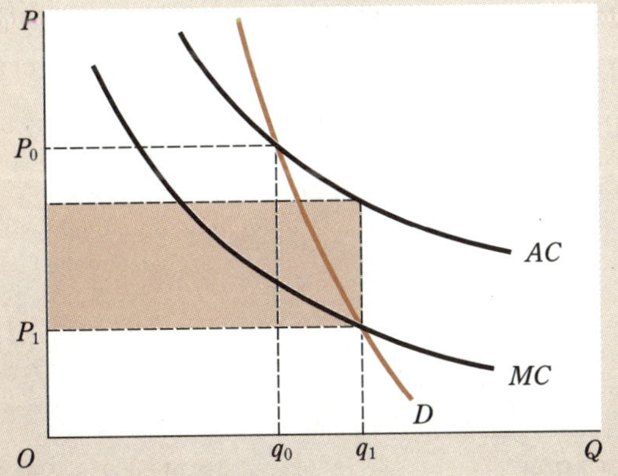

때문이다. 여기서 규모의 경제란 기업이 생산량을 늘릴 때 비용이 감소하는 것을 말하며, 범위의 경제란 동일한 자동차공장에서 승용차와 트럭을 만들 때처럼 서로 상이한 재화들을 한 기업에서 생산할 때 오히려 생산비가 감소하는 것을 뜻한다. 이는 각종의 자동차를 만드는 데에 소요되는 기계나 기술이 매우 유사할 것이기 때문이다.

이와 같이 규모의 경제나 범위의 경제가 작용하여 평균비용이 감소하는 경우에는 자연독점이 가장 효율적이며 동시에 불가피하다. 그러나 만일 자연독점을 정부가 아무런 개입없이 그대로 두면, 이 독점자는 이윤을 극대화하기 위하여 산출량을 줄이고 가격은 높게 책정할 것이다.[1] 반면에 가장 이상적으로 완전경쟁시장에서처럼 $p_1 = MC$가 성립하는 q_1을 생산하는 경우에는 그늘진 부분 만큼의 손실이 발생한다. 따라서 정부는 가격을 p_0에 책정하도록 자연독점자를 규제함으로써 q_0만큼을 생산하게 하여 모든 비용을 회수하고 정상이윤만 얻도록 만들 수 있다.

둘째는 특허권(patent)에 기초한 법적인 제한도 독점을 성립시키는 이유가 된다. 특허권을 얻으면 어떤 상품을 독점적으로 공급할 수 있는 권한을 부여받게 되므로 이러한 법적 제한은 독점을 성립시킬 수 있다.

셋째는 한국 담배인삼공사의 경우처럼 정부가 어떤 기업에게 담배와 인삼을 독점적으로 생산 · 판매할 수 있는 **전매권**(franchise)을 주었을 때에도 독점은 발생할 수 있다. 담배와 인삼의 생산에는 규모의 경제가 별로 작용하지 않지만 전매수익을 얻기 위해 독점을 허용하는 것이다.

넷째는 어떤 재화를 만드는 데 쓰이는 주된 원료의 공급을 통제할 수 있을 때 그 재화의 독점공급자가 될 수 있다. 예를 들면, 알루미늄을 생산하는 데는 보크사이트가 필요한 원료인데, 어떤 기업이 만일 보크사이트의 공급을 장악할 수 있다면 알루미늄의 독점기업이 될 수 있는 것이다.

---

1) 앞의 그림에 MR만 더 그려 넣으면 자연독점하의 가격과 산출량의 수준을 알 수 있다. [그림 11-3]을 이해한 후 다시 돌아와 생각해 볼 것.

11.2 단기균형

독점기업의 수요곡선

독점시장에는 독점기업 하나만 존재하므로 여기서는 기업과 시장 또는 산업이 모두 동일한 것이며 구별할 필요가 없다. 우선 고정요소가 존재하는 단기에 있어서 이윤극대화를 추구하는 독점기업의 단기균형에 관하여 살펴보기로 한다. 이는 그대로 독점시장의 단기균형을 분석하는 것이 된다.

완전경쟁기업과 독점기업이 이윤극대화를 초래하는 가격과 산출량을 결정할 때 비용 측면은 동일하다고 가정하므로 주된 차이는 수요 측면에 있다. 완전경쟁기업의 경우에는 시장가격을 주어진 여건으로 봄으로 완전경쟁기업이 직면하는 수요곡선은 주어진 가격수준에서 수평선이 된다. 따라서 완전경

표 11-1 독점기업의 평균수입, 한계수입 및 총수입

〈1〉 산출량 q	〈2〉 가격 $p=AR=\frac{TR}{q}$	〈3〉 총수입 $TR=p\cdot q$	〈4〉 한계수입 $MR=\frac{\Delta TR}{\Delta q}$
0	200	0	
1	180	180	180
2	160	320	140
3	140	420	100
4	120	480	60
5	100	500	20
6	80	480	−20
7	60	420	−60
8	40	320	−100
9	20	180	−140
10	0	0	−180

쟁기업에게는 $p_0=d=AR=MR$의 관계가 성립한다. 그러나 독점기업의 경우에는 산출량을 늘리면 가격은 하락하며 산출량을 줄이면 가격이 상승하므로, 독점기업이 직면하는 수요곡선 또는 독점시장의 수요곡선은 우하향의 형태를 취하게 된다. 즉, 완전경쟁기업이 직면하는 수요곡선이 수평선인 데 반하여, 독점기업의 수요곡선은 우하향의 형태를 취하는 것이 두 종류의 기업 사이의 주된 차이점이다.

이제 독점기업의 수요곡선과 평균수입, 한계수입 및 총수입 사이의 관계를 보기 위하여 〈표 11-1〉과 같은 가상적인 예를 들어 보자.

〈표 11-1〉에서 〈1〉은 독점기업의 산출량 또는 공급량 q를 나타낸다. 〈2〉는 해당재화의 단위당가격 p를 보이는데, 정의에 의해 평균수입인 AR과 같

그림 11-2 독점기업의 수요곡선, 한계수입곡선 및 총수입곡선

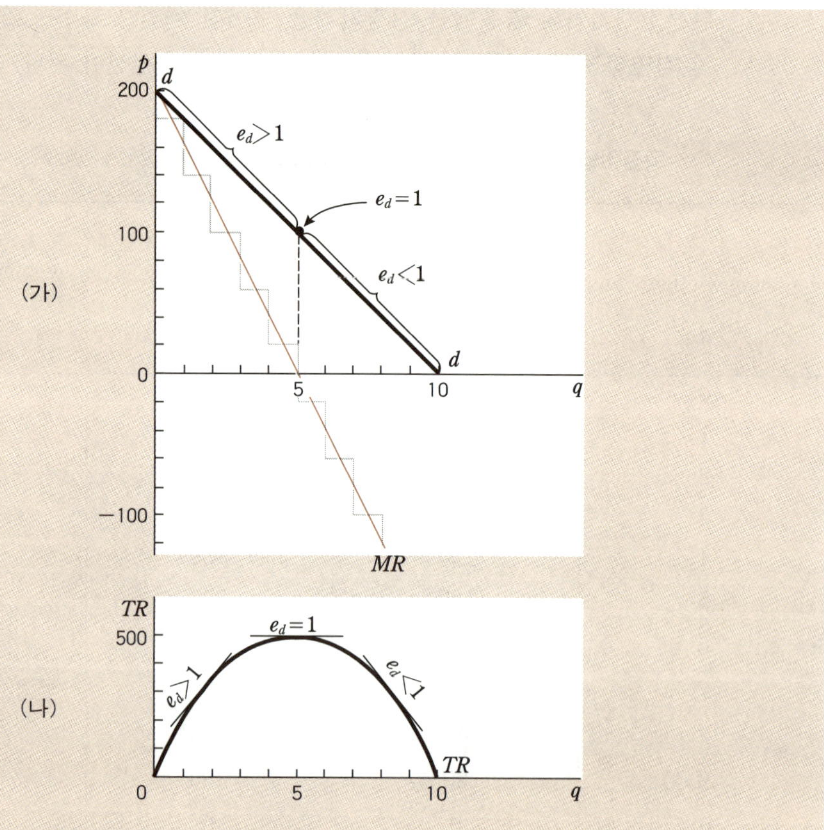

다. 왜냐하면, 총수입 *TR*는 $p \cdot q$인데, *TR*를 q로 나누면 *AR*인 p를 얻기 때문이다. 〈3〉은 $p \cdot q$인 *TR*이다. 〈4〉는 산출량이 한 단위 늘 때 총수입이 얼마나 증가하는가를 보이는 $\frac{\Delta TR}{\Delta q}$, 즉 *MR*이다.

이제 〈표 11-1〉을 그림표로 나타내면 [그림 11-2]를 얻는다. (가)의 *dd*는 독점기업이 직면하게 되는 수요곡선이며, *MR*은 〈표 11-1〉의 〈4〉의 한계수입 자료를 우선 막대기 그림표로 나타낸 후 이를 연속적인 직선으로 표시한 한계수입곡선이다. 수요곡선이 우하향의 형태를 취할 때에는 $p=AR$보다 *MR*은 항상 작은데, 그 이유는 추가로 산출량을 한 단위 더 팔기 위해서는 지금까지 이보다 더 높은 가격으로 팔렸던 산출량을 모두 낮은 가격으로 팔아야 하므로 맨 끝 단위 재화의 가격보다는 한계수입이 적게 마련인 것이다. 예를 들면, 〈표 11-1〉에서 1단위를 팔 때의 가격은 180원이어서 총수입도 180원이다. 이제 추가로 한 단위를 더 팔려면 수요곡선이 우하향의 형태를 취하므로 가격은 160원으로 하락한다. 따라서 총수입은 320원이 된다. 그러나 두번째 단위의 재화가 160원의 가격으로 팔리지만 한계수입은 140원으로 이보다 적다. 그 이유는 추가로 한 단위의 재화를 더 팔기 위하여 180원에 팔렸던 첫 단위의 재화도 이제는 160원에 팔아야 하므로 20원의 손실이 생긴 것이고,

표 11-2 **독점기업의 수입 및 비용**

〈1〉 산출량 q	〈2〉 가격 p	〈3〉 총수입 *TR*	〈4〉 총비용 *TC*	〈5〉 총이윤 π	〈6〉 한계수입 *MR*	〈7〉 한계비용 *MC*	〈8〉 *MR*≷*MC*
0	200	0	145	−145			
					180	30	
1	180	180	175	5			
					140	25	
2	160	320	200	120			MR>MC
					100	20	
3	140	420	220	200			
					60	30	
4	120	480	250	230	(40)	(40)	MR=MC
					20	50	
5	100	500	300	200			
					−20	70	
6	80	480	370	110			
					−60	90	
7	60	420	460	−40			MR<MC
					−100	110	
8	40	320	570	−250			

이것을 두번째 재화를 판 데서 얻은 160원에서 빼야만 하므로 한계수입은 두번째 단위의 가격보다 적은 140원이 되는 것이다.

[그림 11-2]의 (가)에서 *dd*는 직선이므로 그 중간점, 즉 산출량이 5단위일 때의 수요의 가격탄력도 e_d는 1이 되며, 그 왼편에서는 $e_d>1$이고 오른편에서는 $e_d<1$이 된다.[2] $e_d>1$인 경우에는 가격의 하락률보다 수요량의 증가율이 더 크므로 [그림 11-2]의 (나)가 표시하는 것처럼 총수입($TR=p \cdot q$)은 증가한다. 반면에 $e_d<1$인 경우에는 가격의 하락률보다 수요량의 증가률이 더 작으므로 총수입은 감소한다. 따라서 $e_d=1$일 때 총수입은 극대가 되며, 이때 한계수입은 0이 되는 것이다. [그림 11-2]에서는 산출량이 5단위일 때가 *TR*은 극대가 되며 *MR*은 0이 된다. 산출량이 5단위를 초과하면 *TR*은 감소하므로 *MR*은 부의 값을 가지게 된다. 이로부터 알 수 있는 것은 *MR*곡선이 수요곡선 *dd*보다 꼭 두 배가 가파른 기울기를 가지고 있다는 것이다.

독점기업의 단기균형: 극대이윤조건

이상에서는 완전경쟁기업과 독점기업의 차이가 수요곡선의 형태가 다른데 있으므로 독점기업이 직면하는 수요곡선과 이로부터 구할 수 있는 평균수입, 한계수입 및 총수입에 관하여 살펴보았다. 이제 비용 측면까지 도입함으로써 이윤극대화를 추구하는 독점기업이 가격과 공급량을 어떻게 결정하는가 알아보기로 하자. 〈표 11-2〉는 〈표 11-1〉에 비용 측면의 자료도 첨가한 것이다.

〈표 11-2〉에서 〈1〉, 〈2〉, 〈3〉 및 〈6〉은 〈표 11-1〉의 자료를 그대로 옮긴 것이다. 〈4〉는 총비용 *TC*를 나타내는데, 주어진 것으로 가정한다. 〈4〉의 *TC*자료를 가지면 〈7〉의 *MC*를 구할 수 있다. 〈5〉의 총이윤 π는 $TR-TC$, 즉, 〈3〉－〈4〉에 의하여 얻은 것이다. 〈8〉은 단지 *MR*와 *MC*를 비교한 것이다. 〈6〉과 〈7〉에서 (40)은 중간에 삽입된 숫자이다. 〈표 11-2〉를 그림으로 나타낸 것이 [그림 11-3]이다.

우리는 제10장에서 완전경쟁기업의 단기균형에 대하여 설명할 때 이미 일반적인 이윤극대화조건에 대하여 보았는데, 이는 독점기업에게도 그대로 적

---

2) 이에 대해서는 앞의 4.1의 수요의 가격탄력도에 대한 설명을 참조할 것.

용되는 것이다. 즉, 이윤극대화조건은 *TR*, *TC* 등의 총개념을 사용하여 도출할 수도 있으며, *MR*, *MC* 등의 한계개념을 사용하여 구할 수도 있다고 하였다. 첫째로 총개념을 사용하여 극대이윤을 가져오는 산출량과 가격을 결정하여 보자.

총이윤 π는 $TR-TC$인데, 〈표 11-2〉를 보면 산출량이 4단위이며 가격이 120원일 때가 π의 값이 230원으로 극대이윤이 된다. 이는 [그림 11-3]의 (나)에서도 볼 수 있다. 즉, *TR*곡선과 *TC*곡선의 차이는 산출량이 4단위일 때 230원으로 가장 크며 이는 π곡선의 최고점이다. 그런데 산출량이 4단위일 때

그림 11-3 독점기업의 극대이윤균형

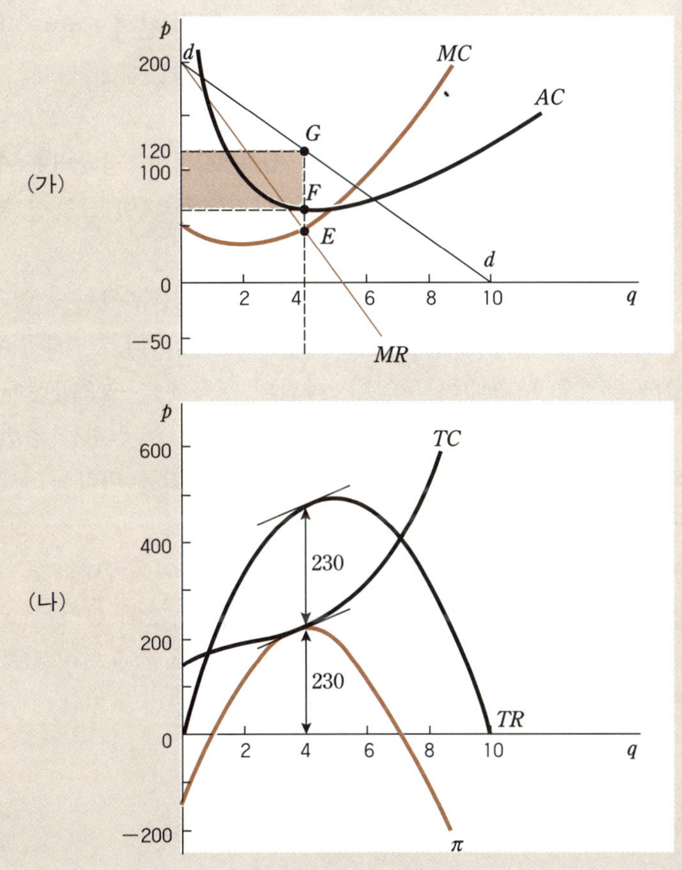

*TR*곡선의 기울기인 *MR*와 *TC*곡선의 기울기인 *MC*는 (나)에서 보는 것처럼 서로 평행을 이루므로 $MR=MC$가 된다.

이윤극대화를 보장하는 가격과 산출량은 한계개념을 사용해서도 찾을 수 있다. 제10장에서 본 것처럼 일반적인 이윤극대화조건은 $MR=MC$가 되는 산출량의 수준을 공급하여야 하며, 이 때 *MC*는 상승하면서 *MR*와 만나야 한다는 것이었다. 이를 충족시키는 것을 〈표 11-2〉에서 찾으면 *MR*, *MC*가 모두 40일 될 때인데, 여기서의 가격은 120원이며 공급량은 4단위이다.

이는 [그림 11-3]의 (가)에서도 볼 수 있다. 수요곡선 *dd*와 한계수입곡선 *MR*은 앞에서 본 [그림 11-2]의 *dd* 및 *MR*곡선과 동일한 것이다. 즉, 독점기업이 직면하게 되는 수요곡선은 우하향의 형태를 취하며, *MR*곡선은 기울기가 *dd*곡선의 두 배이다. *AC* 및 *MC*곡선은 완전경쟁기업의 경우와 동일한 형태를 가진다고 가정한다. 이제 $MR=MC$가 되는 점이 *E*이며 이 때의 산출량 수준은 4단위이다. 시장가격은 *G*점에서 결정되는데 그림에서 보는 것처럼 120원이다.

산출량의 수준이 4일 때 평균수입 *AR*는 *G*이며, 평균비용 *AC*는 *F*이므로 *GF*가 산출물 1단위당 이윤이 된다. 따라서 $GF \times 4$인 그늘진 부분의 면적이 독점기업의 초과이윤이다.

그런데 여기서 한 가지 유의할 점은 독점의 경우에는 공급곡선이 존재하지 않는다는 것이다. 왜냐하면, 공급곡선이란 각각의 가격수준에서 공급하기를 원하는 양을 나타내는 것인데, 독점의 경우에는 수요곡선에서 도출된 한계수입과 한계비용이 서로 만나는 데서 공급하기를 원하는 양만을 결정할 수 있을 뿐이며 여러 상이한 가격수준에서 공급하기를 바라는 양은 알 수가 없기 때문이다.

이상에서는 총개념과 한계개념을 사용하여 이윤극대화를 추구하는 독점기업이 단기에 가격과 산출량을 어떻게 결정하는가에 관하여 살펴보았다. 일반적인 이윤극대화원리는 독점기업에게도 그대로 적용되어 $MR=MC$인 점에서 가격과 산출량을 결정하면 단기균형에 있게 된다.

11.3 장기균형

단기에는 독점기업은 공장시설과 같이 일정하게 주어진 고정요소하에서 이윤을 극대화하려고 노력한다. 그러나 모든 생산요소가 가변요소인 장기에는 독점기업은 가장 높은 이윤을 초래할 공장시설을 선택하여, 가장 높은 이윤을 가져오는 산출량의 수준을 공급할 것이다. [그림 11-4]가 독점기업의 장기균형을 보여준다.

그림은 독점기업의 *LRAC*, *LRMC*와 *AR*, *MR*을 나타내고 있다. 장기에 독점기업이 이윤을 극대화하기 위해서는 *MR*과 *LRMC*가 만나는 점에서의 산출량수준인 q_0를 생산하여야 한다. 그런데 q_0를 최저의 *LRAC*로 생산하려면 독점기업은 *SRAC**곡선에 의하여 표시되는 공장시설을 지어야 한다. *SRAC** 곡선은 *G*점에서 *LRAC*곡선과 접하고 있으며, *SRAC**곡선의 최저점은 *J*인데, 이 점을 *SRMC** 곡선이 통과하고 있다.

산출량이 q_0일 때 수직선을 올려 수요곡선과 만나는 점 *H*에서의 가격 수준인 p_0가 장기균형가격이다. 따라서 평균수입은 Hq_0가 된다. 한편, q_0에서

그림 11-4 독점기업의 장기균형

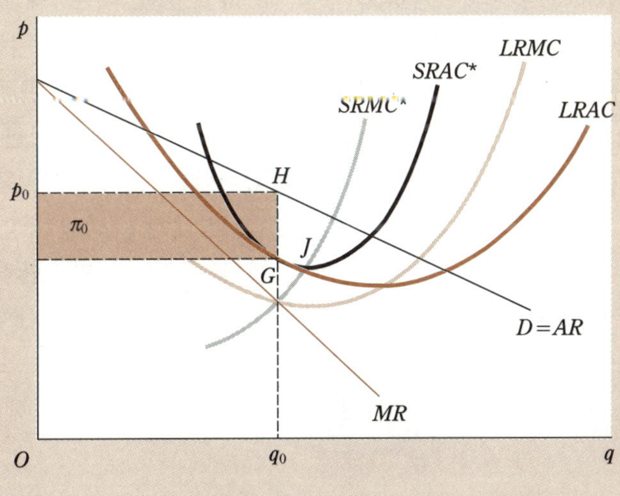

의 평균비용은 Gq_0이므로 HG가 산출물 한 단위당 이윤이 되고, $HG \times Oq_0$의 그늘진 부분의 면적인 π_0가 총이윤이 된다. 즉, 독점기업은 $MR = LRMC$인 점에서의 산출량 q_0를 p_0의 가격으로 팔 때 극대이윤을 얻게 되므로 장기균형에 있는 것이다. 여기서 볼 수 있는 것은 장기균형하의 완전경쟁기업과는 달리 독점기업은 다른 기업들이 시장에 진입하는 데 어려움이 있으므로 장기에도 초과이윤을 얻을 수 있다는 것이다. 그러나 실제로 장기에서 어떤 독점기업이 초과이윤을 얼마나 얻을 수 있는가 하는 것은 수요와 비용조건에 달려 있다.

11.4 가격차별

가격차별화의 조건

지금까지는 독점기업이 그가 판매하는 재화에 대하여 구매자나 판매지에 관계없이 동일한 가격을 매긴다고 가정하였다. 그러나 한국전력공사는 구매자에 따라서 상이한 가격을 매기는데, 산업용 전기요금은 낮게 책정하며 가정용 전기요금은 상대적으로 높게 매기는 것이 그것이다.

이처럼 동일한 재화가 상이한 가격으로 팔릴 때 **가격차별화**(price discrimination)가 실시된다고 말한다. 가격차별화를 할 수 있기 위해서는 대체로 세 가지의 전제조건이 충족되어야 한다. 첫째는 판매자가 독점력을 가지고 있어야 한다는 것이다. 동일한 재화에 대하여 상이한 가격을 매기기 위해서는 판매자가 독점력을 가지고 있어야만 할 것이다. 둘째는 시장이 분리되어 있어서, 구매자가 가격이 낮은 시장에서 재화를 구입하여 가격이 높은 시장에다가 팔 수가 없어야 한다. 셋째는 수요의 가격탄력도가 시장마다 달라야 한다는 것이다. 가격차별화의 목적은 수요의 가격탄력도가 낮은 시장에 대해서는 높은 가격을 매기고, 수요의 가격탄력도가 높은 시장에 대해서는 낮은 가격을 매김으로써 독점기업의 이윤을 극대화하는 것이다.

가격차별화의 이론

이제 [그림 11-5]를 이용하여 가격차별화에 대하여 살펴보자. 시장은 두 개로 분리되며 D_1, D_2 및 MR_1, MR_2가 각각 첫번째 시장과 두번째 시장의 수요곡선 및 이로부터 도출할 수 있는 한계수입곡선을 나타낸다. AC와 MC는 독점기업의 평균비용 및 한계비용곡선이다. MR_1과 MR_2를 수평적으로 더하면 MR를 얻는다.

극대이윤을 추구하는 독점기업은 MR_1과 MR_2를 수평적으로 더한 MR과 MC가 만나는 점에서의 산출량수준인 q_0를 생산할 것이다. 이제 문제는 이 q_0를 두 시장에 어떻게 나누어 공급하여야 하는가이다. 극대이윤은 $MR=MC$인 점에서의 한계수입이, 두 시장에서의 한계수입과 같도록 q_0를 나눌 때 얻을 수 있다. 만일 두 시장에서 한계수입이 다르다면 같아질 때까지 판매량을 조절하여야만 극대이윤을 얻을 수 있다.

예를 들어, 첫번째 시장의 한계수입이 두번째 시장의 한계수입보다 크다면, 독점기업은 두번째 시장에 공급하던 산출량을 일부 빼내어 첫번째 시장

그림 11-5 독점기업의 가격차별화

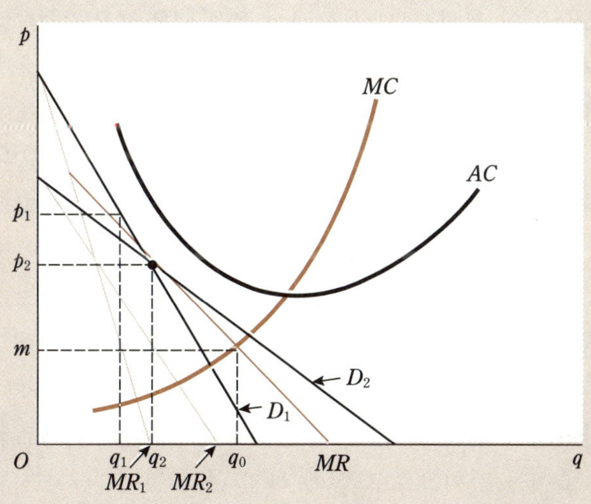

에 공급함으로써 이윤을 증대시킬 수 있는 것이다. 따라서 두 시장의 한계수입이 동일해야 극대이윤을 얻을 수 있다는 것은 당연하다.

그림에서 $MR=MC$인 점에서의 한계수입의 크기는 Om이다. 두 시장에서 모두 한계수입이 Om이기 위하여는 첫번째 시장에는 q_1만큼 공급해야 하고, 두번째 시장에는 q_2만큼 공급해야 한다. 물론 $q_0=q_1+q_2$이다. D_1과 D_2가 주어져 있으므로 공급량이 두 시장에 각각 q_1과 q_2로 나누어질 때, 두 시장에서의 가격은 각각 p_1과 p_2가 된다.

그림을 보면 첫번째 시장의 수요곡선이 두번째 시장의 수요곡선에 비하여 비탄력적임을 발견할 수 있다. 따라서 첫번째 시장에서의 가격 p_1이 두번째 시장에서의 가격 p_2보다 더 높은 것이다.

11.5 완전경쟁과 독점의 비교

이제 완전경쟁기업과 독점기업의 장기균형을 상호 비교하여 보자. 완전경쟁기업의 장기균형은 [그림 10-6]에 있으며 독점기업의 장기균형은 [그림 11-4]에 그려져 있다. 양자 사이의 차이는 다음과 같다.

첫째로, 완전경쟁기업은 $P=LRMC$인 점에서 생산을 하나, 독점기업은 $MR=LRMC$인 점에서 생산을 하여 $P>MR=LRMC$가 성립한다. 즉, 독점하의 가격은 완전경쟁하의 가격보다 높다. 가계가 지불하려고 하는 재화의 가격은 사회의 구성원이 그 재화의 가치를 평가한 것이라고 볼 수 있다. 반면에 한계비용은 외부경제나 외부비경제가 존재하지 않는다면 사회적인 한계비용을 나타낸다고 볼 수 있다. 따라서 $P=LRMC$는 사회 전체의 입장에서 본 한계적인 이익(social marginal gain)과 사회 전체의 입장에서 본 한계비용(social marginal cost)이 동일함을 뜻하는 것이다. 그러나 독점 아래서는 $P>LRMC$이므로 사회 전체의 입장에서 본 한계적인 이익이 사회 전체의 입장에서 본 한계적인 비용을 초과하고 있다. 따라서 사회 전체로는 해당재화를 생산하기 위하여 더 많은 자원을 사용하는 것이 이로우나 독점기업에게는 이윤을 줄이는 것이므로 그렇게 하지 않는 것이다. 이는 곧 사회 전체의 후생이 독점 아래서는 감소됨을 뜻하는 것이다.

둘째로, 완전경쟁기업은 *LRAC* 및 *SRAC*곡선의 최저점에서 생산을 하는데 반하여, 독점기업은 그렇지 못하다. 이는 희소한 자원이 독점보다는 완전경쟁시장 아래서 더욱 효율적으로 사용되는 것을 뜻하는 것이다.

셋째로, 완전경쟁기업은 $P=LRAC=LRMC$가 되는 산출량을 생산하나 독점기업은 $LRMC=MR$이 되는 산출량의 수준을 생산하여 완전경쟁하의 산출량이 독점하의 산출량보다 더 크게 된다.

이제 논의의 수준을 개별기업에서 시장 전체로 확대하여 독점으로 인한 손실을 측정하여 보기로 하자.[3] [그림 11-6]이 이를 나타낸다.

그림에서 완전경쟁시장의 경우에는 $P=MC$인 *E*점에서 생산을 하며 이 때 가격은 *OF*이고 공급량은 *OK*가 된다. 소비자잉여의 크기는 ΔHFE이다. 이제 이 산업이 독점이 되었다면 $MR=MC$인 *A*점에서 공급량은 *OJ*가 되며 가격은 *OG*가 된다. 즉, 소비자잉여는 ΔHGB로 줄어들었다. 따라서 이 산업이 완전경쟁에서 독점시장으로 바뀜에 따른 소비자잉여의 감소분은 사다리꼴인 *FGBE*가 된다.

FGBE 중에서 사각형 *FGBA*는 단순히 소비자로부터 생산자로 이전된 것

그림 11-6 독점의 손실

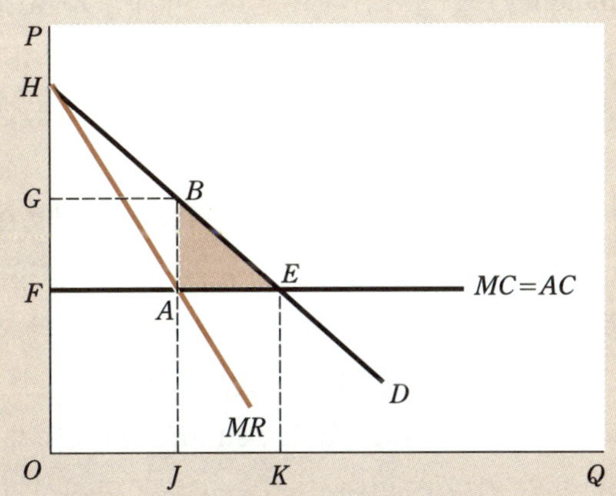

3) 이는 독점뿐만이 아니라 모든 불완전경쟁시장에 똑같이 적용될 수가 있다. 또한 관세, 수입쿼터, 조세부과 등 자원배분을 왜곡시키는 여타의 정부개입에도 그대로 응용할 수 있다.

이므로 사회 전체의 입장에서 보았을 때 후생면의 **순손실**(deadweight loss)은 ΔABE가 된다.

그림은 어떤 한 시장에 대한 것이나 이를 모든 독점시장에 대해 측정할 수 있다. 하버거(Arnold Harberger)는 미국의 경우 독점으로 인한 순손실이 GNP의 0.1%에 달한다는 측정결과를 발표하였는데, 이는 그 크기가 우리가 보통 짐작하는 것보다는 월등히 낮은 것이다.

그 후, 하버거의 측정상의 미비점을 보완한 결과 미국에서 독점으로 인한 자원배분의 왜곡으로 말미암은 순손실은 GNP의 0.5%에서 2%의 범위 안에 있다는 데 대부분의 학자들은 의견의 일치를 보이고 있다.

그러나 독점의 사회적인 비용은 위의 삼각형 면적에만 국한되는 것은 아니다. 보기를 들어 털록(Gordon Tullock)은 독점기업은 독점이윤을 보장하는 독점적인 지위를 계속 유지하기 위하여 진입장벽을 구축하는 데 상당한 비용을 지불할 것이라고 본다. 수입규제나 신규 기업의 참여를 억제하기 위한 로비 활동 등 소위 **지대추구행위**(rent seeking behavior)를 서슴치 않을 것이다. 이는 모두 사회 전체의 입장에서 보면 분명한 독점의 비용이다.

또한 라이벤스타인(Harvey Leibenstein)은 경쟁시장에 비해 독점은 효율을 증대시키거나 비용을 줄이기 위한 동인(motivation)이 상대적으로 약해서 **X-효율**(X-efficiency)도 떨어진다고 본다. 여기서 X-효율은 정태적인 자원배분상의 효율과는 다른 개념으로서, 보기를 들어 경영자가 의욕에 넘쳐 있을 때는 생산요소의 추가 투입이나 기술진보가 없는 데도 산출량은 증가할 수가 있는 것이다.

이상에서 본 바와 같이 독점은 비효율적인 자원배분으로 말미암은 순손실을 초래하는 이외에 지대추구행위로 인한 비용과 X-효율의 저하로 인한 사회적인 비용 등을 가져온다. 이 밖에도 독점은 경제력의 집중을 초래함으로써 분배의 공평성 측면에서도 문제를 일으킨다.

반면에 독점은 슘페터(Joseph A. Schumpeter)가 지적한 것처럼 R&D를 할 수 있는 능력을 지니고 있어서 기술진보를 촉진시키며 따라서 **동태적인 효율**(dynamic efficiency)을 증대시킬 수 있다. 만일 독점에 의한 동태적인 효율의 증대가 정태적인 자원배분의 비효율성에 따른 순손실, 지대추구행위에 수반된 비용 및 X-비효율로 인한 사회적인 비용 등을 초과할 정도로 크다면 장기적으로 독점은 오히려 이로울 수도 있을 것이다. 그러나 이는 선험적

(a priori)이 아니라 실증적으로만 대답할 수 있는 문제이다.

주요개념

(순수)독점　진입장벽　자연독점　공익사업　전매권; 독점기업의 단기균형 (장기균형)　가격차별화　독점의 순손실(deadweight loss)
지대추구행위(rent seeking behavior)　X-효율　동태적인 효율

요　약

1. 독점은 진입장벽이 존재하여 생기는데 규모의 경제, 특허권, 전매권 및 원료공급의 통제 등이 주된 요인이다.
2. 독점기업이 직면하는 시장수요곡선은 완전경쟁기업과는 달리 우하향의 형태를 취한다.
3. 수요의 가격탄력도가 1인 점에서 총수입은 극대가 되고 한계수입은 0이 된다.
4. 독점기업의 단기균형은 $MR=MC$이어서 이윤이 극대화될 때 이루어진다.
5. 독점의 경우에는 공급곡선이 존재하지 않는다.
6. 가격차별화를 위해서는 판매자가 독점력을 지니고 있어야 하며, 시장이 분리되어 있어야 하고, 시장별로 수요의 가격탄력도가 달라야 한다.
7. 완전경쟁에 비하여 독점은 가격은 높고 산출량은 적으며 *LRAC* 및 *SRAC* 곡선의 최저점에서 생산하지 않는다.
8. 독점은 비효율적인 자원배분으로 말미암은 순손실, 지대추구행위로 인한 비용, X-비효율 등 사회적인 비용을 초래하는 반면에, 기술진보를 촉진시켜 동태적인 효율을 증대시킬 수 있는 장점도 있다.

연습문제

1. 대부분의 공익사업이 자연독점인 이유를 설명하라.
2. 규모의 경제로 인한 자연독점이 존재할 때 정부가 가격을 완전경쟁시장처럼 $P=MC$가 되는 수준에서 책정할 수 없는 이유는 무엇이며, 이 때 대안은?
3. $P=AR$보다 MR가 항상 적은 이유를 설명해보라.
4. 다음은 수요곡선으로부터 MR곡선을 도출한 것이다. 여기서 ΔABF와 ΔFCG의 면적이 동일함을 보여라.

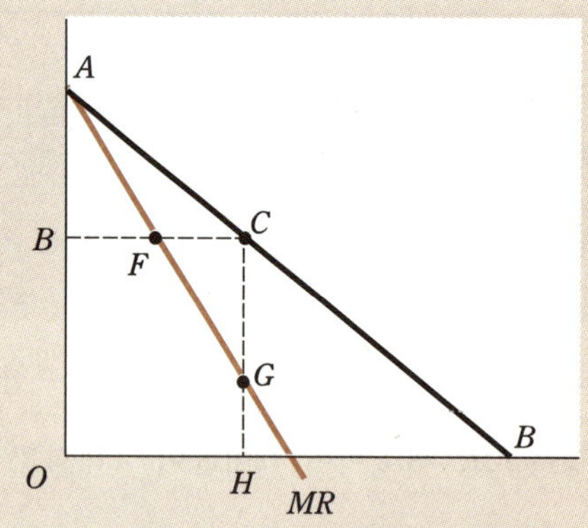

5. 독점기업의 단기균형을 총개념과 한계 및 평균개념을 사용하여 그림표로 그리고 설명하라.
6. 독점기업의 가격차별화 행위를 그림표를 사용하여 설명하라.
7. 자원배분상의 비효율, 지대추구행위에 수반한 비용 및 X-비효율과, 기술진보에 연유한 동태적인 효율을 상호비교하면서 독점을 평가해보라.

제 11 장

부록: 독점적 경쟁시장

제11장의 부록에서는 완전경쟁과 독점의 양극단 사이에 있는 불완전경쟁 가운데 많은 공급자 사이의 불완전경쟁인 독점적 경쟁시장에 대하여 분석한다. 단기균형은 독점기업과 같으나 장기에서는 기업의 진입 · 퇴출이 용이하므로 정상이윤만 얻으며 초과이윤은 0임을 밝힌다. 끝으로 독점적 경쟁의 평가에서는 과잉설비가 존재하는 문제와 재화의 다양성문제를 상호 대비하면서 그 후생경제학적 의의를 설명한다.

11A.1 독점적 경쟁의 정의

제10장과 11장에서는 완전경쟁과 독점이라는 양극단에 대하여 살펴보았다. 이제 양극단의 사이에 있는 **불완전경쟁**(imperfect competition)에 대하여 살펴보기로 한다. 불완전경쟁은 공급자가 수없이 많은 완전경쟁과, 하나뿐인 독점 사이의 모든 경쟁형태를 가리키나, 우리는 보통 두 가지 종류의 불완전경쟁을 특히 강조한다. 하나는 여기서 다룰 많은 공급자 사이의 불완전경쟁(imperfect competition among the many)인 **독점적 경쟁**(monopolistic competition)이며, 다른 하나는 다음의 제12장에서 설명할 몇몇 공급자간의 불완전경쟁(imperfect competition among the few)인 과점(oligopoly)이다.

독점적 경쟁은 완전경쟁과 그 성격이 유사하나, 유일한 차이점은 완전경쟁에서는 동질의 재화를 기업들이 공급하나 독점적 경쟁에서는 **차별화된 재화**(differentiated products)를 공급한다는 것이다. 즉 독점적 경쟁시장에도 기업의 수는 많아서 그 중 어느 한 기업도 시장가격에 크게 영향을 줄 수 없

그림 11A-1 독점적 경쟁기업의 단기균형

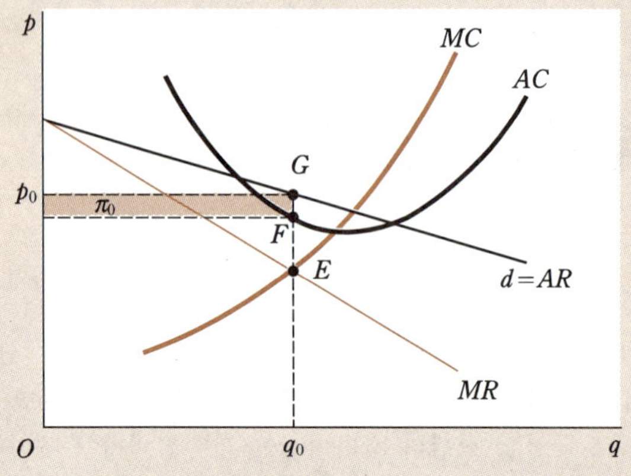

다. 또한 신기업의 독점적 경쟁시장에의 진입과 기존기업의 시장으로부터의 퇴출도 쉽다.

그러나, 완전경쟁과 다른 점은 각각의 독점적 경쟁기업들이 쉽사리 대체될 수는 있으나 적은 정도나마 차별화된 재화를 공급한다는 것이다. 이 때 재화의 차별화는 여러 형태를 취할 수 있다. 실질적으로 재화의 물리적인 성격이 다를 수도 있고, 지리적인 위치에 기인한 차별화일 수도 있으며, 재화의 차이가 다만 선전이나 상표에 의한 상상적인 것일 수도 있다. 지리적인 위치에 기초한 재화의 차별화의 예에는 구멍가게, 약국, 주유소, 음식점 등을 들 수 있다. 왜냐하면, 소비자는 자연히 가장 가까운 데를 선호하기 마련이므로 이는 재화의 질이 차별화된 것이나 마찬가지인 것이다.

이와 같이 개별적인 독점적 경쟁기업이 미약한 정도이지만 서로 차별화된 재화를 공급하는 경우에는 기업이 직면하는 수요곡선은 우하향의 형태를 취하게 된다. 이는 곧 독점적 경쟁기업이 어느 정도는 독점력을 가지는 것을 뜻하나 비슷한 대체재가 많으므로 독점력의 정도는 극히 적을 것이며 따라서 수요곡선도 그 기울기가 매우 완만할 것이다.

11A.2 독점적 경쟁기업의 단기균형

이제 그러면 단기에 있어서 독점적 경쟁기업이 이윤극대화를 위하여 가격과 산출량을 어떻게 결정하는가 살펴보자. 이는 독점기업이 가격과 산출량을 결정하는 것과 동일하다. 차이가 있다면 독점기업이 직면하는 수요곡선에 비하여 독점적 경쟁기업이 직면하는 수요곡선이 훨씬 더 완만한 기울기를 가진다는 것이다. [그림 11A-1]이 독점적 경쟁기업의 단기균형을 나타낸다.

일반적인 이윤극대화조건은 $MR=MC$인 E점에서의 산출량수준인 q_0를 공급하는 것이다. 이 때 q_0에서 위로 수직선을 올려 수요곡선 d와 만나는 G점에서의 가격수준은 p_0가 된다. 그러나 산출량 한 단위를 파는데서 얻는 평균수입 AR은 Gq_0인데, 산출량 한 단위를 생산하는 데 드는 평균비용 AC는 Fq_0이므로 한 단위당 이윤은 GF가 되며 총이윤 π_0는 $GF\times Oq_0$가 된다. 그러나 독점적 경쟁기업이 실제로 초과이윤을 얻는가, 손실을 보는가 또는 단지 정상이윤만을 얻는가 하는 것은 그림표에서 AR 및 AC의 위치에 의해 표시되는 독점적 경쟁기업의 수입과 비용조건에 달려 있다. 그림에서는 초과이윤을 얻는 경우를 보인 것이다.

11A.3 독점적 경쟁기업의 장기균형

독점적 경쟁시장은 신기업의 진입 및 기존기업의 퇴출이 용이한 시장형태이므로, 만일 [그림 11A-1]이 나타내는 것처럼 독점적 경쟁기업이 초과이윤을 얻고 있는 경우에는 신기업들이 독점적 경쟁시장으로 진입하게 될 것이다. 이는 기존기업이 직면하는 수요곡선을 왼편으로 이동시키는데, 그 이유는 신기업의 진입으로 기존기업의 산출량에 대한 수요는 줄어들기 때문이다.

이처럼 신기업의 진입으로 기존기업이 당면하는 수요곡선이 왼편으로 이동할 때 독점적 경쟁기업의 장기균형은 [그림 11A-2]가 나타내는 것처럼 될 것이다.

그림 11A-2 독점적 경쟁기업의 장기균형

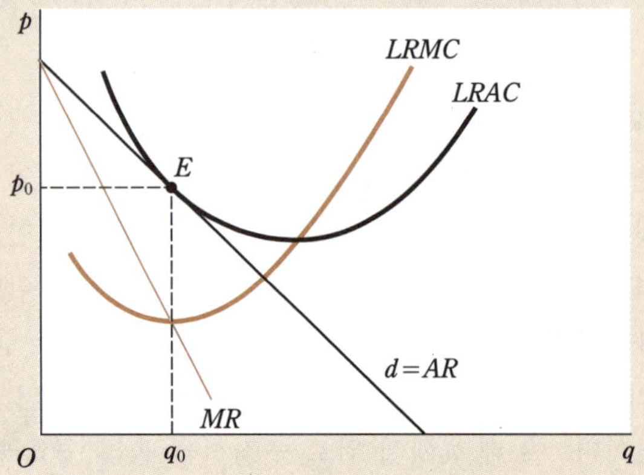

이윤극대화조건인 $MR=LRMC$를 만족시키는 산출량의 수준은 q_0이다. q_0에서 위로 수직선을 올려 보면 수요곡선과 E점에서 만나는데, 이 때의 가격은 p_0가 된다. 따라서 독점적 경쟁기업이 장기에 이윤극대화를 추구할 때 균형생산량은 q_0가 되며 균형가격은 p_0가 된다. 그러나 이 때 유의할 것은, q_0의 산출량수준에서는 수요곡선이 장기평균비용곡선 $LRAC$와 서로 접하고 있다는 것이다. 즉, 다음과 같다.

$$d=AR=LRAC$$

이는 곧 독점적 경쟁기업이 정상이윤만을 얻고 있으며 초과이윤은 0이라는 것을 뜻한다. 따라서 독점적 경쟁기업의 장기균형 아래서는 기존기업이 시장 밖으로 퇴출될 까닭도 없고, 신기업이 새롭게 진입할 이유도 없는 상태가 된다.

11A.4 독점적 경쟁의 평가

이제 그러면 독점적 경쟁기업과 완전경쟁기업의 장기균형을 서로 비교하여 보자. 완전경쟁기업은 장기균형하에서 *LRAC*곡선의 최저점에서 생산을 하고 있는 데 반하여, 독점적 경쟁기업은 [그림 11A-2]가 보이는 것처럼 그 왼편인 *E*점에서 생산을 하고 있다. 따라서 독점적 경쟁시장은 장기균형하에서 완전경쟁시장에 비하여 가격은 높고, 산출량은 적게 된다.

한편, 완전경쟁기업과 독점적 경쟁기업은 모두 장기균형 아래서 초과이윤은 0이다. 그러나 독점적 경쟁기업은 과잉설비(excess capacity)를 가지고 있게 된다. 여기서 과잉설비는 *LRAC*가 최저일 때의 산출량수준과, 실제의 독점적 경쟁기업의 장기균형 산출량수준인 앞의 그림에서의 q_0와의 차이로서 정의된다. 이와 같이 독점적 경쟁시장에서 과잉설비가 존재하는 것은, 만일 기업의 수가 현재보다 적고 규모는 현재보다 크다면 더 낮은 평균생산비로 산출량이 생산될 수 있음을 나타내는 것이다. 이는 곧 희소한 자원도 덜 소요될 것임을 의미한다. 그러나 독점적 경쟁기업의 수는 줄이고 규모는 키웠을 때 가격은 낮아지겠으나, 문제는 재화의 다양성이 감소한다는 점이다. 따라서, 가격이 싸지는 이익과 차별화된 재화의 수가 적어지는 데서 오는 손실이 상호 비교되어야만 할 것이다.

끝으로 독점적 경쟁시장이론의 중요성에 관하여 보자. 독점적 경쟁시장의 이론은 1930년대 초엽에 로빈슨(Joan Robinson)과 챔버린(Edward Chamberlin)에 의하여 제시되었는데, 그 후 독점적 경쟁의 현실적인 중요성에 관해서는 서로 상반된 견해가 있다. 즉, 어떤 이들은 매우 중요한 이론이라고 보며 현실적으로도 독점적 경쟁시장은 상당히 많다고 생각한다. 반면에 스티글러(George Stigler) 같은 이는 독점적 경쟁의 이론이 경제현실을 이해하는 데 거의 도움을 주지 못한다고 본다.

이처럼 독점적 경쟁의 이론이 그 중요성의 측면에서 문제시되는 것은, 많은 경우에 완전경쟁 및 독점의 이론만 가지고도 경제현실을 잘 설명할 수 있기 때문이다. 또한 완전경쟁과 독점의 이론을 가지고 제대로 설명할 수 없는 경우의 상당한 부분은 다음의 제12장에서 볼 과점의 이론에 의하여 설명될 때가 많다. 그러나 현실적으로 볼 때 구멍가게, 약국, 주유소, 음식점, 목욕탕과 이발소처럼 판매자의 수는 많으나 차별화된 재화를 공급하고 있는 시장이 많으므로 독점적 경쟁의 이론은 유용하다고 생각할 수 있다.

주요개념

불완전 경쟁　독점적 경쟁　독점적 경쟁기업의 단기균형(장기균형)
과잉설비

요 약

1. 독점적 경쟁과 완전경쟁 사이의 유일한 차이점은 상품의 차별화 여부이다.
2. 독점적 경쟁기업의 단기균형은 독점의 경우와 동일하다.
3. 독점적 경쟁기업의 장기균형하에서는 정상이윤만 얻고 있다.
4. 완전경쟁시장에 비하여 독점적 경쟁시장은 가격은 높고 산출량은 적다. 둘 모두 정상이윤만 있으나, 독점적 경쟁기업은 과잉설비를 가지고 있다.
5. 독점적 경쟁기업의 수를 줄이고 규모를 키우면 가격은 낮아지나 그 대가로 재화의 다양성은 줄어든다.

연습문제

1. 독점적 경쟁기업의 장기균형을 그림표를 이용하여 설명하라.
2. 독점적 경쟁기업의 수가 너무 많으므로 줄여야 한다는 주장에 대해 평가하라.
3. 어떤 기업의 수요함수는 $P=13-0.5q$이며 비용함수는 $TC=q+0.5q^2$이다. 이로부터 MR와 MC를 구하라. 이윤극대화를 초래하는 산출량과 가격의 수준은? 이 때의 이윤은 얼마인가?

제 12 장

과점시장

제12장에서는 불완전경쟁의 다른 한 형태인 소수의 기업들이 서로 전략적인 상호작용을 하고 있는 과점시장에 대하여 살펴본다. 과점에 관한 일반이론은 없으므로 몇 가지 대표적인 가설들을 살펴보는데 과점기업들이 독립적으로 행동한다고 전제하는 굴절수요곡선의 이론, 담합 또는 공동행위를 전제로 하는 카르텔의 이론과 선도기업의 이론 등을 설명한다. 이어서 최근 과점시장을 이해하는 데 널리 사용되고 있는 게임이론의 기초에 대하여 알아보는데, 우월전략균형, 내쉬균형, 협조적 및 비협조적 균형, 용의자의 딜레마, 반복적인 게임 등 주요 개념들을 설명한다. 끝으로 과점기업들이 벌이는 비가격경쟁과 과점의 후생경제학적인 의의에 대해서도 설명한다.

12.1 과점의 정의

불완전경쟁의 다른 한 형태에는 앞의 제11장 부록에서 살펴본 독점적 경쟁 이외에 과점이 있다. 과점이란 몇몇의 공급자가 시장의 거의 대부분을 공급하며 이들이 파는 재화가 서로 유사한 경우로서, 이 때는 자연히 몇몇의 과점기업들이 서로 밀접한 **전략적인 상호작용**(strategic interaction) 관계를 가지게 된다. 즉 어떤 한 과점기업이 가격과 산출량을 결정할 때는 다른 과점기업들은 어떠한 반응을 보일 것인가를 미리 참작하여야만 하는 것이다.

한 기업이 가격과 산출량을 결정하였을 때 다른 과점기업들이 어떠한 반응을 보일 것인가 하는 것은 여러 가지로 생각할 수 있으므로 과점에 대한 일반이론은 존재하지 않는다. 즉 다른 과점기업들의 반응을 어떻게 가정하는가에 따라서 여러 가지 과점이론을 만들어 낼 수 있게 되는 것이다.

우리 나라의 시장형태는 제조업부문의 경우 과점이 상당한 비중을 차지하고 있으며, 과점 가운데 특수한 형태인 두 판매자만 존재하는 **복점(duoploy)**도 흔히 발견된다. 이처럼 과점이 지배적인 시장형태로 된 것은 국내시장의 크기가 협소한 가운데서 급속한 경제발전을 추진해 온 결과인 것으로 풀이된다. 구미 선진국들의 경우에도 제조업부문에 있어서 지배적인 시장형태는 과점이다. 이는 마치 현대자본주의가 갖는 하나의 특징인 것으로 생각된다.

미국의 경우를 보면, GDP의 약 2/3는 수많은 소기업들에 의하여 생산되고 있다. 농업부문, 서비스업, 소매업 및 도매업 그리고 건설업이 그러하다. 나머지 1/3정도가 소수의 대규모 기업에 의하여 생산되고 있는데 제조업부문이 대표적인 보기이며, 이 밖에 전기, 철도, 통신 등의 공익사업도 이러한 형태에 속한다.

우리는 위에서 독점에 대하여 다루면서 독점은 시장에의 신기업의 진입에 강력한 장애요인이 있는 경우에만 성립할 수 있다고 하였다. 이는 과점의 경우에도 마찬가지이다. 즉 과점이 계속해서 성립하기 위하여는 과점시장에의 신기업의 진입에 대하여 강한 장애요인이 있어야만 한다. 앞에서 보았듯이 규모의 경제가 작용하여 *LRAC*가 하락하는 구간에서 과점기업들이 생산을 하고 있는 것이 대표적인 보기이다. 즉 정유공장의 경우 최소한 10억 달러는 투자해야 효율적인 공장을 세울 수가 있고, 자동차공장의 경우에도 연산 30만대는 되어야 한다.

이 밖에도 과점기업들이 막대한 광고비용을 들여서 소비자들이 기존 제품의 상표에 익숙해져 있는 경우에는 새롭게 과점시장에 진입하려고 하는 기업도 이에 상응하는 광고비용을 지출해야 하므로 엄청난 **설립비용(set up costs)**을 부담해야 하며 따라서 그만큼 진입장벽이 높아진다.

또한 치약이나 비누의 경우처럼 설령 규모의 경제가 별로 작용하지 않는 경우에도 기존의 과점기업이 여러 종류의 차별화된 상품을 판매하는 **상표분열(brand proliferation)**을 하고 있는 경우에는 새로운 기업의 입장에서는 그만큼 시장에 침투하기가 어려우므로 진입에 장벽이 있는 것이다.

기존의 과점기업들이 생산비 이하로 가격을 책정하는 **약탈적인 가격책정(predatory pricing)**을 할 수 있다는 신호를 보내는 것도 새롭게 과점시장에 진입하려는 기업에게는 커다란 장벽이 된다. 즉 신규로 참여하려는 기업으로 하여금 손해를 볼 수밖에 없도록 만드는 것은 단기에는 기존의 과점기업들도 손해를 보지만 장기적으로는 신규기업의 진입을 막음으로써 이득이 될 수 있는 것이다.

진입장벽과 관련하여 추가로 살펴볼 것은 보몰(William Baumol)등이 제시한 **경쟁가능한 시장의 이론**(theory of contestable markets)이다. 이에 따르면 설령 어떤 시장에 기업의 수가 적어도 진입을 위한 **매몰비용**(sunk costs)이 적어서 쉽게 새로운 기업이 이 시장에 들어올 수 있는 가능성이 높다면, 기존기업들은 가격을 결정할 때 이를 참작할 수밖에 없으므로 과도한 이윤을 남길 수가 없고 따라서 경쟁시장에서의 가격과 크게 다르지 않은 결과를 초래한다는 것이다.

여기서 진입을 위한 매몰비용이란 새롭게 시장에 진출하는 어떤 기업이 특정한 재화를 생산하기 위해 공장을 건설하며, 생산된 재화를 판매하기 위하여 광고비를 지출하는 등 신규로 진입을 위해 소요되는 비용을 뜻하는데, 만일 이 기업이 그 후에 퇴출을 결정하는 경우에는 매몰비용은 회수할 수가 없게 된다.

이렇게 본다면 경쟁가능한 시장은 현실적으로는 적다고 생각할 수 있다. 그러나 이 가설은 과점시장의 경우에도 진입을 용이하게 함으로써 경쟁시장과 크게 다르지 않은 결과를 초래할 수 있음을 보였다는 점에서 나름대로 의의를 지니고 있다. 이는 곧 과점시장에 대한 정부의 경제정책도 진입장벽을 낮추는 데 초점을 맞추어야 함을 가르친다.

12.2 몇 가지 과점이론

굴절수요곡선의 이론

과점기업들은 서로 밀접한 전략적인 상호작용을 하고 있다. 그런데 어떤 한 과점기업이 가격과 산출량을 결정하였을 때 다른 과점기업들이 어떻게 반응을 보인다고 가정하는가에 따라서 여러 가지 상이한 결과를 얻게 되므로 과점에 관한 일반이론은 존재하지 않는다고 하였다. 이제 여기서는 몇 가지의 과점이론들을 살펴보기로 한다.

가장 널리 알려진 과점이론은 **굴절수요곡선**(kinked demand curve)의 이론이다. 흔히 과점시장의 가격을 보면 상당한 기간 동안 변화하지 않고 그대로 있는 것을 발견할 수 있는데, 이러한 과점시장에서의 가격의 경직성을 설명하려고 하는 것이 스위지(Paul Sweezy)의 굴절수요곡선의 이론이다. 이 이론에서는 경쟁상대의 반응을 이렇게 가정한다. 즉 어떤 과점기업이 현재 과점시장에서 형성되어 있는 가격보다 가격을 인하하면, 다른 과점기업들도 시장을 잃지 않으려고 따라서 가격을 인하한다고 가정한다. 그러나 한 과점기업이 현행의 가격수준보다 가격을 인상하면 다른 과점기업들은 가격을 따라서 올리지 않고 그대로 있다고 가정하는데, 그 이유는 수요가 증가할 것이기 때문이다.

경쟁상대의 반응을 이렇게 가정하면, 우리는 [그림 12-1]과 같은 어떤 과점기업이 직면하는 수요곡선을 얻게 된다.

그림에서 p_0가 과점시장에서의 현행가격이다. 이제 어떤 한 과점기업이 p_0 이상으로 가격을 인상하면, 다른 과점기업들은 그대로 있다고 가정하였으므로 가격을 인상한 과점기업에 대한 수요는 크게 줄 것이므로 수요곡선은 탄력적인 D_2D_2' 이 되며, 이 가운데서 D_2C가 가격을 p_0이상으로 인상한 경우의 수요곡선이다.

그림 12-1 과점기업이 직면하는 두 수요곡선

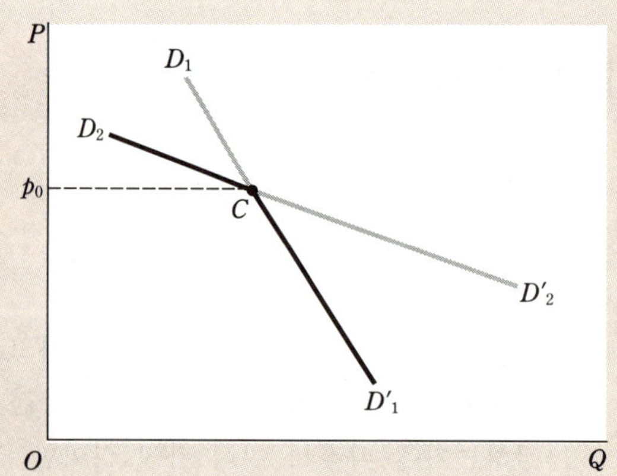

한편, 이 과점기업이 가격을 p_0 이하로 인하하면, 다른 과점기업들도 따라서 가격을 인하한다고 가정하였으므로 이 과점기업에 대한 수요는 별로 변동하지 않을 것이다. 따라서 수요곡선은 비탄력적인 형태를 취하는 D_1D_1' 이 된다. 가격을 p_0 이하로 인하시키는 경우이므로 해당구간은 D_1D_1' 중에서 CD_1' 이 된다. 따라서 과점기업이 직면하는 수요곡선은 현행가격수준 p_0 에서 굴절을 보이는 굵은 선으로 표시된 D_2CD_1' 이다.

굴절수요곡선이 주어지면 [그림 12-2]가 보이는 것처럼 이에 상응하는 한계수입곡선은 q_0의 산출량수준에서 불연속인 두 개의 부분으로 구성된다. 즉, MR곡선은 수요곡선이 탄력적인 부분에 상응하는 것과, 비탄력적인 부분에 상응하는 두 개로 구성되며 ab의 구간에서 불연속이 되는 것이다.

이제 과점기업의 한계비용이 MC곡선으로 주어져 있다고 하자. 그러면 이윤을 극대화하는 가격 및 산출량은 수요곡선이 굴절을 보이는 점 C에서 일어나며, 각각 p_0와 q_0이다. 왜냐하면 여기서 MC곡선은 MR곡선의 비연속구간인 ab를 통과하기 때문이다. 이제 비용조건이 변화하여 MC' 으로 감소하거나, 또는 MC'' 으로 상승한다고 할지라도 MR곡선의 비연속구간인 ab를 통과하는 한, 이윤을 극대화하는 산출량 및 가격은 q_0와 p_0에 그대로 머물러 있다는 데 유의하여야 한다. 이는 곧 굴절수요곡선의 이론이 과점시장에서의 가격의 경직성을 설명할 수 있음을 보이는 것이다.

그림 12-2 굴절수요곡선의 이론

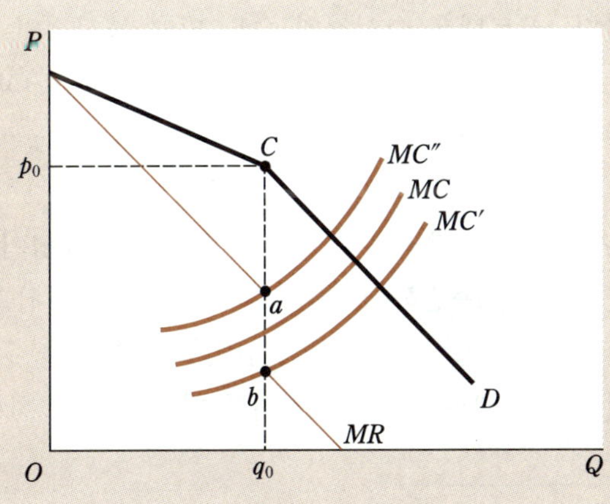

그러나 굴절수요곡선의 이론에 대해서는 몇 가지 심각한 비판이 제기되었다. 첫째는 이 이론이 과점가격은 왜 수요곡선이 굴절을 보이는 수준에서 형성되는가를 설명하지 못한다는 것이다. 즉 현행가격을 사후적으로 합리화하는 데 그치며, 과점가격이 왜 현행의 가격수준에서 성립되었는가를 설명하지는 못한다는 것이다.

둘째는 한 과점기업이 가격을 인상할 때 굴절수요곡선의 가정과는 달리 다른 과점기업들도 따라서 가격을 인상하는 경우가 흔하다는 것이다. 셋째는 과점시장에서도 가격이 자주 변하는 것이 발견되므로 굴절수요곡선이 존재한다는 실증적인 증거는 희박하다.

카르텔의 이론

굴절수요곡선의 이론에서는 과점기업들이 서로간의 전략적인 상호작용을 인식하고는 있으나 각각 독립적으로 행동한다고 가정하였다. 그러나 시장에 서로의 상호의존성을 잘 인식하고 있는 몇몇의 과점기업들이 존재하는 경우에는 경쟁을 줄이며 이윤을 증대시키기 위하여 **담합**(collusion) 또는 **공동행위**를 하려는 강한 경향이 나타나게 마련이다. 이 때 담합 또는 공동행위는 현시적인 담합(explicit collusion) 또는 공동행위의 형태를 취할 수도 있으며, 묵시적인 담합(implicit collusion) 또는 공동행위의 형태를 취할 수도 있다.

여기서 다룰 **카르텔**(cartel)은 경쟁을 줄이기 위하여 동일한 산업에 속해 있는 기업들이 형성한 기업연합이다. 따라서 카르텔은 실질적으로 하나의 독점기업과 같다. 카르텔은 현시적일 수도 있고 묵시적인 형태를 취할 수도 있다. 미국의 경우 1890년에 셔먼독점금지법(Sherman Antitrust Act)이 발효된 이후 카르텔이 불법화되었다. 다른 세계 주요국가들도 카르텔을 강력히 규제하고 있다.

1981년부터 시행된 우리 나라의 "독점규제 및 공정거래에 관한 법률"에서도 자유로운 경쟁을 촉진하기 위하여 부당한 공동행위를 규제하고 있다. 다만, 불황의 극복이나 연구기술개발, 산업합리화 등을 위한 경우에는 예외를 인정하고 있으나 현재로서는 공동행위를 허가한 것이 하나도 없다.[1]

1) 공정거래위원회, 「공정거래연보」, 1996년판, 1996. 7, pp.140~153.

그림 12-3 카르텔에 의한 가격책정

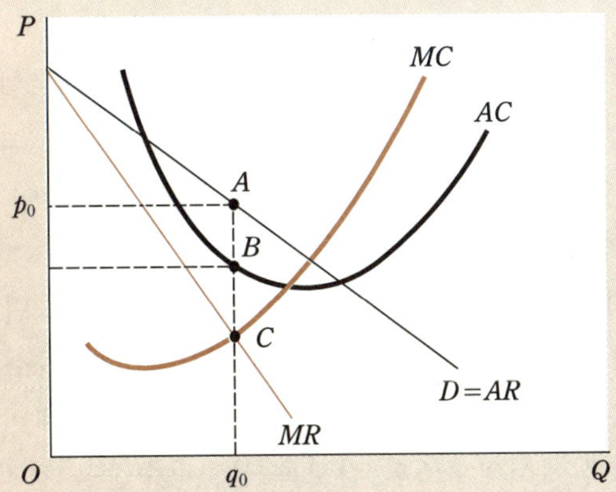

카르텔이 경쟁을 줄이기 위하여 할 수 있는 가장 중요한 두 가지 수단은 가격의 책정(price fixing)과 시장의 분할(market sharing)이다.

우선 첫째로 카르텔이 가격을 어떻게 책정하는가에 관하여 살펴보자. 가정하기를 몇몇의 과점기업들이 카르텔을 형성하고, 이 카르텔의 이윤을 극대화하려 한다고 하자. 과점기업들이 동질의 재화를 판매한다고 할 때, 카르텔 전체의 이윤을 극대화하는 가격은 무엇인가? [그림 12-3]을 이용하여 이 문제를 풀어 보자.

그림에서 *D*는 이 카르텔이 직면하는 시장수요곡선이며, *D*로부터 *MR*곡선을 도출할 수 있다. 또한 *MC*곡선은 카르텔에 속하여 있는 모든 과점기업들의 한계비용곡선들을 수평적으로 더하여 얻은 카르텔 전체의 한계비용곡선이다. 이제 이윤극대화를 추구하는 카르텔은 $MR=MC$가 되는 q_0만큼을 생산하며, 이 때의 가격은 p_0가 될 것이다. 즉 과점기업들이 기업연합인 카르텔을 형성하여 이윤을 극대화하려고 하므로 이는 독점의 경우와 동일하다.

이론적으로는 이처럼 단순해 보이는 카르텔의 가격책정도 현실적으로 카르텔의 총이윤을 그 구성기업들에게 어떻게 배분할 것인가에 있어서는 답이 있을 수 없다. 만일 각 기업으로 하여금 그들의 *MC*와 카르텔의 *MR*이 일치하는 수준에서 산출량을 결정하도록 하고, 여기서 생기는 이윤을 각 기업이 가지도록 한다면, *MC*가 낮은 기업이 거의 대부분의 이윤을 차지할 것이므로 이러한 방법은 MC가 높은 기업에게는 받아들여질 수 없는 것이다.

따라서 현실적으로 카르텔이 이윤을 극대화하도록 가격을 책정하였을 때, 발생한 총이윤을 참가기업들에게 어떻게 분배할 것인가의 문제는 결국 각 참가기업의 교섭능력에 따라 결정될 것이다. 한편 카르텔은 가격만을 책정하여 놓고는 각 참가기업이 그 가격수준에서 능력에 따라 최대한으로 팔도록 내버려 둘 수도 있다. 이 때 과점기업들은 가격이 고정되어 있으므로 서비스나 선전 등을 통하여 경쟁하게 될 것이다.

카르텔이 경쟁을 줄이기 위하여 취할 수 있는 두번째 방법은 참가기업들 사이에 시장을 분할하는 것이다. 이 때 생산비를 최소화하는 것이 카르텔의 목표라고 한다면, 각 참가기업들이 그들의 한계비용이 카르텔 전체로 $MR=MC$인 점에서의 MC와 같도록 산출량수준을 결정하면 될 것이다. 이는 [그림 12-3]에서 카르텔 전체로 $MR=MC$가 되는 점 C에서의 카르텔 전체의 MR 또는 MC인 Cq_0와 각 참가기업의 한계비용이 일치하도록 각각의 참가기업이 산출량수준을 결정하는 것을 뜻한다. 카르텔의 MC는 참가기업의 한계비용을 수평적으로 합한 것이므로, 카르텔의 공급량은 그림에서 Oq_0가 된다. 그러나 이러한 방법에 의한 시장의 분할은 위에서도 지적한 것처럼 한계비용이 낮은 기업이 시장의 대부분을 차지하므로 받아들여지기가 어렵다.

실제에 있어서는 이윤을 배분할 때와 똑같이 시장의 분할도 참가기업들의 교섭능력 및 카르텔에 있어서의 상대적인 위치 등에 의하여 결정이 될 것이다. 이 때 과거의 판매실적이나 생산능력 등도 시장을 분할하는 데 있어서 기준이 될 수 있다.

지금까지는 카르텔이 경쟁을 줄이기 위하여 사용할 수 있는 가장 중요한 두 가지 수단인 가격의 책정과 시장의 분할에 관하여 살펴보았다. 일반적으로 볼 때 카르텔은 법에 의하여 인정되지 않는 한 그 수명이 짧은 편이 보통이다. 특히 불황 중에는 이윤이 낮으므로 카르텔이 책정한 가격을 어기고 참가기업들이 몰래 고객에게 낮은 가격으로 판매함으로써 이윤을 높이려는 강한 충동이 일어나게 되는데, 이처럼 카르텔이 책정한 가격보다 낮은 가격으로 판매하는 기업의 수가 늘어날 때 카르텔은 붕괴하게 된다.

카르텔의 가장 대표적인 보기는 **석유수출국기구**(**Organization of Petroleum Exporting Countries; OPEC**)이다. 1973년에 중동전쟁이 발발하였을 때 특히 미국이 이스라엘을 지원한 데 대한 보복으로 중동 산유국들이 석유의 금수조치를 취하기 전까지는 원유시장은 거의 완전경쟁시장과 비슷하였다. 그러나 일시적인 금수조치에 이어서 OPEC 회원국들이 각자의 쿼터를 결정하여 생산량을 억제하자 원유가격은 급등하게 되었고 이에 따라 OPEC는 10여 년 동안 막대한 이윤을 올려 지극히 성공적인 카르텔의 전형적인 보기가 되었다.

이와 같이 원유의 생산량을 감축시킴에 의해서 원유가격을 급격히 인식하는 데 성공할 수 있었던 주된 이유는 당시에 OPEC는 세계 전체의 원유 공급량의 약 70%를 점유하고 있었고, 수출은 약 87%를 차지하고 있었기 때문이다. OPEC의 원유생산량은 1973년 당시 하루에 31백만 배럴이었는데, 이를 약 10%정도 줄여서 28.5백만 배럴만 생산함으로써 원유가격은 한 해 동안에 1배럴당 3.37달러에서 11.25달러로 급등하였던 것이다.

그러나 시간의 경과와 더불어 공급 측면에서는 OPEC 이외의 국가들의 생산이 늘어나 1985년 현재 세계 전체의 원유생산에서 OPEC가 차지하는 비중은 30%로 급격히 감소되었으며, 동시에 수요의 증가추세도 크게 둔화되었다. 따라서 OPEC는 높은 원유가격을 유지하기 위해 점점 더 생산량을 줄여야만 하였고, 이는 곧 각 회원국의 생산량 쿼터의 감축을 필요로 하나 외화가 소중한 나라들에게는 지켜지기가 어려운 것이었다. 결국, 1985년 말 카르텔은 붕괴되고 원유가격은 다시 경쟁시장에서 결정되기에 이르렀다.

즉, 1981년에는 1배럴당 35달러까지 치솟은 적도 있었으나, 1986년 말에는 11달러까지 떨어졌는데, 인플레이션을 참작하면 이는 OPEC이 지난 1973년 원유생산량을 감축하기 이전의 원유가격과 비슷한 수준이다.[2)]

선도기업의 이론

위에서 본 카르텔 이외에, 묵시적인 담합 또는 공동행위를 전제로 하고 있는 과점에 관한 이론에는 **선도기업**(price leadership)의 이론이 있다. 여기서는 과점기업들 서로간의 가격경쟁을 피하기 위하여 선도기업이 결정한 가격을 다른 기업들이 그대로 따른다고 가정한다. 선도기업의 이론에는 두 가지 유형이 있는데, 하나는 주기업이론(dominant firm model)이며, 다른 하나는

2) Lipsey, Courant, Purvis and Steiner, *Economics*, pp. 272~273.

바로미터의 역할을 하는 기업의 이론(barometric firm model)이다.

주기업이론에서는 어떤 산업이 하나의 주된 기업과 많은 소규모의 기업으로 구성되어 있다고 가정한다. 이 때 주기업은 가격을 결정하며 많은 소규모의 기업들로 하여금 이 결정된 가격수준에서 얼마든지 팔도록 한다. 그리고는 주기업은 나머지 시장을 차지한다. 많은 소규모의 기업들은 자신의 종속적인 위치를 알고 있으므로 마치 완전경쟁기업처럼 주기업이 정한 가격과 그들의 *MC*가 일치하는 점에서의 산출량을 공급한다.

주기업이론은 소규모의 기업들은 완전히 종속적인 위치를 취하며 완전경쟁기업처럼 행동하고 주기업은 경쟁자가 없다고 가정함으로써, 과점시장의 중요한 속성인 기업들 사이의 전략적인 상호작용을 무시하고 있음을 볼 수 있다. 근사한 보기로는 수입차 비중이 그리 크지 않았던 '60년대 말까지 미국의 자동차시장에서 지엠, 포드, 크라이슬러의 3사가 90% 이상을 점유하고 있었고, 이 가운데 GM의 시장점유율이 50%를 초과하여 자연스럽게 매년 신형차의 가격을 선도적으로 발표하면 다른 2사는 이를 그대로 따랐다.[3)]

선도기업의 이론의 다른 형태는 바로미터의 역할을 하는 기업의 이론이다. 여기서는 바로미터의 역할을 하는 어떤 기업이 가격을 변화시키면 다른 기업들도 이를 받아들인다고 본다. 그런데 선도기업의 가격결정은 시장에서의 수요와 공급을 반영하는 바로미터의 기능을 하게 된다. 이 때 선도기업은 반드시 대기업일 필요가 없으며 다른 기업들에게 자신의 가격결정을 따르도록 강요하지도 않으나, 선도기업이 정한 가격은 시장에서의 수요와 공급을 제대로 참작한 후 결정된 것이다. 만일 선도기업이 수요사정을 제대로 고려하지 못하고 가격을 결정하는 경우에는 더 이상 선도기업의 기능을 계속할 수 없게 된다.

묵시적인 담합 또는 공동행위에 기초하고 있는 가격선도는 초기의 치열한 가격경쟁을 체험한 뒤에 나타난 경우가 많다. 가격선도는 시장의 수요상황을 참작한 후 행해지므로 가격의 안정을 기할 수 있도록 한다는 주장도 있다.

---

3) 성백남, 정갑영, 「미시경제학」, 박영사, 2000. 제12장.

12.3 게임의 이론

과점기업들은 서로 밀접한 전략적인 상호작용 관계를 가지고 있으므로 어떠한 경우에나 적용할 수 있는 과점에 관한 일반이론은 존재하지 않는다. 위에서 살펴본 세 가지 가설은 일정한 가정 아래에서만 성립되는 과점에 관한 특수이론들이라고 볼 수 있다. 그 중에서 굴절수요곡선의 이론은 과점기업들이 독립적으로 행동한다고 전제하며, 카르텔의 이론과 선도기업의 이론은 과점기업들이 담합 또는 공동행위를 한다고 전제한다.

이 밖에도 과점에 관한 특수이론들이 몇몇 있으나 여기서는 게임의 이론에 관하여만 살펴보기로 한다. 1940년대에 폰 노이만(John von Neumann)과 모르겐슈테른(Oscar Morgenstern)은 **게임의 이론**(game theory)을 경제행위를 분석하기 위하여 처음으로 적용하였다. 그 후 게임의 이론은 전략적인 상호작용 관계에 놓여 있는 과점기업들의 행태를 이해하는 데 매우 유용한 분석용구임이 드러났다. 최근의 추세도 게임의 이론을 사용하여 과점시장을 연구하는 것이 널리 확산되고 있다. 따라서 게임의 이론에 대한 초보적인 이해는 지극히 중요하며 필수적인 것이라고 할 수 있다.[4)]

이제 그러면 게임의 이론의 기본 골격부터 살펴보기로 하자. 게임의 이론은 둘 또는 그 이상의 **경기자**(players)가 서로 영향을 미치는 전략적인 상호작용 관계하에 있을 때 어떠한 **전략**(strategies)을 선택하는가를 분석하는 것이다. 우리는 그 예를 화투나 포커에서부터 과점시장, 미 · 일 간의 무역전쟁, 미 · 러시아 간의 무기경쟁에 이르기까지 얼마든지 발견할 수 있다.

보기를 들어 이동통신의 경우 대체로 SK텔레콤과 KTF의 두 기업이 시장을 분할하고 있는 **복점**(duopoly)의 경우를 보자. 다음의 〈표 12-1〉이 가상적으로 이 두 복점 기업이 상이한 전략을 선택했을 때의 **보수행렬**(payoff matrix)을 나타낸다.

표를 보면 SK텔레콤은 열로 표시된 두 개의 전략인 휴대폰요금에 대하여 정상가격을 매기는 경우와 가격인하를 통한 **가격전쟁**(price war)을 하는 두

4) 게임이론의 체계적인 이해를 위해서는 김영세, 「게임이론-전략과 정보의 경제학」, 박영사, 1998을 참조할 것.

표 12-1 보수행렬(1)

		SK텔레콤	
		정상가격*	가격전쟁
KTF	정상가격*	A^+ 10 10	B −100 −10
	가격전쟁	C −10 −100	D −50 −100

* 우월전략 ⁺ 우월전략균형

가지 전략 가운데 하나를 선택할 수 있으며, KTF도 행으로 표시된 정상가격과 가격전쟁의 둘 중 하나를 선택할 수 있다. 이 때 A, B, C, D의 네 칸에 적혀 있는 각각 두 개의 수치는 두 경기자의 보수를 나타낸다. 즉, C를 보면 SK텔레콤은 정상가격을 매겼는데 KTF는 가격을 인하한 경우로서, 이 때 보수는 SK텔레콤은 우측 상단에 기입된 대로 10억 원의 손실을 보며 KTF는 좌측 하단에 표시된 대로 100억 원의 손실을 보게 된다. 즉, KTF의 시장점거율은 크게 늘어 났으나 비용 이하로 가격을 인하하여 오히려 손실은 훨씬 더 컸다고 가정하고 있다.

A, B, C, D의 넷 중에서 두 복점기업의 이윤을 가장 크게 하는 것은 둘 모두 정상가격을 매긴 경우로서 각각 10억 원의 이윤을 얻는 경우이며, 가장 큰 손해를 보는 경우는 D로서 가격인하 경쟁을 하는 것인데 SK텔레콤은 50억 원의 손실을 그리고 KTF는 100억 원의 손해를 입고 있다. 또한 중간형태인 B, C도 가능하다.

이제 여러 가능한 전략 중에서 가장 단순한 경우인 **우월전략**(dominant strategy)에 대하여 살펴보기로 하자. 이는 다른 경기자가 어떤 전략을 선택하든 간에 한 경기자가 최선의 전략을 가지고 있을 때 일어난다. 보기를 들어 SK텔레콤의 경우 KTF가 정상가격을 매겼을 때 자신도 정상가격을 매기면 10억 원의 이익을 보며 가격전쟁을 하면 100억 원의 손해를 입게 된다. 반면에 KTF가 가격인하를 했을 때 SK텔레콤은 정상가격으로 대응을 하면 10억 원의 손해를 보며 같이 가격전쟁을 벌이면 50억 원의 손실을 본다. 따라서

표 12-2 보수행렬(2)

		SK텔레콤	
		가격인상	정상가격*
KTF	가격인상	*A* 200 100	*B* 150 −20
	정상가격*	*C* −30 150	*D* 10 10

* 내쉬균형

SK텔레콤의 입장에서는 KTF가 어떤 전략을 택하든간에 정상가격을 책정하는 것이 우월전략이 된다. 이는 KTF의 경우에도 마찬가지임을 알 수 있다. 따라서 정상가격을 매기는 것이 두 기업 모두에게 우월전략이 된다. 이처럼 두 기업 모두 우월전략을 지니고 있을 때 초래되는 결과를 **우월전략균형**(dominant equilibrium)이라고 하며 *A*가 바로 그러한 때이다.

그러나 현실 세계에 있어서 상대방이 어떤 전략을 택하든 우월전략을 가지고 있는 경우는 드물므로 우월전략균형이 성립하는 때는 흔치 않다. 따라서 이보다는 한 단계 약한 균형인 상대방의 전략이 일정하게 주어져 있을 때 한 경기자가 자신의 보수를 더 이상 증대시킬 수 없는 상태인 **내쉬균형**(Nash equilibrium)에 대해 살펴보자.

위에서 본 복점의 경우를 그대로 가정하고, 이제 이 두 기업이 정상가격을 매기는 것과 가격을 인상하여 독점가격을 매기는 두 가지 전략을 가지고 있다고 해 보자. 다음의 〈표 12-2〉가 이 때의 보수행렬을 보여 준다.

여기서 두 기업이 모두 가격을 인상하면 총이익은 *A*가 나타내는 것처럼 300억 원으로 최대가 된다. 반면에 정상가격을 매기면 *D*처럼 각자가 10억 원씩의 이익을 보게 된다. 중간 경우로서 *C*를 보면 SK텔레콤은 가격을 인상하였으나 KTF는 정상가격을 매기고 있는데, 이 때 KTF는 시장의 거의 대부분을 차지하여 이익이 150억 원으로 최대가 되나 SK텔레콤은 30억 원의 손해를 보고 있다. 또한 *B*를 보면 KTF는 가격을 인상하고 SK텔레콤은 정상가격을 매기고 있는데, 이 때 SK텔레콤은 150억 원의 가장 큰 이익을 보며 KTF

은 20억 원의 손해를 입는다.

이 예에서는 SK텔레콤이 어떤 전략을 택하든 KTF는 정상가격을 매기는 것이 유리하므로 우월전략을 가지고 있다. 그러나 SK텔레콤은 우월전략이 없는데 그 이유는 KTF가 가격인상을 하면 자신도 이를 따르는 것이 이익이 되고, 정상가격을 매기는 경우에도 이를 그대로 따르는 것이 더 이익이 크기 때문이다.

따라서 문제는 SK텔레콤이 어떠한 전략을 택할 것인가 하는 것이다. 그는 정상가격을 매길 것인데, 그 이유는 KTF가 SK텔레콤이 어떤 전략을 택하든 정상가격을 매기는 것이 이익이 되는 우월전략을 가지고 있으므로 이를 그대로 따를 것이고, 이 때 SK텔레콤도 이를 따르는 것이 이익이 되기 때문이다. 이처럼 KTF의 전략이 주어져 있을 때 SK텔레콤도 자신의 이익을 더 이상 증대시킬 수 없는 경우가 D인데 이를 내쉬균형이라고 부른다. 역으로 KTF도 SK텔레콤의 전략이 주어져 있을 때 더 이상 이익을 증대시킬 수 없음을 위의 표에서 알 수 있다. 내쉬균형은 **비협조적인 균형**(noncooperative equilibrium)이라고도 부르는데 그 이유는 경기자가 자신의 전략을 선택할 때 상대방과 담합하지 않기 때문이다.

그런데 내쉬균형인 D는 A, B, C에 비해 제일 적은 이익을 초래하게 된다. 특히 A처럼 복점기업들이 담합을 하여 가격을 인상하는 경우에는 이익이 최대가 되는 **협조적인 균형**(cooperative equilibrium)도 가능한 것이다. 그러면 왜 더 높은 이익을 낼 수 있는데도 내쉬균형이 현실적으로 더 큰 의의를 가지게 되는가? 그 까닭은 A처럼 카르텔을 맺었을 때는 이를 속여 카르텔이 붕괴될 가능성이 매우 높기 때문이다.

보기를 들어 A에서 출발할 때, KTF는 가격을 몰래 조금 내리면 100보다 큰 150의 이익을 얻을 수 있으므로 C로 이동하려는 강한 의욕이 발생하게 된다. 당분간은 SK텔레콤이 이를 모를 수 있으나 결국은 알게 되고 따라서 같이 가격을 내리게 되면 카르텔은 붕괴되어 내쉬균형인 D로 가게 된다.

그런데 완전경쟁균형도 일종의 내쉬균형 또는 비협조적인 균형인데, 그 이유는 모든 가계와 기업이 가격은 주어진 것으로 가정하고 경제행위를 하며 어떤 경제주체도 전략을 바꿈에 의해 더 좋아질 수 없기 때문이다. 이처럼 완전경쟁에 의해 초래되는 비협조적인 내쉬균형은 오히려 사회 전체의 입장에서 볼 때는 가장 효율적인 상태를 초래하게 된다.

표 12-3 용의자의 딜레마

		을	
		자 백	부 인
갑	자 백	*A* 5년 5년	*B* 10년 3개월
	부 인	*C* 3개월 10년	*D* 1년 1년

그러나 현실에서는 경기자들이 서로 협조할 때 오히려 유익한 결과를 내는 경우가 적지 않다. 이를 나타내는 것이 다음의 **용의자의 딜레마(prisoner's dilemma)**를 보이는 〈표 12-3〉이다.

여기서 갑과 을은 공범자인데 담당검사가 둘을 따로 불러 범행을 부인한다고 하여도 현재 확보된 물증만 가지고서도 둘에게 1년씩 구형을 할 수 있다고 하였다고 하자. 그러면서 타협안을 내기를 만일 혼자서만 자백을 하면 3개월을 구형할 것이며, 자백을 하지 않은 공범에게는 10년을 구형할 것이고, 둘 다 자백을 하면 각각 5년씩을 구형하겠다고 말했다고 가정해 보자.

보수행렬이 이와 같을 때 과연 을은 어떻게 할 것인가? 갑이 자백을 하는 경우 을도 자백을 하면 5년이며 부인하면 10년이 된다. 반면에 갑이 부인을 하는 경우 을은 자백을 하면 3개월이고 부인을 하면 1년이 된다. 따라서 갑이 어떻게 하든 을로서는 자백을 하는 것이 우월전략이 된다.

갑의 경우에도 을이 자백을 할 때 같이 하면 5년이며 부인하면 10년이다. 또한 을이 부인을 할 때 갑은 자백을 하면 3개월이고 같이 부인을 하면 1년이다. 따라서 갑도 자백을 하는 것이 우월전략이 된다. 그러므로 *A*는 우월전략균형이 되며 동시에 내쉬균형이 되는데, 그 이유는 상대방의 전략이 주어졌을 때 각자는 최적의 전략을 택하고 있기 때문이다.

위의 예가 보이는 것은 서로 이타심을 발휘하여 협조할 때는 *D*의 결과를 얻을 수 있으나 이기적 · 비협조적으로 행동함에 따라 장기의 형량을 받을 수밖에 없다는 점이다. 이와 비슷한 경우를 우리는 강대국간의 군비경쟁이나 또는 국가들간의 무역전쟁에서도 발견할 수 있다. 또한 과점기업들의 가격결정문제나, 카르텔이 기본적으로 불안정하며 붕괴 위험에 처해 있는 것도 용의자의 딜레마를 이용하여 설명할 수 있다.

그러나 만일 용의자의 딜레마와 같은 게임이 반복적으로(repeated games) 행해지는 경우에는 눈에는 눈, 이에는 이(tit for tat) 식의 보복전략의 가능성 때문에 협조적인 전략이 오히려 가장 이로운 선택일 수 있다. 예를 들어 과점기업들의 경우 단 한 번만 게임을 하는 것이 아니라 계속해서 게임을 하게 되므로 상대방을 일단 믿고 행동을 취한 후 상대도 이를 따르면 계속해서 쌍방의 이익을 도모할 수 있는 방향으로 협조적인 게임을 할 수가 있는 것이다.

이상에서 우리는 지극히 초보적인 수준에서 게임의 이론에 관해 살펴보았다. 여기서 발견한 것은 게임이론이 비단 과점시장뿐만이 아니라 상황이 비슷한 정치, 군사, 무역 등 여러 분야에 유용하게 적용할 수 있다는 점이다. 즉, 게임이론은 경제학뿐만이 아니라 경영학 및 다른 사회과학의 여러 분야에서도 지극히 유용한 분석용구이다.[5)]

12.4 비가격경쟁

서로간의 밀접한 상호의존관계를 인식하는 과점기업들은 가능한 한 가격경쟁을 피하려고 하는 경향이 있을 것이다. 실제에 있어서도 과점시장의 경우 가격이 현재 수준에서 경직성을 보이는 때가 많다. 따라서 과점기업들은 각자의 시장을 확대하기 위하여 **비가격경쟁**(nonprice competition)에 크게 의존하게 된다.

과점기업들이 주로 사용하는 가격 이외의 측면에서의 경쟁은 **재화의 차별화**(product differentiation)와 광고의 두 가지이다. 한 판매자의 상품이 다른 판매자의 상품과 뚜렷하게 차이가 날 때 우리는 재화의 차별화가 존재한다고 말한다. 재화의 차별화는 상표, 디자인, 색채, 스타일 및 재화가 갖는 속성의

---

5) 서승환, 『미시경제론』, 홍문사, 1995. 12, 제14장.

차이 등에 기초를 둔다. 이러한 재화의 차별화는 승용차의 경우 두드러지게 나타난다. 재화의 차별화가 있는 경우에는 어떤 과점기업의 판매량은 가격 이외에 재화의 차별화에 의해서도 영향을 받게 된다.

비가격경쟁의 두번째 수단은 광고를 이용하는 것이다. 우리는 신문, 라디오와 텔레비전을 통하여 과점기업들이 집중적으로 각자의 재화를 수요자에게 선전하고 있는 것을 알고 있다. 실제에 있어서도 과점기업들은 광고행위를 위하여 막대한 비용을 지출하고 있다. 미국과 유럽에서는 우리 나라보다 훨씬 더 광고행위가 일반화되어 있음을 볼 수 있다. 특히 제약회사와 식품회사의 경우에서 두드러지게 나타나는 광고비의 과다한 지출은 사회 전체의 관점에서 볼 때는 자원의 낭비라는 비판도 있으나, 여하튼 광고가 기업의 입장에서 볼 때는 시장을 확대하는 중요한 수단임에 틀림이 없다.

12.5 과점의 평가

여러 차례 강조한 바와 같이 과점에 관한 일반이론은 존재하지 않으므로, 과점하에서 성립되는 가격과 산출량의 수준이 완전경쟁하에서 성립하는 가격과 산출량에 비하여 어떠할 것인지를 정확하게 판단할 수는 없다. 그러나 분명한 것은 과점의 경우에 완전경쟁하에서처럼 *LRAC*의 최저점에서 생산한다는 보장은 없다는 것이다. 따라서 과점하에서는 완전경쟁에 비하여 산출물을 생산하는 데 더 많은 자원이 소요된다고 볼 수 있다.

또 하나는 과점의 경우 정상이윤을 넘는 초과이윤 또는 순수이윤이 존재하는 것이 일반적이므로, 이는 가격이 평균비용 및 한계비용보다 높다는 것을 나타낸다. 이는 곧 수요자들이 평가한 재화의 가치인 p가 이 재화를 한 단위 더 추가로 생산하는 데 드는 한계비용보다 더 큼을 의미한다. 따라서 과점시장에의 신기업의 진입에 장애가 없었다면 자원이 추가로 투입되어 산출량은 더 늘어났을 것이며, 가격은 떨어졌을 것이다.

과점을 평가하는 데 두번째로 참작하여야 할 것은 방대한 양의 자원이 비가격경쟁을 위하여 재화의 차별화와 광고에 투입되고 있다는 사실이다. 물론 어느 정도의 자원이 재화의 차별화와 광고를 위하여 쓰여지는 것은 바람직한 일이다. 예를 들어 광고의 경우 수요자에게 재화의 가격 및 속성에 관하여 정보를 제공하는 것은 바람직한 일이며, 또한 재화의 차별화도 소비자선택의 범위를 넓힌다는 측면에서 보면 어느 정도까지는 인정이 되어야만 한다. 그러나 실제로 보면 과점기업들은 재화의 차별화와 광고행위를 사회 전체의 입장에서 보았을 때 바람직한 수준을 초과하여 행하고 있는 것이 보통이다. 이때는 소비자들에게는 과점기업이 비가격경쟁은 줄이고 가격경쟁을 늘리는 것이 더 이롭다.

이상에서 본 것은 정태적인 측면에서이며, 이 경우 과점은 좋지 않게 평가된다는 것을 알 수 있다. 그러나, 우리는 기술진보와 같은 동태적인 측면도 고려하여야 한다. 기술진보가 경제발전의 원동력이라는 점은 널리 믿어지고 있는데, 기술진보를 위하여는 **연구 및 개발**(research and development; R&D)에 대한 투자가 필요하다.

그런데 완전경쟁기업들은 규모가 너무 작아 R&D에 투자할 만한 재원을 가지고 있지 않은 반면에, 독점기업은 경쟁상대가 없으므로 R&D에 대한 투자를 소홀히 하게 된다고 본다. 그러나 과점기업들은 규모가 크므로 R&D에 투자할 재원도 가지고 있으며, 또한 경쟁상대들도 존재하므로 R&D에 투자할 유인도 충분히 있다고 생각하는 것이다.

따라서 과점은 R&D를 촉진시켜 기술진보에 크게 기여하므로 경제발전에 공헌한다고 본다. 우리 나라의 경우에도 1980년대 후반부터 기술진보의 중요성을 인식하기 시작하여 R&D에 대한 지출이 급속히 늘어나고 있다. 그러나 과점기업들이 특히 R&D에 대한 투자를 많이 한다는 실증적인 증거는 충분치 못하다.

과점을 종합적으로 평가하려면 정태적인 측면인 산출물을 생산하는 데 $LRAC$의 최저점에서 하지 않으며, 가격은 AC와 MC보다 높고, 비가격경쟁을 위하여 적정수준을 초과하는 자원을 쓰고 있다는 과점의 부정적인 측면과, 동태적인 측면인 기술진보에 기여한다는 긍정적인 효과를 저울질해 보아야 할 것이다.

주요개념

전략적인 상호작용 설립비용 상표분열 약탈적인 가격책정
경쟁가능한 시장의 이론 매몰비용; 굴절수요곡선 담합 공동행위 카르텔
석유수출국기구(OPEC) 선도기업; 게임의 이론 경기자 전략 복점
보수행렬 가격전쟁 우월전략(균형) 내쉬균형 협조적(비협조적) 균형
용의자의 딜레마 반복적인 게임; 비가격경쟁 재화의 차별화
연구 및 개발(R&D)

요 약

1. 한 과점기업이 가격과 산출량을 결정할 때 다른 과점기업들이 어떠한 반응을 보일 것인가를 참작해야 하므로 과점기업들은 서로 전략적인 상호작용 관계에 있고, 따라서 과점시장에 대한 일반이론은 존재하지 않는다.
2. 과점은 제조업부문의 경우 지배적인 시장구조이며 이는 선진국의 경우에도 마찬가지이다.
3. 독점과 마찬가지로 과점도 진입장벽이 존재하는데, 그 주된 이유는 규모의 경제, 막대한 광고비용과 같은 설립비용, 상표분열, 약탈적인 가격책정의 가능성 등이다.
4. 경쟁가능한 시장의 이론이 가르치는 것은 진입을 용이하게 만듦으로써 과점시장은 경쟁시장과 크게 다르지 않는 결과를 초래할 수 있다는 점이다.
5. 어떤 과점기업이 현재의 가격보다 가격을 내리면 다른 과점기업들도 따라서 내리고, 올리면 그대로 있다고 가정할 때 우리는 굴절수요곡선을 얻게 된다.
6. 담합 또는 공동행위에는 현시적인 것과 묵시적인 것이 있다.
7. 카르텔은 경쟁을 줄이기 위하여 동일한 산업에 속해 있는 기업들이 형성한 기업연합인데, 우리 나라를 비롯하여 대부분의 선진국에서도 카르텔을 규제하고 있다.
8. 카르텔은 가격책정과 시장분할을 통해 경쟁을 줄이려고 하나 참가기업들이 자

신의 이익을 증대시키기 위해 남몰래 속이려는 경향이 있으므로 붕괴될 가능성이 매우 높다. 대표적인 보기가 석유수출국기구(OPEC)이다.

9. 담합 또는 공동행위를 전제로 하는 이론에는 카르텔 이외에 선도기업의 이론이 있다. 이 가운데 주기업이론은 주기업이 가격을 정하고 나머지는 이를 그대로 따른다고 가정한다.

10. 게임의 구성요소는 경기자와 전략이며, 이에 따른 보수행렬이 있다.

11. 여러 종류의 전략 가운데서 우월전략이란 다른 경기자가 어떤 전략을 선택하든 간에 한 경기자가 최선의 전략을 가지고 있을 때 일어난다. 또한 두 경기자 모두 우월전략을 지니고 있을 때 초래되는 균형을 우월전략균형이라고 한다.

12. 게임의 균형 가운데서 우월전략균형보다는 한 단계 약한 것이, 상대방의 전략이 일정하게 주어져 있을 때 한 경기자가 자신의 보수를 더 이상 증대시킬 수 없는 상태인 비협조적인 내쉬균형이다.

13. 완전경쟁하의 균형도 일종의 내쉬균형인데, 이 때 사회 전체의 효율은 극대화된다.

14. 경기자가 이타심을 발휘하여 서로 협조할 때는 좋은 결과를 낼 수 있으나 이기적 · 비협조적으로 행동함에 따라 모두가 불리한 결과를 초래하는 것을 보이는 것이 용의자의 딜레마인네 이는 과점시장, 카르텔, 군비경쟁, 무역전쟁에도 그대로 적용될 수 있다.

15. 반복적인 경기에서는 쌍방의 이익을 도모할 수 있는 협조적인 게임이 일어날 가능성이 높다.

연습문제

1. 과점기업들이 서로 전략적인 상호작용하에 있다는 것은 무슨 뜻인가?

2. 우리 나라 제조업부문에서 과점시장의 실제 보기를 아는 대로 들어보라.

3. 과점시장의 진입장벽에는 어떠한 것이 있는가?

4. 한 회사가 여러 종류의 치약이나 비누를 판매하고 있는 이유는 무엇인가?

5. 경쟁가능한 시장의 이론을 설명하라. 그 현실타당성은 어느 정도나 되며, 경제정책에 대한 시사점은?

6. 굴절수요곡선의 이론이 지니고 있는 주요한 제약점은 무엇인가?

7. 카르텔의 대표적인 보기인 석유수출국기구(OPEC)가 한동안 성공할 수 있었던 배경은 무엇이며, 결국 붕괴된 까닭은?

8. 한 시장에서 두 복점기업이 서로 경쟁하고 있는데, 그 보수행렬이 다음과 같다고 하자.

		을	
		1/2	2/3
갑	1/2	*A* 20 20	*B* 22 15
	1/2	*C* 15 22	*D* 17 17

예를 들어 *B*칸을 보면 을기업이 전체 시장의 2/3를 생산하고 갑기업이 1/2을 생산하면 을의 이윤은 22억 원이며 갑의 이윤은 15억 원이 된다.

1) 갑기업과 을기업이 우월전략이 존재하는가?
2) 우월전략균형은?
3) 내쉬균형은?

9. 다음의 표와 같은 미 · 일간의 무역전쟁을 가상해 보자. 보수행렬은 자유무역과 보호무역을 했을 때의 국민소득(단위: 10억 달러)을 나타낸다.

		미 국	
		자유무역	보호무역
일 본	자유무역	A 7000 4000	B 7200 1900
	보호무역	C 4800 4200	D 5000 2000

1) A, B, C, D의 네 가지 결과를 설명해보라.
2) 양국이 비협조적으로 무역전쟁을 벌일 때 D로 표시되는 내쉬균형에 이르게 됨을 보라.
3) 양국이 자유무역을 했을 때 A로 표시되는 협조적인 균형이 초래하는 이익에 대해 설명하라.
4) 용의자의 딜레마를 원용하여 양국이 A로부터 벗어나려는 유인이 존재함을 설명해보라.

10. 과점기업들이 벌이는 비가격경쟁의 주요한 형태는 무엇인가?

11. 과점의 후생경제학적인 의의를 정태적 및 동태적인 관점에서 평가해보라.

제 13 장

한국의 독과점과 경제력집중

제13장에서는 우리 나라의 독과점과 경제력집중에 관하여 살펴본다. 첫째로 시장구조를 집중률을 이용하여 살펴보면 공산품시장의 경우 독과점형 시장구조를 지니고 있음을 알 수 있다. 둘째로 30대 재벌 또는 대규모기업집단에 상당한 정도로 경제력이 집중되어 있음을 발견할 수 있다. 따라서 우리는 지난 1980년에 제정된 후 몇 차례 개정된 바 있는 "독점규제 및 공정거래에 관한 법률"의 주요한 내용에 대하여 살펴본다. 또한 이와 관련해서 "하도급거래 공정화에 관한 법률"에 대해서도 간략히 본다. 공급의 이론에 대한 비판에서는 이윤극대화가설에 대해 평가해 보며, 기업의 통제권이 거래되는 시장에 대해서도 살펴본다.

13.1 시장구조

1960년대 초 이후 현재에 이르기까지 계속되어 온 한국의 급속한 경제성장은 그 부산물로 특히 공산품시장의 경우 독과점이 지배하는 형태를 띠게 만들었으며, 국민경제 전체로는 흔히 재벌로 불리우는 소수의 대규모 기업집단에게 경제력이 집중되는 결과를 초래하였다.

이와 같이 시장구조가 공산품의 경우 독과점으로 변하는 한편, 나라경제 전체로도 **경제력집중현상**이 초래된 주요한 이유에는 국내시장의 협소함, 수입제한을 통한 국내산업의 보호, 중화학공업화정책에서 보는 것처럼 특정산업을 지원하기 위하여 주로 재벌기업들에게 각종의 지원조치를 취한 것 등을 들 수 있다.

표 13-1 한국제조업의 시장구조 추이[1)]

(단위: %)

시장구조	A 경쟁형	B CR_3 30~50%	C 과점형	D 독점형
상품수				
1981	3.0	9.2	19.4	68.4
1998	6.0	14.1	22.0	57.9
출하액				
1981	8.9	17.2	19.6	54.2
1998	14.2	15.5	19.5	50.8

여기서는 먼저 한국의 시장구조를 살펴봄으로써 그것이 독과점형태를 띠고 있음을 설명하려고 한다. 한 나라의 재화시장의 구조(market structure)를 나타내기 위하여 흔히 사용되는 것이 상위 k개 기업의 **집중률**(concentration ratio: CR_k)이다. CR_k는 어떤 시장에서 상위 k개의 기업이 전체 시장에서 차지하는 점유율을 말한다. 예를 들어 어떤 시장의 상위 3개 기업 집중률 CR_3는 이 시장의 상위 3개 기업의 점유율을 가리킨다.

우리는 앞에서 시장의 구조를 완전경쟁시장, 독점시장, 독점적 경쟁시장 및 과점시장의 넷으로 분류하였다. 그러나 현실적으로 존재하는 시장이 이론적으로 엄격하게 정의된 각 시장의 요건을 그대로 갖추고 있는 경우는 드물다.

여기서는 편의상 우리 나라 제조업부문에서 현실적으로 발견되는 시장을 크게 넷으로 나누어 A는 $CR_3<30\%$로서 경쟁형시장이라고 볼 수 있으며, B는 CR_3가 30~50%인 경우, C는 50~75%인 경우로서 과점형시장이며, D는 $CR_3 \geq 75\%$인 독점형시장으로 분류하기로 한다.

〈표 13-1〉은 이러한 분류에 따른 우리 나라 제조업부문의 시장구조추이를 나타낸다. 1998년 현재 제조업의 상품수 3,323개 중에서 경쟁형시장에 의하여 공급되는 것은 전체의 6.0%에 불과하며, 79.9%는 독과점형시장에 의하여 공급됨을 알 수 있다. 출하액으로 보면 제조업 전체의 출하액 가운데서 14.2%만이 경쟁형시장에 의하여 공급되고, 70.3%는 독과점형시장에 의하여 공급된다. 이러한 통계는 우리 나라의 공산품시장이 **독과점형 시장구조**를 지

1) 정갑영, 「산업조직론」 개정판, 박영사, 2001, 제 7 장.

니고 있음을 나타내는 것이다.

13.2 경제력집중

위의 13.1에서 우리는 한국의 시장구조에 대해서 살펴보았는데 특히 공산품시장의 경우 독과점적인 시장형태가 지배적임을 알았다. 독과점은 앞에서 본 대로 완전경쟁시장에 비하여 가격은 높고 산출량의 수준은 낮아서 자원의 비효율적인 배분을 초래하게 된다.

재화시장에서의 독과점현상과 밀접하게 연관되어 있는 경제력의 집중은 소수의 대규모 기업집단인 재벌에 경제력이 과도하게 집중됨으로써 여러 산업에서 시장지배력을 행사할 수 있게 한다.

우리 나라 30대 **재벌** 또는 **대규모 기업집단**의 부가가치가 우리 경제 전체의 부가가치에서 차지하는 비율은 1999년에 10.2%이었으며 공업부문의 총부가가치에서 차지하는 비율은 28.5%로써 상당히 높은 편이다. 특히 제조업 부문의 매출액에서 점유하는 비율은 39.7%로써 훨씬 더 크다.

13.3 한국의 독과점규제와 경제력집중의 억제

지금까지 우리는 독과점과 경제력의 과도한 집중이 여러 가지 폐해를 가져온다는 데 대하여 보았다. 1980년에 처음 제정되어 그 후 몇 차례 개정된 "독점규제 및 공정거래에 관한 법률"은 이를 바로 잡는 것을 목표로 삼고 있다.

이 법의 목적을 보면, "사업자의 시장지배적 지위의 남용과 과도한 경제력의 집중을 방지하고, 부당한 공동행위 및 불공정거래행위를 규제하여 공정하고 자유로운 경쟁을 촉진함으로써 창의적인 기업활동을 조장하고 소비자를 보호함과 아울러 국민경제의 균형있는 발전을 도모함을 목적으로 한다"고 하였다(제 1 조).

이 법의 주요한 내용을 보면, 시장지배적 지위의 남용금지, 기업결합의 제한 및 경제력집중의 억제, 부당한 공동행위의 제한, 불공정거래행위의 금지 등이다.

첫째로 **시장지배적 지위**의 남용금지에 관하여 보면, 시장지배적 사업자는 상품의 가격을 부당하게 결정, 유지 또는 변경할 수 없도록 하고 있다. 실례로 수급사정이나 비용의 변화에 비하여 가격을 현저하게 인상시키는 것을 금지하고 있다. 이 밖에도 상품의 판매량을 부당하게 조절할 수 없으며, 새로운 경쟁사업자의 참가를 방해할 수도 없게 되어 있다. 이러한 시장지배적 지위의 남용금지규정은 기존의 독과점형 시장구조는 인정하되 다만 그 폐해를 규제하기 위한 것이다.

둘째로 **기업결합**의 제한 및 경제력집중의 억제에 대해서 보자. 먼저 기업결합의 제한은 다른 회사의 주식의 취득, 다른 회사의 임원 지위의 겸임 및 다른 회사와의 합병 등을 하지 못하도록 하고 있다. 기업결합을 제한하는 이유는 새로운 독과점의 형성을 통하여 산업집중이 발생하는 것을 억제하기 위한 것이다.

경제력의 집중을 억제하기 위한 조치에는 30대 재벌의 경우 **상호출자**의 금지, **출자총액**의 제한 및 **채무보증**의 제한 등이 있는데 이들은 모두 경제력 집중의 억제를 위한 것이다.

여기서 상호출자를 금지한다는 것은 대규모 기업집단에 속한 회사는 자기의 주식을 취득 또는 소유하고 있는 계열회사의 주식을 취득 또는 소유할 수 없음을 말한다. 예를 들어 한 재벌그룹에 속해 있는 갑과 을의 두 회사가 서로 상대방에게 출자함으로써(갑⇄을), 실질적인 출자는 없이 계열기업의 확장이 가능해지며 자본금의 가공적인 증대가 초래되는 상호출자를 금지시킨 것이다.

한편, 출자총액을 제한한다는 것은 대규모 기업집단에 속해 있는 어떤 회사가 이 회사 순자산액의 25%를 초과하여 다른 회사(계열, 비계열회사)에 출자할 수 없는 것을 말한다. 이 조항이 도입된 이유는 상호출자의 금지만으로는 지주적 및 계열적 출자에 의한 불합리한 기업확장을 억제할 수 없기 때문이다.[2] 여기서 지주적 출자란 갑회사가 을, 병, 정회사에 일방적으로 출자

2) 지주적 출자는 갑 (↗ 을, → 병, ↘ 정) 의 형태를 띠며, 계열적 출자는 갑→을→병→정의 형태를 띤다.

하는 것을 말하며, 계열적 출자는 다수의 회사가 차례로 다음의 회사에 출자하는 것인데, 이는 결국 출자받은 것을 다시 출자하는 것으로서 소액의 자본으로 다수의 계열회사를 지배하는 것을 가능하게 한다.

또한 대규모 기업집단 계열회사간의 상호채무보증을 자기자본의 200%로 제한하였다. 이에 따라 대기업에 대한 편중여신이 완화되고 개별기업 중심의 전문 · 독립 경영체제가 확산되는 등 경제력집중의 억제효과가 기대된다. 동시에 부실계열기업의 퇴출을 원활히 함으로써 산업구조의 조정도 촉진될 것으로 보인다.

그런데 세계화와 개방화의 급속한 진전으로 국내기업이 외국의 거대기업과 경쟁하려면 경제력집중억제시책의 초점이 기업의 규모를 규제하는 것보다는 **소유분산**을 추진하는 방향으로 집행되어야 마땅하다. 이를 반영하여 '94년의 법개정에서는 소유분산을 유도하기 위해 소유분산 및 재무구조가 양호한 우량기업에 대해서는 출자총액제한을 완화하였다. 아울러 국제경쟁력의 강화를 목표로 한 **업종전문화**의 촉진을 위한 투자에 대해서도 출자총액제한에 역시 예외규정을 두게 되었다.

셋째로, **부당한 공동행위**의 제한은 다른 세계 주요국가에서와 마찬가지로 **카르텔**의 결성을 금지한 것이다. 예를 들면 사업자는 계약, 협정, 결의 기타 어떠한 방법으로도 다른 사업자와 공동으로 가격을 결정, 유지 또는 변경하는 등 경쟁을 제한하는 공동행위를 할 수 없도록 하였다.

넷째로, **불공정거래행위**의 예로는 가격 차별과 같은 부당하게 거래상대방을 차별적으로 취급하는 행위를 들 수 있는데 이를 금지하고 있다.

이상에서는 "독점규제 및 공정거래에 관한 법률"의 주요한 내용을 간략하게 살펴보았다. 아직 우리는 미국처럼 실질적으로 독점을 금지하는 정책을 실시하고 있지는 못하며, 다만 시장지배적 사업자의 권리남용이나 불공정거래를 규제하는데 초점을 맞추고 있다.

이밖에 1984년에는 "하도급(下都給)거래 공정화에 관한 법률"이 제정되었다. 이 법은 **원사업자**가 우월한 지위를 이용하여 **수급사업자**에게 대금을 늦게 지급하거나 장기어음으로 결제하는 등 **하도급** 또는 흔히 말하는 **하청** 거래에 있어서의 불공정거래를 막기 위하여 제정되었다.

건설업은 제조업과 달리 사업의 계속성이 보장되지 않으므로 하청을 주는 것이 불가피한데, 이 때 치열한 경쟁으로 낮은 가격에 수주한 원사업자가 다시 영세한 하청업자에게 더 낮은 가격에 부담을 떠넘김으로써 부실공사가 구조적으로 초래되었으므로 이를 바로 잡는 일은 성수대교의 붕괴와 같은 일이 재발되지 않도록 하기 위해서는 필수적인 것이다.

13.4 재벌개혁

지난 40년 동안 한국의 대기업들은 고도성장의 견인차였다. 그러나 경제위기를 당하여 과다한 차입경영, 선단식 다각화, 정경유착, 불투명한 경영관행 및 소수 대주주의 전횡 등이 주요 문제점으로 부각되었다.

그리하여 지난 5년 동안의 재벌개혁에서는 우선 기존의 30대 재벌 가운데 현재에는 18개만 남아 있을 정도로 대마불사(大馬不死) 신화를 깨뜨린 부실기업의 정리를 비롯하여, 문어발식으로 다각화된 사업구조를 소위 "빅 딜"을 통하여 재벌들 간에 핵심역량(core competence)을 구축하는 방향으로 조정하려는 시도가 있었다. 그러나 하이닉스 사태가 잘 보여 주듯이 정부의 무리한 개입은 오히려 부작용을 초래하였다.

둘째로 재벌 계열사간 상호출자와 상호채무보증을 해소하며 부채비율을 200%로 줄이는 재무구조의 개선도 추진되었다. 실제로 **부채-자기자본 비율**은 제조업 부문의 경우 1997년 말 396.3%에서 2001년 말에는 182.2%로 크게 개선되었다. 그러나 실질적인 부채의 감소보다는 유상증자나 자산재평가 등으로 자기자본을 확충함으로써 부채비율이 줄어든 것이다.

셋째로 대주주가 소수지분으로 모든 의사결정을 전횡하는 **지배구조**를 개선하기 위하여 미국식 모델을 도입하여 내부적인 통제장치, 시장의 규율 및 외부적인 감시를 강화하는 방향으로 개혁이 이루어졌다. 내부통제의 강화를 위해 사외 이사 제도의 도입, 지배주주의 대표이사 등재, 소액주주의 권한강화 등이 추진되었다.

시장의 규율을 제고시키기 위해서는 **합병과 인수**(M & A)의 자유화, 외국인 주식투자한도의 철폐 등을 통해 주식시장에 의한 경영자의 규제를 강화하고자 하였다. 아울러 외부적인 감시를 강화하고 경영의 **투명성**(transparency)을 제고하기 위하여 결합재무제표, 외부감사, 완전한 공시 등이 도입되었다.

재벌개혁은 그동안 재무구조의 건전성, 지배구조, 경영투명성에서 상당한 성과를 거두었다.[3] 그러나 우리의 문화풍토에 기초하면서 세계표준을 충족시킬 수 있는 기업모델을 탐색하는 과제는 지금부터 시작이라고 하겠다. 또한 기업의 개혁과 구조조정은 변하는 대내외 경제환경 아래서는 상시적으로 추진되어야만 한다. 이 때 기업개혁은 궁극적으로 **국제경쟁력**을 제고시키는 데 초점을 맞추어야 할 것이다. 즉 글로벌 경쟁 하에서는 우리 기업들이 세계적인 다국적 기업과 경쟁할 수 있어야만 생존할 수 있다는 엄연한 현실을 참작해야만 한다.

13.5 공급의 이론에 대한 비판과 검증

자료의 결핍

(1) 두 가지 부류의 비판

제3편의 끝 부분인 7.4에서는 수요의 이론을 현실과 대비시켜 검증하였는데, 이제 여기서는 위에서 살펴본 공급의 이론을 현실에 비추어 검증하고 비판해 보기로 한다.

공급의 이론에 대한 첫번째 부류의 비판은, 기업은 이윤극대화이론이 가리키는 대로 의사결정을 할 수 없으므로 이윤극대화이론은 옳지 않다는 주장이다. 이러한 부류의 비판에는 대체로 두 가지 유형이 있다.

첫째는 기업이 이윤극대화이론이 제시하는 것처럼 계산하지는 않는다는 관찰에 기초하는 것이다. 즉, 실제로 기업가들과 면담하여 조사해 보면 그들은 한계수입이나 한계비용의 개념을 들어본 적도 없음을 발견하게 된다. 따라서 이윤극대화이론에서는 기업이 한계수입과 한계비용을 일치시킨다고 하나, 실제에 있어서는 기업가들이 이러한 개념들을 알지도 못하고 있으므로 이윤극대화이론은 배격되어야 한다는 것이다. 이러한 첫번째 부류의 비판을 평가하여 보면, 기업가들이 한계수입이나 한계비용의 개념들을 들어본 적도

3) 정갑영, "기업 구조조정의 평가와 과제", 한국경제학회 창립 50주년 기념 제10차 국제학술대회 발표논문, 2002. 8.

없는 것이 사실이라면, 이는 기업이 한계수입과 한계비용을 일치시킨다는 이론을 배격하는 것이다. 그러나 여기서 유의할 것은 이러한 사실이 기업이 이윤을 극대화한다는 이론까지도 배격하는 것은 아니라는 점이다. 왜냐하면 경제학에서 한계수입과 한계비용의 개념을 사용하는 이유는, 기업가들이 실제에 있어서는 어떤 방법을 사용하였든 간에 이윤을 극대화시키는 데 성공하였다면 결과적으로는 한계수입과 한계비용을 일치시킨 것이 된다는 것을 보이기 위함이었다. 이러한 측면에서는 이윤극대화이론은 하나의 이론적인 구축물이라고 볼 수 있다.

두번째 비판은 기업이 가지고 있는 자료가 부족하기 때문에 처음부터 이론이 가리키는 대로 의사결정을 할 수 없다는 것으로서, 위의 비판보다 더욱 강한 것이다. 예를 들면 자료를 모으는 데는 상당한 **거래비용**(**transactions cost**)이 소요되므로 기업이 부담할 능력이 없어 자연히 오래된 자료에 기초하여 의사결정을 내릴 수밖에 없고, 수집된 자료도 회계학에 기초한 것이므로 합당한 자료가 못 된다는 것이다.

(2) 풀 코스트이론

이러한 두 종류의 비판으로부터 **풀 코스트**에 의한 가격결정이론(**hypothesis of full cost pricing**)이 나왔다. 이 가설은 원래 기업이 가격을 어떻게 결정하는가를 조사한 결과로부터 제시된 것이다. 풀 코스트에 의한 가격결정이론은 기업이 이윤을 극대화하도록 가격을 결정한다는 이윤극대화이론을 부인한다. 대신에 기업은 쉽게 이용할 수 있는 자료를 사용하여 산출물 한 단위당 풀 코스트를 계산하고, 여기에 관례에 따라 일정한 이윤(**mark-up**)을 보태서 가격을 산정한다고 한다. 여기서 풀 코스트는 가변비용에다가 기타의 총경비(**overhead cost**)를 더한 것이다. 풀 코스트×(1+이윤율)로써 가격이 결정되고 나면, 판매량은 이러한 가격수준에서 수요가 얼마나 있는가에 따라서 결정된다. 즉 기업의 공급곡선은 풀 코스트×(1+이윤율)의 가격수준에서 수평선으로 표시된다. 이처럼 이윤극대화이론과는 달리 풀 코스트이론에 의하면 기업가는 적극적으로 이윤극대화를 추구하지 않고 관습에 의해 크게 영향을 받으며 보수적으로 행동을 하는 것이 된다.

현재로서는 풀 코스트이론에 대하여 견해가 엇갈려 있으므로 정확한 평가를 내리기는 어렵다. 그러나 일반적인 생각은 풀 코스트이론이 실제로 기업이 가격을 어떻게 결정하고 있는가를 보여 준다고 믿으나, 이윤율을 결정하는 데 있어서는 아무래도 이윤극대화를 염두에 두면서 의사결정을 내릴 것이라고 본다.

이윤극대화목표의 부정

(1) 총판매수입의 극대화가설

공급의 이론에 대한 두번째 부류의 비판은 기업이 단기의 이윤을 극대화하려고 하지도 않는다는 것이다. 이러한 비판은 첫번째의 자료의 결핍 때문에 이윤극대화를 달성할 수 없다는 것보다 훨씬 더 강한 것인데, 왜냐하면 기업의 행동목표 자체가 이윤극대화가 아니라고 생각하기 때문이다. 이처럼 기업의 행동목표가 이윤극대화가 아니라면 자연히 기업은 전통적인 이윤극대화 이론이 제시하는 것과는 다르게 행동할 것이다.

기업의 행동목표가 이윤극대화가 아니라고 보는 견해는, 첫째로 누가 실제로 기업을 통제하는가의 관점에서 제기되었다. 벌리(A.A. Berle)와 민즈(G.C. Means)가 미국의 대기업을 조사한 결과를 보면, 대기업 가운데 상당한 수가 대주주의 지분이 10% 미만인 기업들로 구성되어 있었다. 이와 같이 주식이 널리 분산되어 있을 때는 소유와 통제는 분리(separation of ownership from control)되며, 기업을 실제로 통제하는 것은 주주가 아니라 전문적인 지식을 가진 경영자가 된다.

기업을 실제로 통제하는 것이 주주가 아니라 전문적인 경영자일 때, 이들은 이윤극대화를 추구하기 위하여 행동하지 않을 수 있다. 여기서 우리는 일반적인 **주인-대리인 문제(principal-agent problem)**에 봉착하게 된다. 즉 기업의 주인인 주주는 물론 이윤극대화를 바라지만 그 대리인인 전문경영인은 다른 목표를 가질 수도 있는 것이다. 한 예로 경영자는 **총판매수익을 극대화하도록 행동한다는 가설(sales maximization hypothesis)**이 제시되었다. 즉 어떤 일정한 수준의 이윤율을 내어 주주들을 만족시키고 난 뒤에는, 경영자들은 총판매수입을 극대화하기 위하여 행동한다는 것이다. 그 이유는 판매량의 증가가 기업의 성장을 측정하는 주된 지표이며, 경영자의 업적이나 보수는 이에 따라서 평가를 받기 때문이다.

(2) 만족의 가설

기업의 행동목표가 이윤극대화가 아니라고 보는 두번째 견해는 사이먼(Herbert Simon)에 의하여 제시된 **만족의 가설**(satisficing hypothesis)이다. 그에 의하면 기업의 목표는 이윤을 극대화하는 것이 아니고, 일정한 수준의 시장점유율을 유지하면서 적당한 크기의 이윤율을 얻는 것이라고 본다. 물론 적당한 수준의 이윤율을 얻기 위하여 기업은 노력할 것이나, 일단 이를 달성하고 난 뒤에는 여기에 만족하며 더 이상 이윤을 증대시키려고 하지 않는다는 것이다. 이 때는 극대이윤을 추구하는 경우와는 달리 기업의 균형상태는 하나가 아니고 여럿이 있을 수 있다.

만족의 가설이 제시된 배후에는 기업의 행동이 그 기업의 조직상의 구조에 의하여 크게 영향을 받는다는 조직이론(organization theory)의 생각이 있다. 예를 들어 대기업에서는 의사결정이 여러 부서들 사이의 토의를 거친 후 내려지는데, 일단 이렇게 해서 내려진 합의에 의한 의사결정은 변경되기가 어렵게 된다. 따라서 기업은 위험을 회피하며 보수적인 결정을 내리게 되고 이윤을 극대화하는 데에 소홀하게 되는 것이다.

지금까지 우리는 이윤극대화가 기업의 행동목표가 아니라고 보는 두 가지 가설에 대하여 살펴보았다. 이것이 의미하는 것은 기업들이 타성을 가지고 행동한다는 점이다. 이 때는 이윤극대화이론이 가정하는 것처럼 가격의 변화에 대해 민감하고 신속한 반응을 보이지는 않을 것이다. 또한 설령 이윤을 얻을 수 있다고 할지라도 종전까지의 관행에서 크게 벗어나는 결정은 꺼리게 될 것이다.

그러나 기업이 이윤동기하에서 행동하는 한, 속도와 정도가 다를 뿐이며 기업이 이윤을 좇아 자원을 배분할 것이라는 점은 이윤극대화가설이 가르치는 바와 동일하다. 특히 장기에는 알치엔(Armen Alchian)이 지적한 대로 기업들은 이윤극대화를 추구하게 될 것인데, 그 이유는 그렇지 않을 때는 **적자생존**(survival of the fittest)의 원칙에 따라 살아남을 수 없을 것이기 때문이다.

특히 우리 기업들은 IMF사태를 겪은 후에 종래의 매출액 중심에서 이윤과 현금흐름(cash flow)를 중시하는 방향으로 새롭게 기업경영의 파라다임을 구축해가고 있다.

기업시장

이윤극대화가 기업의 행동목표가 아니라는 주장과 관련하여 우리가 잠시 살펴볼 것은 기업통제권이 거래되는 시장(market for corporate control)에 대한 것이다. 이를 기업이 거래되는 시장이라고 한다면 이 때의 공급자는 현재 기업의 소유자가 되고 수요자는 이 기업을 사서 더 많은 이윤을 올릴 수 있다고 생각하는 첫번째 기업의 원매자가 될 것이다.

1980년대 이후 미국을 비롯한 선진국에서는 세계화(globalization)가 진전되면서 한 기업이 다른 기업을 구매하는 인수(takeovers), 한 기업과 다른 기업이 서로 합치는 합병(mergers) 및 일군의 투자가들이 기존 기업을 사버리는 매수(buyouts) 등이 크게 성행하고 있다. 이러한 인수, 합병(mergers & acquisitions; M&A), 매수는 모두 기업의 통제권이 거래되는 것이라고 볼 수 있다.

그런데 이러한 거래는 모두 기존의 기업이 현재 실현가능하다고 믿어지는 이윤을 제대로 내지 못하고 있다고 생각될 때 일어난다. 그 이유는 각종의 비효율이나 경영진의 능력부족 때문이다. 따라서 새로운 기업이나 투자가들이 이 기업을 사서 더 많은 이윤을 올릴 수 있다면 기업의 통제권을 놓고 거래가 이루어질 수 있는데 이것이 바로 인수, 합병, 매수인 것이다.

이러한 행위는 모든 기업의 경영자들로 하여금 이윤을 극대화하는 데서 크게 벗어나 행동할 수 없도록 만들므로 사회 전체의 관점에서 볼 때 효율적인 기업경영을 촉진시키는 유용한 기능을 하고 있는 것이다.

주요개념

(독과점형) 시장구조 경제력집중 집중률 재벌 대규모 기업집단;
공정거래법 시장지배적 지위 기업결합 상호출자 출자총액 채무보증
소유분산 업종전문화 부당한 공동행위 카르텔 불공정거래행위
하도급(하청) 원사업자 수급사업자; 재벌개혁 빅 딜 부채-자기자본 비율
지배구조 합병 · 인수(M&A) 투명성 거래비용 풀 코스트

소유와 경영의 분리　총판매수입의 극대화가설　주인-대리인 문제　만족의 가설　적자생존　기업시장

요 약

1. 시장구조를 나타내기 위하여 흔히 사용되는 것이 상위 k개 기업의 집중률(CR_k)인데, 이는 상위 k개 기업이 어떤 시장에서 차지하는 점유율이다.
2. 한국의 공산품시장은 상품수나 출하액으로 볼 때 독과점형 시장구조를 지니고 있다.
3. 1999년의 경우 30대 대규모 기업집단 또는 흔히 말하는 재벌이 공업부문의 총부가가치에서 차지하는 비율은 28.5%나 되었다.
4. "독점규제 및 공정거래에 관한 법률"의 목적은 사업자의 시장지배적 지위의 남용과 과도한 경제력의 집중을 방지하고, 부당한 공동행위 및 불공정행위를 규제하여 공정하고 자유로운 경쟁을 촉진하는 데 있다.
5. 시장지배적 사업자는 시장지배적 지위의 남용을 하지 못하도록 되어 있는데, 예를 들어 가격을 부당하게 결정할 수 없게 되어 있다.
6. 새로운 독과점의 형성을 통해 산업집중이 발생하는 것을 억제하기 위하여 기업결합을 제한하고 있는데, 다른 회사의 주식취득, 임원지위의 겸임, 합병 등을 하지 못하도록 되어 있다.
7. 경제력집중을 억제하기 위하여 30대 대규모 기업집단으로 지정이 되면 상호출자가 금지되고 출자총액이 제한을 받으며 상호채무보증도 제한을 받게 된다.
8. 세계 주요국가에서와 마찬가지로 경쟁을 제한하는 부당한 공동행위인 카르텔의 결성은 금지되어 있다.
9. "하도급거래 공정화에 관한 법률"은 하도급거래에 있어서의 불공정거래를 억제하기 위하여 1984년에 처음으로 제정이 되었다.
10. 경제위기를 맞아 재벌의 과다한 차입경영, 선단식 다각화, 정경유착, 불투명한 경영관행 및 소수 대주주의 전횡 등이 문제가 되었다.

11. 재벌개혁은 부실기업의 정리, 빅딜을 통한 사업구조의 조정, 재무구조의 개선, 지배구조의 개선 및 경영의 투명성 제고 등을 목표로 하였다.

12. 이윤극대화이론에 대한 비판으로는 자료의 결핍에 기초한 것과, 이윤극대화 목표 그 자체를 부정하는 것의 두 부류가 있는데, 후자는 주인-대리인문제의 일환으로서 제기되며 만족의 가설 등이 이에 속한다.

13. 기업의 인수, 합병(M&A), 매수 등을 통해 기업의 통제권이 거래되는 시장은 기존의 기업들로 하여금 이윤극대화 목표에서 크게 벗어나 행동하는 것을 제약하므로 유용한 기능을 수행한다고 볼 수 있다.

연습문제

1. 한국의 시장구조가 공산품의 경우 독과점형이며, 경제력도 대규모기업집단에 집중되어 있는 주요한 이유는 무엇인가?

2. 어떤 시장에서 $CR_3 \geq 75\%$ 이라면 그 시장구조는?

3. 시장지배적 사업자의 정의는 무엇이며 그 구체적인 실례는?

4. 30대 재벌이 국민경제에서 점유하는 비중을 살펴보라.

5. 시장지배적 지위의 남용금지의 구체적인 내용은 무엇인가?

6. 경제력집중을 억제하기 위한 조치인 상호출자의 금지, 출자총액의 제한 및 상호채무보증의 제한 등의 내용을 설명하라. 또한 재벌의 소유분산과 업종전문화를 추진하는 정책에 대하여 평가해 보라.

7. 한국은 실질적으로 미국처럼 독점을 금지하는 정책을 실시하지 못하고 있다는 말은 무슨 뜻인가?

8. 글로벌 경제에서 국내기업의 국제경쟁력을 향상시켜야 하나 다른 한편 형평의 증진도 추구해야 한다. 이런 서로 상반된 목표를 염두에 두면서 대규모 기업집단의 규제 및 경제력 집중의 완화시책에 대하여 평가해보라.

9. 건설공사가 부실한 주된 요인의 하나는 불공정한 하도급거래에 있다는 지적에 대해 논평하라.

10. 지난 5년 동안 추진된 재벌개혁의 성과에 대하여 평가해보라.

11. 이윤극대화이론에 대해 자료의 결핍을 근거로 해서 비판하는 두 가지 주장을 평가해보라.

12. 주인-대리인 문제의 대표적인 보기로 지주 소작인 관계를 들 수 있다. 지주와 소작인의 행동 목표는 서로 어떻게 다른가?

13. 기업의 행동목표가 이윤극대화가 아니라고 주장하는 주요한 가설들의 내용을 설명하고 이에 대해 논평하라.

14. 기업의 인수, 합병, 매수는 경영권을 불안정하게 하므로 사회 전체로 볼 때 손실이라는 주장에 대해 논평하라.

제 6 편

요소시장에서의 가격결정이론: 소득분배의 이론

요 약

제6편에서는 요소시장에서 가격기구가 작용하여 요소의 균형가격과 균형수급량이 결정되면서 동시에 소득분배도 결정된다는 것을 본다. 먼저 기능별 소득분배와 계층별 소득분배에 대해 살펴본 후에, 완전경쟁시장을 가정하고 신고전학파의 한계생산성에 의한 분배이론을 설명함으로써 요소가격이 어떻게 결정되는가를 본다.

이어서 토지의 가격인 지대, 노동의 가격인 임금, 자본의 가격인 이자 및 기업가의 보수인 이윤에 대하여 차례로 설명한다. 분배의 이론에 대한 비판과 검증으로 제6편의 논의를 마친다.

제 6 편

요소시장에서의 가격결정이론

제14장 기능별 소득분배와 계층별 소득분배

제15장 신고전학파의 한계생산성에 의한 분배이론

제16장 지 대

제17장 임 금

제18장 이자와 이윤

제 14 장

기능별 소득분배와 계층별 소득분배

제14장에서는 기능별 소득분배, 계층별 소득분배 및 절대빈곤에 대하여 살펴본다. 먼저 기능별 소득분배란 생산요소별 소득분배를 뜻하는데 한국의 경우 비법인기업소득 때문에 노동과 자본의 분배몫을 정확히 추정하기가 어렵다. 계층별 소득분배는 우리가 흔히 말하는 소득분배인데 로렌츠곡선과 지니계수를 사용하여 그 불공평도를 나타낸다. 한국은 다른 나라에 비해서는 소득분배가 양호한 편이나, 부의 분배는 매우 불공평하다. 쿠즈네츠의 역 U자형 가설이 시사하는 바와는 달리 한 나라의 소득분배는 소득수준보다는 경제정책에 의해 커다란 영향을 받는다. 절대빈곤은 인간의 기본적인 욕구도 충족시키지 못할 정도로 가난한 것을 말하는데, 절대빈곤선을 책정하기는 쉽지 않다. 형평을 증진시키는 경제정책은 효율을 떨어뜨릴 수도 있는데 오쿤의 "새는 바켓츠"가 이를 말해 준다.

14.1 기능별 소득분배

앞의 제 5 편에서는 재화에 대한 가계의 수요와 기업의 공급이 상호작용하여 재화의 균형가격 및 균형수급량이 결정된다는 것을 보았다. 그러나 가격기구는 재화시장에서 뿐만 아니라 생산요소시장에서도 똑같이 작용한다. 따라서 제 6 편에서는 가계의 생산요소의 공급과 기업의 생산요소에 대한 수요가 상호작용하여 생산요소의 균형가격과 균형수급량이 결정된다는 것을 보려고 한다.

요소시장에서 가격기구가 작용하여 생산요소의 균형가격 및 균형수급량이 결정되면, 이는 그대로 각종의 생산요소가 받는 소득을 결정하는 것이 되므로 요소시장에서의 가격결정이론은 소득분배의 이론과 같다. 따라서 모든 형태의 국민경제가 반드시 해결하여야 하는 세 가지 기본문제 가운데 하나인 소득분배는 요소시장에서 가격기구가 작용한 결과로 풀리게 되는 것이다.

그런데 소득분배는 두 가지 측면에서 볼 수 있는데, 하나는 **기능별 소득분배(functional distribution of income)**이며, 다른 하나는 **계층별 소득분배** 또는 **개인적 소득분배(size** distribution of income 또는 **personal distribution of income)**이다. 기능별 소득분배란 생산요소별로 소득의 분배를 표시하는 것을 말한다. 예를 들면 노동이라는 생산요소의 가격인 임금, 자본의 가격인 이자, 토지의 가격인 지대 및 기업가의 보수인 이윤 등으로 소득의 분배를 나타내는 것이다.

국민소득 중에서 피용자보수가 차지하는 비율을 **노동소득분배율**이라고 정의해 보면 한국의 경우 1988년에는 그 비중이 51.9%이었으나 2001년에는 61.2%로 크게 높아졌다. 만일 우리가 흔히 분류하는 대로 생산요소를 노동과 자본의 둘로 나누고, 전체 국민소득 가운데서 노동자가 차지하는 몫(labour's share)과 자본가가 차지하는 몫(capital's share)으로 나눈다면, 노동소득분배율이 노동자의 몫이 될 것이며 자본가의 몫은 나머지인 38.8%가 될 것이나.

자본가의 몫 안에는 임료, 이자, 배당 등 각종의 재산소득과 법인기업소득 및 비법인기업소득 등이 포함된다. 그런데 나머지는 쉽게 자본가의 몫으로 간주될 수 있겠으나 문제는 비(非)법인기업소득이다.

즉 개인이 자신 및 가족의 노동과 자신의 자본을 들여 영업을 하는 데서 발생한 소득이 비법인기업소득인데 농림어업, 영세상업 및 서비스업의 상당 부분이 여기에 속한다. 일반적으로 선진국에 비하여 발전도상국의 경우 비법인기업소득이 전체 국민소득에서 차지하는 비중은 월등하게 높다. 그러나 비법인기업소득은 노동과 자본을 같이 투입한 데서 나오는 혼합소득이므로, 이를 분류하는 데는 어려움이 뒤따르게 마련이다.

만일 비법인기업소득을 모두 노동에서 나온 것으로 임의로 분류하면 노동자의 몫은 크게 늘어날 것이며, 반면에 비법인기업소득을 임의로 모두 자본에서 나온 것으로 본다면 자본가의 몫이 크게 증대될 것이다. 또한 비법인기업소득의 일부를 노동에서 나온 것으로 보고 일부를 자본에서 나온 것으로 분류할 수도 있겠으나 문제는 비율을 정하기가 어렵다는 점이다.

이렇게 본다면 현재 있는 자료만 가지고서는, 비법인기업소득이 노동과 자본의 혼합소득이므로 우리 나라의 기능별 소득분배의 실태를 말하기가 어렵다. 다만 규모의 영세성에 비추어 볼 때 비법인기업소득의 상당한 부분은 노동으로부터 나온 것이라고 생각하는 것이 현실적일 것이다.

이제 참고로 비교를 위하여 주요국의 1992년 노동소득분배율에 대하여 보면 미국 76.1%, 일본 73.0% 및 대만 65.2%이었다. 이는 총취업자 가운데 한국의 피용자비중이 61.0%인 데 비해 미국은 91.7%, 일본 79.8% 그리고 대만은 67.8%로 우리보다 높은 데 주로 연유한다.

14.2 계층별 소득분배

소득분배는 개인적 소득분배 또는 계층별 소득분배를 의미할 수도 있는데, 우리가 보통 소득분배가 공평하다든가 또는 불공평하다고 말하는 것은 바로 이 계층별 소득분배의 상태를 가리키는 것이다. 〈표 14－1〉이 계층별 소득분배를 보여 준다. 여기서 10분위 계층은 우리 나라의 전체가구를 소득이 낮은 가구부터 차례로 배열하였을 때, 최하위 10% 계층을 1, 그 다음 10% 계층을 2 등으로 표시하였으며 10은 전체 가구 가운데서 소득이 가장 높은 최상위 10%의 소득계층을 나타낸다. 각각의 10분위 계층이 전체 소득에서 차지하는 비율을 소득점유율이라고 칭하였다.

예를 들어 표를 보면 최상위 10%의 소득계층에 속해 있는 가구들이 전체 소득의 24.25%를 차지하고 있다. 그러나 만일 소득분배가 절대적으로 공평하였다면 최상위 10%의 소득계층은 전체 소득의 10%만을 차지하였을 것이다. 반면에 최하위 10%의 계층은 전체 소득의 불과 2.75%만을 차지하고 있으나, 소득분배가 완전히 공평한 경우에는 이 계층 역시 전체 소득의 10%를 차지하여야 한다.

맨 끝의 난은 누적적인 소득점유율을 나타내는데, 예를 들어 최하위 40% 계층의 누적적인 소득점유율은 4분위 계층까지의 소득점유율을 모두 합한

표 14-1 계층별 소득분배(1993년)

10분위 계층	소득점유율(%)	누적적인 소득점유율(%)
1	2.75	2.75
2	4.72	7.47
3	5.95	13.42
4	7.00	20.42
5	8.08	28.50
6	9.27	37.77
7	10.57	48.34
8	12.37	60.71
9	15.04	75.75
10	24.25	100.00
합 계	100.00	

통계청, 「한국의 사회지표 1995」, 1995.

20.42%가 된다. 만일 소득분배가 절대적으로 공평하다면 이 비율은 40%이었을 것이다. [그림 14-1]의 **로렌츠곡선**(Lorenz curve)은 〈표 14-1〉을 그림으로 나타낸 것이다.

[그림 14-1]에서 횡축은 소득이 낮은 가구부터 차례로 배열한 가구의 비

그림 14-1 로렌츠곡선(1993년)

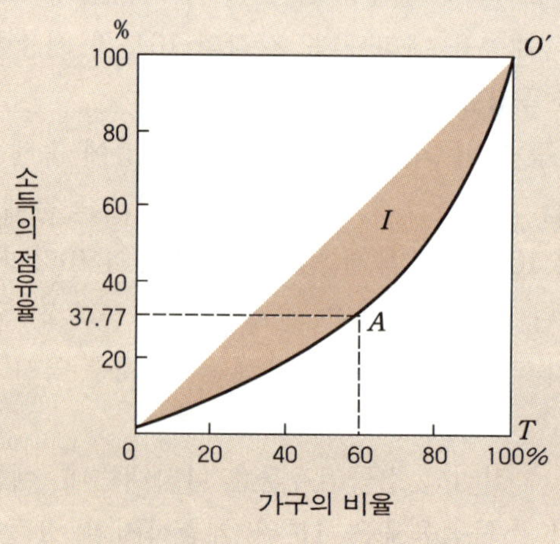

율을 %로 나타낸 것이다. 예를 들어 횡축에서 20은 최하위 소득계층 20%의 가구를 말한다. 종축은 소득의 점유율을 나타낸다. 따라서 예를 들어 점 A는 전체 가구중 하위 60%가 전체 소득의 37.77%를 차지하고 있음을 보인다. 만일 소득분배가 완전히 공평하다면 OO'를 잇는 대각선으로 표시될 것이며, 완전히 불공평한 경우는 OTO'로 나타날 것이다.

실제로 소득분배는 OAO'로 표시되는 곡선인데, 이를 로렌츠곡선이라고 하며 누적적인 소득분배를 보인다. 소득분배의 불공평의 정도는 완전히 공평한 경우를 나타내는 대각선 OO'와 로렌츠곡선 OAO' 사이의 그늘진 부분의 면적 I의 크기에 따라서 결정된다. 이 면적 I를 직각삼각형 OTO'의 면적으로 나누면 **지니집중계수**(Gini coefficient of concentration)를 얻게 된다.

$$지니계수 = \frac{I}{\Delta OTO'}$$

예를 들어 소득분배가 완전히 공평한 경우에는 직선 OO'가 되어, I의 크기는 0이므로 지니계수도 0이 된다. 반대로 소득분배가 완전히 불공평하여 한 사람이 전체 소득을 가지는 경우에는 OTO'가 되어, 불평등을 나타내는 면적인 I가 $\Delta OTO'$와 같으므로 지니계수는 1이 된다. 즉, 지니계수는 0부터 1까지의 값을 가질 수 있으며 값이 클수록 소득분배가 더욱 불공평한 것을 나타낸다. 1993년 한국의 지니계수는 0.31이다. 외환위기를 맞아 '99년 1 · 4분기에는 0.33으로 까지 악화되었다가 그 해 3 · 4분기에는 다시 0.31로 개선되었다. 이는 1965년의 0.34에 비해서는 다소 개선된 것이다.

이제 비교연도는 서로 다르나 〈표 14-2〉를 사용하여 몇 나라의 소득분배의 양상을 비교해 보기로 하자. 여기서 개별 국가들은 세계은행(The World Bank 또는 IBRD)이 일정한 소득수준을 기준으로 분류하는 방식을 좇아서 Ⅰ. 저소득국가, Ⅱ. 중하위소득국가, Ⅲ. 중상위소득국가 및 Ⅳ. 선진국으로 나누었다. 한편 소득계층은 최하위 20% 소득계층에서부터 최상위 20% 소득계층에 이르기까지 다섯 계층으로 분류하였다.

이제 최하위 20% 소득계층의 분배 몫을 기준으로 본다면 이들의 소득점유율이 높을수록 소득분배는 공평한 것이 되는데, 폴란드, 일본, 인도네시아, 인도 등이 분배가 공평한 편이고 브라질, 케냐, 콜롬비아 등이 불공평한 것으로 나타났다. 반면에 최상위 20% 소득계층의 소득점유율을 기준으로 보면

표 14-2 **계층별 소득분배의 국제비교**

나 라	연 도	지니계수	소득점유율(%)				
			(1)최하위 20%	(2) 20%	(3) 20%	(4) 20%	(5)최상위 20%
Ⅰ. 인 도	1992	0.338	8.5	12.1	15.8	21.1	42.6
케 냐	1992	0.575	3.4	6.7	10.7	17.0	62.1
파키스탄	1991	0.312	8.4	12.9	16.9	22.2	39.7
중 국	1992	0.376	6.2	10.5	15.8	23.6	43.9
Ⅱ. 인도네시아	1993	0.317	8.7	12.3	16.3	22.1	40.7
필리핀	1988	0.407	6.5	10.1	14.4	21.2	47.8
콜롬비아	1991	0.513	3.6	7.6	12.6	20.4	55.8
폴란드	1992	0.272	9.3	13.8	17.7	22.6	36.6
Ⅲ. 브라질	1989	0.634	2.1	4.9	8.9	16.8	67.5
말레이지아	1989	0.484	4.6	8.3	13.0	20.4	53.7
멕시코	1992	0.503	4.1	7.8	12.5	20.2	55.3
Ⅳ. 영 국	1988	..	4.6	10.0	16.8	24.3	44.3
이태리	1986	..	6.8	12.0	16.7	23.5	41.0
프랑스	1989	..	5.6	11.8	17.2	23.5	41.9
독 일	1988	..	7.0	11.8	17.1	23.9	40.3
미 국	1985	..	4.7	11.0	17.4	25.0	41.9
일 본	1979	..	8.7	13.2	17.5	23.1	37.5

The World Bank, *World Development Report* 1996, 1996. 6., Oxford Univ. Press, N.Y., pp.196－7.

폴란드, 일본, 파키스탄 등이 공평한 것으로 되어 있고 브라질과 케냐가 불공평한 것으로 나타났다. 우리 나라의 소득분배는 다른 나라에 비해서는 상대적으로 양호한 편에 속하나 앞으로 개선할 여지는 크다고 하겠다.

더욱이 소득에 비해 부(富)나 재산의 분배는 우리 나라의 경우 지극히 불공평한 것으로 나타났다. 소득(income)은 유량(flow)개념으로서 일정한 기간중에 대하여 재며, 일정한 시점에서의 저량(stock) 개념인 부나 재산으로부터 흘러나오는 것이다. 일반적으로 모든 나라에서 소득의 분배에 비하여 부나 재산의 분배는 그 불평등도가 높은 것이 보통이지만, 이는 특히 한국의 경우 심하다.

보기를 들어 1988년 현재 토지소유자 가운데 최상위 5%가 전체 민유지[1)]의 65.2%를 점유하고 있다. 최상위 10%는 전체 민유지의 무려

76.9%를 차지하고 있고, 최상위 25%는 90.8%를 소유하고 있다. 뒤집어 말하면 나머지 75% 사람들은 민유지의 불과 9%만을 소유하고 있는 것이다. 부나 재산 중에서도 토지의 중요성이 특히 크다는 점을 참작할 때 그 시사점은 중요하다.

쿠즈네츠(Simon Kuznets)는 1인당 GNP의 수준과 소득분배의 불공평도 사이에는 **역 U자형** 관계가 있다는 가설(inverted U hypothesis)을 제시하였다. 즉, 소득분배의 불공평도는 경제성장의 초기단계에서는 소득이 증가함에 따라서 늘어나다가 최고점에 달한 후 줄어든다는 것이다. 이 가설을 소득수준이 상이한 여러 나라에 대한 일정한 시점에서의 횡단면자료를 사용하여 검증하면 지지를 받는 것으로 나타난다. 후진국에 비해 선진국의 소득분배가 상대적으로 더 공평한 것이 바로 이를 나타낸다.

그러나 동일한 국가에 대한 시계열자료를 가지고 쿠즈네츠의 가설을 검증해 보면 분명한 결론을 얻을 수 없다. 예를 들어 대만의 경우에는 경제성장과 더불어 소득분배는 계속해서 개선되는 것으로 나타나 이 가설을 배격하고 있다. 반면에 브라질은 경제성장과 관계없이 높은 불공평도를 오랫동안 나타내고 있다.

이렇게 보면 소득분배의 불공평도와 1인당 국민소득에 의해 표시되는 한 나라의 경제성장의 정도 사이에는 직접적인 관계가 없다고 볼 수 있다. 오히려 경제발전의 성격이나 경제정책의 내용이 소득분배에 더 큰 영향을 미치게 된다. 보기를 들어 한국이 대기업 위주로 발전하였고 대만이 중소기업을 중심으로 성장한 것이 양국의 소득분배에 커다란 영향을 미쳤을 것으로 보인다.

이상에서는 기능적인 소득분배와 계층별 소득분배에 대하여 살펴보았다. 이미 지적한 대로 소득분배라고 하면 보통 계층별 소득분배를 뜻하나, 우리가 6편에서 살펴볼 소득분배는 생산요소별 소득의 분배를 말하는 기능별 소득분배의 문제만을 분석하는 것이다.

---

1) 전체 토지에서 국공유지와 법인 명의의 토지를 제외한 것을 말한다.

14.3 절대빈곤

위의 14.2에서 우리는 **상대빈곤**(relative poverty)의 문제라고 볼 수 있는 계층별 소득분배에 대하여 살펴보았다. 그러나 이와 대비해서 **절대빈곤**(absolute poverty)을 생각할 수 있는데, 이는 **인간의 기본적인 욕구**(basic human needs)를 영양상태, 교육, 위생시설, 주택 등의 측면에서 어떤 최저한의 수준을 설정하였을 때 소득이 이러한 기본적인 욕구도 충족시키지 못할 정도로 낮은 것을 가리킨다.

절대빈곤을 측정하기 위해서는 **절대빈곤선**(absolute poverty line)을 설정하고 그 이하에 속하는 사람들을 절대빈곤인구로 간주하게 된다. 그러나 절대빈곤선을 결정하는 것은 지극히 자의적이게 마련이며 더구나 세계적으로 동일한 절대빈곤선을 긋기는 어려운데, 그 이유는 빈곤이란 어떤 주어진 시간과 장소에서 다른 사람들에 비하여 가난한 것을 뜻하는 상대적인 개념이기 때문이다.

보기를 들어 미국은 세계에서 제일 부유한 나라에 속하지만 그 안에도 빈곤층은 엄연히 존재하고 있다. 1990년 현재 미국의 가구당 연평균소득은 조세부과전에 4만 9,800달러이었다. 그런데 1989년에 4인 가족 도시가구의 설대빈곤선은 1만 2,675달러로 책정이 되었고, 전체 인구의 무려 12.8%가 절대빈곤인구에 속하였다. 특히 절대빈곤은 흑인계층과 배우자가 없는 여성이 가장인 가구의 경우 집중적으로 나타났다.[2)]

미국은 1960년대에 빈곤과의 전쟁을 선포하고, 빈곤인구를 줄이기 위해 많은 노력을 기울여 왔으나 그 결과는 실패로 돌아갔다. 특히 지난 '90년대에 소득분배의 불공평과 절대빈곤은 오히려 늘어 났는데, 그 주된 이유는 특히 미숙련 노동자를 중심으로 하여 실업률이 증가하였고, 사회보장관련지출이 삭감되었으며, 여성이 가장인 가구가 늘어났기 때문이다.

그런데 **형평**(equity)을 증진시키기 위하여 누진세나 정부지출을 이용하는 경우에는 저축이나 일할 의욕을 줄임으로써 **효율**(efficiency)을 떨어뜨려 GDP의 크기를 감소시킬 수 있는데 이를 오쿤(Arthur M. Okun)은 "새는 바

---

2) Samuelson & Nordhaus, *Economics*, Ch.21.

켓츠"(leaky bucket)라고 불렀다. 즉, 형평과 효율 사이에는 서로 상충관계가 있다는 것인데, 실제로 미국의 경우를 보면 소득재분배정책으로 인한 효율의 감소는 그리 크지는 않은 것으로 나타났다.

우리 나라는 1999년 3 · 4분기의 경우 절대빈곤선 아래의 빈곤인구를 추정해 보면 총인구의 9.9%인 464만명에 이르는 것으로 나타났다. 즉 경제위기를 거치면서 빈곤인구가 크게 증가한 것을 발견하게 된다.

빈곤인구 중에는 장애인, 부양가족이 없는 노인 등 생활무능력자 이외에, 취업은 되어 있으나 소득이 지극히 낮은 영세민(영세자영업주, 임시 및 일용노동자, 영세농 등)도 상당수 포함되어 있다. 이제 임의로 1일 1달러를 국제적인 빈곤선으로 설정하고 그 이하의 소득을 가진 가구의 비율을 빈곤율이라고 규정해보면 '95년의 경우 인도는 47.0%, 중국은 22.2%나 되었다. 다시 2달러로 빈곤성을 높이면 인도는 무려 87.5%의 빈곤율을 보이며 중국도 57.8%나 된다.[3] 2001년 현재 세계인구의 약 20%인 12억명이 하루 1달러이하의 소득으로 생존하고 있다. 국제연합(UN)은 2015년까지 그 수를 절반으로 줄이는 것을 새천년의 개발목표로 제시한 바 있다.

주요개념

기능별 소득분배　계층별 소득분배　노동소득분배율;　로렌츠곡선
지니집중계수　역 U자형 가설;　상대빈곤　절대빈곤(선)
인간의 기본적인 욕구　형평　효율

요　약

1. 가격기구는 재화시장에서 뿐만이 아니라 생산요소시장에서도 똑같이 작용하며, 그 결과로 소득분배가 결정된다.

---

3) The World Bank, *World Development Report 1999/2000*, Oxford University Press, Oxford, 2000, pp. 236~7.

2. 기능별 소득분배란 생산요소별로 소득의 분배를 표시하는 것인데, 이로부터 노동과 자본의 분배 몫을 알 수 있다.

3. 한국의 경우 선진국에 비하여 비법인기업소득의 비중이 커서 노동소득분배율만으로는 노동의 몫을 제대로 나타낼 수 없다.

4. 계층별 소득분배의 불공평도를 나타내는 데는 로렌츠곡선을 사용하며, 이는 지니집중계수로 집약할 수도 있다.

5. 소득분배에 비하여 재산의 분배는 더욱 불공평한 것이 보통인데, 한국의 경우에는 토지소유의 편중현상이 특히 심하다.

6. 쿠즈네츠의 역 U자형 가설은 일정한 시점에서 여러 나라에 대한 횡단면 자료를 가지고 보면 맞지만, 동일한 국가에 대해 시계열자료를 사용해서 보면 1인당 소득수준과 소득분배 간에는 뚜렷한 관계가 없고 오히려 경제정책이 분배에 커다란 영향을 미친다.

7. 인간의 기본적인 욕구도 충족시키지 못할 정도로 가난한 것을 절대빈곤이라 부르는데 이는 절대빈곤선을 추정하여 측정할 수 있다. 그러나 절대빈곤은 상대적인 개념으로서 나라마다 다르다.

8. 오쿤의 "새는 바켓츠"는 형평을 증진시키는 정책이 효율을 떨어뜨려 GDP의 크기 자체를 감소시킬 수 있음을 보여준다.

9. 한국의 절대빈곤은 경제위기를 거치면서 크게 늘어나 1999년 현재 9.9%인 464만명이나 된다.

연습문제

1. 요소시장에서의 가격결정이론과 소득분배이론이 같은 까닭은 무엇인가?

2. 노동소득분배율이 국민소득에서 노동자가 차지하는 몫(labour's share)보다 적은 이유는 무엇인가?

3. 소득분배가 완전히 공평한 경우 로렌츠곡선은 어떠한 형태를 취하게 되는가? 만일 완전히 불공평하다면 어떻게 되는가? 실제의 로렌츠곡선은 어떠한 형태

를 취하는가?

4. 소득분배가 완전히 공평한 경우와 완전히 불공평한 경우 지니계수의 값은 얼마가 되는가? 실제의 지니계수의 값은 어떤 구간에서 결정되는가?

5. 영국과 미국의 소득분배의 불공평도는 거의 비슷하나 부의 불공평도는 영국이 더욱 큰 이유를 생각해보라.

6. 토지의 편중현상이 초래하는 부작용에 대해 생각해 보라. 특히 토지가격이 급증하는 경우 어떠한 결과가 초래될 것인가?

7. 쿠즈네츠의 역 U자형 가설을 설명하고 이를 횡단면자료와 시세열사료를 가지고 검증한 결과를 풀이하라.

8. 절대빈곤선을 책정하는데 자의성이 개재되는 이유는 무엇인가?

9. "지난 한 세대 동안의 경제성장이 초래한 가장 큰 결실은 국민대다수를 빈곤상태에서 해방시킨 것이다"는 주장에 대해 논평하라.

10. 형평을 증진시키는 경제정책은 효율을 저하시킨다는 주장에 대해 논평하라.

11. 2002년 8월 남아프리카의 요하네스버그에서 열린 지구정상회의(World Summit on Sustainable Development)에서는 절대빈곤의 감소와 환경보존을 주요 의제로 삼았다. 그 이유는 무엇인가?

제 15 장

신고전학파의 한계생산성에 의한 분배이론

제15장에서는 생산요소에 대한 수요와 공급이 만나 요소가격이 결정되는 것을 본다. 먼저 이윤을 극대화하기 위해 기업은 한 가변요소의 한계산출물가치와 그 가격이 일치할 때까지 요소를 고용함을 설명한다. 특정한 용도에 대한 요소공급의 배후에는 순이익균등화가설이 있음을 보인다. 요소시장에서의 가격결정이론은 신고전학파의 한계생산성에 의한 분배이론이라고도 부른다.

15.1 가치론과 분배론

미시경제학은 크게 두 부분으로 구성되어, 하나는 앞의 제3편, 4편 및 5편에서 다룬 재화에 대한 수요, 공급 및 이들의 상호작용에 의한 균형가격의 결정에 대한 것으로서 이를 **가치론**(theory of value)이라고 부른다. 다른 하나는 제6편에서 다룰 생산요소에 대한 수요, 공급 및 이들의 상호작용에 의한 생산요소의 균형가격의 결정에 대한 것으로서 이를 **분배론**(theory of distribution)이라고 부른다.

그런데 재화시장에서 재화에 대한 수요와 공급이 상호작용하여 재화의 균형가격이 결정되는 것과 마찬가지로, 생산요소시장에서도 생산요소에 대한 수요와 공급이 상호작용하여 생산요소의 균형가격이 결정된다. 다음의 [그림 15-1]이 생산요소시장에서의 가격기구의 작용을 나타낸다. 여기서 P_f는 어떤 생산요소 한 단위당 가격이며 Q_f는 생산요소의 수량이다. D_f와 S_f는 각각 생산요소에 대한 시장수요와 시장공급곡선이다. 어떤 생산요소의 가격이 상승

그림 15-1 생산요소의 가격결정

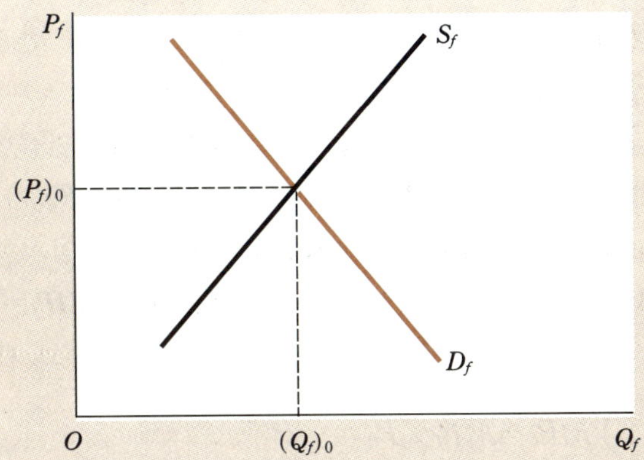

할수록 일반적으로 그 요소에 대한 기업의 수요는 감소하고, 그 요소를 소유한 사람들의 공급량은 증가하는 것이 보통이다.

재화시장의 경우와 마찬가지로, D_f와 S_f가 상호작용하여 생산요소의 단위당 균형가격$(P_f)_0$와 균형수급량$(Q_f)_0$가 결정된다. 이 때$(P_f)_0 \times (Q_f)_0$가 이 요소의 소득이 된다. 즉, 생산요소에 대한 시장수요와 시장공급이 상호작용하여 요소의 균형가격이 결정되면, 이는 그대로 기능적인 소득분배를 결정하는 것이다.

15.2 생산요소에 대한 수요

생산요소의 가격결정에 관하여 보기 위해서는 생산요소에 대한 수요와 공급을 모두 분석하여야만 한다. 따라서 여기서는 먼저 생산요소에 대한 기업의 수요에 대하여 분석하며, 다음의 15.3에서는 생산요소 소유자에 의한 요소의 공급에 관하여 분석하기로 한다.

개별기업이 이윤을 극대화하기 위하여 생산요소를 얼마나 수요하여야 하는가 살펴보자. 가정하기를 재화시장과 요소시장이 모두 완전경쟁시장이라고 하자. 이는 곧 어떤 기업이 재화시장에서는 자신이 만든 재화를 일정한 가격 수준에서 팔며, 요소시장에서도 일정하게 주어진 요소가격으로 생산요소를 얼마든지 살 수 있다는 것을 뜻한다. 또한 가정하기를 한 가변요소만 존재하며 다른 요소들은 모두 고정요소라고 하자.

이러한 가정 아래서 어떤 기업이 생산요소를 얼마만큼이나 수요하여야 이윤을 극대화할 수 있겠는가? 이는 생산요소의 가격$(P_f)_0$가 그 요소의 **한계산출물가치(value of the marginal product**; VMP_f)와 일치할 때까지 고용하여야 한다. 여기서 어떤 가변요소의 한계산출물가치 VMP_f는 그 요소의 한계산출물 (MP_f)에 재화의 가격 P_0를 곱한 것이다. 즉, 다음과 같다.

$$VMP_f = MP_f \times P_0$$

따라서 이윤극대화를 추구하는 기업은 다음이 성립할 때까지 생산요소를 수요한다.

$$(VMP_f) = (P_f)_0$$

만일 VMP_f가 P_f보다 더 크다면 생산요소 한 단위를 추가로 더 고용하는 데서 얻는 총수입의 증가가, 요소 한 단위를 추가로 더 고용하는 데 드는 총비용의 증가분인 P_f보다 크므로 이윤극대화를 추구하는 기업은 이 요소의 고용량을 증대시킬 것이다. 반대로 $VMP_f < P_f$이면, 가변요소를 한 단위 추가로 더 투입하는 데서 얻는 총수입의 증가분보다 총비용의 증분이 더 크므로 이 요소의 고용량을 줄이게 될 것이다.

이제 가상적인 예를 들어 보자. 다음의 〈표 15-1〉이 그것이다. 재화시장에서 이 기업은 완전경쟁자로 판다고 가정하였으므로 재화의 단위당가격 P_0는 5원으로서 일정하다. 또한 이 기업은 요소시장에서도 완전경쟁자로 요소를 산다고 가정하였으므로 요소가격도 25원의 수준에서 일정하게 주어져 있다. 이제 다음의 표가 보이는 것처럼 가변요소의 투입량을 (1)란에서처럼 증가시킬 때, 여기서 나오는 가변요소의 한계산출물은 수확체감현상 때문에 점차로 감소하는 것을 (2)란에서 볼 수 있다. 재화의 단위당가격이 (3)란이 보이는 것처럼 5원의 수준에서 일정하게 주어져 있을 때, (2)와 (3)을 곱하면 VMP_f를 (4)란에서 얻게 된다. 가변요소의 한 단위당 가격이 25원으로 일정할 때 이윤을 극대화하려는 기업은 $VMP_f = P_f$가 되는 6단위의 가변요소를 구입

표 15-1 기업의 생산요소에 대한 수요

(1) 가변요소의 투입량	(2) 한계산출물 (MP_f)	(3) 재화의 가격 (P_0)	(4) 한계산출물가치 $VMP_f =$ (2)×(3)	(5) 가변요소의 가격
1	10	5	50	25
2	9	5	45	25
3	8	5	40	25
4	7	5	35	25
5	6	5	30	25
6*	5	5	25	25
7	3	5	15	25

하게 될 것이다.

위에서 설명한 것은 [그림 15-2]를 이용하여서도 나타낼 수 있다. 여기서 VMP_f 곡선은 우하향의 형태를 취하는데, 그 이유는 $VMP_f = MP_f \times P_0$인데 수확체감의 법칙에 의하여 MP_f가 감소하기 때문이다.

이 기업이 완전경쟁시장에서 생산요소를 산다고 가정하였으므로 요소가격은 $(P_f)_0$로서 일정하게 주어지며, 요소의 공급곡선 S_f도 $(P_f)_0$의 수준에서 수평선이 된다. 이윤극대화를 추구하는 기업은 $VMP_f = (P_f)_0$가 되는 수준의 요

그림 15-2 기업의 생산요소에 대한 수요

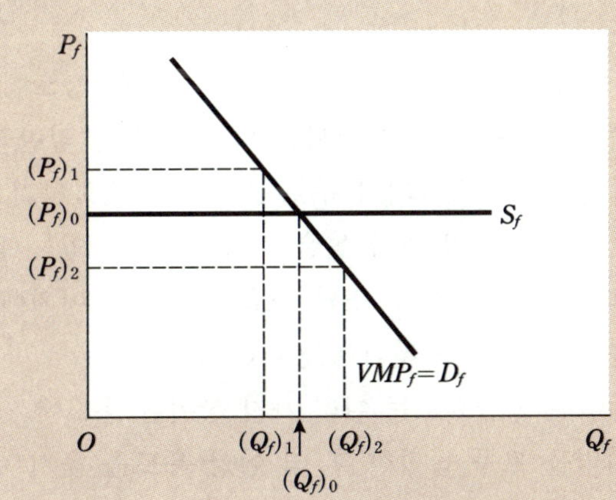

소를 구입하므로 $(Q_f)_0$가 균형수급량이 된다.

이제 한 가변요소의 가격이 $(P_f)_0$에서 $(P_f)_1$으로 상승하였다고 하자. 그러면 이윤을 극대화하려는 기업은 $VMP_f = (P_f)_1$이 되는 $(Q_f)_1$만큼의 요소를 구입할 것이다. 반면에 요소가격이 $(P_f)_2$로 하락하였다면, 이 기업은 $VMP_f = (P_f)_2$가 되는 $(Q_f)_2$만큼의 요소를 살 것이다. 따라서 VMP_f곡선은 바로 그 자체가 한 가변요소에 대한 개별기업의 수요곡선 D_f가 된다.

위에서는 한 가변요소만 존재하는 경우, 개별기업의 가변요소에 대한 수요에 관해서 살펴보았다. 시장 전체의 생산요소에 대한 수요곡선은 기본적으로 개별기업들의 생산요소에 대한 수요곡선을 합함으로써 얻을 수 있다.

15.3 생산요소의 공급

앞의 15.2에서 생산요소에 대한 수요에 관하여 살펴보았으므로, 이제 여기서는 생산요소의 공급에 관해 보기로 한다. 생산요소의 공급이란 어떤 특정한 산업이나 기업에 대한 생산요소의 공급을 뜻한다.

일반적으로 어떤 생산요소는 여러 가지 상이한 용도에 사용될 수 있다. 예를 들면 비숙련노동자의 경우 여러 종류의 다른 산업에 취업할 수 있으며, 한 산업내에서도 서로 다른 여러 기업에 노동력을 제공할 수 있다. 토지도 원칙적으로 보면 경작지로 이용될 수도 있으며, 주택을 지을 수도 있고 빌딩을 세울 수도 있다.

따라서 문제는 생산요소를 여러 가지 상이한 용도에 배분하는 원리는 무엇인가 하는 것이다. 이에 대해서는 다음과 같은 일반적인 해답을 할 수 있다. 만일 생산요소의 소유자가 주로 소득을 극대화하려고 한다면, 그는 자신이 소유하는 생산요소가 가장 높은 소득을 벌 수 있는 용도에 요소를 공급하게 될 것이다. 그러나 생산요소의 소유자는 소득 이외에도 위험의 정도나 작업환경 등을 고려에 넣는 것이 보통이다.

이 때는 어떤 생산요소는 여러 가지 상이한 용도에 있어서의 화폐적 및 비화폐적인 이익을 모두 참작한 후 더 이상 용도를 옮겨 보았자 순이익이 없을 때까지 이동을 계속할 것이다. 그 결과로 동일한 요소는 모든 용도에서 똑같은 순이익을 얻도록 생산요소들이 여러 상이한 용도에 배분되게 된다. 이를 **순이익균등의 가설**(hypothesis of equal net advantage)이라고 부른다. 이 가설에 의하면 생산요소의 소유자는 화폐 및 비화폐적인 측면을 모두 참작한 순이익이 극대가 되는 용도에 생산요소를 공급한다고 본다.

순이익균등화가설이 가지는 문제점은 비화폐적인 이익을 측정하기가 어렵다는 것이다. 따라서 이를 피하기 위하여 우리는 시간의 경과와 더불어 어떤 요소의 두 상이한 용도 사이의 비화폐적인 이익의 차이는 변화하지 않고 일정하다고 가정할 수 있다. 그러면 화폐적인 이익의 변화가 순이익의 변화를 나타내게 되며, 이에 따라서 생산요소가 이동하게 된다고 말할 수 있게 된다. 즉, 어떤 요소가 두 가지 용도를 가지고 있다고 할 때, 한 용도에서 요소가격이 상승하여 화폐적인 이익이 증가하면 이 용도에 대한 요소의 공급은 증가하게 될 것이다. 이는 곧 어떤 요소의 두 용도 사이의 비화폐적인 차이가 일정할 때, 한 용도에서의 요소가격이 상승하여 화폐적인 이익이 증가하면 이 용도에 대한 요소의 공급은 증가한다는 것을 뜻한다. 즉, 어떤 특정한 용도에 대한 생산요소의 공급곡선은 요소가격이 상승할 때 우상향의 형태를 가지게 된다.

15.4 생산요소의 가격결정

앞의 15.2와 15.3에서 우리는 가변적인 생산요소에 대한 수요와 공급에 관하여 차례로 살펴보았다. 따라서, 이제는 가변적인 생산요소에 대한 수요와 공급이 상호작용하여 요소의 균형가격 및 균형수급량이 결정된다는 것을 보일 수 있게 되었다. 이것은 이미 [그림 15-1]에서 보인 것과 같은 것이다. 즉, 어떤 가변적인 생산요소에 대한 시장수요곡선 D_f와 시장공급곡선 S_f가 만나는데서 이 요소의 균형가격 (P_0)와 균형수급량 $(Q_f)_0$가 결정되는 것이다. 이 때 가변적인 생산요소에 대한 수요는 한계산출물에 의하여 결정되므로 요소시장에서의 가격결정이론은 신고전학파의 한계생산성에 의한 분배이론이라고도 불리어지는 것이다

이러한 요소시장에서의 가격결정이론은 아주 일반적인 이론으로서 어떠

한 형태의 생산요소시장에도 적용할 수 있다. 즉, 노동시장이라면 [그림 15-1]에서의 P_f는 노동의 가격인 임금을 뜻하게 되며, 자본시장이라면 요소가격은 자본의 가격인 이자가 되고, 토지시장이라면 요소가격은 토지의 가격인 지대가 된다. 즉, 요소시장에서의 가격결정이론은 모든 종류의 요소시장에 대하여 적용할 수 있는 것이다.

요소시장에서의 가격결정이론은 신고전학파의 한계생산성에 의한 분배이론이라고도 부른다고 하였는데, 그 이유는 모든 생산요소의 보수를 그들의 한계산출물에 따라서 분배하면 총산출물이 완전히 과부족 없이 분배되기 때문이다. 이를 우리는 총산출물의 **소진정리**(exhaustion theorem)라고 부른다. 즉, 노동과 자본의 두 가지 생산요소만 존재하며, 생산함수가 1차 동차라고 가정하면 다음이 성립한다.

$$\frac{\partial Q}{\partial L} \cdot L + \frac{\partial Q}{\partial K} \cdot K = Q$$

여기서 Q는 총산출량이며, L은 노동의 고용량이고, K는 자본의 고용량이다. 또한, $\frac{\partial Q}{\partial L}$는 노동의 한계산출물($MP_L$)이며, $\frac{\partial Q}{\partial K}$는 자본의 한계산출물($MP_K$)이다. 즉, 총산출량 Q는 노동과 자본의 한계산출물에 따라서 두 생산요소인 노동과 자본에 남김없이 모두 분배되고 마는 것이다. 이를 우리는 한계생산성에 의한 분배이론이라고 부른다.

주요개념

가치론 분배론; 한계산출물가치(VMP); 순이익균등의 가설; 소진정리

요 약

1. 재화시장과 요소시장에서 모두 완전경쟁자인 어떤 기업의 경우, 이윤을 극대화하기 위하여 이 기업은 요소의 가격 $(P_f)_0$과 한계산출물가치 $(VMP_f)_0$가 일

치할 때까지 이 가변요소를 고용한다. 즉, $(P_f)_0 = (VMP_f)_0 = MP_f \times P_0$

2. 순이익균등화가설에 따르면 동일한 요소는 모든 상이한 용도에서 똑같은 순이익을 얻도록 생산요소들이 여러 다른 용도에 배분되게 된다.

3. 생산요소에 대한 수요는 한계산출물에 의하여 결정되므로, 요소시장에서의 가격결정이론은 신고전학파의 한계생산성에 의한 분배이론이라고도 부른다.

연습문제

1. 가치론과 분배론을 상호비교하면서 설명하라.
2. 가변요소의 한계산출물가치를 정의한 후, 기업이 이윤을 극대화하기 위해서는 생산요소를 어디까지 고용해야 하는가 설명하라.
3. 임금이 상승하면 여가 대신에 일을 더 많이 하려는 대체효과와, 실질소득의 상승으로 여가를 더 많이 즐기려는 소득효과가 동시에 작용한다. 만일 실질임금이 상승했을 때 노동시간이 증가하였다면 이 두가지 효과의 상대적인 크기는?
4. 순이익균등화가설을 설명하라.
5. 총산출물의 소진정리에 대해 설명하라.

제 16 장

지 대

제16장에서는 토지의 가격인 지대에 대하여 살펴본다. 먼저 고전학파의 경우에는 토지가 이전수입이 0이므로 순수경제지대의 성격을 가지고 있다. 그러나 논의를 일반화시키면 모든 요소의 보수는 이전수입과 경제지대의 두 부분으로 규정되어 있음을 발견하게 된다. 자연자원에 대한 논의에서는 공유재산자원과 관련한 공유의 비극과 고갈성자원의 적정채취문제에 대해 살펴본다.

16.1 고전학파의 지대

지금까지 우리는 어떠한 종류의 생산요소에 대해서도 적용할 수 있는 일반적인 요소가격의 결정이론에 관해서 살펴보았다. 즉, 앞에서 본 요소가격의 결정이론은 토지, 노동, 자본 및 기업가의 경영활동 등 어떤 것에나 적용할 수 있는 것이었다. 이제 제16, 17 및 18장에서는 토지의 가격인 지대(rent), 노동의 가격인 임금(wage), 자본의 가격인 이자(interest) 및 기업가의 경영활동의 보수인 이윤(profit)에 대하여 특수한 측면을 차례로 살펴보기로 한다. 우선 제16장에서는 지대에 관하여 분석하여 보자.

지대란 토지의 사용에 대하여 지불한 가격을 말한다. 경제학에서 지대에 관한 논의가 이미 오래전부터 시작된 것은 영국경제의 경우 일찍부터 지주, 임금노동자 및 자본가의 계급분화가 있었기 때문이다. 그러나, 우리 나라의 경우에는 농업부문이 자작농을 중심으로 이루어져 있어서 지주계급이 별도로 존재하지 않기 때문에 지대의 현실적인 중요성은 작다고 볼 수 있다.

지대에 관한 본격적인 논의는 영국에서 19세기 초에 밀의 가격이 높은 것과 관련해서 일어났다. 빵이 주식이었으므로 밀의 가격이 높은 것은 당시에 현실적으로 매우 중요한 문제이었다. 이에 관해서 두 가지 서로 상반되는 주장이 대두되었다. 하나는 곡물(밀)의 가격이 높은 이유는 지주가 농민에게 너무 비싼 지대를 매기기 때문이라는 것이었다. 따라서, 지주의 세력을 억제할 필요가 있다고 보았다.

반면에 리카도를 비롯한 다른 사람들은 이와 정반대로 곡물의 가격이 높기 때문에 지대가 높다고 주장하였다. 즉, 밀의 가격이 비싸기 때문에 밀을 경작하는 것이 이윤이 많게 되고, 따라서 토지를 빌리기 위한 경쟁이 심해져서 지대가 상승하게 된다는 것이다. 이러한 생각을 지닌 사람들은 밀에 대한 수입관세를 인하하여 밀의 수입량을 늘리면 밀의 가격이 하락하고 따라서 지대도 떨어지게 된다고 보았다.

리카도를 비롯한 이들의 견해의 배후에는 우선 토지가 오직 밀을 경작하는 데만 사용이 되며, 토지의 공급량은 일정하게 고정되어 있다는 생각이 있었다. 따라서, 토지를 다른 용도에 쓰여지는 것을 막기 위하여 아무런 대가도 지불할 필요가 없다. 왜냐하면, 토지는 밀을 경작하는 데만 쓸 수 있으므로 지대가 아무리 낮아도 지주는 농민에게 땅을 빌려줄 수밖에 없는 것이다.

일반적으로 어떤 생산요소가 현재 쓰여지고 있는 용도에서 다른 어떤 용도로 옮겨가는 것을 막기 위해서 지불해야 하는 그 요소의 보수를 **이전수입**(**transfer earnings**)이라고 한다. 리카도의 식으로 말하면 토지는 밀을 경작하는 이외에는 다른 용도가 없으므로 이전수입은 토지의 경우 0이 된다. 따라서, 지대는 그 전부가 이전수입을 초과하는 것이 된다.

[그림 16-1]이 지대의 결정을 보여 준다. 토지의 공급곡선 S_N이 수직선인 것은 토지의 공급량이 고정되어 있음을 나타내는 것이다. 토지에 대한 수요곡선 D_N은, 토지를 사용하여 생산되는 최종재인 밀에 대한 수요로부터 나오는 **파생수요**(**derived demand**)이다. D_N과 S_N이 만나는 점에서 토지의 사용에 대한 대가인 지대 $(P_N)_0$가 결정된다. 토지의 양이 일정하게 고정되어 있으므로 지대는 토지에 대한 수요에 의해 결정되는 것이다. 만일 밀에 대한 수요가 증가하여 이로부터 파생되는 수요인 토지에 대한 수요도 D_N에서 D_N'로 증가한다면 지대는 $(P_N)_1$으로 상승할 것이다. 반면에 밀에 대한 수요가 감소하여 토지에 대한 수요도 D_N''로 감소한다면 지대도 $(P_N)_2$로 감소하게 될 것

그림 16-1 **지대의 결정**

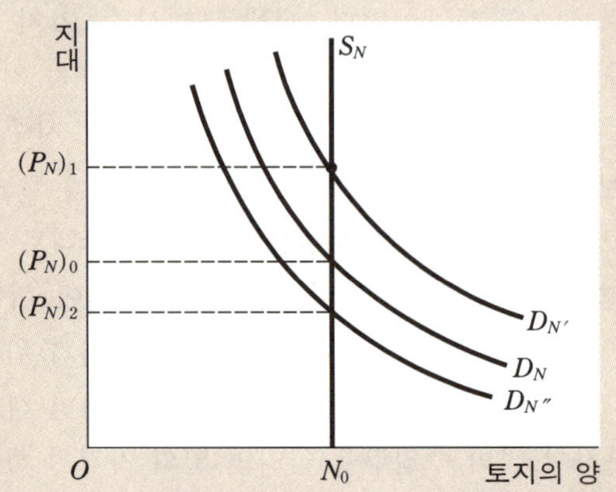

이다. 즉, 지대는 토지의 공급이 일정하게 고정되어 있으므로 토지에 대한 수요에 의하여 결정이 되는 것이다.

16.2 경제지대

앞에서는 경제학에서 전통적으로 사용해 온 지대의 개념에 관하여 살펴보았다. 그런데 오늘날에 와서는 이와는 달리 어떤 생산요소를 현재의 용도에 그대로 사용하기 위하여 지불해야만 하는 이전수입 이상을 모두 **경제지대** (economic rent)라고 부르게 되었다. 이는 고전학파가 뜻하는 원래의 지대가 그 전체가 이전수입을 초과하는 것이라는 데서 붙여진 이름이다. 따라서, 리카도를 중심으로 한 고전학파가 의미하는 지대와, 오늘날 우리가 사용하는 더욱 일반적인 개념인 경제지대와는 명확하게 구별하여야 한다. 지대가 토지라는 생산요소에 국한해서 사용된 것인 데 비하여, 경제지대는 토지 이외에도 노동이나 자본 등 어떠한 생산요소에 대해서도 적용될 수 있는 일반적인 개념인 것이다. 이제 [그림 16-2]를 사용하여 경제지대에 대해 살펴보자.

이 그림은 어떤 생산요소에 대한 시장수요곡선 D_f와 시장공급곡선 S_f가

그림 16-2 경제지대

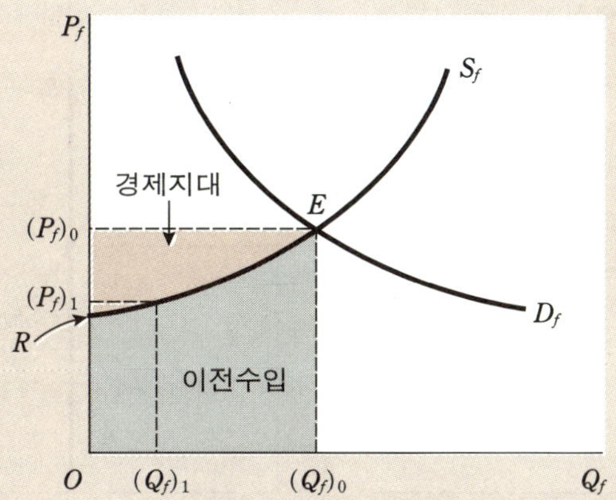

만나는 데서 요소의 균형가격 $(P_f)_0$와 균형수급량 $(Q_f)_0$가 결정됨을 보여 주고 있다. 이 때 요소소득의 총계는 직사각형 $(P_f)_0 \times (Q_f)_0$의 면적이다. 그런데 이 가운데서 S_f아래의 그늘진 부분의 면적은, 이 요소가 다른 용도로 옮겨가서 쓰여지는 것을 막기 위해 지불하여야만 되는 이 요소의 이전수입이다. 왜냐하면, 요소의 공급곡선 S_f상의 각 점은 요소를 공급하도록 만들기 위하여 지불해야 하는 가격이기 때문이다. 예를 들어 $(Q_f)_0$만큼의 요소가 공급되기 위해서는 $(P_f)_0$의 가격을 지불해야 하나, 이보다 적은 양의 요소공급에 대해서는 공급곡선상의 각 점이 표시하는 만큼의 가격만을 지불하면 된다. 즉, 만일 생산요소의 제공자와 개별적으로 교섭을 벌일 수 있다면, S_f아래의 그늘진 부분의 면적만큼의 가격만을 지불하면 될 것이다.

보기를 들면, $(Q_f)_1$만큼의 요소공급에 대해서는 $(P_f)_1$만큼의 가격만 지불하면 되며, 이는 다른 모든 점에서도 성립한다. 이제 $(P_f)_0 \times (Q_f)_0$의 면적에서 이전수입인 $ORE(Q_f)_0$의 면적을 뺀 $R(P_f)_0$E의 빗금친 면적이 경제지대라고 정의된다. 이렇게 규정하면 모든 생산요소의 소득은 이전수입과 경제지대의 두 부분으로 구성되어 있음을 볼 수 있다.

[그림 16-3]은 두 극단적인 경우를 나타내고 있다. (가)는 공급곡선이 수평선으로서 완전히 탄력적인 때를 보이며, (나)는 공급곡선이 수직선으로서 완전히 비탄력적인 경우이다. (가)의 경우에는 요소가격이 조금만 하락하여

그림 16-3 이전수입과 경제지대: 양극단의 경우

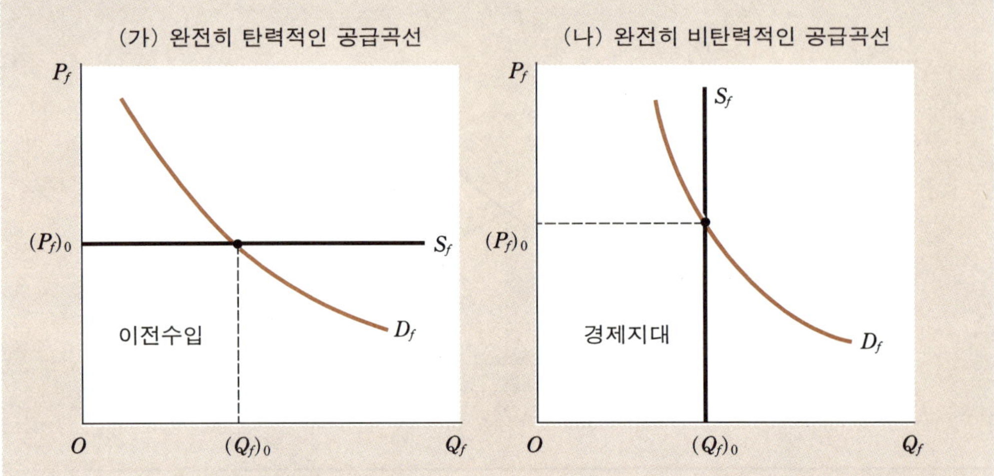

도 요소의 소유자는 전연 공급을 하지 않으므로, 요소소득 전부가 이전수입이며 경제지대는 없다. 반면에 (나)의 경우에는 요소가격이 하락하여도 공급량은 일정하므로, 요소소득은 모두가 경제지대이며 이전수입은 없다. 이처럼 공급이 일정하게 고정되어 있는 생산요소에 대한 보수를 **순수경제지대(pure economic rent)**라고도 부르는데, 고전학파가 말하는 지대가 바로 이것이다.

이상의 분석으로부터 알 수 있는 것은, 어떤 생산요소의 공급이 탄력적일수록 그 요소의 총소득 중에서 경제지대는 작아지고 이전수입은 커진다는 것이다. 반대로 요소의 공급이 비탄력적일수록 경제지대는 커지며 이전수입의 비중은 작아지게 된다.

이제 경제지대의 실례를 두 가지만 들어 보자. 첫째는 도시의 땅 값이다. 예를 들어 서울의 땅의 면적은 고정되어 있는 데 비하여 땅에 대한 수요는 인구 및 소득의 증가와 더불어 커지므로 땅값은 계속해서 상승하게 된다. 이 때 땅값의 대부분은 경제지대의 성격을 가지게 된다. 경제지대의 두번째 예는 정상급 연예인이나 운동선수의 보수가 상당히 높은 것이다. 여기서도 이유는 이들의 공급은 제한되어 있는 데 반하여 수요가 많기 때문이다. 정상급 연예인과 운동선수가 버는 소득의 거의 대부분도 경제지대로 구성되는데, 이들이 연예인이나 운동선수 이외의 다른 직업으로 옮기는 것을 막기 위해 지불하여야 하는 이전수입은 매우 낮을 것이기 때문이다.

16.3 자연자원

지대에 관한 논의를 마치기 전에 여기서는 이와 관련된 문제로 자원경제학에서의 핵심적인 두 가지 논의에 대해 간략히 살펴보기로 하자.[1] 첫째는 소유주가 없는 **공유재산자원**(common property resources)인 공기, 물 등 환경과 공유수면에서의 어(魚)자원의 남용에 대한 것이다.

보기를 들어 기업은 생산활동을 하면서 공유재산자원인 물과 공기 등 자연환경을 오염시킴으로써 외부비경제를 창출하게 된다. 또한, 공해상에서 공유재산자원인 고래를 과잉 남획함으로써 이를 멸종위기로 몰고 가고 있음을 본다. 생물자원인 어자원은 산림자원과 마찬가지로 **재생산가능자원**(renewable resources)이지만 적절한 관리가 수반되지 않는 한 영원히 파괴될 수도 있으므로 적정한 이용이 필수적인데, 공유재산자원의 경우에는 이것이 지극히 어려운 것이다.

만일 우리가 희소한 자원인 공유재산자원에 대해서도 비록 소유주는 없으나 토지의 사용에 대해 지대를 부과하듯 사용료를 매길 수 있다면 그 남용을 크게 줄일 수 있을 것이다. 그리하여 최근에는 정부가 주체가 되어 물과 공기의 오염을 규제하고 있고, 육지에서 200마일의 해상까지는 각국이 관할권을 가지서 어자원의 남획을 규제하고 있다. 이러한 조치는 공유재산자원의 이용을 시장기구에 맡김으로써 발생할 수 있는 자원의 남용에서 초래되는 **공유의 비극**(tragedy of the commons)을 상당한 정도까지 억제할 수 있게 할 것이다.

우리가 둘째로 살펴볼 것은 철, 동, 연 등의 광물자원과 석유, 석탄, 가스 등의 화석연료(fossil fuel)처럼 **재생산불능자원**(nonrenewable resources) 또는 **고갈성자원**(exhaustible resources)의 경우 시간적으로 언제 얼마만큼씩 채취하는 것이 자원을 최적이용하는 것이 되는가 하는 자원경제학의 핵심

---

1) 신의순, 『자원경제학』, 박영사, 1988, 제 1 장.

적인 주제에 대한 것이다. 이 문제에 대해서는 일찍이 호텔링(H. Hotelling)이 분석한 바 있는데, 그는 고갈성자원의 가격상승이 이자율과 일치하도록 자원을 채취하는 것이 가장 바람직하다고 보았다.

보기를 들어 이자율이 연률로 10%라고 하면 자원의 가격도 매년 10%씩 상승하도록 채취하여야 한다. 만일 자원의 가격이 10%보다 더 많이 상승한다면 과잉채취가 일어날 것이고, 덜 상승한다면 과소채취가 발생할 것이기 때문이다. 오직 양자가 일치할 때만이 사회 전체의 입장에서 볼 때 최적 채취가 일어나는 것이 된다.

이처럼 자원의 가격이 이자율과 똑같이 상승하는 것은 자원보존을 촉진시키며, 새로운 공급원의 탐색을 유도하고 대체에너지의 개발을 촉진시킬 것이다. 그러나 원유가격은 현재 그 동안의 인플레이션을 참작하면 1차 석유파동 이전과 별 차이가 없는데, 이는 석유의 남용을 초래하며 새로운 유전의 탐색도 지연시키고 대체에너지의 개발도 늦추는 여러 가지 부작용을 초래하게 된다. 여기서 발견하는 것은 고갈성자원의 사용을 시장기구에 맡기는 것이 오히려 장기적으로 볼 때는 자원의 절약을 초래하며 새로운 공급원과 대체에너지의 개발을 촉진하는 등 여러 가지 바람직한 결과를 초래한다는 점이다.

주요개념

이전수입　파생수요;　경제지대　순수경제지대; 공유재산자원
재생산가능자원　공유의 비극　재생산불능자원　고갈성자원

요　약

1. 지대란 토지의 사용에 대하여 지불한 가격을 뜻한다.
2. 19세기 초 영국에서는 밀의 가격이 높았는데, 이는 토지에 대한 파생수요도 증대시켜서 지대를 상승시켰다. 이 때 밀의 수입을 늘리면 지대도 떨어진다고 리카도는 주장하였다.

3. 어떤 요소가 현재 쓰여지고 있는 용도에서 다른 용도로 옮겨가는 것을 막기 위해 지불해야 하는 그 요소의 보수를 이전수입이라고 한다.

4. 현재는 이전수입 이상을 모두 경제지대라고 부르는데, 이 때 요소소득은 이전수입과 경제지대의 두 부분으로 구성이 된다.

5. 고전학파가 말하는 지대는 공급이 일정한 생산요소에 대한 보수인 순수경제지대를 뜻한다.

6. 도시의 땅값이나 정상급 연예인과 운동선수의 보수는 대부분이 경제지대이다.

7. 공유재산자원의 사용을 정부의 개입없이 시장기구에만 맡기는 경우에는 공유의 비극이 발생한다.

8. 고갈성자원은 그 가격상승률이 이자율과 일치하도록 자원을 채취하는 것이 가장 바람직하다. 이 때 자원보존은 촉진되고 새로운 공급원의 탐색이 유도되며 대체에너지의 개발도 촉진된다.

연습문제

1. 영국에서 이미 고전학파 시절부터 지대에 관한 논의가 활발히 전개된 이유는 무엇인가? 우리 나라에서는 어떠한가?

2. 19세기초 영국에서 밀의 가격이 높았던 것은 지대가 높았기 때문이라는 주장에 대해 논평하라.

3. 영국에서 토지가 밀을 경작하는 이외에 다른 용도가 없었다면 이전수입은 얼마인가?

4. 어떤 생산요소에 대한 시장수요곡선과 시장공급곡선을 그린 후, 이 요소의 보수를 이전수입과 경제지대로 나누어보라.

5. 요소의 공급곡선이 수평선인 경우와 수직선인 경우를 각각 가정할 때, 이 요소의 이전수입과 경제지대의 크기는?

6. 서울의 땅값이 지극히 높으며 정상급 연예인과 운동선수의 수입도 엄청나게

큰 데 그 이유는 무엇이며, 이 요소들의 보수는 이전수입과 경제지대 중 주로 어떤 것이 대부분인가?

7. 공유재산자원의 사용을 시장기구에만 맡기는 경우 어떤 일이 생기는가? 정부는 그 효율적인 사용을 위해 어떤 일을 할 수 있는가?

8. 고갈성자원을 시간에 걸쳐 최적으로 이용하려면 그 가격상승률이 이자율과 같아질 때까지 채취해야만 하는 이유는 무엇인가?

9. 현재 원유의 가격은 인플레이션을 참작하면 1차 석유파동 이전과 별 차이가 없다. 이처럼 석유가격이 장기적으로 일정할 때 초래되는 부작용은 무엇인가?

제 17 장

임 금

제17장에서는 먼저 완전경쟁시장을 가정하고 임금의 결정에 대해 살펴본다. 그리고 나서는 단체교섭, 최저임금제가 있는 불완전경쟁 노동시장의 임금결정을 본다. 임금격차에 대한 설명에서는 특히 개인별로 임금에 격차가 있는 이유를 분석한다.

한국 노동시장의 주요한 특징으로는 자가고용과 이중구조를 살펴본다. 노사관계에 대한 이해를 위해서는 노동관계법의 변천과정, 노동조합, 단체교섭 및 노동쟁의를 살펴본다. 끝으로 민주화 이전까지의 한국의 노사관계의 주요한 특징을 보며, 글로벌경쟁과 지식기반사회에서 바람직한 노사관계의 방향에 대하여도 설명한다.

17.1 완전경쟁하에서의 임금결정

현대 자본주의사회와 전통적인 봉건사회 사이에는 여러 가지 서로 다른 점이 있으나, 그 가운데서도 가장 중요한 것의 하나는 임금을 받고 일하는 임금노동자의 출현이라고 볼 수 있다. 여기서 임금이란 노동을 제공한 대가로 받는 보수로서, 노동이라는 생산요소의 가격이다.

여러 가지 종류의 가격 중에서도 노동의 가격인 임금이 가장 중요하다고 볼 수 있는데, 그 까닭은 대부분의 경우 임금은 가계소득의 주된 원천이기 때문이다.

임금이 어떻게 결정되는가를 분석하기 위하여 우선 가장 단순한 경우인 노동이 거래되는 노동시장이 완전경쟁시장이라고 가정하여 보자. 노동시장이 완전경쟁시장이라고 가정하는 것은, 첫째로 노동시장에 수많은 노동자와 고

그림 17-1 완전경쟁하에서의 일반적인 임금수준의 결정

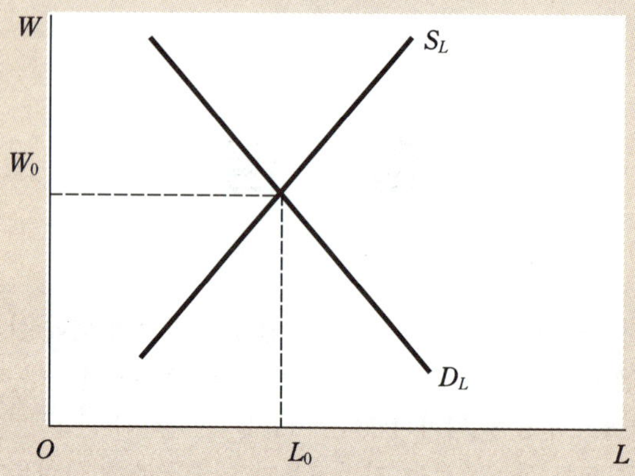

용주가 존재하여 그 중 누구 하나도 노동의 가격인 임금의 결정에 영향을 미칠 수 없다는 것을 의미한다. 둘째로 노동자는 모두가 똑같은 능력을 가지고 있다는 것인데, 이는 동질적인 노동(homogeneous labour)을 가정하는 것이다. 셋째는 노동자들과 고용주들이 노동시장에 관한 완전한 정보를 가지고 있다고 가정하는 것이다.

[그림 17-1]이 노동시장이 완전경쟁시장인 경우의 임금의 결정을 나타낸다. 여기서 종축은 노동의 단위당 가격인 임금(W)을 표시하며, 횡축은 노동의 양(L)을 표시한다. 노동에 대한 수요(D_L)는 이미 앞의 16.2에서 설명한 바와 같이 한계산출물가치(VMP_L)에 의하여 결정되며, 노동의 공급(S_L) 역시 앞의 16.3에서 본 것처럼 임금이 상승할 때 대체효과와 소득효과 가운데 어떤 힘이 더 큰가에 따라서 결정된다. 이제 D_L과 S_L이 만나는 데서 어떤 직종의 균형임금 W_0와 균형수급량 L_0가 결정된다. 즉, 노동시장에서도 가격기구는 똑같이 작용한다.

17.2 불완전경쟁하에서의 임금결정

앞에서는 어떤 직종에 대한 노동시장이 완전경쟁시장이라고 가정하고 임금의 결정에 관하여 살펴보았다. 그러나, 현실적으로는 노동시장은 불완전경쟁시장이다. 현실적인 노동시장이 불완전경쟁시장인 것을 나타내는 몇 가지 예를 들어 보면, 첫째로 노동자들은 **노동조합**(labour unions)을 조직하여 노동의 공급에 영향을 준다. 둘째로 정부는 **최저임금제**(minimum wage legislation)를 설정하고 있다. 셋째로 직종간의 노동이동에는 여러 가지 제약점이 있으며, 넷째로 노동자들은 불충분한 시장정보를 가지고 있고, 다섯째로 노동의 질은 서로 다르다는 것(heterogeneous labour) 등을 들 수 있다. 아래에서는 노동시장이 불완전경쟁시장인 경우에 임금이 어떻게 결정되는가를 예시적으로 보이기 위하여 **단체교섭**(collective bargaining), 최저임금제 및 **임금격차**(wage differentials) 등에 관하여 차례로 살펴보기로 한다.

단체교섭

임금의 결정에 관한 단체교섭설에 의하면 임금은 사용자와 노동자 사이의 교섭력 또는 세력에 따라서 결정된다고 본다. 즉, 단체교섭설이 설명하려고 하는 것은 노동조합이 있을 때 임금은 어떻게 결정이 되는가 하는 것이다. 여기서 교섭력(bargaining power) 또는 세력(power)이란 상대방이 필요로 하는 것을 주지 않을 수 있는 능력을 말한다. 따라서, 노동자의 교섭력 또는 세력은 노동의 공급을 유보할 수 있는 힘[1]에 비례하며, 사용자의 세력은 기존의 생산시설을 가동시켜야 하는 필요성에 반비례한다. 이처럼 단체교섭설이 전통적인 한계생산력설과 다른 점은, 각 노동시장에서의 임금의 결정이 노동의 한계생산성이 아니고 교섭당사자 사이의 교섭력 또는 세력에 의하여 이루어진다고 보는 데 있다.

이 때 노동의 수요곡선과 공급곡선은 [그림 17-2]가 보이는 것처럼 한 개

1) 예를 들면, 파업이 계속되는 동안 임금을 받지 못하는데, 임금을 받지 않고도 얼마나 버틸 수가 있는지가 그것이다.

그림 17-2 단체교섭설에 의한 임금의 결정

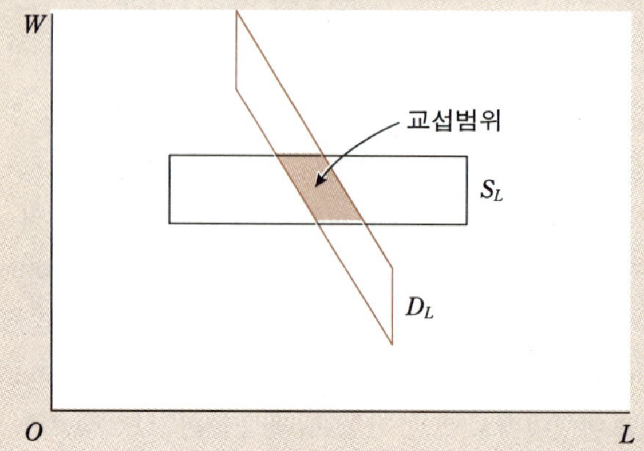

의 직선이 아니라 넓은 지대를 이루고 있다. 여기서 종축은 임금을 표시하며, 횡축은 노동조합에 의하여 조직된 노동의 양을 나타낸다. S_L과 D_L이 서로 만나는 데서 마름모꼴의 교섭범위가 생긴다. 그런데 이 교섭범위는 기본적으로는 노동의 한계생산성에 의하여 그 범위가 결정이 되겠으나, 임금은 이 주어진 범위내에서 교섭당사자들의 교섭력 또는 세력에 의하여 결정된다.

한계생산성에 의한 임금결정이론은 노동조합이나 단체교섭과 같은 제도적인 측면을 무시하는 취약점을 지니고 있다. 그러나, 현실적으로 보면 임금은 한계생산성과 같은 경제적인 요인 이외에 단체교섭과 같은 제도적인 요인이 함께 작용하여 결정된다고 보아야 할 것이다.

최저임금제

최저임금제란 정부가 제도적으로 임금의 하한선을 정하여 그 이하로 임금이 하락하는 것을 규제하는 제도인데, 이것도 노동시장을 불완전하게 만드는 요인 가운데 하나이다. 최저임금제의 목적은 생계비 이하의 낮은 임금을 받는 노동자들의 임금을 인상시킴으로써 저임금에 시달리는 노동자들의 후생수준을 높이는 데 있다. 최저임금제는 1894년에 뉴질랜드에서 처음으로 실시하기 시작하였는데, 그 후 영국은 1909년에, 미국은 1938년에 이 제도를 채택하

그림 17-3 최저임금제의 영향: 완전경쟁 노동시장의 경우

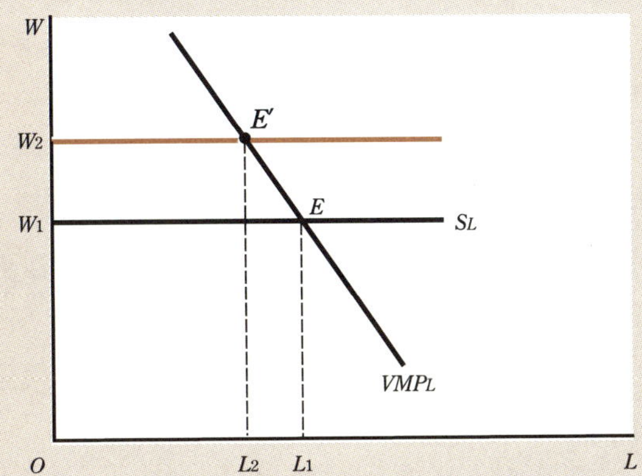

였으며, 현재 많은 나라들이 이를 실시하고 있고, 우리 나라도 매우 늦었지만 1988년 1월부터 최저임금제를 실시하고 있다.[2)]

[그림 17-3]에서는 노동시장이 완전경쟁시장일 때 최저임금제가 도입되면 어떠한 영향을 미치는가를 보여 준다. 원래의 균형점은 $VMP_L = S_L$이 되는 점 E이며, 이 때의 임금은 W_1, 고용량은 L_1이다. 이제 W_2의 임금수준이 최저임금으로 지정이 되면 임금은 W_1에서 W_2로 오르나 고용량은 L_1에서 L_2로 줄어든다.

임금격차

만일 노동시장이 완전경쟁시장이라면 모든 노동자가 동질적이므로 노동자 개인별, 직종별, 산업별 그리고 기업별 등의 어떤 형태로든 간에 임금격차는 존재할 수 없을 것이다. 그러나, 현실을 보면 임금격차가 노동자 개인간에, 직종간에, 산업간에 그리고 기업간에 엄연히 존재하고 있다. 이처럼 갖가지의 임금격차가 존재하므로, 한 나라 노동시장 전체를 대상으로 하는 일반적인 임금수준(the general wage level)의 개념은 구체적인 뜻을 가지기가 어렵다. 여기서는 여러 가지 형태의 임금격차 가운데서 개인별 임금격차에

2) 우리 나라의 최저임금제에 대한 자세한 설명은 앞의 5.3을 참조할 것.

대하여 살펴보기로 한다.

개인별 임금격차(personal wage differentials)는 노동자들의 사람별 임금의 차이를 말한다. 즉, 동일한 산업, 동일한 기업 및 동일한 직종에 종사하는 경우에도 노동자 개인별로 임금격차가 존재함을 늘 볼 수 있는 것이다. 이러한 개인별 임금격차는 노동자 개개인의 학력, 근속년수, 선천적인 능력 및 성에 의하여 결정된다.

우리 나라의 학력별 임금격차를 보면 남자 고졸 임금수준을 100으로 놓을 때 1999(1980)년의 중졸 이하 임금은 93(83)이었고, 초급대학 졸업자 임금은 104(134)이며 대졸 임금은 141(193)이었다.[3)] 즉, 학력별 임금격차는 크게 축소된 것을 알 수 있다.

개인별 임금격차는 보통 **인간자본이론**(human capital theory)에 의하여 설명된다. 이에 의하면 어떤 개인이 축적한 인간자본의 양에 의하여 그의 한계생산성이 결정되고, 이 한계생산성에 따라서 임금이 결정된다고 본다.

다시 말해서 어떤 개인이 교육 또는 현장훈련을 받는 것은 인간자본에 대해서 투자(investment in human capital)하는 것이 되는데, 이는 그의 인간자본량(human capital stock)을 증대시킴으로써 생산성을 높이고 따라서 소득을 증대시키므로 이러한 개인별 인간자본에 대한 투자의 차이가 임금격차를 초래하게 된다는 것이다.

17.3 한국의 노동시장과 노사관계

노동시장

총인구는 15세 미만 인구와 15세 이상 인구로 나눌 수 있는데, 15세 이상 인구가 노동가능인구가 된다. 이 15세 이상의 노동가능인구 중에서 주부, 학생 등의 **비경제활동인구**를 제외한 나머지가 **경제활동인구**(economically active population) 또는 **노동력**(labor force)이 된다.

---

3) 통계청, 「한국통계연감」, 2000.

경제활동인구 또는 노동력은 취업자와 실업자로 구성이 된다. 취업자란 고용에 관한 조사가 실시되는 1주일 동안 1시간 이상 수입이 있는 일에 종사한 사람이라고 규정되며, 실업자란 일자리가 없어 직장을 찾고 있는 자로 정의된다. 이 때 **경제활동참가율**(labour force participation rate)은 경제활동인구, 즉 노동력을 15세 이상 인구로 나눈 값이다. 한편 **실업률**은 실업자의 수를 경제활동인구로 나눈 값이다.

우리 나라의 경우 2001년 현재 15세 이상 인구는 약 3천6백48만명이다. 한편 15세 이상 인구 가운데서 경제활동인구가 차지하는 비율인 경제활동참가율은 60.8%이었다. 또한 실업자의 수를 경제활동인구로 나눈 실업률은 3.7%이었다. 2001년 현재 우리 나라의 취업자 총수는 약 2천1백36만명이었다.[4] 이상에서 말한 식으로 실업률을 측정하는 것을 보통 **노동력접근법**(labour force approach)이라고 부른다.

그런데, 우리 나라의 노동시장은 선진국과는 달리 고용형태가 피고용자로 대부분 구성되어 있는 것이 아니라 **자가고용**(self-employment) 역시 상당한 비중을 차지하고 있다.[5] 즉, 농업부문과 서비스업부문에서는 자가고용이 지배적인 형태를 이루고 있다.

또한 IMF사태 이후 임금근로자 가운데 상용에 비해 임시와 일용이 크게 늘어나 고용의 불안정성이 현격히 증대되었다. 2001년의 경우 피용자 총수는 1,334만명인데 상용, 임시, 일용이 각각 650만명, 460만명 및 224만명이었다.

이 밖에도 비효율적이며 불건전한 노동의 활용도 커다란 문제인데 2001년 현재 총취업자 중 20%인 420만명이 제조업부문에 취업하고 있는 반면에, 도·소매 및 음식·숙박업에는 이보다 훨씬 많은 27%에 달하는 582만 명이 일하고 있다. 아울러 유흥업소에 젊은 여성층의 적지 않은 비율이 종사하고 있는 현실은 경제적인 측면을 떠나서 사회적으로도 심각한 문제이다.

우리 나라의 노동시장은 또한 이중구조를 보이고 있다. 노동시장에서의 이중구조는 두 가지 형태로 나누어 볼 수 있는데, 첫째는 도시의 공식부문 또는 현대부문과 **비공식부문**(urban informal sector) 사이의 이중구조이다. 여기서 공식부문이란 근대적인 생산양식과 생산조직에 기초하고 있는 부문을

4) 노동부, 「2001 노동백서」, 2002.7.

5) 2001년의 경우 총취업자 가운데서 자영업주와 무급가족종사자로 구성된 비임금근로자의 비중은 37.6%이었으며, 임금근로자는 나머지인 62.4%이었다.

말하며, 비공식부문이란 생산양식, 생산조직, 규모 및 기술수준 등이 크게 낙후되어 있는 전통부문을 뜻한다. 보기를 들면, 영세한 자영업주나 영세한 소기업이 여기에 속하는데, 이러한 도시의 비공식부문에 취업하고 있는 사람들의 소득수준은 낮고 고용상태도 불안정하며 작업조건도 열악하다.

둘째로, 노동시장의 이중구조는 노동시장을 **1차적인 노동시장(primary labour market)**과 **2차적인 노동시장(secondary labour market)**으로 나눔으로써도 나타낼 수 있다. 여기서 1차적인 노동시장이란 고용주가 대기업이며, 고용의 안전성이 보장되고, 승진의 가능성이 높고, 임금도 높으며, 작업환경도 좋은 부문이다. 반면에 2차적인 노동시장이란 고용주가 중소기업이며, 고용의 안전성이 결여되어 있고, 비숙련노동이 주가 되며 임금도 낮고, 작업환경도 좋지 않은 부문이다. 이처럼 1차적인 노동시장은 2차적인 노동시장에 비하여 모든 면에서 우월한데, 이 두 노동시장 사이에는 여러 가지 면에서 노동이동의 제약이 존재한다.

한국의 노사관계

(1) 노동관계법

노사관계(industrial relations)란 노동문제에 관련이 있는 3주체 또는 당사자들인 노동조합(근로자), 사용자, 정부 간의 상호관계와 이에 대한 규칙이나 제도 등을 말한다.

그런데 한국의 노사관계를 이해하기 위해서는 먼저 노사관계의 토대가 되는 노동관계법에 대하여 살펴볼 필요가 있다. 1948년의 제헌헌법은 노동자의 단결권, 단체교섭권 및 단체행동권 등 **노동3권**을 보장하였다. 이어서 1953년에는 이를 뒷받침하는 세부적인 노동4법을 제정하였는데 노동조합법, 노동쟁의조정법, 노동위원회법 및 근로기준법이 그것이다.

1961년의 군사혁명 이후에는 노동조합운동을 규제하는 방향으로 노동관계법의 개정이 행해졌다. 특히 1971년 12월 27일에 제정된 "국가보위에 관한 특별조치법"은 노조활동을 더욱 억누르기 위하여 단체교섭 및 단체행동을 규제하였다.

그 후 1981년 12월에는 노동3권을 다시 보장하는 노동관계법의 개정이 이루어졌다. 이 때 기존의 노동조합법, 근로기준법, 노동쟁의조정법 및 노동위원회법의 개정 이외에 노사협의회법을 새롭게 독립법으로 제정하였다.

노사협의제는 1963년에 처음 도입되었는데, 근로자가 기업의 경영상의 의사결정에 발언권을 가지는 근로자의 경영참가의 한 방법이다. 즉, 노사협의제는 노사협의기구를 통하여 경영자와 종업원 사이의 의사소통을 원활히 하고 근로자의 경영참가의식을 고취함으로써 노사협력체제를 확립하기 위한 것인데, 1980년에는 노사협의회법이 독립적으로 제정되기에 이른 것이다.

이어서 1987년 10월에 노동관계법의 상당한 개정이 이루어졌는데, 그 기본방향은 보다 민주적인 노사관계를 확립하는 것으로서 1960년대 초 이후의 여러 차례의 법개정에 비하여 가장 획기적인 것이었다.

IMF사태 이후 **노사정위원회**를 구성하여 '98년 5월 건국이래 최초로 **사회적 합의**를 도출하였다. 주요 내용은 **노동시장의 유연성**(labor market flexibility)을 증대시키기 위하여 "긴박한 경영상의 필요"가 있을 때 근로자를 해고할 수 있는 **고용조정제**[6]를 도입하였다. 또한 공무원 · 교원노조의 허용, 노조의 정치활동 및 민주노총(전국민주노동조합총연맹)을 합법화하였다.

(2) 노동조합, 단체교섭 및 노동쟁의

① 노동조합

앞에서는 한국의 노사관계를 이해하는 데 토대가 되는 노동관계법의 변천 추이에 대하여 살펴보았다. 이제 여기서는 노사관계에 있어서 근로자를 대표하는 노동조합에 대하여 살펴본 후, 노사간의 단체교섭 및 단체교섭이 결렬되었을 때 일어나는 노동쟁의와 그 조정에 관하여 차례로 살펴보기로 하자.

노동조합이란 근로자가 주체가 되어 자주적으로 단결하여 근로조건의 유지, 개선과 근로자의 복지증진, 기타 경제적 · 사회적 지위의 향상을 도모함을 목적으로 조직하는 단체 또는 그 연합단체를 말한다(노동조합법 제3조).

노동조합의 조직체계를 보면 현재 우리 나라는 대부분 기업별 노조를 단위조합으로 하고 있다. 그러나, 기업별 노조 이외에 산업별 전국조합 또는 산별노조와 산업별 전국노조연맹이 있다.

한편, 어느 나라에서나 산업별 전국조합과 전국노조연맹의 상위 단체로서 전국의 전산업에 걸친 전국 중앙조직을 가지고, 전국 전 산업에 관한 최고위 노동관계정책에 대해 정부, 입법부, 사용자단체 등과 교섭 또는 활동을 전개

6) 일본식 표현은 정리해고이다.

하게 되는데, 우리 나라에서는 한국노동조합총연맹(한국노총)과 민주노총이 이를 담당하고 있다. 이 둘은 모든 조직근로자의 최고위기구로서 노동문제와 노사관계에 관한 한 노동조합을 대표하는 역할을 수행한다.

이상에서 우리는 노동조합의 조직체계에 대하여 살펴보았다. 그런데 '90년이후 노조조직률은 감소추세를 나타내 2000년말 현재 피용자 총수 가운데서 노조를 조직할 수 있는 조직가능 근로자의 수를 조합원의 수인 153만 명으로 나눈 **노조조직률**은 12.0%에 이르렀다. 또한, 노동조합의 수는 같은 해에 모두 5,698개 이었다. 미국의 경우를 보면 1950년대 초 노조조직률이 25%였으나, 1990년 현재 16% 수준으로 떨어졌다. 이는 노조의 조직이 용이한 제조업의 비중이 줄고 서비스업의 비중이 증가한 데 주로 기인한다.

② 단체교섭 및 노동쟁의

단체교섭(collective bargaining)이란 근로자 단체인 노동조합과 사용자(또는 그 단체)가 임금, 노동시간, 근로조건 등에 관한 결정을 내리기 위하여 행하는 교섭이다. 단체교섭의 결과는 **단체협약**으로 체결된다. 그런데 법에 의해 단체교섭과 노사협의회에서 결정할 사항이 구별되어 있는데, 단체교섭은 임금, 노동시간, 근로조건 등 노사간에 이해가 대립되는 것을 다루게 되어 있고, **노사협의회**에서는 생산성의 향상, 근로자 복지, 고충의 처리 등이 주된 대상이다.

노사 양당사자는 각각 **파업**(strike)과 **직장폐쇄**(lock out)와 같은 쟁의행위를 최후 무기로 하여 단체교섭을 하게 된다. 우리 나라는 그 동안 파업이 초래하는 경제적인 손실 측면만을 지나치게 강조하였고, 파업의 가능성이 있으므로 해서 오히려 협상이 성공할 수 있는 측면은 과소평가하여 왔다.

만일 노동조합이 단체교섭을 통해 단체협약의 체결에 실패하면 분쟁상태로 들어가게 되는데, 이를 해결하기 위하여 정부가 개입하는 것이 노동쟁의 조정과정이다. 그러나 이렇게 해서도 합의에 도달하지 못하면 노사양측은 파업이나 직장폐쇄와 같은 실력행사에 들어가게 된다.

한국의 노동쟁의조정법은 노사간에 단체교섭이 결렬되면 **노동쟁의**가 발생한 것이 되며, 즉시 이를 신고하도록 되어 있고, 그 후 일정기간(일반사업 10일, 공익사업 15일) 동안을 **냉각기간**으로 두며 이 때 조정과정을 밟게 된다. 만일 이 조정이 실패할 경우 노조는 조합원 과반수 이상의 찬성으로 파업에 들어갈 수 있다. 그러나, 최근까지도 산업생산의 중단이라는 측면을 중시하여 정부가 강제중재를 하는 경우가 많았다. 하지만 노사간에 분쟁을 자율적으로 해결한다는 관점에서 볼 때는 노조가 파업이라는 최후의 실력행사를 할 수 있는 가능성을 부여함으로써 오히려 단체교섭기능을 회복하는 것이 중요하다.

이제 그러면 한국의 노사분규에 대하여 살펴보기로 한다. 노사분규는 노사관계가 있는 곳에서는 어디에서나 필연적으로 발생하게 마련이다. 그 동안 우리는 경제성장과 안보를 중시하여 노동쟁의와 쟁의행위를 사회적으로 죄악시하는 경향이 있었다. 따라서, 노사분규는 정부개입으로 신속하게 해결되는 것이 관례가 되어와 노사간 자율적인 분규조정의 경험을 축적할 수 없었다. 그 결과 근로자의 불만은 축적되었고 정치적인 민주화를 계기로 노사분규가 폭발하였다.

즉, 1975~1986년에 연평균 100~300건이던 노사분규가 1987년에는 3,749건이나 발생하였던 것이다. 이는 그 동안 임금, 작업환경 등의 측면에서 불만이 많았으나 단체교섭권과 단체행동권이 제약되어 있어서 근로자들의 권리행사가 위축되었기 때문이다. 노사분규의 주된 원인은 1987년의 경우 전체 분규건수의 약 70%가 임금인상을 요구하는 것으로 보아 그 동안의 저임금에 대한 누적된 불만이 일시에 분출된 것으로 생각된다. 한편, 집단행동의 유형을 보면 1987년의 경우 과격한 형태인 농성이 전체의 65%를 차지하고 있다. 바람직한 앞으로의 방향은 불법적인 노사분규가 이처럼 일시에 분출되도록 방치하지 말고 단체교섭권과 단체행동권을 보장하여 늘상 노사간에 자율적으로 합법적인 절차에 따라서 분쟁이 조정될 수 있도록 만드는 것이다.

그 후 노사분규의 발생건수는 급속히 줄어들었고 특히 1990년대에 들어오면서는 노사분규의 양상도 온건해졌으며 합법적인 절차에 따라 노동쟁의를 벌이는 것이 확산되었다.

그러나 외환위기 이후 강도 높은 구조조정이 추진되면서 대량실업이 발생하자 노사분규가 다시 증가하였다. 즉 '97년에 78건이던 것이 2000년에는 250건으로 늘어났고, 2001년에는 235건으로 다소 주춤하였다. 2001년의 분규참가자수는 8만 9천명이었으며, 근로손실일수는 1,083일이었다.

'96년에 대해 분규로 인한 근로자 1천명당 손실일수를 주요국과 비교해 보면 한국이 68.5일인 데 비하여 독일 3.1일, 대만 2.0일, 일본 0.8일 및 싱가폴 0일이었다. 바로 이것이 외국투자가들이 한국의 노사관계를 적대적이고 전투적(hostile and militant)이라고 생각하는 까닭이다. 그리하여 스위스의 국제경영개발원(IMD)이 조사한 노사관계의 국제경쟁력 순위는 '99년에 47개국 중 46위로 최하위에 머물렀다.

정부 당국은 경제위기로 인한 실업자의 급증에 대처하기 위하여 **사회안전망**(social safety net)의 구축을 서둘렀다. 그리하여 '99년 10월부터 **고용보험제**를 1인 이상 사업장으로 크게 확대하였다. 이 밖에 2000년부터 산재보험과 국민연금 등 여타 사회보험도 근로자 1인 이상 사업장으로 확대 적용되었다. 같은 해에 또한 **국민기초생활보장제**를 시행하여 빈곤계층에게 최저생활수준을 할 수 있게끔 하였다.

(3) 한국의 노사관계

위에서 우리는 한국의 노사관계를 이해하는 데 기초가 되는 노동관계법, 노동조합, 단체교섭 및 노동쟁의조정 등에 관하여 살펴보았다. 그 과정에서 이미 노사관계의 상당 부분이 언급되었으나 여기서는 몇 가지 추가적인 사항을 지적하고자 한다.

한국의 1987년 이전까지의 노사관계는 대체로 다음의 몇 가지 특징을 지니고 있었다. 첫째는 노사간의 세력이 불균형을 나타내고 있었다는 점이다. 이를 바로 잡기 위하여 건전한 노동조합의 육성이 필요하였고 노조의 운영에 있어서도 민주화가 요청되었다. 둘째는 노사간의 문제가 자율적으로 해결되는 경험이 축적되어 있지 못하였고 정부의 개입에 의존하여 노동쟁의를 조정하는 경우가 많았다. 이를 고치기 위해서는 단체교섭의 활성화가 필요하였다. 셋째는 기업별 노동조합이 주축이 되어 있어서 사용주와의 교섭에 있어 교섭력이 약했다. 넷째는 노사간의 대립을 죄악시하고 안보와 성장을 위하여 노사협조만을 일방적으로 중시하였다. 그러나 노사관계의 바람직한 구축을 위해서는 노사가 대등한 위치에 서서 자율적인 단체교섭을 통해 문제를 원만히 해결해 나가야만 하는 것이다. 다섯째로 노사 양측을 보면 특히 사용자들은 권위주의적이고 가부장적인 노사관을 그대로 가지고 있었다.

그러나 1987년 이후 한국의 노사관계는 바람직한 방향으로 괄목할 만한 진전을 이루었다. 노사간에 비교적 대등한 입장에서 단체교섭을 통해 이해가 상충되는 문제를 자율적으로 해결하는 경험도 상당히 축적되었고, 그 과정에서 전처럼 선 농성 후 협상이 아니라 단체교섭이 결렬되면 노동쟁의 발생신

고를 하고 쟁의행위에 들어가는 합법적인 관행도 널리 확산되었다. 또한 외환위기 이후 노동부문의 개혁으로 노동시장의 유연성도 높아졌다.

이제는 글로벌 경쟁의 심화와 지식기반사회로의 이행 등 급속한 경제환경의 변화에 대응하여 종래의 임금과 단체협약을 중심으로 근로자와 사용자가 대립과 투쟁을 일삼는 데서 벗어나, 생산성향상을 위해 노사가 함께 협력하는 새로운 노사관계를 구축할 필요성이 절실한 단계에 이르렀다. 원만한 노사관계의 구축은 우리가 선진국이 되기 위해 반드시 이룩해야 할 주요한 과제이다.

주요개념

노동조합 최저임금제 단체교섭 개인별 임금격차
인간자본이론; (비)경제활동인구 경제활동참가율 실업률 노동력접근법
자가고용 비공식부문 1차적(2차적)노동시장 노사관계 노동 3 권
노사정위원회 사회적 합의 노동시장의 유연성 고용조정제 노조조직률
단체협약 노사협의회 파업 직장폐쇄 노동쟁의 냉각기간
구조조정 사회안전망 고용보험제 국민기초생활보장제

요 약

1. 임금의 결정에 관한 단체교섭설에 의하면 임금은 한계생산성이 아니라 사용자와 노동자 사이의 교섭력 또는 세력에 따라서 결정된다.

2. 최저임금제란 정부가 임금의 하한선을 정하여 그 이하로 임금이 하락하는 것을 규제하는 제도인데, 노동시장이 완전경쟁시장일 때는 고용량을 줄일 수 있다.

3. 노동시장이 완전경쟁시장이라면 모든 노동자가 동질적이므로 노동자 개인별, 직종별로 임금격차가 존재할 수 없으나 실제로는 엄연한 격차가 존재하고 있다.

4. 개인별 임금격차는 개인별 임금의 차이인데, 인간자본이론이 이를 설명하는 한

가지 가설이다.

5. 한국의 노동시장은 자가고용이 상당한 비중을 차지하며, 도시의 공식부문과 비공식부문 간에, 그리고 1차적인 노동시장과 2차적인 노동시장 간에 2중구조가 존재하는 특성을 지니고 있다.
6. 노사관계란 노동문제에 관련이 있는 세 주체인 노동조합, 사용자, 정부간의 상호관계를 뜻한다.
7. 외환위기 이후 노사정위원회를 통한 사회적 합의를 거쳐서 노동시장의 유연성을 높이는 고용조정제를 도입하였다.
8. 노동조합이란 근로자가 단결하여 근로조건의 개선, 근로자의 복지증진 등을 도모하기 위하여 조직한 단체인데, 기업별노조, 산업별 전국조합, 산업별 전국노조연맹 및 전국 중앙조직의 체계를 이루고 있다.
9. 단체교섭이란 노동조합과 사용자가 노사간에 서로 이해가 대립되는 임금, 노동시간 및 근로조건 등에 관한 결정을 내리기 위하여 행하는 교섭인데, 그 결과는 단체협약으로 체결된다.
10. 한편, 노사협의회에서는 생산성향상, 근로자 복지 및 고충처리 등을 협의하는데 이는 노사간에 의사소통을 원활히 하고 근로자의 경영참가의식을 고취함으로써 노사협력체제를 확립하는 것을 목적으로 한다.
11. 노사간에 단체교섭이 결렬되면 노동쟁의가 발생한 것이 되며 즉시 이를 신고하여야 한다. 그 후 일정기간 동안을 냉각기간으로 두며 이 때 정부에 의한 노동쟁의조정과정이 있게 된다. 만일 이 조정도 실패하는 경우에는 노조는 조합원 과반수 이상의 찬성으로 파업에 들어갈 수 있다.
12. 한국의 노사관계는 1987년 이전까지는 노사간의 심한 불균형, 사용자들의 권위주의적이고 가부장적인 노사관, 안보와 성장을 우선시하여 노사분규를 죄악시하였으며, 노사간 자율적인 문제해결경험의 결핍 등의 특징을 지니고 있었다.
13. 그러나 1987년 이후 노사간에 단체교섭을 통해 자율적으로 문제를 해결하는 경험이 크게 축적되었고, 노사분규도 진정되었으며 쟁의행위에 있어서도 합법적인 절차를 따르는 등 노사관계가 바람직한 방향으로 괄목할 만한 변화를 보였다.

14. 앞으로의 노사관계는 급속한 경제환경의 변화에 대응하여 노사간에 임금 및 단체협약을 중심으로 대립과 투쟁을 일삼는 데서 벗어나, 생산성향상을 위해 노사가 함께 협력하는 새로운 노사관계가 구축되어야 한다.

연습문제

1. 노동시장이 완전경쟁시장이기 위해 충족되어야 하는 조건은 무엇인가? 현실에서 이러한 조건은 충족될 수 있는가?
2. 최저임금제는 오히려 정부가 보호하려고 하는 저임금근로자에게 피해를 줄 수도 있다는 말의 뜻은 무엇인가?
3. 개인별 임금격차를 일으키는 주요한 요인은 무엇인가? 한국의 학력별 임금격차는 얼마나 되며 그 추세는?
4. 한국의 노동시장의 주요한 특징은 무엇인가?
5. 유럽연합(EU)의 실업률이 미국에 비해 2배나 되는 주요한 요인은 무엇인가?
6. 외환위기 이후 추진된 노동개혁에서 노동시장의 유연성을 높이기 위해 도입된 주요한 조치에는 어떠한 것들이 있는가?
7. 노조가 합법적으로 파업에 들어갈 수 있는 과정을 설명해보라.
8. IMD가 조사한 한국의 노사관계의 국제경쟁력은 최하위에 머물렀다. 그 주요한 영향은 무엇인가?
9. 글로벌 경쟁과 지식기반사회에서 종래의 대립적 · 소모적 노사관계가 새로운 협력적 관계로 바뀌어야만 하는 주요한 이유는?
10. 경제위기 이후 실업의 급증에 대처하기 위해 정부가 도입한 주요한 사회안전망은 무엇인가?

제 18 장

이자와 이윤

제18장에서는 자본의 가격인 이자에 대하여 설명한다. 이를 위해 자본의 한계효율, 장래소득의 현재가치, 이자율과 자본의 한계효율 사이의 관계 등에 대하여 차례로 살펴본다. 기업가의 보수인 이윤에 대해서는 암묵적인 요소수입, 혁신, 위험과 불확실성에 대한 보수로 보는 견해를 차례로 살펴본다. 분배의 이론에 대한 비판과 검증에서는 전통적인 분배이론이 미시적인 요소가격은 잘 설명하나 거시적인 분배 몫의 결정은 제대로 설명하지 못한다는 것을 지적한다.

18.1 이 자

자본의 생산성

생산요소는 크게 두 가지 부류로 나눌 수 있다. 하나는 토지 및 노동과 같이 그 공급량이 비경제적인 요인에 의하여 결정되며 고정되어 있는 것으로서, 이를 원천적인 생산요소(primary factors of production)라고 부른다. 다른 하나는 **자본**(capital) 또는 **자본재**(capital goods)로서, 이는 최종재를 만들기 위하여 원천적인 생산요소인 노동과 토지를 사용하여 경제제도 안에서 생산된 중간재(intermediate goods) 또는 "생산된" 생산요소(produced factors of production)이다.

생산요소를 이처럼 원천적인 생산요소와 생산된 생산요소의 두 부류로 나누면, 이에 따라서 생산방법도 직접적인 생산방법(direct methods of production)과 간접적인 또는 **우회적인 생산방법**(indirect or roundabout methods of production)의 둘로 분류할 수 있다. 여기서 직접적인 생산방법이란 원천적인 생산요소인 토지와 노동만을 사용하여 소비재를 생산하는 것을 가리키며, 간접적인 또는 우회적인 생산방법이란 원천적인 생산요소를 사용하여 우선 자본재를 만들고 이 자본재를 사용하여 소비재를 만드는 생산방법을 말한다.

이제 문제는 원천적인 생산요소만을 사용해서도 소비재를 직접 만들 수 있는데, 왜 간접적인 또는 우회적인 생산방법을 보통 사용하는가란 의문이다. 이에 대한 해답은 직접적인 생산방법에 비하여 우회적인 생산방법이 미래에 더 많은 소비재를 생산할 수 있게 한다는 것은 단순히 기술적인 사실(technological fact)이라는 것이다.

이러한 뜻에서 우회적인 생산방법은 직접적인 생산방법보다 더욱 효율적이라고 볼 수 있으며, 또한 자본 또는 자본재는 생산적이라고 할 수 있는 것이다. 이 때 우회적인 생산방법과 직접적인 생산방법에 의한 생산량의 차이가 자본의 생산성을 재는 지표가 될 것이다. 구체적으로 말하면 자본(재)의 효율 또는 생산성은, 자본(재)에 대한 감가상각을 공제한 후에, 자본(재)에 의하여 초래되는 소득의 흐름을 자본(재) 단위당 퍼센트율로 나타낸 것이다. 예를 들면, 어떤 자본재의 가격이 P원이며, 이 자본재에서 흘러 나오는 연소득

그림 18-1 자본의 한계효율곡선

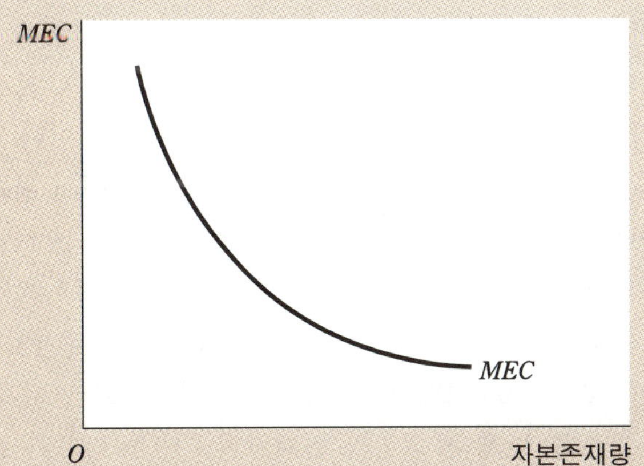

이 X원이라면 $\frac{X}{P}$가 자본(재)의 생산성을 연율로 표시한 것이다.

자본(재)의 생산성을 나타내기 위하여 우리가 흔히 사용하는 개념이 **자본의 한계효율**(marginal efficiency of capital; *MEC*)이다. 한 나라는 각양 각색의 공장과 기계설비를 가지고 있으므로 이를 모두 합하여 나라 전체의 **자본존재량**(capital stock)을 계산하는 것에는 현실적으로 많은 어려움이 있으나 단순화를 위하여 어떤 나라 전체의 자본존재량을 알고 있다고 하자. 이 때 만일 나라 전체의 자본존재량이 증가한다면 이에 따라서 자본의 생산성도 변동할 것이다. 여기서 자본의 생산성을 나타내는 자본의 한계효율(*MEC*)은 맨 끝 단위의 자본존재량에 대한 수익률로 정의된다. 만일 기술수준이 일정하며 토지 및 노동의 양도 고정되어 있을 때, 자본존재량이 증가하면 수확체감현상 때문에 *MEC*는 떨어지게 된다. [그림 18-1]이 이를 보여 준다. 여기서 종축은 *MEC*를 표시하며, 횡축은 자본존재량을 나타낸다. 자본존재량이 증가할수록 추가로 자본존재량을 한 단위 늘리는 데서 나오는 수익률인 *MEC*는 수확체감현상 때문에 감소한다는 것을 앞의 *MEC*곡선은 보여 주고 있다.

장래소득의 현재가치

자본(재)의 생산성과 자본재의 가격 사이에는 어떠한 관계가 있는가? 자본(재)의 생산성은 이미 본 바와 같이 장래의 소득의 흐름(future income stream)으로 표시되므로, 이 문제에 답하기 위해서는 우선 장래의 소득의 흐름을 어떤 공통의 기준을 가지고 평가할 수 있어야 한다. 즉, 어떤 자본재를 구입하면 이로부터 매년 소득의 흐름이 파생되는데, 예를 들어 올해의 100원과 10년 뒤의 100원은 그 가치가 다르므로 보통 현재의 시점을 공통의 기준으로 삼아서 장래소득의 흐름을 환산할 필요가 있는 것이다.

이와 같이 장래에 받을 어떤 금액을 현재의 시점에서 평가한 가치를 **현재가치**(present value; *PV*)라고 부르며, 현재가치를 구하는 것을 **할인**(discount)한다고 말한다. 제일 단순한 예부터 들어 보기로 하자. 이자율이 연 5%일 때, 지금으로부터 1년 후에 받을 1,000원의 현재가치는 얼마인가? 이를 계산하면 1,000/1.05=952.4원이 된다. 일반적으로 연이자율이 i%일 때 지금으로부터 1년 후 받게 될 X원의 현재가치(*PV*)는 다음과 같이 계산할 수가 있다.

$$PV=\frac{X}{(1+i)}$$

한편, 지금으로부터 t년 후에 받을 X원의 PV는 이자율이 i일 때,

$$PV=\frac{X}{(1+i)^t}$$

즉, 장래에 받을 일정한 금액의 현재가치는 만기일이 멀수록 그리고 이자율이 높을수록 작아진다는 것을 알 수 있다.

위에서는 단순히 장래에 단 한 번만 일정한 금액을 받는다고 전제하고 이의 현재가치를 산출하였다. 이제 어떤 장래소득의 흐름이 있을 때 현재가치를 보자. 가정하기를 일정한 금액을 앞으로 영구히 매년 받는다고 할 때 현재가치는 어떻게 산출할 수 있는가를 살펴보자. 예를 들어 이자율이 연 10%일 때, 앞으로 매년 영구히 1,000원의 소득을 발생시키는 어떤 자본재의 현재가치는 얼마인가 보자. 이 문제에 답하려면 이자율이 연 10%일 때 지금 얼마를 투자하면 앞으로 영구히 매년 1,000원의 소득을 얻을 수 있는가를 계산하면 된다. 이에 대한 답은 지금 10,000원을 투자하면 앞으로 영구히 매년 1,000원의 소득을 얻는다는 것이다. 즉, 이자율이 연 10%일 때 앞으로 매년 1,000원의 소득을 영구히 발생시키는 자본재의 현재가치는 10,000원이다. 일반적으로 매년 X원의 소득을 앞으로 영구히 발생시키는 어떤 자본재의 현재가치(PV)는 다음과 같이 계산할 수 있다.

$$PV=\frac{X}{i}$$

끝으로 어떤 자본재가 n년의 수명을 지니며, 첫번째 연도에는 X_1의 소득을 발생시키며, 두번째 연도에는 X_2의 소득을 발생시키고, 세번째 연도에는 X_3, 네번째 연도 X_4, 그리고 같은 식으로 계속해서 n번째 연도에는 X_n의 소득을 발생시킬 때, 이자율이 i라고 하면 이러한 소득의 흐름의 현재가치 (PV)는 다음과 같이 쓸 수 있다.

$$PV=\frac{X_1}{(1+i)}+\frac{X_2}{(1+i)^2}+\frac{X_3}{(1+i)^3}+\frac{X_4}{(1+i)^4}+\cdots\cdots\frac{X_n}{(1+i)^n}$$

지금까지 우리는 장래에 단 한 번 일정한 금액을 받는 경우와, 소득의 흐름을 얻는 경우에 대하여 현재가치를 산출하는 방법을 살펴보았다. 이제 그러면 본론으로 돌아와서 장래소득의 흐름을 발생시키는 자본재, 또는 더 넓게는 자산(asset)의 시장가격은 어떻게 결정되는가 알아보기로 하자. 여기서 자산이란 공장, 기계 등의 자본재 이외에 토지, 회사채 등 장래소득의 흐름을 발생시키는 모든 원천을 뜻한다.

어떤 자산의 균형가격은 이 자산에서 파생되는 소득의 흐름의 현재가치와 동일하다. 예를 들어 이자율이 연 10%일 때, 매년 1만원의 소득을 앞으로 영구히 발생시키는 어떤 자산의 현재가치는 10만 원이며, 이 자산의 균형가격도 10만 원이 될 것이다. 만일 이 자산의 시장가격이 이 자산의 소유에서 파생되는 소득의 흐름을 현재가치화한 것보다 크다면, 아무도 이 자산을 사려고 하지 않을 것이므로 이 자산의 시장가격은 하락할 것이다.

반대로 이 자산의 시장가격이 소득의 흐름을 현재가치화한 것보다 작다면, 이 자산을 사려는 사람이 몰려 시장가격은 상승하게 될 것이다. 따라서, 완전경쟁시장에서는 어떤 자산의 균형가격은 이 자산으로부터 나오는 소득의 흐름을 현재가치화한 것과 동일하게 될 것이다.

장래소득의 흐름을 발생시키는 어떤 자산의 현재가치를 구하는 것을, 이 자산의 **자본화된 가치**(capitalized value)를 구하기 위하여 장래소득의 흐름을 할인한다고 한다. 따라서, 자산의 자본화된 가치는 곧 이 자산이 가져오는 장래소득의 흐름의 현재가치가 된다. 이는 곧 자산은 자본화된 가치에서 시장가격이 결정됨을 나타내는 것이다.

이자율과 자본의 한계효율

이제 그러면 위에서 본 개념들을 기초로 하여 자본의 한계효율과 이자율 사이에는 어떠한 관계가 있는지 살펴보기로 하자. 우선 어떤 개별기업의 행위에 대하여 분석해 보자. 실례를 들어 어떤 기업이 800만 원을 들여 기계를 산다면 앞으로 영구히 매년 100만 원의 소득을 얻을 수 있다고 가정해 보자. 또한, 연이자율은 10%라고 하자. 이제 문제는 이 기업이 기계를 살 것인지의 여부이다.

이 기계에서 파생되는 소득의 흐름의 현재가치, 즉 이 기계의 자본화된 가치는 100만 원/0.1인 1,000만 원이다. 이에 반하여 기업은 이 기계를 800만 원에 살 수 있다고 하였다. 따라서 이 기업은 기계를 구입하는 것이 이익이 된다. 일반적으로 어떤 기계에서 앞으로 영구히 파생되는 연소득이 X원이며, 이 기계의 현재 구입가격은 P원이고 연이자율은 i일 때 기업은 다음이 성립하는 경우에는 기계를 살 것이다.

$$\frac{X}{i} > P$$

즉, 장래소득의 흐름의 현재가치 또는 자산의 자본화된 가치인 $\frac{X}{i}$가, 자산의 현재구입가격 P보다 크면 기업은 자산을 구입하는 것이 유리하다.

위의 부등식을 바꾸어 쓰면 다음과 같다.

$$\frac{X}{P} > i$$

여기서 $\frac{X}{P}$는 자본재에서 파생되는 연소득을 자본재의 현재 가격으로 나눈 것으로서 앞에서 본 대로 자본재의 생산성을 나타내는데, 이를 자본재에 대한 **수익률**(rate of return)이라고 한다. 이 자본재의 수익률이 이자율보다 크면 기업은 자본재를 구입하는 것이 유리할 것이다.

기업은 자본재에 대한 수익률이 이자율보다 크면 언제나 자본재를 구입할 것이므로 균형상태에서는 자본재에 대한 수익률과 이자율은 동일할 것이다. 즉, 기업의 균형조건은 $\frac{X}{P}=i$이 된다. 이것이 가리키는 것은 마지막 단위의 자본재의 수익률은 이자율과 같다는 것이다

개별 기업에 대한 이상의 분석은 국민경제 전체에 대해서도 적용할 수 있다. 국민경제 전체의 MEC곡선은 이미 본 대로 자본존재량과 자본재를 추가로 한 단위 더 증가시켰을 때 여기서 나오는 한계수익인 MEC와의 관계를 표시한다. 만일 이자율이 MEC보다 낮다면 모든 기업은 자본재를 구입하려고 할 것이며, 반대로 이자율이 MEC보다 높다면 어떤 기업도 자본재를 사려고 하지 않을 것이다. 따라서, $i=MEC$일 때가 균형상태가 된다.

18.2 이 윤

위에서 우리는 노동에 대한 보수인 임금, 자본에 대한 보수인 이자, 토지에 대한 보수인 지대에 관하여 각각 분석하였다. 이제 네번째 요소의 소득인 **이윤**(profit)에 관하여 살펴보기로 하자. 이윤이 과연 무엇에 대한 보수인가에 관해서는 여러 가지 상이한 견해가 있는데, 아래에서는 이에 대해 살펴보기로 한다.

첫째는 이윤을 암묵적인 요소수입(implicit factor returns)이라고 보는 견해이다. 이에 따르면 이윤은 기업을 소유한 사람이 제공하는 생산요소에 대한 보수의 합계가 된다. 예를 들면, 기업의 소유자 자신이 제공한 노동, 자본 및 토지에 대한 보수인 암묵적인 임금, 이자 및 지대(implicit wages, interest and rent)의 합계가 이윤이라는 것이다. 비법인기업의 대표적인 경우인 농가의 이윤의 대부분은 사실 이러한 암묵적인 요소수입의 합계라고 볼 수 있을 것이다.

둘째는 이윤을 기업가의 **혁신**(innovation)에 대한 보수라고 보는 견해이다. 이는 슘페터(Joseph A. Schumpeter)에 의하여 제시되었는데, 그는 혁신의 주된 형태로서 다음의 다섯 가지를 들고 있다. 첫째, 소비자가 지금까지 사용해 보지 못한 신제품을 만드는 것, 둘째 새로운 생산방법을 이용하는 것, 셋째 새로운 시장이나 판로를 개척하는 것, 넷째 원자재의 새로운 공급원을 발견하는 것, 다섯째 어떤 기업의 조직을 개편하는 것.

슘페터에 의하면 자본주의 경제발전의 원동력은 기업가의 혁신행위에 있다. 기업가는 새로운 생산기술이나 새로운 제품을 도입할 시기를 알며, 더 나은 조직과 새로 발견된 자원을 활용할 줄 아는 비전을 가진 사람인데, 이러한 기업가의 혁신행위에 대한 보수가 이윤이라는 것이다.

셋째는 이윤을 **위험**(risk)이나 **불확실성**(uncertainty)에 대한 보수라고 보는 견해이다. 나이트(Frank Knight)는 모든 이윤은 불확실성과 관련이 있다고 보았다. 일반적으로 사람들은 위험을 부담하는 것을 꺼려하는 성향을 가지고 있다. 따라서, 위험이나 불확실성을 내포하는 기업가의 활동에 대해서는 이를 보상해 주어야 하는데 이것이 바로 이윤이라는 것이다.

넷째는 이윤을 독점으로부터 나온다고 보는 견해이다. 우리는 앞의 제5편 재화시장에서의 가격결정이론에서 이미 독점기업 및 불완전경쟁기업의 이윤에 관하여 살펴보았다. 불완전경쟁기업은 이윤을 극대화하기 위하여 $MR=MC$인 산출량의 수준을 시장에 공급하는데, 이는 곧 인위적으로 재화의 공급량을 제한함으로써 이윤을 얻는 것을 뜻한다.

18.3 분배의 이론에 대한 비판과 검증

분배이론의 골자

지금까지 제 6 편에서 우리는 분배이론에 관해서 살펴보았는데, 이제 끝으로 현실에 비추어 분배이론을 검증하고 비판해 보기로 하자. 이를 위하여 우선 이상에서 본 전통적인 분배이론의 골격을 간단히 요약해 보자.

전통적인 분배이론에서 가장 기본이 되는 생각은 생산요소의 가격이 요소에 대한 수요와 공급에 의하여 결정된다는 것이다. 이 때 요소에 대한 수요는 한계생산성이론을 가지고 설명하며, 요소의 공급은 순이익균등화가설을 사용하여 설명한다. 즉, 한계생산성이론과 순이익균등화가설이 분배이론의 골격을 형성하고 있는 것이다.

그런데 생산요소에 대한 수요는 이 요소를 사용하여 생산되는 최종재에 대한 수요로부터 나오는 **파생수요**(derived demand)이며, 한계산출물에 의하여 좌우된다. 즉, 이윤을 극대화하려는 기업은 요소의 단위당 가격이 요소의 한계산출물가치(*VMP*)는 일치하는 수준에서 이 요소의 수요량을 결정하게 될 것이다. 한편, 생산요소의 공급에 대한 이론인 순이익균등화가설에 따르면 생산요소는 가장 높은 순이익(화폐적인 이익과 비화폐적인 이익을 모두 참작한)을 찾아서 이동하므로, 동일한 요소는 모든 상이한 용도에서 균등한 순이익을 얻게 될 것이다.

이러한 내용을 가지는 분배이론에 대하여 많은 논란이 있어 왔는데, 특히 한계생산성이론에 대해 상당한 비판이 있었다. 한 예를 들어 보기로 하자. 완전경쟁시장을 가정하면 생산요소는 보수로서 한계산출물가치(*VMP*)를 받게 될 것이다 이를 기초로 해서 클라크는 생산요소가 *VMP*를 분배받으므로 이는 곧 생산에 기여한 만큼을 받는 것이 되고 그 결과는 공평한 소득분배를 초래하게 된다고 생각하였다. 이러한 견해에 대하여 당시의 저임금에 비판적인 입장에 서 있던 많은 사람들이 반대를 하였다.

그러나, 유의할 것은 한계생산성이론이 뜻하는 바는 모든 노동자가 생산에 기여한 만큼 분배를 받는다는 것이 아니라는 점이다. 예를 들어 1,000명의 동질의 노동자가 고용되어 있을 때, 이들 모두가 받는 임금은 자본 등 다른 생산요소의 투입량이 일정하다는 가정 아래서 1,000번째 노동자의 *VMP*와 동일한 것이다. 이는 곧 맨 끝의 1,000번째 노동자를 제외하고 나머지 999명은 생산에 기여한 만큼 분배를 받지 못한다는 것을 뜻한다. 사실 여러 종류의 생산요소가 생산과정에서 같이 일할 때, 이 가운데 어떤 한 종류의 요소의 각 단위가 생산에 얼마나 기여하였는가를 안다는 것은 불가능하다고 볼 수 있다.

이렇게 볼 때 클라크의 생각은 한계생산성이론을 잘못 해석한 것이며, 따라서 문제가 되지 않는다는 것을 알 수 있다. 그러나, 분배이론에 대한 비판이 모두 이처럼 단순한 오해에 기인하는 것은 아니다. 아직도 전통적인 분배이론이 여러 상이한 용도에 대한 요소의 배분을 얼마나 잘 설명할 수 있으며, 기능적인 소득분배를 얼마나 잘 설명할 수 있는가에 관해서는 상당한 이견이 있다. 아래에서는 이 두 가지 문제에 관해서 차례로 살펴보기로 한다.

생산요소의 상이한 용도에의 배분

먼저 전통적인 분배이론이 생산요소의 여러 상이한 용도에의 배분을 얼마나 잘 설명할 수 있는지에 관해서 살펴보기로 하자. 요소시장에서의 가격결정과 이에 따른 소득의 분배는 여러 상이한 용도에의 생산요소의 배분을 가져온다. 이제 전통적인 분배이론이 과연 여러 상이한 용도에의 생산요소의 배분을 제대로 설명할 수 있는가 하는 문제에 답하기 위해서는 두 가지 물음에 긍정적으로 대답할 수 있어야 한다. 하나는 과연 생산요소에 대한 수요와 공급이 요소소득을 결정하는가 하는 것이며, 다른 하나는 생산요소가 과연 요소소득이 변화함에 따라서 이동하는가 라는 의문이다. 만일 우리가 이 두 가지 물음에 대해 긍정적인 답을 할 수 있다면 전통적인 분배이론은 여러 상이한 용도에의 생산요소의 배분을 제대로 설명한다고 볼 수 있는 것이다.

그러면 첫째로 요소에 대한 수요와 공급이 요소소득을 결정하는가에 대하여 살펴보자. 몇 가지 보기를 들면, 중요한 원재료인 석유의 공급이 부족해졌을 때 석유의 가격은 상승하였고 이에 따라서 중동산유국의 소득은 증가하였다. 또한, 인구는 급속하게 증가하는 데 비하여 서울의 택지공급은 일정하므로 주택지의 가격이 크게 상승한 것도 수요와 공급이 작용한 결과이다.

노동의 경우에는 비화폐적인 측면도 중요하며 노동시장이 불완전경쟁시장이므로 복잡한 요인이 있으나, 수요와 공급이 노임을 결정하는 것은 마찬가지이다. 예를 들면, 1976년과 1977년에 대학졸업자의 초임이 급속히게 상승하였는데, 이는 수요와 공급이 상호작용한 결과라고 볼 수 있다. 즉, 급속한 경제발전에 따른 산업구조의 고도화와 기업규모의 대형화는 필연적으로 상경계 및 이공계 대학졸업자에 대한 수요를 증가시켰으나, 한편 고급인력의 공급원인 대학의 정원은 오랫동안 그대로 묶여 있어 공급은 제한되어 있었으므로 자연히 대기업 사이의 대학졸업자에 대한 쟁탈전이 대졸초임을 급격하게 상승시켰던 것이다.

이상의 몇 가지 보기에서 알 수 있는 것은 요소에 대한 수요와 공급이 요소가격 또는 요소소득을 결정한다는 것이다. 이제 그러면 둘째로 생산요소가 요소소득이 변화함에 따라서 이동하는가를 살펴보자. 토지의 경우를 보면 작물의 수익성에 따라서 경작하는 작물이 바뀌는 것을 흔히 보는데, 보리의 가격이 너무 싸서 보리를 경작하지 않는 것이 좋은 예이다. 그러나, 노동의 경우에는 노임의 변화에 따른 이동성이 다른 생산요소에 비하여 상대적으로 낮은 편이다. 하지만 도시와 농촌 사이의 소득격차 때문에 농촌의 청소년층이 도시로 이주하는 것은 노임의 차이에 따른 노동의 이동을 나타내는 좋은 예이다.

지금까지 우리는 생산요소에 대한 수요와 공급이 요소소득을 결정하며, 또한 요소소득이 변화함에 따라서 생산요소가 다른 용도로 이동한다는 것을 알았다. 이러한 실증적인 증거를 기초로 해서 우리가 내릴 수 있는 결론은 전통적인 분배이론은 생산요소의 여러 상이한 용도에의 배분을 제대로 설명할 수 있다는 것이다.

기능적인 소득분배

전통적인 분배이론에 대한 또 하나의 의문은 기능적인 소득분배를 제대로 설명할 수 있는가 하는 것이다. **기능적인 소득분배**란 이미 위에서 본 대로 국민소득이 생산요소별로 어떻게 분배되는가에 관한 것이다. 즉, 국민소득 가운데서 임금, 이자, 지대 및 이윤의 분배 몫이 어떻게 결정되는가이다. 고전학파 경제학자들에게는 노동자, 지주 및 자본가계급에게 국민소득이 어떻게 분배되는가 하는 문제는 주요한 관심사이었다. 그러나, 19세기 중엽 이후 한계분석의 발전과 더불어 분석의 초점은 개별적인 수많은 요소시장에서의 수요와 공급의 상호작용에 따른 개별적인 요소가격의 결정문제로 옮겨져 갔다. 따라서, 우리가 일반적으로 말할 수 있는 것은 전통적인 분배이론은 기능적인 소득분배를 제대로 설명하지 못한다는 것이다. 이처럼 기능적인 소득분배를 설명하지 못하는 것을 한편에서는 경제학이 지니고 있는 주요한 취약점의 하나라고 지적하고 있다.

그러나, 전통적인 분배이론이 수많은 개별적인 요소시장에서의 미시적인 요소가격의 결정문제(factor pricing)를 주로 다루며, 거시적인 문제인 국민소득 중에서 각 요소가 차지하는 **분배 몫**(distributive shares)은 설명하지 못한다는 것을 다른 한편에서는 비관적으로 보지 않는다. 왜냐하면, 요소의 분배 몫에 영향을 주는 요인은 수없이 많으므로 이를 설명한다는 것은 현재로서는 어렵다고 보기 때문이다. 또한 이들은 미시적인 요소가격의 결정만을 설명할 수 있는 것도 크게 다행한 것으로 보고 있다. 이러한 생각은 분배이론의 범위를 크게 좁혀서 보고 있는 데 따른 것이다.

결국 분배이론을 미시적인 요소가격의 결정이론으로 보는가, 또는 요소의 분배 몫의 결정이론으로 보는가에 따라서 생각은 달라지는 것이다.

주요개념

자본(재)　우회적인 생산방법　자본의 한계효율　자본존재량　현재가치
할인　자본화된 가치　수익률; 이윤　혁신　위험　불확실성; 파생수요
기능적인 소득분배　분배 몫

요 약

1. 생산요소는 토지, 노동과 같은 원천적인 생산요소와 자본(재)과 같은 생산된 생산요소로 분류할 수 있다.

2. 간접적 또는 우회적 생산방법이란 원천적인 생산요소를 사용하여 우선 자본재를 만들고 이 자본재를 사용하여 소비재를 만드는 것을 말한다.

3. 자본재의 생산성은 자본재에 의해 초래되는 연소득 X를 자본재의 가격 P로 나눈 $\frac{X}{P}$로 표시된다.

4. 자본의 한계효율(MEC)이란 맨 끝 단위의 자본존재량에 대한 수익률로 정의되는데, 자본존재량이 증가할수록 수확체감현상 때문에 MEC는 감소한다.

5. 장래에 받을 어떤 금액을 현재의 시점에서 평가한 것을 현재가치라고 부른다. 연이자율이 $i\%$일 때 t년 후에 받을 X원의 현재가치(PV)는 다음과 같다.

$$PV = \frac{X}{(1+i)^t}$$

6. 매년 X원의 소득을 앞으로 영구히 발생시키는 어떤 자본재의 현재가치는 다음과 같이 계산할 수 있다.

$$PV = \frac{X}{i}$$

7. 어떤 자산의 균형가격은 이 자산에서 파생되는 소득의 흐름의 현재가치와 동일하다.

8. 자본재의 수익률이 이자율보다 크면 기업은 이 자본재를 구입하는 것이 유리하다.

9. 국민경제 전체로는 이자율이 자본의 한계효율과 동일할 때 균형상태에 있게 된다.

10. 이윤은 암묵적인 요소수입, 혁신에 대한 보수, 위험이나 불확실성에 대한 보수 등으로 볼 수 있다.

11. 생산요소에 대한 수요를 설명하는 한계생산성이론과 요소공급을 설명하는 순이익균등화가설이 분배이론의 골격을 형성한다.

12. 전통적인 분배이론은 수많은 개별적인 요소시장에서의 미시적인 요소가격의 결정은 잘 설명할 수 있으나, 거시적인 문제인 국민소득중에서 각 요소가 차지하는 분배 몫의 결정은 제대로 설명하지 못한다.

연습문제

1. 원천적인 생산요소만을 사용해서도 소비재를 직접 만들 수 있는데, 우회적인 생산방법을 보통 사용하는 까닭은 무엇인가?

2. 어떤 자본재의 가격이 P원이며 이 자본재에서 흘러 나오는 연소득이 X원이라면 이 자본재의 생산성은?

3. 한 나라의 자본존재량과 자본의 한계효율 사이의 관계를 그림으로 그리고 설명해 보라. 만일 기술진보가 일어났다면 그 영향은 그림상에서 어떻게 표시될 수 있는가?

4. 연 이자율이 10%일 때 매년 1,000만 원의 소득을 영구히 발생시키는 어떤 금융자산의 현재가치는 얼마인가?

5. 어떤 자산의 균형가격은 이 자산에서 파생되는 소득의 흐름의 (   )와 동일하다.

6. 한 기업이 자본재의 구입여부를 결정하려고 한다. 이 자본재의 현재 구입 가격을 P원, 앞으로 매년 영구히 이로부터 파생되는 연소득을 X원, 이자율을 i라고 할 때 그 구입 조건을 써보라.

7. 국민경제 전체의 관점에서 볼 때 균형상태는 이자율과 무엇이 일치할 때 성립되는가?

8. 한계생산성이론과 순이익균등화가설을 이용하여 전통적인 분배이론의 골격을 설명해보라.

9. "한계생산성이론은 모든 노동자가 생산에 기여한 만큼 분배를 받는다고 본다"

는 주장에 대해 논평하라.

10. 전통적인 분배이론은 미시적인 요소가격의 결정은 잘 설명할 수 있으나, 거시적인 분배 몫의 결정은 제대로 설명할 수 없는데, 이는 심각한 문제라고 보는 견해에 대해 논평하라.

제 7 편

일반균형이론, 후생경제학 및 정부부문

요 약

제7편은 제Ⅱ부 미시경제학의 요약 및 결론 부분이다 제19장에서는 완전경쟁하의 일반균형이 파레토 효율성을 지니고 있음을 보인 후, 시장의 실패가 발생하는 몇 가지 이유를 살펴본다. 그리고 일반균형이론 및 후생경제학을 평가한다.

제20장에서는 먼저 정부의 역할에 대하여 살펴본 후에, 정부의 의사결정에 관하여 분석하는 공공선택의 이론을 설명한다. 조세와 정부지출에 대해서도 분석한다.

제 7 편

일반균형이론, 후생경제학 및 정부부문

제 19 장

일반균형이론 및 후생경제학

모든 시장이 완전경쟁하에 있으면 일반균형이 존재하며 이 때 자원배분은 효율성을 지니고 있다. 그러나, 시장의 불완전성, 외부효과, 정보의 비대칭성 및 공공재의 존재로 시장의 실패가 일어나며 이 때 정부의 개입이 필요하다. 또한, 자원배분의 효율성과는 별개로 형평성의 문제가 제기된다. 일반균형이론과 후생경제학은 그 적용타당성이 의문시되며 형평을 도외시한다는 비판이 제기되었다.

19.1 일반균형이론

지금까지 제Ⅱ부에서 우리는 미시경제학에 대하여 살펴보았다 미시경제학의 줄거리는 이미 우리가 앞의 3.1에서 보인 [그림 3-1]을 사용하여 설명할 수 있는데, 이를 그대로 다시 보인 것이 [그림 19-1]이다.

[그림 19-1]에 대한 설명은 앞의 3.1에서 하였으나 다시 반복하여 보자. 가계가 재화시장에서 재화와 용역을 수요하는 행위를 분석하는 것이 그림에서 표시된 것처럼 제 3 편의 소비자수요의 이론이다. 제 4 편은 기업의 이론, 또는 생산과 생산비의 이론을 설명하였는데, 기업이 요소시장에서 생산요소를 수요하고 이 요소를 사용하여 재화 및 용역을 생산하여 재화시장에 공급하는 측면을 분석하였다. 제 5 편에서는 재화시장에서의 가격결정이론에 관하여 보았는데, 재화시장을 완전경쟁시장, 독점적 경쟁시장, 과점시장 및 독점시장의 네 가지 형태로 구분하고 각 시장에서 수요와 공급이 상호작용하여 가격이 결정된다는 것을 보았다. 제 6 편에서는 요소시장에서의 가격결정이론

그림 19-1 일반균형하에서의 상호연관된 동시적인 가격결정

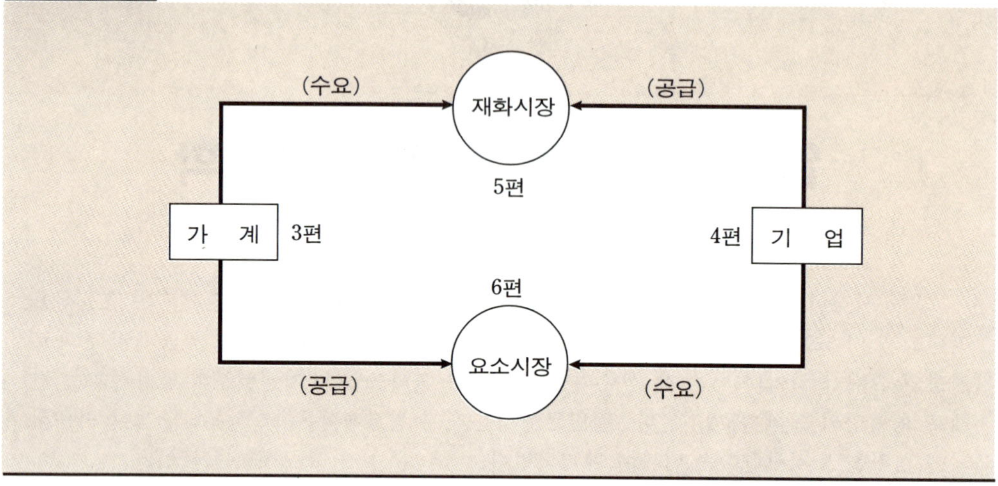

을 설명하였는데, 가계의 생산요소의 공급과 기업의 생산요소에 대한 수요가 상호작용하여 생산요소의 가격이 결정된다는 것을 보았다.

그런데 앞의 제 2 편에서부터 제 6 편까지의 분석의 특징은 경제의 어떤 한 부문에 대해서 분석할 때 여타부문은 무시하고 있다는 것이다. 즉, "다른 모든 것은 일정하다"는 가정(ceteris paribus assumptions)을 세우고 해당부문만을 따로 떼어서 다루는 **부분균형분석**(partial equilibrium analysis)을 사용하고 있는 것이다.

구체적으로 살펴보면 제 3 편에서 소비자수요의 이론을 다룰 때, 가계가 "주어진 일정한 수준의 소득"을 가지고 효용을 극대하기 위하여 재화와 용역을 어떤 식으로 구매하는가를 분석하였다. 즉, 가계의 소득은 요소시장에서의 가격결정에 의하여 영향을 받는 데도 이를 무시하고 소비자의 구매행위를 다루었다. 제 4 편에서 기업의 이론을 다룰 때에도 일정한 기술 및 요소가격 아래서 생산비를 극소화하기 위하여 기업이 어떤 식으로 요소들을 결합하는가를 분석하였다. 제 5 편은 재화시장에서의 가격결정이론을 다루었는데, 여기서도 수많은 시장 가운데서 어떤 한 시장을 뽑아서 다른 나머지의 모든 시장과는 서로 관련이 없다고 가정하고, 즉 다른 모든 것은 일정하다고 가정하고, 해당시장만을 따로 떼내어서 분석하였다. 제 6 편은 요소시장에서의 가격결정이론을 설명하고 있는데, 요소에 대한 수요가 재화 및 용역에 대한 수요

로부터 파생되는 데도 불구하고, 재화시장과의 상호연관성은 무시하고 요소시장만을 따로 분리시켜서 분석하고 있으며, 또한 어떤 한 요소시장에 대하여 다룰 때 나머지의 모든 다른 요소시장은 그대로 있다고 가정하였다.

이와 같이 지금까지의 분석은 경제의 어떤 한 측면을 다룰 때 나머지 모든 측면은 무시하였다. 즉, 다른 모든 것은 일정하다는 가정 아래서 해당 부분만을 따로 떼내어 보는 부분균형분석방법을 사용하였다. 그러나, 현실적으로 볼 때 모든 경제체제의 기본적인 속성은 그 구성부문들이 상호관련성을 가지고 있다는 점이다. 즉, 지금까지 우리가 따로 떼내어서 독립적으로 살펴보았던 경제의 부문들은, 실상은 하나로 상호연관되어 있으며 동시에 작용하는 경제체제의 여러 부문들인 것이다.

이를 보인 것이 [그림 19-1]이다. 여기서는 수많은 종류의 재화시장과 요소시장에서의 가격결정은 상호 연관되어 있으며 동시적으로 결정된다. 즉, 지금까지는 경제의 각 부문을 따로 떼내어서 분석하였으나, 실제에 있어서는 모든 재화 및 용역과 생산요소의 가격은 상호연관되어 동시에 결정되는 것이다.

이 때 생기는 문제는, 상호 연관되어 있는 모든 재화시장과 요소시장에서 각각 수요와 공급이 일치하여 균형을 초래하게 하는 가격들이 과연 존재하는가이다. 즉, 모든 재화 및 용역과 생산요소에 대한 수요와 공급을 일치시켜, 모든 재화시장과 요소시장을 동시에 균형상태에 있게 하는 가격들이 존재하는가의 문제이다. 이는 모든 재화 및 용역과 생산요소에 대한 수요와 공급을 나타내는 충분한 수의 연립방정식이 있어서, 이를 한꺼번에 풀 때 모든 시장에서의 수급을 동시에 일치시키는 해(가격들)가 존재하는가 하는 것이다.

만일 모든 시장에서의 수요와 공급을 동시에 일치시키는 가격들이 존재한다면 우리는 어떤 경제가 **일반균형**상태에 있다고 말할 수 있을 것이다. 실제로 보면 모든 재화 및 용역과 생산요소에 대하여, 각각 수요함수와 공급함수가 있을 것이라는 것을 상상할 수 있다. 그러면 각각의 시장에서의 시행착오과정(trial and error process)을 통하여 수요와 공급을 일치시키는 가격들을 찾을 수 있을 것이며, 이는 곧 일반균형이 존재할 수 있음을 말해 주는 것이다.

이론적으로 일반균형에 관하여 처음 말한 사람은 왈라스(Léon Walras)이다. 그는 경제를 하나의 상호 연관된 체계로서 파악하였으며, 모든 시장은 서로 연관되어 있어서 그 중 어떤 한 시장에서 수요나 공급이 변화하면 나머지 모든 시장에도 영향을 미치게 된다고 생각하였다. 따라서, 왈라스는 경제를 수많은 재화 및 용역과 생산요소에 대한 수요와 공급을 나타내는 연립방정식 체계로 파악하였던 것이다.

그 후 최근에 들어와서 모든 시장이 완전경쟁시장일 때에는 일반균형이 존재한다는 것을 이론적으로 증명할 수 있게 되었는데, 이는 주로 애로우(K. J. Arrow)와 데브르(G. Debreu)에 의하여 행해졌다. 그러나, 재화시장이나 요소시장이 불완전경쟁시장일 때에도 일반균형이 존재하는가의 여부는 확실하지 않다. 아래에서 곧 살펴보겠으나 모든 시장이 완전경쟁시장일 때는 일반균형이 반드시 존재한다는 것은 매우 중요한데, 그 이유는 완전경쟁시장은 사회적인 후생과 효율의 측면에서 보았을 때 이상적인 속성을 지니고 있기 때문이다.

19.2 후생경제학

파레토 최적기준

후생경제학(welfare economics)의 주된 과제는 사회 전체의 후생의 관점에서 여러 가지 상이한 경제상황을 비교, 평가하는 것이라고 볼 수 있다. 사회 전체의 후생이 두 경제상황 중 어디에서 더 높은가를 평가하는 데 있어서 경제학자들이 주로 사용하는 것이 **파레토 최적기준**(Pareto optimality criterion)이다.

파레토 최적기준에 따르면, 사회내의 한 사람 이상의 후생은 증가시키면서 다른 누구의 후생도 감소시키지 않는 어떤 경제적인 상황의 변화는 사회 전체의 후생이 증가된 경우라고 본다. 반대로 사회내의 어떤 누구의 후생도 증가시키지 못하면서, 최소한 사람 이상의 후생을 감소시키는 어떤 경제적인 상태의 변화는 사회 전체의 후생을 감소시킨 경우이다. 따라서, 사회내의 어떤 사람의 후생을 감소시키지 않고서는 다른 어떤 사람의 후생을 증대시킬 수 없는 경제적인 상황을 **파레토 최적성**(Pareto optimality) 또는 **파레토 효율성**(Pareto efficiency)을 지닌 상태라고 말한다.

여기서 우리가 발견하는 것은 파레토의 경우, 서로 다른 사람들의 후생을 객관적으로 측정하는 일은 거의 불가능에 가깝다고 보고 개인들간의 효용의 비교(interpersonal utility comparisons)를 피하고 있다는 점이다. 이는 파레토 이전의 전통과는 크게 다른 것인데, 기수적으로 효용을 측정할 수 있다고 믿었던 사람들은 사회 전체의 후생이 다만 개인들의 기수적인 효용을 모두 합하기만 하면 얻을 수 있다고 보았던 것이다. 그러나, 이는 모든 사람들이 똑같은 소득과 똑같은 효용함수를 가지고 있다고 가정할 때만 가능한 것이다.

이제 파레토 최적성 또는 효율성을 달성하기 위하여 필요한 세 가지 조건에 대하여 살펴보기로 하자. 어떤 경제가 파레토 최적성을 지닌 상태에 있기 위해서는, 소비자들 사이에 현존하는 재화를 재배분한다거나, 생산자들 사이에 투입물을 재배분한다든가, 또는 산출물의 구성을 변화시켜도(즉, 어떤 재화는 더 많이 생산하며 다른 재화는 생산을 줄이는 것), 사회내의 어떤 사람의 후생을 감소시키지 않고서는 다른 누구의 후생도 증대시킬 수 없는 상태에 있어야 한다.

이로부터 우리는 파레토 최적성을 달성하기 위하여 필요한 세 가지 조건을 제시할 수 있다. 첫째는 소비자들 사이에 현재 있는 재화를 재배분하여도 사회내의 어떤 사람의 후생을 감소시키지 않고서는 다른 누구의 후생도 증대시킬 수 없는 상태가 되기 위하여 필요한 조건인데, 이는 다른 말로 표현하면 교환에 있어서의 효율성을 얻기 위하여 필요한 조건이다.

파레토 최적성을 달성하기 위하여 필요한 두번째 조건은, 생산자들 사이에 투입물을 재배분하여도 한 재화의 산출량을 감소시키지 않고서는 다른 재화의 산출량을 증대시킬 수 없는 상태가 되기 위하여 필요한 조건인데, 이는 곧 요소대체에 있어서의 효율성을 얻기 위하여 필요한 조건이다.

사회 전체의 후생을 증대시킬 수 있는 세번째 가능한 방법은 **산출물의 구성(composition of output)**을 변화시킴에 의해서이다. 즉, 어떤 재화들의 산출량은 증가시키고 다른 어떤 재화들의 산출량은 감소시킴에 의하여 사회 전체의 후생을 증대시킬 수 있다. 따라서, 우리는 산출물구성에 있어서의 파레토 효율성에 대하여 따져 보아야 한다.

만일 이 세 조건이 모두 충족되는 경우에는 자원배분에 있어서의 파레토 최적성 또는 효율성이 얻어지며, 따라서 사회내의 어떤 사람의 후생을 감소시키지 않고서는 다른 누구의 후생도 증대시킬 수 없는 상태에 도달하게 된다.

완전경쟁과 파레토 최적성

우리는 우선 19.1의 끝부분에서, 모든 시장이 완전경쟁시장일 때 일반균형이 반드시 존재한다는 점을 밝혀 두었다. 이는 매우 중요한데, 그 이유는 완전경쟁시장이 사회적인 후생과 효율의 측면에서 보았을 때 이상적인 속성을 가지고 있기 때문이라는 것도 지적하였다.

그런데 우리는 완전경쟁시장이 지배하는 경제하에서는 자원배분에 있어서의 파레토 효율성을 얻기 위해 필요한 세 가지 조건이 모두 충족된다는 것을 보일 수 있다. 이는 곧 완전경쟁에 의하여 초래되는 일반균형이 자원배분을 하는 데 파레토 최적성 또는 효율성을 가지고 있으며, 따라서 사회내의 어떤 사람의 후생을 감소시키지 않고서는 다른 어떤 사람의 후생을 증대시킬 수 없는 상태에 도달하게 된다는 것을 가리킨다.

가격기구의 결점

앞에서 우리는 완전경쟁이 지배하는 경제의 경우 자원배분이 파레토 효율성을 가지고 있다는 것을 보았다. 이제 여기서는 가격기구가 지니고 있는 몇 가지 결점에 관하여 살펴보기로 한다.

가격기구가 지니고 있는 문제점에는 크게 두 가지 종류가 있다. 첫째는 가격기구가 자원을 효율적으로 배분하지 못하는 것인데, 이를 가격기구 또는 **시장기구의 실패**(market failure)라고 한다. 이 때 정부는 시장기구에 개입할 필요가 생기게 된다. 둘째는 설령 가격기구가 효율적으로 자원배분을 한다고 할지라도 소득분배는 불공평할 수 있다는 것이다. 이제 아래에서는 가격기구가 지니고 있는 이들 두 가지 결점에 대하여 차례로 살펴보기로 한다.

(1) 시장기구의 실패

가격기구 또는 시장기구가 효율적인 자원배분을 하지 못하는 경우로 우리는 다음의 몇 가지를 들 수 있다.

① 시장의 불완전성

우선 일차적으로 지적할 수 있는 것은 현실적으로 볼 때 완전경쟁시장은 존재하지 않으며 불완전경쟁시장이 거의 대부분이라는 것이다. 즉, 재화시장의 경우에도 독과점 형태의 시장구조가 지배적이며, 요소시장의 경우에도 불완전성은 두드러진 현상인 것이다. 이처럼 현실적인 시장구조가 불완전성을 지니고 있는 경우에는, 이부터 초래되는 자원배분이 파레토 효율성을 가지지 못할 뿐만 아니라, 이러한 상태에 접근한다는 보장도 없는 것이다.

따라서, 완전경쟁하의 일반균형이 자원을 배분하는 데 있어서 파레토 효율성을 가진다는 것은, 현실을 묘사하는 것이 아니라 일종의 이상적인 규범을 제시하는 것이라고 볼 수 있다. 그러나, 비록 완전경쟁이 지배하는 경제가 자원배분에 있어서 효율성을 가진다는 것이 현실과는 거리가 먼 이상적인 모형이기는 하나, 이를 기준으로 하여 현실의 불완전한 경제를 평가할 수 있는 척도나 규범을 제공한다는 면에서 완전경쟁시장이 파레토 효율성을 가진다는 것은 중요한 명제라고 볼 수 있다.

② 외부효과

완전경쟁이 자원배분의 효율성을 초래한다고 말할 때, 중요한 가정은 개별기업의 입장에서 본 사적인 생산비(private cost)와 사회 전체의 입장에서 본 생산비(social cost)가 일치한다는 것이었다. 그러나, 사적인 비용과 사회적인 비용이 서로 달라서 외부효과(externalities)가 존재하는 경우에는 설령 완전경쟁이 지배한다고 하더라도 자원배분의 파레토 효율성을 이룩할 수 없다.

외부효과는 **외부경제**(external economies)와 **외부비경제**(external diseconomies)를 모두 포함한다.[1] 외부경제는 어떤 한 경제주체가 다른 경제주체에게 이익을 주는 일을 하나 그 대가를 받을 수 없는 경우에 발생하는데, 이 때 외부경제를 창출하는 측의 입장에서 본 사적인 비용은 사회적인 비용보다 더 크게 된다.

외부경제의 실례를 들어 보면, 과학과 기술(science and technology)에 대한 투자로 새로운 지식이 창출되고 발명이 일어나나 이를 수행한 기업은 여기서 극히 적은 이익만을 얻으며 대부분은 소비자들이 혜택을 보는 경우이다. 보기를 들어 지난 1948년에 미국의 벨(Bell) 연구소에서 트랜지스터를 처음 발명하였는데, 이 기업은 이로부터 적은 이익만을 얻었다. 그러나, 트랜지스터의 발명으로 전자시대가 열리게 되었고 그 후 컴퓨터, 전화기의 전자교

---

1) 위의 9.2의 논의를 참조할 것.

환장치, 디지탈 시계 등 수많은 부수적인 효과를 창출함으로써 그 이익은 엄청나게 소비자의 후생을 증대시키는 결과를 초래하였던 것이다. 이 때 벨은 외부경제를 창출한 것이 되나 그 이익의 극히 일부만을 거두어 들이게 되므로 과학과 기술에 대한 투자는 바람직한 수준보다 적을 수밖에 없는 것이다. 따라서, 정부는 과학과 기술에 대한 투자를 지원할 필요가 생긴다.

한편, 외부비경제는 한 경제주제가 다른 주체에게 부담을 주는 행위를 하면서도 이에 대해 보상을 하지 않는 경우에 일어나는데, 이 때 외부비경제를 창출하는 기업의 입장에서 본 사적인 비용은 사회적인 비용보다 적다. 외부비경제의 실례를 들어 보면, 한 기업이 생산활동을 하면서 내뿜는 매연이 공기를 오염시킨다든가, 또는 방출하는 폐수가 하천을 오염시키는 것을 들 수 있다.

외부효과가 존재하여 사적인 비용과 사회적인 비용이 서로 차이가 나는 경우에는 정부가 개입하여 양자 사이의 격차를 메울 수 있다. 예를 들면, 외부비경제를 어떤 기업이 창출함으로써 사회적인 비용이 사적인 비용을 초과하는 경우에는, 그 차이만큼은 조세를 물게 하여 사적인 비용과 사회적인 비용을 서로 비슷하게 할 수 있다. 반대로 어떤 기업이 외부경제를 창출하여 사적인 비용이 사회적인 비용보다 더 큰 경우에는 이 기업에게 정부가 보조금을 지급함으로써 양자 사이의 차이를 줄일 수 있다.

③ 정보의 비대칭성

앞에서 우리는 시장의 불완전성은 불완전한 정보 때문에 생길 수 있음을 보았다. 특히 거래에 참여하는 일방이 자신의 우월한 정보를 이용하여 자신에게 유리하도록 거래를 조작할 수 있는 상황인 **정보의 비대칭성**(information asymmetries)이 존재하는 경우에는 시장기구의 실패가 일어날 수 있다.

보기를 들어 어떤 사람이 화재보험에 가입한 뒤에는 화재가 나도 손실을 입지 않으므로 화재의 예방을 소홀히 하는 **도덕적인 해이**(moral hazard)가 발생할 수 있다. 이 때 화재의 예방으로부터 개인이 얻는 이익은 사회 전체가 얻는 이익보다 적으므로 시장의 실패가 일어나게 된다. 즉, 개인이 화재예방을 위해 지불하는 비용은 그에게는 손실이 되나 사회 전체로 보면 필요한 것이다.

도덕적인 해이는 이 밖에 의사, 변호사, 자동차 수리공 등 전문적인 서비스의 제공에서도 발생할 수 있다. 즉, 이들은 모두 환자의 상태, 법률적인 도움의 필요성 및 자동차의 고장 등에 대해 정확하게 알고 있으나, 자신들의 경제적인 이익을 추구하기 위해 불필요한 경우에도 과도하게 서비스를 제공하려는 유인을 가지고 있으므로 도덕적인 해이 현상이 발생할 수 있는 것이다.

두번째 보기로 정보를 갖지 못한 측이 정보를 갖고 있는 측과 거래할 때 가장 바람직하지 않은 상대방과 거래를 하게 될 **역선택**(adverse selection)의 경우를 들 수 있다. 예를 들면, 생명보험회사의 입장에서 보았을 때 건강상태가 나빠 보험금을 탈 가능성이 높은 사람들이 주로 보험에 가입하는 것이 그것이다. 이 때 건강이 나쁜 사람이 보험에 가입하는 데 드는 사적인 비용은 사회적인 비용보다 적어 시장의 실패가 발생하게 된다.

세번째 비대칭적인 정보의 예는 **주인-대리인문제**(principal-agent problem)이다. 즉, 주주와 경영자, 국민과 공무원, 지주와 소작인의 관계에서 보듯이 주인은 자신의 이익을 위해 일할 대리인을 고용하나, 주인이 자신의 행동을 제대로 알지 못한다는 것을 인식하는 대리인이 주인보다는 자신의 이익을 앞세울 수 있다. 이 때에도 대리인이 취하는 행동의 사적 비용과 이익은 사회 전체의 비용 및 이익과 달라 시장의 실패가 일어난다.

④ 공공재

위에서는 가격기구가 사적인 욕구(private wants)를 충족시키는 데 있어서 자원배분의 효율성을 이룩하지 못하도록 만드는 세 가지 요인인 시장의 불완전성, 외부효과 및 정보의 비대칭성에 대하여 살펴보았다. 이들 요인 때문에 시장의 실패가 발생하면, 가격기구에만 의존해서는 자원의 효율적인 배분을 이룩할 수 없으며 따라서 정부의 개입이 필요하게 된다.

정부의 개입이 필요한 또 하나의 이유는 공공의 욕구(public or social wants)를 충족시키는 것과 관련이 있다. 본래 가격기구란 사적인 욕구를 충족시키는 데 적합한 기구이며, 공공의 욕구를 충족시키는 데는 부적합하다. 즉, 가격기구는 공공의 욕구를 충족시킨다는 측면에서 보면 자원의 효율적인 배분을 초래할 수 없고, 따라서 시장의 실패가 발생한다.

이렇게 볼 때 정부의 주요한 기능은 **사유재**(private goods)와 **공공재**(public goods)의 생산 사이에 자원을 적절하게 배분하는 것이 된다. 여기서 사유재란 사적인 욕구를 충족시키는 재화를 말하는데, 사유재의 경우에는 재화나 서비스에 대하여 대가를 지불한 사람만이 그 재화나 서비스를 소비할 수 있으며 그렇지 못한 사람은 소비에서 제외된다. 이른바 소비에 있어서 **배**

제성의 원칙(exclusion principle)이 적용되는 재화나 용역을 사유재라고 하는데, 이것은 시장기구에 의하여 공급된다.

반면에 공공재란 국방, 경찰, 도로, 공원, 등대 및 일기예보 등과 같이 공공의 욕구를 충족시킬 수 있는 재화나 용역을 말하는데, 공공재가 지니는 가장 중요한 특징은 소비에 있어서의 **비배제성**(nonexcludability)이다. 즉, 공공재의 경우에는 대가를 지불하지 않은 사람도 공공재의 소비로부터 배제될 수 없다. 이 때는 아무도 공공재의 대가를 자발적으로 지불하려고 하지 않으며 모두가 **무임승차자**(free rider)가 되려고 한다. 따라서, 시장기구는 공공의 욕구를 충족시키는 공공재를 공급할 수 없게 되어 시장의 실패가 발생한다. 이와같이 공공재는 시장을 통하여 공급될 수 없으므로 정부가 그 공급을 담당하여야 하며, 나아가서는 자원을 사유재나 공공재를 생산하는 데 적절하게 배분하는 역할도 수행하여야 한다.

(2) 소득분배의 불공평

완전경쟁이 자원배분에 있어서 파레토 효율성을 가지고 있다고 말할 때, 우리는 소득 및 자산의 분배에 대해서는 전혀 주목하지 않았다. 이는 앞에서 지적한 것처럼 파레토 최적기준이 개인들 사이의 효용의 비교를 불가능한 것으로 보고 회피하는 데 기인한다. 따라서, 파레토 최적성 또는 효율성은 현존하는 소득분배를 있는 그대로 받아들인다는 것을 의미한다. 즉, 소득분배의 현상유지를 전제로 하고, 자원배분의 효율성에 대해서만 판단하는 것이 파레토 최적기준인 것이다.

따라서, 설령 완전경쟁이 지배하여 자원배분에 있어서는 파레토 효율성을 얻을 수 있을지라도, 소득 및 자산의 분배가 불공평한 것은 가격기구가 자유롭게 작용할 때에도 그대로 존재하게 된다.

19.3 일반균형이론 및 후생경제학에 대한 비판

앞에서 우리는 완전경쟁이 지배하는 경제의 경우 일반균형이 존재한다는 것을 지적한 후에, 이 때 초래되는 일반균형은 자원을 배분하는 데 있어서 파레토 효율성을 가지고 있다는 것을 보았다. 이제 여기서는 이러한 내용을 지니고 있는 일반균형이론 및 후생경제학에 대하여 평가해 보기로 한다.

완전경쟁에 의하여 초래되는 일반균형이 자원배분을 하는 데 있어서 파레토 효율성을 가진다는 명제에 대해서는 크게 두 가지 종류의 비판이 있는데, 첫째는 실제로 존재하지도 않는 완전경쟁을 가정하고 있으므로 현실경제에의 적용가능성이 매우 희박하다는 것이며, 둘째는 소득분배를 무시하고 있다는 것이다. 우선 첫번째 비판부터 보기로 한다.

첫번째 비판은 이 이론이 수학적인 방법을 사용하여 지극히 정교하게 가다듬어져 있으나, 가정이 비현실적이어서 실제의 경제를 이해하는 데 별로 도움을 주지 못한다는 것이다. 즉, 여기에서의 문제는 이론이 수학적으로 정교함(rigour)은 가지고 있으나 현실에의 적용가능성(relevance)은 희박하다는 것이다. 사실 과거 30년 동안에 걸쳐서 경제학의 이론 중에서 가장 두드러진 발전을 보인 분야의 하나는 바로 완전경쟁하의 일반균형이 자원배분에 있어서 효율성을 가진다는 것을 수학적인 방법을 사용하여 정교하게 가다듬는 데서 일어났다.

그러나, 이 이론이 기초하고 있는 완전경쟁의 가정은 현실적으로 충족되지 못하므로, 과학의 목적을 현실을 이해하고 설명하는 것으로 본다면 심각한 문제점을 가지고 있는 것이다. 이러한 관점에서 칼도아(Nicholas Kaldor)는 일반균형이론에 의하여 촉진된 경제학에서의 고도의 추상화경향은 오히려 경제학을 과학으로서 발전시키는 데 장애요소가 되었다고 본다.

완전경쟁에 의하여 초래되는 일반균형이 자원배분을 하는 데 있어서 파레토 효율성을 가진다는 명제에 대한 두번째 비판은 이것이 소득분배를 무시하고 있다는 것이다. 사실 파레토최적성기준이 경제학자들에게 큰 매력을 가지게 된 것은 개인들간의 효용의 비교를 하지 않아도 되며 소득분배에 대해서도 아무런 평가를 할 필요가 없으므로 가치판단을 하지 않는 것으로 보이기 때문이다. 그러나, 경제정책은 사회의 구성원 가운데 일부의 후생은 증대시키며 다른 일부의 후생은 감소시키는 것이 보통이므로 파레토 기준의 유용성은 심한 제한을 받게 된다.

이와 같이 어떤 정책이 일부의 후생은 증대시키며 일부의 후생은 감소시킬 때 가치판단을 하지 않으면 사회 전체의 후생의 변화를 평가할 수 없으므로, 버그손(Abraham Bergson)은 **사회후생함수**(social welfare function)에 분명하게 가치판단을 도입할 것을 제안하였다. 그러나, 사회 전체의 후생함수를 실제로 구축하기란 어려운 일이다. 왜냐하면, 사람마다 가치판단이 다를 것이기 때문이다.

한 예로 철학자 롤즈(J. Rawls)는 그의 『정의의 이론』(*A Theory of Justice*)에서 한 사회의 가장 못 사는 사람의 생활수준을 가능한 한 크게 개선시키는 것이 정의로운 분배라고 주장하였다. 즉, 사람들은 위험기피적이므로 한 사회내에서 가장 못 사는 사람도 어떤 일정한 수준 이하로는 떨어지지 않도록 안전망(safety net)을 설치하는 것은 모든 사람들이 받아들일 수 있는 원칙이라는 것이다. 이러한 그의 주장은 사회복지 제도를 수립하는 데 상당한 영향을 미쳤다.

하여튼 파레토 이후의 경제학의 전통인 개인간의 효용의 비교를 피하고 소득분배에 대한 평가를 회피할 때, 어떤 정책의 변화에 기인한 사회 전체의 후생의 변화에 대해서 후생경제학은 거의 아무런 평가도 내릴 수 없다는 것을 알 수 있다. 또한, 파레토 기준도 소득분배의 현상유지를 그대로 받아들인다는 측면에서는 가치판단을 하는 것이므로, 가치판단이 전연 개입되지 않는 후생경제학은 있을 수 없다. 사실 어떤 것이 후생의 증가라고 말할 때 그 어떤 것은 바람직한 것이라고 이미 가치판단을 하고 있는 것이다.

주요개념

일반균형이론　부분균형분석;　후생경제학　파레토 최적기준
파레토 최적성(효율성)　교환의 효율성　요소대체의 효율성
산출물구성의 효율성　시장기구의 실패　외부효과　외부경제　외부비경제
정보의 비대칭성　도덕적인 해이　역선택　주인-대리인문제　공공재
사유재　배제성의 원칙　무임승차자;　사회후생함수

요 약

1. 모든 시장이 완전경쟁시장일 때에는 일반균형이 존재한다는 것을 이론적으로 증명할 수 있다.

2. 사회내의 어떤 사람의 후생을 감소시키지 않고서는 다른 어떤 사람의 후생도 증대시킬 수 없는 경제적인 상황을 파레토 최적성(효율성)을 지녔다고 말한다.

3. 파레토 최적성을 달성하기 위하여 필요한 세 가지 조건은 교환의 효율성, 요소대체의 효율성 및 산출물구성의 효율성에 대한 것이다.

4. 완전경쟁시장이 지배하면 자원배분에 있어서 파레토 효율성을 달성하기 위하여 필요한 세 가지 조건이 모두 충족된다는 것을 보일 수가 있다.

5. 시장기구의 실패는 시장의 불완전성, 외부효과, 정보의 비대칭성 및 공공재의 존재로 말미암아 발생하며 정부의 개입이 필요하다. 그러나 효율성이 확보되더라도 가격기구는 분배의 불공평을 초래하게 된다.

6. 외부경제의 가장 좋은 예는 과학 · 기술에 대한 투자인데, 새로운 지식이 창출되나 이를 수행한 기업은 그 이익의 일부만을 얻으며 소비자가 주로 혜택을 본다.

7. 외부비경제의 대표적인 보기는 생산활동에 수반해서 일어나는 환경오염이다.

8. 정보의 비대칭성이 존재하는 경우에도 시장의 실패는 일어나는데, 도덕적인 해이, 역선택 및 주인-대리인문제가 좋은 예이다.

9. 공공재의 소비는 대가를 지불하지 않은 사람도 소비에서 배제될 수 없어 모두가 무임승차자가 되려고 하므로 시장의 실패가 발생하게 되고 따라서 정부가 그 공급을 담당해야 한다.

10. 일반균형이론과 후생경제학에 대한 주요한 비판으로는 현실에 대한 적용가능성이 적다는 점과 소득분배의 불공평을 도외시한다는 점이 지적되었다.

11. 롤즈는 제일 못 사는 사람들의 생활수준을 가능한 한 많이 개선시키는 것이 정의로운 분배라고 생각하였다.

연습문제

1. 파레토 효율성을 달성하기 위하여 필요한 세 가지 조건인 교환의 효율성, 요소대체의 효율성 및 산출물구성의 효율성에 대하여 설명하라.
2. 완전경쟁시장의 경우, 자원배분에 있어서 파레토 최적성을 달성하기 위하여 필요한 세 가지 조건이 모두 충족된다는 말의 뜻은?
3. 가격기구가 효율적으로 자원을 배분하지 못하여 시장의 실패가 일어나는 주요한 이유는 무엇인가?
4. 시장기구에만 맡겨둘 때 과학과 기술에 대한 투자가 바람직한 수준보다 적은 이유는 무엇인가?
5. 정부가 아무런 규제도 하지 않는다면 과도한 환경오염이 일어날 것인데 그 이유는 무엇인가? 반면에 오염수준을 0으로 만드는 것이 바람직하지 않은 이유는?
6. 정부는 1995년부터 쓰레기 종량제를 실시하여 유료의 규격봉투 사용을 의무화하면서 공해세와 비슷한 성격을 지니는 부담을 소비자에게 물리고 있는데 그 결과 쓰레기의 배출량은 상당히 감소하였다. 이를 외부비경제의 개념을 사용해 설명해보라.
7. 도덕적인 해이가 발생하는 실제 보기를 들고 그 방지책을 생각해보라.
8. 역선택을 막기 위해 보험회사와 정부가 어떠한 대응을 하고 있는지 알아보라.
9. 주인-대리인 문제의 실제 보기를 들고 이에 대한 대응책을 생각해보라.
10. 롤즈의 분배의 정의를 설명하고 이에 대해 논평하라.
11. 일반균형이론 및 후생경제학에 대한 주요한 비판은 무엇인가?

제 20 장

정부와 국민경제

정부는 조세와 정부지출 및 경제정책을 통해 국민경제에 지대한 영향을 미친다. 그런데 정부가 수행해야 할 주요한 기능에는 시장경제의 법적인 기초의 확립, 자원배분의 효율성 증대, 소득분배의 개선 및 경제안정의 도모 등이 있다.

공공선택의 이론은 정부의 의사결정에 대하여 다루는데, 정부의 시계가 단기에 머물 때 정부의 실패가 일어날 수 있다.

일반정부의 총재정규모 이외에 기금과 공공기관까지 합하면 정부의 비중은 GDP의 약 50%에 달하고 있다. 한국의 중앙정부지출의 GDP 대비 비율은 선진국에 비해서는 낮은 편이며 이는 주로 사회보장관련지출이 미흡한 데 연유한다. 정부지출은 시장의 실패를 완화시켜 자원배분의 효율성을 증대시키는 역할을 한다. 한국의 조세구조는 부가가치세가 대종을 이루는 간접세 중심으로 되어 있어서 소득분배를 개선시키는 데 별로 역할을 하지 못하고 있다. 지방자치제의 실시와 더불어 취약한 지방재정을 확충하는 문제가 제기되고 있다.

20.1 정부의 역할

우리는 앞의 제19장에서 완전경쟁시장은 자원을 효율적으로 배분하나, 현실에 있어서는 시장의 실패가 일어나므로 정부의 개입이 필요함을 보았다. 더욱이 자원배분의 효율성과는 별도로 형평의 문제가 있으므로 이 또한 정부의 개입이 필요하다.

실제로도 정부는 국민경제에 지대한 영향을 미치고 있다. 즉, 정부는 민간부문으로부터 조세를 징수하며, 이를 재원으로 하여 정부지출을 하고, 각종

표 20-1 GDP 대비 중앙정부의 경상지출의 비율(1997)[1]

(단위: %)

국 명	비 율	국 명	비 율
인 도	14.7	한 국	14.7
에티오피아	18.1	스페인	34.9
필리핀	16.3	영 국	39.6
멕시코	13.7	이태리	45.4
태 국	11.0	프랑스	44.6
말레이지아	15.5	스웨덴	43.2
칠 레	17.3	독 일	32.1
		미 국	21.0

의 경제정책을 실시함으로써 민간부문의 경제활동을 바람직한 방향으로 유도한다.

지난 한 세기 동안 대부분의 선진국에서 조세와 정부지출이 국민소득에서 차지하는 비중은 계속 늘어 왔다. 특히 제1차 및 제2차 세계대전중 조세와 정부지출은 급격히 늘어났으나, 전후에도 전쟁전 수준으로 되돌아가지 않았다. 〈표 20-1〉은 1997년 현재 몇 나라에서의 중앙정부의 경상지출(central government current expenditure)이 GDP에서 차지하는 비율을 보여 주고 있다. 일반적으로 후진국에 비해 선진국에서 GDP 대비 중앙정부의 경상지출의 비율이 높음을 알 수 있다.

GDP 대비 조세와 정부지출의 비중이 늘어났을 뿐만 아니라, 각종의 경제정책이나 정부의 규제 및 통제도 민간의 경제활동에 상당한 영향을 미치게 되었다. 즉, 금융 · 재정정책을 실시하며 무역 · 외환정책을 집행하고 독점규제 및 공정거래에 관한 법률을 시행하고, 각종의 노동관계법을 집행하며 공해배출을 규제하는 등 광범위하게 민간의 경제행위에 영향을 미치고 있다.

위에서는 실제에 있어서 정부가 조세, 정부지출 및 각종의 경제정책의 시행을 통하여 국민경제에 상당한 영향을 미치고 있음을 보았다. 그러면 가계 및 기업으로 구성되는 민간부문과 정부부문의 둘로 이루어지는 현대의 **혼합경제**(mixed economy)에서 정부가 수행해야만 하는 규범적인 역할(normative role of the government)은 무엇인가? 우리는 정부가 의당 수행

1) The World Bank, *World Development Report 1999/2000*, Oxford University Press, Oxford, 2000, pp. 256~7.

해야 하는 주요한 기능으로 크게 네 가지를 생각할 수 있다: 첫째, 시장경제의 법적인 기초(legal foundations) 확립, 둘째, 자원배분의 효율성 증대, 셋째, 소득분배의 개선, 넷째, 경제안정의 도모.

첫째로 경제관련 법규는 경제행위에 직접적인 영향을 미친다. 이는 시장경제하에서 **경기의 법칙**(rule of the game)을 규정한 것으로서 **사유재산**(private property)제도, **계약**(contracts)과 **파산**(bankrupcy)에 관한 법률, 기업과 근로자의 의무 규정 등 모든 경제관련 법규와 규제를 포함한다.

보기를 들어 19세기만 해도 기업은 근로자가 작업중 입은 재해에 대하여 책임이 없었으며, 소비자들은 불량품을 사고서도 어디에 호소할 수 없었으나 20세기에 들어 오면서 기업이 작업중 재해를 입은 근로자나, 불량품의 생산에 책임을 지도록 법규가 제정되었다. 이는 기업들로 하여금 근로자의 안전과 소비자의 보호에 더욱 많은 관심을 쏟도록 하였다.

둘째로, 자원배분의 효율성을 증대시키는 것도 정부의 주요한 기능 가운데 하나이다. 우리는 앞의 제19장에서 시장의 실패가 일어나는 여러 가지 경우에 대하여 살펴보았다. 이 때는 자원배분의 효율성을 증대시키기 위하여 정부가 시장기구에 개입하여야 한다. 보기를 들어 가격기구는 공공재를 제대로 공급할 수 없으므로 정부가 대신 제공하여야 한다. 또한, 외부효과가 존재하는 경우에도 정부의 개입을 통해 자원배분의 효율성을 증대시킬 수 있다.

셋째는 소득분배의 개선인데, 설령 가격기구가 자원배분을 효율적으로 수행한다고 할지라도 소득분배는 불공평할 수 있다. 따라서, 정부는 분배의 불공평을 완화시키기 위하여 각종의 소득재분배정책을 실시할 필요가 있다. 모든 선진국에서는 **사회보장제도**(social security system)를 실시함으로써 국민들이 어떤 최소한의 소득이나 의료시혜를 받을 수 있도록 하고 있는데 실업보험, 의료보험, 연금제도 등이 바로 그것이다.

넷째는 국민경제가 안정적인 기반 위에서 지속적인 성장을 달성할 수 있도록 재정 · 금융정책을 실시하는 것이다. 시장경제는 내버려 두면 경기순환과정에서 실업, 경기침체, 인플레이션, 국제수지의 불균형 등을 겪게 되므로 정부가 개입하여 경제안정과 경제성장을 도모할 필요가 있다.

위에서는 정부가 수행해야 할 네 가지 주요한 규범적인 기능에 대하여 살펴보았다. 이제 정부가 수행하는 경제적인 역할에 대하여 분석하는 **재정학**(public finance)의 내용에 관해 알아보자. 재정학은 그 오래된 명칭이 가르치듯이 조세와 정부지출에 대하여 일차적으로 분석한다. 그러나, 현대의 재정학의 분석대상은 단순한 재정의 범위를 훨씬 넘어서고 있다.

1930년대에는 케인즈혁명의 영향으로 재정학이 경제안정을 위한 재정의 역할을 강조하는 데 분석의 초점을 맞추었다. 그러나, 이 때 문제는 거시경제학에서도 비슷한 분석을 할 수 있으므로 재정학이 독자적인 분야를 차지할 수 없다는 것이다. 따라서, 1950년대 이후에는 공공재의 공급 등 미시경제적인 자원배분의 문제에 주력하게 되었으며, 그 결과 오늘날의 재정학은 응용미시경제학(applied microeconomics)의 성격을 띠게 되었다. 즉, 자원배분의 효율성을 증대시키기 위한 정부의 역할에 대한 분석이 현대 재정학에서 가장 핵심적인 위치를 차지하고 있다. 그리하여 명칭도 재정학 대신에 **공공경제학**(public economics)이나 **공공부문의 경제학**(economics of public sector)이라는 이름을 많이 사용하고 있다.[2)]

20.2 공공선택의 이론

위에서는 현대의 혼합경제에서 정부가 수행해야 할 규범적인 역할에 대하여 살펴보았다. 그러나, 실제에 있어서도 정부의 의사결정이 과연 이러한 규범적인 기능을 제대로 다하고 있는가는 별개의 문제이다. 즉, 시장의 실패와 같이 **정부의 실패**(government failures)가 일어날 가능성도 있는 것이다.

공공선택의 이론(public-choice theory)은 바로 정부가 어떻게 의사결정을 하는가를 분석한다. 시장에서는 경제주체들이 원하는 재화와 용역에 대하여 돈을 가지고 의사표시를 하며, 정치에서는 대표를 뽑을 때 표를 가지고 견해 표시를 하게 된다. 또한, 시장에서와 마찬가지로 정치에서도 경기의 법칙이 있는데 헌법이나 투표제도가 바로 그것이다.

정치라는 경기에 참여하는 경기자로는 우선 **유권자**가 있는데 이들은 시장에서의 소비자와 역할이 비슷하며, 민주주의는 대의제도를 통해 이들의 욕구를 충족시키는 것이 목적이다. 다른 한편으로는 시장에서의 기업과 유사한

2) 이준구, 『재정학』, 다산출판사, 1994.5, 제 1 장.

그림 20-1 **공공의 의사결정**

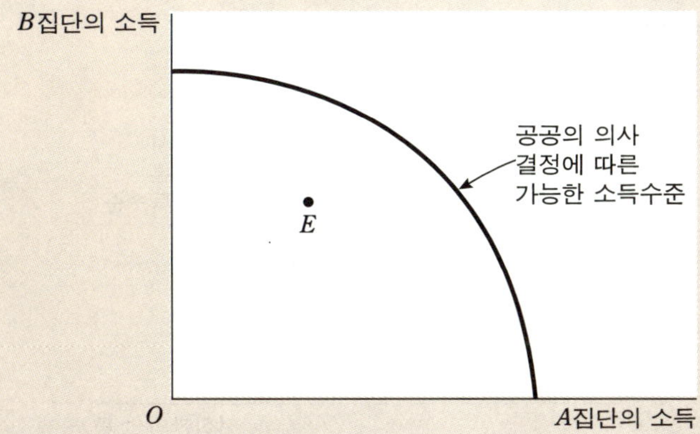

선출된 대표인 **정치인**이 있는데, 이들은 유권자가 바라는 것을 찾아내어 이를 충족시키려고 노력한다. 기업의 목표가 이윤의 극대화라면 정치가의 목표는 당선 가능성, 즉 득표수를 극대화하는 것이 주된 행동목표이다.

이렇게 보면 공공의 선택이란 결국 수많은 유권자들의 선호가 공공의 의사결정으로 총합되는 과정이라고 할 수 있다. 그런데 유권자들의 생각은 각양각색이겠으나 나라 전체로는 어떤 특정한 문제에 대해 공공의 선택은 하나일 수밖에 없는 **불가분성(indivisibility)**이 존재한다. 예를 들어 유권자마다 국방비 지출의 적정한 수준에 대한 견해가 다르겠지만 나라 전체로는 어떤 일정한 액수 하나를 선택해야만 한다.

이제 [그림 20-1]을 사용하여 공공의 의사결정이 어떠한 영향을 미치는가 알아보기로 하자.

한 나라에 두 집단 A와 B가 있을 때 점 E는 정부가 아무런 일도 하지 않는 경우를 나타낸다. 그러나, 정부가 사회간접자본을 공급하며, 교육을 진흥하고, 과학 · 기술에 투자하며, 금융 · 재정정책을 실시하는 등 공공의 의사결정을 하면 이 나라는 생산가능곡선상의 어떤 한 점으로 이동할 수 있다.

그러나, [그림 20-2]는 정부의 개입이 항상 효율적인 자원배분과 공평한 분배를 초래하지는 않는다는 것을 보여 주고 있다.

정부의 개입이 없는 점 E에서 점 P로의 이동은 두 집단 모두의 후생수준

그림 20-2 공공선택의 세 가지 결과

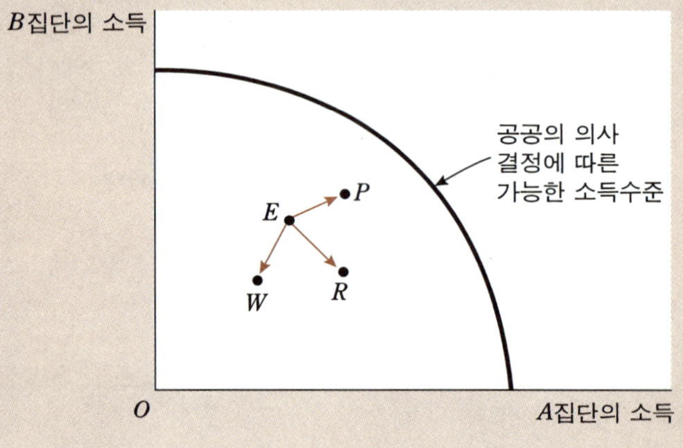

을 증대시키므로 파레토의 의미에서 자원배분의 효율성이 높아진 경우(Pareto improvements)인데 과학 · 기술에 대한 투자가 그 보기이다. 점 ***E***에서 ***R***로의 이동이 정부개입으로 초래되었다면 이는 소득을 집단 ***B***에서 집단 ***A***로 재분배한 것인데, 조세부과에 의해서 초래될 수도 있고 어떤 산업에 수입관세를 부과하여 생산자는 이득을 보나 소비자는 손해를 볼 때에도 일어날 수 있다. ***E***에서 ***W***로의 이동은 보든 사람의 후생수준이 떨어진 경우로서 정부의 잘못된 선택으로 전쟁이 일어날 때가 그 보기이다.

공공선택의 이론은 우리가 **정부의 실패(government failure)**에 대해서도 경계해야 함을 가르친다. 정부의 실패는 공공선택으로 말미암아 자원배분의 효율성이 오히려 악화된다든가, 또는 소득분배의 불공평도가 심화될 때 일어난다.

정부의 실패가 발생하는 까닭은, 보기를 들어 정부의 시계가 너무 단기적이어서 근시안적인 태도를 취하는 경우이다. 즉, 국가의 먼 장래를 위하기보다는 4년 또는 5년의 임기 동안 유권자에게 점수를 딸 정책을 시행함으로써 차기의 선거에서 유리한 위치를 차지하려는 욕구가 강하다. 이는 선 · 후진국을 막론하고 어디서나 흔히 볼 수 있는 것으로서, 예를 들어 미국에서 재정적자를 줄여야 경제가 장기적으로 지속적인 성장을 할 수 있다는 점을 모두가 인식하면서도 이를 위해서는 당장 세금을 인상하고 정부지출을 삭감하는 등

고통이 수반되는 인기없는 정책을 추진해야 하므로 재선을 위해 실천에 옮기지 못하고 있다.

공공선택의 이론은 민주주의하에서 공공의 의사결정이 항상 효율적이며 바람직한 결과를 초래하는 것은 아니라는 점을 우리에게 잘 가르쳐 준다.

20.3 조세와 정부지출

한국의 재정

여기서는 먼저 우리 나라 재정의 전반적인 윤곽에 대하여 살펴보기로 하자. 앞에서 본 대로 국민경제는 민간부문과 **정부부문(공공부문)**의 둘로 구성되어 있다. 그런데 공공부문은 다시 좁은 의미의 정부와, **공공기관**[3]의 둘로 나눌 수 있다.

좁은 의미의 정부는 **중앙정부**와 **지방정부**[4]로 분류되는데, 이에 따라 재정도 중앙정부의 재정과 지방정부의 재정으로 나눌 수 있다. '95년 지방자치제가 실시되면서 지방정부의 재정 비중은 크게 높아졌다.

중앙정부의 재정은 예산과 기금의 둘로 나눌 수 있다. 여기서 **예산**이란 일정한 기간 동안 중앙정부의 세입과 세출에 관한 계획을 담은 것인데, 매년 국회의 의결을 거쳐야만 집행할 수 있다.

반면에 **기금**(fund)은 이러한 절차없이 정부가 특정한 사업목적을 달성하기 위해 특정한 자금을 예산의 틀 밖에서 탄력적으로 운용할 수 있는 것인데, 1999년 말 현재 도합 75개이다.

중앙정부의 예산은 다시 **일반회계**와 **특별회계**로 나누어진다. 일반회계는

3) 공공기관이란 정부투자기관을 뜻하는데, 한국전력공사, 대한석탄공사, 한국가스공사, 대한무역진흥공사, 대한주택공사, 한국도로공사, 한국통신, 한국산업은행, 중소기업은행, 한국담배인삼공사, 한국조폐공사 등 18개 기관이 있다. 이 밖에 정부출자기관에는 포항종합제철, 한국방송공사, 국민은행, 한국수출입은행 등 9개 기관이 있다. 재정경제원, 「재정금융통계」, 1997. 3~4.

4) 중앙정부란 정부의 각 부처를 말하며, 지방정부는 특별시, 광역시, 도, 시, 군 등의 지방자치단체를 가리키는데, 이 둘을 합하여 일반정부라고 한다.

표 20-2 공공부문의 재정

- 공공부문
  - 정 부
    - 중앙정부의 재정
      - 예 산
        - 일반회계
        - 특별회계
      - 기 금
    - 지방정부의 재정
  - 공공기관

조세를 주된 **세입**으로 하며 국방, 외교, 행정, 교육 등 국가고유의 기능을 수행하는 데 필요한 경비를 **세출**로 포괄하고 있다. 보통 예산이라고 하면 이러한 일반회계의 예산을 뜻한다. 특별회계는 국가가 특정한 사업을 운영한다거나, 특정의 세입으로 특정한 세출을 할 때 특별법으로 설치된다. 특별회계에는 기업특별회계와 기타특별회계가 있는데 모두 22개이다. 〈표 20-2〉가 공공부문의 재정을 나타내고 있다.

이제 중앙정부와 지방정부를 합한 일반정부의 총재정규모를 살펴보자. 1999년의 중앙정부의 일반회계 예산은 경상가격기준 80조 1,378억 원에 달하여 GDP의 17.9%에 이르고 있다. 특별회계예산은 64조 8,473억 원으로서 GDP의 14.6%에 달한다. 따라서, 일반회계와 특별회계를 합한 중앙정부의 전체 예산규모는 GDP의 32.5%에 이르렀다. 그런데 같은 해 지방정부의 예산은 GDP의 12.7%[5]에 달했다. 따라서, 일반정부의 총재정규모는 GDP의 약 45.2%에 이르렀다. 이를 전체 국민경제에서 정부의 재정이 점유하는 비중을 나타내는 지표로 해석할 수 있다.

그러나, 국민경제에서 차지하는 정부부문의 비중은 이러한 총재정규모가 나타내는 것보다 더 크다. 즉, 중앙정부의 재정에 속하는 75개 기금의 규모를 보면 그 운용규모가 1999년의 경우 약 171조 원에 달했다. 따라서, 일반정부의 총재정규모 이외에 중앙정부의 기금 및 공공기관의 경제활동까지 합한 정부부문의 비중은 월등히 클 것임을 짐작할 수 있다.

---

5) 박태규, 「한국경제론 강의」(윤석범 엮음), 제14장 조세제도의 현황, 15장 재정지출, 세경사, 2001.

정부지출

〈표 20-1〉에서 우리는 주요국의 중앙정부 경상지출의 GDP대비 비율을 살펴보았다. 여기서 발견하는 것은 첫째로 소득수준이 높은 선진국일수록 일반적으로 중앙정부 경상지출의 GDP대비 비율이 높다는 점이다. 이는 주로 사회보장관련 지출이 높은 데 연유한다. 보기를 들어 노후의 생계안정, 실업 및 질병에 대비하기 위한 국민연금,[6] 실업보험 및 의료보험 등은 공적인 보험의 성격을 지니는 것으로서 **사회보험제도**(social insurance system)라고 총칭되는 것인데 선진국일수록 잘 정비되어 있다.

그런데 사회보험제도는 평소에 보험료를 낸 사람에게만 그 혜택이 주어지는 것으로서, 기여원칙에 의해 운영되므로 민간부문의 보험과 유사한 성격을 가지고 있다. 이에 비해 **공공부조**(public assistance)는 기여에 관계없이 가난한 사람이면 누구든지 그 혜택을 받을 수 있다. 우리는 사회보험제도와 공공부조를 합쳐서 **사회복지제도**(social welfare system)라고 하는데, 선진국일수록 잘 갖추어져 있으며 중앙정부 경상지출의 상당한 부분을 점유하고 있다.

둘째로, 한국의 GDP대비 중앙정부 경상지출의 비율이 선진국은 물론이고 다른 후진국에 비해서도 상대적으로 낮다는 점이다. 물론 어느 정도의 수준이 한국에 적합한가는 대답하기 쉽지 않으나, 사회복지제도를 확충해야 하며 사회간접자본이나 교육에 대한 투자를 크게 늘려야 할 필요가 있음을 상기할 때 GDP대비 중앙정부 경상지출의 비율은 장기적으로 상향 조정되어야 할 것이다.

이제 그러면 중앙정부의 일반회계의 기능별 세출구조를 살펴보기로 하자. 〈표 20-3〉이 이를 보인다.

뒤의 표를 보면 일반행정을 위한 지출의 비중은 지난 20여 년 동안 10%대 수준에서 큰 변화를 보이지 않고 있다. 여기에는 일반행정을 위한 지출과 공공질서의 유지를 위한 지출이 포함되어 있다. 방위비는 1980년을 전후해서 제일 높았으나 그후 지속적으로 감소하고 있다. 이는 우리의 특수한 안보상황으로 말미암아 세출의 상당 부분을 방위비로 쓸 수밖에 없고 따라서 자연

6) 우리나라에서는 국민연금제도라고 불리우며, 미국 등 다른 나라에서는 사회보장제도(social security system)라고 부른다.

표 20-3 일반회계의 세출구조[7)]

연 도	일반행정	방위비	교육비	사회개발	경제개발	기 타	합 계
1970	11.7	23.2	51.5			13.6	100.0
1975	11.3	28.8	46.0			13.9	100.0
1980	9.7	35.6	24.1		21.5	9.0	100.0
1985	10.1	30.6	20.1	6.8	16.1	16.2	100.0
1990	10.2	25.0	20.4	8.9	14.1	21.4	100.0
1991	11.2	25.4	17.7	10.2	16.4	19.1	100.0
1992	12.5	25.9	19.4	9.7	18.6	14.1	100.0
1996	10.6	22.4	18.6	8.6	22.7	17.1	100.0
2000	9.2	17.4	14.0	11.3	26.6	21.6	100.0

* 1975년까지는 교육비, 사회개발, 경제개발이 모두 개발비로 분류되었으며, 그 이후부터 1981년까지는 교육비가 사회개발에 포함되어 분류되었음.

히 다른 부문의 가용재원을 그만큼 줄이게 됨을 의미한다.

교육비도 비중이 떨어졌는데 대부분이 초 · 중 · 고교의 교육을 위한 지출이며 대학교육을 위한 것은 총교육비의 10%에도 못미치고 있다. 사회개발을 위한 지출은 국민의 복지와 직접적인 관련을 갖는 것으로서 보건 · 생활환경 개선, 사회보장, 주택, 체육 · 문화, 인력개발 · 인구억제 및 지역사회개발을 위한 지출을 포함한다. 그 비중은 최근 경제위기를 맞아 실업대책과 사회복지의 개선을 위해 증대되었다.

경제개발을 위한 지출은 주로 사회간접자본(SOC)을 형성하며, 개별산업을 육성 · 지원하는 데 중점이 두어져 왔다. 성장의 초기단계에서는 이러한 경제개발비의 중요성이 크게 마련이나 그후 그 비중이 줄어들다가 근자에 다시 SOC의 부족이 심각해지자 20%대를 초과하였다. 한편, 기타란에는 중앙정부가 지방정부의 부족한 재원을 메꾸어 주기 위해 세입의 일부를 떼어 주는 지방재정교부금[8)]과 채무상환 및 예비비 등이 포함된다.

7) 재정경제부, 「결산개요」, 각년도.

8) 2000년 중앙정부 일반회계 예산에서 지방재정교부금이 차지하는 비중은 8.9%이었다.

한국의 세출구조의 주요한 특징은 2000년 방위비, 인건비, 지방재정교부금 등 법적으로 반드시 지출해야 할 비용이 전체 세출의 약 43%를 점유함으로써 **재정의 경직도**가 매우 높다는 것이다. 따라서, 세출의 탄력적인 조절을 통한 경제안정의 도모는 현실적으로 어렵게 된다.

앞에서 본 바와 같이 시장기구가 자원배분을 효율적으로 수행하지 못하여 시장의 실패가 발생할 때, 이를 바로 잡기 위한 정부지출은 자원배분의 효율성을 증대시킬 수 있다. 보기를 들어 국방, 경찰, 도로, 공원 등 공공재는 시장기구에 의해서는 제대로 공급될 수 없으므로 정부지출에 의해 제공되어야 한다. 이 밖에도 교육은 외부효과를 창출하는 것이며, 사회간접자본부문은 비용감소 현상이 지배하므로 정부지출에 의해 자원배분의 효율성을 증대시킬 수 있다. 또한, 선진국의 경우 사회보장관련지출의 비중이 세출 가운데 상당히 높은 것은 소득분배의 개선에 크게 기여할 수 있다. 그러나, 우리는 사회개발을 위한 지출이 최근 늘기는 하였느나 아직도 낮아 복지국가의 실현이라는 목표에는 못미치고 있다.

조 세

세입이란 일정한 기간중 위에서 살펴본 정부지출의 재원을 충당하기 위하여 정부가 거두어 들인 재정수입을 말한다. 〈표 20-4〉는 2000년 중앙정부의 세입구조를 나타낸다.[9]

여기서 **내국세**(internal tax)와 **관세**(customs duty)는 조세가 부과되는

표 20-4 중앙정부의 세입구조(2000)

종 류	금 액(억원)	
내국세	581,416	72.9
관 세	48,283	6.1
교통세	94,424	11.8
교육세	58,571	7.3
농어촌특별세	14,335	1.8
국 세	797,029	100.0

9) 재정경제부, 「조세개요」, 2000.5.

장소에 따라서 분류한 것인데, 전자는 국내에서 부과되는 조세이며 후자는 재화가 국경을 통과할 때 부과되는 조세로서 수입관세가 대종을 이룬다. 교통세와 교육세, 농어촌특별세는 지출의 목적이 정해진 **목적세**(earmarked tax)로서, 일반적으로 용도를 지정하지 않고 징수되는 **보통세**(ordinary tax)와 구별된다. 내국세, 관세, 교통세, 교육세 및 농어촌특별세는 모두 중앙정부가 징수하는 **국세**(national tax)로서 위의 표에는 포함되어 있지 않은 지방정부가 부과하는 **지방세**(local tax)와는 구별된다.

이제 GDP대비 조세의 비율인 **조세부담률**의 추이를 살펴보기로 하자. 지난 1985년에는 국세와 지방세가 각각 GDP의 15.0%와 2.1%로서 조세부담률은 17.1%이었다. 그러나, 1999년에는 국세와 지방세가 각각 GDP의 15.8%와 3.9%로서 조세부담률은 19.7%에 다달았다.

여기서 발견하는 것은 우리 나라의 조세부담률이 장기적으로 상향추세를 나타내고 있다는 점이다. 이제 국제비교를 위하여 주요국가의 중앙정부 조세수입의 GDP대비 비율을 살펴보면 1997년의 경우 인도 10.8%, 칠레 18.9%, 일본 17.8%, 파키스탄 12.9%, 태국 16.1%, 한국 18.6%, 미국 19.8%, 인도네시아 14.7%, 브라질 17.5%, 말레이지아 19.4%, 독일 26.7%, 영국 33.4%

표 20-5 한국의 조세구조, 1999년

(단위: %)

<table>
<tr><td rowspan="3">국 세
(80.3)</td><td rowspan="2">내국세
(59.8)</td><td>직접세
(28.8)</td><td>소득세(16.9), 법인세(9.9), 상속세(0.5)
증여세(0.5), 재평가세(1.0), 부당이득세(-)</td></tr>
<tr><td>간접세
(29.4)</td><td>일반소비세 : 부가가치세(21.6)
개별소비세 : 특별소비세(2.9), 주세(2.2), 전화세(1.3)
유 통 세 : 인지세(0.4), 증권거래세(1.4)</td></tr>
<tr><td colspan="3">관세(4.97), 교통세(7.7), 교육세(5.6), 농어촌특별세(2.1)</td></tr>
<tr><td rowspan="4">지방세
(19.7)</td><td rowspan="2">도 세
(8.91)</td><td>보통세
(8.51)</td><td>취득세(3.3), 등록세(4.6), 경주 · 마권세(0.3),
면허세(0.3)</td></tr>
<tr><td>목적세(0.4)</td><td>공동시설세(0.3), 지역개발세(0.08)</td></tr>
<tr><td rowspan="2">시 · 군
(10.22)</td><td>보통세
(9.02)</td><td>주민세(2.4), 재산세(0.6), 자동차세(2.0),
농지세(-), 도축세(0.04), 담배소비세(2.6),
종합토지세(1.4), 주행세(-)</td></tr>
<tr><td>목적세(1.2)</td><td>도시계획세(0.8), 사업소세(0.4)</td></tr>
</table>

그리고 프랑스가 39.2%이었다.

일반적으로 국민소득이 높은 나라일수록 조세부담률이 높으나, 나라별로 조세 체계가 달라 국제비교에는 여러 가지 어려움이 있다. 특히 사회보장분담금의 크기에 따라 조세부담률은 상당히 달라진다. 그러나, 한국의 조세부담률은 다른 나라와 비교해 볼 때 아직은 낮은 편이며, 앞으로 복지국가를 지향해 나갈 때 점차 증대되어야 할 것이다.

우리 나라는 세입의 거의 대부분을 조세수입에 의존하고 있으므로, 이제 조세에 대하여 자세히 살펴보기로 하자. **조세**란 국가가 경비를 충당하기 위하여 보상없이 민간부문으로부터 강제로 징수하는 것인데 〈표 20-5〉가 한국의 조세구조를 보여 주고 있다.

먼저 조세는 과세권자가 중앙정부인가 또는 지방자치단체인가에 따라서 국세와 지방세로 나눌 수 있다. 국세는 다시 내국세, 관세 및 목적세로 분류되며, 지방세는 보통세와 목적세로 나눌 수 있다. 내국세는 크게 **직접세**(direct tax)와 **간접세**(indirect tax)로 나누어진다. 직접세는 직접 사람(개인, 기업 등)에게 부과되는 세금이며, 간접세는 재화와 용역에 부과되어 이를 구매하는 사람에게 간접적으로 부과되는 세금이다.

앞의 표에서 내국세 가운데 직접세와 간접세가 차지하는 비중을 보면 각각 49.2%와 50.8%로 거의 비슷하다. 그러나, 선진국의 경우에는 개인소득세와 사회보장세가 대종을 이루는 직접세가 조세수입의 약 2/3를 차지하고 있으며,[10] 특히 미국과 일본은 직접세의 비중이 매우 높다. 반면에 후진국은 조세수입의 2/3가 간접세이며, 주로 재화와 용역에 부과되는 세금(물품세, 판매세, 부가가치세 등)과 관세로 구성되어 있다.

한국의 경우에는 직접세의 대종은 소득세와 법인세이며, 간접세는 그 대부분이 부가가치세로 구성이 되어 있다. 여기서 **부가가치세**(value-added tax; VAT)란 생산 및 유통의 각 단계에서 상품에 부가되는 가치를 과세표준으로 하여 부과되는 조세이다. 즉, 어떤 재화가 최종재로서 소비자에게 공급되기까지는 원료의 가공, 생산 및 도·소매 등 생산과 유통의 여러 단계를 거치며 이 때 각 단계마다 새롭게 부가가치가 발생하는데, 바로 이 부가가치에 대하여 과세하는 것이며 1977년 7월 1일부터 10%의 단일세율을 적용하고 있다.

10) Robin Burgess and Nicholas Stern, "Taxation and Development," *Journal of Economic Literature*, June 1993, pp. 762~830.

부가가치세는 지난 20여년 동안 우리 나라의 여러 조세 가운데 가장 비중이 컸으며, 또한 거의 모든 재화와 용역을 대상으로 하므로 세율을 1%만 높여도 조세수입은 엄청나게 늘어날 것이다. 유럽연합(EU)은 오래 전부터 VAT를 실시하고 있으며, 일본도 도입하기 시작하였으나, 미국은 직접세 중심으로 되어 있어서 VAT를 도입하지 않고 있다. 후진국들도 30여 개 국가들에서 VAT를 실시하고 있는데, 지난 1980년대의 조세개혁에서 가장 중요한 특징도 바로 VAT를 성공적으로 도입 · 시행하고 있는 것이라고 할 수 있다.

그런데 한국의 조세구조가 소득세 등이 중심이 되는 직접세에 비해 부가가치세 등이 대종을 이루는 간접세 중심으로 짜여져 있는 것은 공평한 조세부담이라는 관점에서 문제점이 있는 것으로 늘 지적되어 왔다. 일반적으로 공평한 조세부담의 원칙으로는 두 가지가 제시되었는데, **수익원칙**(benefit principle)과 **능력원칙**(ability-to-pay principle)이 바로 그것이다.

여기서 수익원칙이란 각자가 공공부문이 제공하는 정부 서비스로부터 혜택을 받은 데 비례하여 세금을 부담하는 것이 공평하다는 것이다. 그러나, 수익원칙은 정부서비스로부터 개개인이 과연 얼마나 혜택을 받고 있는가를 파악하기가 지극히 어렵다는 현실적인 문제점이 있다. 다만 전기료, 수도료, 고속도로 사용료와 같이 개인이 받는 혜택이 분명히 가려질 수 있는 경우에는 부분적으로 수익원칙이 적용될 수 있을 것이다.

능력원칙이란 개인의 소득, 재산 등이 나타내는 지불능력에 비례하여 세금을 부과하는 것이 공평하다는 원칙으로서 이미 스미드, 밀과 같은 고전학파 경제학자들도 주장하였으며 현재 대부분의 나라에서 채택하고 있는 것이다. 능력원칙은 공평한 소득분배를 지향하도록 조세부과가 이루어져야 함을 가르치고 있다. 그런데 능력원칙에서 공평함은 두 가지로 나누어 생각할 수 있다. 하나는 **수평적인 공평**(horizontal equity)인데, 이는 능력이 동일한 사람들은 똑같은 세금을 내야만 한다는 것이다. 보기를 들어 소득이 동일한 사람은 동일한 세금을 내야만 한다. 그러나, 실제로는 소득이 동일하다고 할지라도 부양가족의 수가 다르며 의료비지출이 다를 수 있는데, 이를 참작하기 위한 것이 각종의 소득공제이다.

다른 하나는 **수직적인 공평**(vertical equity)인데, 이는 능력이 많은 사람은 더 많은 세금을 내야만 한다는 것이다. 그러나, 여기에는 능력이 증대될 때 과연 어느 정도나 세금을 늘려야 하는가에 대해 의견이 서로 다를 수 있다. 보기를 들면, 소득에 비례하여 조세를 부과하는 **비례세**(proportional tax)가 공평한 것인지, 아니면 소득이 증가할 때 세율도 증가하는 **누진세**(progressive tax)가 좋은 것인지, 세율이 오히려 감소하는 **역진세**(regressive tax)가 바람직한 것인지의 문제는 쉽게 대답할 수 없는 것이다.

그런데 직접세인 소득세 등에는 비교적 용이하게 능력원칙을 적용하여 조세를 부과할 수 있으며, 세율도 누진적이므로 공평한 조세부담을 이룩할 수 있는 가능성이 높다. 보기를 들어 우리 나라는 현재 소득세율이 과세표준(과표), 즉 과세대상이 되는 소득이 연간 1,000만 원 이하일 때의 9%로부터 과표가 8,000만 원을 초과할 때의 36%까지 4단계의 누진세율을 적용하고 있다. 법인세는 일반법인의 경우 과세표준이 1억 원 이하일 때는 15%의 법인세율이 적용되며, 1억 원 초과시에는 27%가 적용되는 2단계 세율구조로 단순화되어 있다.

그러나, 간접세인 부가가치세의 경우에는 상품이나 용역에 세금이 부과되므로 실제로 누가 이를 부담하게 될 것인지 알 수 없고 따라서 능력원칙을 적용하기가 어렵다. 실제로 부가가치세는 단일 세율이므로 소득이 높아질수록 부가가치세의 부담은 적어지는 역진적인 성격을 가지고 있다. 이렇게 볼 때 한국의 조세구조는 소득분배의 개선에 별다른 역할을 수행하지 못하고 있음을 알 수 있다.

이러한 일반적인 평가 이외에 공평한 조세부담이라는 관점에서 보았을 때 문제가 되는 것은 우선 **지하경제**(underground economy)의 규모가 상당하므로 이에 따른 탈세도 엄청나다는 점이다. 또한, 상속세가 제대로 부과되지 못하고 있기 때문에 부의 세습이 아무런 어려움없이 이루어지고 있는 것도 문제점으로 지적할 수 있다.

조세의 부과는 소득분배에 영향을 줄 뿐만 아니라 자원배분에도 영향을 미친다. 즉, 재화 및 생산요소의 상대가격을 변화시킴으로써 자원의 배분에 영향을 끼칠 수 있는 것이다. 보기를 들어 어떤 재화에 대한 조세의 부과는 그 재화의 가격을, 조세가 부과되지 않은 다른 재화들의 가격에 비하여 상대적으로 인상시킴으로써 자원배분에 영향을 미치게 된다.

그런데 조세부과가 자원배분에 미치는 영향을 평가하기 위해서는 조세를 궁극적으로 누가 부담하게 되는가 하는 **조세의 귀착**(tax incidence) 문제에 대해 우선 답할 수 있어야 한다. 예를 들어 유류세를 부과하였을 때 공급자가 실제로 조세를 부담하는가 아니면 가격 인상을 통하여 조세부담을 소비자에게 전가시키는가 하는 것이다.

일반적으로 어떤 재화에 대한 조세의 부과는 생산자와 소비자가 이를 분담하는 것이 보통이다. 그러나, 앞의 5.4의 분석이 나타내는 바와 같이 부담의 정도는 수요와 공급의 탄력도에 따라 주로 결정된다. 여하간에 조세의 귀착은 자원배분에 영향을 미치는 주요한 인자이다.

이제 끝으로 지방세에 대하여 간략히 살펴보기로 하자. 우리는 오랫동안 중앙집권적인 체제를 유지하여 오고 있으므로 지방재정은 매우 취약한 형편이다. 〈표 20-5〉에서 보듯이 조세총액 가운데서 국세는 80.3%이며 지방세는 19.7%로서 지방세의 비중이 매우 낮다.

지방세 가운데서 비중이 큰 것은 각종의 재산권을 등기할 때 부과하는 등록세, 재산의 취득행위 그 자체에 대해 부과되는 취득세, 국세와 지방세 간의 격차를 완화시키기 위해 종전에는 중앙정부의 수입으로 귀속되었던 전매익금을 지방세원으로 만든 담배소비세 및 주민세, 자동차세 등이다. 그러나, 선진국에서 지방세의 대부분을 차지하는 재산세는 우리 나라의 경우에는 비중이 지극히 낮다.

통합재정수지

우리는 중앙정부의 일반회계만을 가지고 흑자와 적자를 따지기도 하나, 이보다는 통합재정수지가 공공부문이 국민경제에 미치는 영향을 보다 정확하게 파악할 수 있게 한다. 여기서 통합재정이란 중앙정부의 일반회계 이외에 18개의 특별회계, 중앙정부가 관리 · 운영하는 공공기금 그리고 비금융공기업의 기업특별회계를 모두 포괄한 것이다.

통합재정수지로 재정의 건전성을 판단할 때 한국은 '80년대에는 '87년과 '88년 그리고 '90년대에는 '93년을 제외하고는 늘 흑자를 나타냈다. 즉, 건전한 재정을 오랫동안 유지해 온 것이다. 그러나 경제위기 이후에는 금융부문의 구조조정을 위해 많은 공적자금이 투입되었고 실업대책을 위한 재정지출도 적지 않아 통합재정수지가 '98년에는 GDP 대비 5%의 적자를 나타냈으며 '99년에도 5.1%의 적자를 보였다. 다시 2000년과 2001년에는 각각 GDP 대비 1.3%의 흑자로 반전되었다.

GDP대비 국가채무의 비율도 2001년 말 현재 22.4%로서 OECD국가의 평균인 72.5%보다 훨씬 낮다.

주요개념

정부의 역할(기능) 혼합경제 경기법칙 사유재산 계약 파산
사회보장제도 재정학 공공경제학 공공부문의 경제학; 정부의 실패
공공선택 유권자 정치인 불가분성 정부부문(공공부문) 공공기관
중앙정부 지방정부 예산 기금 일반회계 특별회계 세입 세출
총재정규모 사회보험제도 공공부조 사회복지제도 재정의 경직도
내국세 관세 목적세 보통세 국세 지방세 조세부담률 조세
직접세 간접세 부가가치세(VAT) 수익원칙 능력원칙
수평적(수직적)인 공평 비례세 누진세 역진세 지하경제 조세의 귀착
통합재정수지

요 약

1. 대부분의 선진국에서 조세 및 정부지출이 국민소득에서 차지하는 비율은 증가추세를 나타냈다. 또한 후진국에 비해 선진국의 GDP 대비 정부지출의 비율이 더 높은데, 이는 주로 사회보장관련지출이 크기 때문이다.

2. 정부가 수행해야 하는 기능은 크게 네 가지이다: ① 시장경제의 법적인 기초의 확립, ② 자원배분의 효율성 증대, ③ 소득분배의 개선, ④ 경제안정의 도모

3. 1950년대 이후의 재정학은 응용미시경제학의 성격을 띠고 있으며 공공경제학 또는 공공부문의 경제학이라고 부른다.

4. 공공선택의 이론은 정부가 어떻게 의사결정을 하는가를 분석한다. 정치라는 경기에서 유권자는 시장에서의 소비자와 역할이 비슷하며 정치인은 기업과 유사하다. 공공의 선택은 수많은 유권자들의 선호가 공공의 의사결정으로 총합되는 과정이다.

5. 유권자들의 생각은 여러 가지이나 공공의 선택은 하나일 수밖에 없는 불가분성이 존재한다. 그런데 공공의 의사결정은 더 높은 생산가능곡선의 선상으로 이동할 수 있게 한다.

6. 정부의 시계가 너무 근시안적인 경우에는 공공선택으로 오히려 자원배분의 효율성이 저하되고 소득분배의 공평도는 심화되는 정부의 실패가 일어날 수 있다.

7. 국민경제는 민간부문과 정부부문(공공부문)의 둘로 구성되며, 공공부문은 다시 좁은 의미의 정부와 공공기관으로 나누어진다. 좁은 의미의 정부는 중앙정부와 지방정부로 분류할 수 있으며, 중앙정부의 재정은 예산과 기금의 둘로 나눌 수 있다.

8. 예산은 매년 국회의 의결을 거쳐 집행되는데, 일반회계와 특별회계로 나눌 수 있다. 기금은 이러한 절차없이 정부가 탄력적으로 운용할 수 있다. 현재 기금은 75개나 되어 그 통폐합이 시급하다.

9. 1999년 중앙정부의 일반회계와 특별회계 예산은 각각 GDP대비 17.9%와 14.6%로서 도합 32.5%이었다. 여기에 지방정부예산의 GDP대비비율인 12.7%를 더하면 일반정부의 총재정규모는 GDP의 45.2%에 달한다. 이 밖에 각종 기금과 공공기관까지 더하면 정부부문의 비중은 더욱 커진다.

10. 국민연금, 실업보험 및 의료보험 등 기여원칙에 의해 운영되는 공적인 보험의 성격을 지니는 사회보험제도와, 기여에 상관없이 가난한 사람이면 혜택을 받을 수 있는 공공부조를 합해서 사회복지제도라고 하는데 선진국일수록 잘 갖추어져 있다.

11. 한국의 GDP대비 중앙정부지출의 비중은 다른 나라에 비해 낮은 편인데, 사회간접자본 및 교육을 위한 투자와 사회복지제도의 확충 필요성을 참작할 때 장기적으로는 상향조정되어야 할 것이다.

12. 정부지출은 시장의 실패를 바로잡아 자원배분의 효율성을 증대시키며, 사회보장관련지출을 통해 소득분배의 개선에 기여할 수 있다.

13. 한국의 조세부담률은 증가추세를 나타내고 있는데, 1999년에는 국세와 지방세가 GDP대비 각각 15.8%와 3.9%로서 도합 19.7%에 달하였다. 그러나, 선진국에 비해서는 아직 낮은 편이다.

14. 조세는 국세와 지방세로 나누어지며 국세에는 내국세, 관세 및 목적세가 있

다. 내국세는 크게 사람에 부과되는 직접세와 재화와 용역에 부과되는 간접세가 있는데, 그 비중은 1999년에 49.2%와 50.8%로 거의 같았다.

15. 선진국의 조세수입은 직접세 위주이며 발전도상국은 간접세 중심이다. 한국은 직접세는 주로 소득세와 법인세이며, 간접세는 대부분이 부가가치세이다.

16. 공평한 조세부담의 원칙에는 수익원칙과 능력원칙이 있는데, 수익원칙은 제한적으로 사용료를 부과하는 데 적용할 수 있으며, 대부분의 경우에는 능력원칙에 따라서 조세를 부과하는 것이 공평하다. 능력원칙에서의 공평이란 수평적인 공평과 수직적인 공평으로 나누어 생각할 수 있다.

17. 세금이 소득분배에 미치는 영향을 파악하기 위하여 세금을 비례세, 누진세 및 역진세로 나누어 볼 수 있다. 소득세 등 직접세는 누진세이며 부가가치세와 같은 간접세는 역진세이다. 따라서, 간접세의 비중이 높은 한국의 경우에는 조세구조가 소득분배를 개선시키는 데 별로 기여하지 못한다.

18. 조세부과는 소득분배뿐만이 아니라 자원배분에도 영향을 미치는데, 이를 평가하려면 조세를 실제로 누가 부담하는가 하는 조세의 귀착문제를 살펴보아야 한다.

19. 지방세 가운데 중요한 것은 등록세, 취득세, 담배소비세, 주민세, 자동차세 등인데 이는 선진국의 경우 지방세의 대부분이 재산세인 것과는 대조적이다.

20. 통합재정수지로 볼 때 한국은 경제위기 이전까지 건전재정을 유지해왔다.

연습문제

1. "재정학은 경제안정을 위한 재정의 역할을 주된 분석대상으로 삼아야 한다"는 견해에 대하여 평가해보라.

2. 공공선택이 파레토개선, 소득재분배 및 정부의 실패 등 세 가지 서로 다른 결과를 초래하는 것을 그림표로 그리고 설명해보라.

3. "한국의 정부부문은 GDP의 약 50%나 되므로 민영화를 통해 정부비중을 줄이는 것이 바람직하다"는 주장에 대하여 다른 나라와 비교하면서 평가해보라.

4. 선진국의 조세와 정부지출이 일반적으로 발전도상국에 비해 높은 이유는 무엇인가?

5. "한국의 조세 및 정부지출의 GDP대비 비율은 장기적으로 증대되어야 한다"는 주장에 대하여 논평하라.

6. 한국의 조세구조의 주된 특징과 소득분배에 미치는 영향을 설명하라. 선진국과의 차이점은?

7. "조세부담률을 올리기 전에 공평한 조세부과를 해야 한다"는 주장의 논거는 무엇인가? 지하경제의 만연, 자유직업소득자의 과소보고(underreporting), 상속세, 재산세의 미미함에 유의하면서 답하라.

8. 지방자치제의 본격적인 출범과 더불어 지방재정의 자립도를 증대시킬 수 있는 방안에 대하여 생각해보라.

9. 한국의 통합재정수지가 경제위기 이후 적자로 돌아선 주된 이유는 무엇인가?

국민소득과 물가수준: 단기분석

제 III 부

제 III 부의 개요

여기서는 단기의 거시경제학에 대하여 살펴보는데, 먼저 제8편에서는 거시경제학의 두 가지 큰 조류인 고전학파와 케인즈학파를 설명한 후 케인즈의 단순모형 또는 공항모형을 전제로 단기의 국민소득의 결정이론을 풀이한다. 총수요를 구성하는 소비와 투자에 대해서도 살펴본다.

8편이 재화시장에 대한 분석인데 비해 9편은 금융시장에 대한 분석이다. 금융시장의 개관, 화폐에 대한 수요와 공급 그리고 금융정책이 중요한 내용이다. 이어서 10편은 양자를 결한합 IS–LM 모형을 우선 설명한다. 21~31장이 물가는 일정하다고 전제하고 총수요 측면만을 분석하고 있으나, 32장에서는 총수요와 총공급이 만나는 데서 물가수준과 국민소득이 결정됨을 보인다. 33장에서는 인플레이션과 실업에 대해 살펴보며 부록에서는 합리적인 기대의 가설을 알기 쉽게 설명한다.

제 8 편

재화시장

요 약

주요 거시경제지표, AD와 AS, 거시경제학의 두 흐름인 고전학파와 케인즈학파, 국민소득의 측정과 국민소득계정, 국민소득에 관한 추가적인 문제 등을 서론적으로 살펴본 후, 24장에서는 케인즈의 단순모형에 기초한 국민소득의 결정이론을 설명하고 24장 부록에서는 이를 확대한다. 25장과 26장에서는 총수요의 두 가지 구성부분인 소비와 투자에 대하여 분석한다.

제 8 편

재화시장

제 21 장

거시경제학의 개관

거시경제학의 분석대상은 국민소득의 단기적인 변동과 장기적인 성장, 실업, 인플레이션, 이자율, 국제수지 및 외환율 등 국민경제 전체의 행태에 대한 것이다. 따라서 지난 40년의 우리 자료를 가지고 GDP, 실업률, 인플레이션, 이자율, 외환율 및 국제수지의 추이에 대하여 차례로 살펴본다.

이어서 가장 주된 분석용구인 총수요(AD)와 총공급(AS)을 도입하고, 이 둘이 만나는 데서 단기의 국민소득과 물가수준이 결정됨을 보인다. 또한 거시경제학의 두 가지 큰 흐름으로 고전학파와 케인즈학파를 들고 있는데, 이는 장 · 단기에서 가격의 신축성과 경직성을 가정하는 것과 관련이 있다. 끝으로 AD와 AS의 분석용구를 사용하여 최근의 우리 경제의 현실을 설명해본다.

21.1 거시경제학의 분석대상

미시경제학과 거시경제학

우리는 지금까지 제Ⅱ부에서 가격기구의 작용에 의한 자원배분의 문제를 취급하는 미시경제학에 관하여 살펴보았다. 이제 여기 제Ⅲ부에서는 국민소득의 단기적인 변동과 장기적인 성장, 실업, 인플레이션, 이자율, 국제수지 및 외환율 등 국민경제 전체의 행태를 다루는 거시경제학에 대하여 살펴보기로 한다.

미시경제학에서는 개별적인 경제주체인 가계와 기업이 어떻게 소비와 생산에 관한 의사결정을 내리며, 또한 이들 경제주체들이 시장에서 어떻게 상호작용하는가를 다룬다. 그런데 가계와 기업은 주어진 제약조건 아래서 각각 효용과 이윤을 극대화하는 **최적행위(optimization behavior)**를 한다고 전제한다.

한편 거시경제학은 국민경제 전체의 행태를 분석대상으로 하는데, 이는 결국 수많은 가계와 기업이 경제행위를 한 결과이므로 미시경제학과 거시경제학은 서로 밀접한 연관을 가지고 있다. 따라서 국민경제 전체에 대하여 분석하려면 개별적인 경제주체의 의사결정을 먼저 알아야만 한다. 보기를 들어 나라 전체의 소비에 대해 분석하려면 개별적인 가계의 소비에 관한 의사결정에 대하여 먼저 알고 있어야만 하는 것이다. 즉 국민경제 전체의 소비, 투자 등 거시경제적인 변수는 개별적인 경제주체의 소비와 투자를 모두 합해 놓은 것이므로 거시경제학은 자연히 미시경제학에 기초하고 있다고 볼 수 있다. 동시에 개별적인 경제주체들이 최적행위를 한다는 미시경제학의 전제도 거시경제학의 배후에 암묵적으로 깔려 있다고 볼 수 있다.

거시경제정책의 목표와 수단

거시경제학은 현실적으로 우리가 당면하고 있는 주요한 거시경제문제를 취급하는데, 이를 위해 국민경제가 어떻게 운용되며 경제정책을 사용하여 이를 어떻게 개선시킬 수 있는가를 분석한다. 일반적으로 한 나라는 네 가지의 주요한 **거시경제정책의 목표**를 가지고 있다.

첫째는 지나친 경기변동을 겪지 않고 높은 수준의 국민소득을 유지하는 동시에, 장기적으로는 빠른 경제성장률을 달성하는 것이다. 둘째는 높은 수준의 고용을 유지함으로써 실업을 줄이는 것이고, 셋째는 인플레이션을 방지하여 물가안정을 이룩하는 것이고, 넷째는 대외적으로 국제수지의 균형을 달성하며 외환율의 안정을 도모하는 것이다.

한편, 이들 네 가지의 정책목표를 달성하는 데 정부가 사용할 수 있는 **정책수단**으로는 다음의 세 가지를 들 수가 있다:

첫째는 재정정책으로서 정부지출과 조세를 변동시키는 것이고, 둘째는 화폐금융정책으로서 통화량의 공급량을 조절함으로써 이자율을 변경시키는 것이며, 셋째는 국제경제정책으로서 국제수지의 균형을 이룩하기 위하여 사용

그림 21-1 명목 및 실질 GDP, 1962~2001

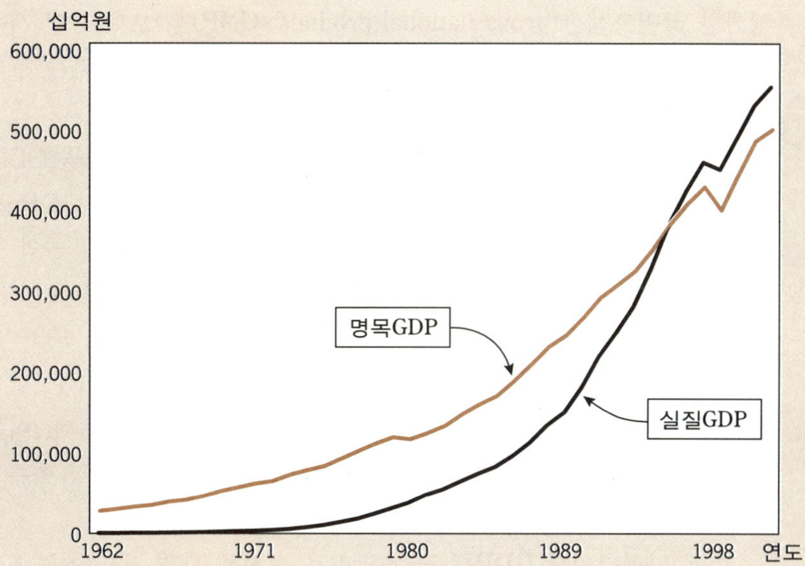

하는 무역정책과 환율의 안정을 도모하기 위한 외환정책이 있다.

거시경제학은 국민경제가 어떻게 운용되는가에 대한 이해를 토대로 해서, 정부의 경제정책이 주요한 거시경제문제를 해결하는 데 어떠한 효과를 발휘하는가를 알아 볼 수 있게 한다. 그러나 경제가 어떻게 운용되며, 주요한 현실 문제를 어떠한 경제정책을 사용하여 해결할 수 있는가에 대해서는 상이한 견해가 존재하며 논란의 여지도 적지 않음을 미리 유의할 필요가 있다.

국민소득

이제 그러면 거시경제학에서 다루는 주요한 총량 변수들에 관하여 살펴보기로 하자. 첫째는 **국내총생산**(gross domestic product; GDP)인데, 이는 국내에 거주하는 모든 생산자가 일정한 기간(1년) 동안에 생산해낸 모든 재화와 용역의 가치를 화폐로 표시한 것이다. 이 GDP가 중요한 까닭은 한 국민경제의 일정한 기간중의 실적을 종합적으로 나타내는 지표(performance indicator)이기 때문이다.

종전에는 국민소득을 나타내는 주된 지표로 우리 나라 국민들이 1년 동안 생산한 **국민총생산**(gross national product; GNP)을 오랜 동안 사용해 왔으나 대부분의 나라들이 GDP를 주로 쓰므로 1994년 이후부터는 우리도 GDP를 주된 지표로 사용하기 시작하였다.

GDP는 그때 그때의 시장가격인 경상가격으로 평가한 **명목** GDP 또는 **경상** GDP와, 일정한 기준년도의 시장가격으로 평가한 **불변** GDP 또는 **실질** GDP가 있다. [그림 21-1]은 1962년부터 2001년까지의 기간 동안 우리 나라의 명목 GDP와, 1995년을 기준년도로 한 실질 GDP의 추이를 보여주고 있다.

명목 GDP는 1962년의 3,524억원에서 2001년에는 545조 133억원으로 약 1,547배가 증가하였다. 그러나 물가상승을 제외한 실질 GDP는 같은 기간중 27조 1,359억원에서 493조 255억원으로 약 18배가 늘어났는데, 이는 연평균 경제성장률이 8%를 초과하였음을 나타낸다. 세계적으로 가장 빠른 경제성장을 경험한 것이다.

이에 따라 1인당 GDP를 경상 달러로 표시해 보면 '62년에는 87달러이었으나 '01년에는 8,918달러를 기록하였다. 2001년 현재 세계 전체로 한국은 GDP규모가 4,222억 달러로 12위이며, 1인당 GDP로는 24위이다. 이는 지난 40년의 급속한 경제성장에 힘입어 우리가 경제대국으로 도약하였음을 나타내는 것이다.

앞의 그림에서 발견하는 것은 장기적인 추세인 **경제성장**(economic growth)이다. 그러나 단기적으로는 매년 경제성장률이 상당한 변동을 보이는데 이를 **경기변동**(business cycles)이라고 부른다.

1962년 이후 '80년의 -2.1%와 '98년의 -6.7%의 GDP 성장률을 제외하고는 지난 40년 동안 경제성장률이 늘 정(+)의 수치를 나타내고 있으나, 추세성장률인 8% 대를 중심으로 매년 상당한 변화를 나타내고 있다. 이를 특징적으로 보인 것이 [그림 21-2]이다.

[그림 21-2]에서 **잠재** GDP(potential GDP; Y_P)는 정상적인 가동률을 전제할 때 자원의 완전고용하에서 달성할 수 있는 최대의 GDP를 뜻하는데, 이는 곧 물가상승을 일으키지 않고 한 경제가 성장할 수 있는 상한선이 된다. 한국경제는 잠재 GDP의 성장률이 1970년대와 1980년대에는 8% 정도인 것으로 추정되며 '90년대에는 7.5%, 2000년대에는 5.5% 그리고 2010년대에는

그림 21-2 경기변동

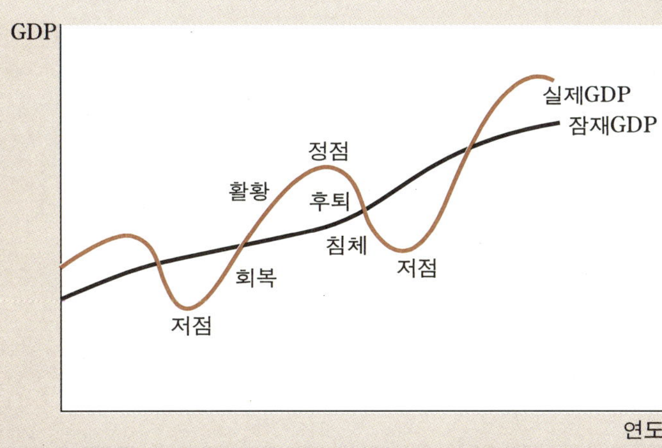

4.5%로 점점 떨어질 것으로 예상된다.

미국경제(유럽연합)의 경우에는 1960년부터 2000년의 기간중 GDP의 연평균 성장률이 3.5%(3.1%)에 달하였다. 현재에는 잠재 GDP의 성장률을 3.7%(2.1%) 정도로 추정하고 있다.[1)]

한편 **실제 GDP**(actual GDP; Y_a)는 어떤 해에 실제로 달성한 GDP를 말한다. 이제 **GDP 격차** 또는 **산출물 격차**(**GDP gap, output gap**)는 다음과 같이 나타낼 수가 있다.

$$\text{GDP 격차} = Y_p - Y_a$$

만일 $Y_p > Y_a$이어서 GDP 격차가 정(+)의 값을 가지면 자원이 충분히 고용되지 못하여 생산할 수 있는 만큼 생산하지를 못한 경우인데 이를 **리셋션 갭**(**recessionary gap**)이라고 부른다. 이 때는 불경기가 되며 GDP 격차만큼 산출물과 소득의 손실이 있게 된다.

반면에 $Y_p < Y_a$인 경우에는 산출물 격차는 부(−)의 값을 가지는데, 이 때는 실제의 GDP가 잠재 GDP를 초과하는 만큼의 **인플레이션 갭**(**inflationary gap**)이 존재하여 물가에 대한 상승 압력이 있는 호경기가 된다.

---

1) Olivier Blanchard, *Macroeconomics*, 3rd ed., Prentice Hall, N.J. 2003, Ch. 1.

그림 21-3 경기순환의 4국면

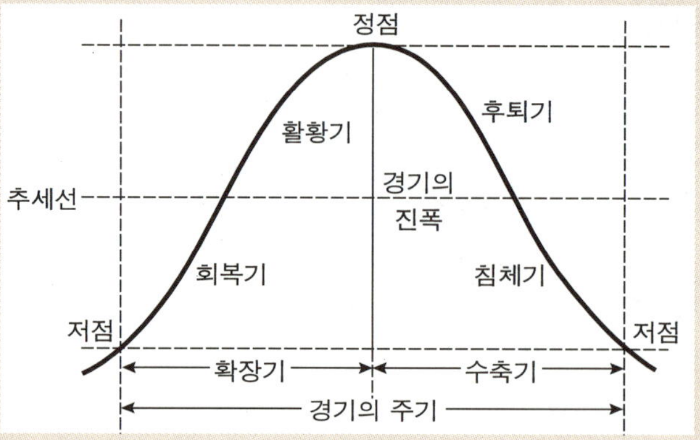

우리 나라의 1974년부터 1991년까지의 기간에 대한 한 실증적인 연구에 따르면 '88년까지는 GDP 격차가 정의 값을 가졌으나 '89년 하반기 이후부터는 실제 GDP가 잠재 GDP를 초과하는 것으로 나타났다. 그 결과로 물가는 오름세를 보이고 국제수지의 적자폭도 더욱 확대되었다.[2)]

[그림 21-2]를 보면 하나의 경기순환을 네 국면으로 나누어 나타내고 있다. 보통 경기변동의 한 순환은 **저점**(trough)에서 시작하여 회복, 활황 그리고 **정점**(peak)을 거쳐서 후퇴, 침체를 통하여 다시 새로운 저점에 이를 때까지로 규정된다. 여기서 **회복**(recovery)은 추세선 아래의 상승이며, **활황**(expansion)은 추세선 위의 상승이고, **후퇴**(recession)는 추세선 위의 하강이며 **침체**(contraction)는 추세선 아래의 하강이다. 이 때 침체기에서 회복기로 전환되는 점이 저점이고, 활황기에서 후퇴기로 넘어가는 점이 정점이 된다. 이제 추세선을 수평선으로 놓고 그린 것이 [그림 21-3]이다.

자본주의 경제체제에서 한 나라의 전체 경제활동이 주기적으로 경기변동 또는 순환적인 변동을 보인다는 것은 널리 알려져 있다. 그러나 각각의 경기순환은 그 기간이나 진폭에 있어서 서로 크게 다르다는 점을 유의할 필요가 있다.

2) 한국은행, "우리나라 잠재GNP의 추정," 「조사통계월보」, 1992.2, pp. 20~50.

실 업 률

국민소득과 고용 또는 실업은 서로 밀접한 관련을 지니고 있다. 즉 실업률은 경기변동에 따라서 움직이는데, 호경기에는 실업률이 떨어지고 불경기에는 오르게 된다. 우리는 위에서 잠재 GDP를 완전고용하에서 달성이 가능한 소득수준이라고 규정하였다. 그러나 여기서 완전고용이란 실업이 전연 없는 것을 뜻하는 것은 아니다.

보기를 들어 정상적인 노동의 회전(turnover)에 따른 **마찰적인 실업**(frictional unemployment)은 늘상 있기 마련이다. 즉 어떤 주어진 직장에서 일하는 사람들은 꾸준히 바뀌고, 일자리 자체도 늘 변한다. 또 새로운 사람들이 노동력으로 변하고, 어떤 사람들은 직장을 그만두거나 해고당하기도 한다. 이처럼 노동의 회전은 늘상 있으며 이에 따라 마찰적인 실업도 존재하게 된다.

둘째로 경제는 항상 변하고 있으므로 현존하는 노동력과 취업기회 사이에도 늘 불균형(mismatch)이 존재하기 마련이다. 즉 노동의 공급과 수요 사이에 불균형이 있을 수 있는 것이다. 보기를 들어 첨단산업에서의 취업기회는 크게 늘어 나고 있으나 일할 수 있는 자질을 가진 노동자는 부족하며, 사양산업에서의 일자리는 크게 줄어들고 있으나 여기서 일하는 노동자의 수는 많은 것이 그것이다. 이러한 **구조적인 실업**(structural unemployment)은 설령 전체 노동의 공급과 수요가 일치하는 경우에도 발생한다.

우리가 위에서 완전고용이라 함은 오직 마찰적인 실업과 구조적인 실업만이 존재할 때이다. 이 때의 국민소득이 바로 잠재 GDP인 것이다. 그러나 경기변동과 더불어 불경기에는 실업률이 마찰적 및 구조적인 실업 이상으로 높아지는데 이는 **순환적인 실업**(cyclical unemployment)에 연유한다. 어떤 경제가 완전고용하의 국민소득수준인 잠재 GDP를 생산하고 있을 때의 실업률을 보통 **자연실업률**(natural rate of unemployment)이라고 부른다. 이를 추정하기는 쉽지 않으나, 현재 우리 나라는 3% 대이며 미국은 5% 대이고 유럽연합(European Union; EU)은 10% 수준인 것으로 보인다.

우리 나라에서 실업률 추계가 시작된 지난 '63년 이후 40년 동안의 급속한 경제성장으로 실업률은 1963년의 8.1%에서 2001년에는 3.7%까지 크게

그림 21-4 소비자물가지수의 연평균 상승률, 1966~2001

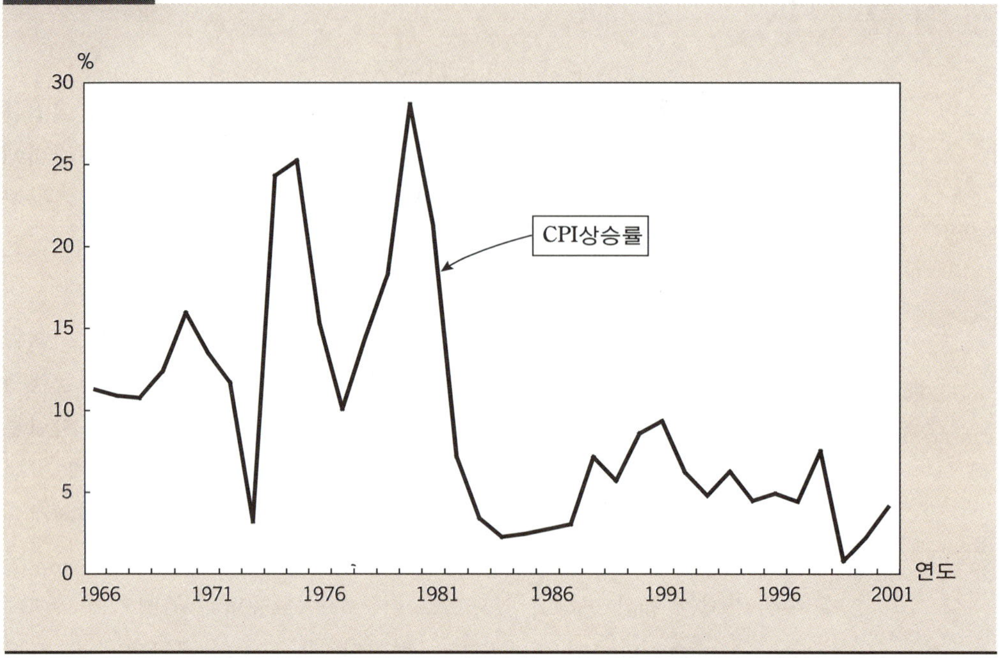

떨어졌다. 물론 단기적으로는 경기변동에 따라서 실업률이 오르기도 하고 내리기도 하나 장기적인 추세는 실업률의 계속적인 감소로 나타나고 있다.

인플레이션

국민경제 전체의 종합적인 물가수준인 일반물가수준(the general price level) 또는 **물가**가 지속적으로 상승하는 현상을 **인플레이션**(inflation)이라고 한다. 인플레이션이 일어나면 화폐의 가치 또는 화폐의 구매력이 떨어지게 된다. 일반물가수준 또는 물가의 변동은 **소비자물가지수**(consumer price index; *CPI*)를 사용하여 나타내는 것이 보통이다. *CPI*는 평균적인 도시가계의 생계비 변화를 나타낸다. 즉 주어진 일군의 재화와 용역을 구입하는 데 드는 비용을 서로 다른 시점에서 비교하는 것이다.

1965~1996년의 기간중 *CPI*의 추이를 보면 기준년도인 1990년의 *CPI*를 100으로 놓을 때 1965년은 6.8이었으며 1996년은 141.8이었다. 즉 30년 동안

물가는 약 21배가 올랐다. 참고로 미국은 1960~1992년의 기간중 *CPI*가 약 4.7배가 올랐다. 두 나라 모두 특히 1970년대에 일어난 두 차례의 석유파동을 겪으면서 물가가 크게 상승하였다. 대부분의 선진국에서 20세기 전반기에는 인플레이션과 **디플레이션**(deflation)이 번갈아 일어나 인플레이션율은 평균적으로 0에 가까웠으나, 20세기 후반기에 들어 와서는 인플레이션이 정상적인 상태가 되었다. 그러나 1992~2000년의 기간중 연평균 인플레이션율은 미국, EU 및 일본이 각각 1.7%, 1.7% 및 −0.1%로서 지극히 낮다.

[그림 21-4]는 *CPI*의 연평균 상승률, 즉 인플레이션률을 보여준다. 여기서 다시 한 번 발견하는 것은 두 차례의 석유파동으로 인한 급속한 인플레이션이다. 또한 '83~'87년 동안 물가가 비교적 안정되어 있음을 본다. 전반적인 경향은 지난 40년 동안 대부분 만성적인 인플레이션을 겪었으나, 근자에 들어오면서 물가상승률이 둔화되는 것을 볼 수 있다.

인플레이션이 어떠한 영향을 미치는가는 그것이 **예상된 인플레이션**(anticipated inflation)인가 **예상못한 인플레이션**(unanticipated inflation)인가에 따라서 달라진다. 만일 모든 경제주체가 장래의 물가상승률을 정확히 예측할 수 있다면, 이를 경제행위하는 데 참작할 것이며 따라서 인플레이션은 실물경제에 아무런 영향도 미칠 수 없게 된다. 보기를 들어 어떤 기업과 노조가 실질임금을 3% 인상하는 데 합의한 경우, 물가상승률이 5%로 예상된다면 화폐임금은 8%를 인상하게 될 것이다.

반면에 물가안정을 예상하였는데 이와 달리 인플레이션이 일어났다면 사람들은 임금, 이자율 등을 책정하는 데 이를 참작하지 못하게 된다. 이러한 예상못한 인플레이션의 경우에는 채권자는 손해를 보며 채무자는 이익을 얻게 된다. 예를 들어 물가가 안정될 것으로 예상하고 5%의 이자율로 돈을 빌려 주었을 때 실제로는 물가가 4% 올랐다면 채권자가 받은 실질이자율은 1%에 불과한 것이다.

현실에 있어서는 예상된 인플레이션과 예상못한 인플레이션의 양극단사이의 어디에 놓이게 될 것이다. 즉 과거에 인플레이션이 오래 지속된 경우 앞으로도 인플레이션이 발생할 것으로 예상하는 것이 보통이지만 그 율을 정확히 예측하기는 어렵다. 따라서 인플레이션은 장래에 대한 불확실성(uncertainty)을 증대시키는 결과를 가져오며, 이는 특히 연도별로 물가상승률의 변동이 심할 때 더욱 그렇다.

그림 21-5 **필립스곡선**

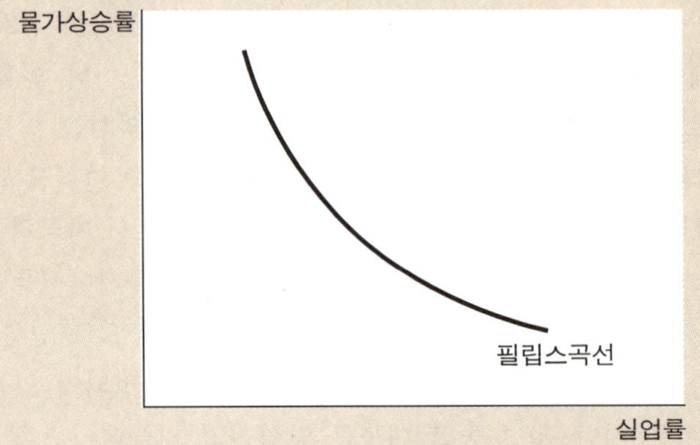

우리는 위에서 주요한 총량지표인 국민소득, 실업률 및 인플레이션에 대하여 차례로 살펴 보았다. 그런데 단기에 인플레이션과 실업간에는 대체(trade-off)관계가 있는데, 실업률을 감소시키려면 물가상승률이 높아져야 하며 반대로 인플레이션율을 낮추려면 실업률이 높아져야만 한다. 즉 완전고용과 물가안정은 동시에 달성하기가 지극히 어려운 두 가지 경제정책의 목표이다. 이를 나타낸 것이 [그림 21-5]의 **필립스곡선(Phillips curve)**이다.

필립스곡선은 대체로 1960년대까지는 선진국의 현실과 부합되었으나, 1970년대 이후 높은 인플레이션과 높은 실업이 동시에 발생함으로써 필립스곡선에 대해 상당한 논란이 있었다. 현재에는 단기에는 그림이 나타내듯 필립스곡선이 존재하나, 장기에는 사람들이 인플레이션에 대한 기대를 변동시킴에 따라서 단기의 필립스곡선이 이동하게 되어 장기의 필립스곡선은 존재하지 않는다는 견해가 지배적이다. 즉 장기에는 실업률은 인플레이션율과는 상관 없이 자연실업률 수준에서 정해진다는 것이다.

그러나 필립스곡선이 시사하는 단기에 있어서 물가안정과 완전고용은 동시에 달성하기 어렵다는 점은 정책결정자가 항상 염두에 두어야만 할 것이다.

그림 21-6 **실질이자율, 1987~2001**

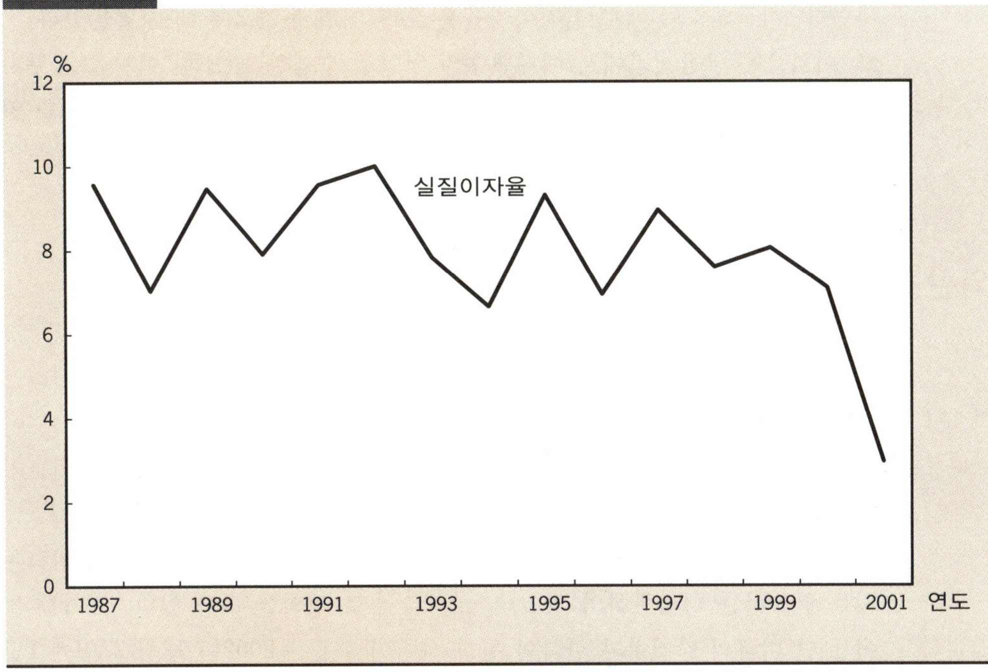

이 자 율

이자율(interest rate)이란 일정한 기간 동안 돈을 빌린 데 대한 대가로 지불하는 가격인데 퍼센트로 표시된다. 이자율에는 여러 종류가 있으나 시장이자율을 대표하는 것으로 잔존기간 3년물의 보증부 회사채의 단순평균 수익률을 들 수가 있다. 여러 종류의 이자율은 서로 동일한 방향으로 움직이므로 회사채의 수익률을 가지고 이자율의 변동을 나타낼 수가 있다.

명목이자율의 추이를 보면 '80년에는 명목이자율이 30.7%까지 치솟았으나 그 후 대체로 하향 추세를 보였으며 '99년 이후에는 한 자리 수의 저금리 시대가 도래하여 2001년 말 현재 7.05%의 수준까지 하락하였다.

위에서는 명목이자율에 대해서 설명하였으나 중요한 것은 명목이자율에서 물가상승률을 뺀 **실질이자율**이다. [그림 21-6]이 이를 나타낸다. 그림을 보면 실질이자율은 지난 1992년에 10%를 보인 후 대체로 하향추세를 보여 2001년에는 3%이었다. 명목이자율과 함께 실질이자율도 물가가 안정되고 금리자유화가 진전되면서 점차로 하향세를 나타내 현재는 저금리 시대가 도래하였다. 미국의 경우에도 실질이자율은 오랜 기간 동안 3% 대를 밑돌았다.

이자율은 금융시장에서 매개변수의 역할을 수행한다. 또한 이자율은 투자에 영향을 미침으로써 산출물의 성장과 변동, 즉 경제성장과 경기변동을 일으키며 따라서 고용에도 영향을 미치게 된다. 이는 모두 이자율이 자본주의 경제체제에서 지극히 중요한 역할을 수행하고 있음을 나타내는 것이다.

외환율과 국제수지

세계의 거의 모든 나라들은 개방경제로서 다른 나라들과 재화 및 서비스의 교역(trade)을 하며, 또한 금융거래(finance)도 한다. 이러한 개방경제 아래서 주요한 지표는 외환율과 국제수지인데 여기서는 이에 관하여 살펴보기로 하자.

먼저 **외환율(foreign exchange rate)**이란 외국통화 한 단위를 얻기 위하여 지불해야 하는 자국통화의 양인데 $\frac{\text{자국통화}}{\text{외국통화}}$로 정의할 수가 있다. 보기를 들어 보면 미국의 달러화와 한국의 원화 사이의 환율은 2002년 12월 27일에 1달러 당 1,198원이었다. 또한 일본의 엔화와의 환율은 100엔 당 998원이었다.

그런데 **외환(foreign exchange)**이란 외화(foreign currency)나, 외화에

그림 21-7 외환시장

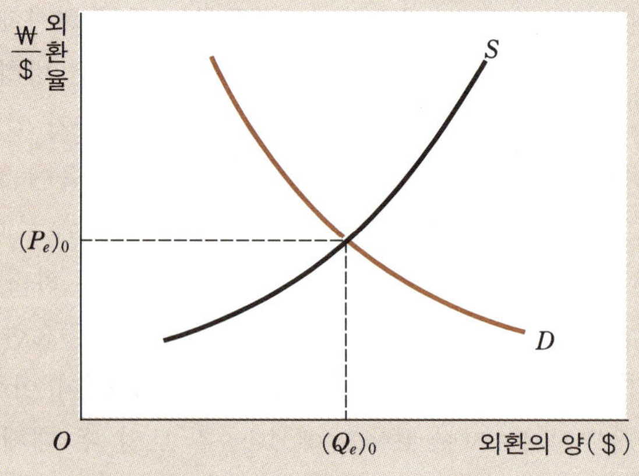

대한 청구권(외국화폐로 지불될 은행예금, 수표, 약속어음 등)을 말한다. **외환시장**(foreign exchange market)이란 외환이 거래되는 시장으로서 여기서의 가격이 바로 외환율이다. 한 나라의 외환율이 인상되면 이 나라 화폐의 대외가치는 하락하는데 이를 외환율의 **평가절하**(depreciation)라고 하며, 반대로 외환율이 떨어지면 화폐의 대외가치는 상승하는데 이를 **평가절상**(appreciation)이라고 부른다. 평가절하가 되면 수출품의 가격은 싸져서 수출은 늘며 수입품의 가격은 비싸져서 수입은 감소하므로 국제수지는 개선되게 된다. [그림 21-7]이 외환시장을 나타낸다.

외환에 대한 수요와 공급이 만나는 데서 균형외환율이 결정되는 것은 다른 시장에서와 마찬가지이다. 그런데 외환에 대한 수요는 상품의 수입, 운송료 · 보험료나 로얄티의 지불, 외국여행 경비, 차관이자의 지불, 외국에 대한 투자, 외국은행에 예금 또는 채권을 구입할 때 일어난다. 반면에 외환의 공급은 상품의 수출, 외국인의 관광, 운송료 · 보험료의 수입, 장기차관도입 등으로 발생하게 된다.

달러화에 대한 외환율의 추이를 살펴보면 1962년의 1달러당 130원에서 시작하여 1986년에는 881원까지 평가절하가 되었으나, 그 후 국제수지의 흑자폭이 크게 확대되면서 급속한 평가절상이 일어나다, '89년에는 671원까지 원화가치가 절상되었다. 1990년대에 들어오면서는 대체로 다시 평가절하가 계속되다가 IMF 사태로 '98년에는 연평균환율이 1,399원까지 치솟았다.

국제수지(balance of payments; B/P)는 일정한 기간 동안 자기 나라와 다른 나라 사이에 일어난 모든 경제적인 거래의 결과로 발생한 수입과 지불의 차이를 말한다. 그런데 대외거래에는 외국에 재화나 서비스를 사고 파는 경상거래와, 외화를 빌어오거나 빌려주는 자본거래의 둘이 있다. 이에 따라 국제수지도 경상수지와 자본수지로 나눌 수 있다.

경상수지는 다시 상품의 수출입차를 나타내는 **무역수지**와 외국과의 서비스거래의 결과를 나타내는 **무역외수지** 등이 있다. 상품의 수출은 지난 1962년의 약 55백만 달러에서 2001년에는 1,504억 4천만 달러로 놀라운 성장을 보였다. 수입도 1962년의 4억 2천만 달러에서 1,411억 달러로 급증하였다. 이는 대외지향적인 공업화전략을 추구해온 결과로서 현재 한국은 교역규모가 세계 12위에 달하는 무역대국이다.

[그림 21-8]은 상품의 수출(export; X)에서 수입(import; M)을 뺀 **순수**

그림 21-8 순수출, 1962~2001

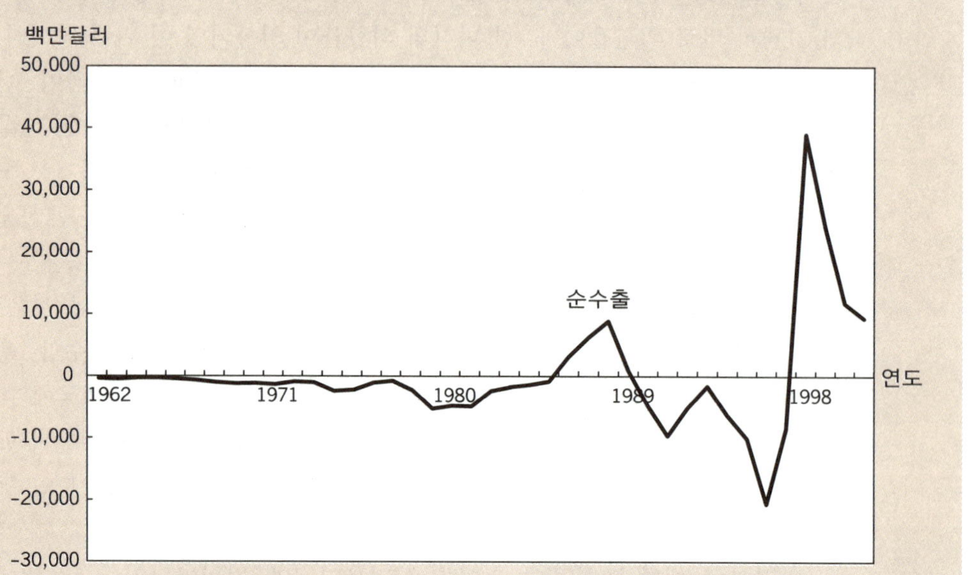

출(net export; *NX*) 또는 무역수지를 보여준다. 여기서 보는 것은 1980년대 후반의 3저(低)(낮은 유가, 이자율 및 환율) 호황기와 IMF사태 이후의 기간을 제외하고는 우리 나라가 만성적인 무역수지의 적자를 나타냈다는 점이다.

21.2 총수요와 총공급

총수요와 총공급

우리는 앞의 제Ⅱ부에서 미시경제학에 대하여 다룰 때 가장 기본적인 분석용구가 수요와 공급임을 보았다. 이는 거시경제학의 경우에도 똑같으며 여기서도 가장 주된 분석용구는 역시 수요와 공급이라고 할 수 있다. 즉, 수요와 공급은 미시경제학에서나 거시경제학에서 모두 공통의 가장 기본적인 분석용구인 것이다.

미시경제학에서의 수요와 공급은 어떤 한 재화나 서비스 및 요소에 대한 수요와 공급을 뜻하였다. 그러나 거시경제학에서의 **총수요**(**aggregate demand**; *AD*)와 **총공급**(**aggregate supply**; *AS*)은 국민경제 전체의 수요와 공급을 뜻한다. 이제 그러면 거시경제학에서 사용하는 주된 분석용구인 총수요와 총공급을 정의하여 보자.

먼저 총수요란 각각의 물가수준에서 가계, 기업, 정부 등 모든 경제주체가 원하는 재화와 용역에 대한 수요의 총액을 말한다. 그런데 물가가 높을수록 원하는 지출의 크기는 줄어들 것이며 물가가 낮을수록 수요는 늘어날 것이므로 총수요곡선은 [그림 21-9]가 보이는 것처럼 우하향의 기울기를 가지게 될 것이다.

그림에서 종축은 일반물가수준 P를 재며 횡축은 국민소득 Y를 잰다. 따라서 *AD*곡선이 비록 미시경제학에서 사용하는 수요곡선과 그 형태가 유사하기는 하나 이는 전연 다른 것을 나타내고 있음을 유의하여야만 한다.

한편 총공급이란 모든 기업들이 각각의 물가수준에서 공급하기를 원하는 재화와 용역의 총공급액을 나타낸다. 그런데 물가가 올라갈수록 생산하기를 원하는 총공급액은 늘어날 것이며, 반대로 물가가 내려갈수록 원하는 총생산액은 줄어들 것이므로 총공급곡선은 [그림 21-9]가 보이는 것처럼 우상향의 기울기를 가지게 될 것이다. 여기서도 총수요곡선의 경우처럼 비록 *AS*곡선이 우리가 미시경제학에서 보는 개별기업의 공급곡선과 그 형태는 유사하지만 전연 다른 현상을 나타내는 것이다.

이제 *AD*와 *AS*가 서로 만나는 E점에서 한 나라 국민경제 전체의 물가수준 P_0와 국민소득수준 Y_0가 결정된다. 만일 물가가 P_0보다 높다면 *AD*는 *AS*보다 작게 될 것이고, 반대로 낮다면 *AD*는 *AS*보다 클 것이므로 오직 E점이 나타내는 P_0의 물가수준에서만 총수요와 총공급이 일치하게 되어 균형상태에 놓이게 될 것이다. 그런데 국민소득의 크기와 고용량과는 일정한 비례관계를 가지는 것이 보통이므로 총수요와 총공급은 국민소득, 고용 및 일반물가수준의 세 가지 주요한 거시경제변수의 크기를 결정하게 되는 것이다.

위에서 우리는 총수요와 총공급이 상호작용하여 국민경제 전체의 산출량, 고용량 및 일반물가수준을 결정한다는 것을 보았다. 그런데 총공급곡선의 경우에는 단기와 장기를 구별할 필요가 있는데 이에 관하여 살펴보기로 하자. [그림 21-10]의 (가)와 (나)는 각각 단기와 장기의 *AS*곡선을 나타낸다.

그림 21-9 **총수요와 총공급**

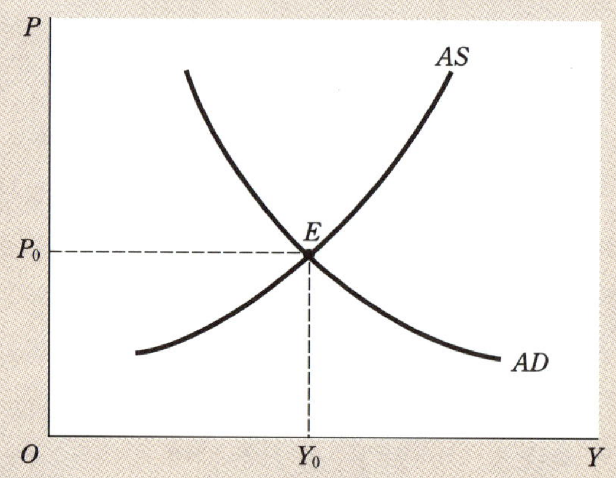

먼저 (가)의 단기 총공급곡선을 보면 완전고용 국민소득수준 또는 잠재 GDP 수준을 나타내는 Y_P에 이르기까지는 매우 완만한 상승세를 보이다가 Y_P를 지나서는 급속하게 상승하는 형태를 보이고 있다. 즉, Y_P에 도달하기 전에는 거의 평평할 정도의 완만한 상승을 보이나 Y_P 이후에는 거의 수직선에 가까운 급격한 상승을 보이는 것이다.

그 이유는 단기에는 임금, 임대료, 공공요금 등이 모두 고정되어 있기 때

그림 21-10 **단기와 장기의 총공급곡선**

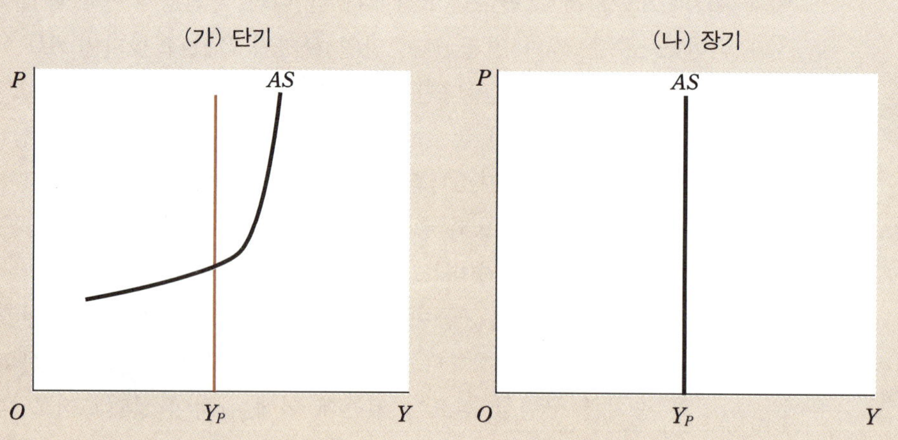

문이다. 따라서 만일 단기에 총수요가 증가하면 기업들은 가격을 인상시키거나 산출량을 증대시킴으로써 이윤을 더 많이 올릴 수 있으므로 *AS*곡선은 완만한 상승형태를 취하게 되는 것이다. 즉, 단기에 *AD*가 증가하게 되면 산출량과 물가가 모두 오르는 결과를 가져오게 될 것이나 Y_P 이전에는 주로 산출량을 증대시킨다. 그러나 Y_P를 지나서는 자원이 완전고용되므로 더 이상의 *AD* 증가는 주로 물가상승으로 나타나게 되어 *AS*곡선은 Y_P를 지나서는 거의 수직선의 형태를 가지게 된다.

반면에 장기에는 모든 요소비용이 가변적이므로 장기의 *AS*곡선은 Y_P에서 수직선으로 표시된다. 보기를 들어 가장 주요한 요소비용인 임금의 경우 계약기간이 2년이라고 가정해보면 만일 이 기간 중 물가가 10% 올랐다면 노동자들도 10%의 임금추가인상을 요청하게 될 것이다. 이런 식으로 모든 생산요소의 가격이 상승된다면 기업들은 장기에 있어서 이윤을 늘릴 수가 없게 되고 따라서 산출량을 증대시킬 유인이 전연 존재하지 않으므로, 이 때는 설령 *AD*가 늘어난다고 하여도 이는 모두 물가상승으로 나타날 것이므로 장기 *AS*곡선은 Y_P에서 수직선으로 표시될 것이다.

위에서 우리는 단기와 장기의 *AS*곡선의 형태에 대하여 살펴보았는데 이로부터 산출량을 결정하는 요인이 단기와 장기에 각각 어떻게 다른가를 알 수 있다. 즉, 단기의 *AS*곡선은 Y_P 아래서는 거의 평평할 정도의 완만한 상승형태를 지니므로 주로 *AD*의 크기에 따라서 국민소득의 수준이 결정될 것이다. 반면에 장기에는 *AS*곡선이 수직선이므로 총수요는 국민소득을 결정하는데는 거의 영향을 미치지 못하고 물가수준만을 결정하며 Y_P의 수준이 국민소득을 결정하게 된다. 즉, 단기에는 총수요가 그리고 장기에는 총공급이 국민소득을 결정하는 주된 인자인 것이다.

거시경제학의 조류: 고전학파와 케인즈학파

임금과 가격이 신축성을 지니는가 또는 경직성을 지니는가의 문제(flexible vs. sticky prices)는 거시경제학의 논의에서 가장 핵심이 되는 것이다.[3] 우리는 보통 재화나 생산요소의 수요와 공급이 일치하는 데서 시장이

3) N.Gregory Mankiw, *Principles of Economics*, 2nd ed., Harcourt College Publishers, N.J., 2001, Ch.31.

청산된다고(market clearing) 전제한다. 그러나 현실을 보면 수요나 공급이 변할 때 가격이 즉각 조정(adjustment)되는 것은 아니므로 시장청산의 가정은 비현실적인 것이라고 할 수 있다. 단체교섭에 의한 임금협약은 1년 단위로 체결하며, 기업들도 재화의 가격을 상당기간 동안 변동시키지 않고 그대로 유지하는 것을 흔히 볼 수 있다.

그러나 궁극적으로는 가격이 고정되어 있지 않고 수요 · 공급의 변화에 따라서 조정되므로 시장청산의 가정은 비록 단기에는 일어나지 않는다 하여도 경제가 이를 향하여 서서히 움직여 나가는 균형상태를 그리고 있는 것으로 생각할 수 있다. 이렇게 보면 가격의 신축성을 전제하는 것은 경제성장과 같이 수십년에 걸쳐서 발생하는 장기적인 현상을 분석하는 데는 적절한 것이다. 그러나 매년 일어나는 경기변동과 같은 단기적인 현상을 이해하기 위해서는 가격의 경직성이 오히려 합당하다고 볼 수 있다.

다른 말로 표현하면 단기와 장기의 가장 주요한 차이는 가격의 행태(price behavior)인데, 장기에는 가격이 수요와 공급의 변화에 따라서 신축적으로 조정되는 반면에 단기에는 가격이 고정되어 있는 것이다. 이에 따라 경제정책의 영향도 단기와 장기에 각각 다르게 나타난다.

보기를 들어 한국은행이 통화량을 10% 감축했다면 가격이 신축적인 장기에는 모든 가격을 10%만큼 낮추게 됨으로써 명목변수(nominal variables)는 영향을 받겠으나 실질임금, 고용량, 산출량 등 실질변수(real variables)는 아무런 영향도 받지 않게 되는 소위 **고전학파적인 이중성**(classical dichotomy)이 성립할 것이다. 반면에 가격이 경직성을 띠는 단기에는 통화량의 감축은 임금, 가격 등의 즉각적인 인하를 초래하지는 않게 된다. 따라서 장기와 단기에 금융정책의 영향은 서로 다르다.

즉 단기에는 고전학파적인 이중성은 성립하지 않으며, 통화량의 변화에 따라서 가격이 제대로 조정되지 못하므로 결국 산출량과 고용량이 조정될 수 밖에 없고, 이는 바로 금융정책이 단기에는 실물변수인 산출량과 고용량에 영향을 미칠 수 있음을 나타낸다. 단기에 있어서의 가격의 경직성은, 경기변동을 순화시키는 데 금융정책이나 재정정책을 쓸모가 있게 만든다.

지금까지의 논의와 관련하여 우리는 거시경제학에서 오래된 두 갈래 주요한 학파를 상호비교할 필요가 있다. 하나는 시장은 가만히 내버려 놔둘 때 제일 잘 작동한다고 믿는 사람들이며, 다른 하나는 정부개입이 경제의 운용을 크게 개선시킬 수 있다고 생각하는 사람들이다. 1960년대에는 전자에 속한 이들은 프리드만(Milton Friedman)을 중심으로 하는 **화폐주의자**(monetarists)들이었고, 후자는 모디글리아니(Franco Modigliani)와 토빈(James Tobin) 등 소위 **케인지안**(Keynesians)이었다.

1970년대에는 화폐주의자들을 대체하여 **신 고전학파적인 거시경제학자들**(new classical macroeconomists)이 역시 시장에 대한 정부의 개입을 반대하는 입장에 섰다. 이들은 1980년대와 현재에도 상당한 영향력을 행사하고 있는데 루카스(Robert Lucas), 사전트(Thomas Sargent), 배로(Robert Barro), 프레스코트(Edward Prescott), 월레스(Neil Wallace) 등이 중심이다.

신 고전학파적인 거시경제학자들의 주요한 가정은 세 가지이다. 첫째는 가계, 기업 등 모든 경제주체는 현존하는 정보를 이용하여 최적의 의사결정을 내리는 극대화(maximize) 행위를 한다는 것이다. 둘째로 경제주체들은 장래에 대해 최선의 예측을 한다는 것인데, 이는 **합리적인 기대**(rational expectations)를 뜻한다. 따라서 사람들은 정부가 어떤 경제정책을 사용하든지 결국은 이를 알아 차리게 되므로 사람들을 속이는 것은 불가능하다. 셋째는 수요, 공급이 변화할 때 가격은 항상 조정되므로 시장은 청산된다(market clearing)고 전제한다.

이러한 세 가지 가정하에서는 비자발적인 실업은 존재할 수 없다. 일하기를 원하는 실업자는 일자리를 얻을 때까지 임금을 인하시킬 것이기 때문이다. 그러나 대공황 때처럼 실업률이 높은 것은 합리적인 기대의 가설을 가지고는 설명할 수 없다.

한편, 1980년대에는 **신 케인지안**(new Keynesians)들이 출현하였는데 아커로프(George Akerlof), 옐렌(Janet Yellen), 로머(David Romer), 블랑챠드(Olivier Blanchard), 맨키우(Greg Mankiw), 서머스(Larry Summers), 버난케(Ben Bernanke) 등이 그들이다. 신 케인지안들은 시장이 항상 청산되는 것은 아니라고 보며, 그 이유를 설명하려고 한다.

즉 정보의 부족이나, 가격을 변동시키는 데 따른 비용 등이 가격의 경직성을 초래함으로써 산출물과 고용의 단기적인 변동을 초래하게 된다는 것이다. 예를 들어 노동시장을 보면 기업이 임금을 깎으면 오히려 질이 낮은 노동력을 고용하는 결과를 초래할 수가 있다. 따라서 기업은 임금을 내리는 것을 꺼려하게 된다. 또한 기업이 가격을 변경시키는 것이 비용이 들면 가격의 변화는 자주 일어나지 않게 될 것이다. 이와 같이 임금과 가격이 신축적으로 변동하지 않는다면 경제 전체로 볼 때는 산출량과 고용의 단기적인 변동이 일어나게 되는 것이다.

위에서 본 대로 두 학파 사이에는 상당한 견해의 차이가 있는 것이 사실이다. 그러나 다른 한편으로는 연구와 토론이 진행되면서 견해의 일치를 보이는 것도 적지 않다. 예를 들어 이제는 임금과 가격의 책정 및 경기변동 현상을 설명하는 데 있어서 정보의 문제가 중요하다는 데 대해서는 두 학파가 모두 의견을 같이 하고 있다.

현실문제에의 응용

앞의 제 5 장에서 우리는 수요와 공급이라는 가장 중요한 분석용구를 단순히 암기만 하는 것은 의미가 없으며 이를 현실문제를 이해하는 데 응용할 수가 있어야 한다고 하였다. 이는 총수요와 총공급의 경우에도 마찬가지이므로 여기서는 이를 경제의 실제문제에 적용한 두 가지 보기를 들어 보기로 한다.

첫째는 1976년부터 1978년까지 3년 동안 계속되었던 경기과열시기이다. 이 때는 중동의 건설붐으로 막대한 외화가 흘러들어 왔으며 중화학공업부문에 대한 본격적인 투자가 이루어졌고 정부는 통화량을 방만하게 과잉공급하였다. 그 결과로 일찍이 유례를 찾아볼 수 없을 정도의 경기호황을 가져왔다. 가계, 기업 및 정부가 모두 흥청대었고 들떴던 기간이었다. 부동산투기도 극심하였고 자동차, 에어콘, 냉장고 등의 내구소비재가 동이 나서 프리미엄을 받고 거래가 이루어졌었다. 우리는 이 때의 경제상황을 총수요와 총공급곡선을 사용하여 나타낼 수가 있는데, [그림 21-11]이 바로 그것이다.

그림에서 원래의 균형상태는 AD_1과 AS가 만나는 E_1점에서 이루어졌으며, 이 때의 물가수준은 P_1이었고 국민소득수준은 Y_1이었다. 그런데 위에서 본 대로 1976~1978년의 기간 중 통화량의 공급증대와 중화학공업부문에 대한 집중적인 투자로 총수요는 AD_1에서 AD_2로 증가하였다. 그 결과로 새로운 균형점은 E_2가 되었고, 이 때의 물가와 소득은 각각 P_2와 Y_2이다. 즉, 총수요의 증가로 국민소득은 Y_1에서 Y_2로 늘고 이에 따라 고용량도 늘어났을 것이나, Y_2는 Y_P를 초과하는 수준이므로 자연히 물가수준은 P_1에서 P_2로 상승하여 인플레이션이 발생하였던 것이다.

그림 21-11 1970년대 후반기의 경기과열

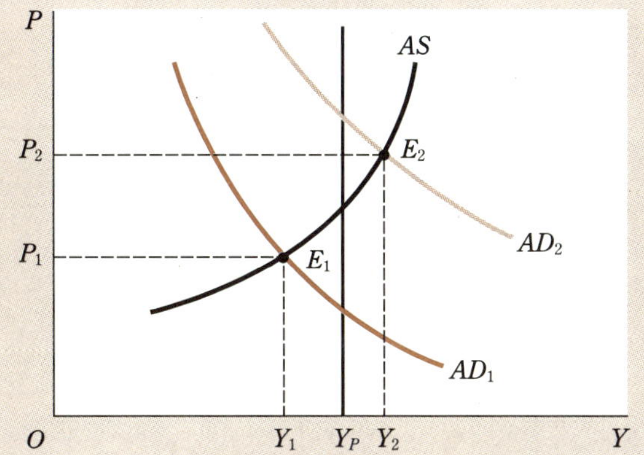

비슷한 경우는 지난 1990년과 1991년에도 발생하였다. 당시 주택2백만호 건설을 무리하게 서두르면서 추진한 결과로 GDP의 성장률은 각각 9.0%와 9.2%로 과열을 나타냈고, 그 부작용으로 물가상승률도 각각 8.6%와 9.3%로 매우 높았으며, 경상수지의 적자폭도 각각 20억 달러와 83억 달러로 크게 확대되었던 것이다. 이는 무주택자를 위한 주택의 공급이라는 좋은 목표도 무리하게 서둘러 추진하면 인플레이션과 국제수지적자의 부작용을 초래하게 된다는 훌륭한 교훈을 남겼다.

두번째 보기는 1979년에 불어닥친 제 2 차 석유파동의 결과로 한국경제가 1979년부터 1982년까지 4년 동안 경험한 혹독한 경제난국이다. 즉, 원유가격의 급격한 상승으로 혹심한 경기침체와 급속한 인플레이션이 동시에 발생하는 소위 **스태그플레이션**(stagflation)을 체험한 것이다. 그리하여 1980년의 GDP성장률은 처음으로 -2.1%를 기록하게 되었고 소비자물가지수의 상승률도 무려 28.7%에 달하였다. [그림 21-12]가 이를 나타낸다.

그림에서 E점은 원래의 균형상태를 표시하는데 2차 석유파동 직전의 한국경제가 경기과열을 보이고 있음을 알 수가 있다. 이제 원유가격이 급속하게 상승하면 생산비가 오르므로 기업들이 종전과 동일한 산출량을 공급하게 만들려면 물가수준이 월등하게 높아져야 하고 따라서 AS곡선은 AS'으로 이동하게 된다. 이 때의 새로운 균형상태는 E'으로서 국민소득도 Y_1에서 Y_2로

그림 21-12 2차 석유파동 후의 한국경제

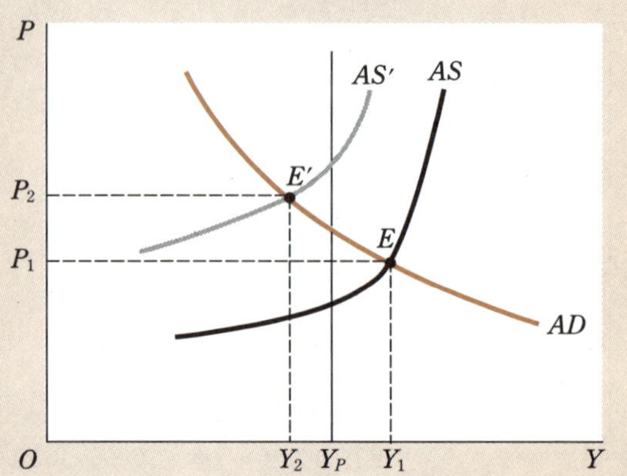

떨어지며 물가수준은 P_1에서 P_2로 상승하는 스태그플레이션이 발생하게 된다.

위에서 우리는 근자에 한국경제가 체험한 경험들을 보기로 들면서 총수요와 총공급이 변화할 때 물가와 국민소득에 어떠한 영향을 미치게 되는가 살펴보았다. 결국 거시경제정책의 목표는 이러한 *AD*와 *AS*의 변화가 초래할 영향을 파악하고 이에 대해 적절한 대책을 강구하는 것이라고 볼 수가 있다. 예를 들면 경제가 Y_P 근처에 있을 때 민간부문의 투자가 갑자기 크게 늘어나서 경제가 과열기미를 보일 우려가 있다면 긴축적인 재정 · 금융정책을 사용하여 이를 완화시키는 것이다.

여기서 우리가 살펴본 총수요와 총공급의 기본적인 분석용구는 앞으로 제Ⅲ부에서 자주 사용할 것이므로 철저한 이해가 필요하다.

21.3 거시경제학의 범위

여기서는 제Ⅲ부에서 다룰 거시경제학의 내용에 관해서 간략하게 살펴 보기로 한다. 우선 21장에서는 주요 거시경제지표인 GDP, 실업률, 인플레이션율, 이자율, 외환율 및 국제수지에 대하여 본다. 또한 거시경제학의 가장 기본적인 분석용구인 총수요(*AD*)와 총공급(*AS*)의 개념도 설명한다. 고전학파와 케인즈학파는 거시경제학의 두 가지 큰 흐름인데 그 추이에 대해서 살펴본다.

이어서 22장과 23장에서는 국민소득에 관한 기초적인 개념들을 설명한다. 24장에서는 국민소득의 결정에 관한 고전학파 이론과 케인즈 이론을 상호비교하면서 설명한 후, 케인즈의 단순모형 또는 공황모형에 기초하여 단기의 국민소득의 결정이론을 살펴 본다. 24장 부록도 케인즈의 단순모형 또는 공황모형을 전제로 하여 소득결정이론을 확대한다.

케인즈의 단순모형에서는 총수요가 국민소득을 결정하는 주된 인자이므로 25장과 26장에서는 총수요의 두 구성부분인 소비와 투자에 대하여 각각 살펴본다. 이러한 논의전개의 순서는 결국 26장과 그 부록에서 총수요에 의한 국민소득의 결정이론을 먼저 봄으로써 전체적인 윤곽을 설명한 후에, 25장과 26장에서 총수요의 구성부분을 살펴보는 방식을 택한 것이다.

제 9 편인 27장에서 30장까지는 금융시장에 대하여 본다. 먼저 27장에서 금융시장의 전반적인 구조를 살펴본 후, 28장과 29장에서는 화폐의 공급과 수요에 관하여 각각 분석한다. 이어서 30장에서는 금융정책에 대하여 다루고 있다.

8편인 21장에서부터 26장까지가 재화시장에 대한 분석인 데 반하여 9편인 27장에서부터 30장까지는 화폐시장에 대한 분석이다. 이제 10편의 31장에서는 이 둘을 결합한 재화시장과 금융시장의 일반균형에 대하여 살펴 본다. 여기서 주로 사용하는 *IS-LM* 모형은 총수요에 대한 이론으로서 대표적인 케인즈이론의 재해석이다. 즉, 물가수준이 일정하다고 전제한 후 총수요의 변화가 국민소득을 어떻게 변동시키는지를 살펴 본다. 특히 금융 · 재정정책이 어떻게 총수요를 변동시켜 국민소득도 변화시킬 수 있는지를 분석한다.

21장에서부터 31장까지의 논의에서는 물가수준이 일정하다고 가정하고 총수요 측면만을 분석하였다. 이제 32장에서는 총수요와 총공급이 상호작용하여 국민소득과 물가수준이 어떻게 결정되는지를 살펴 본다. 끝으로 33장에서는 물가의 계속적인 상승현상인 인플레이션에 대해 살펴본다. 또한 실업에 관해서도 분석한다. 이어서 인플레이션과 실업 사이의 관계를 필립스곡선을 이용하여 알아본다.

33장의 부록에서는 합리적인 기대의 가설 또는 신 고전학파적 거시경제학에 대해 살펴본다.

주요개념

최적행위　거시경제정책의 목표(수단)　국내총생산　국민총생산
명목(경상)GDP　불변(실질)GDP　경제성장　경기변동　잠재(실제) GDP
GDP 격차　리셋션 갭　인플레이션 갭　저점　정점　회복　활황　후퇴
침체　마찰적 실업　구조적 실업　순환적 실업　자연실업률　물가
인플레이션　소비자물가지수　디플레이션　예상된(예상못한) 인플레이션
필립스곡선　이자율　명목(실질)이자율　외환율　외환　외환시장
평가절하　평가절상　국제수지　경상수지　무역수지　무역외수지
순수출; 총공급　총수요　장기(단기)의 *AS*　고전학파적 이중성
화폐주의자　케인지안　신 고전학파적인 거시경제학　합리적인 기대
신 케인지안　스태그플레이션

요　약

1. 거시경제정책의 목표에는 경제성장, 고용증대, 물가안정 및 국제수지의 균형 등이 있다.

2. 거시경제정책의 수단으로는 금융정책, 재정정책 및 국제경제정책 등이 있다.

3. 국내총생산(GDP)은 국내에 거주하는 모든 생산자가 1년 동안에 생산한 재화와 용역의 총가치이다.

4. GDP는 장기적으로는 경제성장을 보이나 단기적으로는 경기변동을 나타낸다.

5. GDP 격차는 잠재 GDP(Y_P)에서 실제 GDP(Y_P)를 뺀 것이다.

6. $Y_p > Y_a$일 때는 리셋션 갭이 생기며, $Y_p < Y_a$일 때는 인플레이션 갭이 발생한다.

7. 한 저점에서 시작하여 회복, 활황 및 정점을 거쳐서 다시 후퇴, 침체를 지나 다른 저점에 이를 때까지가 한 경기순환이 된다.

8. 마찰적 실업과 구조적 실업만 있을 때가 완전고용인데, 이 때의 실업률이 자연실업률이다.
9. 인플레이션이란 물가가 지속적으로 상승하는 현상을 말한다.
10. 필립스곡선은 인플레이션과 실업률 사이의 대체(trade-off)관계를 나타낸다.
11. 시장이자율은 보통 3년 만기 회사채의 수익률로 나타낸다.
12. 외환율은 외국통화 한 단위를 얻기 위하여 지불해야 하는 자국통화의 양이다.
13. 경상수지란 재화와 용역의 수출입의 차이이다.
14. 총수요(*AD*)와 총공급(*AS*)이 서로 만나는 데서 국민경제 전체의 물가수준과 국민소득이 결정된다.
15. 단기와 장기의 주요한 차이는 가격의 행태인데, 장기에는 가격이 신축성을 지니며 단기에는 경직성을 띤다.
16. 거시경제학의 두 가지 큰 조류는 고전학파와 케인즈학파이다. 1960년대의 화폐주의자들과 케인지언들, 1970년대의 신 고전학파적인 학자들 그리고 1980년대 이후의 신 케인지언들이 이를 반영한다.

연습문제

1. "한국은 경제대국"이라는 주장에 대해 평가해보라.
2. 한국의 잠재 GDP의 성장률이 앞으로 점점 떨어질 것으로 예상하는 까닭은 무엇인가?
3. 리셋션 갭과 인플레이션 갭을 비교 · 설명해보라.
4. 경기변동의 한 순환(cycle)은 어디에서 어디까지로 규정하는가?
5. "완전고용은 실업률이 0임을 뜻한다"는 말에 대해 평가하라.
6. 외환에 대한 수요와 공급을 초래하는 거래의 예를 들어보라.
7. 우리 나라는 해방 이후 반세기가 넘도록 대체로 국제수지의 적자를 보이고 있다는 말의 뜻을 설명해보라.

8. 장 · 단기의 총공급(*AS*)곡선의 형태를 설명하라.

9. 고전학파적인 이중성에 대해 설명하라.

10. 1960년대 이후 최근까지 거시경제학의 두 조류인 고전학파와 케인즈학파의 추이에 대해 살펴보라.

11. 1990년대 초에 실시된 주택 2백만호 건설계획은 본래의 의도는 좋았으나 여러 가지 부작용을 초래하였다. 이 계획의 부작용을 살펴보라.

제 22 장

국민소득의 기초개념

산출물과 소득의 순환적인 흐름을 이용하여 GDP를 생산, 지출, 분배의 세 가지 측면에서 측정할 수가 있는데 그 값은 모두 동일하다. 이어서 우리나라의 생산국민소득, 지출국민소득 및 분배국민소득을 살펴본다. 끝으로 GDP항등식에 대해서도 살펴본다.

22.1 산출물과 소득의 순환적인 흐름

산출물과 소득의 순환적인 흐름

경제학에서 사용하는 여러 개념 가운데서 가장 중요한 것의 하나는 **국내총생산**(gross domestic product; GDP), 또는 광의로 말할 때 **국민소득**이다. 국내총생산 또는 광의의 국민소득이란 한 나라 안에 있는 가계, 기업, 정부 등 모든 경제주체가 일정한 기간 동안에 새롭게 생산해낸 모든 재화와 용역의 가치를 화폐로 표시한 것인데, 이 GDP의 개념이 중요한 이유는 GDP가 한 국민경제의 일정한 기간 중의 실적을 종합적으로 나타내는 지표가 되기 때문이다.

이제 [그림 22-1]을 이용하여 어떤 국민경제에서의 국민소득과 국민산출물의 **순환적인 흐름**(circular flow of product and income)에 관하여 살펴보자. 단순화를 위하여 경제주체에는 가계와 기업만이 있다고 가정하고, 정부부문이나 해외부문은 없다고 해보자.[1] 또한 소득은 모두 소비된다고 가정하

그림 22-1 국민소득과 국민산출물의 순환적인 흐름

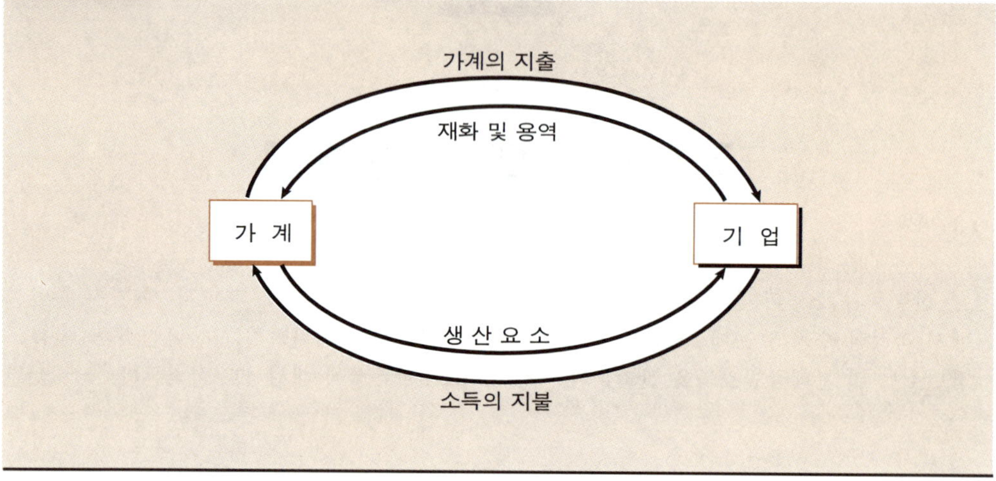

여, 저축이나 투자도 존재하지 않는다고 하자.

[그림 22-1]의 윗부분을 보면 표시되어 있지는 않으나 재화시장에서 가계는 기업으로부터 재화와 용역을 구입하고 그 댓가를 화폐로 지불한다. 한편 아랫부분을 보면 생산요소시장에서 가계는 기업에게 생산요소를 제공하고 그 댓가로 소득을 얻게 된다. 이와 같이 기업은 산출물(product)을 가계에 공급하고 댓가를 받으며, 가계는 기업에 요소를 제공하고 소득(income)을 얻는 순환적인 흐름이 국민경제내에서 반복적으로 일어나고 있는 것이다. 이를 우리는 국민소득과 국민산출물의 순환적인 흐름이라고 부른다.

GDP의 측정방법

(1) 산출물의 흐름에 의한 측정방법

① 지출국민소득

소득과 산출물의 순환적인 흐름을 놓고 볼 때, GDP는 두 시장에서 각각 측정될 수가 있다. 하나는 GDP를 재화시장에서 산출물의 흐름을 포착함으로써 측정하는 것인데, 이를 산출물의 흐름에 의한 측정방법(flow-of-product

1) 해외부문이 존재하지 않는다는 것은 이 경제가 국제무역이나 국제금융을 하지 않는 폐쇄경제임을 말한다.

approach)이라고 부른다. 다른 하나는 GDP를 요소시장에서 생산요소가 받는 소득으로 측정할 수가 있는데, 이를 요소소득에 의한 측정방법(factor-income approach)이라고 한다.

이제 GDP를 각각 재화시장과 요소시장에서 측정하는 방법에 대하여 자세히 살펴보기로 하자. 우선 재화시장에서 산출물의 흐름을 포착함으로써 GDP를 측정하는 것은, 첫째로 가계가 생산된 모든 재화와 용역에 대하여 지출한 것을 전부 더함으로써 GDP를 구할 수 있다. 즉, 생산된 모든 재화와 용역에 대한 지출을 전부 더함으로써 GDP를 지출의 측면에서 포착할 수 있는 것이다. 이렇게 포착된 GDP를 우리는 **지출국민소득**이라고 부른다.

② 생산국민소득

재화시장에서 산출물의 흐름을 포착함으로써 GDP를 측정하는 방법에는 이처럼 지출의 측면에서 접근이 가능한 이외에, 둘째로 직접 생산의 측면에서도 포착할 수 있다. 즉, 기업이 생산한 모든 재화와 용역의 가치를 전부 더함으로써 GDP를 측정할 수 있는데, 이와 같이 생산의 측면에서 포착된 GDP를 **생산국민소득**이라고 부른다. 그런데 재화시장에서 생산의 측면에서 GDP를 측정하려고 할 때 유의해야 할 점은 **이중계산**(double counting)을 피해야 한다는 것이다.

이중계산이란 GDP를 생산의 측면에서 측정하는 데 있어서 똑같은 재화를 한 번 이상 GDP 안에 포함시키는 오류를 말한다. 이제 [그림 22-2]를 이용하여 이중계산의 위험성에 관하여 살펴보자. 여기서는 가상적인 자동차의 제조 및 판매과정을 한 예로 들고 있다. 우선 광산에서는 다른 기업으로부터

그림 22-2 최종재와 중간재

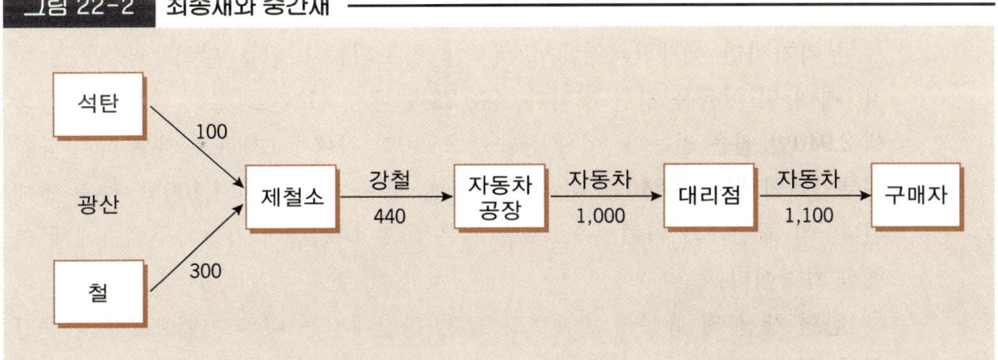

표 22-1 총산출액, 중간재투입액 및 부가가치

(단위: 만원)

생산 및 유통단계	(1) 총산출액	(2) 중간재투입액	(3) 부가가치
석탄, 철(광산)	400	0	400
강철(제철소)	440	400	40
자동차(공장)	1,000	440	560
자동차(대리점)	1,100	1,000	100
합 계	2,940	1,840	1,100

아무런 원료를 구입함이 없이 자신이 가지고 있는 노동과 자본 등의 생산요소만을 들여 100만 원어치의 석탄과, 300만 원어치의 철을 생산하여 제철소에 팔았다. 제철소에서는 이 400만 원어치의 원료를 사용하여 자신이 가지고 있는 노동과 자본 등을 들여 440만 원어치의 강철을 생산하여 자동차공장에 팔았다. 그리고 자동차공장은 이 440만 원어치의 강철을 원료로 자신이 소유하고 있는 노동과 자본 등의 생산요소를 투입하여 1,000만 원의 가치를 지니는 자동차를 생산하여 대리점에 팔았다. 끝으로 대리점에서는 다시 자신의 노동과 자본을 추가로 투입하여 구매자에게 자동차 한 대를 1,100만 원에 판매하였다.

이제 [그림 22-2]가 담고 있는 자료를 이용하여 〈표 22-1〉을 만들어 보자. 여기서 **중간재**(intermediate goods)란 **최종재**(final goods)를 생산하기 위하여 투입되는 재화를 말하는데, **총산출액**(gross output), 중간재투입액, 최종재의 가치 및 **부가가치**(value added) 사이의 관계는 다음과 같다.

$$\text{총산출액} - \text{중간재투입액} = \text{최종재의 가치} = \text{부가가치의 합계}$$

부가가치란 매생산과정에서 새롭게 창조되는 가치를 말하는데 임금, 이자, 지대 및 이윤을 합한 것이다. 〈표 22-1〉에서 (1)란을 모두 합하면 총산출액 2,940만 원을 얻는다. 이 총산출액 2,940만 원에서 (2)란을 전부 더한 중간재투입액의 합계 1,840만 원을 공제하면, 최종재의 가치 1,100만 원을 얻게 된다. 이 최종재의 가치인 1,100만 원은 바로 대리점이 자동차구매자에게 판매한 가격이다.

한편 생산 및 유통의 단계별로 보면 광산에서는 다른 기업으로부터 중간재의 구입이 없다고 가정하였으므로 총산출액에서 중간재투입액을 뺀(즉,

400-0) 부가가치는 400만 원이 된다. 두번째 행의 제철소를 보면 총산출액은 440만 원이나 광산에서 사온 중간재투입액인 400만 원을 공제하면 제철소의 부가가치는 40만 원이 된다. 〈표 22-1〉의 (3)란은 이와 같이 각 단계별로 부가가치를 보이는데, 이를 전부 더한 부가가치의 합계 1,100만 원은 바로 총산출액에서 중간재투입액을 공제한 최종재의 가치와 동일하다.

이상의 실예에서 보는 것처럼 이중계산을 피하기 위해서는 총산출액에서 중간재투입액을 공제한 부가가치의 합계로서 GDP를 포착하여야 한다. 즉, 각 기업의 부가가치를 전부 더함으로써 생산측면에서 GDP를 측정할 수 있다.

(2) 요소소득에 의한 측정방법

① 분배국민소득

지금까지 우리는 GDP를 재화시장에서 산출물의 흐름을 사용하여 측정하는 두 가지 방법에 관하여 살펴보았다. 하나는 최종재에 대한 지출의 합계로서 GDP를 측정하는 것인데, 이렇게 해서 얻은 GDP를 지출국민소득이라고 한다. 다른 하나는 GDP를 각 기업의 부가가치의 합계로서 생산의 측면에서 포착하는 것인데, 이렇게 구한 GDP를 생산국민소득이라고 한다. 그런데 이 두 가지 GDP의 측정방법은 동일한 산출물의 흐름을 생산과 지출이라는 두 가지 상이한 측면에서 본 것이므로 생산국민소득과 지출국민소득은 동일한 값을 가진다.

GDP는 요소시장에서 각 생산요소가 받은 요소소득을 전부 더함으로써도 측정할 수 있는데, 이를 요소소득에 의한 GDP의 측정방법이라고 하며, 이렇게 해서 얻은 GDP를 **분배국민소득**이라고 부른다. 즉, 임금, 이자, 지대 및 이윤을 모두 합하면 분배국민소득을 얻게 된다.

② 국민소득 3면등가의 원칙

이제 우리는 국민소득 **3면등가의 원칙**을 설명할 수 있다. 재화시장에서 측정된 GDP인 생산국민소득 및 지출국민소득과, 요소시장에서 측정된 GDP인 분배국민소득은 모두 동일한 값을 가지는데, 그 이유는 **이윤**을 생산비의 한 구성부분으로 보고 생산 및 지출국민소득과 분배국민소득 사이의 차이는 모두 이윤이라고 정의하기 때문이다. 이는 곧 이윤이 생산 및 지출국민소득과 분배국민소득 사이의 차이를 메꾸어 주는 '나머지(residual)'로 규정됨으로써 이 세 가지 측면에서 포착된 GDP는 언제나 동일한 값을 가지게 됨을 뜻하는 것이다. 이를 우리는 국민소득 3면등가의 원칙이라고 한다. 다음의 등식이 바로 이것을 나타낸다.

생산국민소득(부가가치의 합계)
=분배국민소득(요소소득의 합계, 또는 생산비의 합계)
=지출국민소득(최종재에 대한 지출의 합계)

즉, 생산된 국민소득은 분배되며 이는 다시 지출되므로 3자의 크기는 똑같다.

22.2 국민소득계정

생산국민소득

위에서 우리는 국민경제내에서의 산출물과 소득의 순환적인 흐름을 이용하여 GDP를 생산, 지출 및 분배의 세 가지 서로 상이한 측면에서 측정하였을 때 그 값이 동일하다는 것을 보았다. 이제 여기서는 우리 나라의 **국민소득계정**(National Income and Product Account; NIA)을 사용하여 생산, 지출 및 분배국민소득에 대하여 차례로 살펴보기로 한다. 국민소득계정이란 한 국민경제의 산출물과 소득의 흐름을 측정한 결과를 기록한 것이다.

먼저 우리 나라의 생산국민소득에 관하여 보자. GDP를 생산의 측면에서 포착한 것이 생산국민소득인데, 생산국민소득은 각 산업별로 부가가치를 모두 합계함으로써 얻어진다. 〈표 22-2〉가 2001년 우리 나라의 **경제활동별 국내총생산**, 즉 생산국민소득을 나타낸다.

이 표에서 **국내총생산**(GDP)은 우리 나라 안에 있는 모든 경제주체가 한 해 동안 새롭게 생산한 모든 재화와 용역의 가치를 시장가격으로 평가한 것인데, 생산과정에서 소모된 고정자산의 소모분을 포함한다. 여기서 말하는 재화와 용역은 최종재만을 의미하는 것으로서 이중계산을 피하기 위하여 각 산업의 총산출액에서 중간재투입액을 공제하여 얻어진다. 한편, **국민총소득**(gross national income; GNI)은 GDP에다가 국외순수취요소소득을 더한

표 22-2 경제활동별 국내총생산(2001년)[2)]

(경상가격 기준)

경 제 부 문	금액(10억원)	구성비(%)
산업	491,569	90.2
농림어업	24,127	4.4
광업	1,786	0.3
제조업	163,335	30.0
전기, 가스 및 수도사업	15,846	2.9
건설업	44,879	8.2
도소매 및 음식숙박업	68,178	12.5
운수, 창고 및 통신업	35,040	6.4
금융, 보험, 부동산 및 사업서비스업	105,968	19.4
사회 및 개인서비스업	32,411	5.9
정부 서비스 생산자	43,277	7.9
공공행정 및 국방	24,550	4.5
사회서비스	18,458	3.4
기타	269	0.0
민간비영리 서비스생산자	13,514	2.5
수입세	20,373	3.7
(공제)금융귀속서비스	23,720	(-)4.4
국내총생산	545,013	100.0
국외순수취요소소득	-1,139	−0.2
국민총소득	543,875	99.8

것이다.

GDP와 GNI의 차이는 국외수취요소소득과 국외지급요소소득의 차액인 **국외순수취요소소득**으로 나타난다. 국외수취요소소득의 예로는 외국에 예치한 예금이자, 외국에 파견된 근로자의 송금 등을 들 수 있으며, 국외지급요소소득에는 차관에 대한 이자의 지불, 기술용역에 대한 댓가의 지불 등이 있다.

지출국민소득

GDP는 재화시장에서 생산된 모든 재화와 용역에 대한 지출을 전부 더함

2) 한국은행, 「경제통계연보 2002」, 2002. 6, pp. 230~1.

표 22-3 **국내총생산에 대한 지출(2001년)**[2]

(경상가격 기준)

	금액(10억원)	구성비(%)
최종소비지출	381,012	69.9
민간	324,226	59.5
가계	318,395	58.4
가계에 봉사하는 비영리단체	5,832	1.1
정부	56,785	10.4
총자본형성	145,456	26.7
총고정자본형성	147,498	27.1
건설투자	86,904	15.9
설비투자	60,594	11.1
재고증가	-2,043	−0.4
재화와 서비스의 수출	233,857	42.9
(재화)	195,656	35.9
(공제) 재화와 서비스의 수입	221,052	40.6
(재화)	178,280	32.7
통계상 불일치	5,741	1.1
국내총생산에 대한 지출	545,013	100.0

* 윗책, pp. 236~7.

으로써 지출의 측면에서도 포착할 수 있는데 이렇게 해서 얻은 GDP를 **지출국민소득**이라고 한다. 〈표 22-3〉이 2001년 우리 나라의 지출국민소득, 또는 국내총생산에 대한 지출을 나타낸다.

이 표를 보면 국내총생산에 대한 지출 가운데서 가장 큰 비중(59.5%)을 차지하는 것은 **민간최종소비지출**(C)이다. 중요한 구성항목에는 음식료품 및 연초, 교통 · 통신, 교육 · 문화 · 오락, 임료 및 수도 · 광열비 등이다. **정부최종소비지출**(government consumption expenditure; G)이란 중앙정부와 지방정부의 재화와 용역에 대한 경상적인 지출을 뜻하는데 GDP의 10.4%를 차지하고 있다. 여기서 유의할 것은 사회보장금과 같은 정부의 **이전지출**(transfer payments)은 당기에 생산된 재화와 용역에 대한 지출이 아니므로 GDP에 포함시키지 않는다는 것이다.

총고정자본형성(gross fixed capital formation) 또는 고정투자의 주요한 항목으로는 주거용 건물, 비주거용 건물 및 기타의 구축물의 건축과,[3] 기계

3) 기타의 구축물의 예로서는 수리시설, 전력시설, 철도, 통신, 도로, 항만 등의 건설을 들 수 있다.

류 및 운수장비류의 제조가 있다. 총고정자본형성에다 기업이 보유하는 재고의 증가 또는 재고투자를 합하면 **총자본형성**(gross capital formation) 또는 국내총투자가 되는데, 이를 우리는 흔히 **투자**(investment; I)라고 부른다. 그러나 이때 유의할 것은 실물자본의 증가분만을 투자로 간주하며, 주식과 같은 금융자산의 증가분은 투자에 포함시키지 않는다는 점이다. 총자본형성은 GDP의 26.7%를 차지하고 있다.

어떤 나라가 개방경제인 경우에는 GDP 가운데서 최종수요(final demand)인 C, G 및 I로 사용되지 않는 부분으로서 재화와 용역의 수출(exports; X)이 있게 되며, 또한 국내총생산이 아닌데도 불구하고 최종수요를 충족시키기 위하여 사용되는 재화와 용역의 수입(imports; M)이 있게 된다. 따라서 국내총생산에 대한 지출을 계산할 때 X는 가산항목이 되며, M은 공제항목이 된다. 우리 나라는 해외의존도가 매우 높아서 GDP에 대한 지출 가운데서 X가 차지하는 비중이 42.9%이며, M은 40.6%에 이르고 있다.

복잡하기 이를데 없는 GDP의 실제 추계과정에서 생산 측면에서 포착한 GDP와 지출 측면에서 포착한 GDP 사이에는 언제나 차이가 있게 마련이다. 이때 생산국민소득이 중심이 된다고 생각하므로 생산국민소득과 지출국민소득의 차이를 통계상 불일치라는 항목으로 지출국민소득에 기록한다.

분배국민소득

GDP는 요소시장에서 각종의 생산요소가 생산에 참여한 댓가로 받게 되는 요소소득의 합계를 가지고도 포착될 수가 있다. 즉, 노동을 공급하고 받는 댓가인 임금, 자본의 댓가인 이자, 토지 및 건물을 제공하고 받는 임료, 그리고 기업의 소득인 이윤을 모두 합하여 구할 수 있는데, 이렇게 해서 얻은 것을 **분배국민소득**이라고 부른다.

그런데 시장가격으로 측정된 GDP(GDP at market prices)인 생산국민소득과 지출국민소득으로부터 분배국민소득에 다다르기 위해서는 다음과 같이 몇 가지 조정을 거쳐야만 한다. 첫째로, 시장가격으로 평가된 GDP에서 당기의 생산과정에서 소모된 고정자본의 소모분인 **감가상각**(depreciation), 또는 **고정자본소모**(capital consumption)를 공제해야 한다. 왜냐하면 감가상각은

표 22-4 **분배국민소득(2001년)**

	비 율(%)	금액(10억원)
국내총생산	100.0	545,013
(공제)고정자본소모	11.6	63,185
(공제)간접세	14.9	80,939
(가산)보조금	0.3	1,466
분배국민소득	73.8	402,355
피용자보수	(60.9)	244,898
영업잉여	(39.1)	157,458

* 윗책, pp. 206~7.

소득의 구성부분이 아니고 생산비의 일부분이기 때문이다. 둘째로, 부가가치세 등 간접세(indirect taxes)를 공제해야 하는데, 간접세는 시장가격과 생산자가 실제로 받는 가격 사이에 차이가 나게 만드는 주된 항목이다. 셋째로, 금액으로 보았을 때 비중이 아주 낮은 정부의 보조금(subsidies)을 더해야 한다. 다음의 등식이 이를 보여준다.

$$분배국민소득 = GDP - 감가상각 - 간접세 + 보조금$$

〈표 22-4〉가 2001년의 우리 나라 분배국민소득을 보여준다. 국민소득은 생산과정에 참여한 경제주체들에게 분배되는데, 노동을 제공한 댓가로 가계에 분배되는 급료와 임금 등 **피용자보수**와 생산활동을 주관한 생산주체의 몫인 **영업잉여**로 대별된다.

피용자보수를 분배국민소득으로 나눈 백분율을 **노동소득분배율**이라고 하는데 우리 나라는 2001년에 그 비율이 60.9%이었다. 다른 나라의 경우 1992년에 노동소득분배율은 미국이 76.1%로 가장 높았으며 일본이 73.0%,독일이 70.8%이었고 대만은 65.2%이었다.

그러나 우리는 자영농인 농가의 소득을 영업잉여로 간주하고 있는데 이는 노동소득분배율을 과소평가하도록 만든다. 이 밖에 선진국에 비해 특히 서비스업의 경우 자가고용의 비중이 높고 피용자 비중이 낮은 것도 노동소득분배율을 낮추게 된다.

22.3 GDP항등식

GDP 항등식

여기서는 지금까지의 논의를 기초로 하여 GDP 항등식(GDP identities)에 관해 살펴보기로 하자. 항등식이란 정의에 의하여 항상 성립하는 등식을 말한다. 단순화를 위해 감가상각, 간접세 등은 무시하기로 한다.

이러한 단순화를 위한 가정하에서, 첫째로 정부부문과 해외부문도 존재하지 않는다고 전제하고 GDP 항등식에 관하여 살펴보자. 다음이 이러한 가정 아래서의 GDP 항등식이다.

$$C+I \equiv Y \equiv C+S$$

여기서 Y는 앞의 〈표 22-2〉에서 본 생산국민소득, 또는 생산 측면에서 포착한 GDP이다. 이 생산된 산출량 Y는 〈표 22-3〉에서 본 지출 측면에서 포착한 GDP인 $C+I$와 같다. 또한 생산된 GDP인 Y는 소비 또는 저축($C+S$)으로 처분된다. 따라서 위의 GDP 항등식은 우리가 세운 단순화를 위한 가정하에서는 생산국민소득 Y는 지출국민소득 $C+I$와 같으며, 모두 소비 또는 저축으로 처분($C+S$)된다는 것을 나타내고 있다. 위의 GDP항등식에서 C를 빼면 다음과 같은 또 하나의 항등식을 얻을 수 있다. 이 항등식은 투자와 저축이 동일하다는 것을 나타낸다.

$$I \equiv Y-C \equiv S$$

이제 둘째로 정부부문과 해외부문을 도입하였을 때의 GDP 항등식에 대하여 보자. 다음이 이를 나타낸다.

$$C+I+G+(X-M) \equiv Y \equiv Y_d+T \equiv C+S+T$$

위의 항등식을 보면 생산된 국민소득 Y는 지출된 국민소득인 $C+I+G+(X-M)$과 같다. 또한 생산된 국민소득 Y는 가처분소득인 Y_d에 조세 T를 더한 것과 같다.[4)] 그런데 $Y_d \equiv C+S$이므로 생산된 국민소득 Y는 $C+S+T$로 처분된다. 따라서 위의 GDP 항등식은 정부부문과 해외부문도 도입하였을 때, 국민소득은 생산, 지출 및 처분의 어떤 측면에서 보든 값이 똑같다는 것을 나타낸다.

이상에서 본 몇 가지 주요한 GDP 항등식은 앞으로의 분석에 기초를 제공할 것이다.

주요개념

국내총생산(GDP) GNI 순환적인 흐름 지출국민소득 생산국민소득 이중계산 중간재 최종재 총산출액 부가가치 분배국민소득 3면등가의 원칙 이윤; 국민소득계정 경제활동별 국내총생산 국민총소득 국외순수취요소소득 민간최종소비지출(C) 정부최종소비지출(G) 이전지출 총고정자본형성 총자본형성 투자 감가상각(고정자본소모) 피용자보수 영업잉여 노동소득 분배율; GDP 항등식

요 약

1. 국민경제내에서는 소득과 산출물의 순환적인 흐름(circular flow of product and income)이 반복적으로 일어나고 있다.
2. 산출물과 소득의 순환적인 흐름을 이용하여, GDP는 재화시장에서 산출물의 흐름을 포착함으로써 측정(flow-of-product approach)할 수도 있고, 요소시장에서 생산요소가 받는 소득으로 측정(factor-income approach)할 수도 있다.
3. 산출물의 흐름에 의한 측정방법에는 둘이 있는데, 하나는 생산된 모든 재화와 용역에 대한 지출을 전부 더함으로써 GDP를 지출의 측면에서 포착한 것이며 이를 지출국민소득이라고 부른다. 다른 하나는 생산된 모든 재화와 용역의 가치를 더함으로써 GDP를 측정하는 것인데 이처럼 생산의 측면에서 포착된 GDP를 생산국민소득이라고 한다.

---

4) 왜냐하면 $Y_d \equiv Y - T$이기 때문이다. 따라서 $Y \equiv Y_d + T$가 성립된다.

4. 생산국민소득을 측정할 때는 이중계산을 피하기 위하여 각 기업이 창출해 낸 부가가치만을 전부 더해야 한다.

5. 총산출액－중간재투입액＝최종재의 가치＝부가가치의 합계

6. GDP는 요소소득에 의한 측정방법을 이용하여 요소시장에서 각 요소가 받은 소득을 전부 더함으로써 얻을 수도 있는데, 이렇게 얻은 GDP를 분배국민소득이라고 한다.

7. 재화시장에서 측정된 GDP인 생산국민소득 및 지출국민소득과, 요소시장에서 측정된 GDP인 분배국민소득은 모두 동일한 값을 가지는데 이를 국민소득 3면 등가의 원칙이라고 한다.

8. 국민소득계정이란 한 국민경제의 산출물과 소득의 흐름을 측정한 결과를 기록한 것이다.

9. 피용자보수를 국민소득으로 나눈 노동소득분배율은 2001년에 60.9%이었다.

10. 가장 단순한 경제를 가정하였을 때의 GDP 항등식은 다음과 같다.

$$C+I \equiv Y \equiv C+S$$

즉, 생산측면에서 포착된 GDP인 Y는 지출측면에서 포착된 GDP인 $C+I$와 같고, $C+S$로 처분된다.

연습문제

1. 산출물과 소득의 순환적인 흐름에 기초하여 국민소득을 측정하는 세 가지 방법을 설명해보라.

2. 생산국민소득을 측정할 때 부가가치만을 더하면 2중계산은 자연히 피할 수 있는 이유를 설명하라.

3. GDP와 GNI의 차이는 무엇인가?

4. 2001년 한국의 생산국민소득표를 보고 GDP 대비 구성비가 높은 순서로 산업부문들을 나열해보라. 주요국과 비교해 볼 때 한국 산업구조의 특징은 무엇인

가?

5. 총(고정)자본형성을 정의하라. 투자에 실물자본의 증가분만을 포함시키는 이유는 무엇인가 생각해보라.

6. 한국의 해외의존도를 다른 나라와 서로 비교하면서 평가해보라.

7. 한국의 노동소득분배율이 선진국에 비해 낮은 이유를 설명하라.

8. 다음의 GDP항등식의 의미를 설명하라.

$$C+I+G+(X-M)\equiv Y\equiv C+S+T$$

제 23 장

국민소득에 관한 추가적인 몇 가지 문제

명목국민소득과 실질국민소득에 대해서 설명한 후, 주요한 물가지수인 GDP 디플레이터, 소비자물가지수(*CPI*) 및 생산자물가지수(*PPI*)를 상호비교하면서 풀이한다. 국민소득의 국제비교시 생기는 문제점들은 무엇이며, 일반적으로 후진국의 경우 공정환율보다 구매력평가(*PPP*)로 측정된 1인당 소득이 더 큰 이유를 살펴본다. 후생의 척도로서 GDP가 가지는 제약점을 알아보고 이를 수정한 *NEW*에 대해 설명한다. 지하경제의 규모는 얼마나 되는지에 대해서도 알아본다.

23.1 명목 및 실질국민소득

명목국민소득과 실질국민소득

앞의 22장에서는 국민소득의 기초개념에 대하여 살펴보았다. 이제 여기서는 국민소득에 관한 몇 가지 문제를 추가로 검토하여 보자. 먼저 명목국민소득과 실질국민소득에 대하여 살펴보자. 지금까지는 경상시장가격(current market prices)과 불변가격(constant prices)을 구체적으로 정의하지 않고 그대로 사용하였다. 이제 우선 이들 개념에 관하여 살펴보기로 한다. 국민소득에 관한 시계열자료(time-series data)를 작성하는 데는 두 가지 기준이 있다. 하나는 물가변동을 포함하는 각 연도의 시장가격을 기준으로 하여 국민소득을 추계하는 것인데, 이를 경상시장가격으로 평가된 GDP 또는 **명목국민소득**(nominal GDP)이라고 부른다.

표 23-1 **미국의 대공황 중의 국민소득**[1)]

(단위: 10억 달러)

연 도	(1) 명목 GDP (경상가격)	(2) 물가지수	(3) 실질 GDP (1929년 불변가격)
1929	104	100	$\frac{104}{100}\times100=104$
1933	56	77	$\frac{56}{77}\times100=73$

이는 곧 GDP를 그 당시의 가격, 즉 경상시장가격으로 평가하는 것이다. 다른 하나는 국민소득을 일정한 기준년도의 시장가격을 기준으로 하여 평가하는 것인데, 이를 불변가격으로 평가된 GDP 또는 **실질국민소득**(real GDP)이라고 부른다. 이제 〈표 23-1〉을 사용하여 명목 및 실질 GDP에 관하여 살펴보기로 하자.

이 표에서 (1)란과 (2)란은 대공황 중 미국의 명목 GDP와 물가지수(price indexes)를 보여준다. 대공황 중에 명목 GDP는 거의 절반으로 감소된 것으로 나타나고 있다. 한편, 물가는 통상 상승하는 것이 보통이나 대공황 중에는 평균적으로 23%가 하락하였다. 이제 1929년의 불변가격으로 표시된 1933년의 실질 GDP는 위의 표 (3)란이 나타내는 것처럼 물가지수를 사용하여 "디플레이트"(deflate)할 때 730억 달러가 된다. 이는 곧 1929년 불변가격으로 표시된 1933년의 실질 GDP가 1929년 GDP의 약 70% 수준으로 감소하였음을 나타내는 것이다.

[그림 23-1]은 경상시장가격으로 평가된 우리 나라의 명목 GDP와 기준년도인 1995년의 불변가격으로 평가된 실질 GDP를 보여준다. 여기서 명목 GDP의 상당한 부분은 단순히 물가상승을 반영하는 것이므로, 실질 GDP의 추세를 알기 위해서는 물가지수를 사용하여 명목 GDP를 "디플레이트"하여야만 된다.

위의 그림을 읽을 때 유의할 점은 종축이 대수로 표시되어(logarithmic or ratio scales) 있다는 것이다. 보통의 경우(natural scale)에는 숫자들 사이의 거리는 이들 숫자들 사이의 절대적인 차에 비례한다. 예를 들어 100과 200 사

1) Paul A. Samuelson and William D. Nordhaus, *Economics*, 15th edition, McGraw Hill, N.Y., 1995, p.408.

그림 23-1 명목국민소득과 실질국민소득

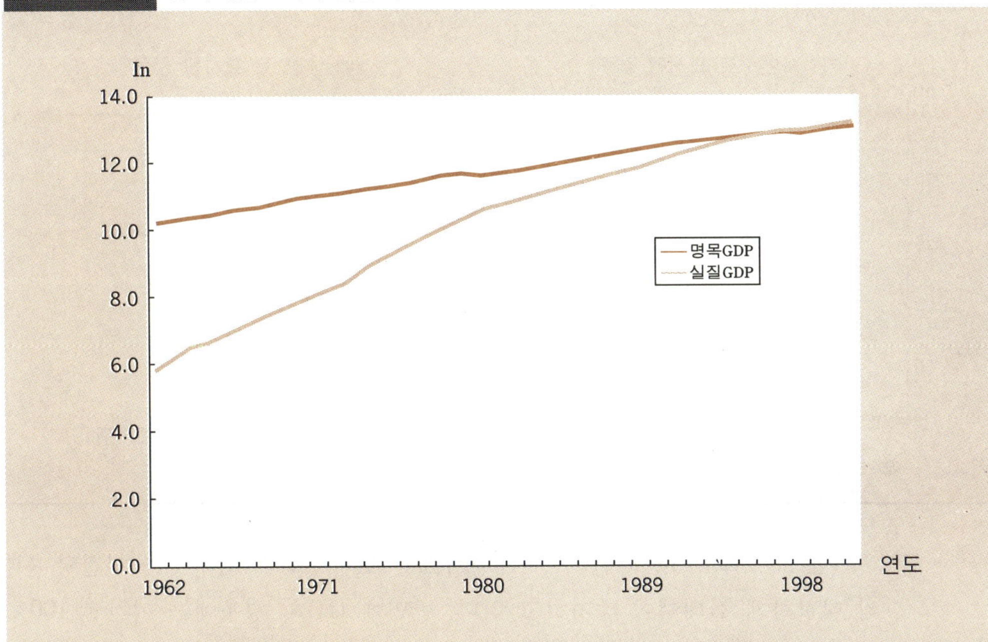

이의 거리는 200과 300 사이의 거리와 똑같다. 그러나 대수로 표시되는 경우에는 숫자들 사이의 거리가 이들 숫자의 대수 사이의 절대적인 차에 비례한다. 예를 들면 100과 200 사이의 길이는 200과 400 사이의 길이, 1,000과 2,000 사이의 길이와 같게 된다. 즉, 대수로 표시된 축에서는 동일한 거리는 동일한 절대적인 변화를 나타내는 것이 아니고 동일한 %변화를 나타낸다. 본론으로부터는 벗어나나 〈표 23-2〉와 [그림 23-2]를 사용하여 좀 더 자세히 양자를 서로 비교해 보자.

표 23-2 두 가지 시계열 (단위: 원)

시 간	(A)	(B)
0	10	10
1	18	20
2	26	40
3	34	80
4	42	160

그림 23-2 **자연수와 대수로 표시된 축의 비교**

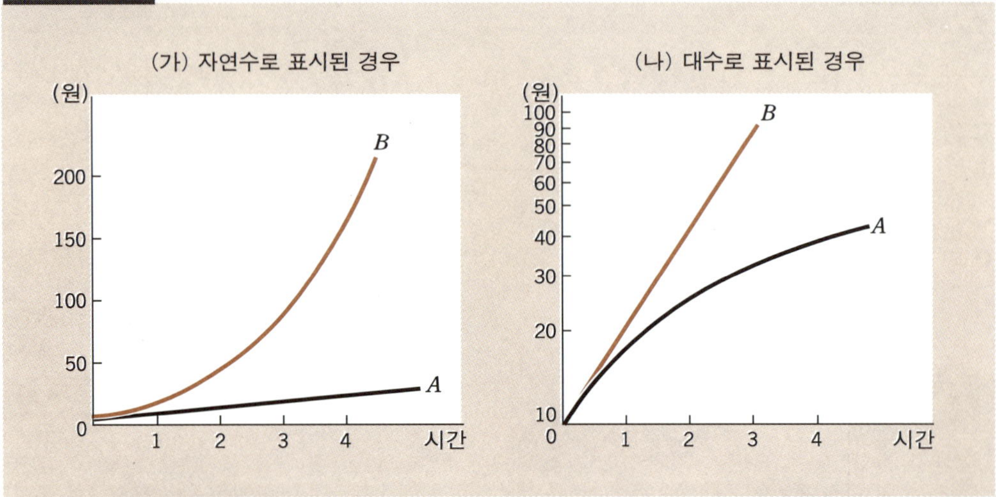

〈표 23-2〉의 가상적인 두 시계열자료를 보면 (A)의 경우에는 시간당 8원씩 일정하게 절대액이 증가하고 있다. 반면에 (B)의 경우에는 시간당 100%씩 일정한 율로 액수가 증가하고 있다. 이제 이 두 경우를 [그림 23-2]에 표시하였는데, (가)에서는 종축과 횡축이 모두 자연수로 나타내져 있으며, (나)에서는 종축은 대수로 횡축은 자연수로 표시되어 있다. 보통 이를 반대수로 표시된 그림표(semilog scale)라고 부른다.

(A)의 경우를 [그림 23-2]의 (가)에 표시해 보면 일정하게 절대액이 증가하므로 직선으로 나타난다. 한편 (A)의 경우를 (나)에 그려보면 증가율은 감소하므로 밑에서 보았을 때 오목한 형태를 취한다. (B)의 경우를 (가)에 그려보면 절대액은 체증하는 율로 증가하므로 위에서 보았을 때 오목한 형태의 곡선으로 표시된다. 한편, (B)의 경우를 (나)에 그려보면 증가율이 일정하므로 직선으로 나타난다.[2)]

2) 시간의 경과에 따른 GDP는 [그림 23-1]에서와 같이 보통 반대수로 표시된 그림표에 그리는데, 그 이유는 GDP의 성장률을 보기 위해서이다. 만일 GDP의 성장률이 매년 8% 이었다면 이러한 그림표에서는 직선으로 나타날 것이다.

물가지수

위에서 우리는 실질국민소득을 구하기 위해서는 명목국민소득을 물가지수를 사용하여 디플레이트해야 한다는 것을 보았다. 따라서 여기서는 주요한 물가지수인 GDP 디플레이터, 생산자물가지수 및 소비자물가지수에 대하여 자세히 살펴보기로 한다. 먼저 GDP **디플레이터**(implicit price deflator for GDP)는 다음과 같이 정의된다.

$$\text{GDP 디플레이터} = \frac{\text{명목 GDP}}{\text{실질 GDP}}$$

즉, GDP 디플레이터는 **생산자물가지수**(producer price indexes; *PPI*)나 **소비자물가지수**(consumer price indexes; *CPI*)와는 달리 직접적인 가격조사자료를 토대로 하여 얻어지는 것이 아니고 국민소득통계를 이용하여 사후적으로 산출되므로 엄격한 의미의 물가지수는 아니다. 실례를 들어 보면 2001년의 우리 나라 GDP는 경상시장가격으로 평가할 때 545,013십억원이었으며, 1995년 불변시장가격으로 평가하면 493,026십억원이었다. 따라서 2001년의 명목 GDP를 실질 GDP로 나눈 값인 2001년의 GDP 디플레이터는 1995년을 100으로 할 때 110.5가 된다.

GDP 디플레이터는 종합적인 물가지수로서 생산자물가지수나 소비자물가지수와는 다른 측면을 지니고 있다. 즉, 생산자물가지수(*PPI*)는 기업 간의 대량거래 단계인 제 1 차 거래단계에서 형성되는 모든 상품가격의 평균적인 변동상황을 측정하기 위하여 작성되는 지수이다. *PPI*의 작성을 위하여 사용되는 가격은 제 1 차 거래단계에서 적용된 가격인데, 국산품의 경우에는 생산자판매가격을 이용하며 수입품의 경우에는 수입업자판매가격을 사용한다. *PPI*는 그 대상범위가 넓어 일반적인 물가수준의 변동을 측정할 수 있으므로 보통 일반목적지수(general purpose index)라고도 한다.

한편, 소비자물가지수(*CPI*)는 가계가 소비생활을 영위하기 위하여 구입하는 상품 및 서비스의 평균적인 가격변동을 파악하기 위하여 작성되는 물가지수로서 특수목적지수이다. *PPI*와 *CPI* 사이의 주요한 차이를 보면,[3] 첫째

3) 한국은행, 「알기쉬운 경제지표해설」, 1995, 제12장.

로, 조사대상품목이 서로 다른데 생산자물가지수에는 원자재, 기계류 등이 포함되는 반면 소비자물가지수에는 교육비, 교통요금, 외식비, 집세 등 각종 서비스요금이 포함된다. 둘째로 가격을 조사하는 단계가 다른데 생산자물가지수는 생산자 판매단계의 공장도가격을 조사하는 반면에 소비자물가지수는 소비자 구입단계의 소매가격을 조사한다. 따라서 소비자물가지수에는 유통마진, 부가가치세 등이 포함된다. 셋째로 동일한 품목일지라도 가중치가 서로 다르다. 보기를 들어 식료품의 경우 *PPI*에서는 총판매액에서 차지하는 비중이 낮으므로 가중치가 1000중에서 115.2이지만 *CPI*에서는 가구의 총지출 가운데서 점하는 비중이 크므로 271.2나 된다.

이제 그러면 GDP 디플레이터와 *CPI* 및 *PPI* 와의 차이는 무엇인가 보자. 첫째는 GDP 디플레이터가 모든 재화와 용역의 가격변동을 포괄하고 있으므로, *CPI* 나 *PPI* 에 비하여 더욱 종합적인 성격을 가지는 물가지수라는 것이다. 둘째는 *CPI* 나 *PPI* 가 일정하게 고정되어 있는 재화군(a fixed basket of goods)의 가격변동을 측정하는 데 비하여, GDP 디플레이터는 실제로 매년 무엇이 생산되었는가에 따라서 GDP 디플레이터에 포함되는 재화군이 변동한다는 것이다. 셋째로, *CPI* 나 *PPI*에는 수입품의 가격이 포함되는 데 비하여, GDP 디플레이터는 오직 국내에서 생산되는 재화의 가격변동만을 포착한다는 것이다. 따라서 원유가격이 급속하게 상승할 때는 *CPI* 나 *PPI* 는 GDP 디플레이터보다 더 빨리 상승할 것이다.

23.2 국민소득의 국제비교

국민소득의 국제비교상의 문제점

국민소득과 관련하여 추가로 살펴볼 두번째 문제는 국민소득의 국제비교에 대한 것이다. 우리는 흔히 나라들 사이의 경제력, 후생수준 및 경제발전단계 등을 상호 비교할 필요성을 느끼게 된다. 이를 위해서는 한 나라의 경제력을 나타내는 GDP나 생활수준 또는 후생수준을 표시하는 1인당 GDP를 국가간에 서로 비교하여야 할 것이다.

이처럼 국가 간에 GDP나 1인당 GDP를 상호 비교할 수 있기 위해서는 우선 각국이 어떤 공통의 기준에 따라서 국민소득을 추계하여야만 한다. 현재 세계의 여러 나라들은 UN이 권고한 국민계정체계에 따라서 각기 국민소득을 추계하고 있다. 그리고 나서는 이처럼 공통의 기준에 의하여 자국통화로 측정된 GDP나 1인당 GDP를, 가치가 비교적 안정되어 있으며 국제적인 교환수단으로 널리 통용되고 있는 어떤 나라의 통화로 환산하여야만 한다. 대체로 현재는 미국의 달러화를 기준으로 하여 각국의 통화로 측정된 GDP나 1인당 GDP를 환산하는 것이 보통이다. 이때 자국통화로 표시된 GDP나 1인당 GDP를 공정환율을 사용하여 미국의 달러화로 환산하게 된다. 예를 들면 2001년 우리 나라의 GDP 및 1인당 GDP는 경상시장가격으로 평가할 때 각각 545조원 및 1,151만원이었다. 이를 대미달러 환율인 1달러:1,291원을 적용하여 환산하면 GDP와 1인당 GDP는 각각 4,222억달러와 8,918달러가 된다.

이와 같이 국민소득의 국제비교를 위하여는 자국통화로 표시된 국민소득을 대미공정환율을 사용하여 환산하는 것이 보통이나, 여기에는 몇 가지 중요한 문제점이 있다.

첫째는 한 나라의 공정환율이 실세를 제대로 반영하지 못하는 경우가 많다는 것이다. 즉 외환관리가 실시되고 있으며 인플레이션이 높은 율로 진행되고 있음에도 환율이 고정되어 있다면, 공정환율을 사용하여 자국통화로 표시된 국민소득을 환산하면 이는 그 국가의 국민소득수준을 과대평가하는 결과를 초래하게 된다.

둘째로, 설령 공정환율이 실세를 반영하고 있다고 할지라도, 환율은 주로 **교역재**(traded goods)의 가격수준에 의하여 결정된다는 것이다. 즉, 국제무역의 대상이 되지 않는 **비교역재**(non-traded goods)의 가격은 환율의 결정에 영향을 미치지 못한다. 그러나 GDP에는 교역재뿐만이 아니라 비교역재 및 서비스의 생산까지 모두 포함되므로, 교역재의 가격수준에 의하여 주로 결정되는 공정환율을 가지고서는 제대로 국민소득을 나라 간에 비교할 수 없게 된다. 특히 선·후진국 사이의 가격구조를 비교하여 보면 교역재보다는 비교역재 및 서비스의 경우 가격격차가 심하다. 즉, 선진국에 비하여 후진국에서 비교역재 및 서비스의 가격수준은 낮은 것이 보통이다. 이 때는 교역재의 가격수준에만 의존하여 결정되는 환율은 후진국화폐의 실질적인 구매력을 저평가하는 결과를 초래한다.

셋째로, 국민소득은 한 나라가 어느 정도나 시장화되어 있는가에 따라서 자국통화로 측정하는 단계에서도 그 크기가 달라진다는 것이다. 국민소득에는 오직 시장화된 산출물만이 포함되는데, 시장화의 정도는 후진국에 비하여 신진국에서 월등하게 높으므로, 이는 곧 그만큼 선진국의 국민소득을 상대적으로 후진국에 비하여 과대평가하는 결과를 가져온다.[4)]

구매력평가에 의한 비교

위에서는 국민소득을 국제비교하는 데 있어서의 몇 가지 중요한 문제점에 관하여 살펴보았다. 특히 대미공정환율을 사용한 국민소득의 국제비교는 선진국에 비하여 후진국통화의 실질적인 구매력을 상대적으로 과소평가하고 있으며, 따라서 후진국의 실질 GDP도 선진국에 비하여 과소평가되어 있으므로 이를 바로 잡기 위하여 각국 통화의 구매력의 차이를 참작한 실질 GDP 및 1인당 GDP를 산출하게 되었다. 즉, 공정환율로 환산된 것을 "명목" GDP 및 1인당 GDP라고 부른다면 각국 통화의 구매력의 차이를 참작한 것은 "실질" GDP 및 1인당 GDP라고 부를 수 있다.

일반적으로 후진국의 경우 대미공정환율은 **구매력평가**(purchasing power parity; *PPP*)보다 후진국 통화의 가치를 과소평가하는 것이 보통이다. 여기서 구매력평가는 다음과 같이 정의된다.

$$PPP = \frac{\text{외국통화의 구매력}}{\text{자국통화의 구매력}} = \frac{\text{자국의 일반물가수준}}{\text{외국의 일반물가수준}}$$

구매력평가설은 원래 캇셀(Gustav Cassel)이 제시한 이론인데, 환율은 양 교역국 사이의 화폐의 구매력의 비율, 즉 물가수준의 비율에 의하여 결정된다는 것이다.

이제 편의상 공정환율을 적용하여 산출한 1인당 GDP를 명목소득이라 하고, 구매력평가를 사용한 것을 실질소득이라 하여 주요국의 명목 및 실질 1인당 GDP를 1998년에 대해 비교하여 보자. 미국을 기준으로 하면 미국의 1인당 명목 및 실질 GDP는 똑같이 29,340달러가 된다. 〈표 23-3〉이 이를 나타낸다.

---

4) 윤석범 · 김학은, 『새거시경제학』, 세경사, 1996, 제 1 장.

표 23-3 명목소득과 실질소득의 비교(1998년)[5)]

	명목소득(달러)	실질소득(달러)
미국	29,340	29,340
일본	32,380	23,180
독일	25,850	20,810
프랑스	24,940	22,320
영국	21,400	20,640
한국	7,970	12,270
멕시코	3,970	8,190
브라질	4,570	6,160
말레이지아	3,600	6,990
중국	750	3,220

위의 표에서 발견하는 것은 미국에 비해 발전도상국의 물가수준이 상대적으로 낮으므로 공정환율을 적용하면 구매력평가를 적용했을 때보다 1인당 국민소득이 과소평가된다는 것이며, 이는 특히 중국의 경우에 그러함을 알 수가 있다. 한편 선진국들은 미국에 비해 물가가 높으므로 공정환율보다 구매력평가를 적용하였을 때의 1인당 국민소득이 오히려 더 줄어들고 있다. 특히 물가가 비싼 일본의 경우에는 이러한 경향이 더욱 심하다.

지금까지의 논의가 분명히 하는 것은 국민소득을 공정환율을 사용하여 미 달러화로 환산해서 국제비교하는 것은 서수적인 뜻은 있을지라도 기수적인 의미는 별로 없다는 것이다. 예를 들어 일본의 1인당 GDP가 1998년에 32,380달러이고 우리 나라가 7,970달러라고 하여 일본이 우리보다 잘 산다고 말할 수는 있어도 정확하게 4.1배 더 잘 산다고 판단하는 것은 잘못이다. 또한 국민소득을 공정환율을 적용하여 국제비교하는 것에 비하여 *PPP*에 의하여 국제비교하는 것이 현실에 더욱 가깝게 접근한다는 것에는 의문의 여지가 거의 없는 것 같다. 그러나 물론 *PPP*에 의한 국민소득의 국제비교에도 상당한 오차가 있을 수 있다.

5) The World Bank, *World Development Report* 1999/2000, Oxford University Press, N.Y., 2000, pp. 230~1.

23.3 순경제후생

국민소득과 관련하여 추가로 살펴볼 또 하나의 문제는 후생의 척도로서 GDP를 사용하는 것에 대한 것이다. 국민소득 또는 GDP를 경제적인 후생의 정도를 나타내는 척도로 사용하는 데는 몇 가지 문제가 있다. 첫째는 GDP가 시장에서 거래된 것만을 포착하며, 시장에서 거래되지 않은 산출물은 제외하고 있다는 것이다. 예를 들어 가정주부가 집에서 하는 가사 서비스는 가족의 경제적인 후생을 크게 증대시키고 있지만, 시장에서 거래된 서비스가 아니므로 GDP에 포함시키지 않고 있다. 또한 소득이 증대됨에 따라서 여가(leisure)를 선호하는 경우가 많은데, 이 때는 GDP가 감소할 것이나 실질적인 후생은 증가하게 될 것이다. 즉, 여가는 시장에서 거래되는 서비스가 아니므로 GDP에 포함되지는 않으나, 여가의 증대는 후생수준을 높일 것이다.

이 밖에 **지하경제**(underground economy)도 GDP의 추정에서 누락되고 있는데 이에는 마약거래와 같은 불법적인 행위와, 합법적이나 탈세를 위하여 고의적으로 보고되지 않는 소득이 있다. 전자는 국민소득의 추정에서 제외되지만, 후자는 포함시켜야 하나 이를 제대로 측정하는 데는 어려움이 크다. 미국경제에서 지하경제에 대한 논의는 1980년대에 들어와 활발히 일어났는데 추정결과는 지하경제의 크기가 GDP의 3.4%에서 33%에 이르는 광범위한 범주를 보이고 있다. 그러나 대체적인 의견은 미국경제의 경우 지하경제의 크기가 10%를 초과하지는 않을 것으로 본다.

우리 나라는 탈세를 위해 보고되지 않는 소득이 미국에 비해 상대적으로 더 큰 비중을 차지할 것으로 추정된다. 즉 영수증을 주고 받는 문화가 아직도 제대로 정착되지 않았으며, 사채시장의 규모가 한국금융연구원에 따르면 1995년의 경우 GNP의 11%에 달하는 34조원으로 추정되는 등 지하경제의 규모가 선진국에 비해 클 것으로 보인다.

그러나 실제로 GNP대비 지하경제의 규모를 추정한 결과를 보면 그 범위가 지극히 넓어(10%~30%대) 쉽게 결론을 내릴 수가 없다. 지난 1995년 한국조세연구원은 지하경제의 규모가 GNP 대비 8.9%에 달하는 것으로 추정한 바 있으나 이보다는 더 클 것으로 보인다. 그러나 금융실명제에 따른 금융소득종합과세의 실시와 더불어 지하경제는 크게 위축되었을 것이다.

GDP를 경제적인 후생의 척도로 삼는 데 있어서 생기는 두번째 문제점은 외부비경제(external diseconomies)의 존재이다. 보통 우리는 시장가격이 산출물의 사회적인 가치를 반영한다고 가정하나, 외부비경제가 존재하는 경우에는 이러한 가정은 성립하지 않는다. 예를 들어 제철소는 GDP에 포함되는 강철을 생산하는 이외에 공기를 오염시키는데, 이는 전연 참작되지 않는 것이다. 이와 같이 외부비경제가 존재하는 경우에는 제철소가 생산해 낸 산출물의 사회적인 가치는 제철소 자신의 입장에서 본 가치보다 적게 된다. 이밖에도 도시화에 따라서 일어나는 교통의 혼잡함, 소음 등도 모두 외부비경제의 예가 된다. 오늘날처럼 단순히 재화와 용역의 산출량을 증대시키는 것보다 **생활의 질**(quality of life)에 대한 관심이 높고 자연환경의 보존에 대한 열의가 상당할 때는 이러한 문제는 매우 중요한 것이다.

따라서 GDP를 진정한 의미에서 경제적인 후생을 재는 척도로 사용할 수 있기 위해서는, 시장에서 거래되지 않은 산출물이나 서비스 중에서 후생을 증대시키는 가정주부의 서비스와 여가 등을 포함시켜야 하며, 반대로 외부비경제를 창출하여 후생을 감소시키는 대기의 오염, 공해, 자연환경의 파괴 및 도시화에 따른 여러 가지 불편함 등은 공제하여야만 할 것이다.

토빈(J. Tobin)과 노드하우스(W. Nordhaus)는 진정한 뜻에서의 경제적인 후생을 재기 위하여 GDP에서 여가, 주부의 서비스 등 후생을 증대시키는 것은 더하고, 공해, 대기오염, 환경의 파괴 및 도시화에 따른 각종의 불편함 등과 같이 후생을 감소시키는 것은 공제하여 GDP 대신에 "경제후생의 척도"(Measure of Economic Welfare; *MEW*)라는 개념을 만들어냈으며 사뮤엘슨은 이를 **순경제후생**(Net Economic Welfare; *NEW*)이라고 불렀다. 또한 최근에는 환경보존에 대한 관심이 세계적으로 고조되면서 UN이 1993년에 국민계정의 부속계정으로 환경 · 경제통합계정(System for integrated environmental and economic accounting)을 도입하였다. 이는 환경오염 등을 화폐로 평가하여 GDP에서 차감함으로써 소위 그린(Green) GDP를 추정하는 것인데 아직은 객관적인 계량화에 어려움이 있는 형편이다.

주요개념

명목국민소득 실질국민소득 GDP 디플레이터 생산자물가지수(*PPI*) 소비자물가지수(*CPI*) (비)교역재 구매력평가(*PPP*) 순경제후생 지하경제 생활의 질

요 약

1. 경상시장가격으로 평가한 GDP를 명목국민소득이라고 하며, 기준년도의 불변가격으로 평가한 GDP를 실질국민소득이라고 한다.

2. GDP 디플레이터는 명목 GDP를 실질 GDP로 나눈 것이다.

3. 생산자물가지수(*PPI*)는 기업간의 대량거래 단계에서 형성되는 모든 상품가격의 평균적인 변동상황을 측정하기 위하여 작성되는 일반목적지수이다.

4. 소비자물가지수(*CPI*)는 가계가 소비생활을 영위하기 위하여 구입하는 상품 및 서비스의 평균적인 가격변동을 파악하기 위하여 작성되는 특수목적지수이다.

5. *PPI*와 *CPI*는 조사대상 품목과 그 가중치가 서로 다르며, 가격을 조사하는 단계도 상이하다.

6. 국민소득의 국제비교는 공정환율, 비교역재, 시장화의 정도 등과 관련된 문제점이 있다.

7. 일반적으로 후진국의 경우 대미공정환율보다 구매력평가(*PPP*)로 측정한 국민소득이 더 큰데, 그 이유는 물가수준이 선진국에 비해 상대적으로 낮기 때문이다.

8. 순경제후생(*NEW*)은 GDP에서 여가, 주부의 서비스 등 후생을 증대시키는 것은 더하고, 공해, 대기오염, 환경의 파괴 및 도시화에 따른 각종 불편함 등과 같이 후생을 감소시키는 것은 공제하여 구한다.

9. 지하경제란 합법적이지만 탈세를 위하여 고의적으로 보고하지 않은 소득의 규모를 가지고 그 정도를 재는데, 추정결과는 서로 크게 다르나 GDP대비 10%

선은 넘을 것으로 보인다.

연습문제

1. 명목국민소득과 실질국민소득을 서로 비교하면서 설명해보라.
2. 반대수로 표시된(semilog scale) 그림표에서 증가율이 일정한 경우는 어떻게 나타나는가? GDP의 장기추세를 보려고 할 때 반대수 그림표를 주로 이용하는 까닭은?
3. GDP 디플레이터를 정의해보고 그 특징을 살펴보라.
4. 생산자물가지수(*PPI*)와 소비자물가지수(*CPI*)를 상호비교하면서 설명해보라.
5. *CPI*와 *PPI*의 지수체계를 5년마다 개편하는 까닭은 무엇인가?
6. *CPI*와 *PPI*의 가중치를 서로 비교해보고 그 특징을 설명하라.
7. 국민소득을 국제비교하는 데 있어서 생기는 문제점을 들어보라.
8. 미국을 기준으로 하였을 때 1998년 중국(일본)의 1인당 GNP는 750(32,380)달러인데 비해 구매력평가(*PPP*)에 의한 국민소득은 3,220(23,180)달러이었다. 양자간에 이처럼 큰 차이가 나는 이유는 무엇이라고 생각하는가?
9. GDP를 후생의 척도로 사용하는 데 있어서 생기는 문제점들은 무엇인가? GDP와 순경제후생(*NEW*)을 서로 비교해보라.
10. 우리 나라에서 발견되는 지하경제의 실예를 많이 들어보라. GNP 대비 지하경제의 규모는 얼마나 될 것인가?

제 24 장

국민소득의 결정이론

국민소득의 결정에 관한 고전학파이론과 케인즈이론을 상호비교하면서 설명한 후, 케인즈의 단순모형 또는 공황모형에 기초하여 민간부문만 있는 경우를 분석대상으로 하여 $Y=C+I$접근법과 $I=S$접근법을 사용하여 국민소득의 결정이론을 설명한다.

24.1 고전학파이론과 케인즈이론

앞의 22장과 23장에서 우리는 국민소득에 관한 기초적인 개념들에 대하여 살펴보았다. 이제 24장에서는 이를 토대로 하여 균형국민소득수준의 결정이론에 대해 보기로 한다. 국민소득 또는 GDP는 장기적으로 보면 증가추세를 나타내며, 이를 우리는 경제성장이라고 부른다. 그러나 단기적으로 보면 GDP는 매년 변동을 보여 어떤 해에는 GDP의 성장률이 가속화되며, 어떤 해에는 성장률이 둔화되고 심한 경우에는 GDP의 절대적인 규모 자체가 전년도에 비하여 감소되기도 한다.[1] 이제 여기서는 GDP 또는 국민소득의 크기가 매년 어떻게 결정되는가 살펴보기로 한다.

그런데 국민소득의 결정이론에는 고전학파적인 이론과 케인즈적인 이론의 두 가지 서로 다른 견해가 있다. 이제 여기서는 이들 두 가지 국민소득의 결정이론에 대하여 살펴봄으로써 전체적인 윤곽을 분명하게 하려고 한다. 여기서 사용하는 분석용구는 앞의 21장에서 살펴 본 총수요와 총공급이다.

1) 우리 나라의 GDP성장률은 1980년과 1998년에 각각 −2.1%, −6.7%를 기록하였다.

그림 24-1 고전학파적인 국민소득결정이론

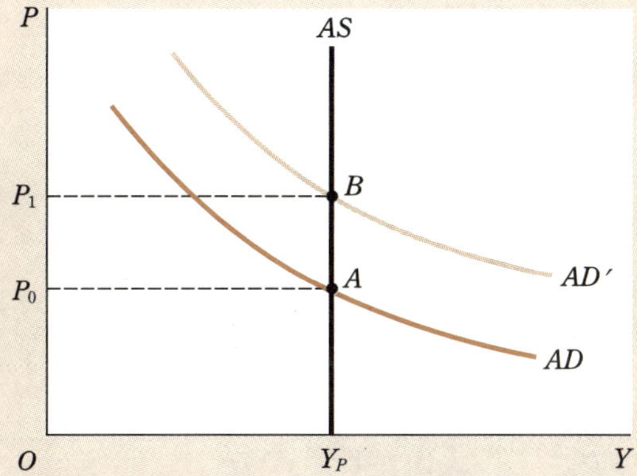

고전학파적인 이론

고전학파적인 이론의 가장 주요한 전제는 임금과 가격이 완전히 신축성을 가짐으로써 모든 재화시장과 요소시장에서 임금과 가격이 위 아래로 변동하여 초과수요나 초과공급이 없어져 시장들이 전부 수급을 일치시킬 수가 있다는 것이다. 이는 앞의 21장에서 살펴 본 대로 장기에 적합한 가정이다.

고전학파적인 국민소득의 결정이론은 [그림 24-1]을 사용하여 설명할 수가 있다. 이 그림에서 *AD*곡선은 보통대로 우하향의 형태를 취하고 있으나 *AS*곡선은 완전고용 산출량 Y_P에서 수직선으로 나타나 있다. 그 이유는 임금과 가격이 완전히 신축성을 가지고 있다고 가정하기 때문이다.

원래의 균형점은 *AD*와 *AS*가 서로 만나는 *A*점에서이며, 이 때의 산출량은 완전고용 국민소득수준인 Y_P이고 물가수준은 P_0이다. 이제 가정하기를 총수요가 *AD*에서 *AD′* 으로 증가하여 물가수준도 P_0에서 P_1으로 상승하였다고 하자. 그러면 가격과 임금이 완전한 신축성을 가진다는 가정하에서는 임금을 포함하여 모든 생산비도 똑같은 비율로 상승하게 될 것이고 따라서 기업은 산출량을 증대시킬 하등의 이유가 없어지므로 Y_P를 그대로 공급하게 될 것이다. 즉 *AS*곡선은 수직선의 형태를 취하게 된다.[2)]

2) 앞의 21장의 논의를 참고할 것.

그림 24-2 케인즈적인 국민소득결정이론

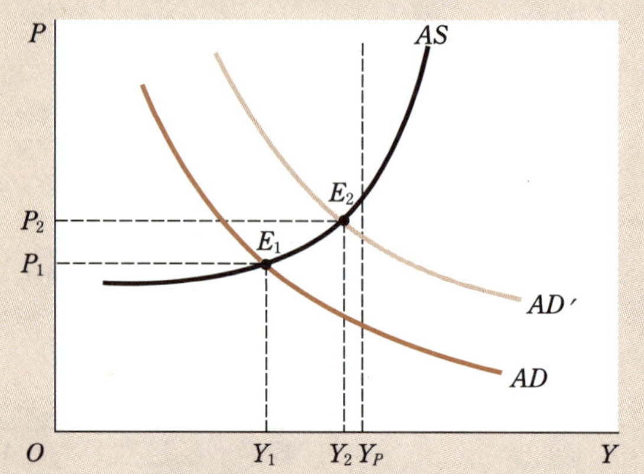

임금과 가격의 완전한 신축성을 가정하면, 모든 자원은 완전고용되게 된다. 보기를 들어 노동시장의 경우 임금이 노동의 수급을 일치시키기 위하여 상하로 자유롭게 변동하므로 비자발적인 실업은 존재할 수가 없게 된다. 또한 고전학파모형 아래서는 정부의 거시경제정책은 산출량의 수준이나 고용량에는 전혀 영향을 미칠 수가 없으며, 다만 물가수준에만 영향을 끼치게 된다. 이는 위의 그림에서 예를 들어 통화량의 증가로 *AD*가 *AD′* 으로 상승하였을 때 Y_P는 그대로 있고 *P*의 수준만 P_0에서 P_1으로 상승하는 데에 잘 나타나 있다.

케인즈적인 이론

고전학파적인 이론과 케인즈적인 이론 사이의 가장 중요한 차이점은 전자가 임금과 물가의 완전한 신축성을 가정하였던 데 반하여, 케인즈는 임금과 물가의 경직성을 전제로 하고 있다는 것이다. 이는 단기에 더 적합한 가정이다.[3)]

이처럼 단기에 임금과 물가의 경직성을 전제로 할 때 *AS*곡선은 앞의 [그림 21-10]의 (가)와 같이 나타나며 여기에 *AD*곡선을 함께 그리면 [그림 24-

---

3) N. Gregory Mankiw, *Principles of Economics*, 2nd ed., Harcourt College Publishers, N. J., 2001, ch. 31.

그림 24-3 **총공급곡선이 수평선인 특수한 경우**

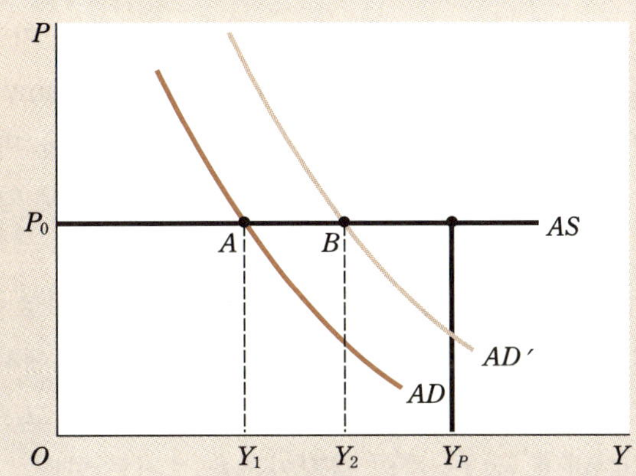

2]와 같다.

이 그림에서 원래의 균형점은 *AD*와 *AS*가 서로 만나는 E_1점에서이며, 이때의 산출량 또는 국민소득은 Y_1이고 물가수준은 P_1이다. 이제 총수요가 *AD*에서 *AD′* 으로 증가하면 국민소득은 Y_2로 늘고 물가수준도 P_2로 상승하게 된다. 즉 가격과 임금이 경직성을 가지는 경우에는 총수요가 증가할 때 국민소득과 물가수준이 모두 늘어나게 된다.

특히 임금과 물가가 완전히 경직성을 가지고 있을 때는, [그림 24-3]이 나타내는 것처럼 *AS*는 수평선이 된다.

만일 원래의 균형점이 *AS*곡선과 *AD*곡선이 서로 만나는 *A*점이라고 해보자. 그러면 고전학파모형에서와는 달리 Y_P 아래에서 균형상태를 이루고 있으므로 이는 자원이 불완전고용되어 있음을 나타낸다.

이제 통화량의 증가 또는 정부지출의 증대를 통하여 *AD*곡선을 *AD*에서 *AD′* 으로 이동시키면 물가수준은 그대로 일정하나 산출량은 Y_1에서 Y_2로 늘어나며 이에 상응하여 고용량도 증대될 것이다. 이는 곧 금융 · 재정정책이 효력을 발휘할 수 있음을 보여주는 것이다.

지금까지 우리는 국민소득의 결정에 관한 고전학파적인 이론과 케인즈적인 이론을 상호 비교하면서 살펴보았다. 여기서 발견하는 것은 고전학파적인 이론은 가격의 신축성(flexible prices)을 전제로 하므로 장기에 적합하며, 케인즈적인 이론은 가격의 경직성(price rigidity)을 전제로 하므로 단기에 적용할 수 있다는 점이다. 이와 같이 장기와 단기에 가격의 행태(price behavior)가 서로 다르므로 경제정책이 미치는 영향도 장 · 단기에 서로 다르게 된다. 즉 장기에는 고전학파적인 이중성(classical dichotomy)이 성립하여 금융 · 재정정책은 국민소득이나 고용 등 실물변수에 영향을 미칠 수가 없으나 단기에는 가격이 경직성을 띠므로 경제정책은 실물변수에 영향을 미칠 수가 있는 것이다.

이제 고전학파적인 이론과 케인즈적인 이론을 서로 비교하면서 국민소득의 결정에 관한 전체적인 윤곽을 밝혔으므로, 아래에서는 케인즈적인 이론 가운데서도 특수한 경우인 총공급곡선을 수평선이라고 보는 케인즈의 공황모형을 전제로 하여 국민소득의 결정이론을 보기로 한다.

24.2 민간부문만 존재하는 경우

케인즈의 공황모형의 가정

국민소득의 크기가 매년 어떻게 결정되는가를 보는 데 있어서 *AS*곡선의 형태가 수평선이라고 생각하는 케인즈의 공황을 전제로 한 모형에서는 다음과 같은 두 가지 중요한 가정을 한다. 첫째는 자원의 불완전고용을 전제한다. 즉, 노동과 자본재가 실업상태에 빠져 있는 경우를 분석대상으로 한다. 이 때는 자원이 완전고용되어 있는 상태하에서 생산이 가능한 최대의 산출량(full employment or potential GDP; Y_f or Y_p)에 비하여, 실제의 GDP(actual GDP; Y_a)는 상대적으로 적어서 다음이 성립한다.

$$Y_p = Y_f > Y_a$$

Y_p 또는 Y_f와 Y_a 사이의 차이인 〔$(Y_p = Y_f) - Y_a$〕를 GDP 격차(GDP gap)라고 부르는데, 여기서는 자원이 불완전고용되어 있어서 GDP 격차가 존재하고 있는 국민경제를 분석대상으로 삼기로 한다. 가장 극단적인 실례는 물론 대공황 중의 선진국 여러 나라의 경제이다. 그러나 대공황을 제외하고도 선진

국경제는 대부분의 기간 중 이와 같이 GDP 격차를 가지고 있는 것이 보통이다. 둘째로, 물가수준은 일정하다고 가정한다. 케인즈적인 국민소득 결정이론이 단기에 가격과 임금이 경직성을 띠고 있다고 가정하나, 여기서는 이보다 더욱 극단적으로 자원의 불완전고용 정도가 공황 때처럼 특히 심하여 물가수준은 아예 일정하다고 전제하는 것이다.

GDP 항등식과 국민소득의 결정이론

자원은 불완전고용되어 있으며, 물가수준도 일정하다는 가정 아래서 단기에 국민소득이 어떻게 결정되는가를 보기 위하여 22장에서 살펴본 GDP항등식을 다시 한번 써 보기로 하자. 다음이 앞에서 이미 보인 GDP항등식이다.

$$C+I+G+(X-M)\equiv Y\equiv C+S+T$$

여기서 C는 소비, I는 투자, G는 정부의 재화와 용역의 구매, X는 수출, M은 수입, Y는 GDP, S는 저축 그리고 T는 조세이다. 이 GDP항등식은 GDP인 Y가 재화와 용역에 대한 지출의 합계인 $C+I+G+(X-M)$과 같으며, 또한 국민소득과도 같은데 이 국민소득 Y는 $C+S+T$로 처분된다는 것을 나타낸다.

이제 한 국민경제가 가계와 기업만으로 구성되며 정부부문도 없고, 해외부문도 없다고 가정하면 G, T, X, M이 모두 0이 되어 위의 GDP항등식은 다음과 같이 단순화된다.

$$C+I\equiv Y\equiv C+S$$

즉 국내총생산 또는 국민소득 Y는 지출의 합계인 $C+I$와 같으며, 또한 소득의 처분을 나태는 $C+S$와 동일하다.

위의 항등식의 왼편만을 보면,

$$Y\equiv C+I$$

즉 재화와 용역에 대한 총지출 또는 총수요인 $C+I$는 항상 국내총생산 또는 총공급 Y와 똑같다. 그러나 여기서 유의해야 할 점은 위의 항등식에서 C와 I는 각각 실제로 실현된 **사후적**인 소비와 투자(actual, realized or ex post C and I)를 나타낸다는 것이다. 이는 위의 항등식이 국민소득 통계에서 도출된 것이기 때문이다.

예를 들면 위의 항등식에서 투자 I는 기업이 의도하지 않은 비자발적인 재고투자도 포함하고 있다. 만일 기업이 계획한 것보다 사후적으로 판매량이 더 적거나 또는 많을 때는 기업이 의도하지 않은 비자발적인 정(+) 또는 부(−)의 재고투자가 사후적으로 발생하게 된다. 앞의 항등식의 I에는 이러한 비자발적인 재고투자도 포함하고 있다. 또한 소비의 경우에도 만일 가계가 사전적으로 계획한 것만큼 재화나 용역을 구매하지 못하였다면, 앞의 항등식에서 사후적으로 실제로 실현된 소비인 C는 사전적으로 가계가 계획한 소비와 다를 수 있을 것이다. 그러나 이러한 경우란 물건이 다 팔려서 동이난 경우에나 가능하므로, 소비의 경우에는 현실적으로 볼 때 계획된 소비와 실제로 실현된 소비가 동일하다고 가정할 수 있을 것이다.

이와 같이 사후적으로 볼 때는 앞의 항등식이 나타내는 것처럼 총지출 $C+I$와 국내총생산 Y는 항상 일치하지만, **사전적**으로는 가계와 기업이 계획하는 소비와 투자(intended, desired or ex ante C and I)의 합계인 의도한 총지출이 국민총생산과 같아야 할 하등의 이유가 없는 것이다. 우리는 이로부터 국민소득의 결정이론의 실마리를 찾을 수 있다. 아래에서 자세히 보겠으나 계획된 사전적인 총지출이 국민소득 또는 국내총생산과 다를 때 국민소득수준은 변동한다. 오직 사전적인 총지출이 국민소득 또는 국내총생산과 동일할 때만 국민소득수준은 더 이상 증가하거나 또는 감소하지 않고 균형상태에 있게 되며, 이 때의 국민소득수준이 바로 **균형국민소득**(equilibrium national income)이 된다.

따라서 균형국민소득수준의 결정이론은 다음과 같이 표시할 수 있다.

$$Y=C+I$$

여기서는 위의 항등식의 경우와는 달리 C와 I는 모두 사전적으로 의도한 소비와 투자를 나타낸다. 즉, 사전적인 총지출인 $C+I$가 국민소득 또는 국내총생산 Y와 일치할 때, 바로 그 국민소득수준이 균형국민소득이 된다. 아래에서는 이러한 국민소득의 결정이론에 대하여 자세하게 살펴보기로 한다.

표 24-1 소비 및 저축표 (단위: 억 원)

국민소득(Y)	의도한 소비(C)	의도한 저축($S=Y-C$)
0	100	-100
100	180	-80
400	420	-20
500	500	0
1,000	900	100
2,000	1,700	300
3,000	2,500	500
4,000	3,300	700
5,000	4,100	900

소비와 투자

균형국민소득수준의 결정이론을 보기 위하여 소비와 투자에 대하여 각각 살펴보자. 우선 소비에 대하여 보자. 〈표 24-1〉이 어떤 경제의 가상적인 소비 및 저축을 나타낸다.

이 〈표 24-1〉은 각각의 국민소득수준 Y에서 모든 가계가 사전적으로 계획한 의도된 소비 C 및 의도된 저축 S를 나타낸다. 여기서 소득 Y는 C와 S로 처분되므로, 정의 자체에 의하여 다음이 성립한다.

$$Y \equiv C+S$$

따라서,

$$S \equiv Y-C$$

즉 소득 Y 가운데서 소비되고 남은 것은 모두 저축이다.

〈표 24-1〉을 그림으로 표시한 것이 [그림 24-4]이다. 여기서 (가)는 각각의 국민소득수준 Y에서 모든 가계가 의도하는 소비를 나타내는 소비함수이며, (나)는 각각의 국민소득수준 Y에서 모든 가계가 의도하는 저축을 나타내는 저축함수이다. (가)에서 $45°$ 선은 보조선으로서 이 $45°$ 선상을 따라서는 소비와 소득은 일치한다.

〈표 24-1〉과 [그림 24-4]는 모두 국민소득이 증가할 때 전체 가계의 의도

그림 24-4 소비 및 저축함수

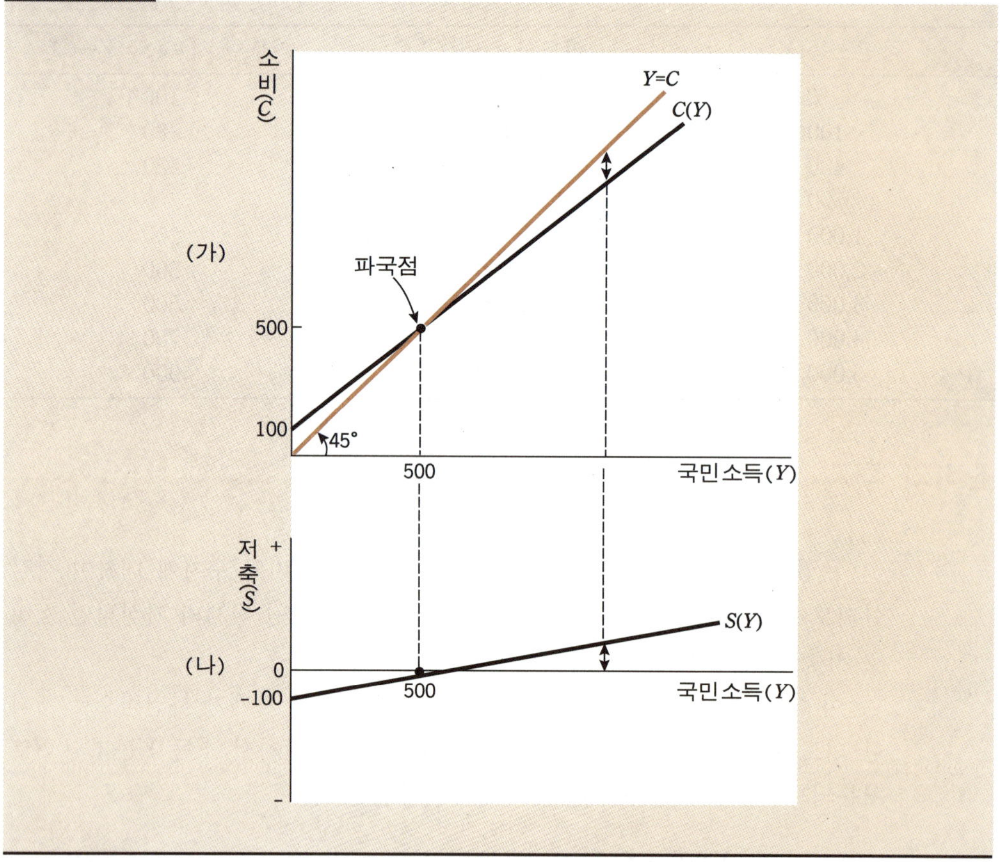

한 소비 및 저축은 증가하는 것을 보여준다. 즉 소비와 저축은 각각 국민소득의 증가함수이다. 그런데 국민소득수준이 500억 원일 때 전체 가계가 계획한 소비도 500억 원으로서 $Y=C$가 되는데, 이를 **파국점**(breakeven point)이라고 부른다. 파국점 아래에서는 소비가 소득을 초과하여 부(−)의 저축이 일어나며, 파국점에서는 $Y=C$이어서 $S=0$가되고, 파국점 이상에서는 소득이 소비를 초과하게 되므로 정(+)의 저축이 일어난다.

정의에 의하여 $Y \equiv C+S$가 항상 성립하므로 [그림 24-4]에서 소비함수 $C(Y)$와 저축함수 $S(Y)$를 합해 놓으면 (가)의 45° 선과 겹쳐지게 될 것이다. 즉, 각각의 국민소득수준에서 (가)의 45° 선과 $C(Y)$와의 사이를 수직으로 잰 길이는, (나)의 수평축과 $S(Y)$와의 사이를 수직으로 잰 길이와 똑같은 것이

표 24-2 평균소비성향과 한계소비성향

Y (억원)	C (억원)	$APC=\frac{C}{Y}$	ΔY	ΔC	$MPC=\frac{\Delta C}{\Delta Y}$
0	100	-			
100	180	1.800	100	80	0.80
400	420	1.050	300	240	0.80
500	500	1.000	100	80	0.80
1,000	900	0.900	500	400	0.80
2,000	1,700	0.850	1,000	800	0.80
3,000	2,500	0.833	1,000	800	0.80
4,000	3,300	0.825	1,000	800	0.80

다. 예를 들어 [그림 24-4]에서 (가)와 (나)의 화살표로 표시된 길이는 똑같으며, 이는 다른 모든 국민소득 수준에서도 역시 성립한다.

이제 〈표 24-1〉의 자료를 이용하여 **평균소비성향**(average propensity to consume; *APC*)과 **한계소비성향**(marginal propensity to consume; *MPC*)을 산출해 보자. *APC*는 소비를 소득으로 나눈 것이며, *MPC*는 소비의 증가분을 소득의 증가분으로 나눈 것으로서 다음과 같이 정의된다.

$$APC=\frac{C}{Y}$$

$$MPC=\frac{\Delta C}{\Delta Y}$$

〈표 24-2〉가 *APC*와 *MPC*의 산출결과를 보여준다. 파국점 아래에서는 *APC*는 1보다 크며, 파국점에서는 1이고 파국점 위에서는 *APC*는 1보다 작다. *MPC*는 0.8로서 일정한 값을 가지고 있는데, 이는 소득이 100원 증가할 때 그 중에서 80원은 소비되며 나머지 20원은 저축된다는 것을 나타낸다.

*APC*와 *MPC*를 알면 이로부터 **평균저축성향**(average propensity to save; *APS*)과 **한계저축성향**(marginal propensity to save; *MPS*)을 알 수 있다. *APS*와 *MPS*는 다음과 같이 정의된다.

$$APS=\frac{S}{Y}$$

$$MPS = \frac{\Delta S}{\Delta Y}$$

즉, *APS*는 저축을 소득으로 나눈 것이며, *MPS*는 저축의 증분을 소득의 증분으로 나눈 것이다.

그런데,

$$APC + APS = \frac{C}{Y} + \frac{S}{Y} = \frac{C+S}{Y} = 1$$

따라서 다음이 성립한다.

$$APS = 1 - APC \quad \text{또는} \quad APC = 1 - APS$$

또한,

$$MPC + MPS = \frac{\Delta C}{\Delta Y} + \frac{\Delta S}{\Delta Y} = \frac{\Delta C + \Delta S}{\Delta Y} = 1$$

따라서 다음이 성립한다.

$$MPS = 1 - MPC \quad \text{또는} \quad MPC = 1 - MPS$$

〈표 24-2〉에서 국민소득이 증가함에 따라 *APC*는 감소하므로 1에서 *APC*를 뺀 *APS*는 소득이 증가함에 따라서 증가한다. 또한 *MPC*의 값은 0.8로서 일정하므로 *MPS*도 0.2로서 일정하다.

이제 지금까지의 논의를 기초로 하여 **소비함수**(consumption function)와 **저축함수**(saving function)를 써보면 다음과 같다.

$$C = 100 + 0.8Y$$
$$S = -100 + 0.2Y$$

첫 번째 소비함수를 보면 *Y*가 0일 때 *C*는 100억 원인데, 이는 [그림 24-4]의 (가)에서 보는 것처럼 종축을 끊는 절편이다. 한편 0.8은 *MPC*로서 이 그림에서 소비함수를 나타내는 직선의 기울기가 된다. 두 번째 저축함수를 보면 *Y*가 0일 때 100억 원의 부(−)의 저축을 하고 있는데, 이는 [그림 24-4]의

표 24-3 **국민소득수준의 결정: $C+I$접근법**

(단위: 억 원)

국민소득 (Y)	의도한 소비 (C)	의도한 투자 (I)	의도한 총지출 ($C+I$)	국민소득의 변동방향
0	100	300	400	증가 ↓
100	180	300	480	
400	420	300	720	
500	500	300	800	
1,000	900	300	1,200	
2,000	1,700	300	2,000	균형소득
3,000	2,500	300	2,800	↑
4,000	3,300	300	3,600	감소
5,000	4,100	300	4,400	

(나)에서 종축을 끊는 절편으로 표시되어 있다. 한편 0.2는 MPS로서 이 그림에서 저축함수의 기울기이다. 검산을 위하여 위의 두 식을 더해 보면 $C+S=1.0Y$가 됨을 알 수가 있다.

이상에서 우리는 균형국민소득수준의 결정이론을 보기 위하여 총지출 또는 총수요의 한 구성부분인 소비에 대하여 분석하였는데, 소비는 소득의 함수라고 가정하였다. 총지출 또는 총수요의 다른 구성부분은 투자인데, 여기서는 단순화를 위하여 기업이 계획하는 투자가 국민소득의 수준과는 독립적으로 일정하게 주어져 있다고 가정하기로 하자. 즉 투자는 모두 소득수준과는 독립적으로 결정되는 **자발적인 투자**(autonomous investment)뿐이며, 국민소득의 증가에 따라 일어나는 **유발투자**(induced investment)는 없다고 해보자. 즉 소득수준과는 독립적으로 투자는 300억 원으로 일정하다고 가정한다.

$Y=C+I$ 접근법

이제 총지출 또는 총수요의 두 구성부분인 소비와 투자에 대하여 모두 보았으므로 이를 토대로 하여 케인즈의 공황모형에서 국민소득이 어떻게 결정되는가 살펴보자. 〈표 24-3〉이 국민소득수준의 결정을 설명한다. 여기서 Y와 C는 〈표 24-1〉의 가상적인 자료를 그대로 옮겨 적은 것이며, 의도한 투자 I는 위에서 가정한 대로 국민소득과는 독립적으로 300억 원에서 일정하다. 네 번째 란은 C와 I를 합한 의도한 총지출 또는 총수요인 $C+I$를 보여준다. 이 $C+I$는 각각의 국민소득수준에서 전체 가계와 기업이 의도한 총지출의 수준을 나타낸다.

이제 가정하기를 전체 기업이 1,000억 원어치의 산출물을 생산하고 있다고 해보자. 그러면 국민소득도 1,000억 원이 되는데, 이 1,000억 원의 국민소득수준에서 모든 가계와 기업이 계획한 총지출 $C+I$는 1,200억 원이다. 따라서 산출액에 비하여 총지출이 많게 되고, 이는 기업이 의도하지 않은 부(-)의 재고투자를 초래하도록 만든다. 즉 재고가 줄게 되어 기업은 산출량을 증대시키며, 그 결과로 국민소득은 증가하게 된다. 일반적으로 의도한 총지출이 산출액을 초과하는 경우에는 언제나 기업이 계획하지 않은 부(-)의 재고투자가 발생하므로 기업은 산출량을 증대시키며 그 결과로 국민소득은 증가한다.

반대로 국민소득이 4,000억 원이라고 해보자. 이 수준의 국민소득에서 모든 가계와 기업이 계획하는 총지출의 수준은 3,600억 원이다. 따라서 산출액이 총지출을 초과하게 되어 기업은 의도하지 않은 정(+)의 재고투자를 해야 한다. 그 결과는 기업으로 하여금 생산을 축소시키도록 하는데, 이는 국민소득의 감소를 초래한다. 일반적으로 모든 기업의 산출액이 의도한 총지출을 초과하는 경우에는, 언제나 기업이 계획하지 않은 정(+)의 재고투자가 발생하므로 기업은 산출량을 감소시키며 그 결과로 국민소득은 감소한다.

한편 국민소득이 2,000억 원인 경우를 보자. 이 수준의 국민소득에서 전체 가계와 기업이 의도한 총지출 $C+I$는 2,000억 원으로서 전체 기업의 생산액인 2,000억 원과 동일하다. 이때 기업의 의도하지 않은 재고투자는 0이 되며, 따라서 기업은 현재의 산출량 수준을 변동시킬 하등의 이유가 없게 되어 국민소득수준도 변동하지 않고 균형상태에 있는데, 이 때의 소득수준을 균형국민소득이라고 부른다.

일반적으로 균형국민소득수준이 되기 위한 조건은 다음과 같다.

$$Y=C+I$$

즉 사전적인 총지출 $C+I$가, 기업의 소비재와 투자재의 총생산인 Y와 일치할 때의 소득수준이 바로 균형국민소득수준이 된다. 물론 위의 식은 항등식인 $Y \equiv C+I$와는 엄격하게 구별되어야 한다.

〈표 24-3〉을 보면, 국민소득이 균형국민소득인 2,000억 원과 다를 때는 언

그림 24-5 국민소득의 결정: $C+I$ 접근법

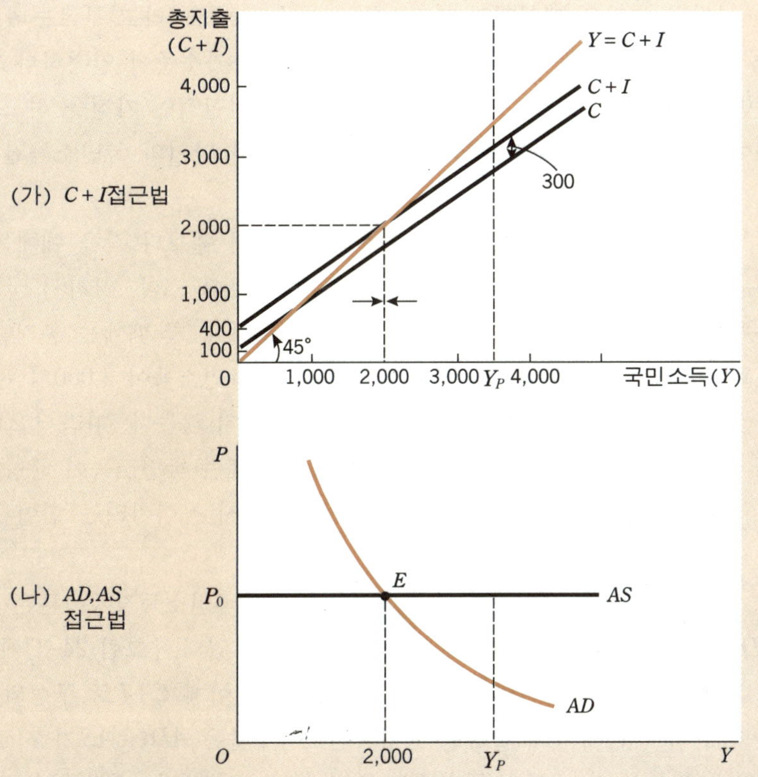

제나 균형소득으로 돌아가게 하는 힘이 작용한다는 것을 화살표를 사용하여 맨 끝란에 표시하고 있다. 즉 총지출이 국민소득보다 더 클 때는 국민소득은 증가하며, 반대로 작을 때는 국민소득은 감소한다.

여기서 한 가지 유의할 점은 균형국민소득수준과 완전고용국민소득수준은 별개의 개념이라는 것이다. 우리는 위에서 자원이 불완전고용되어 있는 케인즈의 공황모형을 분석대상으로 한다고 전제하였는데, 이 경우는 균형국민소득수준이 완전고용국민소득수준보다 작을 것이다.

[그림 24-5]의 (가)는 〈표 24-3〉을 그림으로 나타낸 것이다. 종축은 지출 C 및 I를 나타내고, 횡축은 소득 Y를 잰다. 45° 선은 보조선인데, 이 선상을 따라서는 $Y=C+I$가 된다. 소비함수는 [그림 24-4]의 소비함수를 그대로 옮

겨 놓은 것이다. 투자는 소득수준과 독립적으로 300억 원의 수준에서 일정하므로, $C+I$는 C를 위로 300억 원만큼 평행이동시킨 것이 된다.

이러한 그림을 **케인지안 크로스**(Keynesian cross)라고 부르는데, 이는 가장 단순한 국민소득 결정모형이다. 왜냐하면 물가수준이 일정하다고 가정할 뿐만 아니라 투자도 고정되어 있다는 매우 비현실적인 가정을 하고 있기 때문이다. 우리는 뒤에서 이러한 가정들을 풀면서 단기의 국민소득결정이론의 현실성을 높이게 될 것이다.

앞의 그림 (가)에서 국민소득수준이 2,000억 원보다 작을 때에는 총지출 $C+I$는 45° 선에 의하여 표시되는 국민소득 Y보다 크다. 따라서 국민소득은 증가하게 된다. 반대로 국민소득이 2,000억 원보다 클 때에는 총지출은 국민소득보다 작아서 국민소득은 감소한다. 오직 국민소득이 2,000억 원일 때에만 $Y=C+I$가 되어 국민소득은 더 이상 변동하지 않는다. 따라서 2,000억 원이 균형국민소득수준이다. 앞의 그림에서 화살표는 국민소득이 균형국민소득수준인 2,000억 원과 다를 때 균형소득으로 다시 돌아가려는 힘이 작용하고 있음을 나타낸다.

그런데 이러한 케인즈의 공황모형하에서의 국민소득결정이론은 (나)에서 AD, AS의 분석용구를 이용해서도 설명할 수가 있다. [그림 24-3]에서 본 것처럼 AS곡선은 수평선의 형태를 취하고 있다. 이제 $C+I$로 구성되는 AD가 앞의 그림 (나)에서와 같다면 균형국민소득수준은 AD와 AS가 서로 만나는 E점에서이며, 이 때의 소득수준은 그림 (가)에서와 같이 2,000억 원이 된다. 즉 두 접근법이 모두 동일한 결과를 나타낸다.

여기서 확인하는 것은 공황의 경우처럼 자원의 불완전고용이 심할 때는 총수요의 증대는 물가에 아무런 영향을 끼침이 없이 국민소득을 증대시킬 수가 있다는 것이다. 그러나 [그림 24-2]가 보이는 바와 같이 한 나라 경제가 Y_P에 가까워지면 AD의 증대는 주로 물가상승만을 초래하고 국민소득은 별로 늘릴 수가 없게 된다. 케인즈의 공황모형은 결국 AS곡선이 수평선인 구간에서만 성립할 수 있는 비현실적인 것임을 다시 한 번 볼 수가 있다.

지면을 절약하기 위하여 앞의 그림에서의 (나)부분은 앞으로 생략할 것이나, 케인즈의 소득결정이론에서는 이처럼 AS는 수동적인 역할만을 감당하고 있고 AD가 국민소득을 결정하는 주된 인자임을 유의할 필요가 있다.

$I=S$접근법

앞에서 우리는 총지출 $C+I$와 국민소득 Y가 일치할 때의 국민소득이 바로 균형국민소득수준이라는 것을 보았다. 국민소득의 결정은 이처럼 $Y=C+I$ 접근법을 이용해서 설명할 수 있는 이외에 $S=I$를 사용해서도 설명할 수 있는데 결과는 동일하다. 앞에서 본 GDP항등식에서부터 다시 출발하여 보자.

$$C+I \equiv Y \equiv C+S$$

이 항등식은 다음과 같이 쓸 수도 있다.

$$C+I \equiv C+S$$

양변에서 C를 빼면,

$$I \equiv S$$

즉 소득 가운데서 소비 안된 부분인 저축은 투자와 항상 일치한다. 그러나 $I \equiv S$는 사후적인 항등식으로서 사전적으로도 $I=S$가 항상 성립한다는 보장은 전연 없다. 그 까닭은 소비와 투자는 각각 다른 경제주체가 다른 목적을 가지고 행하기 때문이다. 즉, 저축은 주로 가계가 장래에 대비하기 위하여 하는 반면에, 투자는 기업이 이윤추구를 목적으로 행하는 것이다. 또한 저축은 주로 소득에 의하여 결정되며 비교적 안정적인 데 비해, 투자는 기술혁신과 같은 요인에 의하여 좌우되며 매우 잘 변하는 성격을 지니고 있는 것이다. 이 때는 가계가 계획한 의도적인 저축과 기업이 계획한 의도적인 투자가 일치한다는 보장은 전연 없게 된다.

이제 그러면 앞에서 본 자료를 그대로 이용하여 $S=I$접근법에 의한 균형국민소득수준의 결정이론에 대하여 살펴보자. 〈표 24-4〉가 이를 나타낸다. 만일 국민소득수준이 2,000억 원보다 적을 때에는 가계가 의도한 저축이 기업이 계획한 투자보다 적어서 기업은 의도하지 않은 부(-)의 재고투자를 하게 되는데, 이때 기업은 생산량을 늘릴 것이므로 국민소득은 증가하게 된다.

반면에 국민소득수준이 2,000억 원보다 클 때에는 $S>I$이므로 기업은 의도하지 않은 비자발적인 정(+)의 재고투자를 하게 되고, 따라서 생산량을 줄

표 24-4 **국민소득수준의 결정: $S=I$ 접근법**

(단위: 억 원)

국민소득 (Y)	의도한 저축 (S)	의도한 투자 (I)	국민소득의 변동방향
0	-100	300	증가 ↓
100	-80	300	
400	-20	300	
500	0	300	
1,000	100	300	
2,000	300	300	균형소득
3,000	500	300	↑
4,000	700	300	감소
5,000	900	300	

이므로 고용도 줄고 국민소득도 감소한다. 오직 국민소득수준이 2,000억 원일 때에만 $S=I$가 되어 기업의 의도하지 않은 재고투자는 0이 되고, 따라서 기업은 생산량을 변동시킬 이유가 없는 것이다. 즉 균형국민소득수준은 $C+I$ 접근법을 이용하였던 때와 똑같이 2,000억 원이 된다.

따라서 균형국민소득수준은 다음이 성립하는 데서의 소득수준이다.

$$S=I$$

즉 가계가 의도한 저축과 기업이 의도한 투자가 일치할 때의 국민소득수준이 바로 균형국민소득수준이다. 이 식은 항등식인 $S\equiv I$와는 엄격히 구별하여야 한다.

[그림 24-6]은 위의 〈표 24-4〉를 그린 것이다. 여기서 투자는 국민소득수준과는 독립적으로 300억 원에서 일정하다고 가정하였으므로 횡축과 수평선으로 표시된다. 균형국민소득수준은 저축곡선과 투자곡선이 서로 만나는 점에서의 소득인 2,000억 원이며, 이와 다를 때는 화살표가 나타내는 것처럼 균형소득으로 다시 돌아가려는 힘이 작용하고 있다.

지금까지 우리는 $Y=C+I$ 및 $S=I$의 두 가지 접근방법을 사용하여 국민소득의 결정이론을 설명하였다. 이미 본 대로 이 두 방법은 모두 똑같은 결과를 가져온다.

지금까지 우리는 자원의 불완전고용과 일정한 물가수준 및 고정된 투자를

그림 24-6 **국민소득의 결정: $S=I$접근법**

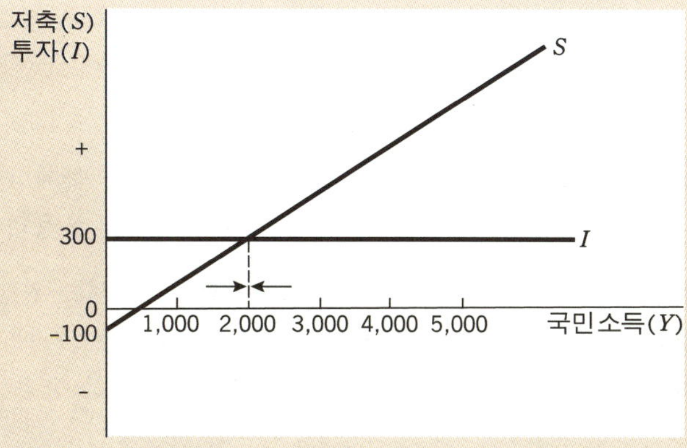

가정하는 **케인즈의 단순모형**(simple Keynesian model)하에서의 국민소득의 결정이론을 살펴보았다. 가계와 기업의 민간부문만이 있는 국민경제를 분석 대상으로 하였으나, 단순한 조정을 거치면 쉽게 정부부문과 해외부문도 도입할 수가 있다.

주요개념

고전학파이론　케인즈이론　가격의 신축성(경직성)；　공황모형
사후적(ex post)　사전적(ex ante)　균형국민소득　파국점
평균소비성향(*APC*)　한계소비성향(*MPC*)　평균저축성향(*APS*)
한계저축성향(*MPS*)　소비함수　저축함수　자발적인 투자　유발투자
케인지안 크로스(Keynesian cross)　케인즈의 단순모형(simple Keynesian model)

요 약

1. 국민소득의 결정이론에는 고전학파이론과 케인즈이론의 두 가지 서로 다른 견해가 있다.
2. 고전학파이론은 가격의 신축성을 전제하므로 장기를 분석하는 데 적합하며, 케인즈이론은 가격의 경직성을 가정하므로 단기분석에 유용하다.
3. 이에 따라 총공급(AS)곡선의 형태도 고전학파이론에서는 완전고용국민소득인 Y_P 수준에서 수직선으로 나타나며, 케인즈이론에서는 Y_P에 도달하기까지는 AS가 완만한 상승세를 보이다가 Y_P를 지나서는 급격히 상승하는 형태를 띠게 된다.
4. 경제정책이 끼치는 영향도 장·단기에 서로 다른데, 장기에는 실물변수에 영향을 미칠 수가 없으나 단기에는 산출량과 고용 등에 영향을 미친다.
5. 케인즈의 단순모형(simple Keynesian model) 또는 공황모형에서는 물가수준이 일정하여 AS곡선이 수평선이며, 투자도 고정되어 있다고 가정한다.
6. 민간부문만 있는 경우, 균형국민소득수준은 $Y=C+I$ 또는 $S=I$가 성립할 때의 소득이 된다.
7. 케인즈의 단순모형을 그림으로 나타낸 것이 케인지안 크로스(Keynesian cross)이다.

연습문제

1. 국민소득의 결정에 관한 고전학파이론과 케인즈이론을 상호비교하면서 설명하라.
2. 장기에 있어서 임금과 가격의 신축성을 전제할 때 고전학파적인 이중성이 성립함을 그림을 사용하여 보여라.
3. 케인즈의 단순모형 또는 공황모형의 주요한 전제는 무엇인가?

4. 소비함수가 $C=200+0.7Y$일 때 저축함수는?

5. 케인지안 크로스를 그림으로 그리고 설명하라.

6. 민간부문만 있는 경우 $Y=C+I$접근법과 $I=S$접근법을 각각 이용하여 국민소득의 결정이론을 그림표를 사용하여 설명해보라.

7. GDP항등식과 국민소득의 결정이론을 서로 비교하면서 차이점을 밝혀라.

8. 자발적인 투자와 유발투자를 상호비교하면서 설명하라.

제 24 장

부록: 승수원리

지출이 변동할 때 국민소득도 변동함을 보인 후 지출승수를 정의한다. 민간부문만 있는 경우를 대상으로 지출승수를 도출한다. 끝으로 우리 경제의 관점에서 단순한 국민소득의 결정이론을 비판한다.

24A.1 국민소득의 변동

앞의 24장에서 우리는 케인즈의 공황모형하에서 국민소득이 더 이상 증가하지도 감소하지도 않고 균형상태에 있기 위해서 필요한 조건에 대하여 살펴보았다. 그러나 실제에 있어서는 국민소득수준은 부단히 변동하고 있다. 이미 24장의 첫머리에서 지적한 것처럼 단기에 있어서의 국민소득수준의 변동과, 장기에 있어서의 완전고용 국민소득수준의 성장은 우리가 늘 체험하고 있는 것이다.

이제 여기서는 앞의 24장에서 본 균형국민소득수준의 결정이론을 사용하여 실제로 우리가 늘 체험하는 국민소득수준의 변동을 설명하여 보기로 하자. 민간부문 이외에 정부와 해외부문까지 도입한 경우 균형국민소득수준은 다음이 성립할 때의 소득수준이 된다.

$$Y = C + I + G + X - M$$

[그림 24A-1]이 이를 나타낸다. 원래의 균형점이 E_1이라고 하면, C, I, G

그림 24A-1 국민소득수준의 변동

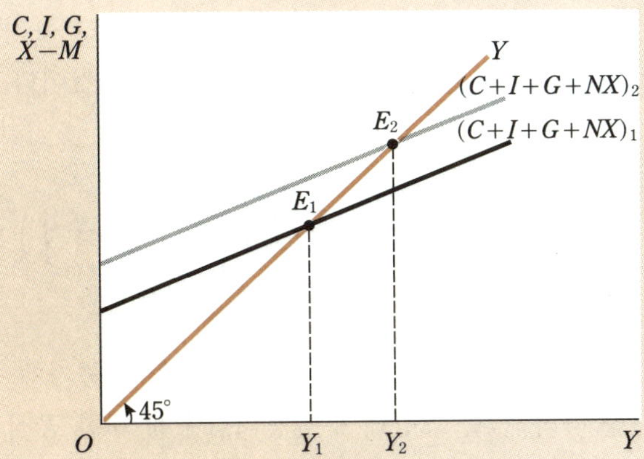

및 X의 증가는 총지출 또는 총수요를 $(C+I+G+NX)_1$에서 $(C+I+G+NX)_2$로 증가시켜 국민소득도 Y_2로 증가시킨다.

24A.2 승 수

앞의 1절에서는 지출이 변동할 때 국민소득이 어떻게 변동하는가를 살펴보았다. 즉, 앞에서는 지출이 변화할 때 국민소득이 증가하는가 또는 감소하는가 하는 변동의 "방향"에 관하여 분석하였다. 이제 여기서는 한걸음 더 나아가 지출이 변화할 때 국민소득은 얼마만큼이나 변동하는가를 보기로 한다.

가장 간단한 경우인 가계와 기업의 **민간부문**만이 존재하는 경우를 보자. 실례를 들어 기업이 100억원만큼 투자지출을 새롭게 증대시켰을 때, 이에 따라서 국민소득이 얼마나 증가하는가를 살펴보자. 기업이 100억원만큼 투자지출을 증대시키면 투자는 GDP의 한 구성부분이므로, 동액 만큼의 국민소득이 1차적으로 증가하게 된다. 여기서 한계소비성향이 $\frac{3}{4}$이라고 가정하면, 100억원만큼의 국민소득이 증가하였으므로 그 가운데 $\frac{3}{4}$인 75억원이 소비재에 지출될 것이다. 그러면 소비재를 생산하는 기업은 75억원의 소득을 추가로 얻게 되며, 이 가운데서 다시 $\frac{3}{4}$인 56억원이 소비재를 구입하는 데 지출되게 된다. 이러한 과정은 끝없이 계속된다.

여기서 우리가 보는 것은 100억원만큼의 1차적인 투자지출의 증대에 의해 2차적인 소비지출이 끊임없이 뒤따르게 된다는 것이다. 이를 나타내보면 다음과 같다.

$$100+100\times\frac{3}{4}+100\times\left(\frac{3}{4}\right)^2+100\times\left(\frac{3}{4}\right)^3+\cdots$$
$$=\text{국민소득의 증가}$$

위의 식이 100억원만큼의 1차적인 투자지출의 증가에 의해 초래된 국민소득의 증가를 나타낸다. 그런데 무한등비급수에 대한 공식은 다음과 같다.

$$1+r+r^2+r^3+\cdots\cdots+r^n+\cdots\cdots=\frac{1}{1-r}$$

여기서 r은 1보다 적다. 이 공식을 사용하여 100억원의 일차적인 투자지출의 증가에 의해 초래된 국민소득의 증가분을 계산해 보면,

$$100\times\frac{1}{1-0.75}=400$$

이때 r 또는 MPC는 0.75라고 가정하였다.

계산결과를 보면 100억원만큼의 1차적인 투자지출의 증가는 400억원만큼의 국민소득을 증대시키는데, 이 400억원은 1차적인 투자지출의 증가에 의해 직접적으로 초래된 100억원의 국민소득의 증가와, 이에 따라서 일어난 300억원의 2차적인 소비지출의 증가를 합한 것이다.

이제 우리는 **승수**(multiplier)의 개념을 정의할 수 있다. 승수란 지출의 변화를 가지고, 이 지출의 변화에 의하여 초래된 국민소득의 변화를 나눈 값이다. 만일 지출을 투자지출이라고 가정하면 승수 k는 다음과 같이 정의된다.

$$k=\frac{\Delta Y}{\Delta I}$$

여기서 ΔI는 투자지출의 증분이며, ΔY는 이에 의하여 초래된 국민소득의

증분이다. 위의 실례에서는 ΔI는 100억원이며 ΔY는 400억원이므로 승수는 4이다.

그런데 승수 k는,

$$k=\frac{1}{1-MPC}=\frac{1}{MPS}$$

앞의 실례에서는,

$$k=\frac{1}{1-0.75}=\frac{1}{0.25}=4$$

따라서, $k=\frac{\Delta Y}{\Delta I}$를 다시 써 보면,

$$\Delta Y=k \cdot \Delta I=\frac{1}{1-MPC} \cdot \Delta I=\frac{1}{MPS} \cdot \Delta I$$

앞의 실례에서는,

$$400=4\times 100=\frac{1}{1-0.75}\times 100=\frac{1}{0.25}\times 100$$

여기서 보는 것은 승수 k의 크기가 MPC 또는 MPS에 의하여 결정된다는 것이다. 즉, MPC가 클수록 k는 커지며, MPS가 클수록 k는 작아진다. 예컨대 $MPC(MPS)$가 $\frac{2}{3}\left(\frac{1}{3}\right)$이면 k는 3이 되며, $MPC(MPS)$가 $\frac{4}{5}\left(\frac{1}{5}\right)$이면 k는 5가 된다. 지금까지는 지출이 투자지출이라고 가정하고 **투자승수**에 대하여 살펴보았으나, 투자지출 I 이외에도 정부지출 G, 수출 X 및 소비지출 C의 경우에도 승수원리는 똑같이 적용된다.

이제 이상에서의 승수에 관한 분석을 [그림 24A-2]를 사용하여 다시 한 번 살펴보기로 하자. 원래의 균형점은 $I_1=S$인 E_1이었으며, 이 때 균형국민소득수준은 2,000억원이었다. 그런데 투자지출이 종전의 200억원에서 100억원이 증가하여 300억원이 되었다고 해보자. 이는 투자곡선을 I_1에서 I_2로 100억원만큼 위로 평행이동시킨다. 그 결과는 원래의 균형소득수준인 2,000억원에서 $I_2>S$가 되어 국민소득은 증가하게 되고, 새로운 균형수준은 $I_2=S$가 성립하는 E_2에서의 소득수준인 2,400억원이 된다.

그림 24A-2 승 수

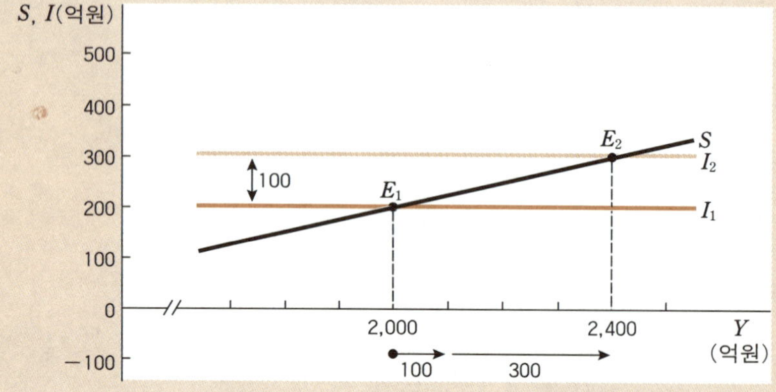

여기서 보는 것은 100억원만큼의 투자지출의 증가가, S곡선의 기울기인 MPS가 $\frac{1}{4}$이므로 승수는 4가 되어, 국민소득을 400억원만큼 증가시킨다는 것이다. 그런데 400억원은 횡축 밑의 화살표가 표시하는 것처럼 100억원만큼의 1차적인 투자지출의 증가가 초래하는 동액만큼의 직접적인 국민소득의 증가와, 이에 의해서 파생된 300억원만큼의 2차적인 소비지출의 증가를 합한 것이다.

새로운 균형점인 E_2에서는 국민소득이 E_1에 비하여 400억원이 증가하였는데(즉, $\Delta Y=400$억원), MPS가 $\frac{1}{4}$이라고 가정하였으므로 이에 따른 저축의 증분인 ΔS는 100억원이 된다. 즉, 새로운 균형상태는 국민소득이 충분히 증가해서 이에 따른 저축의 증분인 ΔS가 투자의 증분인 ΔI와 일치하게 될 때 도달되는 것이다. 다시 한 번 반복하면 국민소득이 2,000억원에서 2,400억원으로 400억원이 증가하면, 이에 따른 ΔS는 MPS가 $\frac{1}{4}$이므로 100억원이 되어 투자의 증분 ΔI인 100억원과 일치하게 되는데, 바로 이 때가 새로운 균형상태인 것이다.

지금까지 24A.2에서 우리는 케인즈의 공황모형하에서 자발적인 지출이 변동할 때 국민소득이 얼마나 변동하는가를 나타내는 지출승수에 관하여 살펴보았다. 그 결과를 다시 한 번 써보면 민간부분만 있는 경우 지출승수는 다음과 같다.

$$\frac{1}{1-MPC} \quad \text{또는} \quad \frac{1}{MPS}$$

24A.3 단순한 국민소득의 결정이론에 대한 비판

이제 여기서는 24장과 24장 부록에서의 논의를 마무리짓기 위하여 단순한 형태의 국민소득의 결정이론이 지니고 있는 문제점을 살펴 보기로 한다. 첫째는 앞의 24.1에서 지적한 대로 단순한 형태의 소득결정이론은 불완전고용의 정도가 매우 심한 공황과 같은 경우를 전제로 하고 있어서, 일정한 물가수준에서 총공급곡선이 수평선인 특수한 경우를 분석대상으로 삼고 있음을 유의할 필요가 있다. 따라서 뒤에서는 이러한 지극히 제한적인 전제를 풂으로써 소득결정 이론의 현실성을 높이게 될 것이다. 두번째 문제점은 특히 한국경제의 관점에서 보았을 때 케인즈의 공황모형이 전제하고 있는 가정이 우리 현실과 크게 다르다는 점이다.

케인즈의 국민소득의 결정이론에서는 완전고용하의 산출량수준에 비하여 의도한 사전적인 총수요가 상당히 적은 경우를 분석대상으로 삼고 있다. 예를 들면 어떤 선진국경제의 완전고용하의 총공급은 1조 달러인 데 비하여, 의도한 사전적인 총수요는 7,000억 달러에 불과하다고 가정한다. 이 때는 총수요의 부족으로 말미암아 생산설비와 노동력은 모두 활용될 수가 없게 되고, 따라서 자원은 심각한 불완전고용상태에 빠지게 된다. 위의 예에서는 완전고용수준에서 3,000억 달러에 이르는 디플레이션 갭이 존재하고 있다. 이러한 상황 아래에서는 국민소득수준은 총지출 또는 총수요의 크기에 따라서 결정되며, 지출 또는 수요를 증대시킬 수 있으면 국민소득수준은 증가한다.

그러나 발전도상국의 경제현실은 이와는 대조적으로 완전고용하의 총공급이 총수요에 미달하는 것이 보통이다. 예를 들면 완전고용 수준에서 총공급은 4,500억 달러인 데 비하여 의도한 사전적인 총수요는 5,000억 달러로서 500억 달러에 달하는 인플레이션 갭이 존재하고 있다. 이러한 경제상태하에서는 국민소득수준을 결정하는 것은 총수요가 아니라 총공급이며, 만일 총공급을 증대시킬 수가 있다면 국민소득은 증가한다.

발전도상국의 경우 완전고용수준에서 총수요가 총공급을 초과하는 이유는 다음과 같이 설명할 수 있다.

낮은 소득→낮은 저축→낮은 투자→자본축적의 부족→총공급의 부족

즉 경제성장의 연륜이 한 세대 정도에 불과하여 소득수준이 낮으므로 저축(소비)함수의 윤곽을 사용해서 볼 때 저축도 낮다. 그런데 저축은 투자를 위한 재원이 되므로 투자도 낮으며, 이는 기계와 공장 같은 자본축적의 부족을 초래한다. 그러면 생산능력도 낮은 수준에 있게 되고 따라서 총공급은 부족하다. 선진국의 경우에는 경제성장이 2세기 동안 진행되어 왔으므로 위에서 본 인과관계와 정반대의 양상을 보여 총공급은 완전고용수준에서 총수요를 초과하게 된다.

이렇게 볼 때 오랜 기간에 걸친 **자본축적**으로 공급 또는 생산능력은 충분한 데 비하여 총수요가 이에 따르지 못하는 것이 일반적으로 선진국이 당면하고 있는 문제라면, 발전도상국의 경우에는 이와는 달리 자본축적의 부족으로 인한 총공급의 부족 자체가 가장 중요한 현실적인 문제이다. 이러한 상황을 반영하여 케인즈의 단순한 형태의 국민소득의 결정이론이 주로 수요측면을 집중적으로 분석하고 있지만, 발전도상국의 경우에는 공급의 증대를 의미하는 장기의 경제발전현상을 중시하게 된다.

위에서는 케인즈의 단순한 형태의 국민소득의 결정이론을 발전도상국에 그대로 적용할 수 없다는 것을 지적하였다. 승수원리도 발전도상국의 경우에는 국민소득을 증가시키는 방향으로 작용하기보다는 단지 물가수준만을 상승시키는 결과를 초래할 수 있다. 즉, 인플레이션 갭이 존재하는 경우에는 지출의 증가는 실질국민소득을 증대시키기보다는 단순히 물가상승만을 빚어내 명목국민소득만을 증가시키게 되는 것이다.

절약의 모순(paradox of thrift)이라는 개념에 대해서도 주의할 필요가 있다. 공급능력 또는 생산능력이 총수요보다 큰 경우에는, 총수요를 구성하는 소비와 투자 가운데서 어떤 하나를 증대시키든가 또는 둘 모두를 증가시킬 수가 있으면 국민소득은 증가할 것이다. 즉, 자원이 불완전고용되어 있는 경우에는 소비와 투자는 자원을 사용하는 데 있어서 상호경쟁적인 위치에 있지 않고 상호보완적이다. 따라서 소비를 증가시키려면 투자를 억제해야 하는 것이 아니고 둘 모두를 동시에 늘릴 수 있다. 왜냐하면 생산능력은 충분히 있기

때문이다. 이러한 상황하에서는 검소한 생활이 사회 전체의 입장에서 볼 때는 오히려 악덕이 될 수도 있는 것이다.

그러나 발전도상국의 경우에는 일반적으로 완전고용하의 생산능력이 총수요에 미치지를 못하므로 소비와 투자는 자원을 사용하는 데 있어서 상호경쟁적인 위치에 서게 된다. 즉, 생산능력이 제한되어 있으므로 소비재를 많이 생산해 내려면 투자재의 생산은 반드시 줄여야 하는 것이다. 따라서 이 때는 가능한 한 소비는 줄이고 저축은 늘려서 이를 재원으로 투자를 증대시켜 자본축적을 도모함으로써 경제의 공급능력 자체를 증대시켜야만 한다.

우리 나라의 경우에는 저축은 개인의 입장에서 볼 때 언제나 미덕임은 물론이고 사회 전체의 입장에서도 미덕인 것이다. 아담 스미드의 "절약하는 사람은 사회의 은인이며 낭비하는 사람은 사회의 적이다"라는 말이 우리 경우 그대로 성립한다.

주요개념

승수　투자승수　자본축적　절약의 모순

요　약

1. 단기에 국민소득수준은 부단히 변동하는데, 총지출의 구성부분인 C, I, G 및 $NX(X-M)$이 증가(감소)하면 국민소득도 증가(감소)한다.

2. 승수란 지출의 변화를 가지고, 이 지출의 변화에 의해 초래된 국민소득의 변화를 나눈 값인데, $\dfrac{1}{1-MPC}=\dfrac{1}{MPS}$의 값을 가진다.

3. 승수원리는 소비, 투자, 정부지출 및 수출에 똑같이 적용된다.

4. 절약은 개인의 입장에서 볼 때는 언제나 미덕이지만 자원이 심각한 정도로 실업상태에 있을 때는 사회 전체의 관점에서는 악덕이 될 수 있다.

5. 일반적으로 선진국의 경우에는 $AS>AD$이며, 발전도상국의 경우에는 이와 달

리 $AS<AD$이므로 케인즈의 단순모형을 발전도상국에 그대로 적용하기는 어렵다.

6. 발전도상국의 경우에는 승수원리도 소득보다는 물가만을 상승시킬 수 있으며, 절약은 개인적으로나 사회적으로 항상 미덕이다.

연습문제

1. 총지출의 구성부분인 C, I, G 및 $NX(X-M)$가 변동할 때 국민소득에 미치는 영향을 그림을 사용하여 설명하라.
2. $MPC=0.8$일 때 1,000억원의 1차적인 투자지출의 증가는 얼마만큼의 국민소득의 증가를 초래할 것인가? 이 중에서 2차적인 소비지출의 증가분은 얼마인가?
3. [그림 24A-2]를 이용하여 새로운 균형점인 E_2에서는 $\Delta I=\Delta S$가 성립함을 보여라.
4. 민간부문만 있는 경우를 대상으로 지출승수를 도출해보라.
5. 케인즈의 공황모형의 전제가 우리의 경제현실과 다른 점을 설명해보라.
6. 선진국과 발전도상국의 경우 총공급과 총수요의 상대적인 크기를 비교, 설명하라.
7. 후진국의 경우 승수원리가 그대로 작용하지 못하는 이유를 밝혀라.
8. 한국의 경우 절약은 개인적으로나 사회적으로 늘 미덕인 이유를 말하라.

제 25 장

저축과 소비

케인즈의 단순모형에서는 총수요가 국민소득을 결정하는 주된 인자이므로 25장과 26장에서는 총수요의 두 구성부분인 소비와 투자에 대하여 차례로 살펴 본다. 먼저 케인즈의 절대소득가설에 대하여 설명한 후, 소비수수께끼를 풀기 위해 제시된 케인즈 이후의 소비이론을 살펴본다. 어빙 피셔의 시제적인 선택의 이론과, 이에 기초한 평생소득가설 및 항상소득가설이 소비수수께끼를 어떻게 풀 수 있는가를 자세히 설명한다.

25.1 절대소득가설

저축과 소비

위의 24장과 그 부록에서 우리는 자원의 불완전고용과 일정한 물가수준을 가정한 케인즈의 단순모형에 기초하여 단기의 국민소득의 결정이론을 살펴보았다. 여기서 발견한 것은 총지출 또는 총수요의 크기가 단기에 국민소득 수준을 결정하는 주된 인자라는 점이었다. 따라서 25장과 26장에서는 정부가 없는 폐쇄경제의 경우 총지출의 두 구성부분인 소비와 투자지출에 대하여 차례로 살펴보기로 한다.

24장의 첫 머리에서 본 민간부문만이 존재하는 경우의 GDP항등식을 다시 써보면 다음과 같다.

$$C+I\equiv Y\equiv C+S$$

즉, GDP 또는 국민소득인 Y는 지출의 합계인 $(C+I)$와 같으며, 또한 $(C+S)$로 처분된다. 이와 같이 국민소득 Y는 처분의 측면에서 볼 때 소비되거나 또는 저축되므로 Y를 알고 있으며, C나 S중의 어떤 하나를 알면 다른 하나는 자연히 알 수 있다. 따라서 소비를 본다는 것은 이를 뒤집어 생각하면 저축을 보는 것이 되며, 반대로 저축을 본다는 것은 소비를 보는 것이 된다.

그러나 경제학에서는 중요도에 따라서 어떤 때는 저축을 중요시하였으며, 어떤 때는 소비를 중시하였다. 예를 들어 고전학파는 장기에 있어서 경제발전을 위하여 저축이 필수적이므로 저축을 강조하였다. 이에 반하여 케인즈는 단기에 총지출의 부족이 현실적으로 당면하는 문제였으므로 그 한 구성부분인 소비를 강조하게 되었다.

다른 한편 최근 거시경제학의 동향은 **거시경제학의 미시경제적인 기초**(microeconomic foundations of macroeconomics)를 강조하는 것이다. 즉, 국민경제의 운용을 이해하려면 이를 형성하고 있는 개별적인 가계와 기업의 행태에 대하여 잘 알아야만 하는 것이다. 따라서 25장과 26장에서는 가계와 기업의 행위에 관하여 자세히 살펴 보고자 한다.

그러면 여기서는 먼저 개별적인 가계의 소비행위를 보자. 가계가 소득 가운데 얼마만큼을 오늘 소비하고, 얼마만큼을 장래를 위하여 저축할 것인가를 어떻게 결정하는가 하는 것은 기본적으로 개별적인 가계의 행위에 관한 것이므로 미시경제적인 문제라고 볼 수가 있다. 그러나 이러한 의사결정은 국민경제 전체에 장기와 단기에 모두 영향을 끼친다.

우선 저축은 장기의 경제성장에 주요한 영향을 미치므로 가계의 저축(소비)에 관한 의사결정은 지극히 중요하다. 또한 소비(저축)에 관한 가계의 결정이 단기에도 매우 중요한 이유는 소비가 총수요 가운데 제일 큰 비중을 차지하므로 소비의 변동은 경기변동을 일으키는 주된 인자가 되기 때문이다.

우리는 앞에서 소비함수를 $C=C(Y-T)$의 지극히 단순한 형태를 가지는 것으로 전제하였다. 즉 소비는 가처분소득의 함수라고 단순화 하였다. 그러나 실제의 복잡한 소비행위를 설명하는 데는 너무나 단순하다. 따라서 25장에서는 소비함수를 좀더 자세히 살펴 보고자 한다.

그림 25-1 **소비함수와 저축함수**

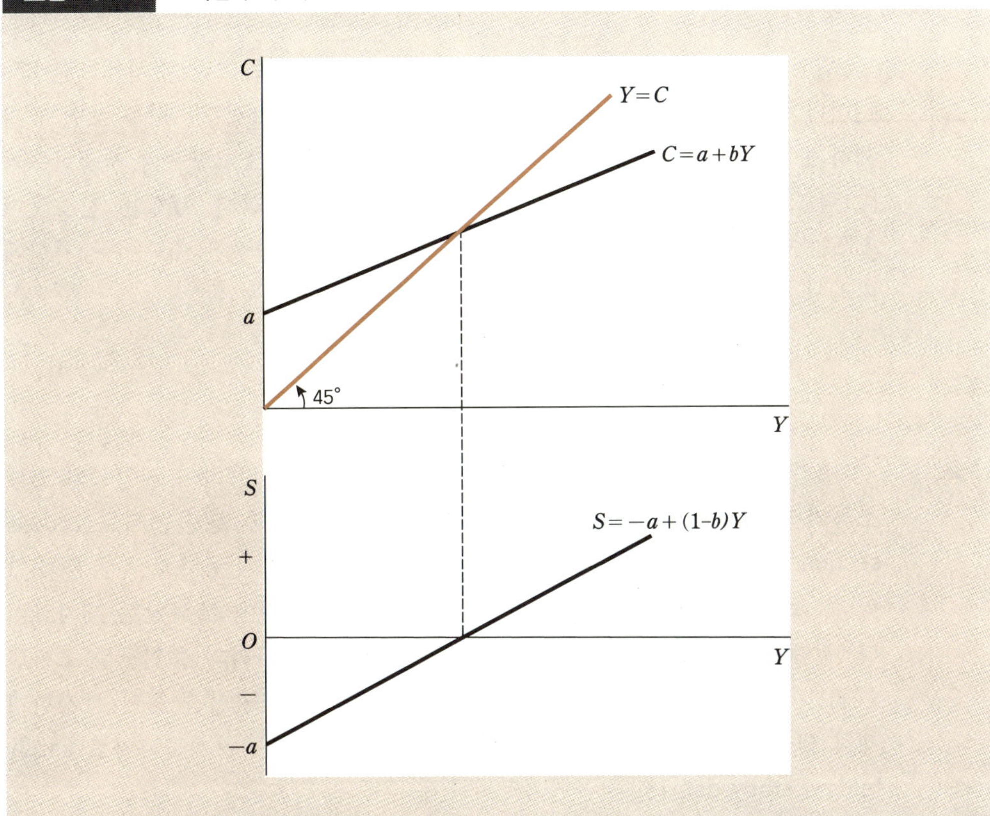

절대소득가설

소비에 관한 첫번째 논의는 케인즈의 **절대소득가설**(absolute income hypothesis)이다. 이 가설에 의하면 어떤 개인의 소비는 그 자신의 절대적인 소득수준만의 함수이다. 이를 함수식으로 표시해 보면,

$$C=a+bY$$

여기서 a는 C축을 끊는 절편이며, b는 MPC로서 그 크기는 $0<b<1$이다. 케인즈는 **기본적인 심리법칙**(fundamental psychological law)을 말하면서, "소득이 증가함에 따라서 소비도 증가하나 소득이 증가한 것만큼 소비가 늘

지는 않는다"고 하였는데, 이는 곧 $MPC=\frac{\Delta C}{\Delta Y}$인 b가 $0<b<1$의 값을 취함을 뜻하는 것이다.

위의 케인즈의 **소비함수**(consumption function)를 그린 것이 [그림 25-1]이다. [그림 25-1]에 대한 설명은 이미 24장에서 [그림 24-4]를 보면서 자세하게 풀이하였다. 또한 〈표 24-2〉가 보이는 것처럼 소비함수와 저축함수가 [그림 25-1]과 같이 표시될 때 소득이 증가함에 따라서 *APC*는 감소하며 *APS*는 증가한다.[1] 이렇게 볼 때 케인즈의 절대소득가설은 소득이 증가함에 따라서 평균소비성향은 감소한다는 것이 된다.

실증적인 증거에 의한 절대소득가설의 검증

여기서는 실제의 통계자료 또는 실증적인 증거를 이용하여 케인즈의 절대소득가설을 검증하여 보기로 하자. 통계자료는 보통 **횡단면자료**(cross-section data)와 **시계열자료**(time-series data)의 두 가지 종류로 분류할 수가 있다. 횡단면자료란 어떤 일정한 시점, 또는 단일기간에 조사된 통계자료이다. 실례를 들어 보면 1995년 11월 1일 현재로 우리 나라의 총인구를 조사한 인구센서스(census)는 횡단면자료이다. 또한 어떤 단일기간 동안(특정한 1개월 또는 1년) 수천 개의 가구를 표본조사하여 얻은 가계조사자료(family budget study data)도 횡단면자료이다.

이에 반하여 시계열자료는 주기적으로 계속해서 조사하여 얻은 통계인데, 가장 좋은 예가 국민소득에 대한 것이다. 즉, 매년의 국민소득에 관한 통계를 수십 년 동안 계속해서 작성한다. 통계자료를 이와 같이 횡단면자료나 시계열자료의 둘로 분류할 때 소비이론을 실증적으로 검증하는 데 사용하는 자료는 횡단면자료인 가계조사자료와 시계열자료인 국민소득통계이다.

먼저 가계조사자료를 사용하여 케인즈의 절대소득가설을 검증하여 보면 소득이 높은 가계일수록 평균저축성향이 높은 것이 발견되므로 케인즈의 절대소득가설은 횡단면자료인 가계조사자료를 가지고 검증한 경우 받아들여져야 할 것이다.

그러나 시계열자료인 국민소득통계를 보면 장기적으로 평균소비성향은

---

1) 그 이유는 C 및 S축을 끊는 절편인 a와 $-a$ 때문이다.

그림 25-2 소비에 관한 수수께끼

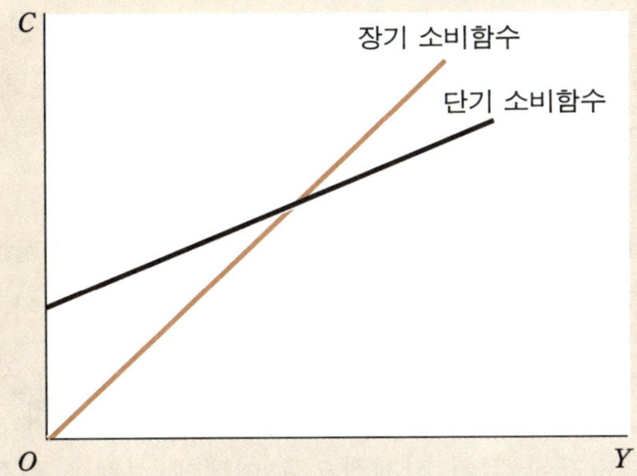

국민소득이 증가해도 일정한 값을 가지고 있다. 미국경제의 경우 가처분소득 가운데 소비지출의 몫인 *APC*의 값은 1959~1992년의 기간 중 약 0.92의 수준에서 장기적으로 일정하였다. 따라서 케인즈의 절대소득가설은 시계열자료인 국민소득통계를 가지고 검증하면 배격된다.[2)]

케인즈 이후의 소비이론

위에서 본 것은 절대소득가설은 횡단면자료인 가계조사자료에 의해서는 지지를 받으나 시계열자료인 국민소득통계를 가지고 검증하면 배격된다는 것이다. [그림 25-2]가 이를 보여준다. 따라서 케인즈의 절대소득가설 이후에 제시된 몇 가지 소비이론들은 모두 이러한 상충현상을 제거하는 것을 목표로 삼고 있다.

그림에서 단기의 소비함수는 가계조사자료에 의하여 뒷받침되며, 케인즈의 절대소득가설이 뜻하는 것이다. 반면에 장기의 소비함수는 장기의 국민소득에 대한 시계열자료에 의하여 지지를 받는 것이다. 단기 소비함수에서는 소득이 증가함에 따라 *APC*가 떨어지지만 장기에는 *APC*가 일정하다. 소비

2) 이처럼 각각 가설을 세우고 실제 자료를 사용하여 검증하는 것은, 1.2에서 본 경제학의 방법론에 관한 논의와 연관된다.

수수께끼(consumption puzzle)란 바로 이처럼 장단기에 소비행태가 서로 다른 것을 말한다.

케인즈의 소비함수에서는 "당기"의 소비지출은 당기의 소득만의 함수라고 가정하고 있다.[3] 그러나 케인즈 이후의 소비이론에서는, 위에서 본 절대소득가설의 문제점을 풀기 위하여 당기의 소비가 당기의 소득만의 함수가 아니라 더욱 넓은 개념의 소득의 함수라고 본다.

피셔(Irving Fisher)의 **시제적인 선택**(intertemporal choice) 이론에서는 소비를 여러 기간에 걸친 선택 행위로 본다. 즉 가계가 얼마를 소비하고 얼마를 저축할 것인지를 결정하려면 현재와 미래를 함께 생각해야 한다. 만일 현재 소비를 많이 하게 되면 장래 소비는 줄어들게 된다. 피셔는 합리적인 소비자가 여러 기간에 걸쳐 시제적으로 어떻게 선택을 하는가를 분석하였다. 이는 곧 소비는 소비자가 평생에 걸쳐서 기대하는 소득에 의해 좌우된다는 것이다. 곧이어 다룰 평생소득가설과 항상소득가설은 이러한 피셔의 소비자행위의 이론에 기초하고 있다.

모디글리아니(Franco Modigliani), 브룸버그(Richard Brumberg) 및 안도(Albert Ando)에 의하여 제시된 **평생소득가설**(life-cycle hypothesis)에서는 당기의 소비가 평생소득의 함수라고 보며, 프리드만(Milton Friedman)의 **항상소득가설**(permanent income hypothesis)에서는 당기의 소비지출이 항상소득의 함수라고 가정한다.

이와 같이 당기의 소비지출이 당기의 소득만의 함수가 아니라 여러 기간에 걸친 선택행위의 결과로 본다든가 또는 평생소득 및 항상소득의 함수라고 봄으로써 비록 단기적으로는 경상소득이 변동함에 따라서 *APC*도 변동하나 장기적으로는 *APC*가 일정한 수준에서 안정적이라는 것을 설명할 수 있게 된다. 왜냐하면 케인즈 이후에 제시된 이 세 가지 가설에서는 소비가 경상소득의 함수가 아니라 어떤 평균적인 소득의 함수라고 보기 때문이다. 아래에서는 시제적인 선택의 이론에 기초하고 있는 평생소득가설과 항상소득가설에 대하여 살펴보기로 한다.

---

3) 당기의 소비 및 소득(current consumption, current income)은 경상소비 및 경상소득이라고도 부른다.

25.2 평생소득가설

평생소득가설은 우선 정년 제도 때문에 사람들의 소득은 평생에 걸쳐서 체계적으로 변동함을 강조하고 있다. 즉 소득은 정년이 되면 없어지게 된다. 그러나 합리적인 가계는 일생에 걸쳐서 효용이 극대화되도록 **가용재원**(available resources)을 배분한다고 가정한다. 즉, 어떤 기간에는 소비를 많이 하고 다른 어떤 기간에는 소비를 적게 하는 것이 아니라, 효용을 극대화하기 위하여 일생에 걸쳐서 소비가 균등하게 되도록 한다는 것이다. 이를 위해서는 일하는 동안 저축을 해야만 한다. 그런데 가계가 쓸 수 있는 가용재원에는 현재 및 장래에 기대되는 모든 근로소득과 **부**(wealth)가 포함된다. 따라서 평생소득가설은 소비에 대한 부 또는 재산의 영향을 강조하고 있다.

이제 가정하기를 어떤 소비자가 앞으로 T년을 더 살 것으로 예상하는데, 그의 재산은 W이며 지금부터 R년 후에 은퇴할 때까지 매년 Y의 근로소득을 얻을 것이라고 하자. 그러면 그의 가용자원은 $W+RY$가 되는데 평생소득가설에서는 소비를 매년 균등히 하므로,

$$C=(W+RY)/T$$

또는

$$C=\frac{1}{T}W+\frac{R}{T}Y$$

이 식이 이 사람의 소비함수인데, 예를 들면 지금 35세이고 30년을 일하고 65세에 퇴직하며 85세가 예상수명이라면 R은 30이며 T는 50년이 된다.

이제 모든 사람이 이처럼 소비행위를 한다고 전제하면 총체적인 소비함수는,

$$C=\alpha W+\beta Y$$

[그림 25-3]이 이를 나타낸다. 재산이 일정하다면 위의 그림은 케인즈의 소비함수와 동일하지만 절편인 αW는 고정된 것이 아니라 W의 수준에 달려 있다.

그림 25-3 평생소득가설

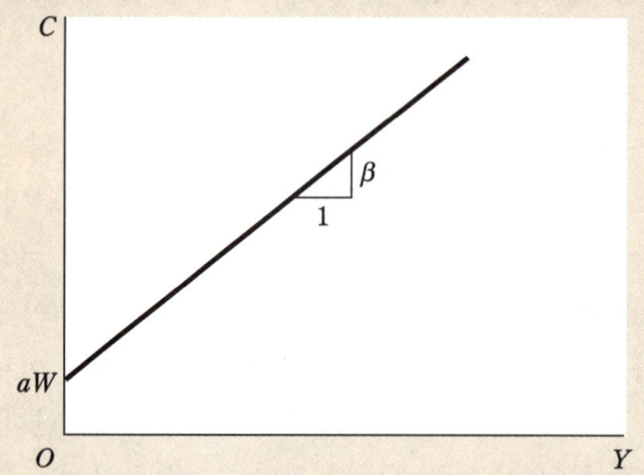

이제 그러면 평생소득가설이 소비에 관한 수수께끼를 어떻게 풀 수 있는가 보자. 평균소비성향 *APC*는,

$$\frac{C}{Y}=\alpha\left(\frac{W}{T}\right)+\beta$$

그런데 재산은 개인별로 또는 연도별로 소득과 비례적으로 변동하지는 않으므로, 가계조사자료나 단기의 시계열자료를 보면 소득이 높을수록 *APC*는 낮게 될 것이다.[4] 그러나 장기에는 부와 소득은 함께 증가하므로 $\frac{W}{Y}$는 일정할 것이며 따라서 *APC*도 일정하게 될 것이다.

[그림 25-4]는 평생소득가설이 시사하는 어떤 소비자의 평생에 걸친 소비, 소득, 재산의 변화 추이를 나타낸다. 위의 그림에서 어떤 소비자는 0의 시점에서 일하기 시작하는데 정년까지 소득의 일부를 저축하여 퇴직후에 소비(부의 저축)한다.[5] 또한 일하는 기간 동안 부를 축적하여 정년후에 이를 추가로 소비한다. 즉 일하는 기간 동안 소득과 부를 저축하여 이를 은퇴후에 쓴다고 보는 것이다. 이 때 평생에 걸쳐 소비의 수준은 일정하게 유지한다.

---

4) $APC=\frac{C}{Y}$는, α와 β는 상수이므로 $\frac{W}{Y}$에 달려 있는데, Y가 증가할수록 *APC*는 감소할 것이다.

5) 이 그림에서 저축과 부(−)의 저축은 면적이 동일하다.

그림 25-4 소비, 소득, 부의 변화유형

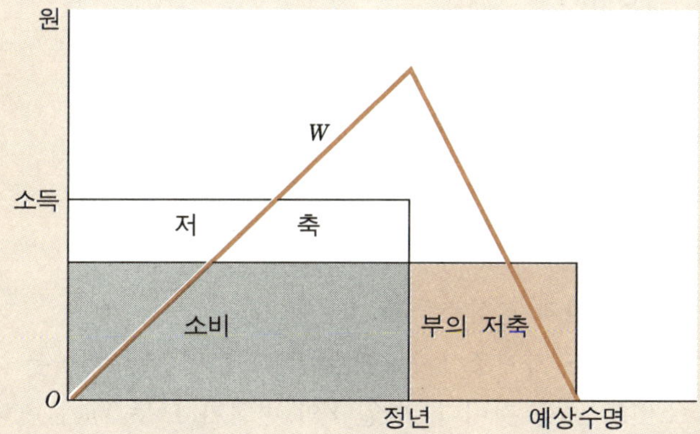

25.3 항상소득가설

평생소득가설과 마찬가지로 항상소득가설도 피셔의 시제적인 선택의 이론에 기초하여 소비는 경상소득에만 의존하는 것은 아니라고 본다. 그러나 평생소득가설이 가계의 소득은 평생에 걸쳐서 일정한 변화 유형을 보인다는 것을 강조한 데 비하여, 항상소득가설은 소득이 연도별로 우연하게 일시적으로 변동한다는 점을 강조하고 있다.

항상소득가설에 따르면 **경상소득** Y는 **항상소득**(permanent income) Y_P와 **일시적인 소득**(transitory income) Y_T를 합한 것이다.

$$Y = Y_P + Y_T$$

여기서 Y_P는 소비자가 앞으로도 늘상 받을 것으로 예상하는 소득이며, Y_T는 장래에는 받지 못할 일시적인 소득이다. 즉 Y_P는 일종의 평균소득이라고 볼 수 있으며 Y_T는 이 평균소득으로부터의 이탈 부분이라고 할 수 있다. Y_T의 예로는 복권에 당첨된 경우를 들 수 있다.

그런데 프리드만은 소비는 주로 Y_P에 달려 있으며, Y_T는 소비하지 않고 저축된다고 보아 다음과 같은 소비함수를 제시하였다.

$$C = kY_P$$

즉 소비는 항상소득에 비례한다는 것이다.

이제 평균소비성향을 구해보면,

$$APC = \frac{C}{Y} = k\frac{Y_P}{Y}$$

즉 APC는 항상소득과 경상소득의 비율에 달려 있다.

항상소득가설을 가계조사자료에 비추어 보면, Y_P가 높은 가계일수록 비례적으로 소비도 높을 것이다. 만일 Y의 변화가 모두 Y_P가 변한 데 연유한다면 가계별로 APC는 차이가 나지 않을 것이다. 그러나 Y의 변화는 Y_T의 변화에도 연유하며, 높은 Y_T를 가진 가계는 APC가 적을 것이다. 프리드만에 따르면 바로 이 때문에 높은 소득을 가진 가계는 APC가 적게 되며 실제의 가계조사자료도 바로 이를 보이는 것이라고 생각한다.

시계열자료를 보면, Y가 매년 변동하는 것은 주로 Y_T가 변하기 때문이라고 본다. 따라서 호경기이어서 Y가 높으면 APC는 적게 된다. 그러나 장기에는 Y의 변화는 주로 Y_P가 변하기 때문이며 따라서 APC는 장기에 일정하게 되는데 바로 이를 실제 자료에서도 발견하는 것이다. 이처럼 항상소득가설은 가계조사자료와 시계열자료가 보이는 소비에 관한 수수께끼를 풀 수가 있었다.

지금까지 우리는 소비행위를 설명하는 이론인 절대소득가설, 시제적인 선택의 이론, 평생소득가설 및 항상소득가설에 대하여 차례로 살펴보았다. 먼저 케인즈의 절대소득가설은 장기적으로 평균소비성향이 일정함을 보이는 시계열자료에 의해 배격되므로, 그 이후의 소비이론은 이러한 모순을 설명하려고 시도하였다. 이를 위하여 케인즈는 당기의 소비가 당기의 소득만의 함수라고 가정하였는 데 반하여, 시제적인 선택의 이론을 비롯하여 모든 소비이론들은 소비가 경상소득뿐만이 아니라 장래에 기대되는 소득에도 좌우된다고 보았다. 즉 소비자는 소비행위를 하는 데 있어서 시제적인 선택에 직면한다고 본 것이다.

평생소득가설과 항상소득가설에서는 당기의 소비가, 장기적이며 평균적인 소득인 평생소득 또는 항상소득의 함수라고 봄으로써 *APC*가 장기적으로 일정함을 설명할 수 있었다. 그런데 이들 소비이론에 대한 실증적인 검증은 대개 미국경제를 대상으로 하여 행해졌다. 우리나라의 경우에는 국민소득통계의 시계열이 짧기는 하나, 국민소득의 증가와 더불어 평균저축성향은 증가하였다. 즉, 국민총가처분소득에 대한 총저축의 비율인 *APS*는 1953년의 13.1%에서 1988년에는 39.3%로 최고 수준에 도달하였다. 그러나 그후 감소하여 2001년에는 29.9%까지 떨어졌다.[6)]

주요개념

거시경제학의 미시경제적인 기초　절대소득가설　기본적인 심리법칙
소비함수　횡단면자료　시계열자료　소비수수께끼　시제적인 선택
평생소득가설　항상소득가설; 가용재원　부(wealth); 경상소득
항상소득　일시소득

요　약

1. $Y \equiv C+S$이므로 소비를 본다는 것은 저축을 보는 것이 되며, 저축을 보는 것은 소비를 보는 것이 된다.

2. 케인즈의 절대소득가설에 의하면 어떤 개인의 소비는 그 자신의 절대적인 소득수준만의 함수이다.

3. 케인즈는 기본적인 심리법칙에서 소득이 증가함에 따라서 소비도 증가하나 소득이 증가한 것만큼 소비가 늘지는 않는다고 하였다.

4. 소득이 증가함에 따라서 APC가 감소한다는 케인즈의 절대소득가설은 횡단면자료인 가계조사자료에 의해서는 지지를 받으나, 시계열자료인 국민소득통계

6) 통계청, 「통계로 본 한국의 발자취」, 1995. 8, pp. 319, 686; 한국은행, "1996년 국민계정(잠정)," 「조사통계월보」, 1997. 4, p. 38; 재정경제부, 「재정금융통계」, 2002. 3/4분기, pp. 106~7.

를 가지고 보면 배격된다.

5. 소비수수께끼(consumption puzzle)란 장 · 단기에 소비행태가 서로 달라서, 단기에는 소득이 증가함에 따라 *APC*가 떨어지지만 장기에는 *APC*가 일정한 것을 가리킨다.

6. 소비수수께끼를 풀기 위하여 케인즈 이후의 소비이론에서는 당기의 소비가 당기의 소득만의 함수가 아니라, 시제적인 선택의 결과로 본다든가 또는 평생소득 및 항상소득의 함수로 보았다.

7. 시제적인 선택의 이론이 시사하는 것은 소비는 가계가 평생에 걸쳐서 기대하는 소득에 의해 결정된다는 것이다.

8. 평생소득가설에 따르면 합리적인 가계는 일생에 걸쳐서 효용이 극대화되도록 가용재원을 배분하다고 전제한다.

9. 평생소득가설은 정년제도로 인하여 사람들의 소득은 평생에 걸쳐서 체계적인 변화유형을 나타낸다고 보는 데 비해, 항상소득가설은 소득이 연도별로 우연하게 변동한다고 본다.

10. 항상소득가설은 $C=kY_P$로 표시할 수가 있는데 여기서 Y_P는 항상소득이다.

11. 우리나라의 경우에는 급속한 경제성장과 더불어 소득이 늘어남에 따라 장기적으로 *APC*는 크게 떨어졌다.

연습문제

1. 고전학파는 저축을 강조하고 케인즈는 소비를 강조한 까닭은 무엇인가?

2. 소비함수와 저축함수가 [그림 25-1]과 같이 표시될 때, 소득이 증가함에 따라서 *APC*는 감소하며 *APS*는 증가하는 까닭은 무엇인가?

3. 케인즈의 절대소득가설을 횡단면자료인 가계조사자료와 시계열자료인 국민소득통계를 사용하여 검증한 결과는?

4. 소비수수께끼(consumption puzzle)에 대하여 설명해보라.

5. 케인즈의 절대소득가설을 극단적으로 해석하면 "그날 벌어서 그날 쓴다"는 뜻

이라는 말의 의미는 무엇인가?

6. 평생소득가설이 소비수수께끼를 어떻게 풀 수 있는가 설명해보라.

7. 평생소득가설에 기초하여 "노세 노세 젊어서 노세"라는 말을 평가해보라.

8. 항상소득가설이 시사하는 소비함수 $C=kY_P$에 대해 설명한 후, 소비수수께끼가 어떻게 풀리는가 보여라.

9. 절대소득가설을 우리나라의 국민소득통계를 가지고 검증하면 어떻게 되는가?

제 26 장

투 자

소비가 안정적인 데 비해 투자는 지극히 변동적인 성격을 지니고 있어 단기의 경기변동과정에서 중요한 역할을 담당한다. 투자의 구성부분에 대해 우리나라의 통계자료를 사용하여 설명한 후, 설비투자를 신고전학파의 투자이론에 기초하여 분석한다. 이어서 주택시장에 대한 분석을 통하여 건설투자를 보며, 가속도원리를 사용하여 재고투자를 분석한다.

경기변동을 측정하기 위해 사용되는 시계열분석에 대해 설명한 후, 경기종합지수(*CI*)를 비롯한 경기예측 방법들을 풀이한다.

26.1 투자의 구성부분

안정적인 소비와 변동적인 투자

앞의 25장에서 우리는 총지출 또는 총수요의 가장 큰 구성부분인 소비재에 대한 지출, 즉 소비에 관하여 살펴보았다. 2001년의 경우 민간소비지출은 GDP의 59.5%를 차지하고 있어서 가장 큰 구성부분이다. 여기에 정부소비지출의 구성비인 10.4%까지 합하면, 최종소비지출의 구성비는 69.9%에 이른다.

그러나 앞의 25장에서 본 바와 같이 미국을 중심으로 한 선진국의 경우 소비행위의 가장 중요한 특징은 장기적으로 평균소비성향이 거의 일정하다는 것이다. 즉, 단기적으로는 경기변동과 더불어 평균소비성향이 변동을 보이나, 장기적으로는 평균소비성향은 안정적인 성격을 가지고 있다. 이미 지적한 대로 시제적인 선택의 이론 및 평생소득가설과 항상소득가설에서는 소비가 당기의 소득만의 함수가 아니라, 어떤 장기의 소득개념인 평생소득이나 항상소득의 함수라고 가정하는데, 이는 평균소비성향이 장기적으로 일정하다는 사실을 설명하기 위한 것이다.

일반적으로 볼 때 선·후진국을 막론하고 소비는 국민소득에서 가장 큰 비중을 차지하고 있으나, 상대적으로 안정성을 지니고 있다. 즉, 미국의 경우에서 발견되는 것처럼 평균소비성향이 장기적으로 안정적인 경향을 가지는 이외에, 단기적으로도 소비는 다른 종류의 지출에 비하여 상대적으로 안정적인 성격을 가지고 있다. 이에 반하여 투자재에 대한 지출, 즉 투자는 장기적으로나 단기적으로 극히 변동하기 쉬운 성격을 지니고 있다. 따라서 국민소득수준이 경기순환 과정에서 변동을 보이는 것의 상당한 부분은 바로 이렇게 가변적인 속성을 가지고 있는 투자의 변동에 기인한다. 이제 26장에서는 총지출 또는 총수요의 다른 한 구성부분인 매우 변동적인 속성을 가지고 있는 투자에 대하여 살펴보기로 한다.

투자의 중요성은 단기적으로 경기변동을 일으키는 주된 요인이라는 점 이외에도, 장기적으로 투자는 자본축적을 증대시킴으로써 경제성장을 촉진시키는 역할을 수행한다. 일반적으로 한국과 같이 투자율이 높은 나라는 경제성장률도 높기 마련이며, 미국처럼 투자율이 저조한 나라는 성장률도 낮은 것이다.

여기서 우리는 투자와 자본존재량 사이의 관계를 분명히 할 필요가 있다. **자본존재량**(capital stock)이란 일정한 시점에서 한 나라가 가지고 있는 실물자산의 총액을 뜻한다.

자본존재량을 파악하기 위한 것이 국부조사(national wealth survey)인데, 우리나라에서는 1968년, 1977년, 1987년 및 1997년의 4개년도에 대해 국부조사를 실시한 바 있다.

이제 투자는 일정한 기간 동안의 자본존재량의 증가분이라고 정의할 수 있다. 투자를 I, 자본존재량을 K라고 하면 다음의 관계가 성립한다.

$$I = \Delta K$$

자본존재량이 어떤 일정한 시점에서 조사된 스톡(stock)개념 또는 **저량**

인 데 비하여, 투자는 일정한 기간을 대상으로 파악된 플로우(flow) 개념 또는 **유량**이다. 스톡개념의 예로는 국부 이외에 인구를 들 수 있고, 플로우 개념의 예로는 국민소득, 투자, 저축 및 소비 등을 들 수 있다. 스톡과 플로우는 서로 밀접한 관련을 맺고 있는데, 어떤 일정한 시점에 있어서의 스톡은 과거의 플로우가 축적되어 이루어진 것이다. 즉, 오늘 현재의 자본존재량은 과거 오랜 기간 중의 투자가 축적되어 형성된 것이다.

투자의 구성부분

2001년의 경우 국내총투자 또는 총자본형성이 GDP에서 차지하는 비중인 국내총투자율은 26.7%이었는데, 이 중에서 고정투자 또는 총고정자본형성은 27.1%를 차지하였고 재고투자 또는 재고증가는 −0.4%를 차지하였다. 이제 그러면 총투자의 주요한 구성부분에 대하여 살펴보기로 하자. **총투자** 또는 **총자본형성**은 우선 **고정투자** 또는 **총고정자본형성**과 **재고투자**의 둘로 나눌 수 있다. 이 중에서 고정투자 또는 총고정자본형성은 크게 **건설투자**와 **설비투자**로 나눌 수 있다.

건설투자에는 주거용 건물, 비주거용 건물, 기타 구축물,[1] 토지개량 · 조림 · 과수원 개발 등 4개 분야가 있으며, 설비투자에는 운수장비, 기계류, 낙농축 · 종축 · 역축 등 3개 분야가 있다. 다음의 〈표 26-1〉이 2001년의 투자의 주요한 구성부분을 나타낸다.

국내총투자(총자본형성)에서 고정투자(총고정자본형성)가 차지하는 비중은 101.4%이며, 재고투자가 점유하는 비중은 −1.4%이나 재고투자의 비중은 경기변동과 더불어 크게 변동을 보인다. 국내총투자 중에서 건설투자의 비중을 보면 국내총투자의 59.7%를 차지하고 있으며, 설비투자는 41.7%를 점유하고 있다. 단일항목으로는 기계류에 대한 투자의 구성비가 33.3%로서 가장 높다. 〈표 26-1〉을 읽을 때 유의해야 할 점은 민간기업의 투자지출 이외에 정부의 투자도 국내총투자안에 모두 포함되어 있다는 것이다. 우리나라의 경우에는 특히 사회간접자본에 대한 투자의 비중이 높은데, 이는 곧 정부가 활발히 투자를 하고 있음을 가리키는 것이다.

---

1) 기타 구축물에는 수리시설, 전력시설, 철도, 통신, 도로, 항만 등이 포함된다.

표 26-1 투자의 구성부분(2001년)

(경상가격)

자본재의 형태	금액(10억원)	구성비(%)
총고정자본형성	147,498	101.4
건설투자	86,904	59.7
주거용 건물	25,180	17.3
비주거용건물	15,318	10.5
기타 구축물	38,360	26.4
토지개량 등	8,046	5.5
설비투자	60,594	41.7
운수장비	11,892	8.2
기계류	48,457	33.3
낙농축 등	245	0.2
재고증감	−2,043	−1.4
총자본형성	145,456	100.0

* 한국은행, 「경제통계연보 2002」, 2002, pp. 254~5.

이상에서는 투자의 주요한 구성부분에 관하여 살펴보았다. 여기서 알 수 있는 것은 투자의 구성이 매우 다양하다는 것이다. 우리는 보통 투자라고 할 때 기업의 기계류에 대한 투자를 의미하는 것이 보통이나, 위에서 보는 것처럼 투자의 구성부분은 실제에 있어서는 복잡하다. 대체로 세 가지 부류로 국내총투자를 나눌 수 있는데, 첫째는 건설투자이며, 둘째는 설비투자이고, 셋째는 재고투자이다.

따라서 투자이론을 제대로 전개하려면 투자를 우선 설비투자, 건설투자 그리고 재고투자의 셋으로 분류한 후, 이 각각의 투자에 영향을 주는 요인들을 밝혀내야 할 것이다.

26.2 설비투자

이제 그러면 첫째로 **설비투자**에 관하여 살펴 보기로 하자. 이 안에도 운수장비, 기계류, 낙농축 등이 있으나 여기서는 기업의 고정투자(business fixed investment), 즉 기계류에 대한 투자에 논의의 초점을 맞추기로 한다. 기업의

그림 26-1 **투자함수**

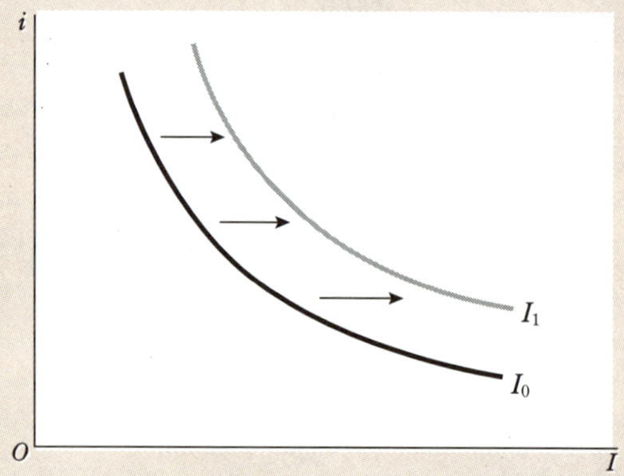

고정투자를 설명하기 위하여 우리가 흔히 사용하는 이론은 **신고전학파의 투자이론**(neoclassical model of investment)이다.

이에 따르면 기업은 다음이 성립할 때 어떤 기계를 구입할 것이다.

$$\frac{X}{i} > P$$

여기서 P는 어떤 기계의 현재 구입가격이며, X는 이 기계에서 앞으로 영구히 파생되는 연소득이고 i는 연이자율이다.

즉 어떤 기계를 샀을 때 이 기계로 부터 나오는 장래소득의 흐름의 현재 가치인 $\frac{X}{i}$가 이 기계의 구입가격인 P보다 크면 기업은 이 기계류에 투자할 것이다.

위 식을 바꾸어 쓰면,

$$\frac{X}{P} > i$$

여기서 $\frac{X}{P}$는 이 기계에서 파생되는 연소득을 현재의 구입가격으로 나눈 것으로서 이 기계의 **수익률**이 된다. 따라서 수익률이 이자율보다 클 때 기업은 투자를 하게 될 것이다.

즉 투자는 이자율에 의해 영향을 받는데, 실질이자율이 상승하면 투자는 감소하게 된다. [그림 26-1]이 이를 나타낸다.

이제 기술혁신이 일어나면 위의 그림의 투자함수 전체가 I_0에서 I_1으로 오른쪽으로 이동함을 알 수 있다. 조세정책도 투자에 영향을 미치는데, 보기를 들어 투자액의 일정비율을 세금에서 공제해 주는 **투자세액 공제**(investment tax credit)는 위의 그림에서처럼 투자함수를 오른편으로 이동시키게 될 것이다.

26.3 건설투자

위에서 본 대로 건설투자에도 주거용 건물, 비주거용 건물, 기타 구축물 및 토지개량 등이 있으나 여기서는 주거용 건물에 대한 투자(residential investment)에 논의의 초점을 맞추어 보기로 하자. 먼저 **주택시장**에 대하여 살펴 보자. 여기에는 두 가지를 나누어 보아야 하는데, 하나는 기존의 주택에 대한 시장이며 다른 하나는 신규의 주택공급이다. [그림 26-2]가 이를 나타낸다.

이 그림에서 (가)를 보면 종축은 주택의 상대가격 $\frac{P_h}{P}$를 나타내며 횡축은 현존하는 주택의 양 K_h를 나타낸다. $\frac{P_h}{P}$가 떨어질수록 주택에 대한 수요는 늘어나므로 기존 주택에 대한 수요곡선은 우하향의 형태를 취한다. 한편 일정한 시점에서 주택의 공급은 일정하므로 수직선으로 표시된다. 이제 수요와 공급이 서로 만나는 데서 기존 주택의 가격 $\left(\frac{P_h}{P}\right)_0$가 결정되며 이 때의 균형 수급량은 $(K_h)_0$이다.

(나)를 보면 주택의 가격이 높아질수록 주택건설에 대한 투자는 늘어나며 따라서 신규 주택의 공급도 늘어나게 되므로 신규 주택의 공급곡선은 우상향의 형태를 취한다. 즉, 새 집은 기존 주택시장에서 결정된 가격에 의해 그 공급량이 좌우되는 것이다.

이제 국민소득이 늘거나 인구가 증가한다면 (가)에서 수요곡선이 D_0에서 D_1으로 이동하며 이에 따라 기존 주택의 가격도 $\left(\frac{P_h}{P}\right)_0$에서 $\left(\frac{P_h}{P}\right)_1$으로 상승하게 된다. 그러면 (나)에서 신규 주택건설에 대한 투자도 늘어나 새 집의 공급량도 I_0에서 I_1으로 증가하게 된다. 미국의 경우에는 주택을 장기 할부로 사

그림 26-2 주택시장

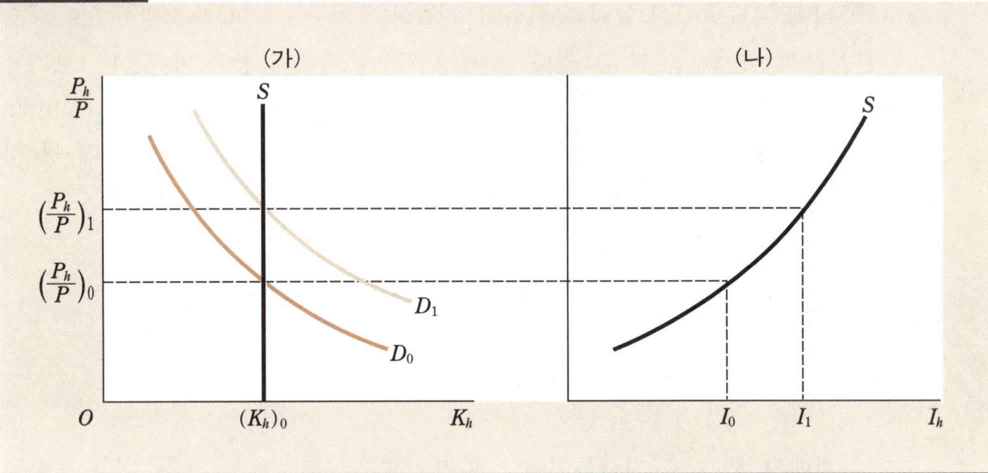

므로 이자율의 하락도 (가)에서 수요곡선을 D_0에서 D_1으로 이동시킨다. 또한 주택금융에 대한 이자지불을 소득세에서 공제하는 세법도 동일한 효과를 지니게 된다.

26.4 재고투자

재고투자(inventory investment)는 GDP 가운데서 차지하는 비중은 아주 적으나 지극히 변동적이어서 중요성을 지니고 있다. 불경기에는 물건이 팔려 나가도 기업들은 재고를 보충하지 않으므로 재고투자는 마이너스가 된다. 그리하여 불경기에 총지출이 감소하는 것의 상당한 비중은 재고투자의 감소 때문이다.

재고투자의 현실을 잘 설명하는 이론은 **가속도원리**(acceleration principle)이다. 가속도원리는 다른 형태의 투자를 설명하는 데도 적용되지만 재고투자를 제일 잘 설명한다.

가정하기를 기업은 산출량의 수준에 비례하여 재고를 보유한다고 하자. 즉,

$$N = \alpha Y$$

여기서 N은 재고의 양이며, Y는 산출량의 수준이다. 그런데 재고투자 IN는 ΔN이므로 윗 식은 다음과 같이 바꾸어 쓸 수가 있다.

$$IN = \Delta N = \alpha \Delta Y$$

즉, 가속도모형에 따르면 재고투자는 산출량의 "변화" ΔY에 비례적이다. 호경기이어서 산출량이 증가하면 기업들은 더 많은 재고를 보유하기를 바라므로 재고투자는 비례적으로 늘어난다. 반면에 불경기가 되면 기업이 바라는 재고는 줄어들므로 재고투자는 비례적으로 감소한다.

다른 종류의 투자와 마찬가지로 재고투자도 이자율에 의해 영향을 받는다. 왜냐하면 재고를 보유하면 이자부담이 발생하기 때문이다. 따라서 이자율이 상승하면 재고투자는 감소한다. 1980년대에 기업들은 판매 직전에 생산을 함으로써 재고투자를 가능한 한 줄이려는 just-in-time 생산방식을 채택하였는데, 그 이유 중 하나가 당시의 세계적인 고금리 현상이었다.

지금까지 우리는 투자를 설비투자, 건설투자 및 재고투자의 세 부류로 나눈 후 각각의 결정요인을 살펴 보았다. 여기서 발견한 것은 첫째로 모든 종류의 투자지출은 이자율과 역의 관계를 지니고 있다는 점이다. 즉, 이자율이 높을수록 기업의 고정투자의 비용이 높아지며, 주택투자에 있어서 할부금이 커지고, 재고보유비용도 증대되는 것이다. 따라서 투자함수를 이자율과 역의 관계에 있다고 나타내는 것은 타당함을 알 수 있다.

둘째로 투자함수 전체가 이동하는 이유를 보면, 기술혁신은 투자의 수익률을 높여 기업의 고정투자를 증대시킨다. 인구의 증가도 주택에 대한 수요곡선을 이동시켜 주택투자를 늘린다. 투자세액 공제제도와 같은 조세정책도 투자함수를 이동시킨다.

셋째로 투자는 경기순환과정에서 매우 변동적인 성격을 나타낸다. 이는 투자가 이자율뿐만이 아니라 산출량의 수준에도 의존하기 때문이다. 소득이 높으면 주택에 대한 수요가 늘어 건설투자가 증대되며, 재고투자도 증가한다. 따라서 호경기에는 투자가 늘고 불경기에는 투자가 감소하게 되는 것이다.

26.5 경기변동

성장과 순환

지금까지 우리는 25장과 26장에서 총지출 또는 총수요의 두 구성부분인 비교적 안정적인 성격을 가지는 소비와, 변동적인 성격을 가지는 투자에 관하여 각각 살펴보았다. 총지출의 구성부분에는 소비와 투자 이외에도 정부지출(G)과 수출(X)의 두 구성부분이 더 있다. 이 가운데서도 특히 수출은 우리나라의 해외의존도가 매우 높다는 점에 비추어 볼 때, 미국과 같이 해외의존도가 낮은 국가에 비하여 중요한 비중을 차지한다. 따라서 수출에 대하여도 여기서 잇따라 취급하여야만 할 것이나 편의상 제Ⅳ부에서 국제경제학을 다룰 때 분석하기로 한다. 정부지출(G)에 관해서는 앞의 20장에서 고찰하였다.

앞의 21장에서 지적한 바와 같이 국민소득 또는 GDP에 관한 가장 중요한 두가지 측면은 장기적인 GDP의 성장추세와 단기적인 GDP의 변동이다. 장기적인 GDP의 성장추세가 경제성장론의 분석대상이라면, 단기적인 GDP의 변동은 경기변동론의 연구분야가 된다. 여기서는 단기적인 GDP의 변동인 경제변동(short-term economic fluctuations) 또는 **경기변동**(business cycles or trade cycles)에 대하여 살펴보기로 하며, 장기적인 GDP의 성장추세에 관해서는 제Ⅴ부의 경제성장론에서 분석한다.

단기적으로 볼 때 국민소득 또는 GDP는 완전고용 GDP수준(potential or full-employment output) 근처에서 끊임없이 변동을 보이고 있다. 이러한 단기적인 경기변동의 원인은 수요측면에서 찾을 수도 있고, 공급 측면에서 찾을 수도 있다. 수요 측면에서는 총지출을 구성하는 소비, 투자, 정부지출 및 수출 가운데서 어떤 하나 또는 그 이상이 변화할 때 GDP는 변화할 것이다. 반면에 공급 측면도 경기변동의 원인이 될 수 있는데, 가장 대표적인 예가 석유파동이다. 즉, 원유가격의 인상은 경기침체의 주요한 원인이었다.

이처럼 단기적인 GDP수준의 변동, 즉 경기변동은 수요 및 공급 측면이 모두 원인이 되어 일어날 수 있으나 지금까지 우리가 가정한 것처럼 자원의 불완전고용을 전제하면 총수요의 구성부분의 변동이 주된 원인이 된다. 그런데 해외의존도가 낮은 국가의 경우에는 자연히 변동적인 성격을 가지는 투자가 경기변동의 주요한 원인이므로 투자를 다룬 후에 경기변동에 대하여 논의할 수 있는 것이다.[2] 우리도 이를 따라서 투자에 이어 경기변동을 분석하려고 하나, 유의할 것은 한국과 같이 해외의존도가 높은 경우에는 수출의 변화도 경기변동의 주요한 요인이라는 점이다.

경기변동의 측정

(1) 시계열 분석

위에서는 단기적인 GDP의 변동을 경제변동 또는 경기변동이라고 단순하게 정의하였는데, 이제 경기변동이 구체적으로 무엇을 뜻하는지 살펴보기로 하자. 일반적으로 **시계열**(time series)이란 어떤 사물의 변동에 대한 관찰치를 발생순서에 따라서 동일한 간격(매년, 매분기, 매월)으로 나열한 통계계열이다. 예를 들면 GDP의 경우에는 1953년 이후 현재에 이르는 기간에 대한 분기별 및 연도별 시계열자료가 있다. 대체로 경제성장과 같은 장기적인 현상을 분석하는 데는 연도별 GDP시계열을 이용하며, 단기적인 경기변동을 분석하는 데는 분기별 GDP시계열을 사용하게 된다.

그런데 어떤 시계열의 변동, 예를 들면, 분기별 GDP의 변동은 다음과 같은 네 가지의 변동을 합한 것으로 볼 수 있다. 첫째는 **추세변동**(secular trend; T)인데 이는 대체로 10년 이상 동일한 방향으로 증가 또는 감소 경향을 나타내는 것으로서 경제성장, 인구증가, 새로운 자원과 기술의 개발 등의 요인에 의하여 발생하는 장기적인 변동이다. 시계열변동의 두번째 구성부분은 **계절변동**(seasonal fluctuations; S)으로서 12개월을 주기로 하여 매년 반복되는 현상인데, 이는 농업생산의 계절성, 기온의 변화[3] 및 생활관습[4]에 따라 1년 중의 각 월에 생기는 변동이다. 셋째는 경기변동 또는 **순환변동**(cyclical fluctuations; C)으로서 경제활동이 내생적 및 외생적인 요인의 작용으로 활황(expansion), 후퇴(recession), 침체(contraction) 그리고 회복

2) 그러나 경기변동은 성장과 순환이 상호 밀접하게 관련되어 있다는 측면에서 볼 때는, 제Ⅴ부의 경제성장에서 함께 다루는 것이 타당하다고 생각할 수도 있다.

3) 여름에는 에어컨, 겨울에는 난로의 판매가 증가한다.

4) 신정, 설날 및 추석에는 판매량이 증가한다.

(recovery)의 순환과정을 반복하는 것인데, 보통 2년 이상 6년 이하의 주기를 가진다. 위에서 우리가 말한 경기변동은 바로 이를 가리키는 데 자본주의 경제체제의 주요한 특징이다. 시계열변동의 네번째 구성부분은 **불규칙변동**(irregular fluctuations; *I*)인데 천재지변, 파업, 전쟁 및 급격한 경제정책의 변화 등에 의하여 초래되는 극히 단기적이며, 불규칙적인 변동이다.

시계열변동(X)은 이처럼 네 가지 변동을 합한 것으로 볼 수 있는데, 이는 다음과 같은 두 가지 형태로 표시할 수 있다.

$$X = T + S + C + I$$

또는,

$$X = T \times S \times C \times I$$

여기서 첫번째의 가산형이 더 적합한가, 아니면 두번째의 비례형이 더 적합한가의 문제는 사전적으로 이론에 의하여 결정될 성질의 것이 아니라 실제로 시계열을 검토해 보아야 알 수 있다.

이와 같이 시계열변동을 그 구성부문들의 변동으로 나누어 고찰하는 것을 **시계열분석**(time-series analysis)이라고 하는데, 경기변동을 측정하기 위하여 사용된다.[5] 우리가 원하는 것은 시계열변동 가운데서 경기변동 또는 순환변동이므로 계절변동, 불규칙변동 및 추세변동을 제거하여야만 한다. 일반적으로 시계열분석의 순서는 첫째로 시계열변동 가운데서 계절변동을 제거하며, 둘째로 불규칙변동을 제거하고, 셋째로 추세변동을 제거하여 결과적으로 경기변동 또는 순환변동만 남게 하는 것이다.

시계열변동 가운데서 계절변동, 불규칙변동 및 추세변동을 제거하는 방법에 대해서는 통계학에 관한 교과서에 자세히 설명되어 있으므로 여기서는 간단하게 그 개요만을 설명하기로 한다.

먼저 계절변동을 제거하는 방법에 관해 보자. 한 나라의 전반적인 생산활동을 나타내는 지표에는 물론 국민소득통계가 있으나, 이 자료는 매년 또는 매분기별로만 작성되므로 신속하게 경제의 추이를 분석하는 데는 시기적으로 늦게 된다. 따라서 매월 작성, 발표되는 **산업생산지수**(industrial production

---

5) 시계열분석에 대해서는 다음을 참조할 것. 윤기중, 「통계학」, 법문사, 1981, 제12장.

그림 26-3 최소자승법에 의한 추세선의 결정

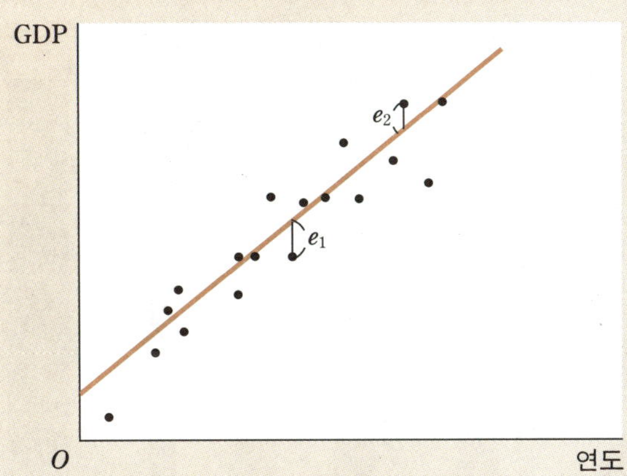

index)가 국민경제 전체의 생산활동을 신속하게 분석하기 위하여 사용된다. 이제 예를 들어 1981년 1월의 산업생산지수가 1975년을 100으로 하였을 때 208.7이었다고 하자.[6] 그런데 1월은 신정연휴로 인하여 연평균 산업생산의 오직 96%만을 생산한다면, 연평균을 100으로 놓았을 때 1월의 계절지수(seasonal index)는 96이 된다. 이 때 원지수인 208.7을 계절지수인 96으로 나누고 여기에 100을 곱하여 얻은 217.4를 1981년 1월의 **계절변동조정**(seasonally adjusted) 산업생산지수라고 부른다. 이처럼 1년의 각 월은 연평균 산업생산에 대비한 계절지수를 가지며, 1년의 계절지수의 합계는 1,200이 될 것이고, 계절지수의 연평균치는 100이 된다. 왜냐하면 1월처럼 100보다 작은 달도 있는 반면에 100보다 큰 계절지수를 가지는 달도 있기 때문이다.

둘째로, 불규칙변동은 예를 들어 6 · 25사변이나 1972년의 8 · 3조치에 의한 사채동결 및 1987년 6월의 정치적인 민주화 이후의 대규모 파업 등과 같은 돌발적인 사건에 의하여 초래된 것인데, 원래의 시계열을 의외의 방향으로 변동시키므로 제거하여야 한다.

셋째로, 추세변동을 제거하는 데는 예를 들어 **최소자승법**(least-square method)을 쓸 수 있다. 최소자승법이란 추세선을 얻기 위하여 사용하는 방법

6) 참고로 1995년을 100으로 놓았을 때 2001년 12월의 계절변동조정 산업생산지수는 159.1이었다.

그림 26-4 경기종합지수의 순환변동치

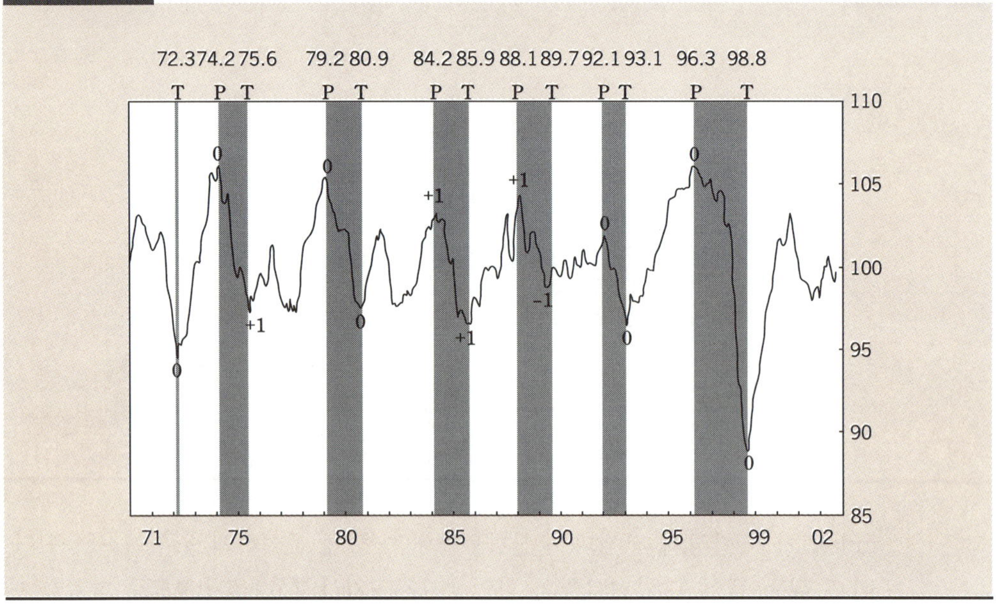

인데, 다음과 같이 나타낼 수가 있다.

$$\text{Min}\Sigma e_i^2$$

즉, 추세선을 그렸을 때 이 추세선과 관찰치 사이의 수직적인 편차의 제곱의 합계가 최소가 되도록 하는 방법이다. [그림 26-3]이 이를 보여준다. 여기서 횡축은 연도, 종축은 GDP를 나타내며 각 점은 각 연도의 GDP의 관찰치이다. 이 때 예를 들어 e_1과 e_2는 어떤 2개 연도에 있어서의 추세선과 관찰치 사이의 수직적인 거리를 나타내는데, 다른 모든 점에 대하여도 이를(e_i) 구하여 제곱을 한 후(e_i^2), 이들을 전부 합한 것을($e_1^2+e_2^2+e_3^2+\cdots=\Sigma e_i^2$) 최소로 만드는($\text{Min}\Sigma e_i^2$) 추세선을 찾은 것이 이 그림에서 직선으로 그려져 있다.

(2) 한국의 경기변동

위에서는 시계열의 변동 가운데서 계절변동, 불규칙변동 및 추세변동을 제거하는 방법에 대하여 그 개요를 설명하였다. 이 때 남는 것은 경기변동 또는 순환변동뿐이다. [그림 26-4]는 우리나라의 1970년부터 2002년까지의 경기종합지수의 순환변동을 나타낸 것이다.[7] 위에 표시된 연월은 기준순환일을 나타내는데 T는 저점, P는 정점을 표시한다. 이와 관련하여 경기순환의 4국면에서 대해서는 이미 앞의 [그림 21-3]을 보면서 자세히 설명한 바 있다. 또한 오른편을 보면 순환변동치가 경기의 정점에서는 대체로 103~107의 값을 가지며 저점에서는 94~98의 범주에 있음을 알 수 있다. 또한 우리나라의 경기의 순환주기는 약 50개월이며, 이 중 경기의 확장기는 31개월의 기간을 가지며, 수축기는 19개월 정도의 지속시간을 보인다.

경기예측

(1) 선행지표에 의한 예측

위에서 우리는 시계열분석을 사용하여 경기변동 또는 순환변동을 측정하는 문제에 관하여 살펴보았다. 여기서 발견한 것은 경기순환이 반복해서 발생하고 있으나 매 순환마다 기간이나 진폭이 서로 다르다는 것이다. 이제 그러면 경기예측은 어떻게 할 수 있는가를 살펴보기로 하자. 경기예측이 필요한 이유는 두말할 나위도 없이 장래의 경기를 미리 앎으로써 재정 · 금융정책을 통하여 경제안정을 달성하기 위해서이다.

경기예측의 한 방법은 **선행지표**(leading indicators)를 사용하는 것이다. 이 방법은 경제의 각 부문의 변동을 나타내는 여러 개의 경제지표를 선정한 후에, 이를 선행지표, **동행지표**(coincidental indicators) 및 **후행지표**(lagging indicators)로 구분하여 선행지표들의 변동을 가지고 경기를 예측하며, 동행지표 및 후행지표들의 변동을 보고 이를 확인하는 방법이다.

여기서 선행, 동행 및 후행지표는 어떤 지표의 시계열변동이 국민경제 전체의 순환변동보다 앞장을 서는가, 같이 움직이는가 또는 뒤지는가에 따라서 결정된다. 물론 경기예측을 하는 데 가장 중요한 지표는 선행지표인데, 그 이유는 선행지표를 사용하여 사전에 미리 앞으로 올 전환점, 즉 저점과 정점을 예측할 수 있고 경기침체나 호황의 심도도 예견할 수 있기 때문이다. 선행지표에는 건축허가면적, 건설용 중간재 생산지수, 기계수주액, 수출신용장(L/C) 내도액, 수입허가서(I/L) 발급액, 총유동성(M_3), 예금은행 대출금, 제조업 재고율 지수, 중간재 출하지수 및 입직자수/이직자수 등이 있다.

이처럼 선행지표를 사용하여 경기를 예측할 수 있는 이외에, 선행, 동행

7) 경기종합지수에 대해서는 뒤에서 바로 설명한다.

및 후행지표를 모두 포괄하여 **확산지수**(diffusion index)를 작성할 수도 있다. 확산지수는 선정된 모든 선행, 동행 및 후행지표 가운데서 확대의 방향으로 움직이는 지표의 수가 전체 지표의 수 가운데서 차지하는 비율로 표시된다. 즉, 확산지수는(DI)는,

$$DI = \frac{\text{확대의 방향으로 변동한 지표의 수}}{\text{선정지표의 총수}} \times 100$$

이렇게 산출된 DI가 50% 이상이면 경기는 상승국면에 있음을 나타내며 50% 미만이면 하강국면에 있음을 나타낸다.

(2) 기업경기실사

경기를 예측하는 다른 한 방법은 기업이 장래에 대하여 어떻게 예상하고 있는가를 직접 조사함으로써 경기동향을 예측하는 것이다. 이와 같은 장래에 대한 예상자료를 사용하여 경기를 예측하는 배후에는 기업가의 장래에 대한 예상이 경기에 영향을 주는 중요한 요인이라는 생각이 깔려 있다. **기업경기실사**(Business Survey)에서는 수백여 개의 기업을 대상으로 하여 매분기별로 생산, 매출, 제품재고, 설비투자 등 수십여 개의 항목에 대하여 기업의 장래에 관한 예측인 변화방향(증가, 동일, 감소로 구분)만을 조사하고 있다. 그 결과를 기업경기실사지수(business survey index; *BSI*)로 표현하는데, *BSI*가 정(+)이면 전분기에 비하여 증가를 예상한 기업체의 수가 총조사대상 기업의 과반수 이상인 경우로서 경기는 상승할 것으로 판단을 내리며, 반면에 부(-)이면 경기는 하강할 것으로 예측하는 것이다.

(3) 계량경제모형에 의한 예측

위에서는 선행지표와 예상자료를 사용하여 경기를 예측하는 방법에 대하여 살펴보았다. 세번째 경기예측방법은 분기별 자료를 이용하여 국민경제 전체에 대한 **계량경제모형**(econometric model)을 만들고, 이를 가지고 단기의 경기예측을 하는 것이다. 미국의 경우에는 이 방법이 가장 좋은 경기예측을 할 수 있는 것으로 평가되고 있다. 한국의 경우에도 현재 여러 민간연구소에서 계량경제모형을 사용하여 경기예측을 하고 있으나 공식적으로는 활용하지 않고 있다.

(4) 경기종합지수

현재 우리나라에서 작성되고 있는 대표적인 경기지표에는 통계청이 1981년 3월부터 매달 작성, 발표하고 있는 **경기종합지수**(composite index; *CI*)가 있다. *CI*는 현재의 경기동향을 파악하거나 장래의 경기를 예측하기 위하여 경기와 밀접한 관련을 갖는 각종 경제지표들의 전월대비 증감률을 가중평균하여 하나의 지수로 나타낸 것이다. 이 때 전월대비 증감률이 정이면 경기상승을, 부이면 경기하강을 나타낸다.

*CI*는 모두 23개의 지표로 구성되어 있는데, 경기와의 일치성의 정도에 따라 약 3~6개월 후의 경기동향을 나타내는 선행종합지수 10개, 현재의 경기상태를 나타내는 동행종합지수(산업생산지수, 제조업가동률지수, 생산자출하지수, 도소매판매액지수, 비내구소비재출하, 수입액, 시멘트 소비량, 비농가취업자수 등 8개 지수) 그리고 경기의 변동을 3~6개월 후에 확인하는 후행종합지수(기계류수입액, 생산자제품재고지수, 내구소비재출하지수, 회사채유통수익률, 비농가실업률 등 5개 구성지표를 가짐)의 세 가지로 나뉘어진다. [그림 26-4]는 이 중에서 동행지수의 순환변동치를 나타낸 것이다.

지금까지 우리는 경기변동의 측정과 예측에 관하여 설명하였다. 그러나 경기변동의 요인을 설명하는 경기변동의 이론에 관하여는 거의 언급하지 않았다. 이러한 경기변동에 대한 접근방법은 이론이 없이 측정만 하는 것(measurement without theory)으로 비판을 받을 수 있다.

경기변동의 요인을 설명하는 이론에는 지금까지 여러 이론들이 제시되었다. 몇 가지 경기변동이론의 예를 들어 보면, 은행의 신용팽창 및 수축이 경기변동의 요인이라는 경기변동의 화폐이론, 주요한 혁신이나 발명이 경기순환의 주된 요인이 된다는 혁신설, 경제주체가 장래의 경기를 낙관적으로 보는가 아니면 비관적으로 보는가에 따라서 경기변동이 일어난다는 심리설, 소비의 부족이 경기변동의 원인이라는 과소소비설, 과도한 투자가 경기순환의 원인이라고 보는 과잉투자설 등이 있다.

대체로 경기변동이론에는, 경기순환의 요인을 경제적인 인자에게 찾으려는 내성적인 이론(endogenous theory)과, 경기변동의 원인을 경제제도 밖에서 찾으려는 외생적인 이론(exogenous theory)의 두 가지 부류가 있다. 대체로 바람직한 것은 내생적인 이론과 외생적인 이론을 결합하여 경기변동현상을 설명하는 것이다. 예를 들면 최초의 투자의 변동은 외생적인 요인인 혁신이나 인구증가에 의하여 초래되지만 이것이 경제적인 요인과의 상호작용을 통하여 경기변동을 내생적으로 발생시킨다고 설명하는 것이다. 그러나 아직 만족할 만한 정도로 경기변동현상을 설명할 수 있는 이론은 구축되지 못한 것으로 보인다.

주요개념

자본존재량 저량(stock) 유량(flow) 총투자(총자본형성) 고정투자(총고정자본형성) 재고투자 건설투자 설비투자; 신고전학파의 투자이론 수익률 투자세액 공제 주택시장; 가속도원리; 경기변동 시계열 추세변동 계절변동 순환변동 불규칙변동 시계열분석 (계절변동조정) 산업생산지수 최소자승법 선행지표 동행지표 후행지표 확산지수 기업경기실사 계량경제모형 경기종합지수(*CI*)

요 약

1. 소비는 안정적인 성격을 가지는 반면 투자는 단기에 있어서 지극히 변동적이어서 경기변동의 주요한 요인이 된다.
2. 장기에 있어서 투자는 자본축적을 증대시킴으로써 경제성장을 촉진시킨다.
3. 자본존재량(capital stock)이란 일정한 시점에서 한 나라가 가지고 있는 실물자산의 총액이다.
4. 총투자 또는 총자본형성은 고정투자 또는 총고정자본형성과 재고투자의 둘로 나눌 수 있다. 한편 고정투자는 크게 건설투자와 설비투자로 나뉘어진다.
5. 설비투자는 이자율의 감소함수이며, 기술혁신은 설비투자함수 전체를 이동시킨다.
6. 주택시장에는 기존의 주택이 거래되는 시장과, 신규로 주택이 공급되는 시장의 둘이 있는데 양자는 서로 밀접하게 연결되어 있다.

7. 가속도원리는 재고투자를 잘 설명할 수 있는데 $IN = \Delta N = \alpha \Delta Y$로 나타낼 수 있다. 즉, 재고투자는 산출량의 "변화"(ΔY)에 비례적이다.

8. 모든 종류의 투자지출은 이자율과 역의 관계를 가진다.

9. 한 시계열의 변동은 추세변동, 계절변동, 순환변동 및 불규칙변동을 합한 것이다.

10. 시계열분석을 통해 계절변동, 불규칙변동 및 추세변동을 제거하고 나면 순환변동만 남게 된다.

11. 경기예측의 방법에는 선행지표, 기업실사, 계량경제모형 및 경기종합지수(CI)를 이용하는 것 등이 있다.

연습문제

1. 국내총투자 또는 총자본형성의 구성부분은 무엇인가?

2. "투자란 기업들의 기계류에 대한 지출만을 뜻한다"는 말에 대해 평가하라.

3. 신고전학파의 투자이론에 기초한 투자함수를 설명하라. 투자함수는 어떤 경우에 전체가 이동하는가?

4. 주택시장을 그림으로 그리고, 기존의 주택이 거래되는 시장과 신규로 주택이 공급되는 시장이 서로 연결되어 있음을 보여라. 기존의 주택에 대한 수요곡선이 오른쪽으로 이동할 때의 영향은 무엇인가?

5. 가속도원리에 대하여 설명하라.

6. 경기변동을 측정하기 위하여 사용되는 시계열분석에 대해 설명하라.

7. 경기종합지수(CI)를 사용하여 경기를 예측하는 방법에 대해 설명해보라.

8. 선행, 동행 및 후행지표의 보기를 들어보라.

제 9 편

금융시장

요 약

제8편이 국민소득의 결정이론을 설명한 *IS*분석인데 비하여 제9편은 금융시장에 대하여 살펴보는 *LM*분석이다. 제27장에서 금융시장을 개관한 후, 제28장과 제29장에서는 금융시장의 균형을 보기 위해 화폐의 공급과 화폐에 대한 수요를 차례로 살펴본다. 제30장은 금융정책의 의의와 수단에 대하여 풀이한 후, 안정정책과 관련된 문제점 및 지난 5년동안 강도높게 추진된 금융개혁에 대하여 살펴본다.

제 9 편

금융시장

제 27 장

금융시장의 개관

제27장에서는 먼저 제 8 편의 소득분석과 제 9 편의 화폐분석을 서로 대비시키면서 설명함으로써 논리적인 연결고리를 분명히 한다. 이어서 우리 나라의 금융시장의 구조를 개관하며, 다양한 종류의 금융기관들에 대해서도 자세히 설명한다. 특히 증권시장에 관해서 상세하게 풀이한다. 끝으로 실물거래와 금융거래의 관계를 종합적으로 파악하기 위해 작성되는 자금순환표를 분석함으로써 기업과 가계가 자금을 어떻게 조달하고 운영하는지 본다.

27.1 소득분석과 화폐분석

지금까지 우리는 8편에서 국민소득의 결정이론에 대하여 살펴보았다. 먼저 21장, 22장 및 23장에서 거시경제학을 개관하고 국민소득의 기초개념을 다룬 뒤, 24장과 그 부록에서는 케인즈의 단순모형을 가정하고 단기의 국민소득의 결정이론에 대하여 분석하였다. 여기서 총수요의 수준이 국민소득을 결정한다는 것을 알았으므로, 25, 26장에서는 총수요 또는 총지출의 주요한 구성부분인 소비와 투자에 관하여 차례로 살펴보았다. 그런데 21장에서부터 26장까지의 분석은 재화와 용역이 거래되는 재화시장 또는 상품시장(product market or commodity market)을 분석대상으로 하고 있다. 만일 정부 및 해외부문이 없는 단순한 국민경제를 생각하면, 국민소득은 사전적인 의도한 투자 I와, 사전적인 의도한 저축 S가 일치하는 수준에서 결정될 것이다. 이처럼 $I=S$가 성립하여 단기의 균형국민소득수준이 결정될 때, 재화시장 역시 균형상태에 있으며 더 이상 변동하지 않게 된다. 따라서 $I=S$는 단기의 균형국민소득수준의 결정조건인 동시에 재화시장의 균형조건이 된다. 이와같이 케인즈의 단순모형을 가정하고 단기의 국민소득수준의 결정이론에 대하여 취급하는 것을 소득분석(income analysis), **국민소득론** 또는 ***IS*분석**이라고 부른다.

이제 9편에서는 **금융시장**(financial market)에 대하여 살펴보기로 한다. 금융시장은 화폐에 대한 수요(demand for money; L)와 화폐의 공급(supply of money; M)이 사전적으로 일치할 때 균형상태에 있게 될 것이다. 즉, $L=M$이 성립할 때 금융시장은 균형상태에 있으며 더 이상 변동하지 않는다. 따라서 $I=S$가 재화시장의 균형조건인 것처럼, $L=M$은 금융시장의 균형조건이 된다. 이와 같이 금융시장에 대하여 취급하는 것을 화폐분석(monetary analysis), 화폐금융론 또는 ***LM*분석**이라고 한다. 논의전개의 순서를 보면, 먼저 27장에서는 전반적인 윤곽을 이해하기 위하여 금융시장을 개관한다. 그리고 28장과 29장에서는 화폐의 공급과 수요에 대하여 차례로 다루며, 30장에서는 금융정책에 대하여 보기로 한다.

27.2 금융시장의 구조

기초개념

전반적인 윤곽을 이해하기 위해서는 **금융시장**(financial market)에 대하여 우선 살펴볼 필요가 있다. 금융시장이란 자금에 대한 수요와 공급이 발생하여 자금의 대차거래가 행해지는 시장을 말한다. 일반적으로 볼 때 모든 경제주체는 소득과 지출을 비교하여 크게 두 종류로 나눌 수 있다. 하나는 **흑자지출단위**(surplus units)로서 소득이 지출보다 커서 잉여구매력을 가지고 있는 경제주체인데, 대체로 가계가 이에 속한다. 다른 하나는 **적자지출단위**(deficit units)로서 지출이 소득보다 큰 경제주체인데, 기업이 여기에 해당한다.

모든 경제주체를 이와 같이 흑자지출단위와 적자지출단위로 나눌 때 양자 사이에는 자금의 대차거래가 일어날 수 있으며, 이를 통하여 잉여구매력의 이전이 가능하여진다. 흑자지출단위가 적자지출단위에게 자금을 대여하는 댓가로 얻게 되는 금융적인 청구권을 **금융자산**(financial asset)이라고 부르는데, 이는 적자지출단위의 입장에서 보면 **금융부채**(financial debt)가 된다.

금융자산은 크게 두 가지 종류로 나누어 볼 수 있다. 하나는 적자지출단위가 직접 발행하는 **본원적 증권**(primary securities)으로서 국채, 공채, 회사채, 주식 등이 여기에 속한다. 다른 하나는 **간접증권**(indirect securities)으로서 흑자지출단위와 적자지출단위의 중간에 서서 중개기능을 담당하는 **금융중개기관**(financial intermediaries)이 발행한 채무증서인 예금증서, 보험증서, 신탁증서 및 수익증권 등이다.

금융시장의 구성

(1) 금융시장의 구성요소

이제 기초개념을 알았으므로 [그림 27-1]을 사용하여 금융시장의 윤곽을 살펴보기로 하자.

금융시장을 구성하는 가장 중요한 요소는 그림에서 원으로 표시된 경제주체이다. 왼편의 흑자지출단위는 소득이 지출보다 큰 경제주체로서 자금의 최종적인 공급자이며 동시에 금융자산에 대한 수요자가 된다. 오른편의 적자지출단위는 지출이 소득보다 큰 경제주체로서 자금의 최종적인 수요자인 동시에, 금융자산 중에서 본원적인 증권을 발행하여 공급한다.

금융시장을 구성하는 또 하나의 요소는 **금융기관**(financial institutions)으로서 그림에서 가운데에 직사각형으로 표시되어 있다. 대체로 세 종류의 금융기관을 생각할 수 있는데, 첫째는 통화를 창조하는 **통화금융기관**(monetary financial institutions)으로서 중앙은행과 예금은행들이 여기에 속한다. 둘째는 통화의 창조기능이 없는 **비통화금융기관**(non-monetary financial institutions)으로서 보험, 신탁, 단기금융회사 등이 여기에 속한다. 셋째는 앞의 그림에서 점선의 직사각형으로 표시된 **증권시장**(securities market)이다.

(2) 간접금융

이제 그러면 금융시장에서 금융자산이 어떻게 거래되는가 살펴보자. 흑자지출단위는 통화금융기관에 자금을 맡기고 그 대신 간접증권인 각종의 예금증서를 받는다. 또한 비통화금융기관에도 여유자금을 공급하고 그 대신 보험

그림 27-1 금융시장의 구조

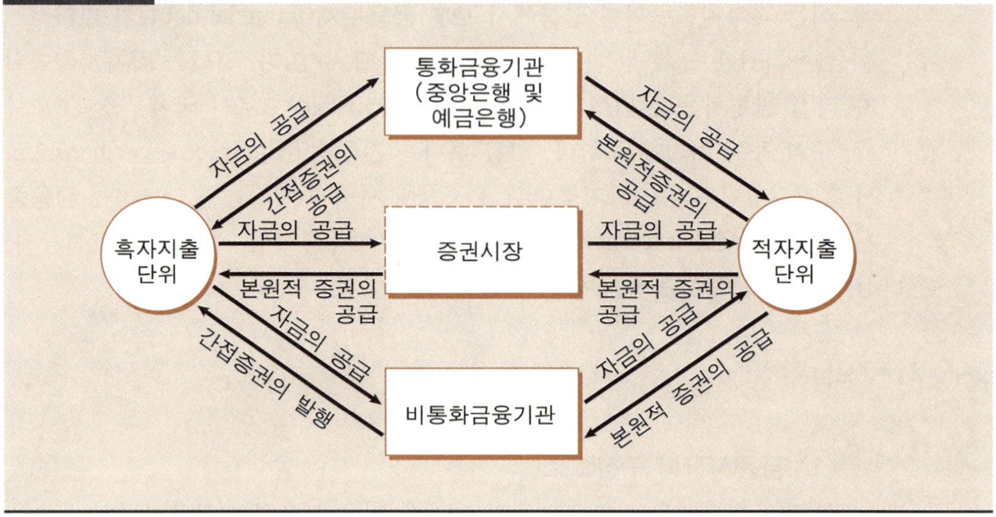

증서, 신탁증서, 수익증권 등 비통화금융기관이 발행한 간접증권을 받는다.

한편 적자지출단위는 통화금융기관 및 비통화금융기관에 기업어음과 같은 본원적인 증권을 발행하고, 그 대신 자금을 공급받는다. 여기서 보는 것은 한국은행을 제외한 통화금융기관과, 비통화금융기관이 흑자지출단위로부터 자금을 동원하면서 자신의 채무증서인 간접증권을 발행하며, 이렇게 동원된 자금을 적자지출단위가 발행한 본원적 증권을 받고 공급한다는 것이다. 따라서 중앙은행을 제외한 통화금융기관과, 비통화금융기관은 흑자지출단위와 적자지출단위의 중간에서 자금의 수요와 공급을 중개하는 금융중개기관이다. 이와 같이 금융중개기관을 가운데 놓고 자금의 수급이 이루어지는 것을 **간접금융**(indirect finance)이라고 한다.

(3) 직접금융

증권시장을 통한 자금의 수급에 있어서는 자금의 공급자와 수요자가 제3자인 금융중개기관을 거치지 않고 직접 자금을 거래한다. 즉, 흑자지출단위는 적자지출단위에게 자금을 대여하고 그 댓가로 적자지출단위가 발행한 국채, 공채, 주식, 사채 등의 본원적 증권을 받는다. 이처럼 증권시장을 통하여 이루어지는 자금의 거래에 있어서는 제 3 자가 개입하지 않으므로 **직접금융**(direct finance)이라고 한다. 증권시장을 통한 직접금융을 통화금융기관 및 비통화금융기관과 같은 금융중개기관을 통한 간접금융과 구별하기 위하여 [그림 27-1]에서는 이를 점선으로 된 직사각형으로 표시하였다.

만일 기업이 자신의 저축만 가지고 투자하는 **내부금융**(internal finance)에만 의존한다면 투자재원의 조달에는 기본적으로 한계가 있을 것이다. 그러나 직접금융 및 간접금융과 같은 **외부금융**(external finance)에 의한 투자재원의 동원이 가능하므로, 투자는 촉진되며 경제발전은 더욱 빠르게 일어날 수 있다. 이는 곧 한 나라의 경제발전을 촉진시키기 위해서는 금융시장의 발전이 필수적이라는 것을 가리키는 것이다.

27.3 금융기관

위에서 우리는 금융시장의 구조를 살펴보는 가운데 세 가지 종류의 금융기관인 통화금융기관, 비통화금융기관 및 증권시장을 구별하였다. 이제 여기서는 이들 금융기관에 대하여 살펴보기로 한다.

통화금융기관

(1) 중앙은행

통화금융기관이란 통화를 창조하는 기능을 가지는 금융기관으로서, **중앙은행**(the central bank)인 한국은행과, 예금통화를 창조하는 **예금은행**(deposit money banks)으로 나눌 수 있다. 먼저 한국은행은 1950년 「한국은행법」에 의하여 우리 나라의 중앙은행으로 설립되었다. 한국은행은 화폐의 발행, 금융기관 지급준비금의 관리 및 대외지급준비금의 관리 등의 기능을 수행하는데 통화당국이라고도 부른다.

(2) 예금은행

예금은행은 총부채 가운데서 요구불예금의 비중이 높아 예금통화의 창출을 주요한 기능으로 삼는 금융기관으로서 **일반은행**(commercial banks)과 **특수은행**(special banks)으로 분류한다. 일반은행이란 「은행법」의 적용을 받으며 상업금융을 주로 하는 금융기관이다. 일반은행은 예금을 받아 이를 기초로 하여 대출이나 유가증권에 대하여 투자를 함으로써 영리를 추구하는 것을 목적으로 한다.

특수은행은 특별법에 의하여 설립된 은행 가운데서 예금업무의 비중이 높은 은행이다. 일반은행이 영리성만을 기준으로 자금을 공급할 때 소외당하기 쉬운 부문에 자금을 배분하여 국민경제의 균형적인 발전을 도모하는 것이 특수은행의 목적이다. 중소기업은행은 중소기업체에 대한 금융을 담당하며, 국민은행은 주택금융을 실시하며, 농협은 농업과 축산업에 대한 금융을 취급한다.

비통화금융기관

(1) 개발기관

비통화금융기관은 통화창조를 하지 않는 금융기관으로서 **개발기관**(development institutions), **저축기관**(savings institutions), **보험기관**(insurance institutions), **투자기관**(investment institutions)의 네 종류로 크게 분류할 수 있다. 첫째로, 개발기관에는 한국산업은행이 있다. 산은은 주로 장기의 산업금융을 공여하는 것을 목적으로 하며, 기간산업 및 사회간접자본에 대한 투자를 지원하고 있다. 한국수출입은행은 수출입,[1] 해외투자 및 자원개발 등에 대해 중장기신용을 공여하는 것을 주된 업무로 삼고 있다.

한국산업은행과 한국수출입은행은 모두 특별법에 의해서 설립된 특수은행들이나, 한국수출입은행은 예금업무를 취급할 수 없게 되어 있고, 산은도 요구불예금이 거의 무시할 수 있을 정도로 작은 비중을 차지하고 있으므로 예금은행에서 제외되고 있는 것이다.

(2) 저축기관

저축기관은 자금의 대부분을 민간으로부터 저축성예금의 형태로 조달하여 특정목적과 관련된 대출로 운용하는 금융기관이다. 저축기관에의 예금은 거의 대부분이 장기성예금의 형태이거나 또는 조합금융과 같이 대출을 받을

1) 예를 들면 플랜트의 수출을 지원하기 위한 금융을 들 수 있다.

목적으로 저축하는 성격을 가지고 있다.

상호신용금고는 1972년의 사채동결조치(8.3 조치) 이후 종래 사금융의 형태로 번창하였던 사설무진의 계와, 서민금고의 일수 및 소액신용대출 업무를 제도금융권으로 흡수하기 위하여 1973년에 설립되었다. 지금은 저축은행의 명칭을 사용하고 있다.

신용협동기구인 신용협동조합, 새마을금고 및 농협의 단위조합에서 운용하는 상호금융 등은 모두 조합원에 대한 저축편의의 제공과 융자를 통해 조합원 상호 간의 공동이익을 추구할 것을 목적으로 설립 · 운용되고 있다. 한편, 체신예금은 1983년부터 전국의 체신관서에서 취급하기 시작하였는데, 금융의 대중화를 통해 국민의 저축의욕을 고취하는 것을 목적으로 삼고 있다. 체신예금은 은행예금과 마찬가지로 요구불예금과 저축성예금을 모두 취급한다.

(3) 보험기관

보험에는 손해보험과 생명보험이 있으나, 생명보험만이 계약기간이 길며 사망률도 비교적 정확하게 예측할 수 있으므로 금융기관으로서의 기능을 수행한다. 생명보험회사는 주로 설비투자를 지원하기 위하여 대출을 하며, 증권투자도 행하고 있다.

(4) 투자기관

투자기관은 장단기 금융시장에서 어음, 수익증권 등의 발행을 통해서 자금을 조달해 주로 유가증권에 투자, 운용하는 금융기관이다. 먼저 투자금융회사(investment and finance companies)는 단기금융시장(short-term money market)을 발전시킴으로써 사금융을 양성화하기 위하여 설립된 단기금융회사 또는 보통 말하는 단자회사이다. 단자회사의 주요한 업무를 보면, 자금의 조달을 위해서는 단자회사 자신이 발행한 약속어음을 일반투자가에게 매출하거나, 할인매입한 기업어음을 자사의 보증으로 다시 일반 투자가에게 매출하거나 또는 소액투자가인 일반고객으로부터 자금을 수탁받아 수익성이 높은 금융자산에 투자하고 그 수익을 고객에게 지급한다. 자금운용면에서는 아직 지급기일이 도래하지 않은 기업이 발행한 약속어음을 할인매입함으로써 기업에게 단기자금을 공급한다.

종합금융회사(merchant banking corporations)는 기업을 위하여 외자도

입을 중개하거나 또는 직접 외자를 도입하여 기업에게 대출하고, 중장기대부를 기업에게 하며, 기업이 발행한 약속어음의 할인매입과 매매 등을 한다. 투자신탁회사는 증권투자신탁 및 신탁형 증권저축으로 조달한 자금을 발행시장에서 유가증권을 인수하거나 또는 유통시장에서 기관투자가로서 증권의 매매를 하고 있다. 이때 고객에게는 수익증권을 발행하게 된다.

증권시장

(1) 화폐시장과 자본시장

금융시장은 단기자금이 거래되는 단기금융시장(short-term money market) 또는 **화폐시장**(money market)과, 장기자금이 거래되는 장기금융시장(long-term money market) 또는 **자본시장**(capital market)의 둘로 분류되기도 한다. 여기서 단기와 장기란 상환기간이 1년 이하인가 또는 1년 이상인가에 따라서 구별된다.

단기금융시장에는 금융기관 사이의 1일 이상 1주일 이내의 극히 단기의 자금이 수급되는 콜 시장(call money market)이 있다. 이 밖에 **환매조건부채권매매**(repurchase; RP)시장은 일정 기간이 경과한 후 일정한 가격으로 동일한 채권을 다시 매수하거나 매도하는 조건으로 채권을 매매함으로써 단기자금거래가 이루어지는 곳이다. **양도성예금증서**(negotiable certificate of deposit; CD)시장은 은행 정기예금에 양도성을 부여한 CD가 거래되는 시장이다.

기업어음(commercial paper; CP)시장은 신용이 좋은 기업이 단기자금을 조달하기 위하여 자기신용을 바탕으로 발행한 CP가 거래되는 곳이다. **표지어음**(cover bill)시장은 금융기관이 할인하여 보유하고 있는 상거래에 수반하여 발행된 상업어음(commercial bill), 수출신용장 등을 근거로 발행된 무역어음 등을 분할 또는 통합하여 새롭게 발행한 약속어음인 표지어음이 거래되는 곳이다.

통화안정증권시장은 경상수지의 흑자나 외국인투자자금의 유입으로 시중의 유동성이 과다할 때 한은이 통화량을 조절하기 위하여 금융기관과 일반인을 대상으로 발행한 통화안정증권이 거래되는 곳이다.[2)]

2) 한국은행, 「우리나라의 금융시장」, 2001. 12. 제 2 장.

한편, 장기금융시장은 주로 신투자를 위한 장기자금이 거래되는 시장으로서 증권시장이 여기에 속한다. 이제 아래에서는 장기금융시장에 속하는 증권시장[3)]에 대하여 보기로 한다.

(2) 증권시장

증권시장이나 국제상품시장에서의 가격변동을 설명하는 대표적인 가설은 **효율적 시장이론(efficient-market theory)**이다. 여기서 효율적인 시장이란 모든 정보가 즉각 경제주체들에게 확산되고, 시장가격에 반영되는 것을 뜻한다. 이 때는 어제의 뉴스나 과거의 가격변동 패턴은 장래의 가격을 예측하는데 아무런 도움을 줄 수가 없고, 따라서 증권투자 등으로부터 쉽게 이익을 얻을 수도 없다.

효율적 시장이론에 의하면 주식가격의 변동은 흡사 **랜덤 워크(random walk)**처럼 지극히 불규칙적이어서 전연 예측이 불가능하다. 그 이유는 주식가격은 이라크전쟁, 북한 핵사태, 일기 불순 등과 같이 예측할 수 없는 일(surprises)이 발생할 때 변동하기 때문이다. 따라서 평균적으로 볼 때 주식투자 전문가라고 할지라도 일반 주식투자자보다 더 많은 이득을 볼 수는 없게 된다.[4)]

앞에서 우리는 [그림 27-1]을 설명하면서, 증권시장에서는 적자지출단위가 직접 발행한 본원적 증권인 주식, 회사채, 국 · 공채가 제3자인 금융중개기관을 거치지 않고 흑자지출단위에게 그대로 이전되면서, 반대로 자금이 흑자지출단위에서 적자지출단위에게로 공급된다는 것을 보았다. 즉, 증권시장은 자금의 수요와 공급이 제3자를 거치지 않고 이루어지는 직접금융시장이다. 증권시장은 주식, 회사채, 국 · 공채 등의 본원적 증권이 신규로 발행되는 증권발행시장 또는 **발행시장(issue market)**과, 이미 발행된 증권이 매매되는 증권유통시장 또는 **유통시장(trading market)**으로 구성되어 있다. 발행시장을 1차적인 시장(primary market)이라고도 하며, 유통시장을 2차적인 시장이라고도 부른다.

결국 증권시장이란 증권이 발행되고 유통되는 시장인데, 증권에는 주식과

---

3) 증권시장은 흔히 자본시장이라고도 불리어진다.

4) Paul A. Samuelson and William D.Nordhaus, *Economics*, 15th ed., McGraw-Hill, N.Y., 1995, Appendix 26.

채권이 있으므로 증권시장은 거래되는 증권의 종류에 따라서 **주식시장**과 **채권시장**으로 분류하기도 한다.

① 발행시장

먼저 발행시장을 보면, 주식, 회사채 및 국 · 공채를 발행하려고 하는 발행주체인 기업이나 정부가 증권매매의 중개기관을 통하지 않고 증권의 수요자에게 직접 증권을 판매할 수 있는데, 이를 직접발행이라고 부른다. 그러나 직접발행의 경우에는 복잡한 사무를 발행주체가 담당하여야 하므로 보통은 중개기관을 통하여 간접발행을 하게 된다.

간접발행의 경우, 중개기관인 증권회사나 기타의 금융기관은 발행주체가 발행한 본원적 증권을 인수(underwriting)하기도 하며 분매(brokerage)만 담당하기도 한다. 여기서 인수란 적자지출단위가 신규로 발행한 본원적 증권을 중개기관이 자신의 위험부담 아래 전액 매입하여 판매하는 것을 말한다. 한편 분매란 중개기관이 신규로 발행되는 증권을 널리 알려서 매입을 유도하는 모집업무와 매출업무만을 담당하며, 모집액에 미달하는 증권의 매출잔량이 있더라도 이에 대하여 책임을 지지 않는다. 중개기관에 의한 인수 및 분매는 증권의 발행을 크게 촉진시킨다.

증권 또는 유가증권의 발행형태는 크게 **주식**(stocks)과 **채권**(bonds)으로 분류할 수 있다. 주식이란 주식회사가 자기자본의 조달을 위하여 출자자에게 발행한 증권이다. 채권이란 회사 또는 공공단체가 타인자본의 조달을 위하여 발행한 유가증권이며, 발행주체를 기준으로 회사채와 국 · 공채로 나눌 수 있다. 이에 따라서 발행시장도 주식발행시장과 채권발행시장으로 분류할 수가 있다.

② 유통시장

유통시장을 보면 시장형태에 따라 **상장증권**(listed securities)이 대량으로 거래되는 조직적인 시장인 거래소시장 또는 **장내시장**과 이와는 대조적으로 일정한 매매장소가 없이 증권회사의 창구에서 증권업자와 투자가 사이에 주로 비상장증권의 매매가 산발적으로 행해지는 점두시장 또는 **장외시장**(over-the-counter market)으로 나눌 수 있다. 여기서 상장증권이란 일정한 요건을 구비하고 있어서 증권거래소나 **코스닥**(KOSDAQ)시장에서 거래되기로 등록되어 있는 증권을 말한다.

장내시장에는 상장 주식과 채권이 거래되는 증권거래소나 코스닥시장 이외에 **선도거래**(forward), **선물**(futures), **옵션**(options), **스와프**(swaps) 등 **파생금융상품**(financial derivatives)이 거래되는 선물거래소가 있다. 파생금융상품이란 외환, 채권, 주식 등 기초자산(underlying asset)의 현물거래에서 생길 수 있는 손실을 예방하기 위한 수단이다.

선도거래는 미래에 어떤 기초자산을 미리 합의한 가격에 사고 파는 것을 약속하는 거래이다. 예를 들어 통화의 선도거래를 **선물환**(forward exchange)이라고 하는데, 가장 전통적인 파생금융상품이다. 어떤 기업이 수출을 하면서 한달 후 1천만 달러를 받기로 하였는데 그동안 환율이 1달러 당 1,200원에서 1,000원으로 평가절상되면 20억원(200원×1천만 달러)의 손해를 보게된다. 따라서 한달 뒤 달러 당 1,200원에 1천만 달러를 팔기로 한 선물환 계약을 미리 맺어 놓으면 평가절상에 따른 손실을 예방할 수 있다.

선물도 선도계약과 같이 기초자산을 미래 특정시점에서 특정가격으로 사고 팔기로 약정하는 계약이다. 차이점은 선도거래가 주로 장외시장에서 당사자들 간에 비공개로 이루어지는 반면, 선물은 선물거래소에서 거래단위, 결제시기, 계약조건 등이 표준화된 형태로 거래된다는 점이다.

옵션은 기초자산을 미래의 특정시점 또는 특정기간 동안에 정해진 가격으로 사거나(call option) 팔(put option) 수 있는 "권리"를 거래하는 파생금융상품이다. 선물과의 차이는 기초자산을 사고 팔 수 있는 권리만을 가지며 이를 반드시 이행해야 하는 것은 아니다. 예를 들어 옵션의 경우 기초자산의 가격이 장래에 정한 가격 이하로 떨어진다면 이를 행사하는 것이 오히려 불리하다.

스와프는 두 거래 당사자 간에 통화나 금리 등의 거래조건을 서로 맞바꾸는 파생금융상품이다. 예를 들어 채무자들끼리 각자의 금리 지급조건을 서로 교환하는 금리 스와프, 서로 다른 통화의 상환 조건을 교환하는 통화스와프 등이 있다.

우리나라는 '90년대 중반까지는 선물환거래를 중심으로 하는 외환파생상품이 주를 이루어 왔다. 그러나 근자에는 주가지수를 기초로 한 선물 및 옵션과 금리선물도 크게 활기를 띠고 있다.

한편, 금융의 자유화와 세계화가 진행되면서 금리와 환율의 변동에 따른 위험을 회피하기 위해 세계 파생금융상품시장은 급속한 성장을 계속해 왔다. 그러나 투기적인 목적으로 시장에 참가하는 사람들이 크게 늘어나면서 오히려 금융시장이 불안정해지는 부작용도 빚어지고 있다.

(3) 한국의 증권시장

우리 나라의 증권시장은 1956년에 대한증권거래소가 설립되면서 비로소 제도적인 기반이 마련되었다. 그러나 1960년대의 중엽까지는 증권시장이 제 기능을 다하지 못하고 있었다. 한편 경제개발계획의 추진과 더불어 투자재원의 조달을 위하여 내자동원의 증대가 절실하여지자, 정부는 일련의 조치를 취하여 증권시장을 육성시키려고 노력하였다.

예를 들면 1968년의 「자본시장 육성에 관한 법률」의 제정 및 1972년의 「기업공개촉진법」의 제정 등이 그것이다. 1980년대 후반에 들어와서는 **자본시장의 개방**을 조심스럽게 추진하기 시작하였으며, 특히 1992년 1월에는 외국인에게 국내의 상장 주식에 대한 직접투자를 최초로 허용함으로써 주식시장을 개방하였다. 당시 외국인의 투자한도는 종목별로 총주식의 10% 이내였으나, 점차로 확대되어 1997년에는 23%까지 증대되었다가 외환위기 이후인 1998년 5월에 폐지되었다.

그 결과 외국인의 상장주식 보유액은 시가총액 대비 '92년 말의 4.9%에서 '01년 6월 말엔 30.7%로 급증하였다. 이처럼 급속한 **자본시장**의 개방에 따른 거액의 **단기 투기성자금**(hot money)의 빈번한 유출입은 통화량, 금리, 환율 등 거시경제변수를 교란시킬 우려가 있다.

우리 나라의 증권시장은 그동안 비약적인 발전을 이룩하였다. 주식을 증권거래소에 상장한 회사의 수는 1985년 말 342개 회사이었으나 2001년 6월 말에는 693개 회사로 늘어났다. 상장주식의 시가총액도 동일한 기간 중 6.6조원에서 238조원으로 급증하였다.

한편 채권발행시장을 보면 2001년 6월 말 현재 채권발행 잔액이 약 454조원에 이르렀다. 이 중에서 비중이 제일 큰 것은 회사채로 약 143조원에 달하였다. 한편 채권유통시장의 규모를 보면 2000년의 경우 월평균 거래대금이 약 156조원이었는데, 이 중에서 장내 거래액은 약 2조원에 불과하였으며 나머지는 모두 장외거래이었다.

주식시장 지표

주식시장 전체의 움직임을 나타내는 여러 **주식시장 지표** 중 대표적인 것은 **주가지수**이다. 주가지수는 개별 주식의 주가변동을 종합하여 작성한 지수로서, 기준시점의 시장전체의 주가수준을 100으로 하고 기준시점의 주가수준과 비교시점의 주가수준을 비교하여 산출한다. 주가지수의 산출방법에는 크게 두 가지가 있는데, 시가총액식 주가지수와 다우 · 존스(Dow Jones)식 주가지수가 그것이다.

먼저 **시가총액식 주가지수**는 상장주식 전종목을 대상으로 주가에 상장주식수를 곱하여 산출한 시가총액을 기준으로 기준시점의 시가총액과 비교시점의 시가총액을 비교하여 산출한다.

$$\text{주가지수} = \frac{\text{비교시점의 시가총액}}{\text{기준시점의 시가총액}} \times 100$$

여기서 시가총액은 각각 $\sum_{i=1}^{n}(i\text{주식의 주가} \times i\text{주식의 상장주식수})$이다.

한국증권거래소가 작성 발표하는 **한국종합주가지수**가 바로 시가총액식이다. 기준시점은 1980년 1월 4일로서 이 기준일의 주가지수를 100으로 하고 있는데, 2003년 1월 2일의 주가지수는 635이었으므로 주가가 평균 6.3배 상승하였음을 나타낸다. 이 방식으로 산출되는 주가지수로는 뉴욕증권거래소에서 발표하는 뉴욕증권시장 종합지수(NYSE composite index)와 일본의 동경증권거래소에서 발표하는 동증(東證)지수가 있다.

시가총액식 주가지수는 전체적인 주가수준을 비교적 정확하게 반영할 수 있는 이점이 있는 반면, 소수 종목이라도 가중치가 큰 대형 전자주나 은행주의 등락이 전체 주가지수의 변동을 좌우하므로 중소형주의 가격변동은 소홀히 반영되는 결점이 있다.

한편, **다우 · 존스식 주가지수**는 상장종목 가운데서 대표적인 소수의 우량주(blue chips)만 골라 이들 종목의 단순주가평균을 기준시와 비교하는 것인데, 시황을 민감하게 파악할 수 있고 산출이 용이한 반면에 채택종목을 동등하게 취급하므로 가격의 움직임이 큰 소수종목의 영향을 과도하게 받는 단점이 있다.

우리 나라에서는 한국경제신문사의 한경다우지수가 있는데 1983년부터 작성 · 발표하고 있으며 현재 기준년도는 1990년 1월 3일이고 대상종목은 70개이다. 2003년 1월 2일 현재의 지수는 65이었다. 미국에서는 월 스트리트 저널(Wall Street Journal)이 다우 공업주 30종 평균인 「다우 · 존스」를 발표하며, 일본경제신문사의 일경다우평균(NIKKEI)도 같은 부류이다.

주식거래량도 주식시장 지표중 하나이다. 이는 주식유통시장에서 매매된 주식의 수량을 나타내는데, 이를 금액으로 표시한 것이 **거래대금**이다. 2003년 1월 2일의 거래량은 약 742백만주이었으며 거래대금은 약 1조 3천억원이었다. 보통 주가가 변동하기 전에 거래량이 먼저 변동하는데, 주가가 상승하는 **강세시장**(bull market)에서는 주가가 지속적으로 상승할 것으로 예상하는 매수세력과 이를 기다리던 매도세력이 서로 집중함으로써 거래량이 늘어나면서 주가도 상승하고, 주가가 하락하는 **약세시장**(bear market)에서는 반대로 주가가 하락하면서 거래량도 감소하는 것이 보통이다.

투자대상을 선택하는 데 기준이 되는 것은 예금을 할 때는 예금금리이며, 주식을 살 때는 주식배당수익률이고, 채권에 투자할 때는 채권수익률이 된다. 따라서 **주식배당수익률**은 주식투자를 위한 판단기준이 된다. 보기를 들어 액면가격이 5,000원인 주식의 현재 시가가 10,000원이며 전기의 배당률이 10%라고 하면 1주당 배당금은 5,000원×0.1=500원인데 이를 시가인 10,000원으로 나눈 후 100을 곱한 5%가 주식배당수익률이 된다.

주식투자는 은행예금이나 채권투자보다 위험성이 높으므로 배당수익률이 예금금리나 채권수익률보다 높을 것으로 흔히 예상하지만 실제로는 오히려 반대인 이유는 주식투자는 배당 이외에 주식가격의 상승에 따른 자본이득이 있기 때문이다.

주가수익비율(price earning ratio; *PER*)도 주식투자를 위한 판단지표가 된다. *PER*은 주가를 법인세 공제후 1주당 순이익으로 나눈 것이다. 보기를 들면 어떤 회사의 작년 법인세 차감후 순이익이 20억원이며 총주식수가 100만주라면 법인세 차감후 1주당 순이익은 2,000원이 된다. 현재 주식가격이 10,000원이라면 이 회사의 *PER*은 5로서 주가가 순이익의 5배로 증권시장에서 거래되고 있음을 나타낸다.

채권수익률은 시장금리를 나타내는 지표 가운데 하나이다. 이는 채권투자로 만기까지 얻게 되는 현금흐름의 현재가치를 이 채권의 현재 시장가격과 일치시키는 할인율인데 채권에 대한 투자성과를 평가하는 기준이 된다.

예를 들어 현재가치가 P_0인 어떤 채권에 투자해서 매기 C원의 이자를 받으며 n기 후에 액면 가액 F를 상환받을 때 채권수익률 r은 다음과 같이 구한다.

$$
\begin{aligned}
P_0 &= \frac{C}{(1+r)} + \frac{C}{(1+r)^2} + \frac{C}{(1+r)^3} + \cdots + \frac{C+F}{(1+r)^n} \\
&= \sum_{i=1}^{n} \frac{C}{(1+r)^t} + \frac{F}{(1+r)^n}
\end{aligned}
$$

간단한 예로 액면금액이 1만원이며 표면(쿠폰)금리가 연 10%이고 잔존기간은 2년이며 이자지급은 1년 단위로 후급조건인 어떤 채권을 현재 시장가격 9,500원에 매입하였다면 채권수익률 r은 다음과 같이 계산된다.

$$
9{,}500\text{원} = \frac{1{,}000\text{원}}{1+r} + \frac{1{,}000\text{원} + 10{,}000\text{원}}{(1+r)^2}
$$

여기서 $r=0.13$이 된다. 그런데 만일 이 채권을 9,800원에 매입하였다면 r은 연 11.2%가 된다. 즉 r은 채권가격과 반대방향으로 움직인다.

일반적으로 경기가 상승하면 기업의 자금수요가 늘어나 채권발행이 증가하고 금리도 상승함에 따라 채권가격은 떨어지고 채권수익률은 상승하게 된다. 또한 통화량이 늘면 채권에 대한 수요가 증가하여 채권가격은 상승하고 채권수익률은 하락하게 된다. 3년 만기 회사채 수익률은 대표적인 시장금리의 하나인데 2001년중 평균 7.05%이었다.

27.4 자금순환표

자금순환표

위에서 우리는 금융시장의 전반적인 윤곽에 관하여 살펴보았다. 이제 이를 기초로 하여 **자금순환표**(flow-of-funds table) 또는 자금순환계정(flow-of-funds account)에 대하여 알아 보기로 하자. 자금순환표 또는 자금순환계정이란 국민경제내에서의 자금의 흐름을 체계적으로 기록함으로써 실물거래와 금융거래의 관계를 종합적으로 파악하기 위한 것이다.

국민경제 전체를 사후적으로 보면 저축과 투자는 항상 일치하기 마련이다. 그러나 국민경제를 구성하는 경제주체별로 보면 흑자지출단위의 경우에는 소득이 지출보다 커서 저축초과가 발생하며, 반대로 적자지출단위의 경우에는 지출이 소득보다 커서 투자초과가 발생한다. 즉, 경제주체별로 볼 때는 저축과 투자 사이에 격차(gap)가 발생하게 되는데, 이를 **자금과부족**(financial surplus or deficit)이라고 부른다. 적자지출단위의 경우에는 **자금부족**(financial deficit)이 일어나며, 흑자지출단위의 경우에는 **자금잉여**(financial surplus)가 발생한다. 그런데 이러한 자금과부족의 발생은 국민경제의 실물거래 또는 실물적인 흐름의 결과로 생겨난 것이다.

이제 실물거래의 결과로 일어난 경제주체별 자금과부족은 자금의 대차(貸借)인 금융거래를 통하여 메꾸어져야만 한다. 즉, 저축초과를 나타내서 자금잉여를 가지고 있는 경제주체는 금융거래를 통하여 금융자산을 획득하고 자금을 공급하며, 반대로 투자초과를 나타내서 자금부족에 직면하고 있는 경제주체는 금융거래를 통하여 금융부채를 증대시키면서 자금을 조달하게 된다.

이렇게 볼 때 자금순환표는 실물거래의 결과로 발생한 경제부문별 자금과부족이 금융거래를 통하여 어떻게 조달 · 운용[5]되는가를 나타내는 표라고 정의할 수 있나. 국민소득통계나 산업연관표가 국민경제의 실물적인 흐름, 즉 실물거래만을 대상으로 하고 있는 데 반하여, 자금순환계정은 실물거래와 금융거래 사이의 관계를 보여준다.

한국의 자금순환

이제 그러면 위에서의 자금순환표에 대한 설명을 기초로 하여 우리 나라의 자금순환에 대하여 살펴보자. 자금순환표를 우리 나라에서는 한국은행이 분기 및 연간으로 1965년 이후 작성하여 오고 있다.

여기서는 기업부문과 개인부문의 자금조달과 운용의 특징에 대하여 살펴보기로 한다. 먼저 기업부문이 자금을 조달하는 방법에는 앞에서 본 대로 자

5) 조달은 자금부족을 가진 부문의 자금의 조달을 뜻하며, 운용은 자금잉여를 가진 부문의 자금의 운용을 말한다.

신의 저축을 이용하는 내부금융과 금융시장을 통하여 조달하는 외부금융이 있다. 외부금융은 다시 간접금융, 직접금융 및 해외금융이 있다. 외부자금 조달중 간접금융이 차지하는 비중은 2001년의 경우 2.3%에 불과하였다. 반면에 주식, 회사채 등 유가증권의 발행을 통한 직접금융이 70.9%나 되었다. 해외차입도 4.4%에 불과하였다. 2001년 기업부문의 자금부족은 약 24조원인데, 이는 자금조달 52조원에서 자금운용 28조원을 뺀 것이다.[6)]

기업부문의 금융활동의 핵심이 자금조달에 있다면 개인부문은 자금의 운용에 있다. 2001년 개인부문의 자금운용은 약 85조원에 달했는데, 이 가운데 85.7%를 금융기관에 예치하였다. 즉 고수익 위험자산보다는 안전자산을 선호하고 있으며, 안전자산내에서 수익성을 추구하는 특징을 발견할 수 있다. 그리하여 유가증권보다는 금융기관예금을 선호하고 있으며 금융기관예금 중에서는 금리가 높은 비은행예금을 선호하는 경향이 있다. 2001년 중 개인부문의 자금운용은 약 85조원이며 자금조달은 71조원으로서 자금잉여는 14조원에 달했다.

위에서는 개인과 기업부문의 자금운용 및 조달에 대해서 살펴보았다. 이제 끝으로 한 나라의 금융부문의 발전 정도를 나타내는 지표로 흔히 이용되고 있는 **금융연관비율**(financial interrelations ratio; *FIR*)의 추이에 대하여 간략하게 살펴보기로 한다. *FIR*은 경상 GNI(Y)로 금융자산총액(A)을 나눈 비율을 말하는데, 우리 나라는 그동안 경제성장과 더불어 *FIR*이 꾸준히 상승하여 1970년의 2.57에서 1975년 2.71, 1980년 3.09, 1985년 3.94, 1990년 4.33, 1996년에 5.55 그리고 2001년에는 7.36에 달하였다. *FIR*이 꾸준히 상승한 이유는 소득수준의 상승으로 저축이 늘어난 이외에 물가안정으로 높은 실질금리가 보장되었으며, 많은 금융기관이 신규 설립되어 고수익 신종금융자산을 중심으로 금융저축수단이 크게 다양화된 데 연유한다. 2001년 말 총금융자산잔액은 약 4,000조원에 달했다.

---

6) 한국은행, "2001년 자금순환동향(잠정)과 시사점", 「조사통계월보」, 2002. 3.

주요개념

재화시장 *IS*분석 화폐시장 *LM*분석; 금융시장 흑자(적자)지출단위
금융자산(부채) 본원적 증권 간접증권 금융중개기관 (비)통화금융기관
증권시장 간접금융 직접금융 내부(외부)금융; 중앙은행 예금은행
일반은행 특수은행 개발기관 저축기관 보험기관 투자기관
사채동결조치(8.3조치) 화폐시장 자본시장 RP CD CP 표지어음
통화안정증권 효율적 시장이론 랜덤 워크 발행시장 유통시장
주식 채권 주식시장 채권시장 상장증권 장내(외)시장
코스닥(KOSDAQ)시장 선도거래 선물 옵션 스와프 파생금융상품
기초자산 선물환 자본시장의 개방 단기 투기성 자금(hot money)
주가지수 주식거래량 거래대금 강세시장 약세시장 주식배당수익률
주가수익비율(*PER*) 채권수익률; 자금순환표 자금과부족 자금부족
자금잉여 금융연관비율(*FIR*)

요 약

1. 제 8 편에서는 케인즈의 단순모형을 가정하고 단기의 국민소득의 결정이론을 설명하였는데, $I=S$는 균형국민소득수준의 결정이론인 동시에 재화시장의 균형조건이다.

2. 제 9 편에서는 화폐에 대한 수요(L)와 화폐의 공급(M)이 일치하여 $L=M$이 될 때 화폐시장이 균형상태에 있음을 본다.

3. 금융시장이란 자금에 대한 수요와 공급이 발생하여 자금의 대차거래가 행해지는 시장을 말한다.

4. 모든 경제주체는 소득과 지출을 비교하여 흑자지출단위와 적자지출단위로 분류할 수 있다.

5. 금융자산은 적자지출단위가 직접 발행하는 본원적 증권과 금융중개기관이 발행한 간접증권으로 나눌 수 있다.

6. 금융기관은 통화금융기관, 비통화금융기관 및 증권시장의 세 종류로 분류할 수 있다.

7. 금융중개기관을 거쳐서 자금의 수급이 이루어지는 것을 간접금융이라고 하며, 증권시장을 통해 직접 자금이 거래되는 것을 직접금융이라고 한다.

8. 예금은행은 총부채 중 요구불예금의 비중이 높아 예금통화의 창출을 주요한 기능으로 삼고 있는데, 일반은행과 특수은행으로 나뉘어진다.

9. 통화창조를 하지 않는 비통화금융기관은 개발기관, 저축기관, 보험기관 및 투자기관의 네 종류로 분류할 수 있다.

10. 금융시장은 단기자금이 거래되는 화폐시장과 장기자금이 거래되는 자본시장으로 나눌 수 있다.

11. 단기금융시장에는 콜시장, RP, CD, CP, 표지어음 및 통화안정증권시장 등이 있다.

12. 효율적 시장이론에 의하면 주식가격의 변동은 랜덤 워크처럼 지극히 불규칙적이어서 전연 예측할 수가 없다.

13. 증권시장이란 유가증권이 발행되고 유통되는 시장인데, 주식시장과 채권시장으로 나뉘어진다.

14. 유통시장에는 상장증권이 거래되는 장내시장과, 일정한 매매장소 없이 증권회사의 창구에서 비상장증권의 매매가 산발적으로 일어나는 장외시장이 있다.

15. 파생금융상품이란 외환, 채권, 주식 등 기초자산의 현물거래에서 생길 수 있는 손실을 예방하기 위한 것인데 선도거래, 선물, 옵션, 스와프 등이 있다.

16. 우리 나라는 1992년부터 주식시장을 외국인에게 개방하기 시작하였는데, 이로 인한 단기 투기성자금(hot money)의 빈번한 유출입은 통화량, 금리, 환율 등 주요 거시경제변수에 교란요인으로 작용하고 있다.

17. 주식시장 전체의 움직임을 나타내는 주식시장지표에는 주가지수, 주식거래량, 주식배당 수익률 및 주가수익비율 등이 있다.

18. 주가지수의 산출방법에는 시가총액식 주가지수와 다우 · 존스식 주가지수의 두 가지가 있다.

19. 주식투자에는 배당 이외에 주식가격의 상승으로 인한 자본이득이 있으므로

주식배당수익률은 예금금리나 채권수익률에 비해 낮다.

20. 주가수익비율(PER)은 주가를 법인세 공제후의 1주당 순이익으로 나눈 것이다.

21. 채권수익률은 채권투자로 만기까지 얻게 되는 현금 흐름의 현재가치를, 이 채권의 현재 시장가격과 일치시키는 할인율이다.

22. 자금순환표는 국민경제내에서의 자금의 흐름을 체계적으로 기록함으로써 실물거래와 금융거래의 관계를 종합적으로 파악하기 위한 것이다.

23. 경제주체별로 보면 저축과 투자 사이에 격차가 발생하는데, 이를 자금과부족이라고 한다.

24. 경상GNI로 금융자산총액을 나눈 값을 금융연관비율(*FIR*)이라고 하는데, 한 나라의 금융부문의 발전정도를 나타내는 지표이다.

연습문제

1. 금융시장에 대한 정의를 내린 후, 금융시장의 구조를 그림표로 그리고 설명해보라.
2. 간접금융과 직접금융을 서로 비교하면서 설명하라.
3. 단기금융시장에는 어떤 것들이 있는가 알아보라.
4. 주식투자 전문가가 일반 투자자보다 더 큰 이익을 볼 수 없는 이유를 효율적 시장이론을 사용하여 설명해보라.
5. 우리나라의 선물거래소에서 매매되는 주요한 파생금융상품에는 어떤 것들이 있는지 알아보라.
6. 한국의 주식시장에서 외국인의 영향력은 어느 정도인가? 단기 투기성자금이 국내경제에 교란요인이 되는 까닭은 무엇인가?
7. 시가총액식 주가지수와 다우 · 존스식 주가지수의 실제 예를 들어보라.
8. 거래소시장과 코스닥시장에 어떤 주식들이 상장되어 있는가 알아보자.

9. 위험성이 높은 주식투자의 배당수익률이 예금금리나 채권수익률보다 낮은 이유는?

10. 어떤 회사의 작년 법인세 차감후 순이익이 40억원이며 총주식수가 200만주이고 현재의 주식가격이 10,000원일 때 주가수익비율(*PER*)은 얼마인가?

11. 현재가치가 P_0인 어떤 채권에 투자해서 매년 C원의 이자를 받으며 n기 후에 액면가액 F를 상환받을 때 채권수익률 r를 산출하는 식을 써보라.

12. 2001년의 경우 기업부문이 자금을 조달하는 데 있어서의 주요한 특징은?

13. 금융연관비율(*FIR*)을 정의한 후 주요국의 *FIR*을 비교해보라.

제 28 장

화폐의 공급

제28장에서는 화폐의 기능, 발달과정 등을 살펴본 후 주요한 통화지표인 M_1, M_2, 신 M_1, 신M_2 및 M_3를 상호 비교하면서 설명한다. 이어서 예금은행에 의한 승수적인 신용창조와 중앙은행에 의한 본원통화의 공급에 대하여 살펴본다. 끝으로 통화공급함수를 도출해 본다.

28.1 금융시장과 화폐시장

우리는 앞의 27장에서 금융시장의 구조에 관하여 살펴보았다. 여기서 발견한 것은 금융시장에서는 각종의 금융자산이 거래되고 있다는 것이다. 그러나 단순화를 위하여 금융자산은 **비수익성자산**(non-earning assets)인 **화폐**(money)와, 기타의 모든 **수익성자산**(earning assets)으로 크게 나눌 수 있다.[1)] 이제 화폐를 제외한 여타의 모든 수익성자산을 **채권**(bonds)이라 부르기로 하자.

이처럼 금융자산을 단순화하기 위하여 크게 화폐와 채권의 두 가지 종류로 나눈다면, 금융시장도 화폐가 거래되는 **화폐시장**(money market)과 채권이 거래되는 **채권시장**(bond market)의 둘로 나눌 수 있다. 이제 한 나라의 금융자산의 크기가 일정하게 주어져 있다고 가정해 보자. 이때 만일 사전적인 화폐에 대한 수요와 화폐의 공급이 일치하여 화폐시장이 균형상태에 있게

1) 화폐가 비수익성자산인 이유는 화폐를 보유하고 있어도 아무런 수익이 발생하지 않기 때문이다.

되면, 자연히 채권에 대한 사전적인 수요와 공급도 일치하여 채권시장도 균형상태에 있게 될 것이다. 그 이유는 크기가 일정하다고 가정한 한 나라의 금융자산은 화폐와 채권의 두 가지로 구성되어 있으므로, 그 중 어느 하나의 수급이 일치하면 다른 것의 수요와 공급도 일치할 것이기 때문이다.

여기서 볼 수 있는 것은 금융자산이 화폐와 채권의 둘로만 구성되며 한 나라의 전체 금융자산의 크기가 일정하게 주어져 있다고 가정하는 경우에, 금융시장의 균형을 화폐시장의 균형만을 분석함으로써 알 수 있다는 점이다. 즉, 화폐시장이 균형상태에 있으면 채권시장도 균형상태에 있게 되므로, 자연히 금융시장도 균형상태에 있게 된다. 이러한 논리에 기초하여 우리는 화폐시장의 균형에 대해서만 살펴보려고 한다.

화폐시장은 사전적으로 의도한 화폐에 대한 수요와 화폐의 공급이 일치할 때 균형상태에 있으므로 28장과 29장에서는 화폐의 공급과 화폐에 대한 수요를 차례로 취급한다.

28.2 화폐의 정의

화폐의 기능

화폐의 공급에 대하여 살펴보기 전에 먼저 화폐란 무엇인가 알아 보자. 화폐는 보통 일반적으로 받아들여지는 **교환의 매개수단**(medium of exchange)이라고 정의된다. 화폐가 존재하지 않았던 **물물교환**(barter)의 경제하에서는 재화들은 서로 물물교환에 의하여 거래되어져야만 하였다. 이러한 물물교환이 지니는 가장 어려운 문제는 교환에 참여하는 쌍방의 욕구가 동시에 일치(double coincidence of wants)하여야만 된다는 것이다. 예를 들면 갑과 을 사이에 교환이 일어나기 위해서는 갑은 을이 필요로 하는 재화를 가지고 있어야 하며, 동시에 을도 갑이 원하는 재화를 가지고 있어야만 한다.

그러나 일단 화폐가 모든 사람에 의하여 일반적으로 받아들여지는 교환의 매개수단으로 사용되기 시작하면, 교환이 일어나기 위하여 교환에 참가하는 쌍방의 욕구가 동시에 일치할 필요가 없게 된다. 왜냐하면 사람들은 자신이 생산한 재화를 일반적으로 받아들여지는 교환의 매개수단인 화폐를 받고 판 후에, 이 화폐를 가지고 자신이 원하는 재화를 살 수 있기 때문이다. 따라서 화폐의 사용은 사람들로 하여금 각자의 능력과 재능에 알맞는 재화를 생산하는 데 특화하게 함으로써, 분업과 전문화를 촉진시켜 한 사회의 산출량을 크게 증대시킬 수 있는 것이다.

화폐가 교환의 매개수단으로서의 기능을 제대로 수행하기 위해서는 몇 가지 독특한 속성을 지니고 있어야만 한다. 즉, 모든 사람들에 의하여 일반적으로 받아들여져야 하며, 무게가 가벼워 운반이 용이해야 하고, 쉽게 쪼갤 수 있어서 소액의 거래를 위해서도 사용될 수 있어야 한다.

화폐는 이상에서 본 교환의 매개수단으로서의 기능 이외에, 추가로 **가치저장**(store of value)수단으로서의 기능, **가치의 척도**(measure of value) 또는 계산단위(unit of account)로서의 기능 및 **연지불의 표준**(standard of deferred payment)으로서의 기능 등 모두 네 가지 기능을 지니고 있다.

화폐가 가치저장의 수단으로서의 기능을 가진다는 것은 화폐를 보유하고 있으면 구매력(purchasing power)을 보유하고 있는 것이 되며, 이는 곧 가치를 저장하고 있는 셈이 되기 때문이다. 화폐를 보유하는 것이 구매력을 보유하는 것과 마찬가지가 되는 이유는, 화폐가 일반적으로 받아들여지는 교환의 매개수단이므로 화폐를 가지고 있으면 장래에 재화나 용역을 살 수 있기 때문이다. 그러나 화폐가 가치저장의 수단으로서의 기능을 제대로 수행하기 위해서는 화폐 자신이 안정된 가치를 지니고 있어야만 한다. 즉, 물가가 급속하게 상승하는 경우에는 화폐의 구매력도 급속히 감소하게 되는데, 이 때는 화폐가 가치저장수단으로서의 기능을 제대로 수행할 수 없다.

화폐의 세번째 기능은 가치의 척도 또는 계산단위로서의 기능이다. 우리는 모든 재화나 용역의 가격을 화폐단위인 원으로 표시하는데, 이를 보통 화폐가 가치의 척도 또는 계산단위로서의 기능을 수행한다고 말한다.

네번째 화폐의 기능은 연지불의 수단이 된다는 것이다. 즉 미래의 지불의무가 화폐단위인 원으로 표시될 때 화폐는 연지불의 표준으로서의 기능을 수행하고 있는 것이 된다. 예를 들면 은행에서 대출을 받았을 때 1년후에 갚아야 할 원리금이 화폐단위인 원으로 표시되어 있다면, 화폐는 연지불의 표준으로서의 기능을 하고 있는 것이다.

화폐의 발달과정

앞에서는 화폐가 수행하는 네 가지 주요한 기능에 대하여 살펴보았다. 이제 화폐의 발달과정을 간략하게 보기로 하자. 화폐의 발달과정의 첫번째 단계는 어떤 재화를 화폐로 사용하는 것인데, 이를 **물품화폐**(commodity money)라고 부른다. 예를 들면 조선시대의 전기에는 米 또는 布와 같은 물품화폐가 일반적인 교환수단으로 사용되었다.

그러나 물품화폐는 운반이 어려우며, 소액의 거래를 위하여 쉽게 쪼갤 수 없는 등 여러 가지 결점을 지니고 있었으므로 금과 은처럼 이러한 결점이 없는 귀금속이 화폐로 사용되기 시작하였다. 이를 우리는 **금속화폐**(metallic money)라고 부르는데 화폐의 발달과정의 두번째 단계이다. 금속화폐는 처음에 조잡한 형태를 가지는 금과 은을 원상 그대로 거래 때마다 중량을 재서 사용하였으나, 곧 정부에 의하여 공식적으로 중량이나 가치가 표시되어 있는 **주조화폐** 또는 **주화**(coin)를 사용하게 되었다.

화폐의 발달과정의 세번째 단계는 **지폐**(paper money)의 사용이다. 비록 물품화폐에 비해서는 금속화폐가 여러 면에서 바람직한 화폐의 속성을 가지고 있었으나, 근본적으로 보면 금이나 은을 거래 때마다 휴대하고 운반하여야만 되는 불편함은 물품화폐의 경우와 크게 다를 바가 없었다. 따라서 금과 은은 거래를 위하여 직접 사용하지 않고 정부가 보관하며, 이를 대신하는 지폐를 발행하여 유통시키기에 이르렀다.

그러나 정부는 보관된 귀금속의 가치와 동일한 액수만큼의 지폐를 발행하므로, 지폐를 보유하고 있는 사람은 언제나 이를 정부에 제시하고 금이나 은과 바꿀 수 있다. 즉, 지폐와 귀금속은 서로 완전한 태환이 가능(convertible)하였다. 얼마 안가서 발견된 것은 지폐의 발행액과 동일한 만큼의 가치를 가지는 귀금속을 정부가 보유할 필요는 없으며, 오직 일부만을 가지고 있어도 실제의 태환 요청에 얼마든지 응할 수 있다는 점이었고 따라서 초기의 완전준비제도로부터 **부분준비제도**(fractional reserve system)로 이행하게 되었다. 완전준비제도를 택하고 있든지 또는 부분준비제도를 택하고 있든지 간에 한 나라의 지폐가 금과 태환될 수 있을 때 이 나라는 **금본위제도**(gold standard)를 택하고 있다고 하며, 은과 태환될 수 있을 때는 **은본위제도**(silver standard)를 택하고 있다고 한다.

그러나 1차 세계대전과 2차 세계대전 사이의 기간 중에 모든 나라는 금본위제도를 포기하고 금으로의 태환이 불가능한 **불환지폐**(inconvertible paper money)를 사용하기에 이르렀다. 오늘날 우리가 사용하고 있는 지폐는 바로 이러한 불환지폐이며, 국가가 법률로 교환의 매개수단임을 지정한 법화(legal tender)이다. 따라서 화폐의 수량도 중앙은행이 정책적으로 재량에 의하여 결정하게 되는데, 이를 보통 **관리통화제도**(managed currency system)라고 부른다. 그러나 불환지폐라고 할지라도 모든 사람들에 의하여 일반적으로 받아들여지는 교환의 매개수단인 이상 화폐로서의 기능을 다할 수 있는 것이다.

화폐의 발달과정의 네번째 단계는 **예금화폐**(deposit money)의 사용이다. 예금화폐란 고객의 예금을 기초로 하여 예금은행이 창조한 화폐를 말한다. 부분준비제도에 기초하고 있는 금본위제도가 보유하는 금의 가치의 몇 배에 해당하는 태환지폐를 발행할 수 있는 것과 마찬가지로, 역시 부분준비제도를 택하고 있는 오늘날의 예금은행은 원래의 고객의 예금의 몇 배에 달하는 예금화폐를 창조할 수 있다. 따라서 현대의 화폐제도는 불환지폐와 예금화폐를 중심으로 구성되어 있다.

이밖에 근자에는 컴퓨터기술의 발달과 더불어 크레디트 카드(credit card)와 같은 **전자화폐**(electronic money)의 사용이 급속히 늘어나고있다.

통화와 총통화의 정의

지금까지 우리는 화폐의 주요한 기능과 화폐의 발달과정에 관하여 살펴보았다. 이제 그러면 이상에서의 논의를 기초로 하여 시중에 돈이 얼마나 풀려있는가를 재는 **통화지표**에 대하여 알아 보기로 하자. 통화지표는 통화를 어떻게 정의하는가, 즉 다양한 금융자산 가운데 어디까지를 돈으로 보는가에 따라 M_1, M_2 및 M_3 등 여러 가지가 있다.

첫째는 협의로 통화를 규정할 때인데, 민간부문의 **화폐보유액** 또는 **현금통화**(currency in circulation)와 **요구불예금**(demand deposits) 또는 **예금통화**(deposit money)를 합한 것으로서 우리 나라에서의 공식 명칭은 통화이며, 이를 M_1이라고 부르기도 한다. 즉,

$$M_1 = \text{현금통화} + \text{예금통화}$$

여기서 민간화폐보유액 또는 현금통화란 한국은행의 화폐발행액에서 통화금융기관이 보유하고 있는 현금을 뺀 것으로서, 시중에서 유통되고 있는 주화와 지폐를 합한 것이다. 또한 예금통화 또는 요구불예금이란 당좌예금과 보통예금처럼 예금주의 요구가 있을 때는 언제라도 예금은행이 현금을 지불하여야만 하는 예금이다.

한편 화폐를 좀더 광의로 정의하면 통화 M_1에 정기예금과 정기적금과 같은 저축성예금(time and savings deposits) 및 거주자외화예금을 더한 것으로서 **총통화**라고 하며, M_2로 표시한다. 즉,

$$M_2 = M_1 + \text{저축성예금} + \text{거주자외화예금} = M_1 + \text{준통화}$$

여기서 저축성예금이란 미리 약정된 기간이 경과한 후에야만 예금주가 현금으로 인출이 가능한 예금인데, 거주자외화예금과 합해 준통화(quasi-money)라고도 부른다.

셋째는 화폐를 가장 광의로 정의하는 것인데, 총통화 M_2에다가 종합금융회사, 투자신탁회사 등 비은행금융기관의 각종 예수금과 금융기관이 발행하는 금융채, *CD*, 표지어음매출, 상업어음매출과 환매조건부 채권매도 등을 포함시킨 가장 넓은 의미의 통화지표인데, 이를 **총유동성** 또는 M_3라고 한다.

이상에서는 화폐를 M_1, M_2 및 M_3의 세 가지 통화지표를 가지고 정의하였다. 여기서 발견하는 것은 화폐에 대한 정의는 결국 여러 가지 성격을 지닌 금융자산중에서 어디까지를 화폐로 볼 것인지에 따라서 달라진다는 것이다. M_1의 경우에는 화폐의 지급수단기능을 강조하여 현금은 물론이지만, 요구불예금도 현금으로 인출될 가능성이 높고 또한 이를 근거로 하여 당좌수표를 발행할 수 있어 지급수단으로 사용되는 기능면에서 현금과 거의 동일하다고 간주하고 M_1에 포함시킨다.

M_2는 M_1 이외에 준통화까지 포함하는데, 이는 저축성예금이 비록 거래적 동기보다는 자산증식을 위한 동기나 미래의 지출에 대비한 예비적 동기를 갖고 보유되나 어느 정도의 이자만 포기하면 언제든지 현금으로 인출할 수가 있으므로 유동성의 측면에서 볼 때 요구불예금과 큰 차이가 없다고 보는 것이다. 또한 거주자외화예금도 언제든지 원화로 바꾸어 인출할 수 있는 것이

다. 우리 나라는 1979년 이후 최근까지 M_2를 통화관리의 중심지표로 사용하였는데, 이는 M_2가 다른 통화지표에 비해 상대적으로 경제성장, 물가 등 실물경제의 움직임과 밀접한 관련을 지니고 있었기 때문이다. 한편 M_3는 총유동성을 측정하는 통화지표이다.

그러나 지난 10여년 동안 미국을 비롯하여 많은 선진국들과 우리 나라에서도 금융부문에 대한 **규제완화**(deregulation)가 추진되었으며, IT의 발달로 인해 급속한 **금융혁신**(financial innovation)이 일어나고 있다. 그 결과로 과거처럼 비수익성 자산인 화폐와 수익성 금융자산을 명확하게 구분하기가 상당히 어려워졌다. 이는 그만큼 화폐를 정의하기가 쉽지 않음을 뜻한다.

M_1, M_2 및 M_3는 어떤 일정한 시점, 예를 들면 월말 또는 연말 현재 한 나라 전체의 통화공급량을 말하므로 저량(stock) 개념이다. 2001년말 현재 M_1은 약 54조원이며, M_2는 468조원 그리고 M_3는 1,018조원이었다.[2)]

그런데 기존의 M_1, M_2 등 통화지표는 금융상품의 유동성보다는 이를 취급하는 금융기관의 법적 지위를 기준으로 작성된 것이다. 즉, M_1과 M_2는 예금은행이 취급하는 금융상품만을 포함함으로써 이와 비슷한 유동성을 지닌 제 2 금융권의 금융상품은 제외되어 있다. 또한 M_3는 제 2 금융권의 금융상품도 포함하고 있으나 장기금융상품과 같은 유동성이 크게 떨어지는 것까지도 섞여 있다.

그 결과 통화지표가 시중의 유동성 수준을 정확히 반영하지 못하고 있으며, 이는 통화지표와 최종목표변수 사이의 안정적인 관계를 떨어뜨려 정책지표로서의 유용성 문제를 제기하였다. 따라서 종래의 금융기관 중심의 통화지표를 금융자산의 유동성 중심으로 개편하는 작업이 진행 중이다.[3)] 이에 의하면 신(新) M_1과 신M_2는 다음과 같이 정의된다.

신M_1 = M_1 + 비통화금융기관 요구불예금 + 금융기관 수시입출식 저축성예금(은행의 저축예금 및 MMDA, 투신사 MMF 등)

신M_2 = 신M_1 + 만기 2년 미만 정기 예 · 적금 · 부금 + 시장형 금융상품(CD, RP, 표지어음 등) + 실적배당형 금융상품(수익증권, 금전신탁 등) + 금융채 + 기타(투신사 증권저축 및 종금사 발행어음)

---

2) 한국은행, 「경제통계연보 2002」, 2002. 6, pp. 2~3.

3) 한국은행, "새 통화지표 편제결과", 「조사통계월보」, 2002. 4.

2001년 말 현재 신M_1 잔액은 약 247조원인데, 이 중 현금통화는 17조원이고 요구불예금이 46조원이며, 저축예금 · 기업자유예금 등 수시입출식예금이 155조원 그리고 MMF가 29조원이었다.

한편, 신M_2 잔액은 765조원이었는데 정기예 · 적금이 322조원, 수시입출식예금이 184조원, 수익증권이 75조원, 현금 및 요구불예금이 63조원 등의 순서로 비중이 컸다.

28.3 예금은행에 의한 예금통화의 창조

우리는 위에서 통화(M_1)란 현금통화와 예금통화를 합한 것이라고 정의하였다. 이제 여기서는 예금은행이 통화의 한 구성부분인 예금통화를 어떻게 창출해 낼 수 있는지를 살펴보려고 한다. 다음의 28.4에서는 중앙은행인 한국은행이 본원통화를 어떻게 공급하고 있는가를 살펴본다. 따라서 28.3과 28.4는 화폐 또는 통화의 공급을 예금은행에 의한 예금통화의 공급과 중앙은행에 의한 본원통화의 공급으로 나누어 설명하는 것이 된다.

예금은행의 주요업무

예금은행이란 요구불예금의 형태로 예금통화를 창출하는 금융기관을 말하는데 일반은행과 특수은행을 포괄한다. 예금은행의 주된 업무는 일반고객으로부터 요구불예금과 저축성예금을 받아 이 중 일부를 지급준비를 위하여 중앙은행에 예치하거나 또는 자신의 금고에 시재금의 형태로 보유하고, 나머지는 대출을 하거나 유가증권에 투자함으로써 이윤을 추구하는 것이다. 즉, 부분준비제도에 기초하고 있는 오늘날의 예금은행은 고객이 예금한 전액을 보유하고 있을 필요는 없으며 오직 예금의 일부분만을 중앙은행에 지불준비예치금으로 맡기거나 자신이 시재금으로 가지고 있고, 예금의 대부분은 주로 기업에게 단기의 운전자금이나 장기의 설비자금으로 대출한다거나, 또는 국 · 공채, 주식, 사채 및 금융채[4] 등의 유가증권에 투자하는 것이다.

이와 같이 예금은행의 주된 업무는 고객으로부터 예금을 받아(수신업무) 그 대부분을 대출하거나(여신업무) 또는 유가증권에 투자함으로써 이윤을 추구하는 것이나, 이 밖에도 예금은행은 환업무나 지급보증업무를 취급하고 있다. 환업무는 내국환업무와 외국환업무로 나눌 수 있는데, 내국환업무란 국내의 원격지 사이의 채권 · 채무 관계가 현금의 수수없이 예금은행의 중개로 換에 의해 결제되는 것을 말하는데, 예를 들면 송금환이 있다. 외국환업무는 국가 간의 채권 · 채무가 현금의 수송에 의하지 않고 예금은행을 중개로 하여 수표나 어음 등 신용증서를 이용해서 결제되도록 하는 것이다. 한편 지급보증업무란 예금은행이 고객의 채무에 대하여 지급을 보증하는 것인데, 예를 들면 차관도입이나 수입대금에 대한 지급보증 등을 들 수 있다.

예금통화의 창조

(1) 가 정

위에서는 예금은행이 어떠한 업무를 취급하고 있는가를 보았다. 이제 그러면 예금은행이 예금통화를 어떻게 창출하는가 살펴보기로 하자. 논의전개의 단순화를 위하여 몇 가지 가정을 세우기로 한다.

첫째는 요구불예금만 존재하며 저축성예금은 없다고 가정한다. 물론 실제에 있어서는 예금은행이 받는 예금 가운데서 저축성예금의 비중이 요구불예금에 비하여 훨씬 크나, 여기서는 예금은행은 요구불예금만 받는다고 가정하자.

둘째로, 예금은행조직 밖으로의 현금누출(cash drain)은 없다고 가정한다. 즉, 어떤 한 예금은행으로부터 대출을 받은 사람은 전액을 자신이 거래하는 어떤 다른 예금은행에 요구불예금의 형태로 맡기며, 예금은행조직 밖으로 현금을 누출시키지 않는다고 가정한다. 셋째로, 예금은행은 대출의 형태로만 자금을 운용하며 유가증권에 대한 투자 등은 하지 않는다고 가정한다.

넷째로, 예금은행은 **법정지불준비금**(legal reserves or required reserves)만을 보유하며 **초과지불준비금**(excess reserves)은 없다고 가정한다. 여기서 법정지불준비금이란 중앙은행이 예금은행으로 하여금 예금의 일부를 지

4) 금융채란 금융기관이 발행한 유가증권으로서, 예를 들면 한은이 발행하는 통화안정증권이나 산은이 발행하는 산업금융채권 등을 들 수 있다.

불준비를 위하여 의무적으로 중앙은행예치금 또는 시재금의 형태로 보유하고 있도록 규정한 것인데, **법정지불준비율**(legal or required reserve ratio)을 정함에 의하여 법정지불준비금이 결정된다. 법정지불준비율은 법정지불준비금을 예금총액으로 나눈 것과 같다. 우리 나라의 법정지불준비율은 2000년 4월 현재 요구불예금은 5.0%이며 저축성예금은 2.0%이다.

예금은행이 실제로 보유하고 있는 실제지불준비금(actual reserves)에서 법정지불준비금을 뺀 것을 초과지불준비금이라고 한다. 여기서의 가정은 예금은행이 이윤을 극대화하기 위하여 법정지불준비금만을 보유하고 나머지는 모두 대출함으로써 초과지불준비금은 0이라고 전제하는 것이다.

(2) 승수적인 신용창조

이제 여기서는 위에서 본 네 가지 가정하에서 예금은행이 요구불예금의 형태로 예금통화를 어떻게 창조하는가를 보자. 시작은 예금은행조직 밖으로부터 10억원의 현금이 예금은행조직 안으로 들어오는 것이다. 이는 예를 들어 국채를 중앙은행이 매입하였을 때, 그 대금을 받은 사람이 한 예금은행(A은행)에 요구불예금으로 10억원을 예금한 경우이다. 그러면 A은행의 대차대조표는 부채인 요구불예금이 10억원 증가하며 동시에 자산인 현금이 10억원만큼 증가하게 된다. 법정지불준비율이 10%라고 가정하면 A은행은 1억원만큼만 법정지불준비금으로 보유하고 나머지 9억원은 대출을 한다. 따라서 A은행의 대차대조표는 다음과 같이 작성된다.

A은행의 대차대조표

자산		부채	
지불준비금	+ 1억원	요구불예금	+10억원
대 출	+ 9억원		
합 계	+10억원	합 계	+10억원

여기서 요구불예금 10억원은 예금은행조직 밖에서 현금이 들어와서 생긴 것인데, 이러한 예금을 **본원적 예금**(primary deposits)이라고 부른다.

이제 A은행으로부터 9억원의 대출을 받은 사람이 자신의 거래은행인 예금은행조직 안의 다른 한 은행인 B은행에 요구불예금의 형태로 9억원을 예금하였다고 하자. 그러면 B은행은 법정지불준비금으로 0.9억원만 보유하고 나머지 8.1억원은 대출을 할 것이다. 따라서 B은행의 대차대조표는 다음과 같이 변동한다.

B은행의 대차대조표

자 산		부 채	
지불준비금	+ 0.9억원	요구불예금	+ 9억원
대 출	+ 8.1억원		
합 계	+ 9 억원	합 계	+ 9억원

즉, B은행의 부채인 요구불예금이 9억원만큼 증가하는 동시에 자산인 준비금과 대출금의 합이 똑같이 9억원 증가한다. 이때 요구불예금이 9억원 증가한 것은 예금은행조직내의 A은행이 대출을 하였기 때문인데, 이와 같이 다른 예금은행(A은행)의 대출로 인하여 예금은행조직내의 어떤 은행(B은행)의 요구불예금이 증가하였을 때 이를 **파생적 예금**(derivative deposits)이라고 부른다. 따라서 예금은행조직 밖으로부터 중앙은행이 통화를 공급함에 의해서 생긴 A은행의 요구불예금 10억원이 본원적 예금인 것과는 구별되어야 한다.

B은행의 대차대조표를 검토할 때 발견되는 것은, 예금은행조직내의 한 은행인 B은행이 10억원의 본원적 예금을 기초로 하여 9억원의 요구불예금을 창조하였다는 점이다. 즉, B은행은 요구불예금의 형태로 9억원의 예금통화를 창조한 것이다. 그러나 예금은행의 예금통화창출과정은 여기서 끝나지 않는다. 이제 B은행으로부터 8.1억원의 대출을 받은 사람이 자신의 거래은행인 C은행에 이 돈을 요구불예금으로 맡겼다고 해보자. 그러면 C은행은 이 중에서 0.81억원만을 법정지불준비금으로 가지고 있고 나머지 7.29억원은 대출을 할 것이다. 따라서 C은행의 대차대조표는 다음과 같이 변화한다. C은행도 요구

C은행의 대차대조표

자 산		부 채	
지불준비금	+0.81억원	요구불예금	+8.1억원
대 출	+7.29억원		
합 계	+8.1 억원	합 계	+8.1억원

표 28-1 예금은행조직에 의한 예금통화의 창조

(단위: 억원)

은 행	예 금 (1)	대 출 (2)	준비금 (3)
A	10	9	1
B	9	8.1	0.9
C	8.1	7.29	0.81
D	7.29	6.56	0.73
E	6.56	5.90	0.66
F	5.90	5.31	0.59
⋮	⋮	⋮	⋮
합 계	100	90	10

불예금의 형태로 8.1억원의 예금통화를 창조하였다.

이상에서 살펴본 예금통화의 창출과정은 D, E, F …은행에서도 끊임없이 일어난다.

〈표 28-1〉이 예금은행조직에 의한 예금통화의 창출과정을 보여준다. 이 표의 (1)란을 보면 A은행이 받은 10억원의 본원적 예금을 기초로 하여 모두 100억원의 예금통화가 창출되었음을 볼 수 있다. 즉, 예금은행조직이 창조한 예금통화는 다음과 같이 산출된다.[5)]

$$10+9+8.1+7.29+6.56+5.90+\cdots=10(1+0.9+0.9^2+0.9^3+0.9^4+0.9^5+\cdots)=10\frac{1}{(1-0.9)}=100$$

100억원 중에서 10억원은 본원적 예금이며, 나머지 90억원은 파생적 예금이다.

이를 일반화하여 보면,

$$\text{예금통화의 창조액}=\text{본원적 예금}\times\frac{1}{\text{법정지불준비율}}$$

여기서 $\frac{1}{\text{법정지불준비율}}$은 **신용승수**(credit multiplier)라고 부르며, 예금은행조직이 본원적 예금의 몇 배에 달하는 예금통화를 창조하는 것을 **승수적인 신용**(또는 예금통화)**창조**(multiple deposit creation)라고 한다. 즉, 개별적인

5) 여기서 산출방식은 24장 부록에서 승수를 계산할 때와 같다.

예금은행들은 오직 자신이 받은 요구불예금을 기초로 법정지불준비금을 제외한 나머지만을 대출할 수 있는 데 반하여, 예금은행조직 전체는 본원적 예금의 승수배에 달하는 예금통화를 창출할 수 있는 것이다. 본원적 예금의 증가가 승수배만큼의 예금통화를 창조할 수 있는 것과 똑같은 논리로, 본원적 예금의 감소는 예금통화를 승수배만큼 감소시킨다.

앞의 표의 (2)란은 본원적 예금 10억원을 제외한 파생적 예금의 창조액의 합계가 90억원임을 보여준다. (3)란은 법정지불준비금의 합계가 10억원임을 나타낸다.[6] 여기서 발견하는 것은 승수적인 신용창조과정은 본원적 예금의 증가액인 10억원이 모두 법정지불준비금으로 변할 때까지 계속된다는 점이다.

28.4 중앙은행에 의한 본원통화의 공급

위에서 우리는 예금은행에 의한 예금통화의 창조에 대하여 살펴보았다. 이제 여기서는 중앙은행에 의한 본원통화의 공급에 관하여 보기로 한다. 중앙은행이 어떠한 기능을 담당하고 있는가는 27.3에서 설명하였다. 즉, 중앙은행의 주된 임무는 통화가치의 안정에 있으며 주요한 기능으로는 발권은행으로서의 기능, 은행의 은행으로서의 기능 및 정부의 은행으로서의 기능 등을 수행하고 있다.

그런데 한국은행은 한은의 창구를 통해 풀려 나가는 본원통화의 양을 조절함으로써 통화량을 결정하는데 중요한 영향을 미친다. **본원통화**(reserve base) 또는 **고성능화폐**(high-powered money)란 화폐발행액과 예금은행의 지불준비예치금을 합한 것이다. 이를 식으로 나타내면 다음과 같다.

화폐발행액 = 화폐민간보유액 + 예금은행시재금
예금은행실제보유지불준비금 = 예금은행지불준비예치금 + 예금은행시재금

따라서 본원통화는,

6) $1+0.9+0.81+0.73+0.66+0.59=1\times(1+0.9+0.9^2+0.9^3+0.9^4+0.9^5+\cdots)=1\times\frac{1}{(1-0.9)}=10$

본원통화 = 화폐발행액 + 예금은행지불준비예치금
= 화폐민간보유액 + 예금은행시재금 + 예금은행지불준비예치금
= 화폐민간보유액 + 예금은행실제보유지불준비금

즉, 본원통화는 한은의 민간에 대한 통화성부채인 화폐민간보유액과, 예금은행에 대한 통화성부채인 예금은행실제보유지불준비금을 합한 것이다.

28.5 화폐의 공급함수

앞의 28.3과 28.4에서 우리는 예금은행에 의한 예금통화의 창조와, 중앙은행에 의한 본원통화의 공급에 관하여 각각 살펴보았다. 이제 여기서는 이상에서의 논의를 기초로 하여 화폐의 공급함수 또는 **통화공급함수**(money supply function)를 도출하여 보자.

한은에 의한 본원통화의 공급은 정부나 금융기관에 대한 신용의 증가를 통하여 일어난다. 이 중에서 어떤 경로를 통하든지 간에 중앙은행이 새롭게 본원통화를 B원만큼 공급하였을 때, 협의의 통화량(M_1)이 얼마가 되는가 살펴보자. 이를 위하여 28.3의 예금통화의 창조에서 단순화를 목표로 세웠던 네 가지 가정 가운데서 두번째와 네번째 가정을 풀기로 한다.

우선 두번째 가정은 예금은행조직 밖으로의 현금누출은 없다는 것이었는데, 여기서는 이를 현실화하여 일반대중은 M_1 가운데 일정한 비율인 c만큼을 현금통화로 보유하기를 원한다고 하자. 즉,

$$M_1 = C + D$$
$$C = cM_1$$
$$D = (1 - c)M_1$$

여기서 C는 현금통화 또는 화폐민간보유액이며, D는 예금통화 또는 요구불예금이고, c는 일반대중이 보유하기를 원하는 **현금통화비율**(currency ratio)이다.

한편 네번째 가정은 예금은행들이 법정지불준비금만을 보유하므로 초과

지불준비금은 없다는 것이었는데, 현실적으로 보면 어느 정도는 초과지불준비금을 가지고 있는 것이 보통이다. 따라서 여기서는 다음의 관계를 가정하기로 한다. 즉,

$$r=\frac{R}{D}$$

이 때 D는 요구불예금총액이며, R은 예금은행들이 보유하기를 원하는 지불준비총액이고, r은 원하는 지불준비율로서 법정지불준비율(r_L)과는 구별되어야 한다. 앞에서 세운 첫번째 가정인 저축성예금은 존재하지 않는다는 것과, 세번째 가정인 예금은행들은 유가증권에 대한 투자는 하지 않는다는 것은 그대로 놔두기로 한다.

이렇게 수정한 네 가지 가정하에서 중앙은행이 B원의 본원통화를 공급하였을 때 M_1은 얼마가 되는가 보자. B원의 본원통화를 받은 갑은 자신의 거래은행인 갑은행에 요구불예금으로 $(1-c)B$원만큼을 예금하며, cB원만큼을 현금통화로 보유할 것이다. 한편 갑은행은 $(1-c)B$원의 예금 가운데서 $r(1-c)B$원만큼을 지불준비금으로 보유하고, 나머지인 $(1-r)(1-c)B$원만큼은 을에게 대출하게 된다. 그러면 을은 $(1-r)(1-c)B$원 중에서 $(1-r)(1-c)^2B$원만큼을 자신의 거래은행인 을은행에 요구불예금의 형태로 예금하며, $c(1-r)(1-c)B$원만큼은 현금통화로 보유할 것이다.

한편 을은행은 $(1-r)(1-c)^2B$원만큼의 예금 중에서 $r(1-r)(1-c)^2B$원만큼을 지불준비금으로 보유하고, 나머지인 $(1-r)^2(1-c)^2B$원만큼은 병에게 대출하게 된다. 그러면 병은 다시 $(1-r)^2(1-c)^2B$원 중에서 $(1-r)^2(1-c)^3B$원만큼은 자신의 거래은행인 병은행에 요구불예금으로 맡기고, 나머지인 $c(1-r)^2(1-c)^2B$원만큼은 현금으로 보유하기를 원한다. 또한 $(1-r)^2(1-c)^3B$원만큼의 예금을 받은 병은행은 이중에서 $r(1-r)^2(1-c)^3B$원만큼은 지불준비금으로 보유하며, 나머지인 $(1-r)^3(1-c)^3B$원은 정에게 대출한다. 이러한 과정은 무한히 계속된다.

이제 위의 과정에서 창출된 요구불예금 D의 합계는 다음과 같다.

$$\begin{aligned} D&=(1-c)B+(1-r)(1-c)^2B+(1-r)^2(1-c)^3B+(1-r)^3(1-c)^4B+\cdots \\ &=(1-c)B[1+(1-r)(1-c)+(1-r)^2(1-c)^2+(1-r)^3(1-c)^3+\cdots] \\ &=\left[\frac{1}{1-(1-r)(1-c)}\right](1-c)B \end{aligned}$$

한편 앞의 과정에서 생긴 현금통화(또는 현금누출) C의 합계는 다음과 같다.

$$\begin{aligned} C &= cB + c(1-r)(1-c)B + c(1-r)^2(1-c)^2B + c(1-r)^3(1-c)^3B + \cdots \\ &= cB[1 + (1-r)(1-c) + (1-r)^2(1-c)^2 + (1-r)^3(1-c)^3 + \cdots] \\ &= \left[\frac{1}{1-(1-r)(1-c)}\right]cB \end{aligned}$$[7)]

그런데 $M_1 = C + D$이므로, 중앙은행이 B원의 본원통화를 공급하였을 때 M_1의 크기는 다음과 같다.

$$\begin{aligned} M_1 = C + D &= \left[\frac{1}{1-(1-r)(1-c)}\right]cB + \left[\frac{1}{1-(1-r)(1-c)}\right](1-c)B \\ &= \frac{cB + (1-c)B}{1-(1-r)(1-c)} = \frac{B}{c+r-rc} = \frac{1}{c+r(1-c)}B = kB \end{aligned}$$

위의 식이 바로 화폐의 공급함수 또는 통화공급함수이다. 여기서 $\frac{1}{c+r(1-c)}$ 또는 k를 **통화승수**(money multiplier)라고 부른다. 앞의 28.3의 신용승수와 비교하여 보면, 현금누출이 일어나며 초과지불준비금이 존재한다고 가정하므로 통화승수의 값은 신용승수에 비해 작을 것이다.

통화공급함수를 보면 통화(M_1)의 크기를 결정하는 요인은 본원통화(B)와 통화승수이다. 즉, B가 클수록 M_1은 커지며, 또한 통화승수가 클수록 역시 M_1은 커진다. 그런데 B의 크기는 중앙은행인 한국은행이 결정하는 것이다.

한편 통화승수는 일반대중이 보유하려고 하는 현금통화비율(c)이 작을수록 커지며, 예금은행이 보유하려고 하는 지불준비율(r)이 작을수록 커진다. c는 주로 사람들이 얼마나 현금통화를 사용하는가 하는 관습에 달려 있다. r은 1차적으로 법정지불준비율(r_L)에 의하여 영향을 받으며, 이자율도 r에 영향을 준다.[8)]

이렇게 볼 때 M_1의 크기는 본원통화의 공급을 규제하는 중앙은행, 현금통화비율을 결정하는 일반대중 및 지불준비율을 결정하는 예금은행의 3자가 함께 결정한다고 할 수 있다.

---

7) 주 5)를 참조할 것.

8) 이자율이 높을수록 초과지불준비금을 보유하는 데 따르는 기회비용이 커지므로 r은 감소할 것이다.

주요개념

(비)수익성자산 화폐 채권 화폐시장 채권시장; 교환의 매개수단 물물교환 가치저장수단 가치의 척도 연지불의 표준 물품화폐 금속화폐 주조화폐(주화) 지폐 부분준비제도 금(은)본위제도 불환지폐 관리통화제도 예금화폐 전자화폐 통화지표 현금통화(민간화폐보유액) 예금통화(요구불예금) 통화(M_1) 총통화(M_2) 신M_1 신M_2 총유동성(M_3) 규제완화 금융혁신 법정(초과)지불준비금 법정지불준비율 본원적(파생적) 예금 신용승수 승수적인 신용창조; 본원통화(고성능화폐) 통화공급함수 현금통화비율 통화승수

요 약

1. 화폐는 교환의 매개수단, 가치저장수단, 가치의 척도 및 연지불의 표준으로서의 기능 등 모두 네 가지 기능을 지니고 있다.

2. 화폐의 발달과정을 보면 물품화폐, 금속화폐, 지폐, 예금화폐 및 전자화폐의 순으로 진전되었다.

3. 주요한 통화지표에는 통화(M_1), 총통화(M_2), 신M_1, 신M_2 및 총유동성(M_3) 등이 있다.

4. 종래의 금융기관 중심의 통화지표인 M_1과 M_2를, 금융자산의 유동성 중심으로 개편하기 위하여 신M_1, 신M_2가 작성되었다.

5. 예금은행은 주로 예금과 차입금으로 자금을 조달하여, 대출금과 유가증권에 대한 투자 등으로 자금을 운용함으로써 이윤을 추구한다.

6. 예금은행 조직이 본원적 예금의 몇 배에 달하는 예금통화를 창조하는 것을 승수적인 신용창조라고 하는데, 예금통화의 창조액은 본원적 예금에 신용승수(1/법정지준율)를 곱한 것과 같다.

7. 한국은행의 자산(대정부신용, 대금융기관신용 등)에서 비통화성부채를 공제한

것이 본원통화 또는 고성능화폐인데, 화폐민간보유액과 예금은행 실제보유 지불준비금을 합한 것이다.

8. 통화공급함수는 $M_1 = kB$로 표시되는데, B는 본원통화이며 k는 통화승수이다. k는 $1/[c+r(1-c)]$인데, 여기서 c는 현금통화비율이며 r은 지불준비율이다.

연습문제

1. 화폐가 가지고 있는 네 가지 기능에 대하여 설명하라.
2. 화폐의 발달과정을 설명하라.
3. 주요한 통화지표인 M_1, M_2, 신M_1, 신M_2 및 M_3를 상호비교하면서 설명하라. 한은이 통화지표를 개편한 이유는 무엇인가?
4. 승수적인 신용창조란 무엇인가? 본원적 예금과 파생적 예금은 어떻게 다른가? 신용승수는 어떻게 산출하는가?
5. 본원통화란 무엇인가 설명해보라.
6. 통화공급함수에 대해 설명하라.

제 29 장

화폐의 수요

제29장에서는 화폐에 대한 수요이론을 크게 화폐수량설적인 접근과 케인즈류의 접근으로 나누어 살펴본다. 먼저 고전적인 화폐수량설인 거래형과 현금잔고형 화폐수량설에 대해 풀이한 후, 이어서 프리드만의 신화폐수량설에 대해 분석한다. 둘째로 케인즈의 유동성선호 또는 화폐에 대한 수요이론을 설명하며 이를 발전시킨 자산선택의 이론에 대해서도 간략히 알아본다. 끝으로 두 부류의 접근이 시사하는 화폐에 대한 수요함수를 살펴본다.

29.1 화폐에 대한 수요의 의의

우리는 앞의 28장에서 일정한 시점에서의 화폐량, 또는 화폐의 공급이 본원통화의 공급을 규제하는 중앙은행, 현금통화비율을 결정하는 일반대중 및 지분준비율을 결정하는 예금은행의 3자에 의하여 결정된다는 것을 보았다. 현실적으로 현금통화비율은 주로 관습에 의하여 결정되므로 안정성을 가지고 있고, 지불준비율도 법정지불준비율에 의하여 좌우되므로 화폐의 공급은 중앙은행이 결정한다고 볼 수 있다.

이제 여기서는 비은행 민간부문[1]에 의한 화폐에 대한 수요를 보기로 한다. **화폐에 대한 수요**(demand for money)란 일정한 시점에서 통화금융기관을 제외한 모든 경제주체가 보유하기를 원하는 화폐의 총액을 말한다. 어떤

1) 비은행 민간부문은 통화금융기관인 중앙은행과 예금은행을 제외한 모든 경제주체로 구성된다.

사람이 일정한 크기의 자산을 가지고 있을 때, 그는 이 일정한 규모의 자산을 여러 가지 형태로 보유할 수 있다. 즉, 토지, 건물, 공장 등 실물자산으로 가지고 있을 수도 있으며, 화폐, 주식, 회사채 등 금융자산의 형태로 보유하고 있을 수도 있다. 이와 같이 사람들은 자신이 소유하는 일정한 크기의 자산을 여러 가지 형태로 보유할 수 있는데, 우리가 29장에서 살펴보려고 하는 것은 이러한 여러 가지 형태의 자산 중에서 화폐를 보유 또는 수요하려고 하는 요인은 무엇인가 하는 것이다.

화폐를 보유하는 경우에 우리는 여기서 효용을 얻을 수 있다. 즉, 화폐란 일반적으로 받아들여지는 지불수단이므로, 화폐를 보유하는 사람은 화폐가 수행하는 이 일반적인 지불수단이라는 서비스를 향유할 수 있게 된다. 이처럼 화폐를 보유하면 화폐가 수행하는 서비스를 누릴 수 있으나, 반면에 화폐를 보유하는 데는 비용이 뒤따른다. 즉, 화폐는 비수익성자산(nonearning assets)이어서 화폐를 가지고 있으면 이로부터 아무런 수익도 나오지 않는다. 만일 화폐를 수중에 보유하고 있지 않고 수익성자산인 공장이나 주식, 회사채 등에 투자하였다면 이로부터 우리는 수익을 얻을 수 있었을 것이다.

따라서 화폐라는 독특한 기능을 지니는 자산을 보유 또는 수요하려고 할 때 우리는 이러한 두 가지 측면을 고려하여야만 한다. 즉, 한편으로 화폐는 일반적인 지불수단이라는 서비스를 그 보유자에게 제공하나, 다른 한편으로는 비수익성자산이므로 화폐를 보유 또는 수요하는 데는 이자를 받을 수 없다는 기회비용이 있다.

일정한 시점에서의 화폐의 공급량인 통화량과, 사람들이 보유하고자 하는 화폐에 대한 수요가 일치할 때 금융시장은 균형상태에 있게 될 것이다. 그러나 만일 화폐의 공급에 비하여 화폐에 대한 수요가 적다고 가정하여 보자. 이때 사람들은 공급된 통화량이 보유하기를 원하는 화폐의 양보다 더 많으므로, 보유하기를 원하지 않는 만큼의 화폐를 재화나 용역을 구입하는 데 지출해 버린다든가, 또는 주식이나 회사채와 같이 다른 형태의 금융자산을 수요하려고 할 것이다. 그 결과로 재화나 용역의 가격이 상승하게 되며, 다른 금융자산의 가격도 올라 이자율은 하락하게 된다.[2)]

이와 같이 화폐의 공급이 화폐에 대한 수요를 초과하는 경우에는 물가는

2) 금융자산의 가격과 이자율은 역의 관계에 있음을 유의할 것.

상승하며 이자율은 하락하게 된다. 반대로 화폐의 공급이 화폐에 대한 수요에 미달하는 경우에는 물가는 하락하고 이자율은 상승하게 될 것이다. 여기서 우리가 보는 것은 통화량의 공급이나 화폐에 대한 수요가 변화하면 물가가 변동하며 이자율이 변화하는데, 이는 실물부문에도 영향을 미치게 될 것이라는 점이다. 예를 들어 보면 이자율이 변동하면 투자도 변동하게 되는 것이 바로 그 예이다. 사실 화폐이론의 주요한 목적은 통화량의 공급이나 화폐에 대한 수요가 변동할 때, 이러한 "화폐부문"에 있어서의 변화가 "실물부문"에 어떠한 영향을 미치게 되는가를 분석하는 것이다.

아래에서는 화폐에 대한 수요이론을 크게 두 가지 분류로 나누어 살펴보려고 한다. 하나는 화폐수량설이며, 다른 하나는 케인즈의 화폐에 대한 수요이론이다. 그러나 처음부터 분명히 밝혀 두어야 할 점은 이러한 분류는 단순히 서술의 편의를 위한 것이라는 점이다. 그 이유는 고전적인 화폐수량설을 발전시킨 현대의 프리드만의 신화폐수량설과, 케인즈의 화폐에 대한 수요이론을 더욱 발전시킨 케인즈류의 화폐에 대한 수요이론은 여러 가지 측면에서 공통점이 많기 때문이다.[3] 따라서 화폐에 대한 수요이론은 **화폐수량설적인 접근**(quantity approach)을 택하는 것과 **케인즈류의 접근**(Keynesian or portfolio approach)을 택하는 것으로 흔히 분류하나, 우리가 유의하여야 할 것은 양자 사이에는 상당한 공통점이 있으므로 이 둘을 대립적인 것으로 생각해서는 안 된다는 것이다.

기본적으로 이 두 가지 부류의 이론은 모두 화폐에 대한 수요를 분석하기 위하여 일반적인 선택의 이론(theory of choice)을 적용하고 있다. 즉, 케인즈의 화폐에 대한 수요이론을 더욱 발전시킨 토빈이 중심이 되는 케인즈류의 화폐에 대한 수요이론에서는 화폐를 여러 가지 종류의 금융자산 가운데 하나라고 보고 합리적인 소비자선택이론을 적용하여 자산을 어떠한 형태로 보유하는가를 분석한다. 이처럼 화폐에 대한 수요를 여러 종류의 금융자산의 포트폴리오(portfolio)를 어떻게 구성하는가를 분석하는 중에 설명하려고 하는 것이다. 한편 프리드만의 신화폐수량설에서도 화폐에 대한 수요를 화폐라는 일종의 재화가 제공하는 서비스에 대한 수요라고 보고 일반적인 소비자수요

---

3) 케인즈의 화폐에 대한 수요이론이란 케인즈 자신의 이론을 말하며, 케인즈류의 화폐에 대한 수요이론이란 케인즈 이후 그의 이론을 더욱 발전시킨 것으로서 토빈(James Tobin)이 대표적인 학자이다.

의 이론을 적용하고 있다.

29.2 화폐수량설

거래형 화폐수량설

(1) 실물부문과 화폐부문

29.2에서는 화폐에 대한 수요이론 중에서 화폐수량설적인 접근을 택하는 것을 살펴보기로 한다. 화폐수량설(quantity theory of money)은 이미 18세기에 그 대체적인 윤곽이 알려져 있었으나, 본격적인 전개는 20세기 초에 피셔(Irving Fisher)의 **거래형**(transactions version) **화폐수량설**과, 캠브리지학파의 대표자인 마샬과 피구(Arthur C. Pigou)의 **현금잔고형**(cash-balances version) **화폐수량설**에 의하여 이루어졌다. 이들 거래형 화폐수량설과 현금잔고형 화폐수량설을 보통 고전적인 화폐수량설이라고도 부른다. 세번째 화폐수량설은 비교적 최근에 프리드만(Milton Friedman)에 의하여 전개된 것인데 이를 현대의 화폐수량설 또는 **신화폐수량설**이라고도 부른다. 아래에서는 이 세 가지 화폐수량설에 대하여 차례로 살펴보기로 한다.

여기서는 거래형 화폐수량설에 대하여 보려고 하는데, 그 전에 먼저 고전적인 경제학에서 화폐수량설이 어떠한 위치에 있었는가를 살펴봄으로써 전반적인 윤곽을 알아 보자. 여기서 고전적인 경제학은 대체로 케인즈의 「일반이론」이 출판된 해인 1936년 이전의 경제이론을 뜻한다.

고전적인 경제학에서는 한 국민경제를 **실물부문**과 **화폐부문**의 두 부문으로 나누어 생각한다. 그런데 실물부문에서는 수요와 공급이 상호작용하여 재화 및 용역과 생산요소의 **상대가격**(relative prices)이 결정되며 이에 따라서 자원배분이 일어난다.[4] 한 가지 예를 들어 보면 쌀 한 말의 **절대가격**(absolute prices)은 1,000원이며, 보리쌀 한 말의 절대가격은 500원이라고 가정해 보자. 그러면 쌀과 보리쌀의 상대가격은 $\frac{1,000\text{원}}{500\text{원}}=\frac{2}{1}$이 된다. 여기

4) Ⅲ부의 논의가 이를 보인 것인데, 특히 5편과 6편이 여기에 해당된다.

서 유의할 것은 쌀 한 말의 절대가격이 2,000원이 되고, 보리쌀 한 말의 절대가격이 1,000원이 되어도 상대가격은 $\frac{2,000원}{1,000원}=\frac{2}{1}$로서 변동하지 않는다는 것이다. 이제 쌀과 보리쌀의 상대가격이 $\frac{2}{1}$에서 $\frac{3}{1}$으로 상승하였다고 가정해 보면, 쌀을 생산하는 것이 더욱 이익이 나므로 지금까지 보리쌀을 생산하는 데 투입되었던 자원(토지, 노동, 자본 등)의 일부가 쌀을 생산하기 위하여 재배분될 것이다.

이처럼 고전적인 이론에서는 자원배분은 실물부문에서 수요와 공급이 상호작용하여 상대가격이 결정됨에 의하여 이루어진다고 보았다. 한편 장기에 절대가격은 화폐부문에서 화폐의 공급량에 의하여 결정된다고 생각하였다. 즉, 화폐의 공급량이 증가하면 일반물가수준("the" general price level)이 상승하며, 개별적인 재화, 용역 및 생산요소의 절대가격도 상승하게 된다. 예를 들어 화폐의 공급량이 증가하면 쌀의 절대가격은 1,000원에서 2,000원으로 상승하며, 보리쌀의 절대가격도 500원에서 1,000원으로 상승하나 상대가격은 $\frac{2}{1}$로서 변동하지 않으며, 따라서 화폐의 공급량의 변화는 상대가격에 의하여 결정되는 자원배분에 대하여 전연 영향을 줄 수 없다.

이와 같이 자원배분은 실물부문에서 수요와 공급이 상호작용하여 상대가격이 결정됨으로써 이루어지며, 장기에 있어서의 절대가격 및 일반물가수준의 결정은 화폐수량설이 보이는 것처럼 화폐부문에서 화폐의 공급량에 의하여 결정된다. 또한 실물부문과 화폐부문은 서로 완전히 분리되어 있어서 실물부문에 어떤 변화가 일어나도 화폐부문에 전연 영향을 주지 않으며, 역시 화폐부문의 변화도 실물부문에 영향을 주지 못한다.

여기서 우리가 발견하는 것은 케인즈가 비판한 것처럼 고전적인 이론에서는 상대가격의 결정에 대하여 논하는 가치론(value theory)과, 절대가격의 결정에 대하여 분석하는 화폐이론이 서로 완전히 분리되어 있다는 것이다. 이를 파틴킨(Don Patinkin)은 **고전적인 이중성**(classical dichotomy)이라고 불렀다. 이러한 이론체계하에서는 화폐의 공급량이 증가하는 것과 같은 화폐부문에 있어서의 변화는 실물부문에 전연 영향을 주지 못하는데, 이를 우리는 화폐가 중립성(neutrality of money)을 가지고 있다고도 하며 또는 화폐는 베일(veil)에 불과하다고도 한다. 그러나 올바른 견해는 화폐는 중요하며, "화폐부문"에서 변화가 일어나면 "실물부문"에 영향을 줄 수 있다는 것이다.

이상의 논의에서 분명해진 것은 화폐의 공급량과 물가의 관계를 다루는 고전적인 화폐수량설은 장기에 있어서의 절대가격 및 일반물가수준의 결정을 설명하기 위한 이론이라는 것이다.

(2) 교환방정식

이제 고전적인 경제이론에서 화폐수량설이 차지하는 위치를 알았으므로 피셔의 거래형 화폐수량설에 관하여 살펴보기로 하자. 이를 위해서 먼저 피셔의 **교환방정식**(equation of exchange)에 대하여 보자. 교환방정식은 다음과 같이 쓸 수 있다.

$$MV=PT$$

이 식의 오른편인 PT는 일정한 기간 동안의 총거래액을 나타내는데, PT는 다음과 같이 정의된다.

$$PT=\Sigma p_i t_i$$

여기서 p_i는 i번째 거래의 단위당가격이며, t_i는 i번째 거래의 거래량이다. 따라서 모든 거래에 대하여 $p_i t_i$를 구하여 이를 모두 합해 놓은 것이 $\Sigma p_i t_i$ 또는 PT이다. 이 때 P는 모든 거래의 평균적인 가격이 되며, T는 총거래량이 된다.

한편 교환방정식의 왼편인 MV를 보면 M은 한 국민경제의 화폐의 공급량을 나타내며, V는 총거래액인 PT를 처리하기 위하여 화폐 한 단위가 일정한 기간 동안 몇 번이나 사용되는가를 나타내는 **화폐의 거래속도**(transactions velocity)이다. V를 이와 같이 총거래액 PT를 처리하기 위하여 M이 몇 번이나 회전하는가를 나타내는 것이라고 정의하면, 위의 교환방정식은 정의 자체에 의하여 항상 성립하는 항등식(identities)이라는 것을 알 수 있다. 즉, 교환방정식은 변수들 사이의 인과관계를 나타내는 가설이 아니라 정의 자체에 의하여 항상 성립하는 항등식이라는 것을 유의하여야 한다.

앞의 교환방정식을 볼 때 곧 느끼는 것은 P와 T를 규정하기가 모호하며, 또한 실제 자료를 사용하여 이를 측정하기도 어렵다는 것이다. 따라서 국민소득통계의 발전과 더불어 교환방정식을 거래(transactions)를 기준으로 해서가 아니고 소득(income)을 기준으로 표시하는 경향이 늘어났다. 이제 Y를 명목국민소득, P'를 물가지수, y를 불변가격으로 나타낸 실질국민소득이라고 하면 다음이 성립한다.

$$Y=P'y$$

따라서 원래의 교환방정식은 다음과 같이 쓸 수 있다.

$$MV'=P'y$$

여기서 V'는 총거래액 PT가 아니라 명목국민소득인 $P'y$를 처리하기 위하여 일정한 기간 중 M이 몇 번이나 회전하는가를 나타내는 **화폐의 소득속도**(income velocity)이다. 그런데 22.1의 GDP측정방법에서 본 것처럼 총거래액은 이중계산까지 포함하므로 부가가치만의 합계인 국민소득보다 훨씬 크며, 따라서 V는 V'보다 더 크다. 거래형으로 표시된 원래의 교환방정식에 비하여 소득형으로 표시된 것이 훨씬 더 명확하게 개념들을 규정할 수 있으며, 실제자료를 사용하여 계산하는 것도 용이하다.

2001년의 명목 GDP는 잠정추계에 의하면 545조원이며, 2001년 12월 31일 현재 통화(M_1)는 54조원이었다. 따라서 소득속도는 다음과 같이 산출된다.

$$V'=\frac{P'y}{M}=\frac{545}{54}=10.1$$

즉, 2001년의 국민소득을 처리하기 위하여 통화는 평균적으로 10.1번 회전한 셈이다.

(3) 거래형 화폐수량설

위에서 우리는 교환방정식 $MV=PT$가 변수들 사이의 인과관계를 나타내는 이론 또는 가설이 아니라 정의 자체에 의하여 항상 성립하는 항등식이라는 것을 보았다. 이제 완전고용을 가정하면 총거래액 T는 일정하다고 볼 수 있다. 또한 화폐의 거래속도 V는 사람들이 화폐를 얼마나 보유하려고 하는가와 밀접한 관련이 있다. 즉, 사람들이 화폐를 많이 보유하려고 할수록, 또는 같은 뜻인 화폐에 대한 수요가 늘수록 V는 감소할 것이다. 반대로 화폐에 대한 수요가 감소하고 지출을 늘릴수록 V는 증가한다. 그런데 사람들이 화폐를 보유 또는 수요하는 것은 지불행위에 있어서의 관습에 의하여 좌우되며 이는 안정적인 경향을 가지고 있으므로 V도 일정하다고 가정할 수 있다.

이처럼 V와 T를 일정하다고 가정하면 교환방정식은 다음과 같이 쓸 수가 있다.

$$P=\left(\frac{\bar{V}}{\bar{T}}\right)\cdot M$$

여기서 $\bar{V}$와 $\bar{T}$는 V와 T가 일정한 값을 가지고 있음을 나타낸 것이다. $MV=PT$의 교환방정식이 항등식인 데 반하여, 위의 식은 일반물가수준 P가 화폐의 공급량 M에 의하여 결정된다는 거래형 화폐수량설이다. 즉, 거래형 화폐수량설은 두 변수 M과 P 사이의 인과관계를 나타내는 가설 또는 이론인 것이다.

위의 거래형 화폐수량설을 좁게 이해하면 M이 10% 상승하면 P도 10% 상승하게 된다. 그러나 V와 T는 일정한 것이 아니라 늘상 변화하는 것이 보통이다. 이렇게 볼 때 거래형 화폐수량설이 가리키는 것은 M과 P 사이의 정확한 비례관계라기보다는, M과 P는 동일한 방향으로 변동하며 P의 변화의 주된 원인은 M의 변화라는 것이다.

이제 거래형 화폐수량설의 내용을 알았으므로 구체적으로 M의 변화가 P의 변화를 어떻게 초래하는가 살펴보자. 가정하기를 중앙은행이 화폐의 공급량을 증대시켰는데, 이 M이 사람들이 보유 또는 수요하기를 원하는 화폐의 양보다 많다고 하자. 그러면 사람들은 보유하기를 원하지 않는 만큼의 화폐를 재화의 구입에 지출하려고 할 것이다. 이러한 지출의 증가는 명목국민소득의 증가를 초래할 것인데, 명목국민소득이란 물가와 실질국민소득을 곱한 것이다. 즉, 지출의 증가는 단기에는 물가를 상승시킬 수도 있으며 실질산출량을 증대시킬 수도 있으나 장기에는 주로 P의 상승만을 초래하게 된다.

여기서 보는 것은 화폐수량설은 M과 명목국민소득 사이의 관계를 강조하고 있다는 것이다. 이는 앞의 24장과 그 부록에서 본 케인즈가 지출(투자, 소비, 정부지출 등)과 명목국민소득 사이의 관계를 강조한 것과 좋은 대조를 이룬다.

현금잔고형 화폐수량설

(1) 현금잔고방정식

소득형으로 표시된 교환방정식은 위에서 본 것처럼 다음과 같다.

$$MV' = P'y$$

여기서 M은 화폐의 공급량, V'는 화폐의 소득속도, P'는 물가지수, 그리고 y는 실질국민소득이다. 이제 위의 식을 변형해 보면,

$$M = \left(\frac{1}{V'}\right)P'y$$

이때 $\frac{1}{V'}$을 k라고 놓으면,

$$M = kP'y$$

이 식이 바로 **현금잔고방정식**(cash-balance equation)이다.[5] 즉, M은 명목국민소득인 $P'y$의 일정한 비율 k이다. 여기서 k는 소득속도인 V'의 역수 $\frac{1}{V'}$이다. 따라서 교환방정식과 현금잔고방정식은 동일한 식이며, 현금잔고방정식도 정의에 의하여 항상 성립하는 항등식이다. 즉, k를 정의하기를 현금잔고방정식이 항상 성립하도록 규정한 것이다.

이제 앞에서 본 실례를 다시 들어 보면 2001년의 명목 GDP, 즉 $P'y$는 545조원이며, 2001년 말 현재의 M_1은 54조원이므로 현금잔고방정식에서 k의 값은 V'의 역수인 $\frac{1}{10.1}$이 된다.

항등식인 현금잔고방정식에서 가설 또는 이론인 현금잔고형 화폐수량설을 끄집어내는 방식은 앞에서와 같다. 즉, y는 완전고용을 전제하면 일정하다고 볼 수 있으며, k도 화폐에 대한 수요를 좌우하는 지불행위가 관습에 의하여 결정된다고 보면 일정하다고 생각할 수 있다. 따라서 현금잔고방정식은 k

$$P' = \left(\frac{1}{\bar{k}\bar{y}}\right)M$$ [6]

---

5) 이는 캠브리지 방정식(Cambridge equation)이라고도 불리워진다.

6) $\bar{k}$, $\bar{y}$는 일정한 상수를 나타낸다.

와 y가 일정하다고 가정하면, 다음과 같이 나타낼 수 있다.

이 식은 항등식인 현금잔고방정식과는 달리 장기에 있어서 일반물가수준 P'가 화폐의 공급량 M에 의하여 결정된다는 것을 나타내는 현금잔고형 화폐수량설이다.

여기서도 현금잔고형 화폐수량설을 엄격하게 해석하면 물가지수 P'의 변화는 화폐의 공급량 M의 변화에 정확하게 비례할 것이나, k나 y는 늘 변동하므로 M과 P'의 변화는 동일한 방향으로 일어나며 P'의 변화의 주된 원인은 M의 변화에 있다고 넓게 해석할 수 있다.

통화량의 증가와 물가상승률간에 장기에 있어서 밀접한 관련이 있다는 것은 여러 나라에 대한 시계열 증거에 의해서도 뒷받침되고 있다. 즉 통화량의 증가율이 높은 나라일수록 인플레이션율도 높다. 이는 물론 화폐수량설을 지지하는 증거이다.

프리드만의 화폐수량설

위에서 우리는 고전적인 화폐수량설인 거래형 화폐수량설과 현금잔고형 화폐수량설에 관하여 각각 살펴보았다. 이제 그러면 시기적으로 볼 때 케인즈의 「일반이론」이 출판된 후에 프리드만에 의하여 전개된 현대의 화폐수량설 또는 신화폐수량설에 관하여 살펴보기로 하자.

프리드만에 의하면 현대의 화폐수량설은 고전적인 화폐수량설에서와 같이 장기의 물가수준 또는 명목국민소득의 결정이론이 아니라, 화폐에 대한 수요이론이다. 그런데 사람들이 화폐를 수요하는 이유는 다른 모든 재화를 수요하는 것과 똑같이 화폐를 수요함으로써 효용을 얻을 수 있기 때문이다. 화폐를 보유 또는 수요하는 데서 얻는 효용은, 화폐가 구매력의 원천이므로 이로부터 각종의 편리함을 누릴 수 있다는 데서 나온다.

이와 같이 프리드만은 화폐에 대한 수요를 다른 보통의 재화에 대한 수요와 똑같이 취급하여 일반적인 수요의 이론을 화폐에 대한 수요에 그대로 적용하고 있다. 이제 일반적인 수요의 이론을 화폐에 대한 수요의 경우에 적용하였을 때 어떤 요인들이 화폐수요에 영향을 주는가 살펴보자.

첫째는 총자산 또는 부의 크기인데, 이는 소비자수요의 이론에서 예산상의 제약(budget constraint)에 해당하는 것이다. 사람들은 결국 이 총자산 또는 부를 여러 가지 형태의 자산으로 나누어 보유하게 되며 이 중 하나가 화폐의 수요가 될 것이다. 일반적으로 총자산 또는 부가 클수록 화폐에 대한 수요는 증대된다. 현실적으로 총자산 또는 부에 관한 자료는 얻기가 어려우므로 실질소득(y) 자료를 가지고 대신할 수 있다.

둘째는 총자산 가운데 비인간자산(nonhuman wealth)이 차지하는 비율(w)이다. 총자산 또는 부는 교육받은 사람과 같은 인간자산(human wealth)과, 주식, 공장, 기계와 같은 비인간자산을 합한 것이다. 그런데 인간자산에 비하여 비인간자산은 용이하게 화폐로 바꿀 수 있다. 따라서 총자산 가운데서 비인간자산의 비중(w)이 높을수록 화폐에 대한 수요는 감소할 것이다.

셋째는 화폐를 보유하는 데서 초래되는 비용이다. 여기서는 두 가지가 있는데, 하나는 화폐가 비수익성자산이므로 다른 수익성자산(주식, 사채, 공장 등)을 보유하는 것에 비하여 볼 때 기회비용이 발생한다. 이 기회비용은 이자율(i)에 의하여 표시될 수가 있으며, i가 높을수록 화폐를 보유하는 기회비용이 커지므로 화폐에 대한 수요는 감소할 것이다. 화폐를 보유할 때 초래되는 다른 하나의 비용은 물가가 상승함에 따라 구매력이 감소되는 데서 나온다. 물가상승률 $\left(\frac{\Delta P}{P}\right)$이 높을수록 구매력은 빨리 감퇴하며, 이는 곧 화폐를 보유하는 비용이 증감함을 뜻하므로 화폐에 대한 수요는 감소할 것이다.

이상에서의 논의를 기초로 하여 프리드만의 화폐에 대한 수요함수를 써보면 다음과 같다.

$$\frac{M}{P}=f\left(y,\ w,\ i,\ \frac{\Delta P}{P}\right)$$

여기서 $\frac{M}{P}$은 화폐에 대한 실질수요(real demand for money)이며, y는 실질소득, w는 총자산 가운데서 비인간자산이 차지하는 비율, i는 이자율, $\frac{\Delta P}{P}$는 물가상승률을 나타낸다. $\frac{M}{P}$은 위에서 본 대로 y가 증가할수록 커지며, w, i 및 $\frac{\Delta P}{P}$가 커질수록 감소한다.

지금까지 우리는 프리드만의 화폐에 대한 수요함수에 관하여 살펴보았다. 고전적인 화폐수량설과 현대의 화폐수량설 사이의 가장 주요한 차이는 고전적인 화폐수량설에서는 화폐에 대한 수요를 반영하는 거래속도인 V 또는 그 역수인 k를 제도적인 요인에 의하여 일정하게 주어져 있다고 가정하였던 데 비하여, 신화폐수량설에서는 V나 k를 화폐에 대한 수요함수를 이용하여 그 결정요인을 설명하려고 하고 있다는 점이다.

현대의 화폐수량설에서는 또한 화폐에 대한 수요함수가 케인즈체계에서 기본이 되는 소비함수보다도 훨씬 더 안정적이라고 본다. 여기서 화폐에 대한 수요함수가 안정적이라는 것은 화폐에 대한 수요가 변동하지 않는다는 것을 뜻하는 것이 아니라, 위에서 본 y, w, i 및 $\frac{\Delta P}{P}$ 등의 설명변수를 이용하여 화폐에 대한 수요를 잘 설명할 수 있다는 뜻이다. 예를 들면 인플레이션이 급속하게 진행될 때는 지출이 늘게 되므로 화폐에 대한 수요는 크게 감소하나, 화폐에 대한 수요함수에는 이를 참작할 수 있는 $\frac{\Delta P}{P}$를 설명변수로 가지고 있는 것이다.

이처럼 화폐에 대한 수요함수가 안정적이어서 화폐에 대한 수요를 잘 예측할 수 있다면,[7] 중앙은행에 의해 주로 결정되는 화폐의 공급이 명목국민소득에 어떠한 영향을 미칠 것인가를 쉽게 판단할 수 있게 된다. 이제 예를 들어 화폐의 공급이 화폐에 대한 수요를 초과하게 되었다면 사람들은 보유하기를 원하지 않는 만큼의 화폐를 재화를 구입하는 데 사용할 것이며, 그 결과로 명목국민소득은 증가할 것이다. 그런데 명목국민소득은 물가에 실질소득을 곱한 것이므로 화폐의 공급이 수요를 초과하여 지출이 늘 때 그 영향은 물가의 상승이나 실질소득의 증대로 나타날 것이다. 일반적으로 장기에는 지출의 증가는 주로 물가의 상승을 초래하며, 단기에는 실질소득의 증대와 물가상승을 동시에 초래할 것이다.

이와 같이 프리드만에 의하여 대표되는 **화폐주의**(monetarism)는 "화폐에 대한 수요함수가 안정적이라는 전제" 하에, 중앙은행에 의하여 결정되는 화폐의 공급이 명목국민소득을 결정하는 주된 인자라고 생각한다. 이러한 견해는 국민소득을 결정하는 것이 투자, 소비, 지출, 정부지출 등의 각종의 지출이라는 케인즈의 견해와 좋은 대조를 이룬다.

---

7) 이 전제가 중요하므로 특히 유의할 필요가 있다.

29.3 케인즈의 화폐에 대한 수요이론

화폐보유의 세 가지 동기

지금까지 우리는 화폐에 대한 수요이론 가운데서 장기를 분석대상으로 삼는 화폐수량설에 관하여 살펴보았다. 이제 여기서는 다른 하나의 화폐에 대한 수요이론인 단기를 분석대상으로 하는 케인즈의 이론을 보기로 하자. 케인즈는 화폐시장에서 화폐에 대한 수요와 화폐의 공급이 일치하여 화폐시장이 균형상태에 있을 때 균형이자율이 결정된다고 보았다. 따라서 케인즈의 화폐에 대한 수요이론은 그가 "이자율의 결정이론"에 관하여 설명하는 가운데서 전개되었다.

일반적으로 사람들은 유동성을 보유하는 것을 선호한다. 여기서 유동성이란 어떤 자산이 얼마나 용이하게 화폐로 바뀌질 수 있는가의 정도를 뜻한다. 그러나 유동성은 화폐 그 자체를 의미하는 것으로 생각할 수도 있다. 케인즈의 경우 **유동성선호**(liquidity preference)란 바로 여러 종류의 금융자산 중에서 화폐를 보유하는 것을 선호함을 뜻한다. 즉, 유동성선호는 화폐에 대한 수요를 의미하는 것이다. 이와 같이 사람들이 유동성 또는 화폐를 선호하는 경향이 있을 때, 이자율이란 다름 아닌 일정한 기간 동안 유동성을 포기하는 데 대한 보상이라고 볼 수 있으며, 이 때문에 케인즈의 이자율결정이론은 **유동성선호이론**(liquidity preference theory)이라고도 불리워진다.

케인즈는 유동성선호 또는 화폐에 대한 수요의 동기를 **거래적인 동기**(transactions motive), **예비적인 동기**(precautionary motive) 및 **투기적인 동기**(speculative motive)의 셋으로 크게 분류하고 있다. 이제 이 세 가지 동기에 의한 화폐에 대한 수요를 차례로 살펴보기로 하자.

첫째로, 거래적인 동기에 의한 화폐에 대한 수요를 보자. 가계와 기업은 일상의 거래목적을 위하여 어느 정도 화폐를 보유하고 있어야만 한다. 가계의 경우 소득은 예를 들어 한 달에 한 번씩 받는 데 비하여 재화와 용역에 대한 지출은 계속해서 생기므로 어느 정도는 화폐를 보유하여야만 한다. 기업의 경우에도 수입과 지출이 시간적으로 일치하지 않으므로 일상의 영업활동을 위하여 어느 정도의 유동성이 필요하게 된다. 이와 같이 일상의 거래를 위하여 유동성을 보유하는 것을 거래적인 동기에 의한 화폐에 대한 수요라고 부르는데, 소득이 증가할수록 이러한 화폐수요는 증가하게 될 것이다.

거래적인 동기에 의한 화폐에 대한 수요는 가계나 기업이 설령 장래의 수입과 지출의 시기를 정확하게 알고 있다고 하여도 발생하는 것이다. 이에 비하여 예비적인 동기에 의한 화폐에 대한 수요는 장래의 수입과 지출의 시기를 정확히 알 수 없으며, 따라서 장래에 대한 불확실성(uncertainty)에 대비하기 위하여 화폐를 보유하는 것을 가리킨다. 가계의 경우 예를 들면 질병이나 화재와 같은 것에 대비하기 위하여 화폐를 보유하며, 기업의 경우에도 미리 예측하지 못한 사태를 위하여 화폐를 보유하게 된다. 이러한 두번째 동기에 의한 화폐수요도 소득이 증가할수록 늘어난다고 볼 수 있을 것이다.

셋째는 투기적인 동기에 의한 화폐에 대한 수요이다. 위에서 본 거래적 및 예비적인 동기에 의한 화폐에 대한 수요에서는 화폐를 지불목적으로 보유하는 것이므로 화폐의 기능 가운데서 교환의 매개수단으로서의 기능을 강조한다. 이에 반하여 투기적인 동기에 의한 화폐수요는 화폐의 가치저장수단으로서의 기능을 강조하고 있다.

이제 단순화를 위하여 가정하기를 금융자산에는 완전한 유동성을 지니고 있으나 비수익성자산인 화폐와, 유동성은 없으나 이자를 지급하는 수익성자산인 채권(bonds)의 두 종류만 있다고 하자. 그런데 만일 현재의 이자율수준이 사람들이 보통 생각하는 어떤 "정상적인" 이자율수준에 비하여 높다고 가정해 보자. 이때 사람들은 두 종류의 금융자산 가운데서 화폐의 보유를 줄이고 채권을 구입하려고 할 것이다. 여기에는 두 가지 이유가 있는데, 첫째는 이자율이 높을 때는 비수익성자산인 화폐를 보유하는 기회비용이 그만큼 높아지기 때문이다. 다른 하나는 현재의 이자율 수준이 사람들이 정상적이라고 생각하는 수준보다 높으므로, 이자율이 지금보다 더 올라 채권가격이 떨어짐으로써 초래되는 손실의 가능성은 희박할 것이기 때문이다. 따라서 이자율이 높을 때는 채권을 구입할 목적으로 보유되는 투기적인 동기에 의한 화폐에 대한 수요는 감소할 것이다.

반대로 현재의 이자율수준이 사람들이 정상적이라고 생각하는 수준보다 낮다고 가정해 보자. 그러면 사람들은 화폐의 보유는 늘리고 채권의 수요는 줄일 것이다. 그 이유는 첫째로 이자율이 낮으므로 화폐를 보유하는 기회비

그림 29-1 화폐시장의 균형

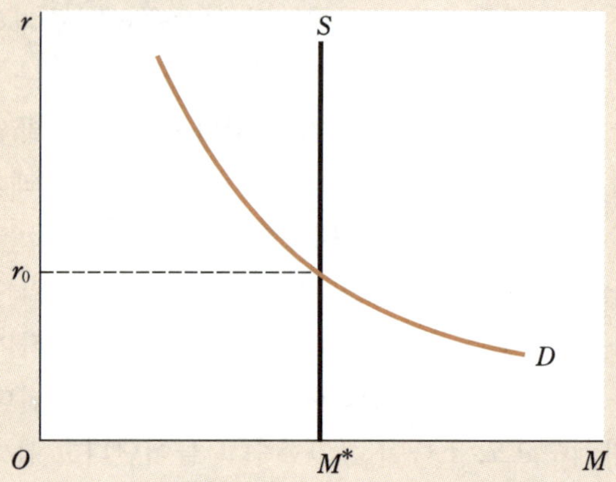

용이 적기 때문이며, 둘째는 앞으로 이자율이 상승하여 채권의 가격이 하락함으로써 손실을 볼 가능성이 높기 때문이다. 따라서 이자율이 낮을 때는 투기적인 동기에 의한 화폐수요는 증가한다.

이와 같이 투기적인 동기에 의한 화폐에 대한 수요는 장래의 이자율의 변화가 불확실성을 지니고 있기 때문에 생기며, 예상되는 이자율의 수준에 반비례한다. 이제 케인즈가 특히 강조한 경우인 이자율이 너무나 낮고, 따라서 채권의 가격은 매우 높아서 거의 모든 사람들이 앞으로 이자율은 상승할 것이며 채권의 가격은 하락할 것이라고 예상하는 경우를 보자. 이 때는 거의 모든 사람들이 채권은 보유하지 않고 화폐를 보유하려고 할 것이다. 따라서 이러한 상황에서는 중앙은행이 아무리 추가로 화폐를 공급하여도 모두 투기적인 동기에 의한 화폐수요로 흡수되어 더 이상 이자율은 낮아질 수 없게 된다.

그러나 불완전고용의 경우 이자율이 낮아져야 투자가 늘고 국민소득이 증가하므로, 위와 같은 경우에는 통화량의 조절을 통한 국민소득의 증가는 기대할 수 없게 되는데 이를 **유동성함정(liquidity trap)**이라고 부른다.

이상에서 우리는 화폐를 수요하는 세 가지 동기에 관하여 살펴보았는데, 거래적 및 예비적 동기에 의한 화폐에 대한 수요는 국민소득에 비례하며 투기적인 동기에 의한 화폐에 대한 수요는 이자율에 반비례함을 알았다. 이에 기초하여 케인즈의 화폐에 대한 수요함수를 써 보면 다음과 같다.

$$L = L_1(Y) + L_2(r)$$

여기서 L은 화폐에 대한 수요이며, L_1은 거래적 및 예비적 동기에 의한 화폐에 대한 수요, L_2는 투기적 동기에 의한 화폐에 대한 수요, Y는 국민소득, 그리고 r은 이자율이다. 이제 중앙은행에 의한 화폐의 공급을 M이라고 하면 화폐시장의 균형조건은 다음과 같다.

$$M = L_1(Y) + L_2(r)$$

이를 만족시키는 이자율의 수준이 바로 금융시장을 균형상태에 있게 하는 균형이자율이 된다. [그림 29-1]이 이를 나타낸다.

앞의 그림에서 종축은 이자율 r를 나타내며, 횡축은 화폐의 양 M을 잰다. 화폐의 공급곡선은 한국은행이 통화량을 M^*만큼 공급하기로 결정하였다면 M^*의 수준에서 수직선으로 표시될 것이다. 한편 화폐에 대한 수요곡선은 우하향의 형태를 취하고 있는데, 이는 이자율이 떨어질수록 화폐수요는 증가하기 때문이다.

화폐에 대한 수요와 공급이 만나는 데서 균형이자율 r_0가 결정되는데 이 r_0는 한은이 정한 통화 공급량 M^*와 민간부문이 수요하기를 바라는 화폐의 양을 일치시키는 이자율의 수준이다.

앞 그림에서 화폐에 대한 수요곡선은 일정한 수준의 산출량(실질소득)과 물가를 전제로 하고 있다. 만일 산출량과 물가수준이 증가한다면 화폐에 대한 수요곡선도 우측으로 이동하게 될 것이다. 이는 화폐공급이 M^*에서 일정할 때 이자율을 상승시키게 될 것이다. 한편 화폐수요곡선이 주어져 있을 때 한은이 통화량을 줄인다면, S곡선은 왼편으로 이동하게 되고 이는 이자율을 상승시킬 것이다.

자산선택의 이론

위에서 우리는 케인즈 자신에 의하여 전개된 화폐에 대한 수요이론을 살펴보았다. 그 후 이를 더욱 발전시킨 화폐의 수요에 대한 케인즈류의 접근이 전개되었다. 위에서도 본 것처럼 케인즈는 모든 금융자산을 화폐와 채권의 둘로 나누어 생각하였으나, 실제에 있어서는 이 이외에도 다양한 여러 가지 종류의 금융자산이 존재하고 있다. 따라서 케인즈류의 접근을 택하고 있는 **자산선택**(portfolio selection)의 이론에서는 화폐와 채권 이외에도 다른 여러 가지 종류의 금융자산이 있다는 것을 전제한다.

이때 사람들은 각종의 금융자산의 수익성과 위험도를 검토하여 자신이 가지고 있는 금융자산의 총액을 여러 종류의 금융자산으로 나누어 보유하게 되는데 이를 포트폴리오의 구성이라고 부른다. 즉, 일반적으로 수익성이 높은 금융자산은 위험도가 높으므로, 투자가는 수익성과 위험도를 함께 고려하여 금융자산의 포트폴리오를 구성하게 되는 것이다.

자산선택의 이론에서는 바로 이러한 포트폴리오를 구성하는 가운데서 화폐를 비롯한 모든 금융자산에 대한 수요가 결정된다고 본다. 즉, 화폐는 여러 가지 다양한 종류의 금융자산 가운데 하나이므로 투자가가 자산선택을 하는 과정에서 금융자산 중의 하나인 화폐에 대한 수요도 결정된다고 보는 것이다. 이와 같이 자산선택의 이론에서는 훨씬 더 현실적인 가정에 기초하고 있으나, 여기서도 투기적인 동기에 의한 화폐에 대한 수요는 이미 앞에서 지적한 이유 때문에 이자율과는 역의 관계를 가지게 될 것이다.

이제 끝으로 케인즈류의 접근에서 화폐부문의 변화가 실물부문에 어떠한 경로를 통하여 영향을 미치는가를 뜻하는 **파급경로**(transmission mechanism)에 대하여 살펴보자. 우리는 앞에서 장기를 분석대상으로 삼는 수량설적인 접근에 대하여 다루면서 화폐의 공급량의 변화가 "직접적"으로 명목국민소득에 대하여 영향을 준다는 것을 알았다. 이에 비하여 단기의 케인즈류의 분석에서는 화폐부문의 변화는 일차적으로 이자율의 변동으로 나타나며, 이 이자율의 변화가 실물부문에서 투자 등 이자율에 민감한 지출의 변화를 초래하며, 지출의 변화는 다시 승수효과를 통하여 총수요에 영향을 준다고 본다. 즉, 화폐부문의 변화는 이자율의 변화를 통하여 "간접적"으로 실물부문에 영향을 미치게 되는 것이다.

예를 들어 중앙은행이 화폐의 공급량을 증대시킴으로써 화폐의 공급이 사람들이 보유하기를 원하는 화폐에 대한 수요보다 많아졌다고 하자. 그러면 사람들이 보유하기를 원하지 않는 만큼의 화폐를 가지고 채권을 사려고 할 것인데, 이는 채권의 가격을 상승시키며 따라서 이자율을 떨어뜨릴 것이다. 이자율의 하락은 실물부문에서 투자 등 이자율에 민감한 지출의 증대를 가져오고, 이는 승수효과를 통하여 총수요의 증대를 초래하며 동시에 물가도 인상시키게 될 것이다. 아래의 인과관계가 이를 나타낸다.

$$M\uparrow \rightarrow r\downarrow \rightarrow I\uparrow \xrightarrow{(\text{승수효과})} AD\uparrow \rightarrow y\uparrow,\ P\uparrow$$

즉, 통화량의 증가는 이자율의 하락을 초래하는데, 투자는 이자율과 역의 관계를 가지므로 투자가 늘어나게 된다. 그러면 승수효과를 통하여 총수요가 증가하게 되고, 이는 실질 GDP인 y와 P를 모두 증대시키는 것이다. 즉, 화폐부문의 변화는 단기에는 실물부문에 영향을 미치게 된다.

29.4 화폐의 수요함수

화폐의 수요함수

이상에서 우리는 논의 전개의 편의를 위하여 화폐에 대한 수요이론을 장기의 화폐수량설과 단기의 케인즈의 유동성선호이론의 둘로 나누어 살펴보았다. 그러나 이 장의 첫머리에서 이미 밝힌 것처럼 고전적인 화폐수량설을 발전시킨 현대의 화폐수량설과, 케인즈의 화폐에 대한 수요이론을 보완한 현대의 케인즈류의 화폐에 대한 수요이론은 여러 가지 측면에서 공통점을 가지고 있다.

즉, 이미 지적한 대로 수량설적인 접근을 택하는 측이나, 케인즈류의 접근을 택하는 측이나 모두 화폐에 대한 수요를 분석하기 위하여 일반적인 선택의 이론을 적용하고 있다. 그리하여 현대의 화폐수량설에서는 일반적인 수요의 이론을 화폐라는 특수한 서비스(지불의 수단)를 제공하는 하나의 재화에 대하여 적용하고 있다. 또한 케인즈류의 자산선택의 이론에서는 화폐를 수많은 금융자산 가운데 하나라고 보고, 합리적인 소비자선택의 이론을 적용하여 포트폴리오를 어떻게 수익성과 위험성을 고려하면서 구성하는가를 보는 가운데서 화폐에 대한 수요도 결정된다고 생각한다.

따라서 프리드만의 신화폐수량설이나, 토빈이 중심이 되는 자산선택의 이론은 모두 다음과 같은 화폐에 대한 수요함수를 시사한다고 생각할 수가 있다.

$$\frac{L}{P} = f(y,\ r)$$

여기서 L은 명목적인 화폐에 대한 수요, P는 물가지수, y는 실질국민소득 그리고 r은 이자율이다.

이 식을 풀이하면 실질적인 화폐에 대한 수요 $\frac{L}{P}$은 실질국민소득에 비례하며, 이자율에 반비례한다는 것이다. 실제로 통계자료를 사용하여 화폐에 대한 수요함수를 추정한 결과를 보면 이러한 이론적인 주장을 뒷받침하는 것으로 나타나고 있다. 즉, $\frac{L}{P}$은 y가 증가할 때 늘며, r이 상승할 때 감소하는 현상을 보여준다.

화폐수요의 소득탄력도

위의 화폐에 대한 수요함수를 실제의 통계자료를 사용하여 추정하면 **화폐수요의 소득탄력도**(income elasticity of money demand; $(e_L)_Y$)를 구할 수 있다.[8] 여기서 $(e_L)_Y$는 y가 1% 증가할 때 $\frac{L}{P}$이 몇 %나 증가하는가를 나타낸다.

$(e_L)_Y$는 중앙은행이 경제성장과 더불어 어느 정도나 화폐의 공급을 증대시켜야 할 것인가를 결정하는 데 하나의 지침이 될 수 있다. 예를 들어 $(e_L)_Y$가 0.9라고 하고, 명목 GDP의 성장률목표가 12%인데 이 중에서 7%는 실질성장률이며, 5%는 물가상승률이라고 하자. 그러면 우선 한은은 물가상승률인 5%만큼 화폐의 공급도 증대시켜야 하는데, 그 이유는 위의 화폐에 대한 수요함수에서 $\frac{L}{P}$이 보이는 것처럼 화폐에 대한 수요는 명목화폐에 대한 수요가 아니라 **실질잔고**(real balances)에 대한 수요이기 때문이다.

즉, 실제로 보면 사람들은 **화폐의 환각**(money illusion)에 의하여 좌우되지 않으므로, 예를 들어 물가(P)가 2배 상승하면 명목적인 화폐에 대한 수요(L)도 2배가 증가하는 것이다. 우리의 경우 인플레이션율이 5%라고 가정하였으므로, 일차적으로 L도 5%가 증가할 것이며 따라서 한은은 우선 5%만큼 화폐의 공급을 증대시켜야 할 것이다. 여기에 더해 $(e_L)_Y$가 0.9라고 가정하였으므로 7%만큼의 실질 GDP의 성장률은 화폐에 대한 수요를 6.3%(=7%×

---

8) 탄력도의 일반적인 뜻에 관해서는 제 4 장을 참조할 것.

0.9)만큼 증대시킬 것이다. 따라서 한은은 모두 11.3%만큼의 화폐공급을 늘려야 할 것이다.

현실을 보면 화폐에 대한 수요함수$\left(\frac{L}{P}=f(y, r)\right)$는 원래 상당히 안정적(stable)이었으나, 금융의 규제완화와 금융혁신으로 말미암아 근자에는 불안정해졌고 자주 이동(shift)하는 것으로 나타났다. 즉 비수익성 자산인 화폐(money)와 여타 금융자산간의 구분이 점점 더 모호해져서 화폐를 규정하는 것 자체도 쉽지 않아졌으며 이들 간에 서로 빈번한 대체가 이루어짐에 따라 화폐의 유통속도도 불안정해졌다.

그 결과 중앙은행이 금융정책을 수행하기가 어려워졌는데, 이유는 먼저 통화를 규정하기가 쉽지 않고, 서로 다르게 규정된 통화가 상이한 증가율을 나타내며, 또한 실제의 화폐에 대한 수요함수도 불안정하므로 화폐수요를 추정하기도 어렵기 때문이다. 한국의 경우에도 근자에 비은행금융기관이 크게 성장하면서 은행예금이 비은행금융자산으로 상당히 대체되어 M_2에 대한 수요가 불안정해지고 있다.

주요개념

화폐에 대한 수요 화폐수량설적인 접근 케인즈류의 접근; 거래형(현금잔고형) 화폐수량설 신화폐수량설 실물부문 화폐부문 상대가격 절대가격 고전적인 이중성 교환방정식 화폐의 거래(소득)속도 현금잔고방정식 (비)인간자산 화폐주의; 유동성선호(이론) 거래적(예비적, 투기적) 동기 유동성함정 자산선택 파급경로; 화폐수요의 소득탄력도 실질잔고 화폐의 환각

요 약

1. 화폐에 대한 수요이론은 화폐수량설적인 접근과 케인즈류의 접근으로 나누어 볼 수 있으나 양자간에는 상당한 공통점이 있다.

2. 고전적인 거래형 및 현금잔고형 화폐수량설은 장기에 있어서 절대가격과 일반물가수준의 결정을 설명하기 위한 이론이다.

3. 교환방정식은 $MV=PT$로 나타낼 수 있는 항등식인데, M은 화폐공급, PT는 총거래액, V는 화폐의 거래속도이다.

4. 교환방정식에서 V와 T를 일정하다고 가정하면 $P=\left(\frac{\bar{V}}{\bar{T}}\right)\cdot M$의 거래형 화폐수량설을 얻게 되는데, 이는 장기에 일반물가수준 P가 화폐의 공급량 M에 의해 결정된다는 가설 또는 이론이다.

5. 현금잔고방정식은 $M=kP'y$의 항등식인데, k와 y를 일정하다고 전제하면 $P'=\left(\frac{1}{\bar{k}\bar{y}}\right)M$의 현금잔고형 화폐수량설을 얻게 된다.

6. 고전적인 화폐수량설이 장기에 있어서 물가수준과 명목국민소득의 결정이론인데 비하여, 신화폐수량설은 화폐에 대한 수요이론이다.

7. 화폐주의는 화폐에 대한 수요함수가 안정적이라는 전제 하에, 중앙은행에 의해 결정되는 화폐의 공급이 명목국민소득을 결정하는 주된 인자라고 본다.

8. 케인즈는 유동성선호 또는 화폐에 대한 수요의 동기를 거래적인 동기, 예비적인 동기 및 투기적인 동기의 셋으로 나누었다. 이에 기초하여 케인즈는 단기의 화폐에 대한 수요함수를 $L=L_1(Y)+L_2(r)$로 나타냈다.

9. 자산선택(portfolio selection)의 이론에서는 화폐는 여러 종류의 금융자산 가운데 하나이므로 투자자가 자산선택을 하는 과정에서 금융자산중의 하나인 화폐에 대한 수요도 결정된다고 본다.

10. 수량설적인 접근에서는 화폐의 공급량의 변화가 직접 명목국민소득에 영향을 미치나, 케인즈류의 접근에서는 이자율의 변화를 통하여 간접적으로 실물부문에 영향을 미치는 파급경로(transmission mechanism)를 가진다.

11. 화폐에 대한 수요함수를 추정하면 화폐수요의 소득탄력도를 얻을 수 있다. 그러나 금융의 규제완화와 혁신으로 말미암아 화폐에 대한 수요함수는 근자에 들어 오면서 불안정해졌다.

연습문제

1. 고전적인 이중성(classical dichotomy)에 대하여 설명하라.

2. 거래형 화폐수량설과 현금잔고형 화폐수량설을 상호비교하면서 설명하라.

3. 프리드만의 화폐에 대한 수요함수를 설명하라. 신화폐수량설과 고전적인 화폐수량설의 주요한 차이점은 무엇인가?

4. 케인즈의 유동성선호의 세 가지 동기를 밝힌 후, 화폐에 대한 수요함수를 쓰고 설명해보라.

5. 자산선택의 이론에서 화폐에 대한 수요는 어떻게 결정되는가?

6. 케인즈류의 접근에서 화폐부문의 변화가 실물부문에 미치는 영향을, 그 파급경로(transmission mechanism)를 밝히면서 설명해보라.

7. 화폐수요의 소득탄력도란 무엇인가?

8. 근자에 들어오면서 화폐에 대한 수요함수가 불안정해진 원인은 무엇인가? 이것이 금융정책을 수행하는 데 미치는 영향은?

제 30 장

금융정책

제30장에서는 금융정책의 의의에 대하여 알아 본 후 전통적인 금융정책의 수단인 공개시장조작, 지불준비율정책 및 재할인율정책을 설명한다. 경제안정정책에 대한 논의와 관련해서는 적극적인 안정정책을 실시해야 하는지의 문제와, 정책의 집행이 법칙을 따라야 하는가 재량에 맡겨야 하는가의 문제를 살펴본다. 끝으로 지난 5년 동안 강도높게 추진된 금융부문의 구조조정에 대하여 알아본다.

30.1 금융정책의 의의

지금까지 우리는 제9편에서 먼저 금융시장의 전반적인 윤곽을 개관한 후에, 화폐의 공급과 수요에 대하여 차례로 살펴보았다. 이제 여기서는 이상에서의 논의를 기초로 하여 금융정책에 관하여 알아보기로 한다. **금융정책**(monetary policy)이란 통화당국이 국민경제의 안정과 성장(stability and growth)을 도모하기 위하여 통화량이나 이자율과 같은 주요한 변수를 조절하는 것을 말하는데, 화폐정책, 화폐금융정책, 통화정책, 통화 · 신용정책 등 여러 이름으로 불리워진다.

일반적으로 한 나라의 경제정책의 목표는 크게 네 가지를 들 수 있다. 첫째는 물가안정의 달성이며, 둘째는 완전고용의 실현이고, 셋째는 경제성장을 이룩하는 것이며, 넷째는 국제수지의 균형을 도모하는 것이다. 이 네 가지 경제정책의 일반적인 목표를 다시 크게 둘로 나누어 물가안정과 완전고용을 합쳐서 흔히 **경제안정**[1]이라고 부르며, 다른 하나를 **경제성장**이라고 한다. 위에서 국민경제의 안정과 성장이라는 말은 바로 이러한 뜻에서 쓴 것이다. 또한 처음 두 목표인 물가의 안정과 완전고용의 달성이 **대내균형**(internal equilibrium)을 목표로 하는 것이라면, 네번째의 국제수지의 균형을 이룩하는 것은 **대외균형**(external equilibrium)을 목표로 하는 것이다. 여기서 대내나 대외라는 말은 국내나 국외를 뜻하는 것으로 볼 수가 있다.

이와 같이 한 나라의 경제정책의 목표를 물가안정, 완전고용, 경제성장 및 국제수지의 균형을 달성하는 것이라고 할 때, 모든 종류의 경제정책은 이들 네 목표를 추구하기 위하여 집행되는 것이다. 예를 들면 정부의 재정정책은 주로 조세와 정부지출을 변경시킴에 의하여 이 네 가지 목표를 달성하려고 하며, 여기서 볼 금융정책 역시 통화량과 이자율의 수준을 조절함에 의해서 네 가지 목표를 달성하려고 한다.

그러나 좁게 볼 때는 재정정책과 금융정책은 주로 경제안정의 달성을 목표로 하는 **안정정책**(stabilization policies)이라고 생각할 수 있다. 즉, 재정정책과 금융정책은 경제변동의 폭을 가능한 한 줄임으로써 물가의 안정과 완전고용의 달성을 추구하는 경제안정정책인 것이다. 그런데 재정정책과 금융정책은 모두 적절한 총지출 또는 총수요의 수준을 유지함으로써 국민경제가 인플레이션 갭이나 리셋션 갭에 빠지지 않도록 하려는 것이므로 **총수요관리정책**(demand management policy)이라고도 부른다.

재정정책과 금융정책 이외에도 주요한 경제정책의 하나로 무역·외환정책[2)]을 들 수 있다. 무역·외환정책도 넓게 이해하면 위에서 본 경제정책의 일반적인 네 가지 목표를 달성하려고 하는 것이다. 그러나 무역·외환정책은 특히 국제수지의 균형을 도모하는 것을 일차적인 목표로 삼고 있으며, 따라서 경제안정정책에 속한다고 볼 수 있을 것이다.

한편 우리가 과거 여러 차례에 걸쳐서 실시한 경제개발 5개년계획도 정부의 경제정책을 담고 있다. 또한 5개년계획 역시 네 가지 일반적인 경제정책의 목표를 달성하려고 한다. 그러나 재정정책, 금융정책 및 외환·무역정책이 단기의 경제안정을 일차적인 목표로 하고 있는 안정정책인데 비하여, 5개년계획은 특히 장기의 국민경제의 성장과 발전을 강조하는 성장정책을 담고 있다.

이 밖에도 **산업정책**(industrial policy)은 개별산업을 대상으로 하는 미시

---

1) 경제안정을 광의로 해석하면 국제수지의 균형도 여기에 포함시켜야 한다.

2) 무역·외환정책에 대해서는 Ⅳ부의 논의를 참조할 것.

적인 정책인데, 좋은 예는 1970년대의 중화학공업 육성정책처럼 정부가 성장산업 또는 전략산업을 발전시키기 위하여 각종 금융, 세제면에서의 지원책을 동원하는 것을 들 수 있다. 또한 산업구조의 고도화를 위하여 사양산업으로부터 개별기업의 퇴출을 촉진시키는 **구조조정**(structural adjustment) 정책도 산업정책의 중요한 측면이라고 하겠다.

이상에서 우리는 한 나라의 경제정책의 일반적인 목표를 물가안정, 완전고용, 경제성장 및 국제수지의 균형을 달성하는 것이라고 보고, 모든 종류의 주요한 경제정책, 예를 들면 재정정책, 금융정책, 무역 · 외환정책, 경제개발 5개년계획 및 산업정책 등은 바로 이러한 일반적인 목표를 달성하기 위하여 실시된다고 하였다. 그러나 다만 강조하는 바가 재정정책과 금융정책은 경제안정 중에서도 대내균형의 달성에 초점을 맞추고, 무역 · 외환정책은 경제안정 중에서도 대외균형의 달성을 직접적인 목표로 삼으며, 5개년계획과 산업정책은 특히 경제성장의 추구를 일차적인 목표로 한다는 것을 지적하였다.

이러한 논의전개가 가리키는 것은 첫째로 어떤 한 종류의 경제정책, 예를 들면 금융정책은, 전체 경제정책의 틀안에서 운용되어져야만 한다는 점이다. 즉, 금융정책 하나를 따로 떼내어서 생각할 수는 없으며, 네 가지 경제정책의 일반적인 목표를 달성하기 위하여 다른 종류의 경제정책들과 상호 보완적으로 운용되어져야 한다는 것이다. 둘째는 경제정책의 네 가지 목표 사이에 서로 상충현상이 생길 수 있다는 것이다. 예를 들어 혹심한 불황을 타개하기 위하여는 통화량의 공급을 증대시키고 이자율을 인하하여 고용을 늘리고 경제성장을 촉진시켜야 할 것이나, 이는 다른 한편으로 물가안정을 저해하며 국제수지를 약화시킬 수 있는 것이다. 셋째로 어떤 경제정책의 집행은 물가, 고용, 경제성장 및 국제수지에 대하여 동시에 영향을 미친다는 점이다. 예를 들어 금융정책을 통한 통화량의 공급증대는 물가를 인상시키는 동시에 고용증대와 경제성장을 초래할 수가 있으나, 다른 나라에 비하여 물가가 상승하면 국제경쟁력이 약화되고 이에 따라서 국제수지에 나쁜 영향을 줄 수 있는 것이다.

이렇게 볼 때 금융정책, 재정정책, 무역 · 외환정책 및 성장정책[3] 등은 일반적인 경제정책의 네 가지 목표를 달성하기 위하여 상호보완적으로 조정되

---

3) 경제성장정책은 경제개발 5개년계획 및 산업정책이 담고 있다고 하였다.

면서 집행되어져야만 할 것이다.

30.2 금융정책의 수단

(1) 공개시장조작

위의 30.1에서 우리는 금융정책이란 통화당국이 금융정책의 목표인 물가안정, 완전고용, 경제성장 및 국제수지균형을 달성하기 위하여 통화량이나 이자율과 같은 주요한 변수를 조절하는 것이라고 정의하였다. 그런데 이러한 금융정책의 네 가지 목표를 달성하기 위하여 사용되는 금융정책의 수단에는 크게 두 가지 종류가 있다. 하나는 **간접적인 수단**, 양적인 수단 또는 일반적인 수단(indirect, quantitative or general instruments) 등 여러 이름으로 불리워지는 것으로서, 이는 공급되는 통화량이 어떠한 용도에 사용되는가에 대하여는 상관하지 않고 전체적인 통화량을 조절함으로써 국민경제의 몇몇 부문이 아니라 국민경제 전체에 영향을 주려고 하는 정책수단이다.

간접적인, 양적인 또는 일반적인 금융정책수단에는 전통적인 수단들인 공개시장조작, 지불준비율정책 및 재할인율정책 등이 있다. 이러한 전통적인 세 가지 금융정책수단들은 모두 예금은행의 지불준비금을 조절함으로써 궁극적으로 통화량을 규제하려고 하는 것이다.

금융정책수단의 다른 하나는 **직접적인**, 질적인 또는 선별적인 **수단**(direct, qualitative or selective instruments)이다. 이는 통화당국이 국민경제의 특정부문에 대한 신용의 공급을 촉진하기 위하여 신용의 배분에 직접 차별적으로 개입하는 것이다. 간접적인, 양적인 또는 일반적인 금융정책수단이 국민경제 전체에 공급되는 통화량의 수준을 조절함으로써 총수요를 조절하려고 하는 데 비하여, 직접적인, 질적인 또는 선별적인 정책수단은 특정산업에 대한 신용의 공급을 선별적으로 촉진하기 위한 것이다. 가장 좋은 예로 정책금융인 수출지원금융을 들 수 있다.

선진국의 경우에는 간접적, 양적 또는 일반적인 금융정책수단이 중심을 이루고 있으며, 직접적, 질적 또는 선별적인 수단은 부차적인 정책수단으로 사용되고 있다. 그러나 우리나라의 경우에는 과거 고도성장 기간중 직접적(질적

한은의 대차대조표

자산		부채	
국채	−10억원	지불준비예치금	−10억원
합계	−10억원	합계	−10억원

또는 선별적)인 수단도 널리 사용되었다. 이제 아래에서는 간접적인 금융정책 수단에 대해 살펴보기로 하는데, 제일 먼저 공개시장조작에 대하여 보자.

공개시장조작(open-market operations)이란 한은이 증권시장에서 국채나 유가증권을 매매함으로써 통화량을 조절하는 동시에, 유가증권의 가격과 이자율에 영향을 줌으로써 궁극적으로는 총수요를 조절하려는 수단이다. 이제 예를 들어 우리나라가 인플레이션하에 놓여 있어서 중앙은행이 보유하고 있던 유가증권을 공개시장에서 매각한 경우를 보자. 이 때 유가증권을 매입하는 측은 시중은행, 보험회사, 기업 및 가계 등 어떤 것이든 상관이 없다. 구체적으로 가계가 10억원의 유가증권을 공개시장에서 매입한 경우를 보면, 가계는 그 대가를 한은에 대해 자신의 거래은행에서 발행한 수표로 지불한다. 그러면 한은은 유가증권을 판 대가로 받은 수표를 예금은행에 제시하고 예금은행이 한은에 맡긴 지불준비금예치금에서 그만큼의 액수를 빼게 된다. 여기 표들이 이상의 거래에 의해 변화한 한은과 예금은행조직 전체의 대차대조표를 보여준다.

즉, 한은은 보유하던 국채 또는 유가증권을 공개시장에서 가계에게 10억원어치 팔았으므로 자산이 동액만큼 감소하였다. 동시에 그 대가를 가계가 자신이 거래하는 예금은행의 수표로 지불하였으므로 한은은 이를 예금은행에 제시하고 동액만큼 예금은행이 한은에 맡겼던 지불준비예치금을 감소시키는데, 이는 한은의 입장에서 보면 예금은행에 대한 부채의 감소이다.

한편 예금은행조직 전체의 대차대조표는 다음과 같이 변화하게 된다.

예금은행조직 전체의 대차대조표

자산		부채	
지불준비예치금	−10억원	요구불예금	−50억원
대출	−40억원		
합계	−50억원	합계	−50억원

즉, 예금은행조직 전체는 한은에 맡겼던 10억원만큼의 지불준비예치금이 감소하게 되는데, 이 때 만일 법정지불준비율이 20%라고 가정하고 위의 28.3에서 세웠던 단순화를 위한 네 가지 가정을 적용하면 요구불예금은 승수적으로 50억원만큼이 감소하게 되며 이는 곧 이만큼의 통화량이 감소하였음을 의미하는 것이다.

이상의 논의 전개가 보이는 것은 한은이 공개시장에서 유가증권을 매각하는 경우에 통화량은 승수적으로 감소한다는 것이다. 이와 동시에 한은에 의한 유가증권의 매각은 증권가격을 하락시키므로, 이자율을 상승시키게 된다. 즉, 한은이 공개시장에서 유가증권을 매각하면 통화량은 줄고 이자율은 상승하는데, 이는 모두 총수요를 억제하는 결과를 초래할 것이다. 반대로 한은이 유가증권을 매입하는 경우에는 통화량은 승수적으로 늘며 이자율은 떨어져 총수요를 증대시킬 것이다.

공개시장조작은 중앙은행이 필요하다고 느끼면 언제든지 수시로 행할 수 있는 장점을 지니므로 선진국의 경우에는 가장 중요한 금융정책의 수단으로 활용되고 있다.

(2) 지불준비율정책

두번째 금융정책의 간접적인 수단은 **지불준비율정책**(reserve requirements policy)이다. 지불준비제도는 예금은행이 가지고 있는 예금부채의 일정한 비율을 현금으로 예금은행이 보유하거나, 또는 중앙은행에 예치하도록 법에 의하여 규정하는 제도를 말한다. 원래 지불준비제도는 예금자의 보호를 위하여 도입되었으나 현재에는 오히려 통화량을 조절하는 수단으로 활용되고 있다.

지불준비율정책은 중앙은행이 예금은행의 법정지불준비율(legal or required reserve ratios)을 변경함에 의하여 예금은행의 신용창조를 조절함으로써 통화량의 공급에 영향을 주려고 하는 것이다. 지불준비율정책이 작용하는 원리는 앞에서 본 공개시장조작의 경우와 비슷하다. 즉, 예금은행이 초과지불준비금은 보유하지 않으며 법정지불준비금만을 가지고 있다고 가정할 때, 한은이 법정지준율을 인상하면 예금은행은 대출과 요구불예금을 승수적으로 축소시키게 되며, 이에 따라 통화량도 승수적으로 감소한다.

예를 들어 처음의 법정지준율이 20%라고 할 때, 예금은행조직 전체의 가상적인 대차대조표는 다음과 같을 것이다.

예금은행조직 전체의 대차대조표(Ⅰ)

자 산		부 채	
지불준비금	2,000억원	요구불예금	10,000억원
대 출	8,000억원		
합 계	10,000억원	합 계	10,000억원

즉, 법정지준율이 20%일 때 예금은행조직 전체는 2,000억원의 지불준비금을 기초로 10,000억원의 요구불예금을 창조하였다.

이제 법정지준율이 20%에서 25%로 인상되었다고 하자. 그러면 예금은행조직 전체의 대차대조표는 다음과 같이 변화할 것이다.

예금은행조직 전체의 대차대조표(Ⅱ)

자 산		부 채	
지불준비금	2,000억원	요구불예금	8,000억원
대 출	6,000억원		
합 계	8,000억원	합 계	8,000억원

즉, 신용승수가 5에서 4로 감소하였으므로 예금은행조직 전체는 2,000억원의 지불준비금을 기초로 8,000억원의 요구불예금을 가지게 되었다. 이는 곧 지준율의 인상이 대출과 요구불예금을 승수적으로 축소시킨 것을 나타내는 것이며 따라서 통화량도 급속하게 감소하게 된다. 반대로 법정지준율의 인하는 대출과 요구불예금을 승수적으로 증대시키고, 이에 따라서 통화량도 승수적으로 증가한다.

법정지불준비율의 변경은 이와 같이 통화량을 급속하게 변동시키며, 이에 따라 이자율도 크게 변화할 것이고 투자나 GDP에 미치는 영향도 급속할 것이다. 즉, 지불준비율정책은 매우 강력한 금융정책의 수단이 되는데, 그 영향이 너무 급속하게 일어나므로 가급적이면 이의 빈번한 사용은 회피하는 것이 일반적이다. 더구나 소규모로 수시로 행해지는 공개시장조작에 의해서도 똑같은 효과를 얻을 수 있으므로, 급격한 영향을 미치는 지준율정책보다는 서서히 동일한 목적을 달성할 수 있는 공개시장조작이 선진국의 경우에는 더욱 바람직한 수단으로 활용되고 있다.

(3) 재할인율정책

금융정책의 세번째 간접적인 수단은 **재할인율정책**(rediscount-rate policy)이다. **재할인**(rediscounts)이란 예금은행이 고객의 약속어음을 **할인**(discounts)하여 주고 자금을 공급한 것을 다시 중앙은행에 제시하여 재할인하고 자금을 차입하는 것을 말하는데, 이 때 적용하는 이자율을 **재할인율**(rediscount rates)이라고 부른다.

중앙은행은 재할인율을 인상시키거나 또는 인하시킴으로써 통화량을 조절할 수 있다. 중앙은행이 재할인율을 인상하는 경우에는 예금은행의 중앙은행으로부터의 차입이 감소하며, 이에 따라서 예금은행의 대출도 줄어들게 된다. 또한 재할인율이 인상되면 이에 따라 예금은행의 대출금리도 상승하기 마련이다. 이와 같이 중앙은행이 재할인율을 인상하는 경우에는 예금은행의 대출은 줄고 이자율은 상승하게 되며, 반대로 재할인율을 인하하는 경우에는 대출은 증가하고 이자율은 하락하게 된다.

예금은행이 중앙은행으로부터 차입하는 방법에는 이처럼 재할인이 있는 이외에 직접 중앙은행으로부터 대부를 받을 수도 있다. 그러나 이 때에도 결과는 마찬가지인데, 재할인율을 변경하는 것이나 중앙은행이 예금은행에게 대부를 할 때 적용하는 대출금리를 변경하는 것이나 그 미치는 영향은 동일하다. 여기서는 재할인율정책이라는 말을 쓰고 있으나, 실제로 중앙은행이 예금은행에게 신용을 공급하는 방법에는 재할인 이외에 대부도 있으므로, 재할인율정책이라는 말 대신에 **중앙은행대출정책**, 재할인 및 대출정책이라고 부르기도 한다. 그러나 우리는 재할인 이외에 대부도 있다는 것을 알면서도 그대로 전통적인 용어인 재할인율정책이라는 말을 쓰기로 한다.

이미 지적한 대로 선진국의 경우 주된 금융정책의 수단은 공개시장조작이며, 지불준비율정책이나 재할인율정책은 현실적으로 볼 때 중요도가 낮다. 그러나 중앙은행이 재할인율을 변경하는 것은 예금은행과 민간에 대하여 앞으로 중앙은행의 금융정책의 방향을 알리는 효과(announcement effects)를 가진다는 면에서 볼 때, 재할인율정책은 중요한 의미를 내포하는 것이다. 예를 들어 재할인율의 인상은 긴축적인 금융정책을 중앙은행이 펴고 있음을 알

그림 30-1 금융정책의 체계

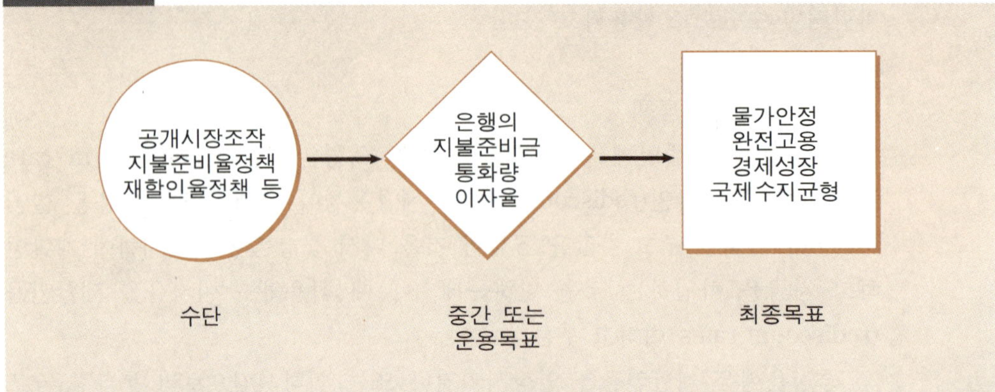

리는 것이며, 앞으로 이자율도 상승할 것임을 가리키는 것이다.

금융정책의 체계

이제 금융정책에 대한 논의를 마치기 전에 금융정책의 체계에 관하여 살펴봄으로써 금융정책이 어떠한 형태로 집행되는가 알아 보자. 다른 종류의 경제정책도 그러하지만 금융정책도 그 기본적인 체계는 **최종목표**(objectives), 운용목표 또는 **중간목표**(operating or intermediate targets) 그리고 **수단**(instruments)의 세 가지로 구성되어 있다. [그림 30-1]이 이를 나타낸다.

금융정책의 최종목표는 앞에서 본대로 다른 종류의 경제정책과 마찬가지로 경제성장, 물가안정, 완전고용 및 국제수지의 균형을 달성하는 것이다. 그런데 금융정책의 경우에는 이들 최종목표를 달성하기 위하여 은행의 지불준비금이나 이자율 및 통화량에 영향을 미칠 수가 있는데, 이들이 바로 금융정책의 중간목표 또는 운용목표가 된다. 보기를 들면 물가안정 아래에서 적정한 경제성장률을 달성하기 위하여 적정한 수준의 통화량의 증가율을 책정하는 것이 그러하다. 한편 금융정책의 수단은 공개시장조작, 지급준비율정책 및 재할인율정책 등과 같이 통화당국이 금융정책의 운용목표를 달성하기 위하여 직접 사용하는 정책들을 가리킨다.

금융정책을 수립하는 과정을 보면 우선 정책의 최종목표를 설정한 후에 이에 알맞는 운용목표를 결정하고, 끝으로 이 운용목표를 달성하는 데 필요한 금융정책의 수단을 강구하는 순으로 행해진다. 우리나라는 최근까지도 금융정책의 운용목표로 이자율보다는 통화량을 주로 택하여 왔다. 예를 들면 M_2의 증가율을 중간목표로 설정해온 것이다.

그러나 '99년 이후부터는 금리를 중시하는 통화정책으로 전환하여 한은이 결정하는 콜 금리가 운용목표가 되었다. 아울러 '98년 이후부터는 한은법(제 6 조)의 개정에 따라 "한국은행은 정부와 협의하여 매년 물가안정목표를 정하고, 이를 포함하는 통화신용정책 운영계획을 수립하여 공표하여야 한다." 이를 실천하기 위해 '98년 이후부터 **인플레이션 타게팅**(inflation targeting)이 새롭게 도입되었다.[4)]

예를 들어 2002년에는 인플레이션율의 목표치가 3±1%로 공표되었다. 그러나 인플레이션 타게팅이 성공하기 위해서는 무엇보다도 한은에 대한 국민의 신뢰가 있어야만 한다.

30.3 경제안정정책

앞에서 우리는 금융정책과 재정정책을 경제안정의 달성을 목표로 하는 **안정정책**(stabilization policy)이라고 하였다. 이제 여기서는 안정정책과 관련한 문제에 대해서 살펴보기로 한다.

얼핏 보면 안정정책은 지극히 단순한 것으로 생각할 수 있다. 즉 불경기인 경우에는 확장적인 금융 · 재정정책을 사용하면 될 것이고, 경기가 과열이어서 인플레이션의 위험이 있으면 긴축적인 정책을 쓰면 될 것이기 때문이다. 만일 이것이 사실이라면 불경기나 인플레이션은 없을 것이나 실제로는 물론 그렇지 않으며 이는 안정정책이 단순하지 않음을 말해준다.

안정정책이 결코 단순하지 않은 까닭은 물가안정과 완전고용을 동시에 달성하기가 지극히 어려운 데도 연유한다. 그러나 여기서는 이 밖에 안정정책의 수행을 어렵게 만드는 요인들에 대해 알아보려고 한다. 안정정책은 1930

4) 한국은행, 「우리나라의 통화정책」, 2001. 12, 제 2 장 ; 한국은행, "2002년 물가안정목표와 통화신용정책 운영계획", 「조사통계월보」, 2002. 1.

년대의 대공황의 산물이므로 먼저 이에 대해 살펴 보기로 한다.

1920년대의 경제성장은 케인지안들에 따르면 자동차와 라디오의 대량생산과 주택건설 붐에 의하여 지속되었다. 그러나 1930년대에 와서는 투자기회가 소멸되었고 이에 따라서 총수요가 감소하여 대공황이 일어났다고 설명한다. 대공황은 케인지안들로 하여금 적극적인 안정정책이 필수적이라고 믿게 하였으며, 1950년대까지는 화폐정책보다 재정정책을 더욱 중요시하였다.

한편 화폐주의자들은 1950년대에 화폐정책의 중요성을 강조하기 시작하였다. 또한 대공황의 발생원인도 중앙은행이 시중은행의 도산을 막지 못했고, 통화량이 감축되는 것을 방치했기 때문이라고 주장하였다. 이러한 양측의 설명은 모두 당시의 현실과 부합되는 것이며, 또한 대공황의 발생원인과 앞으로 어떻게 하면 이의 재발을 방지할 수가 있겠는지를 잘 가르쳐 준다.

그러나 케인즈식의 안정정책이 실제로 처음 적용된 것은 1960년대 초의 미국에서이며, 이를 우리는 **신경제학**(new economics)이라고 불렀다. **완전고용예산**[5](full-employment budget)의 개념이 재정정책의 핵심을 이루었고, **완전고용 산출량**(potential output)과 GDP갭 등의 개념이 활용되었다.

물론 신경제학의 이론은 오래된 케인즈의 경제학이나 이를 처음으로 미국경제의 운용에 실제로 적용하였으므로 신(new)이라는 표현을 쓰게 되었다. 그 결과 1960년대의 미국경제는 완전고용과 호경기를 경험하였으나 다른 한편으로 인플레이션이 일어났다. 이는 과연 금융 · 재정정책을 적극적으로 사용하는 것이 바람직한가에 대한 논의를 재연시켰다.

지금까지는 안정정책과 관련해서 대공황 이후의 추이를 살펴보았다. 이제 그러면 아직도 논란이 계속되고 있는 두 가지 사항에 대하여 알아 봄으로써 안정정책이 어떠한 문제점을 지니고 있는지 살펴보자.[6] 첫째로 적극적으로 안정정책을 사용해야 하는가에 대해 보자. 적극적으로 안정정책을 사용해야 한다(lean against the wind)고 주장하는 측에서는, 국민경제는 부단히 각종의 충격(shocks) 또는 교란요인(disturbances)에 직면하여 불안정하므로 금

5) 예를 들어 불경기에는 조세수입의 감소로 실제예산(actual budget)은 적자가 될 것이나, 정책면에서는 확장적인 재정정책이 필요한데, 바로 완전고용 예산의 개념이 이를 뒷받침할 수 있는 것이다. 즉, 이 개념은 완전고용수준에서 예산의 수지를 측정하므로 경기변동이 실제예산에 미치는 영향을 제거할 수가 있다.

6) 여기서의 설명은 다음에 크게 의존하고 있다. Mankiw, *Macroeconomics*, ch. 12.

융 · 재정정책을 써서 이를 완화시켜야만 한다고 생각한다. 또한 실제에 있어서도 안정정책은 국민경제를 안정시키는데 성공했다고 믿는다.

이러한 주장과 관련하여 대공황과 같은 주요한 교란요인(major disturbance)이 발생하였을 때는 적극적으로 확장적인 재정 · 금융정책을 사용해야 한다는 데 대해서는 의견의 일치를 보이고 있다. 그러나 문제가 되는 것은 적은 교란요인이 있을 때에도 이를 완화(fine tuning)시키기 위해 적극적인 안정정책을 쓰는 것이 과연 올바른 것인가 하는 것이다.

적극적인 안정정책을 써서는 안된다는 측에서는 다음과 같은 문제점을 지적하고 있다. 첫째는 **내부시차**(inside lag)와 **외부시차**(outside lag)의 존재이다. 여기서 내부시차란 경제에 교란요인이 발생했을 때 이를 정책당국이 인식하고 합당한 정책결정을 내린 후 이를 실행에 옮기기까지 걸리는 시간인데 보통 상당한 기간이 소요되기 마련이다. 외부시차는 정책의 실행이 실제로 경제에 영향을 미칠 때까지 걸리는 시간이다.

금융정책의 경우에는 내부시차는 짧은 반면에 외부시차는 긴데, 그 이유는 쉽게 정책결정을 실행에 옮길 수 있으나 그 영향은 이자율을 통해 천천히 일어나기 때문이다. 반면에 재정정책은 입법절차가 필요해 내부시차는 기나 정부지출의 경우처럼 효과는 단기간에 나타나서 외부시차는 상대적으로 짧다. 그러나 소득세와 실업수당과 같은 **자동안정장치**(built-in stabilizers)의 경우에는 내부시차는 0이다. 일반적으로 재정정책은 긴 내부시차 때문에 경제를 안정시키는 데는 별로 사용되지 않는다.

이처럼 금융정책과 재정정책이 상당한 내부 및 외부시차를 가지고 있는 것은 안정정책의 수행을 매우 어렵게 만든다. 간단한 예로 일시적인 교란요인인 데도 정책당국이 잘못 판단하여 안정정책을 집행한 경우, 그 효과는 시차를 가지고 상당한 기간이 경과한 후에 나타나서 오히려 아무 조치도 취하지 않았을 때에 비해 경제를 더욱 불안정하게 만들 수 있는 것이다.

둘째로 안정정책이 경제에 미치는 영향이 불확실한 이유는 경제주체들이 장래에 대해 어떠한 **기대**(expectations)를 갖고 있는가에 따라서 정책의 효과가 달라지는데, 이를 예측하기란 매우 어렵기 때문이다. 동시에 경제주체의 기대는 정부가 채택한 정책에 따라서도 영향을 받는다.

이러한 점에 착안하여 루카스는 기존의 거시경제모형을 사용해서는 경제정책의 효과를 제대로 파악할 수 없다는 **루카스 비판**(Lucas critique)을 제기하였다. 그 이유는 계량경제모형이란 과거의 역사적인 경험에 기초하여 만든 것인데, 이는 경제주체들의 장래에 대한 기대나 채택된 정책에 대한 반응은 고려에 넣을 수가 없기 때문이다.

셋째로 장래의 경제상태를 올바로 예측하기도 지극히 어렵다. 우리는 한 나라의 계량경제모형을 구축하여 앞으로의 경기를 예측하게 되는데, 이 때 올바로 경제구조를 모형화하는 일이 쉽지 않다. 또한 설령 올바른 모형을 가졌다 할지라도 정책수단이 변동할 때의 효과의 크기를 나타내는 승수의 추정치가 부정확하기 마련인 것이다. 안정정책은 시차를 가지고 경제에 영향을 미치게 되는데, 우리가 장래의 경기가 어떻게 될지 확실히 예측할 수가 없다면 금융·재정정책을 어떻게 수립해야 할 것인지도 분명치 않게 되는 것이다.

지금까지 우리는 적극적인 안정정책을 사용하는 것이 바람직하지 않다는 주장을 뒷받침할 수 있는 몇 가지 이유에 관해서 살펴보았다. 이들은 경제를 자동적인 조절기능을 가지고 있는 것으로 믿고 있으며, 정부가 개입하지 않고 내버려 두어도 제대로 작동할 수가 있다고 생각한다. 오히려 안정정책의 사용으로 말미암아 경제가 더욱 불안정해졌다고 보는 것이다. 특히 적은 교란요인에 대해 적극적인 안정정책을 사용하는 것은 불확실성이 지배할 때는 오히려 경제를 불안정하게 만들 수 있는 것이다. 적극적인 안정정책을 수행해야 하는가의 여부에 대한 논란은 현재까지도 그대로 계속되고 있다.

안정정책과 관련해서 우리가 두번째로 살펴 볼 문제는 정책의 수행이 준칙에 의할 것인가 재량에 의할 것인가(rule vs. discretion) 하는 것이다. 여기서 준칙에 따라서 정책을 수행한다는 것은 정책당국이 사전에 미리 집행할 정책을 공표해 놓고 이에 따라 그대로 정책을 추진하는 것을 뜻한다. 프리드만을 비롯한 화폐주의자들이 경제안정을 위해 적극적인 금융정책을 써서는 안되며, 통화량을 매년 미리 정해 놓은 일정한 율로 증가하도록 고정시켜야 한다고 주장하는 것이 대표적인 보기이다. 한편 안정정책을 당국이 재량을 가지고 수행한다는 것은 정책담당자가 스스로 상황을 판단하여 신축성있게 합당한 정책을 사용함으로써 경제를 안정시키려고 하는 것을 말한다.

재량보다 준칙을 선호하는 측에서는, 예를 들면 정책담당자나 정치인에 대한 불신도 한 몫을 한다. 정치인들은 선거에서의 승리를 위해 경기를 조작할 수 있으며 이는 정치적인 경기순환(political cycle)을 초래할 수가 있는 것이다. 예를 들어 선거가 임박할수록 경기진작과 고용증대를 위해 무리한 정책을 집행할 수가 있다는 것이다.

이 밖에도 정책이 시간의 경과와 더불어 일관성을 결여(time inconsistency)할 수도 있다. 가장 좋은 예는 인질을 잡고 있는 테러범들과 협상을 벌이는 것에 대한 것이다. 대부분의 국가는 테러범과의 협상은 없다고 평상시에는 말하지만 일단 사태가 벌어지면 인명을 구출할 다급한 목적을 위해 협상을 하는 경우가 적지 않다. 이를 잘 알고 있는 테러범들은 계속해서 인질을 잡고 테러행위를 일삼게 된다. 따라서 테러를 줄이는 방법은 오히려 당국이 재량이 없게끔 준칙으로 테러범과의 협상은 일체 못하도록 사전에 미리 정해 놓는 것이다.

금융정책의 분야에서도 물가안정과 완전고용을 목표로 삼는 중앙은행은 늘 기대 인플레이션율을 낮추기 위하여 물가안정이 최우선목표라고 공표한다. 그러나 고용을 증대시키기 위해 약속을 어길 확률이 높고 이 사실을 또한 국민들이 잘 알고 있다. 따라서 오히려 중앙은행의 재량권을 빼앗고 물가상승률 0%를 목표치로서 사전에 준칙으로 정해 놓는 것이 인플레이션을 물리칠 수 있는 좋은 방법이 될 수도 있다.

준칙을 따를 것인가, 재량을 줄 것인가에 관한 논란은 현재까지도 계속되고 있으나 이에 대한 명쾌한 판단은 쉽지 않다.

30.4 금융개혁

'97년 말 경제위기의 도래로 많은 대기업들이 도산하게 되었고, 이는 자연히 이들 기업에게 대출해준 금융기관의 부실화를 초래하였다. 따라서 지난 5년여 동안 금융부문의 개혁과 구조조정은 재벌개혁과 더불어 한국경제의 최우선 과제가 되었다.

일차적으로 당시 회생이 어려운 금융회사들이 정리되었으며, 회생할 수 있는 금융회사들은 공적자금의 투입을 통하여 조기에 경영 정상화를 이룩할 수 있도록 하였다. 동시에 금융부실화의 재발을 방지하기 위하여 금융회사의 **지배구조**(governance structure)를 개선하며, **리스크 관리**(risk management)를 강화하고, 경영의 **투명성**(transparency)을 높이며, 수익 중심의 경영을 강조하는 등 각종의 글로벌 스탠더드를 도입하여 금융제도와 관행을 선진화하는 소프트웨어의 개혁도 추진하였다.

그동안 2,101개의 금융회사 가운데 종합금융회사, 은행, 보험회사 등 610개가 폐쇄되었거나 합병되었다. 또한 금융회사의 자본확충과 **부실채권**(non-performing loans; *NPL*)의 매입 등을 위해 모두 156조원의 **공적자금**이 투입되었는데 2002년 5월 현재 이 중 47조원이 회수되었다.

강도 높은 금융개혁으로 금융회사들의 건전성과 수익성이 크게 개선되었다. 즉, 은행의 **BIS**[7]**비율**과 부실채권비율이 2002년 상반기 말 현재 각각 11.7%와 2.4%로 선진국 수준이 되었다. 또한 같은 해 9월 말 20개 모든 은행이 흑자를 기록하였으며 5조 4천억원의 당기순이익을 냈다.

그러나 금융개혁의 목표가 금융회사의 국제경쟁력을 향상시키는 데 있다면 지난 5년 동안의 개혁은 기초를 놓은 것이며, 앞으로는 금융기관 스스로 개혁과 구조조정을 지속적으로 추진해 나감으로써 생산성을 높이는데 온 힘을 쏟아야만 할 것이다.

주요개념

금융정책　경제안정　경제성장　대내균형　대외균형　안정정책
총수요 관리정책　산업정책　구조조정;　간접적 금융정책수단
직접적 금융정책수단　공개시장조작　지불준비율정책　재할인율정책
(재)할인(율)　최종목표　중간목표　수단;　인플레이션 타케팅
경제안정정책　신경제학　완전고용예산　완전고용산출량　GDP갭
내부(외부)시차　자동안정장치　루카스비판; 금융개혁　지배구조
리스크관리　투명성　부실채권　공적 자금　BIS비율

7) 자본금의 적정성(capital adequacy ratio)을 나타내는 지표로서 Bank for International Settlements 의 약자이다.

요 약

1. 금융정책이란 통화당국이 금융정책의 목표인 물가안정, 완전고용, 경제성장 및 국제수지의 균형을 달성하기 위하여 통화량이나 이자율과 같은 주요한 변수를 조절하는 것이다.

2. 금융정책의 목표를 달성하기 위하여 사용되는 금융정책의 수단에는 국민경제 전체에 공급되는 통화량의 수준을 조절함으로써 총수요를 관리하려는 간접적인 수단과, 특정산업에 대한 신용의 공급을 선별적으로 촉진하기 위한 직접적인 수단이 있다.

3. 간접적인 금융정책수단에는 전통적인 수단들인 공개시장조작, 지불준비율정책 및 재할인율정책이 있다.

4. 직접적인 금융정책수단에는 대출한도제와 여러 가지의 선별적인 수단들이 있는데, 우리나라는 특히 1960년대와 1970년대에 간접적인 수단에 비해 직접적인 수단을 크게 활용하였다.

5. 다른 경제정책과 마찬가지로 금융정책도 그 기본적인 체계는 최종목표, 운용목표 및 수단의 세 가지로 구성되어 있다.

6. '99년 이후 콜금리는 금융정책의 운용목표가 되었다. 아울러 '98년 이후부터 인플레이션 타게팅이 도입되었다.

7. 케인즈식의 안정정책이 실제로 처음 적용된 것은 1960년대 초 미국에서이며, 신경제학은 이를 일컫는 말이다. 완전고용예산, 완전고용산출량 및 GDP 갭 등의 개념이 당시부터 널리 활용되었다.

8. 적극적인 안정정책을 사용하는 데 있어서의 문제점으로는 내부시차와 외부시차의 존재, 경제주체들의 장래에 대한 기대의 영향, 계량경제모형을 사용한 경제예측의 어려움 등이 있다.

9. 안정정책과 관련한 또 하나의 문제는 정책의 집행이 미리 정해진 준칙을 따를 것인가 아니면 재량을 인정할 것인가(rule vs. discretion)인데, 아직도 논란은 계속되고 있다.

10. 지난 5년의 금융개혁으로 금융기관의 건전성과 수익성이 크게 개선되었다.

연습문제

1. 금융정책이란 무엇인가?
2. 금융정책의 간접적인 수단과 직접적인 수단을 상호비교하면서 설명해보라.
3. 선진국의 경우 간접적인 수단 가운데 특히 공개시장조작을 빈번히 사용하는 이유는 무엇인가?
4. 우리나라가 특히 1960년대와 1970년대에 간접적인 수단에 비해 직접적인 수단에 크게 의존한 까닭은?
5. 금융정책의 체계에 대하여 살펴보라.
6. 과거의 통화량 중심의 금융정책과 금리 중시의 정책을 상호비교해보라.
7. 인플레이션 타게팅의 효과는 무엇인가?
8. 1930년대 대공황의 발생원인에 대한 케인지안과 화폐주의자들의 견해를 상호비교해보라.
9. 신경제학이란 무엇이며 여기서 사용되는 주요 거시경제변수로는 어떠한 것들이 있는가?
10. 내부시차와 외부시차에 대하여 금융정책과 재정정책을 대상으로 서로 비교하면서 설명해보라.
11. 루카스비판의 주요한 내용은 무엇인가?
12. 정부정책이 시간의 경과와 더불어 일관성을 결여(time inconsistency)한 예를 금융정책의 분야에서 들어보라.
13. 금융부문의 구조조정의 내용과 성과를 살펴본 후, 국민경제의 지속적인 성장을 위해 튼튼한 금융기관이 필수적인 전제조건임을 설명해보라.

제10편

국민소득, 고용, 물가 및 이자율

요 약

먼저 제31장에서 제8편의 소득분석과 제9편의 화폐분석을 결합한 IS-LM모형에 대해 설명한다. 이어서 제32장에서는 지금까지 일정하다고 가정하였던 물가수준 및 분석에서 제외되었던 총공급측면을 도입하여, 총수요(AD)와 총공급(AS)이 서로 만나는 데서 단기의 국민소득과 물가수준이 결정된다는 것을 본다. 제33장에서는 물가가 지속적으로 상승하는 현상인 인플레이션과 실업에 대해서 각각 분석한 후에, 양자 사이의 관계를 분석하는 필립스곡선에 대해 살펴본다. 제33장의 부록은 합리적인 기대의 가설에 대한 지극히 단순한 개요이다.

제10편

국민소득, 고용, 물가 및 이자율

제31장 *IS-LM* 모형

제32장 *AS-AD* 모형

제33장 인플레이션과 실업

제33장 부록: 합리적인 기대의 가설

제 31 장

IS−*LM* 모형

제31장에서는 제 8 편의 *IS*분석과 제 9 편의 *LM*분석을 결합한 재화시장과 금융시장의 동시균형에 대하여 살펴본다. 일정한 투자를 전제한 케인즈의 단순모형에 비해 *IS-LM*모형에서는 투자를 이자율의 함수라고 봄으로써 금융 · 재정정책이 미치는 영향을 분석할 수 있다. 논의 전개의 순서는 $I=S$곡선과 $L=M$곡선을 차례로 도출한 후에, 이 둘을 합해 놓은 *IS-LM*모형에 대해 살펴본다. 끝으로 *IS-LM*모형에 기초하여 금융정책과 재정정책이 미치는 영향을 분석한다.

31.1 재화시장의 균형

논의의 구성

우리는 앞의 제Ⅲ부의 8편에서 단순한 케인즈류의 국민소득의 결정이론(simple Keynesian model of income determination)에 관하여 살펴보았다. 정부와 해외부문이 없는 국민경제를 가정하면 단기에 균형국민소득수준은 의도한 투자 I와 의도한 저축 S가 일치하는 수준에서 결정된다. 즉, 단기의 균형국민소득수준의 결정조건은 $I=S$이다. 그런데 8편은 재화와 용역이 거래되는 재화시장(상품시장 또는 산출물시장)에 대한 분석이며, 따라서 $I=S$는 균형국민소득수준의 결정조건인 동시에 재화시장의 균형조건이다. 이와 같이 단기의 균형국민소득수준의 결정에 대하여 취급하는 것을 **소득분석**(income analysis) 또는 *IS*분석이라고 부른다.

9편에서는 금융시장에 대하여 살펴보았다. 금융시장은 화폐에 대한 의도한 수요 *L*과 의도한 공급 *M*이 일치할 때 균형상태에 있게 되며, 이때의 이자율수준이 균형이자율이 된다. 이와 같이 금융시장에서 균형이자율의 결정에 대하여 보는 것을 **화폐분석**(monetary analysis) 또는 *LM*분석이라고 부른다.

이제 10편의 31장에서는 위의 8편과 9편에서 각각 살펴본 소득분석과 화폐분석을 결합한다. 즉, 8편에서는 재화시장이 균형상태에 있기 위한 조건을 보았으며, 9편에서는 금융시장이 균형상태에 있기 위한 조건을 보았는데, 여기 31장에서는 재화시장과 금융시장이 동시에 균형상태에 있기 위한 조건에 대하여 살펴본다. 이를 우리는 재화시장과 금융시장의 동시균형분석, ***IS-LM* 분석** 또는 힉스-한센분석(Hicks-Hansen analysis)[1]이라고 부르는데 현대거시경제학의 핵심을 이루고 있다.

그런데 8편과 9편 및 여기 31장에서는 두 가지 중요한 가정을 하고 있다. 이미 이 두 가정에 대해서는 앞의 24.2에서 보았는데, 하나는 자원이 불완전고용되어 있는 국민경제를 분석대상으로 한다는 것이며, 다른 하나는 이에 따라서 물가수준도 일정한 경제를 전제로 하고 있다는 것이다. 즉, 자원이 불완전고용되어 있으므로 일정한 물가수준에서 총공급은 얼마든지 증대시킬 수가 있는 단기의 국민경제를 분석대상으로 삼고 있다. 이 때는 총수요만이 중요하며 총공급에는 문제가 없으므로 사실 지금까지의 분석은 총수요만을 염두에 두고 행해졌다. 실제에 있어서도 대체로 선진국의 경우를 보면 1930년대 이후 1960년대 말까지의 경제상황이 이러하였다.

그러나 어떤 국민경제가 완전고용수준 근처에 접근하게 되면 이러한 두 가지 가정은 성립할 수 없다. 따라서 32장에서는 8편의 재화시장과 9편의 금융시장에 이어 세번째 종류의 시장인 **노동시장**(labour market)을 도입함으로써 총공급에 대하여 살펴본다. 그리고 나서는 총공급과 총수요가 상호작용하여 단기에 국민소득 및 물가수준이 어떻게 결정되는가를 설명한다. 한편 32장에서 본 것은 "물가수준"의 결정에 대한 것인데, 33장에서는 물가수준이 계속해서 상승하는 현상인 인플레이션과 실업에 대하여 살펴본다.

실제로 선진국들은 1970년대에 들어오면서 석유파동을 겪게 되었고, 그 결과로 물가는 상승하고 경제성장은 둔화되는 현상이 나타났다. 이에 따라

---

1) 소득분석과 화폐분석의 결합은 J.R. Hicks와 Alvin Hansen 두 사람이 처음으로 시도한 데서 붙여진 명칭이다.

총공급을 중시하는 공급측면의 경제학(supply-side economics)이 제시되기에 이르렀다. 또한 종전에는 물가가 일정하다는 전제하에 인플레이션에 대한 분석을 하지 않았었는데 1970년대 이후에는 물가가 급상승하였으므로 더 이상 이러한 가정을 할 수가 없게 되었다.

재화시장의 균형

위에서는 8편 및 9편의 내용과 관련하여 10편의 구성에 관하여 살펴보았다. 이제 그러면 소득분석과 화폐분석을 결합하기 위하여 먼저 재화시장의 균형에 대하여 보기로 하자. [그림 31-1]은 재화시장의 균형을 나타내는 IS(또는 $I=S$)곡선의 도출과정을 보여주고 있다.

여기서 (가)는 투자함수 $I=I(r)$로서 이자율 r이 상승할 때 의도한 투자 I는 감소한다. 앞의 24장에서 본 "단순한" 케인즈류의 국민소득 결정이론에서는 I는 일정하게 주어져 있었다. (나)는 역시 24장에서 여러 차례 본 케인지안 크로스인데 케인즈의 소득결정이론을 가장 단순하게 나타낸 것이다. 여기서 45° 선은 소득 Y와 의도한 지출 E(expenditure)가 일치하는 상태를 나타낸다. 또한 의도한 지출은 $E=C(Y-T)+I(r)+G$로 표시되어 있는데, 이는 E가 가처분소득 $(Y-T)$의 함수인 의도한 소비 C, 이자율의 함수인 의도한 투자 I 및 일정하게 주어진 G를 합한 것임을 보여준다. 균형상태에서는 소득과 의도한 지출 E가 일치한다. 즉 $Y=E$에서의 소득이 바로 단기의 균형소득수준인 것이다.

이제 투자함수와 케인지안 크로스를 이용하면 이자율이 변동할 때 국민소득이 어떻게 변화하는가를 알 수 있다. 가정하기를 이자율이 r_1에서 r_2로 하락하였다면 (가)에서 투자는 $I(r_1)$에서 $I(r_2)$로 증가하게 된다. 이는 (나)에서 의도한 지출을 E_1에서 E_2로 상향 이동시키며 이에 따라 국민소득도 Y_1에서 Y_2로 증가한다. 즉 (다)에서 보듯이 이자율이 r_1에서 r_2로 하락하면 국민소득은 Y_1에서 Y_2로 증가하게 되는 것이다.

그런데 (다)에서 도출된 IS곡선은, 의도한 지출과 소득을 일치시키는 $(Y=E)$, 또는 같은 뜻인 의도한 투자와 의도한 저축을 일치시킴으로써$(I=S)$ 재화시장을 균형상태에 있게 만드는 이자율과 국민소득의 서로 상이한 여러 조합을 연결한 것이다. 이는 곧 IS곡선상의 모든 점에서는 재화시장이 균형

그림 31-1 *IS*곡선의 도출

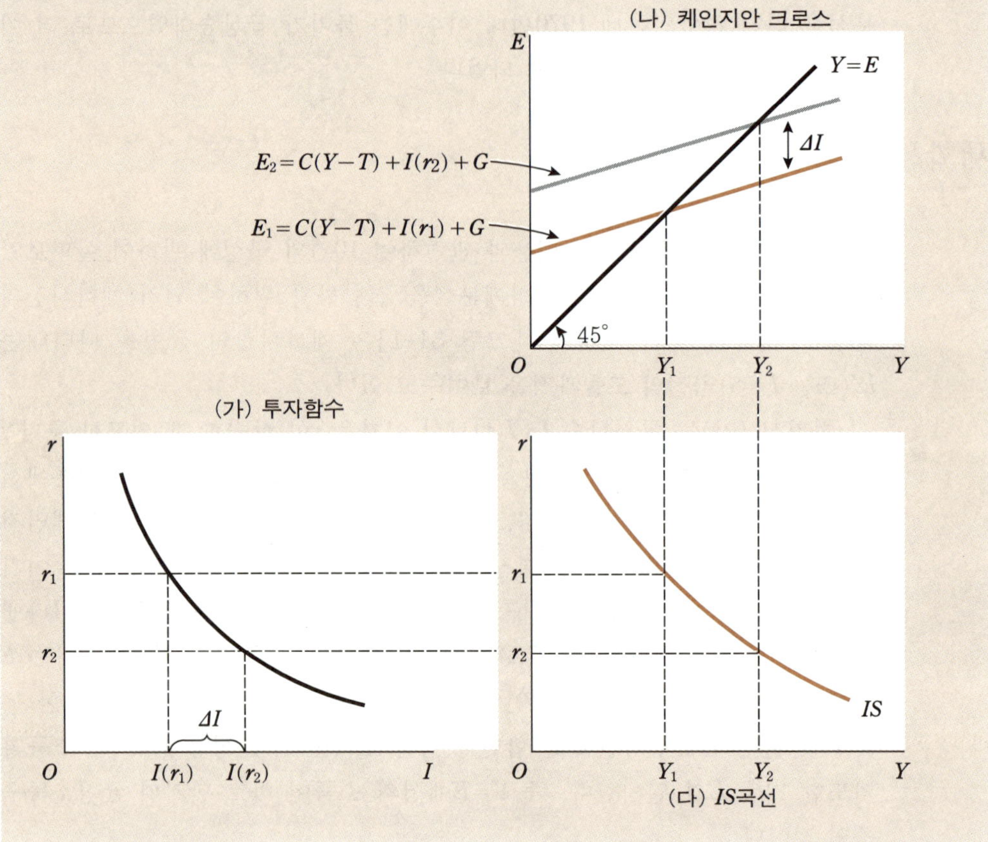

상태에 있음을 뜻한다. 그런데 *IS*곡선이 우하향의 형태를 취하는 이유는 이자율이 상승하면 투자는 감소하게 되며, 투자의 감소는 승수효과를 통하여 총수요를 줄여 단기의 균형국민소득을 감소시키기 때문이다. 따라서 이자율과 국민소득은 역의 관계에 있으며, *IS*곡선은 우하향의 형태를 취하게 된다.

앞의 제24장에서 국민소득의 결정이론에 대하여 다룰 때 우리는 투자지출을 일정하다고 가정하였다. 이제 여기서는 투자가 이자율의 함수라고 봄으로써 이자율이 변동하면 투자가 변동하고, 이는 승수효과를 통하여 총수요에 영향을 미침으로써 궁극적으로는 단기의 균형국민소득수준도 변화하게 된다.

이처럼 **이자율**을 총수요에 영향을 미치는 요인으로 추가로 도입할 때 생기는 이점은, 이자율이 결정되는 금융시장도 분석하게 됨으로써 자연히 재화시장과 금융시장의 상호관련을 이해할 수 있게 한다는 것이다. 이는 금융정책과 재정정책이 어떠한 영향을 미치게 되는가를 *IS-LM*분석을 통해 잘 알 수 있음을 뜻한다. 즉, 이자율은 재화시장과 금융시장을 연결하는 중요한 고리라고 볼 수 있다.

31.2 금융시장의 균형

위에서는 재화시장을 균형상태에 있게 하는 이자율과 국민소득의 서로 다른 여러 조합을 연결해서 얻은 *IS*곡선에 대하여 살펴보았다. 이제 여기에서는 사전적으로 의도한 화폐에 대한 수요와 사전적으로 의도한 화폐의 공급을 일치시킴으로써 금융시장을 균형상태에 있게 만드는 이자율과 국민소득의 여러 상이한 조합들을 연결해서 얻는 *LM*곡선에 대하여 보기로 한다.

우리는 29.3에서 케인즈의 이자율 결정이론인 유동성선호이론에 대하여 살펴 보았다. 그런데 유동성선호이론을 제일 단순하게 표시한 것이 [그림 31-2]이다. 즉, **실질화폐잔고**(real money balances)의 공급량은 한은이 결정

그림 31-2 *LM*곡선의 도출

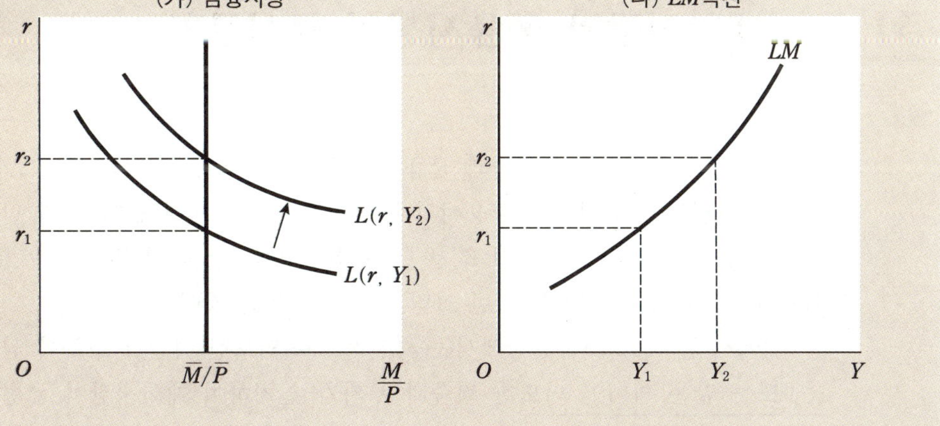

하므로 $\left(\frac{M}{P}\right)^{S}=\overline{M}/\overline{P}$의 수준에서 수직선으로 표시되어 있다.[2)] 한편 화폐에 대한 수요는 이자율만의 함수이다. 이 때 균형이자율은 $\overline{M}/\overline{P}=L(r)$인 데서 결정된다.

케인지안 크로스가 *IS*곡선의 주춧돌인 것과 같이 단순한 형태의 유동성선호이론은 *LM*곡선의 주춧돌이다. 이제 29.3에서도 본 것처럼 이자율 이외에 국민소득도 화폐에 대한 수요를 영향하는 요인이라고 가정하면 화폐에 대한 수요함수는 $\left(\frac{M}{P}\right)^{d}=L(r, y)$가 된다. 그러면 [그림 31-2]가 보이는 것처럼 *LM*곡선을 도출할 수가 있다.

(가)에서 국민소득이 Y_1에서 Y_2로 증가한다고 가정하면 화폐에 대한 수요함수는 화살표가 표시하는 것처럼 전체가 위로 이동한다. 그러면 이자율도 r_1에서 r_2로 상승해야만이 실질화폐잔고에 대한 시장이 다시금 균형상태에 있게 된다. 이를 나타낸 것이 (나)의 *LM*곡선이다.

이와 같이 우리는 (나)에서 금융시장을 균형상태에 있게 하는 수많은 이자율과 국민소득의 조합을 얻을 수 있다. 즉 *LM*곡선은 사전적으로 의도한 화폐에 대한 수요 L과 일정한 실질화폐잔고의 공급량인 $\frac{\overline{M}}{\overline{P}}$를 일치시킴으로써 금융시장을 균형상태에 있게 만드는 이자율과 국민소득의 여러 상이한 조합을 연결한 것이다. 그런데 *LM*곡선이 우상향의 형태를 취하고 있는 것은, $\frac{\overline{M}}{\overline{P}}$가 일정하게 주어져 있을 때 국민소득이 상승할수록 L은 증가하는데 이는 이자율도 상승하도록 만들기 때문이다.

31.3 재화시장과 금융시장의 동시균형

지금까지 우리는 재화시장과 금융시장의 균형에 대하여 각각 살펴보았다. 이제 여기서는 재화시장과 금융시장이 동시에 균형상태에 있기 위해 필요한 조건을 보기로 한다. [그림 31-3]은 [그림 31-1]에서 도출된 *IS*곡선과, [그림 31-2]에서 도출된 *LM*곡선을 한 그림표에 옮겨 놓은 것이다.

위에서 본 대로 *IS*곡선상에서는 사전적으로 의도한 지출과 소득이 일치하는, 또는 같은 의미인 의도한 저축과 투자가 일치하여 재화시장이 균형상태

2) $\overline{M}/\overline{P}$에서 —는 일정한 상수를 나타낸다.

그림 31-3 재화시장과 금융시장의 동시균형

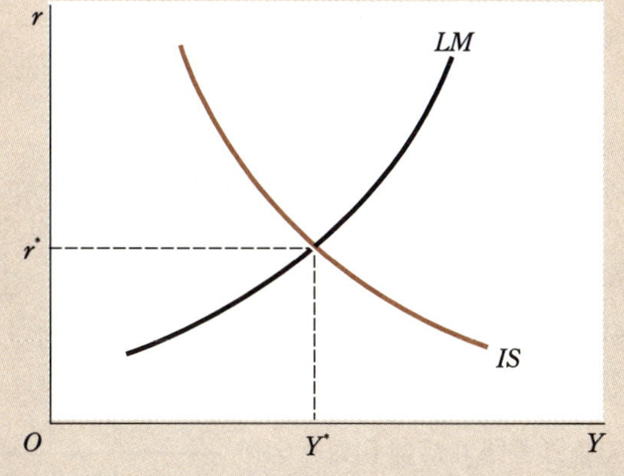

에 있으며, LM곡선상에서는 사전적으로 의도한 화폐의 수요와 공급이 일치하여 금융시장이 균형상태에 있다. 그런데 이자율과 국민소득의 조합이 오직 (r^*, Y^*)인 때에만 재화시장과 금융시장은 동시에 일반균형상태에 있게 된다. 즉, (r^*, Y^*)일 때 사전적으로 의도한 저축과 투자가 일치하며, 또한 사전적으로 의도한 화폐의 수요와 공급도 일치한다.

IS-LM모형은 다음과 같이 연립방정식으로 나타낼 수도 있다.

$$Y=C(Y-T)+I(r)+G \qquad IS$$
$$M/P=L(r, Y) \qquad LM$$

여기서 재정정책의 수단인 G와 T, 금융정책의 수단인 M 및 물가수준 P는 모두 외생변수로서 외부에서 주어진다고 가정한다. 따라서 우리는 2개의 방정식과 2개의 내생변수인 r, Y를 가지게 되어 위의 두 균형조건을 충족시키는 r과 Y를 찾을 수가 있게 된다.

IS-LM모형은 케인즈의 이론을 재해석한 것으로서 단기의 총수요에 관한 분석이다. 즉, 물가수준이 일정하다고 전제한 후 총수요의 변화가 단기에 국민소득을 어떻게 변동시키는지를 살펴본다. 특히 IS-LM분석은 금융 · 재정정책이 어떻게 총수요를 변화시킴으로써 국민소득도 변동시킬 수 있는가를 알 수 있게 한다.

31.4 재정정책과 금융정책

재정정책

위에서 본 대로 *IS-LM*모형은 물가수준이 일정하게 주어진 단기에서 *IS*곡선과 *LM*곡선이 만나는 데서 국민소득과 이자율이 결정됨을 보여준다. 그런데 *IS-LM*모형에서는 금융정책과 재정정책을 외생변수로 생각하고 있는데,

그림 31-4 정부지출의 증대가 *IS*에 미치는 영향

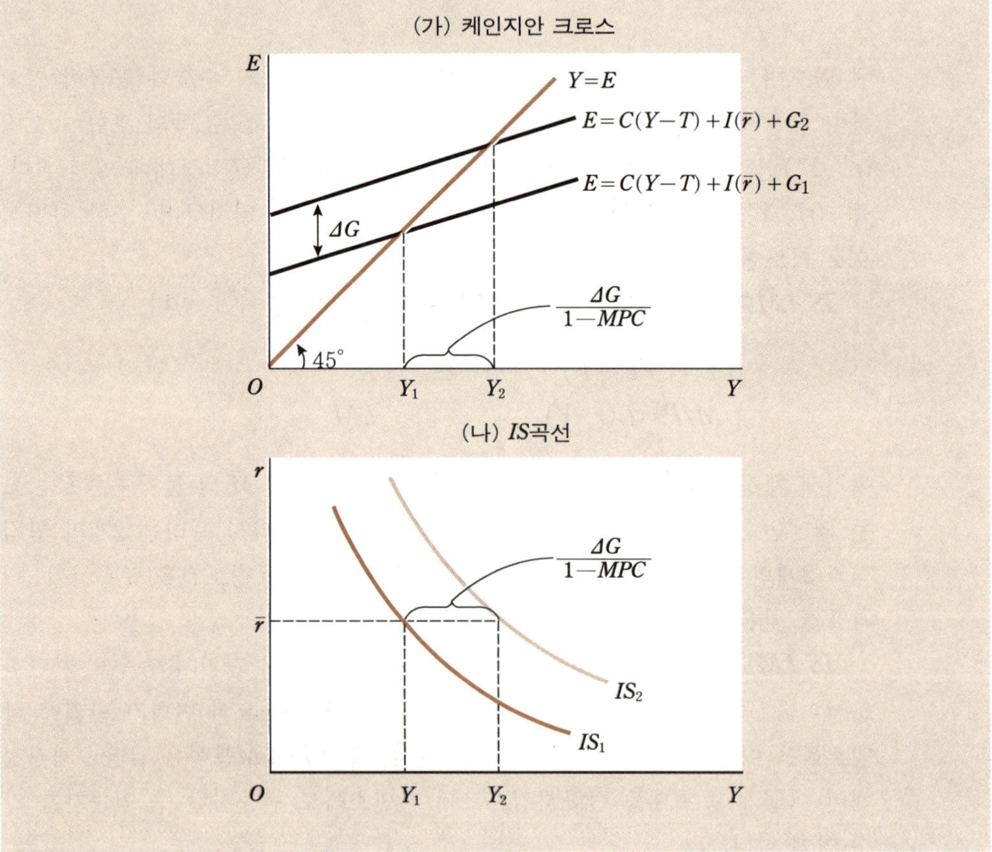

우리는 이들 외생변수를 변화시킴으로써 금융 · 재정정책이 국민소득과 이자율에 미치는 영향을 알 수가 있다.

먼저 그러면 **재정정책**의 효과를 분석하기 위하여 정부지출이 증가한 경우에 대해 살펴 보기로 하자. [그림 31-4]에서 (가)는 케인지안 크로스이다. 이자율이 $\bar{r}$로 고정되어 있다고 전제하면 투자는 일정한데, 정부지출만 G_1에서 G_2로 증대되었다. 그러면 E는 ΔG만큼 상향이동하게 되며, 이때 국민소득도 24장 부록에서 본 대로 승수 배만큼 $\left(\frac{\Delta G}{1-MPC}\right)$ 늘어나 Y_1에서 Y_2로 증대된다.

그러면 (나)에서 보듯이 일정한 이자율수준 $\bar{r}$에서 IS곡선은 IS_1에서 IS_2로 오른쪽으로 이동하게 된다. 즉 정부지출의 증대(감소)는 IS곡선을 오른쪽(왼쪽)으로 이동시키는 것이다. 이제 재정정책의 영향을 받지 않는 LM곡선과 결합해 보면 [그림 31-5]가 된다.

[그림 31-5]에서 발견하는 것은 이자율이 일정하다고 전제한 케인지안 크로스에서는 국민소득이 Y_1에서 Y_2로 ΔG의 승수 배 $\left(\frac{1}{1-MPC}\right)$ 만큼 증가하나, IS-LM분석에서는 정부지출의 증대로 국민소득이 증가할 때 화폐의 공급량은 $\bar{M}$로 일정한데 화폐에 대한 수요 L은 증가하므로 이자율은 상승하고 이에 따라서 투자는 감소하여 국민소득도 줄어들어 결국 소득은 Y_1에서 Y_3까지만 늘어나게 된다. 이처럼 확장적인 재정정책으로 이자율이 상승하여 투자가

그림 31-5 재정정책의 영향: 정부지출의 증대

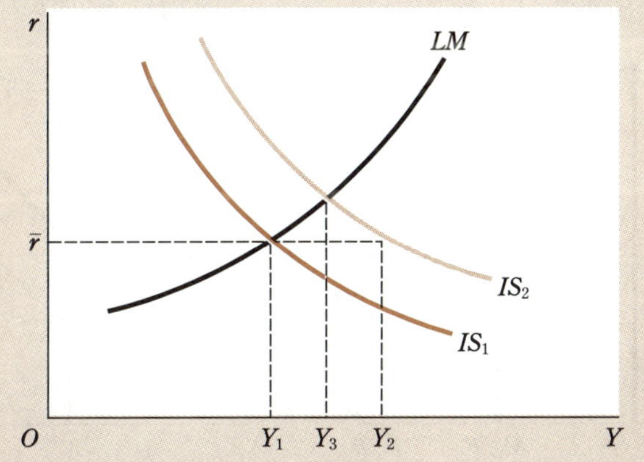

감소하는 것을 **구축(crowding out) 효과**가 작용한다고 말한다.

앞의 24장에서 본 케인지안 크로스를 사용한 "단순한" 케인즈의 국민소득 결정이론에서는 각종의 지출과 재정정책이 총수요와 국민소득을 결정하는 주된 요인이었으나, *IS–LM* 모형에서는 이자율도 총수요와 국민소득에 영향을 주는 또 하나의 주요한 요인으로 등장하였다.

금융정책

이제 **금융정책**이 국민소득과 이자율에 미치는 영향을 *IS–LM* 모형을 사용해서 살펴 보기로 하자. 먼저 중앙은행이 통화량을 증가시킬 때 *LM*곡선이 어떻게 이동하는가를 제일 단순한 케인즈의 유동성선호이론을 이용하여 알아보자. [그림 31–6] (가)에서 이를 나타낸다.

(가)에서 화폐에 대한 수요함수 $L(r, \bar{Y})$는 일정한 소득 $\bar{Y}$를 전제로하여 그린 것이다. 한편 중앙은행이 결정한 실질화폐잔고의 공급량이 $M_1/\bar{P}$이라면 균형이자율은 r_1이 된다. 이때 화폐공급량을 $M_2/\bar{P}$로 증가시키면 이자율은 r_2로 하락하게 된다. 한편 그림 (나)에서 LM_1은 일정한 $\bar{Y}$와 $M_1/\bar{P}$를 전제로 하고 있다. 그런데 (가)에서 통화량이 $M_2/\bar{P}$로 증가하면 소득이 일정할 때 이자율은 하락하게 되므로 그림 (나)에서와 같이 *LM*곡선은 LM_1에서 LM_2로 오른

그림 31-6 통화량 증가가 *LM*곡선에 미치는 영향

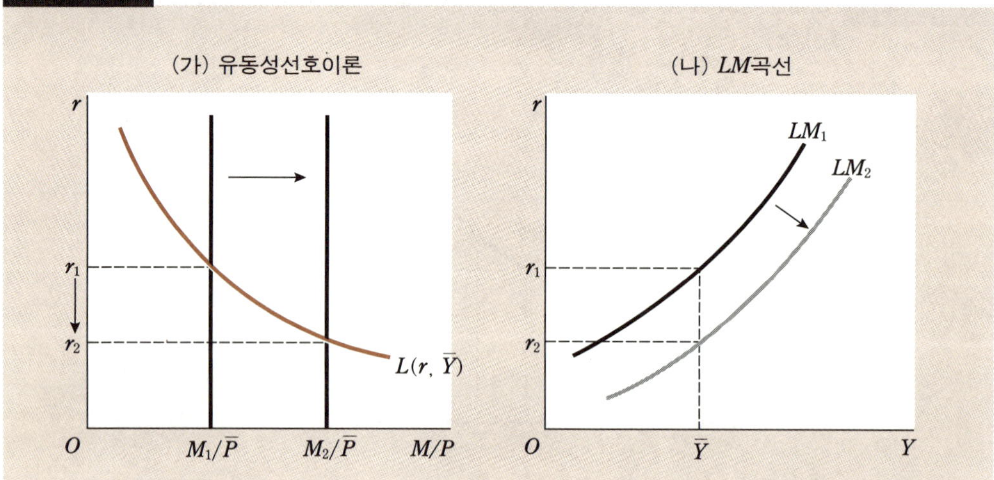

그림 31-7 금융정책의 영향: 통화량의 증가

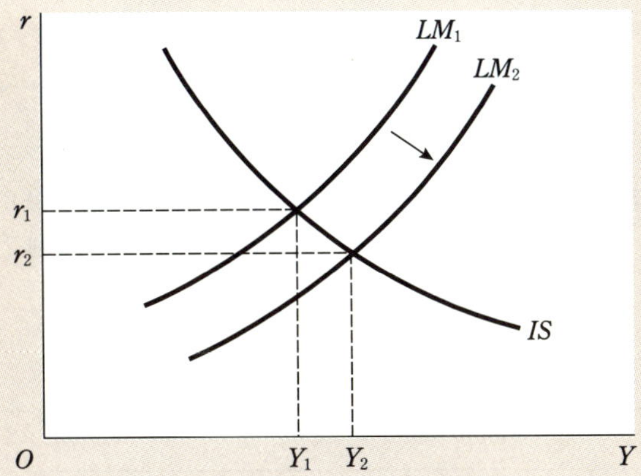

쪽으로 이동하게 되는 것이다.

이제 통화량 증가의 영향을 받지 않는 일정하게 주어진 *IS*곡선과 결합해 보면 [그림 31-7]이 된다. 즉, 통화량의 공급 증가는 이자율을 하락시키고 국민소득을 증대시키게 된다. 그 **파급경로**(transmission mechanism)를 보면 통화량의 증가는 이자율의 하락을 가져오며, 이는 투자를 촉진시켜 총수요와 국민소득을 증대시킨다. 이처럼 *IS-LM* 모형은 금융정책의 파급경로를 파악할 수 있도록 하는 장점이 있다.

이제 우리는 31.4의 논의를 마치면서 금융 · 재정정책의 혼합(monetary fiscal policy mix)에 대하여 잠시 언급하고자 한다. 이는 동일한 정책목표를 달성하는 데 있어서도 금융정책과 재정정책을 어떠한 방식으로 혼합하여 사용하는 것이 바람직한가의 문제이다.

보기를 들어 불경기를 극복하기 위해 경기를 진작시키는 것이 목표일 때에도 확장적인 재정정책과 확장적인 금융정책 중 어떤 것을 택해야 하는가와, 또는 둘을 어떻게 혼합할 것인가의 문제가 생기게 되는 것이다. 만일 확장적인 금융정책을 쓴다면 이자율은 하락할 것이며 이에 따라서 투자는 늘어날 것이나, 확장적인 재정정책을 채택하면 이자율이 인상되어 투자가 줄어들 것이다. 이처럼 두 정책 모두 소득을 증대시킬 수가 있으나 투자에 미치는 영향이 다를 때, 정부는 적정한 금융 · 재정정책의 혼합을 결정해야만 하는 문

제에 봉착하게 되는 것이다.[3)]

주요개념

소득분석 화폐분석 *IS*–*LM* 분석 *IS*곡선 이자율; *LM*곡선 실질화폐 잔고; *IS*–*LM* 모형; 재정정책 구축효과 금융정책 파급경로

요 약

1. 재화시장과 금융시장이 동시에 균형상태에 있기 위한 조건에 대하여 분석하는 것을 재화시장과 금융시장의 동시균형분석 또는 *IS*–*LM*분석이라고 하며, 현대 거시경제학의 핵심을 이룬다.
2. $I=S$곡선은 의도한 지출과 소득을 일치시키는, 또는 의도한 투자와 저축을 일치시킴으로써 재화시장을 균형상태에 있게 만드는 이자율과 국민소득의 여러 상이한 조합을 연결한 것이다.
3. 단순한 케인즈류의 국민소득 결정이론에서는 투자가 일정하게 주어졌다고 가정하였으나, *IS*–*LM*분석에서는 투자를 이자율의 함수라고 봄으로써 금융정책과 재정정책이 미치는 영향을 알 수 있게 한다.
4. $L=M$곡선은 사전적으로 의도한 화폐에 대한 수요와 공급을 일치시킴으로써 금융시장을 균형상태에 있게 만드는 이자율과 국민소득의 여러 상이한 조합을 연결한 것이다.
5. $I=S$곡선과 $L=M$곡선이 서로 만나는 데서 사전적으로 의도한 저축과 투자가 일치하며 동시에 사전적으로 의도한 화폐의 수요와 공급이 일치하므로 재화시장과 금융시장은 동시에 균형상태에 있게 된다.
6. *IS*–*LM*모형은 케인즈 이론을 재해석한 것으로서, 물가수준이 일정할 때 총수요의 변화가 단기의 국민소득을 어떻게 변동시키는가를 분석할 수 있게 한다.

---

3) R. Dornbusch & S. Fischer, *Macroeconomics,* 6th ed., 1994, pp.138～145.

7. *IS-LM*분석은 특히 금융 · 재정정책이 어떻게 총수요를 변화시킴으로써 국민소득도 변동시킬 수 있는지를 알 수 있게 한다.

8. 확장적인 재정정책으로 말미암아 이자율이 상승하여 투자가 감소하는 것을 구축효과가 작용한다고 말한다.

9. 통화량의 증가는 이자율의 하락을 가져오며, 이는 투자를 촉진시켜 총수요와 국민소득을 증대시킨다.

연습문제

1. 투자함수와 케인지안 크로스를 이용하여 $I=S$곡선을 도출해보라.

2. *IS*곡선이란 무엇인가? 왜 우하향의 형태를 취하는가?

3. $L=M$곡선을 도출한 후 이를 정의해보라. 왜 우상향의 형태를 취하는가?

4. *IS-LM*모형을 2개의 연립방정식으로 나타낸 후, 내생변수와 외생변수에는 어떤 것들이 있는지 살펴보라.

5. 정부지출의 증가가 초래하는 영향을 *IS-LM*분석을 사용하여 그림표를 가지고 설명해보라. 이 때 케인즈의 단순모형과 비교하여 *IS-LM*모형에서는 구축효과가 어떻게 참작되는지 밝혀라.

6. 중앙은행이 통화공급량을 감축할 때 생기는 효과를 *IS-LM*모형을 따라서 그림표로 그리면서 설명해보라. 그 파급경로는 어떠한가?

제 32 장

AS–*AD* 모형

제21장에서부터 제31장까지의 분석은 일정한 물가수준에서 총공급은 얼마든지 늘릴 수가 있다고 전제하였다. 그러나 여기 32장에서는 총수요(*AD*)와 총공급(*AS*)이 서로 만나는 데서 단기의 물가수준과 국민소득이 결정됨을 보인다.

먼저 *IS*–*LM*곡선으로부터 *AD*곡선을 도출한 후, 단기총공급곡선(*SRAS*)이 우상향의 형태를 취하는 것을 설명하는 경직적인 임금모형에 대해 살펴본다. 이는 노동시장을 분석하는 것이 된다. 우상향의 *SRAS*는 총수요가 변화할때 산출량도 변동하도록 만든다.

32.1 총수요

총수요곡선

앞의 31장에서 우리는 단기에 있어서 물가수준은 일정하다고 가정하고 *IS*곡선과 *LM*곡선이 서로 만나는 데서 단기의 국민소득이 결정된다는 것을 보았다. 이제 여기서는 단기에 총수요곡선과 총공급곡선이 상호작용하여 국민소득과 물가수준이 동시에 결정된다는 것을 보려고 한다.

사실 21장에서부터 31장까지의 논의는, 일정한 물가수준에서 총공급은 얼마든지 증대될 수 있다고 가정하고 총수요의 크기가 국민소득을 결정하는 주된 인자라고 생각했기에 총공급 측면의 분석은 무시하였으며 물가수준이나 또는 인플레이션에 대해서도 전연 분석하지 않았었다. 즉, 총수요의 크기가 국민소득을 결정하는 주된 요인이라고 생각하였다.

그림 32-1 총수요곡선의 도출

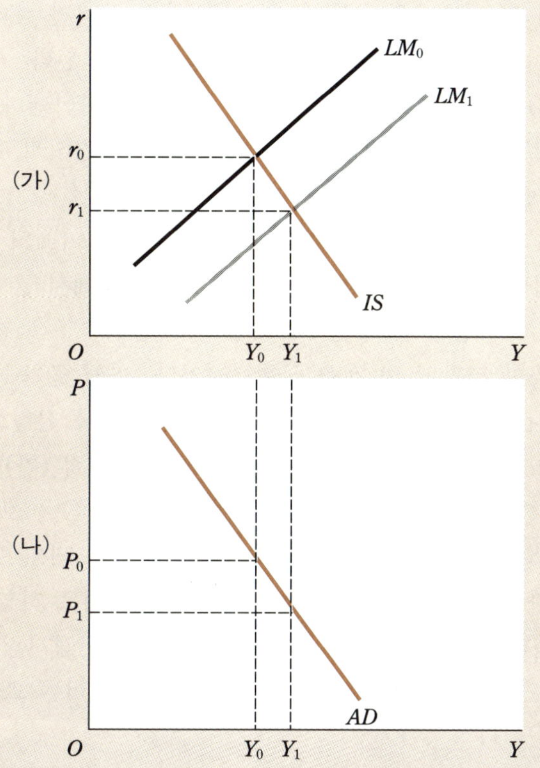

이제 여기서는 단기에 총수요와 총공급이 만나는 데서 국민소득과 물가가 동시에 어떻게 결정되는가를 알아보려고 한다. 이는 총공급 측면을 분석에 도입하는 것을 의미하는 동시에, 지금까지 무시하였던 물가에 대해 분석하기 시작하였음을 뜻한다. 그러면 먼저 **총수요곡선**(aggregate demand curve; *AD*)을 도출하여 보자. 총수요곡선이란 물가수준이 변화할 때 총수요가 어떻게 변화하는가를 나타내는 것이다.

총수요곡선은 *IS*-*LM*곡선으로부터 도출할 수 있다. 그런데 재화시장의 균형을 나타내는 *IS*곡선의 경우 *C*, *I*, *G*는 모두 실질변수이므로 물가수준과는 관련이 없다. 그러나 *LM*곡선은 물가수준에 의하여 영향을 받는다. *LM*곡선을 다시 써 보면,

$$\frac{M}{P}=L(r, Y)$$

여기서 M은 중앙은행에 의하여 일정하게 주어진 화폐의 공급량이며 P는 물가수준이므로 $\frac{M}{P}$은 실질화폐잔고의 공급량이 된다. $L(r, Y)$은 화폐에 대한 수요(L)가 소득(Y)과 이자율(r)의 함수임을 나타낸다. 지금까지는 M과 P가 모두 일정하다고 가정하였으나 이제 P를 변경시켜 보자. [그림 32-1]이 이를 나타낸다.

가정하기를 물가수준이 처음에 P_0라고 하고, 이때의 LM곡선이 LM_0라고 하자. 그러면 (가)에서 IS와 LM_0가 서로 만나는 데서 균형이자율 r_0와 균형국민소득 Y_0가 성립한다. 그런데 LM_0는 P_0의 물가수준을 전제한 것이므로 (나)에 P_0와 Y_0의 조합인 한 점을 구할 수 있다. 이제 물가수준이 P_0에서 P_1으로 하락하였다고 가정해 보자. 그러면 M은 일정하나 실질화폐잔고의 공급량인 $\frac{M}{P}$은 증가한다. 이는 [그림 32-1]에서 보는 것처럼 (가)에서 LM곡선을 LM_0에서 LM_1으로 오른편으로 이동시킨다. 따라서 (가)을 보면 P의 변화와 관련이 없는 IS는 그대로 있으나 LM곡선은 이동하게 되고 새로운 균형점은 (r_1, Y_1)이 된다. 그런데 LM_1은 P_1의 물가수준을 전제로 하고 있으므로 (나)에서 또 한 점인(P_1, Y_1)을 찾을 수 있다. 물가수준을 변경시킴에 의하여 우리는 얼마든지 추가로 (P, Y)의 조합을 얻을 수 있는데, 이를 모두 연결한 것이 총수요곡선 AD이다.

그런데 AD곡선은 IS-LM곡선으로부터 도출되었으므로 AD곡선상의 모든 점에서는 재화시장과 금융시장이 동시에 균형상태에 있게 된다. 즉, AD곡선이란 재화시장과 금융시장을 동시에 균형상태에 있게 만드는 국민소득과 물가수준의 여러 상이한 조합을 연결한 곡선인 것이다.

총수요곡선은 우하향의 형태를 취하고 있어서 물가수준이 하락할수록 총수요는 증가함을 나타낸다. 총수요곡선이 우하향의 형태를 취하는 이유는 다음과 같다. 물가수준 P가 하락하면 실질화폐잔고의 공급량 $\frac{M}{P}$은 증가하게 된다. 그런데 $\frac{M}{P}$이 증가하면 화폐의 공급이 수요를 초과하게 되어 사람들은 보유하기를 원하지 않는 만큼의 화폐를 가지고 채권을 사려고 할 것이므로 채권의 가격은 오르고 이자율은 하락한다. 이자율이 금융시장에서 하락하면 이는 재화시장에서 투자를 증대시키며, 투자의 증대는 승수효과를 통하여 총수요를 증대시키게 된다. 이러한 파급경로를 인과관계로 나타내면,

그림 32-2 **확장적인 금융정책이 총수요곡선에 미치는 영향**

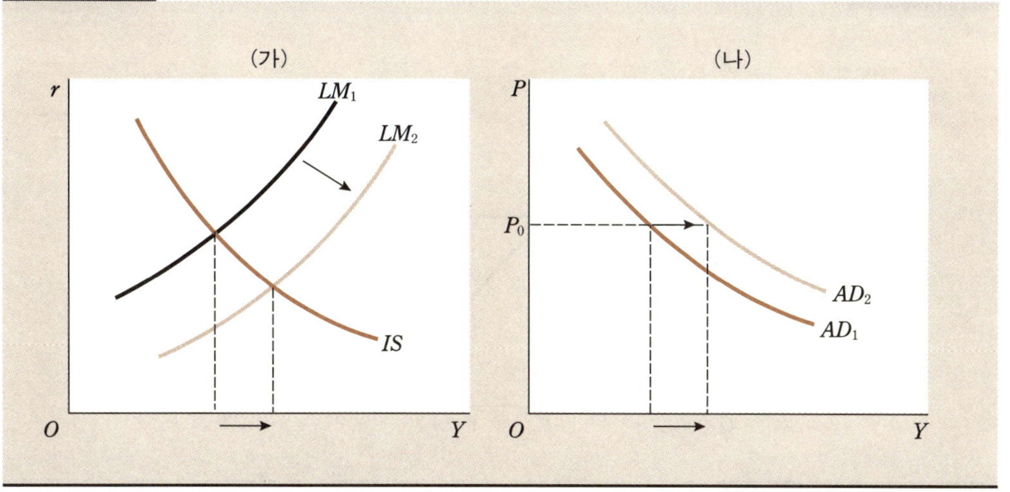

$$P\downarrow \longrightarrow \frac{M}{P}\uparrow \longrightarrow r\downarrow \longrightarrow I\uparrow \longrightarrow AD\uparrow$$

이처럼 총수요곡선은 물가수준과 소득 사이의 관계를 나타내는데, 총수요곡선 전체를 이동시키는 요인은 무엇인가? 총수요곡선이 *IS-LM*곡선으로부터 도출되었으므로 *IS*곡선과 *LM*곡선을 이동시키는 것이 *AD*곡선도 이동시킨다. 예를 들어 일정한 물가수준 P_0에서 확장적인 금융정책을 써서 통화량을 증대시키면 [그림 31-6]이 보인 것처럼 *LM*곡선은 아래로 이동하게 된다〔[그림 32-2]의 (가)〕. 이를 주어진 *IS*곡선과 결합하면 일정한 물가수준 P_0에서 소득은 증대되므로 *AD*곡선은 오른편으로 이동한다〔[그림 32-2]의 (나)〕.

확장적인 재정정책을 써서 *G*를 증대시키거나 *T*를 감소시킬 때를 보면 [그림 31-4]와 [그림 31-5]가 보이는 것처럼 *IS*곡선을 오른편으로 이동시켜 일정한 물가수준에서 소득을 증대시키므로 [그림 32-2]의 (나)에서와 같이 *AD*곡선을 오른편으로 이동시킬 것이다.

공황을 가정하는 경우

위에서 우리는 총수요곡선을 도출하고 그 성격에 관하여 살펴보았다. 이제 어떤 국민경제가 1930년대 초엽의 대공황과 같은 처지에 놓여 있다고 해

그림 32-3 총수요와 총공급: 공황을 가정한 경우

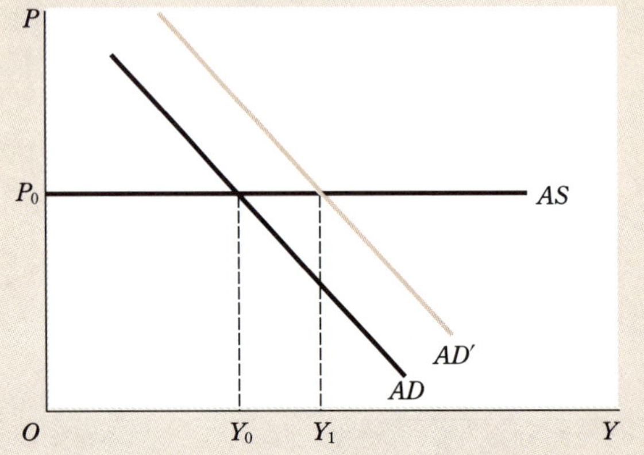

보자. 이 경우는 실업이 상당한 정도에 달하므로 물가수준을 상승시키지 않고 얼마든지 총공급을 증대시킬 수 있을 것이다. 총공급곡선(**aggregate supply curve**; *AS*)은 물가수준과 총공급의 관계를 나타내는데, 공황의 경우에는 일정한 물가수준에서 총공급을 얼마든지 늘릴 수 있으므로 총공급곡선은 수평선이 될 것이다. [그림 32-3]이 이를 보여준다.

이 그림에서 *AD*는 위에서 도출된 총수요곡선이다. 한편 *AS*는 총공급곡선인데, 공황의 경우에는 일정한 물가수준 P_0에서 총공급을 얼마든지 늘릴 수 있으므로 *AS*는 P_0의 수준에서 수평선으로 표시된다. *AD*와 *AS*가 만나는 데서 균형물가수준 P_0와 균형국민소득수준 Y_0가 결정되나, 공황의 경우에는 물가수준 P_0는 일정하게 주어져 있다.

이제 예를 들어 정부지출 *G*를 증대시킨 경우를 보자. *G*의 증대는 [그림 31-4]와 [그림 31-5]가 보이는 것처럼 *IS*곡선을 오른편으로 이동시킨다. 따라서 *AD*도 오른편으로 이동한다. 이를 나타낸 것이 [그림 32-3]의 흐린선으로 표시된 *AD′*이다. 여기서 보는 것은 공황을 가정하는 경우 총수요가 *AD*에서 *AD′*로 늘면 이는 그대로 물가수준을 상승시킴이 없이 국민소득을 Y_0에서 Y_1으로 증대시킨다는 것이다.

이상의 논의가 분명히 하는 것은 앞의 8편, 9편 및 이 둘의 분석을 결합한 10편의 31장이 바로 이러한 일종의 공황과 같은 특수한 경우를 전제로 하고

그림 32-4 양극단의 총공급곡선

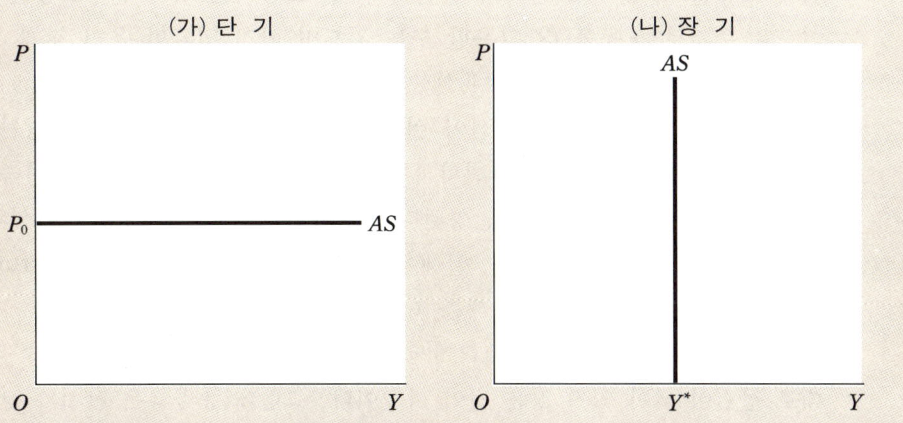

있다는 점이다. 즉, 일정한 물가수준에서 총공급은 얼마든지 증대시킬 수 있다고 전제하고 총수요만을 분석하고 있는 것이다.

32.2 노동시장과 총공급

총공급곡선(aggregate supply curve; *AS*)은 각각의 물가수준에서 기업들이 공급하려고 하는 산출량을 나타낸다. 앞에서는 특수한 경우로서 단기의 *AS*곡선이 수평선인 것을 보았다. 이러한 총공급곡선이 케인즈류의 한 극단이라면, 다른 한 극단은 장기의 *AS*곡선이 수직선인 고전학파의 경우이다. [그림 32-4]가 이러한 양극단을 나타내고 있다.

위의 그림에서 (나)는 물가수준에 관계없이 산출량이 장기에 완전고용국민소득수준인 Y^*에서 일정함을 나타낸다. 이 때 전제는 임금이 신축적으로 변동하여 노동시장이 늘 완전고용수준에서 균형상태에 있다는 것이다. 따라서 물가가 상승하여도 모든 노동력이 이미 고용되어 있으므로 산출량의 수준을 증대시킬 수가 없게 된다.

예를 들어 *AD*곡선이 오른쪽으로 이동한 경우를 보자. 그러면 각각의 물가수준에서 총수요는 증가하게 된다. 따라서 기업들은 생산량을 증대시키기 위해 노동을 더 많이 고용하려고 할 것인데, 노동력은 이미 완전고용된 상태이므로 추가로 노동을 더 고용할 수는 없으며 단지 임금만 올려 놓게 된다. 임금이 상승하면 물가도 오르나 산출량의 수준은 그대로 남아 있다.

케인즈류의 단기의 *AS*곡선이 실업이 있어도 임금은 변동하지 않는다고 가정하고 있는 데 비하여, 고전학파류의 장기의 *AS*곡선은 임금의 신축적인 변동을 통해 늘 완전고용이 달성된다고 전제하고 있다. 그러나 수평선과 수직선의 *AS*곡선은 양극단이며, 실제에 있어서 **단기 총공급곡선**(short run *AS* curve; *SRAS*)은 우상향의 형태를 띠게 된다.

총공급의 이론은 거시경제학에서 제일 의견이 분분한 분야로서, 아직 제대로 정립이 되어 있지 않은 것이 사실이다. 그런데 총공급은 단기와 장기에서 행태가 다르다. 즉 가격이 신축적인(flexible price) 장기에는 앞의 그림 (나)에서처럼 총공급곡선은 수직선이 된다. 이 때는 총수요곡선이 이동해도 물가수준에만 영향을 미칠 뿐 산출량에는 아무런 영향을 끼치지 못한다. 고전학파는 **장기 총공급곡선**(long run *AS* curve; *LRAS*)을 염두에 둔 것이며, 대부분의 경제학자들도 *LRAS*곡선은 수직선이라고 생각하고 있다. 이와 같이 장기를 분석하는 데는 고전학파류의 접근이 바람직하다.

한편 가격이 경직성을 띠는(sticky prices) 단기에는 총공급곡선은 우상향의 형태를 띠게 된다. 이처럼 *SRAS*곡선이 우상향이라는 데 대해서도 대부분의 경제학자들이 의견을 같이 하고 있다. 즉, 단기에는 케인즈류의 가격경직성을 전제하는 것이 현실적이라고 할 수 있다.

앞의 [그림 21-10]이 *SRAS*와 *LRAS*곡선을 서로 대비시키면서 보여 주고 있다. 이와 같이 가격의 행태가 장·단기에 서로 달라 *SRAS*와 *LRAS*의 형태가 다른 것은 금융·재정정책이 미치는 영향도 장·단기에 서로 다르게 만든다. 즉, 총수요에 영향을 미치는 금융·재정정책은 장기에는 산출량 등 실물변수에 전연 영향을 끼치지 못하나, 가격이 경직적인 단기에는 효력이 있게 된다.

*SRAS*곡선이 우상향의 형태를 취하는 이유를 설명하기 위해서는 제 8 편의 재화시장 및 제 9 편의 금융시장에 이어 **노동시장**(labor market)을 추가로 분석에 도입해야만 한다. 즉, 노동시장의 불완전성을 전제하면 총수요가 변동하는 경우 산출량도 변화하게 된다.

그림 32-5 *SRAS*곡선의 도출: 경직적인 임금을 가정하는 경우

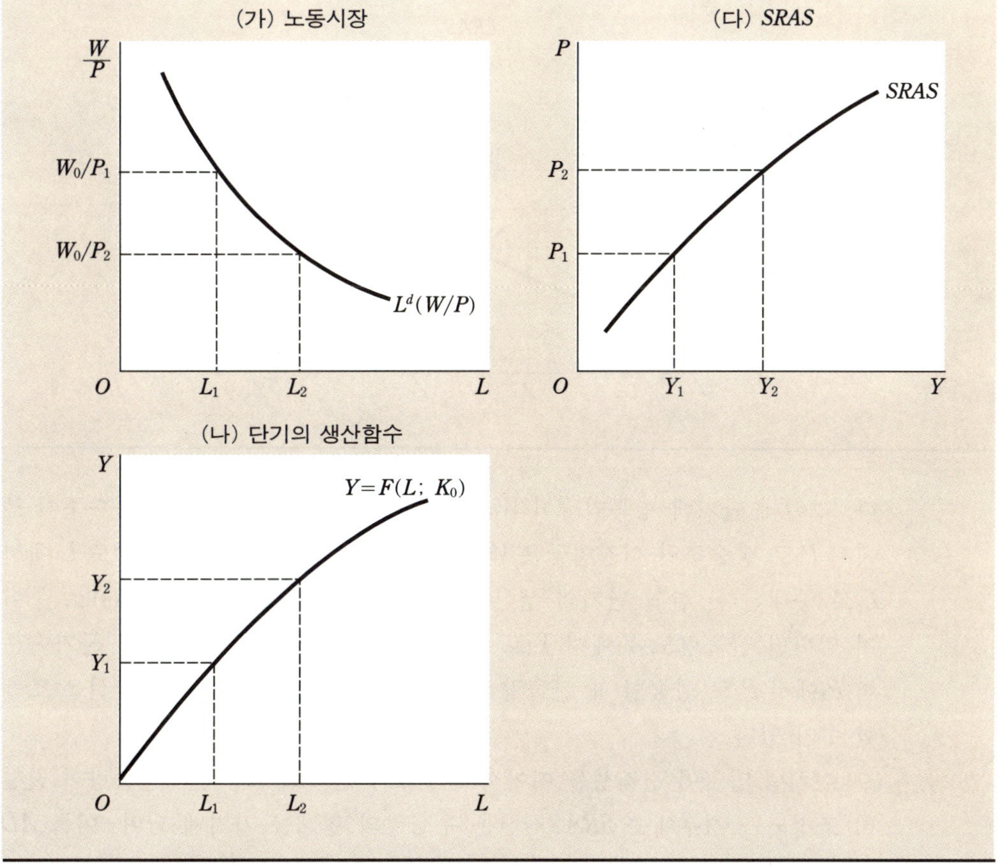

이제 **경직적인 임금**을 가정하는 이론(sticky-wage model)을 토대로 하여 *SRAS*곡선이 우상향의 형태를 취함을 설명해 보자. 임금은 단체협약에 의해 2, 3년 동안은 일정하게 고정되어 있어서 경제상황이 변동해도 그대로 고정되어 있다. 예를 들어 물가가 상승하는 경우를 보면, 화폐임금은 단기에 고정되어 있으므로 실질임금은 하락하게 되고 이에 따라 기업은 고용량을 증대시키므로 산출량도 늘어나게 된다. 즉, 명목임금이 경직적일 때는 물가수준과 산출량은 정의 관계를 가지게 되어 *SRAS*곡선은 우상향의 형태를 취하는 것이다. [그림 32-5]가 이를 보여 준다.

그림 (가)는 노동에 대한 수요 L^d가 실질임금 W/P의 함수임을 보여 준

그림 32-6 총수요의 변화가 미치는 영향

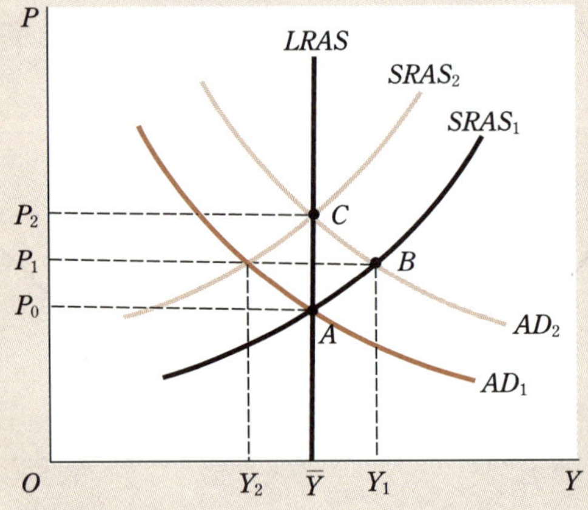

다. 그런데 단기에 명목임금이 W_0에 고정되어 있는 상태에서 물가수준이 P_1에서 P_2로 상승하면 실질임금은 W_0/P_1에서 W_0/P_2로 하락하므로 L^d도 L_1에서 L_2로 증대된다. 한편 단기의 생산함수가 (나)에서처럼 $Y=F(L;\ K_0)$로 주어져 있다면 산출량도 Y_1에서 Y_2로 증대된다. 이제 (다)에서 우리는 물가수준이 P_1에서 P_2로 상승할 때 산출량은 Y_1에서 Y_2로 증가하는 *SRAS*곡선을 도출할 수가 있다.

이처럼 임금이 경직성을 띠어서 총수요가 변해도 고용량과 산출량이 천천히 조정되는 경우에는 *SRAS*곡선은 우상향의 형태를 가지게 되며, 이를 *AD*곡선과 결합할 때 우리는 국민소득의 단기적인 변동을 설명할 수가 있고, 또한 금융·재정정책의 영향도 분석할 수 있다. 즉, *SRAS*곡선이 우상향일 때에는 *AD*곡선의 이동은 산출량을 변동시킬 수가 있는 것이다.

[그림 32-6]이 단기에 총수요가 증가했을 때의 영향을 나타낸다. 시초에 균형은 AD_1과 $SRAS_1$이 서로 만나는 *A*점에서이며 이 때의 소득과 물가수준은 각각 $\bar{Y}$와 P_0이었다. 이제 가정하기를 확장적인 금융정책으로 통화량이 증대되어 총수요가 AD_1에서 AD_2로 이동하였다고 하면, 실제의 물가수준 P_1은 예상된 물가수준보다 높으며 그 결과로 소득은 완전고용 소득수준인 $\bar{Y}$보다 높은 Y_1으로 증가한다. 즉 $SRAS_1$을 따라서 *A*점에서 *B*점으로 이동하는 것이다. 그러나 장기에는 사람들이 예상하는 물가수준을 상향조정하게 되므로

$SRAS_1$에서 $SRAS_2$로 총공급곡선이 이동하게 된다. 따라서 B점에서 C점으로 옮겨가게 되고, 여기서는 산출량은 $\bar{Y}$에 그대로 있으나 물가수준은 더 높아져서 P_2가 된다. 이처럼 $SRAS$곡선이 우상향인 단기에는 예상못한 물가 상승은 국민소득을 $\bar{Y}$이상으로 높일 수가 있으나, 예상된 물가수준이 조정되는 장기에는 총공급곡선이 $\bar{Y}$의 수준에서 수직선인 $LRAS$가 되는 것이다.

주요개념

총수요곡선(AD); 총공급곡선(AS)　단기 총공급곡선($SRAS$)
장기 총공급곡선($LRAS$)　노동시장　경직적인 임금

요　약

1. 제21장에서부터 제31장까지는 일정한 물가수준에서 총공급은 얼마든지 증대시킬 수 있다고 전제하고, 총수요가 국민소득을 결정하는 주된 인자라고 보았다.
2. 총수요곡선이 우하향의 형태를 취하고 있는 것은 다음의 인과관계 때문이다.

$$P\downarrow \longrightarrow MP\uparrow \longrightarrow r\downarrow \longrightarrow I\uparrow \longrightarrow AD\uparrow$$

3. 공황을 가정하는 경우, 총수요가 증가하면 이는 그대로 물가수준을 상승시킴이 없이 국민소득을 증대시킨다.
4. 가격이 신축적인 장기에는 $LRAS$는 수직선의 형태를 띠나, 가격이 경직성을 띠는 단기에는 $SRAS$는 우상향의 형태를 지닌다.
5. $SRAS$와 $LRAS$의 형태가 서로 다른 것은 장·단기에 금융·재정정책이 미치는 영향도 서로 다르게 한다.
6. 총수요에 영향을 주는 금융·재정정책은 장기에는 산출량과 고용 등 실물측면에 전연 영향을 줄 수가 없으나, 가격이 경직적인 단기에는 영향을 미친다.
7. 경직적인 임금모형처럼 노동시장의 불완전성을 전제하면 $SRAS$곡선은 우상향

의 형태를 취하게 되며, 이 때 총수요의 변화는 산출량도 변동시킨다.

8. 임금이 경직성을 띠어서 총수요가 변해도 고용량과 산출량은 천천히 조정된다면 *SRAS*곡선은 우상향의 형태를 띠게 된다.

연습문제

1. *IS-LM*곡선으로부터 총수요곡선(*AD*)을 도출해보라. *AD*곡선을 정의한 후, 우하향의 형태를 취하는 이유를 밝혀라.
2. 공황의 경우를 가정하고, 정부지출의 증대가 초래하는 영향을 *AD*와 *AS*를 사용하여 설명해보라.
3. 장기 총공급곡선(*LRAS*)은 왜 수직선의 형태를 취하게 되는가? 단기 총공급곡선(*SRAS*)은 왜 우상향의 형태를 취하게 되는가? 이처럼 장·단기 *AS*의 형태가 다른 것은 경제정책의 효과에 어떠한 영향을 미치는가?
4. 경직적인 임금을 가정하고, 그림표를 사용하여 우상향의 *SRAS*를 도출해보라.
5. [그림 32-6]처럼 *AS*와 *AD*를 이용하여 총수요의 증가가 미치는 영향을 장기와 단기로 나누어 설명하라.

제 33 장

인플레이션과 실업

제33장에서는 인플레이션, 실업 및 이 둘 사이의 관계를 나타내는 필립스곡선에 대하여 살펴 본다. 먼저 인플레이션의 의의, 종류 및 예상된 인플레이션과 예상 못한 인플레이션의 영향에 대해서 알아 본 후 인플레이션이 발생하는 세 가지 원천인 관성 인플레이션, 수요 인플레이션 및 비용 인플레이션에 대해 차례로 분석한다.

실업에 대해서는 신케인지안과 신 고전학파적인 거시경제학의 서로 다른 견해를 본 후에, 실업의 세 가지 형태와 자연실업률 또는 *NAIRU*에 대해 설명한다. 인플레이션과 실업 사이의 관계를 나타내는 장기와 단기의 필립스곡선에 대하여 살펴본다.

33.1 인플레이션의 의의

인플레이션의 정의

인플레이션(inflation)이란 일반물가수준 또는 물가가 지속적으로 상승하는 현상을 말한다. 여기서 일반물가수준 또는 물가란 국민경제 전체의 종합적인 물가수준을 뜻하는데, 이는 지수(index numbers)를 사용하여 나타낸다. 한 나라의 물가수준을 표시하는 지수에는 생산자물가지수(*PPI*), 소비자물가지수(*CPI*) 및 GDP 디플레이터 등이 주로 사용된다. *CPI*, *PPI* 및 GDP 디플레이터에 대해서는 이미 앞의 23.1에서 자세히 살펴보았다.

우리는 앞의 32장에서 총수요곡선과 총공급곡선이 서로 만나는 데서 단기의 일반물가수준과 국민소득수준이 결정된다는 것을 보았다. 그러나 여기서 다루려고 하는 것은 물가수준의 결정이 아니라 물가수준의 지속적인 상승현상인 인플레이션이다.

한편 **디플레이션**(deflation)은 인플레이션의 반대 현상으로서 일반물가수준이 하락하는 것을 뜻하는데, 1930년대의 대공황 중에 지속적인 디플레이션이 있었으며 근자에는 일본이 디플레이션을 겪고 있다. **디스인플레이션**(disinflation)은 일반물가수준의 상승률인 인플레이션율(rate of inflation)이 감소하는 것을 뜻한다. 보기를 들면 지난 1983년부터 1987년 까지의 기간중에 긴축적인 금융 · 재정정책으로 말미암아 소비자물가지수(*CPI*)의 상승률이 2~3% 대로 떨어졌던 것이 좋은 예이다.

인플레이션은 그 정도에 따라 **온건한 인플레이션**(moderate inflation), **급성 인플레이션**(galloping inflation) 및 **초(超) 인플레이션**(hyperinflation)으로 나누기도 한다. 온건한 인플레이션이란 물가상승률이 한 자리수에 머물러 물가가 비교적 안정되어 있으며 화폐의 구매력도 견실한 경우이다.

급성인플레이션은 1년에 두 자리에서 세 자리수의 인플레이션율을 나타내는 경우로서 한국에서는 해방 후, 6 · 25 사변 기간중 그리고 1970년대의 두 차례 석유파동 기간중에 경험하였으며, 남미 여러 나라는 1970년대와 1980년대에 세 자리수의 인플레이션이 흔하였다. 급성인플레이션 아래서는 화폐가 가치를 상실하므로 심각한 왜곡현상이 도처에서 발생하게 된다. 사람들은 최소한의 화폐만 보유하려고 하며, 물건의 사재기가 번지고, 이자율은 전연 제 기능을 못하고, 모든 계약은 인플레이션에 연계(indexation)되며, 투자는 급감하고 자본의 해외도피가 일어나는 등 온갖 부작용이 발생한다.

초인플레이션은 인플레이션율이 네 자리수 이상인 경우로서, 급성인플레이션 아래서는 경제가 살아남기는 하나, 여기서는 경제가 붕괴되고 만다. 주로 전쟁이나 혁명기간 중에 발생하는데, 가장 좋은 예는 독일 바이마르 공화국에서 1922년 1월부터 1923년 12월까지 물가가 무려 100억 배나 폭등한 것이다. 이는 전후 배상을 위해 독일 정부가 통화를 천문학적으로 증대시킨 데서 연유하였다.

우리는 앞의 29.2에서 화폐수량설에 대하여 살펴 보았다. 이에 따르면 장기에 물가수준은 화폐 공급량에 비례한다. 그런데 인플레이션율은 물가수준의 변화율이므로 화폐수량설은 또한 인플레이션율에 관한 이론이라고도 생각할 수가 있다. 즉, 화폐공급량의 증가율이 높을수록 인플레이션율도 높아진다. 이 가설은 단기보다는 장기에 더 잘 맞으며, 한 국가의 경우나 또는 여러 나라에 대한 분석에 의해서도 뒷받침된다.

프리드만(Milton Friedman)이 지적한 대로 인플레이션은 언제 어디서나 항상 화폐적인 현상이다.[1] 이는 특히 장기에서 그러하다. 단기에는 확장적인 금융정책이 산출량을 증대시킬 수도 있으나, 장기에는 높은 통화증가율은 반드시 높은 인플레이션율을 가져온다. 높은 인플레이션율은 계속적인 통화공급의 증가없이는 지속될 수가 없는 것이므로 이런 뜻에서 높은 인플레이션은 진정 화폐적인 현상으로 볼 수 있다.

고전학파 학자들은 장기에는 화폐공급량의 변화가 산출량, 고용 등의 실질변수에는 전연 영향을 미칠 수 없으며 물가와 같은 명목변수에만 영향을 미칠 수 있다고 하였는데, 이를 **고전적인 이중성**(classical dichotomy)이라고 한다. 이처럼 **화폐의 중립성**(monetary neutrality)을 가정하는 것은 장기에는 올바른 것이라고 볼 수 있다.

지금까지 우리는 통화량의 증가와 인플레이션간의 관계에 대해서 살펴 보았다. 이제는 인플레이션과 이자율 사이의 관계를 보기로 하자. 명목이자율을 i, 실질이자율을 r 그리고 인플레이션율을 π라고 하면 다음의 **피셔 방정식**(Fisher equation)이 성립한다.

$$i=r+\pi$$

그런데 화폐수량설에 의하면 장기에 통화량의 증가율을 1% 증대시키면 인플레이션율도 1%가 높아진다. 또한 피셔 방정식을 보면 r이 일정할 때 π가 1% 늘면 i도 1%가 늘어난다. 즉, 인플레이션율과 명목이자율간에는 1:1의 관계가 있는데 이를 **피셔효과**(Fisher effect)라고 부른다.

실증적인 증거를 보면 화폐수량설의 경우도 그렇지만 피셔효과 역시 이처럼 엄격한 형태의 가설은 지지를 받지 못하는 것으로 나타났다. 그러나 대체로 한 나라의 시계열자료를 가지고 보면 인플레이션율이 높을 때는 명목이자율도 높고, 여러 나라에 대한 횡단면자료를 보아도 인플레이션율이 높은 국가일수록 명목이자율이 높아 전반적으로는 피셔효과가 작용하고 있는 것으로 나타났다.

---

1) "Inflation is always and everywhere a monetary phenomenon."

인플레이션의 영향

인플레이션이 어떠한 영향을 미치는가를 살펴보기 전에 우리는 먼저 **예상된 인플레이션**(**expected inflation**)과 **예상 못한 인플레이션**(**unexpected inflation**)을 구별하여야 한다. 예상된 인플레이션이란 모든 경제주체가 인플레이션이 일어날 것을 미리 알고서 행동하는 경우이다. 예를 들어 어떤 국민경제가 과거 오랜 기간 동안 매년 3%의 물가상승률을 경험해 왔다면 사람들은 앞으로도 이 정도의 인플레이션을 기대하고 행동할 것이다.

한편 예상 못한 인플레이션이란 사람들이 장래에 인플레이션이 일어날 것을 알지 못한 것이다. 보기를 들면 물가가 안정될 것이라고 기대하였는데, 실제로는 인플레이션이 일어난 것이다. 이 때는 인플레이션이 일어날 것을 예상하지 못하였으므로 경제주체들은 재화의 가격이나 이자율, 임금 등을 결정하는 데 이를 참작하지 못하게 된다.

이제 예상된 인플레이션과 예상 못한 인플레이션을 구별하였으므로 먼저 예상된 인플레이션이 미치는 영향에 관하여 살펴보기로 하자. 만일 모든 경제주체가 인플레이션을 완전히 예상하였으며, 이를 참작하고 경제행위를 하였다면 인플레이션의 비용은 적을 것이다. 단지 인플레이션이 일어나면 비수익성자산인 화폐를 보유하는 비용이 늘어나므로 사람들은 화폐의 보유량을 줄이게 될 것이고, 이에 따라서 은행에 가서 현금을 인출하는 회수가 더욱 빈번해지는 소위 **구두가죽비용**(**shoeleather cost**)이 들 것이나 이는 극히 적을 것이다.

예상된 인플레이션의 다른 비용은 소위 **메뉴비용**(**menu costs**)으로서 인플레이션이 일어나면 기업들이 가격표를 바꾸어야 하므로 이에 소요되는 비용인데, 이 역시 아주 적을 것이다. 이 밖에도 인플레이션이 일어날 때는 화폐의 가치가 변동하는 데 따른 각종의 수정을 해야 하는 불편함이 뒤따를 것이다. 보기를 들면 연금을 인플레이션율에 따라 매년 인상시키는 데 따른 불편함이다. 임금계약도 인플레이션율에 연동(**indexation**)시키게 되나, 이는 인플레이션을 지속시키는 부작용이 있다.

예상된 인플레이션의 비용이 적은 데 비하여 예상 못한 인플레이션은 상대적으로 비용이 훨씬 더 크다. 가장 흔히 지적되는 것은 소득의 재분배이다.

사람들이 인플레이션을 예상하지 못하였을 때 인플레이션이 발생하면 채권자는 손해를 보며, 채무자는 이익을 얻으므로 소득은 채권자로부터 채무자로 재분배된다. 예를 들어 물가가 안정될 것이라고 기대하고 5%의 이자율로 돈을 빌려 주었을 때 실제로는 물가가 3% 상승하였다면 채권자가 받은 실질이자율은 2%가 된다.

둘째로 예상 못한 인플레이션은 상대가격을 왜곡시킴으로써 자원배분의 비효율성을 초래하게 된다. 그런데 인플레이션의 정도가 온건할 때에는 자원배분의 비효율성보다는 소득분배에 더 큰 영향을 미친다. 그러나 3~5% 정도의 낮은 인플레이션의 경우에는 소득분배에 미치는 영향도 적다.

이 밖에도 예상 못한 인플레이션은 경제의 불확실성을 증대시키는 부작용도 초래한다. 그 결과로 임금협약의 체결에서 보듯이 근로자측은 불확실성에 따른 위험을 줄이기 위해 임금협약의 기간을 단축시키려고 하며 이는 빈번한 협상으로 인한 **거래비용**(transaction cost)의 증가를 초래하게 된다.

한편 인플레이션과 경제성장 사이의 관계에 대해서는 아직 분명히 밝혀지지 않고 있다. 그러나 실증적인 증거를 보면 인플레이션율이 높은 나라는 경제성장률이 낮은 것으로 나타나고 있다. 이는 인플레이션 때문에 시장기구의 효율성이 전반적으로 낮아졌기 때문일 수 있으나 아직 확실하지는 않다. 특히 인플레이션율이 5% 이하인 경우에도 경제성장에 해로운가는 더욱 불분명하다. 그러나 높은 인플레이션이 경제성장에 해로운 것은 분명한 것 같다.

33.2 인플레이션의 원천

관성 인플레이션

인플레이션은 여러 가지 요인에 의하여 초래된다. 첫째는 **관성 인플레이션**(inertial inflation)이다. 즉, 인플레이션은 새로운 사태가 일어나지 않는 한 과거부터 지속되어온 율로 계속해서 발생하는 경향이 있다. 예를 들어 인플레이션이 연 3%씩 지속되어 왔다면, 모든 경제주체는 장래에도 동일한 율로 인플레이션이 지속될 것으로 기대하게 되며 이는 각종의 계약을 체결하는 데

그림 33-1 수요 인플레이션

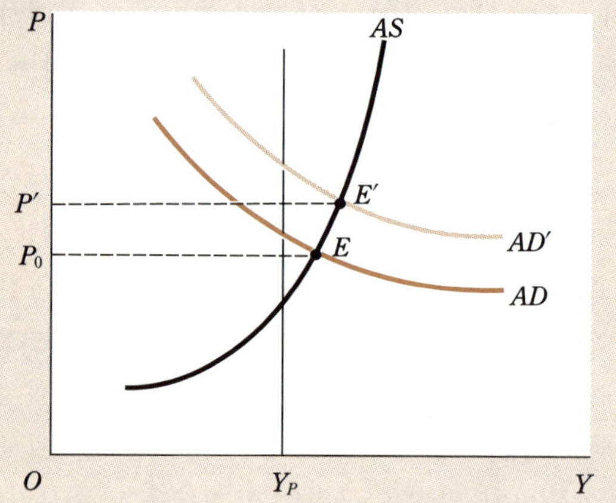

참작이 된다. 이를 우리는 관성인플레이션율, 핵심인플레이션율(core rate of inflation) 또는 예상된 인플레이션율(expected inflation rate)이라고 부른다.

관성 인플레이션은 모든 경제주체가 기대하는 한 동일한 율로 오랫동안 지속될 수 있다. 이 때 인플레이션은 경제체제내에 완전히 체화된다. 그러나 경제는 부단히 변동한다. 즉 각종의 충격(shocks)이 발생하게 되는데, 이는 수요측면에서 올 수도 있고, 석유파동, 흉작, 환율 변동 및 생산성의 향상 등과 같이 공급측면에서 일어날 수도 있다. 새로운 충격이 발생하면 인플레이션은 관성 인플레이션율을 높이거나 낮추게 될 것이다.

수요 인플레이션

수요 인플레이션(demand-pull inflation)은 [그림 33-1]이 나타내듯이 총수요곡선의 상향 이동에 의해서 일어난다.

원래의 균형은 AD와 AS가 서로 만나는 E점에서이며, 이 때의 물가수준은 P_0이고 국민소득은 완전고용 국민소득 수준인 Y_P를 초과한 수준에서 결정됨을 볼 수가 있다. 이제 총수요의 증대로 말미암아 AD에서 AD'으로 총수요곡선이 이동하게 되면, Y_P를 초과해서는 AS곡선이 거의 수직선에 가까우므로 국민소득은 별로 늘지 않는 가운데 물가만 P_0에서 P'으로 큰 폭으로 뛰게 된다.

지난 1990년과 1991년에 주택건설 2백만호 추진으로 건설경기가 과열되면서 물가가 급속하게 상승한 것이 좋은 예이다. 당시에는 경제성장률도 적정 성장률을 상당히 초과하였으며, 동시에 국제수지도 큰 폭의 적자를 냈었다.

비용 인플레이션

인플레이션은 생산비가 인상되어 일어날 수도 있는데 이를 **비용 인플레이션(cost-push inflation)**이라고 부른다. 1950년대 초부터 구미의 선진국 경제는 불경기여서 초과수요가 존재하지 않는 데도 불구하고 물가가 상승하는 새로운 형태의 인플레이션(new inflation)이 나타났다. 종전에는 수요 인플레이션이 대부분이었으나, 이제 공급 또는 비용 측면이 원인이 되어 인플레이션이 일어나는 경우가 발생한 것이다.

보기를 들어 임금상승률이 노동생산성의 증가율을 앞지르게 되면 임금인상 인플레이션(wage-push inflation)이 일어날 것이다. 지난 1987년 이후부터 정치적인 민주화가 급속하게 진행되면서 노사분규가 크게 늘어났고, 그 결과 임금인상요인에 의한 인플레이션이 발생한 것이 좋은 예이다. 1987년부터 1995년까지의 기간중 제조업 근로자의 임금은 연평균 16.1%나 상승하였으나 생산성은 11.1% 밖에 상승하지 못하였다.

비용 인플레이션은 해외요인에 의해서도 발생할 수 있다. 예를 들어 환율의 평가절하로 수입품(원자재 포함)의 가격이 상승한다든지, 1970년대에 두 차례나 겪었던 것처럼 석유파동이 일어나 원유의 가격이 급상승하는 경우가 그렇다. 이는 모두 생산비를 인상시킴으로써 비용 인플레이션을 일으키게 된다. [그림 33-2]가 비용 인플레이션을 나타낸다.

그림에서 원래의 균형은 *AD*와 *AS*가 서로 만나는 *E*점에서이다. 그러나 노사분규로 생산성에 비해 임금이 더 빨리 인상되거나, 환율이 평가절하되어 수입원자재의 가격상승이 일어나거나, 석유파동으로 원유 가격이 상승하게 되면 *AS*곡선은 *AS'*으로 이동한다. 이 때 새로운 균형점은 *E'*에서 성립되는데, 그림이 보이듯이 이는 어떤 경제가 Y_P 이하에 있어도 물가는 *P*에서 *P'*으로 상승하였음을 나타낸다.

수요 인플레이션이 총수요관리정책인 금융 · 재정정책을 사용하여 비교적

그림 33-2 비용 인플레이션

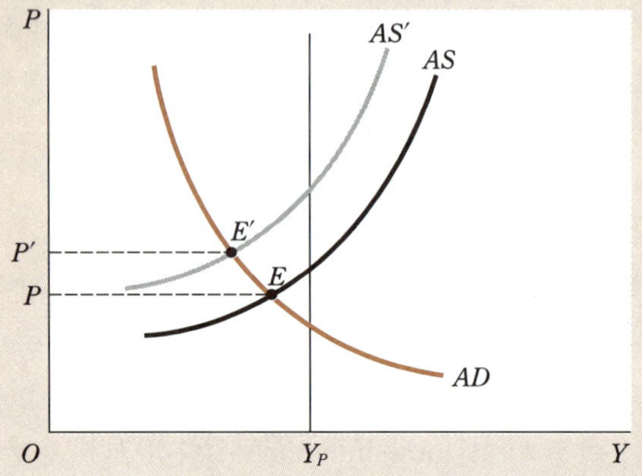

용이하게 수습될 수 있는 데 비해, 비용 인플레이션은 완전고용 이하에 처해 있는 데도 물가가 오르는 것이므로 쉽게 수습할 수가 없게 된다. 우리는 경제가 불황이어서 실업이 존재하는 데도 물가가 상승하는 현상을 **스태그플레이션(stagflation)**이라고 부르는데, 이 때 총수요관리정책을 사용하면 인플레이션은 수습하지 못하면서 경기침체만 심화시키게 된다.

33.3 실 업

지금까지 우리는 현대 자본주의경제의 두 가지 난제 가운데 하나인 인플레이션에 관하여 살펴보았는데, 이제 여기서는 또 다른 큰 문제인 실업에 대하여 알아 보기로 한다.

앞의 32장에서 우리는 총수요와 총공급이 서로 만나는 데서 단기의 국민소득과 물가수준이 결정된다는 것을 보았다. 그런데 국민소득은 실업과 밀접한 관계를 가지고 있다. 즉 불경기가 되어 국민소득이 감소할수록 고용은 줄고 실업은 늘어난다.

한편 앞에서 살펴본 인플레이션은 산출량이 감소하는 것과 같은 직접적인 비용은 없었다. 즉, 3% 이하의 낮은 물가상승률은 산출량이나 고용수준 등에 별로 영향을 미치지 않는 것으로 생각되고 있다. 반면에 실업은 이를 당한 개개인의 입장에서는 물론이며, 국민경제 전체의 관점에서도 생산이 가능한 산출량을 유실시키는 것이 되므로 큰 비용을 가지고 있다.

보기를 들어 대공황 기간 중(1930~1939년) 미국의 평균 실업률은 18.2%이었는데, 유실된 소득을 완전고용 GDP(Y_P)에서 실제의 GDP(Y_a)를 뺀 것으로 간주하고 추계해 보면 그 총액이 1987년 달러화 경상가격으로 2조 8천5백억 달러에 이르러 대공황 기간 중의 연평균 GDP의 38.5%에 이른다.[2)]

실업률을 추계하는 방법에 관해서는 17.3에서 이미 설명하였다. 또한 현행의 실업률 추계방법인 노동력 접근법을 우리 나라에 적용했을 때 발생하는 제약점에 관해서도 지적하였다. 따라서 여기서는 몇 가지 실업에 관한 추가적인 문제들에 대하여 살펴보기로 한다.

먼저 실업문제를 보는 관점에는 신 고전학파적인 견해와 신 케인지안의 두 가지 서로 대립되는 견해가 있는데, 다음의 [그림 33-3]이 이를 나타낸다.

하나는 (가)에서 보는 대로 임금의 신축성을 전제로 하는 것이다. 즉, 노동에 대한 수요(D)와 공급(S)이 서로 만나는 E점에서 노동시장은 균형상태에 있다. 이때 고용량은 AE가 되며, EF는 실업의 크기인데 이들은 임금이 더 높아져야만 일할 사람들로 **자발적인 실업**(voluntary unemployment)이다. 노동의 공급곡선은 노동력의 크기를 나타내는 L^*에서 수직선이 된다. 이처럼 신축적인 임금을 전제하는 경우에는 비자발적인 실업이 전연 존재하지 않는다.

한편 (나)는 임금의 경직성을 가정하는데 균형임금수준은 W_0이나 실제임금은 이보다 높은 W'에서 결정되어, JH는 취업자의 수이며 HG는 **비자발적인 실업**(involuntary unemployment)이 된다. 즉, 경직적인 임금이 실업의 원인이라고 보는 것이다.

그런데 임금의 경직성은 최저임금제의 실시, 노동조합의 압력으로 실업상태에 있는 외부의 근로자에게는 해가 되나 이미 일자리가 있는 이에게는 이로운 자의적인 임금인상을 초래하는 내부인-외부인(insiders & outsiders)문제 및 빈번한 이직을 막기 위해 균형수준보다 높은 임금을 지불하는 효율성 임금(efficiency wages) 등에 의해 초래된다.

---

2) P.A. Samuelson & W. D. Nordhaus, *Economics*, 15th ed., 1995, p.561.

그림 33-3 실업의 의미: 미시경제적인 기초

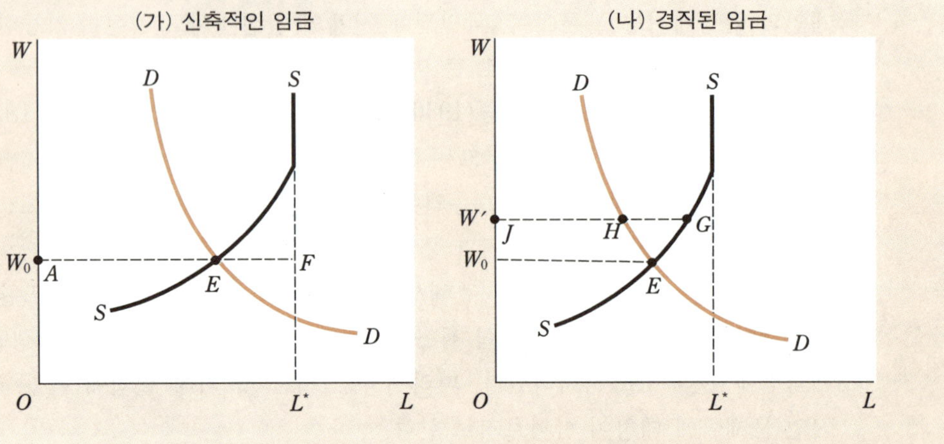

이와 같이 실업의 미시경제적인 기초(microeconomic foundations)를 보면 두 가지 서로 상반되는 견해가 있으나, 대체로 단기에는 경직적인 임금을 전제하는 신 케인지안의 견해가 현실과 가까우며 장기에는 임금이 신축성을 가져 늘 노동에 대한 수요와 공급을 일치시키며 따라서 노동시장은 청산된다고 보는 신 고전학파적인 견해가 타당할 것이다.

위에서는 자발적인 실업과 비자발적인 실업에 관하여 살펴보았다. 그런데 실업은 마찰적 실업, 순환적 실업 및 구조적 실업의 세 가지 형태로 나누는 것이 보통이다.

첫째로, **마찰적 실업**(frictional unemployment)이란 사람들이 더 좋은 직장을 찾기 위하여 잠시 쉬고 있다든가, 새로운 지역으로 이사하여 새 직장을 찾는 중이라든가, 또는 학교를 졸업하고 직장을 찾을 때 발생한다. 따라서 마찰적 실업은 설령 경제가 완전고용상태에 있을지라도 존재하는 것이며, 이를 흔히 자발적 실업이라고 부른다.

둘째로, **구조적 실업**(structural unemployment)은 노동에 대한 수급이 일치하지 않을 때(mismatch) 일어난다. 즉, 어떤 종류의 노동의 공급은 일정한 반면 이에 대한 수요는 증가(컴퓨터 소프트웨어 산업처럼) 또는 감소(석탄광업처럼)할 때 수급에 불균형이 발생할 수 있는 것이다. 물론 임금이 완전히 신축성을 지니고 있다면 노동에 대한 수요, 공급은 즉각 균형을 이룰 수 있겠으나, 실제로는 임금이 경직성을 가지고 있으므로 특정 종류의 노동에 대한 수급불균형이 일어나게 되고 따라서 구조적 실업이 발생하는 것이다. 예를 들어 석탄광업처럼 한 산업이 사양산업일 때 노동에 대한 수요는 감소할 것이나, 공급이 일정하다면 구조적인 실업이 발생하게 될 것이다.

셋째로, **순환적인 실업(cyclical unemployment)**은 구조적인 실업의 경우처럼 어떤 특정한 종류의 노동에 대한 수요가 감소하여 일어나는 것이 아니라, 국내경제 전체의 노동에 대한 수요가 감소하는 불경기 중에 일어나는 것이다. 따라서 마찰적인 실업과 구조적인 실업은 전체 노동시장에서 수급이 일치할 때에도 발생할 수가 있으나, 순환적인 실업은 불경기로 인해 노동에 대한 총수요가 감소하는 경우 늘어나게 되는 것이다.

어떤 경제에 오직 마찰적 실업과 구조적 실업만이 존재할 때 우리는 이 경제가 완전고용 상태에 있다고 보며, 이 때의 국민소득을 완전고용 GDP 또는 잠재 GDP라고 부른다. 또한 완전고용하의 실업률을 **자연실업률(natural rate of unemployment)** 또는 NAIRU(non accelerating inflation rate of unemployment)라고 칭한다. 여기서 NAIRU는 인플레이션을 일으키지 않는 실업률을 뜻한다.

우리는 자연실업률을, 실제 실업률이 그 주위에서 변동하는 일종의 평균 실업률이라고 규정할 수 있다. 그런데 자연실업률은 위에서 본 대로 마찰적 실업과 구조적 실업에 의해 결정된다. 그러나 이 밖에도 임금의 경직성을 초래하는 최저임금제, 노동조합의 세력 및 효율성 임금 등도 자연실업률을 결정하는 주요한 인자이다.

자연실업률은 늘 변동하며 특히 구미 제국에서는 상향추세를 보이고 있다. 미국의 경우에는 1950년대와 1960년대에는 5%미만이었으나 1970년대와 1980년대에는 6%를 넘어섰고 현재는 다소 수그러든 5.5% 수준이다. 유럽은 1970년대에는 4%이었으나 1980년대에는 거의 10% 수준으로 급상승하였고, 현재는 10%를 넘어서 미국의 거의 2배에 달한다.

유럽의 실업률이 미국에 비해 높은 이유는 노동시장의 경직성이 심한 데 있다. 철저한 최저임금제의 실시, 높은 실업수당, 해고의 어려움 및 임금의 하향경직성 등이 노동시장의 유연성을 크게 떨어뜨림으로써 자연실업률을 미국에 비해 월등히 높여 놓은 것으로 생각된다.

33.4 인플레이션과 실업

물가안정과 완전고용 사이의 상충관계: 필립스곡선

앞에서 우리는 인플레이션과 실업에 관하여 각각 살펴보았다. 이제 여기서는 인플레이션과 실업 사이의 관계에 대하여 보기로 한다. 대체로 실업률이 늘수록 인플레이션율은 떨어지며, 반대로 완전고용수준에 접근하여 실업률이 떨어질수록 인플레이션율은 상승한다.

필립스(A.W. Phillips)는 영국의 1861년부터 1957년까지의 통계자료를 사용하여 인플레이션율과 실업률 사이에는 부(-)의 관계가 있음을 밝혀냈다.

[그림 33-4]가 인플레이션율과 실업률 사이의 관계를 나타내는 **필립스곡선**(Phillips curve)을 보여준다. 그림에서 종축은 물가(P)의 상승률, 즉, 인플레이션율 $\frac{\Delta P}{P}$를 나타내며, 횡축은 실업률 U를 표시한다. 이러한 필립스곡선이 보여주는 것은 인플레이션율과 실업률 사이에는 서로 상충(trade-off)관계가 있다는 것이다. 즉, $\frac{\Delta P}{P}$가 점점 낮아질수록 실업률은 증가하며, 반대로 실업률이 점점 낮아질수록 인플레이션율은 높아진다는 것을 보여준다. 이는 곧 물가안정을 이룩하려고 하면 완전고용을 달성하는 데서 점점 멀어지게 되며, 반대로 완전고용을 달성하려고 하면 물가안정을 이룩하는 데서 점점 멀어짐을 나타낸다. 물가안정과 완전고용은 동시에 달성할 수 없는 두 가지 경제정책의 목표라는 것이다. 이러한 필립스곡선은 거시경제정책의 논의에 있어서 기초가 되었다.

장기의 필립스곡선: 자연실업률의 가설

[그림 33-4]에서 본 필립스곡선이 단기에 있어서 어떤 국민경제에 존재한다는 데 대해서는 의견의 일치가 있는 것으로 보여진다. 그러나 장기에 있어서는 필립스곡선은 존재하지 않는다. 즉, 확장적인 재정 · 금융정책에 의하여 사람들이 예상 못한 인플레이션이 일어나면 이는 단기적으로 실업률을 감소시킬 수 있다. 그러나 사람들이 인플레이션이 일어나고 있음을 알아차리게

그림 33-4 **필립스곡선**

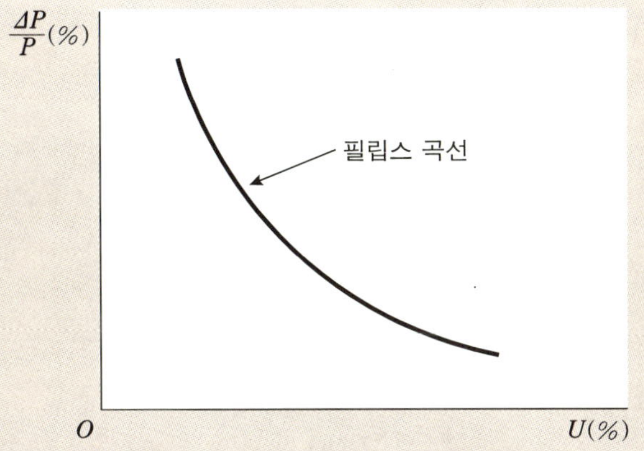

되면 곧 인플레이션에 대한 기대를 수정 또는 조정하게 되므로, 기대되는 인플레이션율은 상승하며 따라서 실업률도 다시 오르게 된다.

이제 [그림 33-5]를 사용하여 장기의 필립스곡선에 대해 살펴보자.

가정하기를 어떤 국민경제가 R_0로 표시되는 **단기 필립스 곡선**(short-run phillips curve; *SRPC*)을 가지고 있다고 해보자. 이때 사람들이 예상하는 인플레이션율이 예를 들어 $(\pi_e)_0$라고 하자. 이 예상되는 인플레이션율은 모든 사람들의 경제행위에 참작이 되고 있는데, 이를 관성인플레이션율 또는 기대되는 인플레이션율이라고 한다. 예를 들어 사람들이 예상하는 관성인플레이션율이 3%라면 이는 임금책정, 명목이자율의 결정 등에 모두 참작이 될 것이다.

맨 처음 이 경제는 R_0상의 U^*점에 있었는데[3] 금융·재정정책을 확장적으로 시행하여 (π_1, U_1)의 조합에 의하여 표시되는 점으로 이동하였다고 하자. 즉, 인플레이션이 발생하면서 실업률은 U^*에서 U_1으로 감소하였다.

이처럼 사람들이 예상 못한 인플레이션이 확장적인 금융·재정정책에 의하여 초래되면 단기에는 물가를 상승시키면서 실업률을 감소시키는 것이 가능하다. 그러나 이는 오직 단기에서만 가능하며 시간이 지남에 따라서 사람들은 인플레이션에 대한 기대를 조정하여 예상하는 인플레이션율 또는 관성인플레이션율이 $(\pi_e)_0$에서 $(\pi_e)_1$으로 상승하게 된다. 이에 따라서 단기의 필립

3) 어떤 경제가 R_0상의 U^*점에 있다면 $(\pi_e)_0$는 0이 된다. 즉 물가안정을 예상하는 것이다.

그림 33-5 **장기의 필립스곡선**

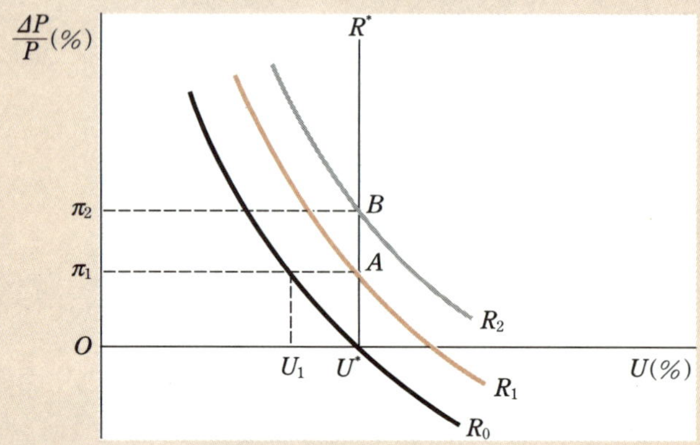

스곡선도 R_0에서 R_1으로 이동한다.

R_1상의 A점에서 다시 위와 같은 과정을 생각할 수 있을 것이다. 즉, 금융·재정정책으로 사람들이 예상 못한 인플레이션을 일으키면 잠정적으로는 실업률을 떨어뜨릴 수 있다. 그러나 사람들은 다시 예상하는 인플레이션율을 $(\pi_e)_1$에서 $(\pi_e)_2$로 조정하며, 이에 따라 단기의 필립스곡선도 R_1에서 R_2로 이동한다. 우리는 이러한 식으로 단기의 필립스곡선이 계속해서 이동하는 것을 상상할 수 있다.

장기 필립스곡선은 이때 U^*에서 수직선으로 표시된 R^*가 된다. 여기서 U^*를 자연실업률 또는 인플레이션을 일으키지 않는 실업률(NAIRU)이라고 부르는데, 이는 완전고용수준에서의 실업률을 나타낸다. 즉, 완전고용수준에서도 어느 정도의 실업은 있게 마련인데, 바로 이것이 자연실업률이다. 만일 자연실업률 이하로 실업률을 정부가 경제정책을 사용하여 떨어뜨리려고 하면, 이는 인플레이션을 초래하게 된다. 결국 자연실업률가설이 뜻하는 것은 단기에는 필립스곡선이 존재하나 사람들의 인플레이션에 대한 기대가 조정된 장기에 있어서는 필립스곡선은 존재하지 않으며, 따라서 인플레이션과 실업 사이에 상충관계도 없다는 것이다.

이제 끝으로 디스인플레이션이 얼마나 비용이 드는지 살펴 보기로 하자. [그림 33-4]의 *SRPC*가 나타내듯이 정책 담당자는 단기에 실업률을 높임에 의해서 인플레이션율을 낮출 수가 있다. 이러한 디스인플레이션의 비용은 *SRPC*의 형태에 달려 있는데, 만일 *SRPC*의 기울기가 비교적 평평하다면 디스인플레이션은 상당한 실업률의 증대를 초래할 것이며, 가파르다면 실업률의 큰 증가없이 인플레이션율을 인하시킬 수 있을 것이다.

가정하기를 인플레이션율을 1% 낮추기 위해서 한 해의 GDP가 5% 감소되어야 한다면 **희생률**(sacrifice ratio)은 5가 될 것이다. 이와 같이 디스인플레이션의 비용을 미리 아는 것은 정책 결정자가 반(反)인플레이션 정책을 수립하는 데 좋은 참고자료가 될 수 있다.

그런데 희생률이 5일 때 어떤 나라가 인플레이션율을 4% 인하시키려고 한다면 한 해의 GDP의 20%가 희생되어야 할 것이다. 그런데 이는 상당한 실업률 상승이 필요하다. 이 때 디스인플레이션은 점진적으로 할 수도 있고 갑작스럽게 할 수도 있다. **점진적인 방법**(gradualism)은 예를 들어 4년에 걸쳐서 매년 GDP의 5%씩만을 희생시키면서 인플레이션율을 점진적으로 낮춰가는 것이다. 반면에 **급진적인 방법**(cold turkey)은 2년에 걸쳐서 10%씩 GDP를 희생시킴으로써 실업을 크게 증대시키는 가운데 급작스럽게 디스인플레이션을 추진하는 것이다.

결국 정책 담당자는 이 두 가지 길 가운데서 어떻게 디스인플레이션을 하는 것이 비용이 적게 들 것인지를 판단해야 할 것이다. 즉, 상당한 실업을 감수하면서도 인플레이션율을 급속하게 낮출 것인가, 아니면 천천히 인플레이션율을 낮춤으로써 실업률을 적당한 속도로 높일 것인가의 문제이다. 여러 나라에 대한 분석결과를 보면 급속히 인플레이션율을 낮추는 것이 오히려 희생률이 적은 것으로 나타났다.

그런데 33장의 부록에서 살펴 볼 합리적인 기대의 가설에 따르면 *SRPC*에 기초해 희생률을 추정하는 것은 디스인플레이션의 비용을 너무 과다하게 평가한다고 본다. 즉, 정책 담당자가 인플레이션율을 낮추려고 하는 의지가 확고한 것이 알려지게 되면 사람들은 이에 따라 합리적인 기대를 형성하게 되는데, 이는 기대되는 인플레이션율을 낮출 수가 있다고 생각한다. 즉, 인플레이션율을 줄이려는 확고한 정책의지를 모든 경제주체가 믿게 되면 디스인플레이션의 비용은 희생률이 시사하는 것보다는 훨씬 낮을 수가 있다는 것이다.

주요개념

인플레이션 디플레이션 디스인플레이션 온건한(급성, 초)인플레이션
고전적인 이중성 화폐의 중립성 피셔 방정식 피셔효과
예상된(예상 못한)인플레이션 구두가죽비용 메뉴비용 거래비용;
관성 인플레이션 수요 인플레이션 비용 인플레이션
스태그플레이션; (비)자발적 실업 마찰적(구조적, 순환적) 실업; 자연실업률
NAIRU; 필립스곡선 장기(단기) 필립스곡선 희생률

요 약

1. 인플레이션은 물가가 지속적으로 상승하는 현상이고, 디플레이션은 그 반대로서 물가가 하락하는 것이다. 디스인플레이션은 인플레이션율이 감소하는 것을 뜻한다.

2. 인플레이션은 그 정도에 따라서 온건한 인플레이션, 급성 인플레이션 및 초(超)인플레이션으로 나눈다.

3. 화폐수량설에 의하면 화폐 공급량의 증가율이 높을수록 인플레이션율도 높아지는데, 이는 단기에서 보다 장기에 더 잘 맞는 가설이다.

4. 고전적인 이중성은 화폐의 중립성을 가정하는 것인데, 이는 장기에는 적합한 것이다.

5. 인플레이션율과 명목이자율 사이에는 1:1의 관계가 있는데, 이를 피셔효과라고 부른다.

6. 인플레이션이 미치는 영향은 예상된 인플레이션과 예상 못한 인플레이션의 경우에 각각 다르다.

7. 모든 경제주체가 인플레이션을 미리 예상하고 행동하는 경우에는 인플레이션의 비용은 소위 구두가죽 비용이나 메뉴 비용 등으로서 아주 작다.

8. 예상 못한 인플레이션의 비용은 더 큰 데 소득의 재분배, 상대가격의 왜곡 및 불확실성의 증대 등이 그것이다.

9. 관성, 핵심 또는 예상된 인플레이션율이란 새로운 충격이 없는 한 과거 오랫동안 지속되어 온 율로 계속해서 일어나는 물가상승률을 뜻한다.

10. 인플레이션이 발생하는 원천(원인)으로는 관성 인플레이션 이외에, 총수요의 증대로 인한 수요 인플레이션과 임금상승, 환율의 평가절하로 인한 수입원자재의 가격상승 및 석유 파동 등에 의한 비용 인플레이션이 있다.

11. 스태그플레이션하에서 긴축적인 총수요관리정책을 쓰면 물가는 잡지 못하면서 불황만 심화시키게 된다.

12. 낮은 율의 인플레이션은 경제에 별로 영향을 미치지 않는 데 비해, 실업은 상당한 비용을 지닌다.

13. 단기에는 경직적인 임금을 전제로 하여 비자발적 실업이 있다고 보는 신 케인지안의 견해가 맞으며, 장기에는 임금이 신축성을 지니고 있어서 노동시장은 청산되며 따라서 자발적인 실업만이 존재한다고 보는 신 고전학파적인 견해가 현실에 가깝다.

14. 실업은 마찰적 실업, 순환적 실업 및 구조적 실업의 세 가지 형태로 나눌 수 있다.

15. 완전고용하의 실업률을 자연실업률 또는 인플레이션을 일으키지 않는 실업률(NAIRU)이라고 부른다.

16. 유럽의 자연실업률이 미국의 거의 2배에 달하는 이유는 노동시장의 경직성 때문이다.

17. 필립스곡선은 물가안정과 완전고용 사이에 상충(trade-off)관계가 있음을 나타낸다.

18. 단기에는 필립스곡선이 존재하나, 사람들의 인플레이션에 대한 기대가 조정된 장기에는 필립스곡선은 존재하지 않는다.

19. 디스인플레이션의 비용은 희생률로 나타낼 수 있다. 또한 디스인플레이션은 점진적으로 할 수도 있고 급격하게 추진할 수도 있는데, 급속한 방법이 오히려 희생률이 적은 것 같다.

연습문제

1. 피셔효과를 설명하고, 이를 실증적인 증거에 비추어 검증한 결과를 설명해보라.
2. 예상된 인플레이션과 예상 못한 인플레이션의 비용은?
3. 관성 인플레이션이란 무엇이며, 어떠한 경우에 변동하는가?
4. 실업에 대한 신 고전학파적인 견해와 신 케인지안의 견해를 상호비교하면서 설명하라.
5. 자연실업률, 또는 NAIRU란 무엇인가?
6. 유럽연합(EU)의 평균 실업률이 미국의 2배나 되는 까닭은 무엇인가?
7. 단기에는 필립스곡선이 존재하나, 인플레이션에 대한 기대가 조정된 장기에는 필립스곡선은 없으며 인플레이션과 실업 사이에 상충관계도 존재하지 않음을 그림표를 이용하여 설명하라.
8. 디스인플레이션의 두 가지 방법인 점진적인 방법과 급격한 방법을 희생률의 관점에서 서로 비교해보라.

제 33 장

부록: 합리적인 기대의 가설

여기서는 합리적인 기대의 가설 또는 신 고전학파적인 거시경제학의 지극히 간단한 개요를 설명한다. 먼저 두 가정인 합리적인 기대와 신축적인 임금 · 물가에 대해 본 후 합리적인 기대의 가설을 노동시장에 적용해 본다. 또한 예상된 경제정책은 전연 효력이 없어서 단기의 필립스곡선도 수직선임을 설명한다. 화폐주의자들의 대표적인 주장인 통화공급에 있어서 재량보다는 준칙에 따라야 한다는 것과, 화폐의 유통속도가 안정적이라는 데 대한 합리적인 기대의 가설의 평가를 살펴본다. 끝으로 이 가설의 현실성을 검토해보며 주류 거시경제학에 대한 기여에 대해서도 언급한다.

33A.1 합리적인 기대의 가설의 의의

우리는 앞의 2.1에서 거시경제이론 및 정책에 있어서 상당한 견해의 차이를 나타내고 있는 신케인즈주의, 화폐주의 및 **합리적인 기대의 가설** 등 세 가지 부류의 생각을 서로 비교하면서 설명하였다. 이제 여기서는 합리적인 기대의 가설에 대하여 살펴보기로 하자.[1)]

주류거시경제학인 신케인즈주의는 총수요의 수준을 조절함에 의하여 경제안정을 도모하는 것을 중요시하고 있다. 이러한 생각은 구미 선진 제국에서 널리 받아들여졌고, 그 결과로 1960년대까지는 이들 나라가 급속한 경제성장과 번영을 누릴 수 있었다.

---

1) 합리적인 기대의 가설에 대한 자세한 설명을 위해서는 다음을 참조할 것. 조하현, 「거시경제이론」, 세경사, 1989.

그러나 1970년대 초엽 이후 이들 선진국의 경제구조가 변화하여 단기의 필립스곡선이 나타내는 것처럼 인플레이션과 실업 사이에 안정적인 대체관계가 존재하는 것이 아니라, 물가가 상승함에 따라 필립스곡선이 점차로 오른편으로 이동하는 것을 발견하게 되었다. 이러한 현상을 설명한 것이 위의 33.4에서 본 자연실업률의 가설인데 현재는 대부분의 주류거시경제학자들에 의하여 받아들여지고 있다.

그런데 합리적인 기대의 가설 또는 **신 고전학파적 거시경제학**을 주창하는 루카스(Robert Lucas), 사전트(Thomas Sargent), 월레스(Neil Wallace), 바로(Robert Barro) 등은 여기서 훨씬 더 나아가 단기에도 필립스곡선은 수직선이라고 생각한다. 이 때는 경제정책의 담당자가 확장적인 금융 · 재정정책을 사용하여 실업률을 줄이려고 하면 이는 언제나 인플레이션만 초래하게 된다. 즉, 예상된 경제정책은 전연 효력을 발휘할 수가 없는 것이다.

33A.2 합리적인 기대의 가설의 전제

이제 합리적인 기대의 가설에 대하여 살펴보기 위해서 먼저 이 이론이 어떠한 가정 또는 전제를 세우고 있는지 보자. 첫번째 가정은 사람들이 의사결정을 할 때 현존하는 모든 정보를 활용하며, 또한 장래에 대해 예측을 하는 데 있어서도 체계적으로 오류를 범하는 일은 없으므로[2] 장래에 대하여 **합리적인 기대** 또는 예측을 한다는 것이다. 이 첫번째 전제에서 파생되는 것은 예상된 경제정책을 사용하여 사람들을 속일 수는 없다는 것인데, 그 까닭은 정부가 일단 반복적으로 어떤 정책을 택하게 되는 경우에는 사람들은 이미 이를 예상하고 행동하기 때문이다. 예를 들어 정부가 통화량을 매년 10%씩 늘림으로써 인플레이션율이 매년 3%씩 계속해서 일어난다면 사람들은 이를 참작하고 행동을 한다는 것이다.

두번째 가정은 모든 종류의 시장에서 가격은 신축성을 지니고 있어서 수

2) 보기를 들어 동전을 한 번 던졌을 때 앞면이 나올 것인지 아닌지를 정확히 미리 예측할 수는 없으나, 앞면이 나올 확률이 50%라고 얘기하는 것은 합리적인 예상인 반면 그 확률이 90%라고 보는 것은 체계적인 오류를 범한 예측인 것이다.

요와 공급을 일치시키게끔 변화하므로 모든 시장은 언제나 균형상태에 있다는 것이다.[3] 이와 같이 가격과 임금이 완전한 신축성을 가진다는 가정에 대해서는 그 현실성을 놓고 상당한 논란이 일고 있다.

33A.3 노동시장에의 적용

합리적인 기대의 가설은 여러 곳에 적용할 수가 있지만 가장 중요한 것은 이를 노동시장에 적용한 것이다. 특히 실업의 성격을 어떻게 볼 것인가에 대해 합리적인 기대의 가설은 그 특유의 견해를 가지고 있다. 즉, 노동시장에서도 노동의 가격인 임금은 완전한 신축성을 가져 노동에 대한 수요와 공급을 일치시켜 노동시장을 균형상태에 있게 만들므로, [그림 33-3]의 (가)에서 보이는 것처럼 거의 모든 실업은 자발적인 성격을 가지게 된다. 이는 임금의 경직성을 전제로 상당한 크기의 비자발적인 실업이 존재한다고 보는 주류거시경제학의 입장과는 서로 상반되는 것이다. [그림 33-3]의 (나)가 이를 나타낸다.

그러나 합리적인 기대의 가설은 거의 모든 실업은 자발적이라고 보는데, 예를 들어 대공황 중에 실업률이 급격하게 상승한 사실에 대해서는 어떤 설명이 가능할 것인가? 이에 대한 대답은 사람들이 경제상황에 대하여 잘못 인식한 데서 나온다고 본다. 즉, 실업률이 높은 이유는 노동자들이 경제상태를 잘못 인식하여 더 나은 직장을 찾기 위해 현직장을 그만 두기 때문이라는 것이다.

보기를 들어 물가가 10% 하락하였을 때 화폐임금도 10% 떨어졌다고 하자. 이때 사실 실질임금은 그대로 있는데, 노동자들이 이를 제대로 인식하지 못하여 화폐임금이 10% 인하된 것만 보고 직장을 그만 둔다면 자연실업률 이상으로 실업률이 오를 수 있다는 설명인 것이다.

---

3) 앞의 2.1을 참조할 것.

33A.4 경제정책의 무력성

이제 그러면 합리적인 기대의 가설이 전제하는 대로 합리적인 기대와 신축적인 물가를 가정할 때 이것이 경제정책에 대하여 주는 시사점은 무엇인가 살펴보기로 하자. 보기를 들어 모든 사람들이 선거철에는 통화량이 늘어나 인플레이션이 일어나는 것을 예상하고 있다고 보자. 이때 정부가 정말 통화량을 실제로도 늘렸다면 화폐임금도 이에 따라 오르게 될 것이나 사람들은 이미 물가도 따라 올라서 실질임금수준은 변동이 없을 것임을 알고 있으므로 노동의 공급량에는 변동이 없어 실업률은 일정하고 물가상승률만 높이는 결과를 초래하게 될 것이다. [그림 33A-1]이 이를 나타낸다.

원래 어떤 경제가 필립스곡선상의 A점에 있었는데, 이제 경제정책을 사용하여 B점으로 이동시키려 한다고 하자. 그러나 사람들이 이를 이미 예상하고 행동하므로 실업률은 자연실업률인 U^*에 그대로 있고 인플레이션율만 D점이 나타내는 것처럼 상승하게 된다. 이처럼 사람들이 예상하는 경제정책은 실업이나 산출량수준에 영향을 줄 수가 없으며 따라서 단기에 있어서도 필립스곡선은 U^*에서 수직선으로 나타난다. 즉, 경제정책은 전연 효력이 없는 것이다.

이상에서의 논의와 관련된 문제로 두 가지를 추가로 고려해 보자. 첫째는 앞에서 본 것처럼 화폐주의자들은 통화량의 증가율을 매년 “일정한” 수준에 묶어 놓아야 하며, 재량적인 금융정책을 사용하는 데는 반대하였다. 이러한 화폐주의의 입장은 합리적인 기대의 가설에 의하여 이론적으로 튼튼한 뒷받침을 받게 되었다. 즉, 합리적인 기대의 가설에 따르면 사람들이 예상 못한 재량적인 경제정책은 오히려 혼란을 초래하여 사람들의 경제행위를 왜곡시키므로 낭비를 초래하게 된다. 따라서 정부는 재량적인 경제정책을 사용해서는 안된다는 것이 이들의 입장인 것이다. 이는 곧 화폐주의자들의 통화량증가에 대한 입장인 재량(discretion)보다는 준칙(rule)이라는 견해를 더욱 공고히 해 주는 것이다.

둘째는 화폐주의자들이 주장하는 화폐의 유통속도가 안정성을 지니고 있다는 견해에 대한 것이다. 이로부터 화폐주의자들은 $MV=PT=$명목 GDP이므로 M의 증가율을 일정수준에 유지함으로써 명목 GDP를 안정시킬 수 있다

그림 33A-1 경제정책의 무력성

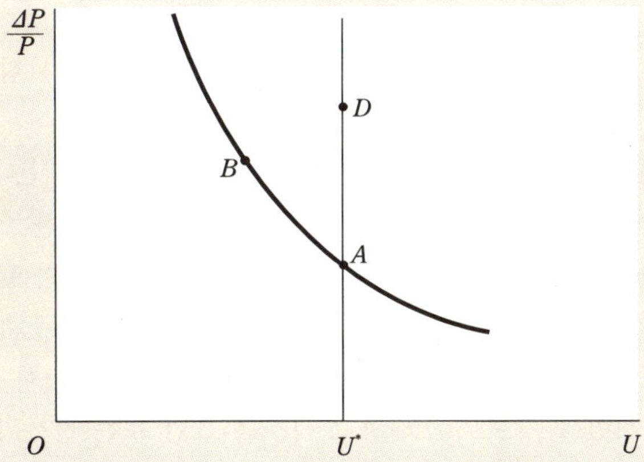

고 보았다. 그러나 특히 루카스는 경제정책이 달라질 때 사람들은 이에 맞추어 다르게 행동한다는 점을 화폐주의자들이 무시하였다고 비판하고 있다. 마치 단기의 필립스곡선상에서 왼편으로 이동하려고 할 때 사람들이 이를 미리 알아 차림으로써 경제정책이 무력해지고 수직의 필립스곡선으로 낙착되어 버리듯이, 정부가 일정한 율의 통화량증가를 유지하려고 하면 사람들이 이를 미리 간파하여 화폐의 유통속도도 크게 달라진다는 것이다. 이는 곧 화폐주의자들의 화폐의 유통속도가 안정성을 지니고 있다는 주장이 합리적인 기대의 가설에 의하여 그 논거가 크게 흔들리게 됨을 나타내는 것이다.

33A.5 평 가

우리는 위에서 합리적인 기대의 가설에 대하여 살펴보았다. 현재 이에 관해서는 논란이 일고 있으나, 대부분의 주류거시경제학자들은 그 유용성에 대해 유보적이라고 하겠다.

앞에서 본 대로 이 가설은 신축적인 가격 및 임금과 합리적인 기대의 형성을 전제로 하고 있으나, 이 두 가지 전제 모두가 실제와는 상당한 거리가 있는 것이다. 우선 많은 시장에서 가격은 신축적으로 변동하지 않으며 특히 노동시장에서 임금은 경직성을 지니고 있는 경우가 많다. 만일 이처럼 임금과 가격이 실제로 경직성을 지니고 있다면, 예상된 경제정책도 단기에 있어서는 효력을 가지게 될 것이다. 두번째 전제에 대해서도 사람들은 합리적이지 못한 기대를 형성하는 경우가 적지 않은 것이다.

이와 같이 두 가지 전제가 모두 현실성이 의문시되는 이외에 이 이론의 예측도 현실과 부합되지 않는다. 즉, 가격과 임금에 대한 오해가 경기변동의 주된 이유라고 보나 심각한 불황이나 지속적인 불경기의 원인을 단순히 이렇게 풀이하기는 어려운 것이다.

즉, 실업률이 상승하는 이유를 사람들이 임금의 동향을 잘못 알아 더 좋은 일자리가 있을 것으로 오해하고 직장을 그만 두는 경우가 늘어나기 때문이라고 보지만, 실제로는 실업률이 높을 때 사직률은 떨어지는 것이 보통인 것이다. 이처럼 이론의 예측이 현실과 어긋나는 것이 합리적인 기대의 가설이 지니고 있는 중요한 취약점이라고 하겠다.

그러나 합리적인 기대의 가설이 주류거시경제학의 발달에 기여한 측면도 결코 과소평가되어서는 안된다. 즉 장래에 대한 기대를 중요시해야 한다는 것은 모든 경제학자들이 수용하는 것이며, 특히 증권시장의 경우에는 지극히 타당한 것이다. 또한 사람들이 경제정책에 대해 어떠한 반응을 보이는가 하는 것이 매우 중요하다는 것도 인식하게 되었다. 결국 합리적인 기대의 가설에서 배울 수 있는 것은 받아들임으로써 주류거시경제학은 더욱 현실을 잘 설명하고 예측할 수가 있다. 보기를 들어 증권시장이나 외환시장에 대해서는 신축적인 가격과 합리적인 기대의 형성을 전제로 하는 것이 타당할 것이며, 노동시장의 경우에는 경직적인 임금을 가정하는 것이 현실과 가까울 것이다. 그러나 합리적인 기대의 가설이 주장하는 바와는 다르게 단기에 있어서는 예상된 경제정책도 산출량과 고용에 상당한 영향을 미칠 수가 있다.

주요개념

합리적인 기대의 가설　신 고전학파적 거시경제학　합리적인 기대
경제정책의 무력성

요 약

1. 합리적인 기대의 가설은 두 가지 가정을 하고 있는데, 하나는 합리적인 기대이며 다른 하나는 가격과 임금의 신축성이다.
2. 임금은 완전한 신축성을 지니고 있으므로 노동시장은 항상 청산되며 따라서 거의 모든 실업은 자발적인 실업이다.
3. 사람들이 예상하는 경제정책은 실업이나 산출량 수준에 영향을 줄 수가 없고, 따라서 단기에도 필립스곡선은 수직선이다.
4. 화폐주의자들의 화폐의 유통속도가 안정성을 지니고 있다는 생각은, 합리적인 기대의 가설에 의하면 그 논거가 취약하다.
5. 합리적인 기대의 가설은 그 가정의 현실성이 의문시되며, 또한 이론의 예측도 현실과 거리가 있다.
6. 합리적인 기대의 가설은 주류 거시경제학의 발달에 상당한 기여를 하였는데, 장래에 대한 기대를 중요시해야 한다는 것이 좋은 보기이다.

연습문제

1. 합리적인 기대의 가설의 두 가지 가정인 합리적인 기대와, 가격과 임금의 신축성에 대해 설명하라.
2. 합리적인 기대의 가설에 따르면 모든 실업은 자발적인 성격을 가지는 데 그 이유는 무엇인가?
3. 단기에도 필립스곡선이 수직선인 이유를 설명해 보라. 또한 경제정책이 전연 효력이 없다는 뜻은 무엇인가?
4. 화폐주의자들의 통화량 증가에 관한 견해인 "재량보다는 준칙"에 따라야 한다는 주장에 대하여 신 고전학파적인 거시경제학의 생각은 어떠한가?
5. 화폐의 유통속도가 안정성을 지니고 있다는 화폐주의자들의 생각에 대하여 합

리적인 기대의 가설에서는 어떻게 보는가?

6. 합리적인 기대의 가설을 그 가정의 현실성과 예측의 타당성에 비추어 평가해 보라.
7. 합리적인 기대의 가설이 주류 거시경제학의 발달에 기여한 측면은 무엇인가?

개방경제

제 IV 부

제11편 국제무역과 국제수지

제 IV 부의 개요

제 IV 부 개방경제는 제11편 국제무역과 국제수지로 구성되어 있다 먼저 제34장에서는 국제무역의 실물측면을 분석하며, 35장에서는 화폐적인 측면을 다룬다. 부록에서는 *IS-LM*분석을 개방경제에 적용한 문델-플레밍 모형을 설명한다.

제11편

국제무역과 국제수지

요 약

여기서는 국제경제학의 두 분야인 국제무역론과 국제수지이론에 관해서 알아본다. 먼저 34장은 국제무역론으로서 비교우위, 교역조건 및 무역정책 등에 관해 살펴본다. 35장은 국제수지이론인데 국제수지표에 대해 설명한 후 국제수지 불균형의 자동적인 조정기구를 분석하며, 국제수지정책에 대해서도 풀이한다. 양대 환율제도인 고정환율제도와 변동환율제도를 상호비교해 본다. 35장의 부록은 IS-LM 분석을 개방경제에 적용한 문델-플레밍 모형을 본다.

제11편

국제무역과 국제수지

제 34 장

국제무역

제34장에서는 먼저 국제무역의 정태적 및 동태적인 이익에 대해서 알아본다. 그리고 나서는 수출입품의 결정문제에 답하는 리카도와 헥셔-오린의 비교우위의 이론을 살펴보며, 산업내무역을 설명하려는 신무역이론도 분석한다. 수출입품의 상대가격인 교역조건의 결정을 오퍼곡선을 사용하여 풀이하며, 한국의 교역조건의 추이에 대해서도 알아본다. 무역정책에 대해서는 수입관세를 중심으로 살펴보며, 자유무역과 보호무역 사이의 논쟁에서는 특히 유치산업보호론에 주목한다. 한국의 수입자유화에 대해서도 설명한다. 끝으로 GATT의 두 가지 기본원칙과 예외조항을 본 후, 1995년에 새롭게 출범한 WTO체제에 대해 설명한다.

34.1 비교우위

논의의 구성

지금까지 우리는 폐쇄경제를 전제하고 논의를 전개하였다. 그러나 각국은 다른 나라와 무역(trade)도 하고 금융(finance)거래도 한다. 특히 우리 나라는 지난 40년 동안 개방경제체제를 유지함으로써 급속한 경제성장을 이룩할 수가 있었다.

따라서 여기서는 개방경제로 논의를 확대하고자 한다. 개방경제에 대해 분석하는 것이 국제경제학인데 이는 크게 두 분야로 구성되어 있다. 하나는 국제무역의 실물이론 또는 순수이론(pure theory of international trade)으로서, 이 분야는 국제무역의 실물측면을 다룬다. 즉, 화폐를 사용하지 않는다고 가정하고 국제무역에 수반해서 생기는 문제 중에서 실물 측면만을 분석하는데 **국제무역론**이라고도 부른다. 이때 순수이론이라는 말은 현실과는 동떨어진 어떤 추상적인 세계를 분석하는 이론을 뜻하는 것이 아니라 다만 화폐를 도입함이 없이 실물 측면만을 다루는 이론을 가리킨다.

국제무역론의 분석대상에는 여러 가지가 있으나 그 중 주요한 몇 가지만을 들어 보면, 첫째로 왜 어떤 나라는 특정한 재화를 수출하고 특정한 재화를 수입하는가 하는 수출입품의 결정문제이다. 예를 들면 왜 우리 나라는 주로 공산품을 수출하고 1차 산품을 수입하는가라는 의문인데, 이 문제에 대하여 해답을 주는 것이 **비교우위**(comparative advantage)의 이론이다.

두번째 분석대상은 일단 수출품과 수입품이 결정되었을 때 이들 사이의 상대가격, 즉 **교역조건**(terms of trade; T/T)은 어떻게 결정되는가 하는 것이다. 수출품의 가격을 P_X라고 하고 수입품의 가격을 P_M이라고 하면 수출품과 수입품의 상대가격 또는 교역조건은 $\frac{P_X}{P_M}$로 표시된다. 세번째 분석대상은 **무역정책**(trade policy; commercial policy)에 관한 것인데, 관세 및 비관세장벽이 미치는 영향에 대하여 분석한다. 우리는 34장에서 국제무역론에 대하여 살펴보려고 한다.

국제경제학의 다른 한 분야는 국제무역의 화폐이론(monetary theory of international trade)으로서, 이는 국제무역의 화폐적인 측면을 분석한다. 국제무역의 화폐적인 측면은 국제수지(balance of payments; B/P)에 반영이 되므로 보통 **국제수지이론**(balance-of-payments theory)이라고도 부른다. 국제수지이론이 다루는 중심적인 문제는 국제수지에 불균형이 발생하였을 때 이것이 어떻게 시정 또는 조정되는가 하는 것인데 35장에서 이를 보기로 한다.

국제무역의 이익

한 나라의 수출입품의 결정문제에 대하여 해답을 주는 비교우위의 원리에 관해 살펴보기 전에 우선 가장 기초적인 문제라고 할 수 있는 **무역의 이익**(gains from trade)에 대해 보기로 하자. 즉, 어떤 나라가 국제무역에 참가하였을 때 이로부터 어떤 이익을 얻을 수 있는가 살펴보자.

국가들 간에 **전문화**(specialization)를 함으로써 무역의 이익이 발생한다는 것은 기본적으로 개인들 사이에 또는 한 국가안에서 지방들 간에 서로 교환을 함으로써 이익을 얻을 수 있다는 것의 연장이라고 생각할 수 있다. 즉, 모든 사람이 자신이 쓰는 재화나 용역을 자급자족하는 것보다는 자신이 잘 만들 수 있는 재화만 생산하는 데 전문화하고 나머지는 모두 이와 교환하여 시장에서 구입하는 것이 모든 사람에게 이익이 된다는 것은 분명하다. 또한 한 국가안에서도 남북한 간의 교역처럼 부존자원이나 기술의 차이로 각 지방이 잘 만들 수 있는 재화를 생산하는 데 전문화하고 이를 상대방이 잘 생산하는 재화와 교환하는 것이 양측에 모두 도움이 되는 것이다. 이렇게 본다면 국제무역의 이익이란 기본적으로 개인들 사이에 또는 지방 간에 전문화를 통해 서로 교환을 하는 것이 참가자에게 모두 이익이 된다는 **교환의 이익**(gains from trade)을 단순히 국가들 사이의 교환인 국제무역에 확대적용한 것이다.

그런데 자국이 잘 만들 수 있는 재화의 생산에 전문화를 함으로써 초래되는 이익을 흔히 **정태적인 이익**(static gains from trade)이라고 부른다. 이 말의 뜻은 비교우위를 지닌 재화를 전보다 더 많이 생산하는 방향으로 "주어진" 생산가능곡선의 선상을 따라서 이동함으로써 자원배분상의 효율이 증대된 데서 초래된 이익이라는 것이다.

그러나 국제무역이 초래하는 이익은 여기서 그치지 않는다. 협소한 국내시장보다 훨씬 더 넓은 세계시장을 대상으로 생산 및 수출을 하게 되면 규모의 경제를 실현할 수 있으며, 기술진보도 촉진될 수 있다. 이는 곧 생산가능곡선(*PPC*)의 선상을 따라서 이동하면서 자원배분상의 효율을 증대시키는 데서 얻는 정태적인 이익과는 달리 *PPC* 자체를 밖으로 이동시키는 것이 가능해진다는 것을 뜻한다. 이와 같이 *PPC* 자체를 밖으로 이동시키는 것을 국제무역이 초래하는 **동태적인 이익**(dynamic gains from trade)이라고 부르는데, 이는 현실적으로 볼 때 정태적인 이익보다 훨씬 중요하다.

국제무역이 단순히 자원배분상의 효율을 증대시킴으로써 정태적인 이익을 초래하는 이외에 동태적인 이익을 가져다 줌으로써 경제성장의 원동력으로 쓰일 수가 있다는 것을 보여주는 가장 좋은 실례를 우리는 19세기의 국제무역에서 찾을 수가 있다. 당시 세계무역은 중심국인 영국과 주변국 또는 흔히 **신정착지역**(regions of recent settlement)이라고 불리웠던 미국, 카나다, 호주, 뉴질랜드, 아르헨티나 및 남아프리카 사이에 활발하게 이루어지고 있었다.

당시 중심국이었던 영국은 공산품을 수출하는 대신에 이들 주변국들로부터 식량과 원료를 수입해 갔다. 그런데 영국경제가 급속하게 성장함에 따라 주변국들로부터의 식량과 원료수입도 크게 늘어났으며, 이는 주변국들의 경제성장을 촉진하는 결과를 가져 왔다. 즉, 19세기의 국제무역은 주변국 또는 신정착지역에게는 **경제성장의 원동력(engine of growth)**으로 작용하였던 것이다. 1815년부터 1차 세계대전이 일어난 1914년까지의 100년 동안 영국의 실질 GNP는 10배나 증가하였고, 주로 식량과 원료로 구성된 수입량은 무려 20배나 늘어났던 것이다. 이에 따라 중심국에서 일어나고 있었던 급속한 경제성장이 주변국의 1차 산품 수출증대를 통하여 주변국들에게도 전파되는 결과를 가져옴으로써 19세기의 국제무역은 경제성장을 중심국에서 주변국들로 확산시키는 역할을 담당하였다.

그러나 20세기에 들어오면서는 더 이상 이러한 말을 할 수가 없게 되었다. 먼저 20세기의 전반기는 두 차례의 세계대전 및 대공황 등으로 인하여 세계무역의 신장률은 기간별로 매우 불규칙한 양상을 보이는 이외에 전반적으로 낮은 편이다. 비로소 1950년대 이후부터 세계무역은 다시 급속한 성장률을 나타내고 있다.

그러나 1950년대 이후에도 19세기의 무역유형과는 달리 세계무역의 중심은 선진국들 사이의 무역이 위주가 되고 있다. 따라서 19세기의 주변국과는 달리 오늘날의 후진국들은 자신이 수출하는 1차 산품에 대한 수요가 급속히 증가함으로써 무역이 성장의 원동력으로 작용하는 것을 기대할 수가 없다.

이에 대한 예외가 바로 공산품의 급속한 수출증대에 성공한 우리 나라를 비롯한 대만, 홍콩, 싱가폴 등 소위 네 마리 호랑이들(4 tigers)과 그 뒤를 쫓고 있는 태국, 말레이지아, 인도네시아, 중국 등으로서 소위 동아시아의 기적(East Asian Miracle)을 이룬 나라들이다. 이들 극소수의 동아시아국가들만이 대부분의 다른 발전도상국들과는 달리 오늘날에도 국제무역을 경제성장의 원동력으로 활용하고 있다.

특히, 우리 나라는 지난 40여 년 동안 부존자원의 빈약함과 협소한 국내시장의 제약을, 공산품의 수출촉진을 통한 대외지향적인 공업화전략(outward-looking strategy of industrialization)을 추진함으로써 극복한 대표적인 경우이다.

즉, 1964년에 처음으로 수출액이 1억 달러를 달성한 후 1971년에는 10억 달러, 1977년에는 100억 달러를 돌파하였고, 1988년에는 600억 달러를 넘어섰으며 2001년에는 1,504억 달러에 이르는 등 비약적인 수출신장을 경험하였다. 그리하여 2001년의 수입액 1,411억 달러와 합한 총교역규모는 2,915억 달러에 달하여 세계전체에서 12대 교역국으로 자리를 잡게 되었다.

비교생산비설

위에서 우리는 한 나라가 국제무역에 참가함으로써 정태적인 이익과 동태적인 이익을 누릴 수 있음을 보았다. 이제 그러면 수출입품의 결정을 설명하는 비교우위의 원리에 관하여 살펴보기로 하자. 비교우위의 원리는 국제무역론의 핵심을 이루고 있는데, 역사적으로 볼 때 고전적인 리카도의 **비교생산비설**(theory of comparative costs)과 현대의 헥셔(E.Heckscher)와 오린(B.Ohlin)의 **요소부존의 이론**(factor endowment theory)을 대표적으로 생각할 수 있다. 여기서는 먼저 비교생산비설에 대하여 살펴보며, 다음에서는 요소부존의 이론을 보기로 한다.

가정하기를 한국과 일본의 두 나라만이 존재하며, 양국이 생산하는 재화도 직물과 기계의 둘만 있다고 하자. 이때 한 사람의 노동자가 1개월 동안에 생산할 수 있는 두 재화의 양은 두 나라에서 〈표 34-1〉이 표시하는 것과 같다고 가상해 보자.

위의 표를 보면 한국의 노동자 한 사람은 1개월 동안에 직물 6단위를 생산할 수도 있으며, 기계 1단위를 생산할 수도 있다. 반면에 일본인 노동자 한 명은 한 달 동안에 직물 10단위를 생산할 수도 있으며, 또는 기계 3단위를 생산할 수도 있다. 그런데 고전학파의 노동가치학설에 의하면 어떤 재화의 (상대)가격은 그 재화의 생산에 투입된 노동의 분량에 의하여 결정된다. 따라서 무역이 없다면 한국의 경우에는 직물 6단위를 생산하는 데 소요되는 노동의

표 34-1 1인의 노동자가 1개월 동안에 생산할 수 있는 재화의 양

	한 국	일 본
직 물	6	10
기 계	1	3

투입량이나 기계 1단위를 생산하는데 필요한 노동량이나 모두 똑같이 노동자 1인의 1개월 동안의 노동량이므로 직물과 기계의 교환비율, 즉 상대가격은 직물 6단위: 기계 1단위가 된다. 이는 직물 1단위 : 기계 $\frac{1}{6}$단위라고 표시할 수도 있다.

반면에 일본의 경우는 무역이 없다고 전제할 때 직물 10단위를 생산하는 것이나 기계 3단위를 생산하는 것이나 동일하게 노동자 1인의 1개월 동안의 노동투입을 필요로 하므로 두 재화의 교환비율 또는 상대가격은 직물 10단위와 기계 3단위가 서로 교환되는 것이다. 이는 직물 1단위가 기계 $\frac{3}{10}$단위와 서로 맞바꾸어진다는 것을 뜻한다.

앞의 표에서 볼 수 있는 것은 직물의 생산에 있어서나 또는 기계의 생산에 있어서 모두 일본은 한국에 비하여 **절대적인 우위**(absolute advantage)를 가지고 있다는 것이다. 즉, 노동자 1인이 1개월 동안 생산할 수 있는 재화의 수량을 보면 직물의 경우에 한국은 6단위이며 일본은 10단위이고, 기계의 경우에도 한국은 1단위이며 일본은 3단위로서 양재화의 생산에 있어서 모두 일본이 절대적인 우위를 갖고 있다.

그러나 한국의 경우에는 직물 1단위를 더 생산하기 위해서 기계 $\frac{1}{6}$단위의 생산을 줄이면 되나, 일본의 경우에는 직물 1단위를 더 생산하려면 기계의 생산을 $\frac{3}{10}$단위만큼 줄여야 한다. 따라서 한국은 비록 두 재화의 생산에 있어서 모두 일본에 비하여 절대적인 열위(absolute disadvantage)를 가지고 있으나 직물의 생산에 있어서 상대적인 우위 또는 **비교우위**(comparative advantage)를 지니고 있다.

반면에 일본은 두 재화의 생산에 있어서 모두 한국에 비하여 절대우위를 가지고 있으나, 비교우위는 기계를 생산하는 데 있다. 그 이유는 기계 1단위를 더 생산하기 위하여 한국은 직물의 생산을 6단위나 줄여야 되지만, 일본은 기계 1단위를 더 생산하기 위하여 직물을 $\frac{10}{3}$단위만 줄이면 되기 때문이다.

이제 한국과 일본 사이에 국제무역이 일어난다면, 무역이 없을 때 한국의 국내시장에서는 직물 1단위를 가지고 기계 $\frac{1}{6}$단위 밖에는 살 수 없었으나 일본의 국내시장에서는 직물 1단위가 $\frac{3}{10}$단위의 기계를 살 수 있으므로 한국은 일본에 직물을 수출하고 그 대신에 기계를 수입함으로써 이익을 볼 수 있다. 반면에 일본의 경우를 보면 무역이 없을 때 국내시장에서 기계 1단위는 직물 $\frac{10}{3}$단위와 교환되나 한국의 국내시장에서는 기계 1단위를 가지면 직물을 6단위나 살 수 있으므로 일본은 한국에 기계를 수출하고 그 대신 직물을 수입함으로써 국제무역으로부터 초래되는 이익을 누릴 수 있다.

여기서 알 수 있는 것은 한국은 일본에 비하여 상대적으로 생산비가 낮아서 비교우위를 갖고 있는 직물을 일본에 수출하고, 그 대신 비교생산비가 일본에 비하여 높아서 비교열위를 지니고 있는 기계를 수입함으로써 국제무역에서 이익을 얻을 수 있다는 점이다. 반면에 일본은 비교생산비가 한국에 비하여 낮아서 비교우위를 점하고 있는 기계를 한국에 수출하며, 그 대신 비교생산비가 높아서 비교열위를 점하고 있는 직물은 수입함으로써 역시 무역에서 이익을 볼 수 있다.

우리는 앞에서 비교우위의 이론이 수출입품의 결정을 설명할 수 있다고 하였는데, 리카도의 비교생산비설에 의하면 어떤 나라는 비교생산비가 다른 나라에 비하여 낮아서 비교우위를 갖고 있는 재화는 수출하며, 반대로 비교생산비가 높아서 비교열위를 갖고 있는 재화는 수입함으로써 무역에서 초래되는 이익을 얻을 수 있다고 본다. 즉, 비교우위에 따라서 생산의 전문화를 하면 무역의 이익을 얻을 수 있다는 것이다.

요소부존의 이론

(1) H-O의 가설

수출입품의 결정문제에 대하여 해답을 주는 다른 하나의 비교우위의 원리는 헥셔-오린(H-O)의 **요소부존의 이론**이다. 리카도의 비교생산비설에서는 나라별로 비교생산비가 차이가 나므로 재화의 상대가격도 차이가 나고, 따라서 나라별로 비교우위가 결정되며 또한 수출입품이 정해진다. 그러나 리카도는 비교생산비가 나라별로 차이가 나는 원인에 대해서는 아무런 설명을 하지 않았다.

H-O은 리카도의 비교생산비이론을 더욱 발전시켜 나라별로 비교생산비가 차이나는 원인은 요소부존 양상이 서로 상이한 데에 있다고 보았다. 따라서 오늘날 비교우위의 이론이라고 하면 보통 H-O의 요소부존의 이론을 가리킨다.

H-O의 비교우위의 이론에 의하면 어떤 나라는 자신이 상대적으로 풍부하게 가지고 있는 생산요소를 생산과정에서 집약적으로 사용하는 재화를 상대

적으로 낮은 가격으로 생산할 수 있으므로 이 재화를 생산하는 데 비교우위를 가지게 되어 이를 수출한다고 본다. 반대로 상대적으로 희소하게 가지고 있는 생산요소를 생산과정에서 집약적으로 사용하는 재화의 생산에는 생산비가 많이 들므로 가격도 높아져서, 이 재화를 생산하는 데는 비교열위를 가지게 되므로 이 재화는 수입을 한다.

예를 들어 한국과 일본의 두 나라만 존재하고 직물과 기계의 두 재화만 있으며 노동과 자본의 두 생산요소만 존재하는 경우를 가정해 보자. 또한 요소부존의 양상은 한국은 일본에 비해 상대적으로 노동이 풍부하며 자본은 희소하다고 하고, 생산함수의 성격은 직물의 생산에는 상대적으로 자본에 비해 노동을 많이 사용하며 기계의 생산에는 자본집약적인 생산방법이 사용된다고 하자.

이러한 가정 아래서 한국은 H-O의 가설에 의하면 자신이 상대적으로 풍부하게 가지고 있는 생산요소인 노동을 생산과정에서 집약적으로 사용하는 직물을 상대적으로 낮은 가격으로 생산할 수 있으므로, 직물을 생산하는 데에 비교우위를 가지게 되어 이를 수출한다. 반대로 상대적으로 희소하게 가지고 있는 생산요소인 자본을 생산과정에서 집약적으로 사용하는 기계의 생산에는 생산비가 많이 들어 가격도 높아져서, 비교열위를 가지게 되므로 기계는 수입한다.

(2) 레온티에프의 역설

H-O의 가설이 현실과 부합하는가의 여부를 검증한 많은 실증적인 연구 가운데서도 가장 널리 알려져 있는 것은 레온티에프(Wassily Leontief)의 미국에 대한 분석이다. 미국은 다른 어떤 나라보다도 자본이 풍부하다고 볼 수 있으므로 H-O의 가설이 맞다면 미국은 자본집약적인 재화를 수출하고 노동집약적인 재화는 수입할 것이다.[1)]

그런데 1947년의 통계자료를 이용한 레온티에프의 실증적인 분석결과는 미국이 오히려 자본집약적인 재화를 수입하고 노동집약적인 재화는 수출하였다. 이는 H-O의 가설과는 배치되는 것으로서 흔히 **레온티에프의 역설**(Leontief paradox)이라고 부른다.

---

1) 박진근, 『국제경제학』, 개정판, 박영사, 1984. 제 3 장

H-O의 가설을 배격하는 레온티에프의 미국에 대한 실증적인 연구결과를 놓고 학계에서는 이를 어떻게 설명할 수가 있는지에 대하여 상당한 논란이 있었다. 한 예로 레온티에프 자신은 미국 노동자의 생산성은 외국의 노동자에 비하여 월등히 높으므로 만일 노동을 생산성의 차이까지 참작하여 측정한다면 미국은 다른 나라에 비하여 노동이 풍부한 나라로 볼 수가 있으며, 이는 곧 자신의 검증결과가 H-O의 가설과 부합하는 것이 된다고 생각하였다.

현대의 국제무역이론

(1) 기술진보와 국제무역

지금까지 우리는 수출입품의 결정을 설명할 수 있는 전통적인 비교우위의 이론에 대하여 살펴보았다. 전통적인 비교우위의 이론은 매우 유용한 분석용구임에 틀림이 없으나, 반면에 여러 가지 제약점을 지니고 있다. 가장 중요한 제약점을 들어 보면 비교우위의 이론은 정태적인 분석에 기초하고 있다는 것이다. 즉, 노동, 자본, 기술수준 등이 모두 일정하게 주어져 있다고 가정하고 있다. 그러나 시간의 경과와 더불어 경제발전이 일어날 때 노동의 공급량은 증가하게 되고 자본축적이 일어나며 기술진보가 발생하는 것이 현실이다. 이는 특히 발전도상국의 경우에는 매우 중요하므로, 비교우위의 원리가 정태적인 가정에 기초하고 있다는 제약점을 유의할 필요가 있다.

리카도와 H-O의 전통적인 비교우위의 이론이 이와 같이 정태적인 분석에 기초하고 있어서 제약점을 지니고 있으므로, 근자에는 이를 수정한 동태적인 비교우위의 이론이 제시되었다. 그 가운데서도 대표적인 것의 하나가 수출입품의 결정 또는 **무역의 유형**(pattern of trade)을 결정하는 데 있어서 기술진보의 중요성을 강조하는 것이다.

현실세계에서는 정태적인 비교우위의 원리가 가정하는 바와는 달리 신제품 및 새로운 생산방법이 끊임없이 개발되고 있다. 이러한 현실에 기초하여 포스너(M.V. Posner)는 어떤 나라에서 혁신이 처음 일어났을 때 이 나라는 다른 나라들에 대하여 비교우위를 갖게 되나, 어느 정도의 기간이 경과한 후에는 다른 나라들이 혁신을 모방함에 의해서 원래 혁신을 이룩했던 나라가 지니고 있던 비교우위는 소멸된다고 보았다.

한편 허후바우어(G.C. Hufbauer)는 국제무역을 포스너의 첫 단계라고 볼 수가 있는 기술적인 격차에 기초한 무역(technological gap trade)과, 포스너의 두번째 단계로 생각할 수 있는 저임금에 기초한 무역(low-wage trade)의 두 형태로 분류하였다. 이러한 분류에 따르면 예를 들어 미국이 한국에 항공기를 수출하는 것은 기술적인 우위성에 기초한 것이며, 한국이 미국에 컴퓨터를 수출하는 것은 저임금에 기초한 무역이라고 볼 수 있다.

버논(R. Vernon)은 더욱 정교한 **제품수명주기설**(product life cycle hypothesis; *PLC*가설)을 제시하였다. 이 *PLC*가설에 의하면 어떤 제품이 새롭게 개발되어 시장에 나온 뒤 세 단계를 거친다고 하는데, 신제품(new product), 성숙된 제품(maturing product) 및 표준화된 제품(standardized product)이 바로 그것이다. 이처럼 어떤 제품이 세 단계를 거칠 때 생산, 수요 및 비교우위가 변화하는데, *PLC*가설은 여기에 분석의 촛점을 맞추고 있다.

첫번째 단계인 신제품일 때는 아직 이 신제품이 시장에서 성공을 거둘는지의 여부도 확실치 않으며 가격도 높고 수요량도 적다. 생산방법은 소규모의 생산이므로 숙련노동을 집약적으로 사용하는 방식을 택한다. 신제품은 높은 수준의 혁신능력을 지닌 미국에서 주로 개발되며, 수요도 소득수준이 가장 높은 미국시장에 국한되고, 수요의 가격탄력도도 신제품일 때는 낮은 것이 보통이다.

두번째 단계인 성숙된 제품이 되면 이 상품이 널리 보급되어 수요가 증가하고 미국내의 다른 기업들도 생산에 참여함으로써 기업 간에 가격경쟁이 시작되어 생산비 인하를 위하여 대량생산체제를 택하게 된다. 따라서 수요의 가격탄력도는 상승한다. 또한 미국 이외의 다른 선진국들에서도 이 상품에 대한 수요가 점차로 증대됨에 따라 자체 생산만 가지고서는 부족하므로 미국으로부터의 수입이 증대된다. 이 단계에서 미국의 기업들은 상품을 수출하는 대신 현지에 직접 생산시설을 세우는 **외국인직접투자**(foreign direct investment; *FDI*)를 할 수 있으며, 이를 수행하는 기업은 미국에 본거지를 둔 **다국적기업**(multinational corporations; *MNC's*)일 수가 있다.

제품수명주기의 세번째 단계는 표준화된 제품인데, 이 단계에 이르면 생산공정이 표준화되고 미숙련노동에 주로 의존할 수가 있어 자본집약적인 생산방법을 사용하게 된다. 따라서 임금이 낮은 후진국이 비교우위를 가지게 되어 후진국이 선진국에 이 상품을 수출하는 현상이 일어난다.

이와 같이 *PLC*가설은 제품수명주기에 따라 생산지가 미국, 그 밖의 선진국 및 후진국으로 바뀌어지며, 수출하는 나라도 신제품 및 성숙된 제품일 때는 미국이 그 밖의 선진국과 후진국에 수출하나, 표준화된 제품의 단계에서는 거꾸로 후진국이 선진국에 수출을 하게 된다. *PLC*가설은 이처럼 혁신이나 기술진보가 비교우위를 결정하는 주요한 인자임을 나타낸다.

(2) 산업내 무역

지금까지 우리는 현대의 무역이론중에서 기술진보의 중요성을 강조하는 *PLC*가설에 대하여 살펴 보았다. 두번째로 살펴 볼 것은 1980년대에 크루그만(P. Krugman) 등에 의해 제기된 **신무역이론**(new trade theory)이다.

국제무역의 현실을 보면 H-O의 가설과는 달리 요소부존 양상이 비슷한 나라들 간의 무역이 요소부존에 차이가 나는 국가들 사이의 무역량보다 훨씬 더 많다. 즉, 요소부존 양상이 서로 비슷한 선진국들의 총수출 중에서 선진국들간의 수출이 1992년의 경우 73.8%를 점유하고 있는 것이다. 아울러 H-O 가설이 설명할 수 있는 **산업간 무역**(inter-industry trade)의 규모보다 **산업내 무역**(intra-industry trade)이 세계교역량에서 더 높은 비중을 차지하고 있다. 좋은 예가 한국이 미국에 자동차를 수출도 하고 동시에 수입도 하는 것이다.

신무역이론은 바로 이러한 산업내 무역을 설명하기 위하여 제시되었다. 이를 위해 신무역이론은 산업내 무역이 이루어지는 재화들 간에는 질적인 차이가 있어 제품 차별화(product differentiation)가 존재한다고 전제한다. 따라서 시장의 형태도 차별화된 재화가 거래되는 독점적 경쟁(monopolistic competition) 시장이 된다. 예를 들어 승용차의 경우 한국제품과 미국제품간에는 디자인, 품질, 형태 등에서 얼마든지 차이가 날 수 있다

둘째로, 공산품의 생산에서 흔히 발견되는 규모의 경제(economies of scale)를 전제한다. 이 때 비교우위는 요소부존 양상의 차이에서 나오는 것이 아니라 누가 먼저 시장에 진출하여 상당한 시장점유율을 확보함으로써 규모의 경제를 누려 낮은 생산비로 생산할 수 있는가에 달려 있다. 좋은 보기가 항공기 제작회사인 미국의 보잉(Boeing)이 규모의 경제 덕분에 세계시장의 상당부분을 점유하고 있는 것이다. 이에 대항하기 위해 유럽국가들이 공동으로 에어버스(Airbus)를 거액의 정부보조를 들이면서 제작한 것도 제각기 소규모로 항공기를 생산해서는 규모의 경제를 누릴 수가 없었기 때문이다.

한국의 무역유형

이제 우리 나라의 무역유형(pattern of trade)을 알아보기 위하여 2001년의 통관기준 수출입의 구성을 살펴 보자. 먼저 수출을 보면 총수출액 1,504억 달러 가운데 1차 산품의 비중은 8.4%이었으며, 공산품 가운데 중화학공업제품은 74.1%이었고, 경공업제품은 17.5%이었다.

수입을 보면 원자재가 총수입액 1,411억 달러 가운데 51.0%를 차지하여 가장 비중이 크며, 자본재가 37.2% 그리고 소비재가 11.8%를 점유하였다.[2)] 즉, 한국의 무역유형은 부존자원이 빈약하여 원자재를 해외에서 수입하고 자본재도 수입해서, 이를 활용하여 중화학공업제품을 수출하는 형태를 지니고 있다.

이제 참고로 다음의 〈표 34-2〉는 지난 40년 동안의 한국의 10대 수출상품의 변화추이를 나타내고 있다. 여기서 발견하는 것은 1961년에는 우리나라의 비교우위가 1차 산품에 있었으나, 1970년에는 노동집약적인 경공업제품으로 고도화되었고, 다시 '85년에는 기술 및 숙련노동 집약적인 중화학공업제품으

표 34-2 한국의 10대 수출상품의 변화추이

(단위: 100만 달러)

순 위	1961년		1970년		1985년		2002년	
	품 목	금 액	품 목	금 액	품 목	금 액	품 목	금 액
1	철광석	5.3	섬유류	341.1	섬유류	7,079	반도체	16,600
2	중석	5.1	합판	91.9	선박	5,013	자동차	14,800
3	생사	2.7	가발	90.1	전자제품	4,285	무선통신기기	13,560
4	무연탄	2.4	철광석	49.3	철강제품	2,453	컴퓨터	12,950
5	오징어	2.3	전자제품	29.2	신발	1,573	선박	10,780
6	활선어	1.9	과자제품	19.5	유류	914	석유제품	6,360
7	흑연	1.7	신발	17.3	합성수지	741	합성수지	5,050
8	합판	1.4	연초제품	13.5	전기기기	609	영상기기	4,100
9	미곡	1.4	철강제품	13.4	자동차	580	철강	4,000
10	돈모	1.2	금속제품	12.2	금속제품	519	의류	3,740

자료: 한국무역협회, 「무역연감」, 각년도.

2) 한국은행, "2001년 중 국제수지동향(잠정)," 「조사통계월보」, 2002. 4.

로 옮겨가고 있다는 것이다. 즉, 경제발전과 더불어 자본축적 및 기술진보가 일어나면서 한국의 비교우위는 계속해서 고도화되었다.

34.2 교역조건

교역조건의 상한과 하한

위의 34.1에서는 비교우위의 원리가 수출입품의 결정을 설명할 수 있다는 것을 보았다. 이제 여기서는 이렇게 비교우위의 원리에 의해서 수출입품이 결정되었을 때 이들 사이의 상대가격인 **교역조건**이 어떻게 결정되는가 살펴보기로 한다. 수출품의 가격을 P_X, 수입품의 가격을 P_M이라고 하면 이들 두 재화 사이의 상대가격인 교역조건은 $\frac{P_X}{P_M}$라고 표시할 수 있다.

〈표 34-1〉에서 든 예를 계속해서 사용해 보면, 이것만 가지고서도 무역이 발생하고 난 후 세계시장에서 성립될 교역조건의 상한과 하한만은 알 수 있다. 예를 들어 국제무역이 일어난 후 세계시장에서 성립되는 교역조건이 직물 1단위가 기계 $\frac{1}{6}$단위만큼도 살 수 없다고 해보자. 그러면 한국은 무역에 참가함으로써 오히려 손해를 보게 되므로 무역을 하지 않을 것이다. 따라서 무역이 일어나기 이전의 한국에서의 상대가격인 직물 1단위: 기계 $\frac{1}{6}$단위는 무역이 발생하고 난 뒤에 세계시장에서 성립될 교역조건의 하한선이 된다.

반면에 무역이 발생한 후 세계시장에서 성립되는 교역조건이 무역이전의 일본 국내시장에서의 상대가격인 직물 1단위 : 기계 $\frac{3}{10}$단위 이상이라고 해보자. 이 때는 직물 1단위를 얻기 위하여 기계를 $\frac{3}{10}$단위 이상 주어야 하므로 일본은 무역에 참가함으로써 손해를 보게 되어 무역은 일어나지 않을 것이다. 따라서 무역 이전의 일본 국내시장에서의 상대가격인 직물 1단위 : 기계 $\frac{3}{10}$단위는 무역이 일어난 후 세계시장에서 성립될 교역조건의 상한선을 이루게 된다.

여기서 보는 것은 공급 또는 비용 측면을 나타내는 〈표 34-1〉의 자료만 가지고서도 국제무역이 일어난 후 세계시장에서 성립될 교역조건의 상한선과 하한선만은 알 수 있다는 것이다. 그러나, 교역조건이 무역 이전의 양국에서의 상대가격을 상한과 하한으로 하여 그 중간 어디에서 결정되는가를 정확히 알기 위해서는 〈표 34-1〉이 보이는 공급 측면 이외에 수요 측면도 함께 보아야 한다.

오퍼곡선

밀(John Stuart Mill)은 교역조건이 한국의 직물과 기계에 대한 수요의 강도와 일본의 직물과 기계에 대한 수요의 강도에 의하여 결정된다는 **상호수요의 법칙**(law of reciprocal demand)을 제시하였는데, 이는 **오퍼곡선**(offer curves)을 사용하여 그림표로 나타낼 수가 있다. [그림 34-1]이 한국과 일본의 오퍼곡선을 사용하여 균형교역조건 및 균형교역량이 어떻게 결정되는가를 보여준다.

그림에서 원점으로부터 출발하는 네 개의 직선은 직물과 기계의 상대가격을 나타내는 가격선이다. 따라서 화살표가 표시하는 방향으로 가격선이 이동하는 것은 직물의 상대가격이 기계에 비하여 상승함을 뜻한다. 위에서 본 대로 무역 이후에 세계시장에서 성립되는 교역조건은 국내시장에서의 상대가격인 $1:\frac{1}{6}$과 $1:\frac{3}{10}$을 각각 하한과 상한으로 하고 있다.

이제 예를 들어 교역조건이 $1:\frac{1}{6}$이라고 가정하여 보자. 그러면 한국은 무역을 하든 안하든 무차별하나, 만일 X_1 만큼의 직물을 수출하며, 그 대신 M_1 만큼의 기계를 수입하기를 원한다고 가정해 보자. 이때 우리는 $1:\frac{1}{6}$로 표시된 가격선상의 한 점인 A를 얻을 수 있다. 교역조건이 $1:\frac{12}{60}$로 변동하면 직물의 상대가격이 기계에 비하여 상승하는 것이 되므로 한국은 더 많은 직물의 양을 나타내는 X_0 만큼을 수출하고 그 대신 M_0 만큼의 기계를 수입하기를 원한다. 그러면 다시 $1:\frac{12}{60}$로 표시된 가격선상의 한 점인 T를 얻을 수 있다.

이와 같이 하여 우리는 여러 상이한 상대가격에서 한국이 공급(오퍼)하기를 원하는 직물의 양과 그 댓가로 수요하기를 원하는 기계의 양의 조합들을 찾을 수 있는데 이를 연결한 것이 한국의 오퍼곡선 OK이다. 따라서 오퍼곡선상의 아무 점이나 뽑아 보면 그 점은 일정한 상대가격에서 한국이 수출하기를 원하는 직물의 양과 그 댓가로 수입하기를 원하는 기계의 양을 동시에 나타낸다.

반면에 OJ는 일본의 오퍼곡선을 표시하는데, 예를 들어 OJ곡선상의 한

그림 34-1 오퍼곡선

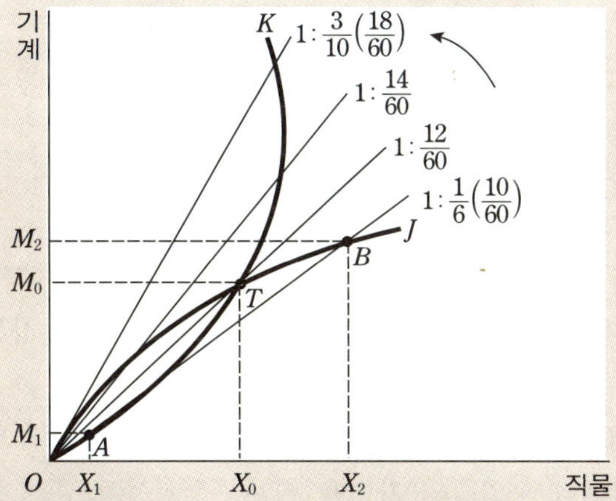

점인 T는 두 재화의 상대가격이 $1:\frac{12}{60}$일 때 일본은 M_0 만큼의 기계를 수출하고 그 대신 X_0 만큼의 직물을 수입하기를 원한다는 것을 표시한다. OJ곡선 상의 다른 모든 점들도 여러 상이한 상대가격에서 일본이 오퍼하려는 기계의 양과 그 댓가로 수입하기를 원하는 직물의 양의 조합들을 나타낸다. 위의 그림에서 화살표와 반대방향으로 가격선이 이동하면 기계의 상대가격이 직물에 비하여 상승하는 것이 되므로 일본이 오퍼하려고 하는 기계의 공급량은 증가한다.

이제 교역조건이 어떻게 결정되는가를 보기 위하여 두 재화의 상대가격이 $1:\frac{1}{6}$이라고 해보자. 그러면 한국은 X_1 만큼의 직물을 오퍼하려고 하나 일본은 그림에서 B점이 나타내는 것처럼 X_2 만큼의 직물을 수입하려고 한다. 또한 한국은 M_1 만큼의 기계를 수입하려고 하나 일본은 M_2 만큼의 기계를 수출하려고 한다. 따라서 세계시장에서는 직물의 초과수요가 발생하고 기계의 초과공급이 일어나 직물의 상대가격은 기계에 비하여 상승할 것이다.

이러한 과정을 통해서 균형교역조건은 두 나라의 오퍼곡선 OK와 OJ가 서로 만나는 T점에서의 상대가격인 $1:\frac{12}{60}$가 된다. 이 때 한국이 오퍼하려고 하는 직물의 수량 X_0는 일본이 수입하기를 원하는 수량과 동일하며, 또한 일본이 오퍼하려고 하는 기계의 수량 M_0도 한국이 수입하려고 하는 양과 동일하므로 교역조건은 더 이상 변동하지 않게 된다. 균형교역조건하에서 성립되는 무역량 X_0와 M_0가 균형교역량이다.

한국의 교역조건

지금까지 우리는 교역조건이 어떻게 결정되는가에 관하여 살펴보았다. 그런데 교역조건은 앞에서 살펴본 무역의 이익이 국가들 간에 어떻게 배분되는가를 결정한다. 예를 들어 교역조건이 개선되면 일정한 금액의 수출로 전보다 더 많은 수입을 할 수가 있음을 나타내므로 이 나라는 전보다 무역으로부터의 이익을 더 크게 얻을 수 있는 것이다.

한국의 경우에는 세계시장에서 차지하는 무역량의 비중이 낮으므로 수출품의 가격이나 수입품의 가격은 세계시장에서 결정된 것이 그대로 우리에게 주어진 여건이 된다. 즉, 세계시장에서 한국은 완전경쟁자로 사고 팔며 가격은 그대로 받아들여야 하는 처지(price taker)에 있다. 따라서 위에서 본 교역조건의 결정이론은 세계 전체의 무역량에서 상당한 비중을 차지하고 있는 나라를 전제로 한다는 것에 유의할 필요가 있다. 예를 들어 2000년의 경우 미국시장에서 한국의 수출품이 차지하는 비중은 3.3%에 불과했으나 중국은 8.2%이었다.

실제에 있어서는 한 나라의 수출품이나 수입품의 종류가 수없이 많으므로, 교역조건은 자연히 물가지수의 경우에서 보는 것처럼 지수로서 작성된다. 즉, 교역조건은 $\frac{P_X}{P_M}$으로 정의되는데, 여기서 P_X는 수출품가격지수이며, P_M은 수입품가격지수이다. 한국의 교역조건[3]은 2000년을 100으로 하였을 때 1989년에는 130.6으로서 IMF사태이후 크게 악화되었다.

3) 한국은행, 「경제통계연보 2002」, 2002. 6. p. 154.

34.3 무역정책

무역정책의 의의

(1) 관세가 미치는 영향

무역정책(trade policy; commercial policy)이란 국가들 사이의 자유스러운 재화 및 용역의 거래인 **자유무역**(free trade)을 제한하기 위하여 정부가 의도적으로 행하는 각종의 간섭을 말한다. 예를 들면 수출을 증대시키기 위하여 조세감면이나 금융지원과 같은 수출지원제도를 실시한다든가, 수입을 줄이기 위해서는 **관세**(tariffs)를 부과하며 수입허가제나 수입할당제(quotas)와 같은 **비관세장벽**(non-tariff barriers; *NTB's*)을 구축하는 것 등이 바로 무역정책의 좋은 실례들이다.

이처럼 수출을 증대시키고 수입을 감소시키기 위하여 실시하는 무역정책에는 여러 가지 종류가 있으나, 그 가운데서도 가장 대표적인 무역정책의 수단이 수입관세를 부과하는 것이므로 여기서는 관세의 부과가 가져오는 영향을 중심으로 논의를 전개해 나가기로 한다.

수입관세는 수입품가격의 일정한 비율을 세금으로 부과하므로 수입품의 가격에 따라서 세액이 결정되는 종가세(ad valorem tariff)이다. 우리 나라의 단순평균 관세율은 1983년에는 24%이었으나 1996년에는 8%로 크게 인하되었다.[4] 이제 [그림 34-2]를 이용해서 수입관세의 부과가 초래하는 몇 가지 영향에 관하여 살펴보기로 하자.

가정하기를 그림이 우리 나라 국내기계류시장에서의 수요와 공급을 나타낸다고 해보자. 만일 기계류의 수입에 대하여 관세를 전연 부과하지 않고 자유무역을 한다면, 세계시장에서의 기계류의 가격인 p_0가 그대로 국내시장가격이 되며, 이 때의 기계류의 국내소비는 q_5, 국내생산은 q_1으로서 양자의 차이인 q_5-q_1이 기계류의 수입이 될 것이다.

이제 기계류의 수입에 대하여 t_1의 관세가 부과됨으로써 기계류의 국내시

---

4) 차동세 · 김광석(편), 「한국경제반세기: 역사적 평가와 21세기 비전」, 한국개발연구원, 1995. 12, p.71.

그림 34-2 관세부과가 미치는 영향

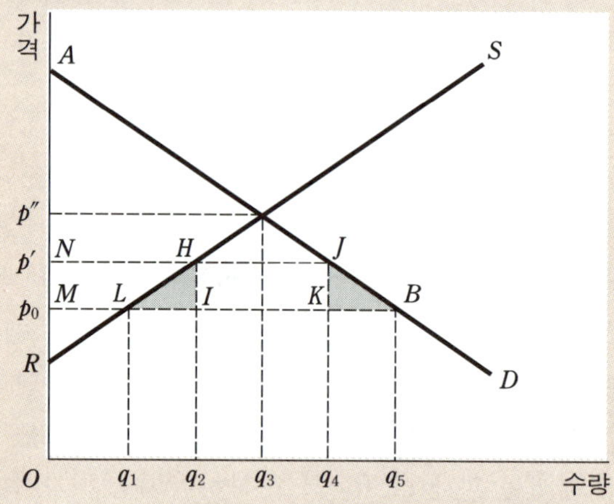

장가격이 p' 로 인상되었다고 하자. 즉, p' 는 p_0+t_1과 같다. 그러면 기계류의 국내생산은 자유무역하에서의 q_1으로부터 q_2로 증가하게 되는데, 이 국내생산의 증가분인 q_2-q_1을 관세부과가 초래하는 보호효과(protective effect) 또는 생산효과(production effect)라고 부른다. 한편 관세부과로 인한 국내가격의 인상은 국내소비를 자유무역하의 q_5에서 q_4로 감소시키는데 이를 관세부과가 초래한 소비효과(consumption effect)라고 부른다. 수입은 관세부과로 인하여 자유무역하의 q_5-q_1에서 q_4-q_2로 줄어드는데 q_4-q_2에 $p'-p_0$, 즉 관세 t_1을 곱한 면적인 직사각형 *HIJK*는 정부의 관세수입을 나타내며, 이를 관세부과가 초래하는 정부의 재정수입 증대효과(revenue effect)라고 한다.

자유무역하에서 소비자잉여의 크기는 삼각형 *ABM*의 면적과 같다.[5] 그런데 t_1의 수입관세를 부과하여 기계류의 국내가격이 p' 로 인상되면 소비자잉여는 *AJN*으로 줄어들게 된다. 즉, 관세의 부과는 사다리꼴 모양인 *NJBM*만큼의 소비자잉여를 감소시켰다. 그런데 *NJBM* 중에서 *HIJK*만큼은 관세수입으로 정부에게로 들어갔다. 이제 *NJBM*의 다른 한 부분인 *NHLM*이 무엇을 나타내는가 살펴보자.

이를 위해서는 생산자잉여(producer's surplus)의 개념을 도입할 필요가

5) 소비자잉여에 대한 설명은 6.2를 참조할 것.

있다. 앞의 그림에서 자유무역하의 국내생산량인 q_1을 생산하는 데 드는 생산비는 공급곡선 아래의 면적인 $ORLq_1$으로 나타낼 수가 있다. 그런데 생산자의 수입은 $OMLq_1$이므로 이 양자의 차이가 생산자잉여가 된다. 이제 t_1의 관세를 부과함으로써 국내생산량이 q_2로 늘어나게 되면 생상자잉여는 전에 비하여 *NHLM*만큼 더 늘어나게 된다. 즉, *NHLM*은 소비자잉여의 일부가 관세의 부과로 인하여 생산자에게 이전된 것으로서 소득재분배효과(redistribution effect)를 나타낸다.

이제 t_1만큼의 관세부과로 인한 소비자잉여의 감소분 *NJBM* 가운데서 *HIJK*는 관세수입으로 정부한테 들어갔으며 *NHLM*은 생산자에게 이전되었다. 따라서 두 삼각형 *HLI*와 *JKB*는 사회내의 다른 어느 집단에게도 이전되지 않은 부분으로서, 사회 전체의 입장에서 보았을 때 수입관세에 의한 국내산업의 보호가 초래한 비용(cost of protection)이 된다.

지금까지 우리는 어떤 재화에 대한 수입관세의 부과가 그 재화의 국내시장가격을 인상시킴으로써, 국내생산을 증대시키며 국내소비와 수입은 감소시키고, 소득을 소비자로부터 생산자에게 재분배하며 정부의 재정수입을 증대시키는 등 여러 가지 효과를 가지고 있음을 보았다. 이 밖에도 관세의 부과는 교역조건, 경쟁력, 고용 및 소득, 국제수지 등에도 영향을 미친다.

먼저 관세의 부과가 교역조건에 미치는 영향을 보면, 어떤 나라가 수입품에 대하여 관세를 부과함으로써 국내시장가격이 인상되어 국내수요가 감소하였을 때, 만일 이 나라가 세계시장에서 점유하는 비중이 상당한 경우에는, 이 수입품의 세계시장가격도 하락하게 되어 수출품의 가격(P_X)을 수입품의 가격(P_M)으로 나눈 이 나라의 교역조건 $\frac{P_X}{P_M}$은 개선될 것이다. 그러나, 우리 나라처럼 세계시장에서 차지하는 시장점유율이 낮아 완전경쟁자로 사고 파는 경우에는 수입관세의 부과가 교역조건을 개선시킬 수 없다.

다른 한편으로 관세의 부과는 국내시장에서 독과점의 시장형태를 초래함으로써, 국내산업의 경쟁력을 떨어뜨리고 기업들이 생산성향상을 위한 노력을 게을리 하도록 만든다.

어떤 나라가 불완전고용 아래 있을 때, 관세의 부과는 수입을 줄이고 국산품에 대한 수요증가를 초래함으로써 국민소득을 증대시키며 실업을 줄이고 고용을 늘리는 효과를 가진다. 그러나, 이것을 교역상대국의 입장에서 보면 수출의 감소를 의미하므로 국민소득은 감소하고 실업은 증가하게 된다. 즉,

첫 나라는 이 상대국에게 본국의 실업을 수출한 결과가 되며, 따라서 실업의 감소를 위한 관세의부과는 **인근궁핍화정책**(beggar-my-neighbor policy)이라고 볼 수가 있다. 이 때는, 1930년대의 대공황 중 잘 체험한 바와 같이, 모든 국가가 서로 관세를 부과하는 관세보복(tariff retaliation)이 발생함으로써 세계무역량은 크게 줄어들게 되고, 따라서 모든 나라가 손해를 보는 결과가 초래된다.

끝으로 관세의 부과는 수입을 감소시키므로 국제수지의 개선에 기여하는 것이 보통이다.

(2) 관세에 대한 평가

이상에서 우리는 대표적인 무역정책의 수단인 관세가 미치는 여러 가지 영향에 관하여 살펴보았다. 여기서 발견하는 것은 수입관세의 부과가 국내생산을 촉진시키며, 정부의 재정수입을 증대시키고 고용을 늘리며 국제수지를 개선시키는 등 여러 가지 장점을 지니고 있다는 것이다. 그러나 경제학자들이 관세부과에 대하여 이구동성으로 반대하는 것은 관세가 기본적으로 자유로운 가격기구의 작용에 대한 정부의 간섭으로서 자원배분의 왜곡을 초래하기 때문이다. 즉, 어떤 재화에 대한 수입관세의 부과는 이 재화의 상대가격을 인상시킴으로써 더 많은 자원이 이 재화를 생산하는 데 배분되도록 만드는 것이다. 또한 관세부과로 인한 가격상승으로 말미암아 소비가 줄어드는 것도 관세를 반대하는 주요한 이유 가운데 하나이다.

따라서 경제학자들은 관세부과가 목표하는 것을 달성할 수가 있으며, 동시에 자원배분의 왜곡은 초래하지 않는 다른 종류의 정책수단을 관세보다 더 좋다고 본다. 예를 들면 어떤 재화의 국내생산을 촉진시키기 위해서는 관세보다는 그 부문에 **보조금**(subsidy)을 지급하는 것이 소비도 줄이지 않고 더 좋다고 생각한다. 또한 실업을 줄이기 위해서나 국제수지를 개선시키기 위해서도 관세보다는 금융·재정정책으로 총수요를 조절한다든가 또는 외환율을 평가절하하는 것이 자원배분의 왜곡을 초래함이 없이 똑같은 목표를 달성할 수 있다고 본다.

이제 관세에 대한 논의를 끝내면서 추가로 지적해야 할 것은, 관세의 영향에 대한 지금까지의 분석이 비관세장벽 가운데 대표적인 예인 수입의 절대량을 제한하는 수입할당제 또는 수입쿼터제에도 그대로 적용된다는 것이다.

즉, 관세와 쿼터는 그 초래하는 효과가 서로 동일하다는 것이다. 다만 관세의 부과는 정부의 수입을 증대시키나 쿼터는 그렇지 않고 수입업자가 이득을 취한다는 것이 서로 다른 점이다. 따라서 수입업자는 정부에 로비를 하여 기득권을 유지하려고 노력할 것인데, 이를 **지대추구행위(rent-seeking behavior)**라고 하며 새로운 부가가치를 만들어 냄이 없이 자원의 낭비만을 초래하게 된다. 따라서 관세에 비해 쿼터는 추가의 비용이 들게 되므로 쿼터보다는 관세가 덜 해로운 것으로 평가할 수 있다. 오늘날 선진국에서 높은 관세나 쿼터를 부과하는 분야는 정치적으로 민감한 산업에서인데 일본의 농산물과, 미국의 신발, 직물 및 의류와 조선, 철강, 자동차가 좋은 보기이다.

자유무역과 보호무역

우리는 앞에서 어떤 나라는 자신의 비교우위에 따라 생산을 전문화하고 국제무역에 참가할 때 이로부터 정태적 및 동태적인 이익을 얻을 수 있다는 것을 보았다. 이러한 비교우위의 이론이 시사하는 것은 최선의 무역정책이 정부가 국제무역에 일체 간섭하지 않는 자유무역이라는 것이다. 그러나 현실적으로 보면 세계의 모든 나라는 수입을 억제하기 위하여 관세를 부과하며, 수입허가제나 수입할당제와 같은 각종의 비관세장벽을 구축하여 보호무역을 실시하고 있다. 따라서 여기서는 자유무역과 보호무역 사이의 논쟁에 관하여 살펴보기로 한다.

만일 완전한 자유무역과 전연 무역을 하지 않는 두 가지 극단적인 상황 가운데서 어느 하나를 선택하라면 누구든지 자유무역이 더 좋다고 할 것이다. 그러나 현실적으로 문제가 되는 것은 완전한 자유무역과 예를 들어 평균적으로 약 10% 정도의 관세율을 매기는 보호무역 중 어떤 상태가 더 바람직한 것인가 하는 것이다. 또는 평균 관세율이 5% 정도의 보호무역을 하는 것이 10% 정도의 보호무역보다 더 좋은 상태인가 하는 문제이다. 즉, 관세율을 조금 낮춤으로써 완전한 자유무역을 향하여 조금씩이라도 접근해 가는 것이 과연 바람직한 것인지의 여부이다.

이 문제에 대한 답은 자유무역이 정도가 그렇게 심하지 않은 보호무역(예를 들어 평균관세율 10%인 경우)보다 반드시 더 바람직한 상태라고 판정할 수는 없다는 것이다. 예를 들어 평균관세율이 10%인 어떤 나라가 이를 완전히 철폐하고 자유무역을 하였을 때 GNP는 1% 밖에 늘지 않는데 반하여 실업률은 2%가 증가하였다면 자유무역은 오히려 이 나라에 이익보다는 손해를 가져다 주었다고 볼 수 있다. 이는 곧 관세를 모두 철폐하고 자유무역을 실시하는 것이 보호무역을 하는 것보다 항상 이로운 것은 아니며, 자유무역으로부터 초래되는 이익과 손해를 서로 비교하고 난 뒤에만 자유무역과 보호무역 중에서 과연 어떤 상태가 더 나은지를 판단할 수가 있음을 나타내는 것이다.

이제 그러면 자유무역과 보호무역을 주장하는 논거에 대하여 각각 살펴보기로 하자. 먼저 자유무역을 주장하는 이유는 위에서 본 대로 자원배분상의 효율을 증대시키는 데서 얻는 정태적인 이익과 현실적으로 볼 때 이보다 더욱 중요한 생산가능곡선 전체를 밖으로 이동시키는 데서 얻는 동태적인 이익을 모두 누릴 수가 있기 때문인데, 자유무역이 최선의 무역정책이라는 생각은 아담 스미드(Adam Smith) 이후 현재에 이르기까지 경제학에서 확고하게 수립된 명제 가운데 하나이다.

한편 보호무역을 주장하는 이유에는 여러 가지가 있으나 그 중 대부분이 특정한 산업부문이나 이익 집단을 위한 것으로써 오류를 범하고 있다. 따라서 여기서는 올바른 주장 가운데 하나인, 발전도상국의 공업화를 촉진시키기 위해서 관세나 비관세장벽을 구축하여야 한다는 **유치산업보호론**(infant industry argument for protection)에 대하여만 살펴보기로 한다. 유치산업보호론은 19세기 중엽에 독일의 경제학자 리스트(Friedrich List)에 의하여 처음으로 제시되었다. 당시 독일은 후진국이었으므로 선진국인 영국과 경쟁을 할 수 없었다. 비록 자유무역은 영국에게는 이로운 것이나 후진국인 독일의 산업을 보호하기 위해서는 관세장벽을 구축해야 한다는 것이 리스트의 주장이었다.

유치산업보호론의 내용을 보면, 발전도상국의 어떤 유치산업이 현재의 시점에서 평가할 때는 생산비가 높아서 비교우위를 가지고 있지 않을 수 있다. 그러나 이 유치산업을 일정한 기간 동안만 관세장벽을 구축해서 보호, 육성하면 보호를 받는 동안 규모의 경제(economies of scale)를 실현하며 노동자도 생산을 하면서 기술을 습득함으로써(learning by doing) 생산성을 높여서, 얼마가 지난 후에는 관세장벽을 철폐하여도 외국의 재화와 충분히 경쟁을 할 수 있다는 것이다. 일본과 한국의 자동차공업이 대표적인 보기이다.

발전도상국의 유치산업에 대한 관세보호는 만일 다음의 두 가지 전제조건이 충족된다면 타당한 것으로 받아들일 수 있다. 첫째로, 유치산업으로 선정되어 관세보호를 받는 어떤 산업이 보호를 받는 기간 동안 규모의 경제를 실현하고 생산성을 향상시킴으로써, 일정한 기간이 경과한 후에 관세장벽을 철폐하였을 때는 생산비가 충분히 인하되어 외국의 상품과 경쟁을 할 수 있어야 한다는 것이다. 둘째는 이에 더하여 관세보호를 받는 기간 동안에 국내의 소비자들이 그만큼 높은 가격으로 재화를 구입하는 희생을 치렀으므로, 이를 충분히 보상할 정도의 추가적인 생산비의 인하가 있어야 한다는 것이다. 만일 이 두 가지 전제조건이 충족되는 경우에는 유치산업의 보호를 위한 관세의 부과는 타당한 것이라고 판정을 내릴 수 있다.

그러나 현실적인 문제는 관세 및 비관세장벽이 잠정적이 아니라 장기간 계속됨으로써 국내의 소비자들이 높은 가격을 지불하는 부담을 지게 되며, 또한 보호를 받는 기간 중에도 생산비의 인하가 실현되지 못하고 독과점화하는 경향이 있다는 것이다.

이상에서는 보호무역을 주장하는 대표적인 논거의 하나인 유치산업보호론에 관하여 살펴보았다. 여기서 문제가 되는 것은 결국 전통적으로 자유무역이 최선의 정책이라고 주장해 온 것이 정태적인 가정 아래서 "세계전체"의 자원배분상의 효율을 극대화시킨다는 측면에서 볼 때는 타당한 것이나, 세계전체가 아니라 어떤 "한 개별적인 발전도상국"의 동태적인 경제성장의 촉진을 위해서는 오히려 보호무역이 더 좋은 정책이 아니겠는가 하는 것이다. 이 점에 관해서는 명확한 결론이 나지 않았으며 논란이 계속되고 있다.

최근에는 위에서 살펴본 신무역이론에 기초하여, 전략적으로 중요한 국내산업을 보호해야 한다는 **전략적인 무역정책**(strategic trade policy)의 필요성이 선진국에서 제기되고 있다. 즉, 정보기술(information technology; IT), 나노 테크놀로지(nano technology; NT) 및 생명공학(biotechnology; BT) 등 인간자본집약적이며 지식집약적인 산업은 전략적으로 매우 중요한 부문인데, 이들 산업부문에서는 신제품을 개발하는 데 막대한 비용이 소요되며 규모의 경제가 존재하므로 정부의 보호가 필요하다는 것이다. 일본과 한국의 산업정책이 성공한 것에 자극을 받아 미국도 이러한 분야의 국내산업을 정부가 적극적으로 보호·육성해야만 하며 그렇지 않으면 국제경쟁에서 낙오하고 만다는 것이다.

한편 발전도상국과 관련해서는 **기술발달**(technological development)을 통해 선진국을 따라잡는 것이 필수적인데, 이를 위해서는 신기술을 실제로 생산과정에서 사용하면서 습득하는 과정이 필요하다. 이는 곧 수입대체산업의 보호 · 육성이 필수적임을 뜻하며, 유럽 여러 나라와 일본, 한국, 대만의 실제경험도 먼저 수입대체산업을 보호 · 육성한 후에 이를 수출산업화 하였다고 본다. 즉, 성공적인 공업화의 요체는 보호장벽 아래서 국내의 수입대체산업의 국제경쟁력을 확보한 후 이를 기초로 수출촉진을 이룩한 데 있다는 것이다.[6)]

우리 나라는 1980년대에 들어오면서 **수입자유화**의 방향으로 급속하게 전진하였다. 그리하여 1996년말 현재 수입자유화율은 99.3%에 이른다. 특히 1997년 1월부터 대외무역법이 개정되어 수출입승인제도가 완전히 폐지되었으며 기초농수산품을 제외하면 수입허가나 승인이 필요없이 자유롭게 수입되고 있다.

이처럼 수입규제를 풀어 수입자유화를 촉진하는 동시에 관세율도 크게 인하함으로써 그 동안 과잉보호되어 왔던 국내산업들을 선진국들로부터의 경쟁에 노출시킴으로써 우리 나라 기업의 국제경쟁력을 높이려 하고 있다. 이는 결국 시장기구의 활성화를 통하여 독과점의 경우에는 경쟁을 촉진하는 효과를 가질 것이며, 다른 산업의 경우에도 생산성을 높이는 결과를 가져 올 것이다.

더구나 현실적으로 볼 때 미국, EU를 비롯한 선진국들로부터 수입자유화의 압력이 증대되어 개방정책의 추진은 불가피한 것으로 생각된다. 그리하여 먼저 수입규제를 풀어 수입자유화를 실시함으로써 관세정책이 수입을 제한하는 주된 수단이 되도록 한 후에, 관세율도 점차로 단계적으로 인하한 것이다.

관세 및 비관세장벽

(1) GATT하의 케네디 라운드, 토쿄 라운드 및 우루과이 라운드

위에서 우리는 한국이 수입규제를 푸는 수입자유화를 시행함으로써 궁극적으로는 관세를 수입억제의 주된 수단으로 사용하며, 관세 또한 크게 인하하여 뚜렷하게 자유무역을 지향해 나가고 있음을 보았다.

6) R. Grabowski & M.P. Shields, *Development Economics*, Blackwell, Cambridge, Mass., 1996, Ch.7, pp.258~264.

이제 여기서는 우리 나라의 수출환경이 되는 세계시장에서의 관세 및 비관세장벽에 관하여 살펴보기로 한다. 먼저 관세장벽부터 보자. 1930년대의 세계대공황 중 거의 모든 나라가 채택하였던 보호무역주의는 모두에게 해를 입혔고, 세계경제의 성장을 가로막는 결과를 초래하였다. 따라서 제2차 세계대전이 끝난 후 이러한 과거의 잘못을 되풀이하지 않기 위하여 국제무역에 있어서의 인위적인 장애를 제거하고 자유무역을 지향하는 「관세 및 무역에 관한 일반협정」(General Agreement on Tariffs and Trade; GATT)이 1948년에 체결되었다.

GATT의 기본원칙은 두 가지인데 하나는 차별대우의 철폐이며, 다른 하나는 수입수량제한의 배제이다. 첫째로, GATT회원국들은 **최혜국대우조항**(most-favored-nation clause)을 받아들임으로써 모든 회원국들을 동등하게 취급하여야 하며 어떤 나라에 대해서도 차별대우를 해서는 안된다. 그러나 이에 대한 예외로서 관세동맹(customs union)이나 **자유무역지역**(free-trade area: FTA)과 같은 **지역경제통합**(regional economic integration)은 인정하고 있다.

여기서 관세동맹이란 몇몇 국가들이 블럭을 형성하고 가맹국들 사이의 무역에 대해서는 관세를 인하 또는 철폐하여 자유무역을 지향하나, 역외국가들에 대해서는 동일한 율의 공동관세를 부과하는 것이다. 한편 자유무역지역은 이보다 약한 경제통합의 형태로서 역내가맹국들 간의 무역에 대해서는 관세를 인하 또는 철폐하나, 역외국가에 대해서는 각각의 가맹국들이 독자적인 관세율을 매기는 것이다. 이 밖에 공동시장(common market)은 관세동맹과 같이 가맹국들 사이의 자유무역 및 역외국가들에 대한 공동관세율의 적용 이외에 한 걸음 더 나아가서 가맹국 간에 노동, 자본 등 생산요소의 자유스러운 이동까지도 가능해진 경제통합의 높은 형태이다.

현실적인 보기를 들면 자유무역지역은 1992년에 출범한 미국, 캐나다, 멕시코의 세 나라가 회원국인 북미자유무역지역(North American Free Trade Area; NAFTA)을 들 수가 있다. 또한 우리나라는 2003년 칠레와 FTA협정을 체결하였다.

한편 공동시장의 예로는 유럽국가들이 구성한 유럽연합(European Union; EU)을 들 수가 있다. 특히 EU는 유럽통화동맹(European Monetary Union; EMU)을 결성하여 2000년부터 유로(euro)라는 단일 통화를 사용하고 있다.

이러한 몇 가지 형태의 경제통합은 모두 가맹국들 간에는 자유무역을 지향하고 있으나 역외국가들에 대해서는 차별적인 무역제한조치를 취하고 있으므로, 한국처럼 아무런 경제블럭에도 가맹하지 못한 나라에게는 불리하게 된다.

GATT의 두번째 원칙은 수입을 제한하기 위한 무역정책의 수단으로서 관세만을 인정하고 있으며, 그 밖에 수입할당제와 같은 양적인 규제조치의 사용은 금지하고 있다. 여기에도 예외가 있는데, 만일 어떤 상품의 수입이 급증하여 국내산업에 중대한 손실을 초래할 우려가 있을 때는 관세율의 인상과 함께 양적인 수입규제조치의 사용도 가능하도록 허용한 것으로써 선진국들이 저렴한 후진국상품의 수입급증을 막기 위하여 빈번히 사용하고 있다.

이처럼 차별대우와 수입수량제한의 금지를 기본원칙으로 하여 GATT가맹국들은 지난 반세기 동안에 몇 차례의 관세인하를 성공적으로 이룩하였다. 1964년부터 시작되어 1967년에 끝난 **케네디 라운드**(Kennedy Round)의 경우, 당시 미국의 케네디 대통령이 EU의 전신인 유럽경제공동체(European Economic Community; EEC)가 점차로 GATT의 무차별원칙에 반하여 보호무역주의의 색채가 강해지자 획기적인 관세인하협상을 제안하게 되었던 것이다. 그 결과로 평균 35% 정도의 관세율인하가 이루어졌다.

또 한 차례의 관세인하협상은 **토쿄 라운드**(Tokyo Round)로서 1973년에 시작되어 1979년에 끝이 났는데, 그 결과로 다시 한번 평균 33% 정도의 관세율의 인하가 초래되었다. 근자에는 1986년에 시작되어 1994년에 타결된 **우루과이 라운드**(Uruguay Round; UR)가 있는데, 이에 따라 다시 추가적으로 33%의 관세인하가 있었다. 따라서 현재 주요 선진국의 평균 수입관세율은 3~5%대의 지극히 낮은 수준으로 인하되었다.

(2) 비관세장벽

위에서 우리는 GATT하의 케네디 라운드, 토쿄 라운드와 우루과이 라운드를 거치면서 국제무역을 제한하는 주요한 수단인 관세율이 매우 낮은 수준까지 인하되어 자유무역을 지향해 나가고 있음을 보았다. 그러나 이와는 대조적으로 관세 이외의 비관세장벽은 오히려 높아짐으로써 관세인하의 효과를 상쇄하고 보호무역주의의 방향으로 세계경제가 변해 온 것이 근자의 경향이다. 이는 우리 나라와 같이 수출주도형 경제발전전략을 추진하고 있는 국가의 입장에서 볼 때는 매우 염려되는 추세이다.

현재 우리 나라는 미국을 비롯한 주요 선진국으로부터 섬유류와 신발류는 물론이고 철강 및 전자제품 등 우리의 주요 수출품목에 대하여 각종의 수입규제를 받고 있다.

이제 대표적인 수입규제조치의 예를 몇 가지 들어보기로 하자. 첫째는 수입쿼터인데, 미국이나 EU가 우리와의 정부간 협정을 통하여 섬유류의 수출에 대해 수입의 한도를 결정하는 것이 좋은 예이다. 둘째는 수출자율규제(voluntary export restraints)인데, 수입국의 압력에 따라서 수출국이 "자율적"으로 수출의 양을 제한하는 것이다. 일본에 대한 견직물의 수출이 이러한 수출자율규제를 받았다.

수입쿼터와 수출자율규제는 양적인 수입규제조치라고 할 수가 있다. 그러나 수입규제의 다른 두 예인 덤핑방지관세(anti-dumping duties)와 상계관세(countervailing duties)는 가격 측면에서의 수입규제조치이다. 먼저 덤핑방지관세는 수입국이 외국상품의 덤핑으로 인하여 국내산업이 피해를 볼 위험이 있을 때 정상적인 수입관세에 추가하여 부과하는 것으로서, 우리의 미국에 대한 컬러TV수출이 덤핑방지관세의 적용을 받았다. 네번째 예는 상계관세인데 수입국이 수출국에서 지급된 보조금을 상쇄하기 위하여 부과하는 것으로서, 미국에 대한 철강제품의 수출이 상계관세의 적용을 받았다.

이 밖에도 미국은 지난 1988년 강력한 보호주의 조치인 종합무역법안(Omnibus Trade Bill) 또는 소위 슈퍼 301조를 제정하였다. 이 법에 따르면 미국의 상행위를 부당하게 제한하거나 차별하는 불공정한 무역행위(unfair trade practices)를 하는 국가를 대상으로 하여 미국이 보복을 할 수 있도록 하였다. 보기를 들면 한국의 보험시장을 미국에 개방하지 않는다고 해서 슈퍼 301조를 발동하여 보복조치를 취한 적도 있었다.

이와 같이 GATT하의 잇따른 관세인하협상의 성공적인 추진으로 관세율은 상당히 낮아졌으나, 우리 나라를 비롯한 신흥공업국의 수출에 대하여는 선진국들이 각종의 비관세장벽을 구축함으로써 보호무역주의 경향을 강화해 왔다. 그리하여 UR은 위에서 본 대로 상당한 정도의 관세인하는 물론이며, 대폭적인 비관세장벽의 철폐와 함께, 농산물 · 서비스 · 지적재산권 등 새로운 분야를 다자간(multilateral) 자유무역의 테두리 안으로 가져 들어왔으며, 세계무역기구(World Trade Organization; WTO) 체제도 출범시켰다.

농산품은 그동안 보호주의가 지배해 왔으나 WTO하에서 처음으로 수입수량제한을 철폐하고 예외없는 관세화(tarrification without exception)가 채택됨으로써 우리의 쌀 시장도 개방되기에 이르렀다. 아울러 EU에서 심했던 농업생산에 대한 보조금 지급도 단계적으로 감축하게 되었다. 이러한 농산품의 자유무역은 후진국들의 수출에는 도움이 될 것으로 보인다. 아울러 후진국이 주로 수출하는 섬유류와 의류에 대해서는 다자간 섬유협정(Multi Fiber Agreement; *MFA*)에 의해 선진국들이 쿼터를 매겨 왔는데, 단계적으로 이를 철폐함으로써 후진국의 수출이 늘어날 것이다.

또한 선진국의 주장이 반영되어 처음으로 금융, 보험, 유통 등 서비스의 자유무역과 **지적재산권**(intellectual property rights; *IPR's*)의 보호가 강화되었다. 또한 2차 대전 이후 근 반세기 동안 지속되어 왔던 세계경제질서인 GATT체제는 1995년부터 새로운 WTO체제에 의해 대체되었다. WTO체제는 UR 협상의 타결에 의해 결정된 사항들을 이행하도록 독려하기 위한 기구인 동시에, 환경, 노동조건, 투자, 경쟁정책 등 새로운 통상의제(new trade agenda)에 대한 논의도 계속할 것이다.

WTO체제의 출범으로 1980년대 초 이후 팽배해온 보호무역은 자유무역으로 다시금 회귀하게 되었다. 그러나 지난 반세기 동안 주로 공산품의 자유무역을 지향하던 데서 벗어나 이제는 농산품, 서비스 등 모든 산업의 자유무역과 개방이 추진됨으로써, 이제 국제경쟁력이 없는 산업은 어떤 것이든 살아남을 수가 없는 무한경쟁의 시대에 진입하였다.

주요개념

국제무역론　비교우위　교역조건　무역정책　국제수지이론　무역의 이익
전문화　교환의 이익　정태적(동태적) 이익　신정착지역　경제성장의 원동력
비교생산비설　요소부존의 이론　절대적인 우위　레온티에프의 역설
무역유형　제품수명주기설　외국인직접투자(*FDI*)　다국적기업(*MNC's*)
신무역이론　산업간(내) 무역; 교역조건　상호수요의 법칙　오퍼곡선;
무역정책　자유무역　관세　비관세장벽(*NTB's*)　인근궁핍화정책
보조금　지대추구행위　유치산업보호론　전략적인 무역정책　기술발달

수입자유화 GATT 최혜국대우 FTA 지역경제통합 NAFTA
EU EMU 유로 케네디 라운드 토쿄라운드 우루과이라운드(UR)
WTO 지적재산권

요 약

1. 국제경제학은 국제무역의 실물측면을 분석하는 국제무역론과 화폐적인 측면을 다루는 국제수지이론으로 구성되어 있다.

2. 국제무역론은 수출입품의 결정문제를 다루는 비교우위의 이론, 수출입품의 상대가격인 교역조건의 결정 및 무역정책 등이 주요한 분석대상이다.

3. 국제수지이론은 국제수지 불균형의 조정문제를 주로 다룬다.

4. 국제무역이 초래하는 이익(gains from trade)에는 주어진 생산가능곡선(*PPC*)의 선상을 따라서 이동하면서 생산을 전문화함으로써 후생수준이 증대되는 정태적인 이익과, 규모의 경제나 기술진보로 말미암아 *PPC* 자체가 밖으로 이동하는 데서 나오는 동태적인 이익이 있다.

5. 19세기의 국제무역은 신정착지역의 국가들에게는 경제성장의 원동력(engine of growth)이었다.

6. 고전적인 리카도의 비교생산비설에 따르면 어떤 나라는 비교생산비가 다른 나라에 비하여 낮아서 비교우위를 갖고 있는 재화는 수출하며, 반대로 비교생산비가 높아서 비교열위를 갖고 있는 재화는 수입한다.

7. 현대의 헥셔-오린(H-O)의 요소부존의 이론에 의하면 어떤 나라는 자신이 상대적으로 풍부하게 가지고 있는 생산요소를 생산과정에서 집약적으로 사용하는 재화의 생산에 비교우위를 가져 이 재화는 수출하며, 반대로 희소하게 가지고 있는 생산요소를 생산과정에서 집약적으로 사용하는 재화의 생산에는 비교열위를 가져 이 재화는 수입한다.

8. 레온티에프의 역설이란 H-O의 가설이 예측하는 바와는 달리 미국이 오히려 자본집약적인 재화를 수입하고 노동집약적인 재화는 수출하고 있는 현상을 일컫는다.

9. 지난 한 세대 동안 경제성장과 더불어 자본축적과 기술진보가 발생하면서 한국의 비교우위는 계속해서 고도화되어 왔다.

10. 제품수명주기설(*PLC* 가설)은 기술진보나 혁신이 비교우위를 결정하는 주요한 인자라고 봄으로써 정태적인 비교우위의 이론과는 상당한 차이가 있다.

11. 현실을 보면 H-O가설이 설명할 수 있는 산업간 무역보다 산업내 무역(intra-industry trade)이 더 많은데, 이를 설명하기 위해 신무역이론은 제품차별화, 독점적 경쟁시장 및 규모의 경제 등을 전제하고 있다.

12. 교역조건의 결정은 상호수요의 법칙을 사용하여 설명할 수가 있으며, 이를 그림으로 나타낸 것이 오퍼곡선이다.

13. 한국은 세계시장에서의 점유율이 낮아 수출입품의 가격은 주어진 여건이 된다. 그러나 한국의 교역조건은 IMF 사태이후 크게 악화되었다.

14. 무역정책이란 국가들 간의 자유무역을 제한하기 위하여 정부가 의도적으로 행하는 각종의 간섭을 말한다.

15. 수입관세의 부과는 그 재화의 국내생산을 증대시키며 소비와 수입을 줄이고, 소득을 소비자로부터 생산자로 재분배하며, 재정수입을 늘린다. 이 밖에도 교역조건, 경쟁력, 고용 및 소득, 국제수지 등에도 영향을 미친다.

16. 일반적으로 경제학자들은 관세부과보다 자원배분의 왜곡을 가져오지 않는 다른 정책수단을 더 좋다고 생각한다.

17. 자유무역을 실시하는 것이 보호무역을 하는 것보다 항상 이로운 것은 아니며, 자유무역으로부터 초래되는 이익과 손해를 서로 비교해 보아야만 판단을 내릴 수 있다.

18. 보호무역을 주장하는 논거에는 여럿이 있으나 그 중에서 유치산업보호론은 후진국의 공업화를 촉진시키기 위해서 관세 및 비관세장벽을 구축해야 한다는 것인데, 쉽지는 않으나 두 가지 전제조건이 충족되면 올바른 주장이다.

19. 근자에 선진국에서는 신무역이론에 기초하여 전략적으로 중요한 국내산업을 보호해야 한다는 전략적인 무역정책의 필요성이 제기되고 있다.

20. 한국의 수입자유화는 선진국으로부터의 시장개방 압력과 더불어, 우리 자체로서도 국내산업을 경쟁에 노출시킴으로써 국제경쟁력을 높이려는 의도하에 추진되고 있다.

21. 2차대전 후 체결된 GATT는 자유무역을 지향하여, 차별대우의 철폐(최혜국대우)와 무역정책의 수단으로서 관세만을 인정하는 등 두 가지 원칙을 세웠다.

22. 지역경제통합에는 NAFTA와 같은 자유무역지역과 EU와 같은 공동시장 등이 있다. 이들은 모두 역외국가들에게는 차별적인 조치를 취하므로 한국처럼 아무런 블럭에도 가맹하지 못한 국가에게는 불리할 수밖에 없다.

23. GATT 주관으로 열린 케네디 라운드, 토쿄 라운드와 우루과이 라운드를 통해 관세율은 매우 낮은 수준까지 인하되었으나 관세 이외의 비관세장벽은 오히려 높아졌다.

24. 대표적인 수입규제조치에는 수입쿼터, 수출자율규제, 덤핑방지관세 및 상계관세 등이 있다. 이 밖에도 미국은 강력한 보호주의 조치인 종합무역법안을 제정하였다.

25. UR의 타결로 WTO체제가 GATT체제를 대체하면서 1995년 새롭게 출범하였다. WTO체제는 자유무역규범을 농산품, 서비스 및 지적재산권 분야에까지 확대하였다.

연습문제

1. 국제무역이 초래하는 정태적 및 동태적인 이익을 설명하라.
2. 헥셔-오린의 요소부존의 이론을 설명한 후, 이 가설을 검증한 레온티에프의 역설에 대해 논평하라.
3. 한국의 무역유형을 자세히 설명해보라. 경제성장과 더불어 비교우위는 어떻게 고도화되었는가 살펴보자.
4. 한국과 미국이 서로 자동차를 수출하고 수입하는 산업내 무역은 어떻게 설명할 수가 있을까?
5. 오퍼곡선을 이용하여 교역조건의 결정을 설명해보라. 한국이 세계시장에서 가격을 주어진 여건으로 받아들이는(price taker) 이유는 무엇인가? 한국의 교역조건의 추이는 어떠한가?

6. [그림 34-2]를 이용하여 관세부과가 미치는 영향을 설명해보라. 경제학자들이 관세부과보다 다른 정책수단을 선호하는 이유는 무엇인가?

7. 1960년대 중엽 일본의 중앙은행 총재는 일본은 자동차생산에 비교우위가 없으므로 자동차산업을 보호해서는 안된다고 주장하였다. 이에 대해 논평해보라.

8. 성공적인 공업화를 위해서는 우선 보호장벽하에서 국내의 수입대체산업의 국제경쟁력을 확보하는 것이 필수적이라는 주장에 대하여 평가해보라.

9. 지역경제통합에는 어떤 형태가 있으며, 그 구체적인 보기는?

10. 2차대전 이후 반세기 동안 존속되었던 GATT체제와 1995년에 새롭게 출범한 WTO체제를 서로 비교하면서 설명해보라. WTO체제의 출범이 한국경제에 미치는 영향은 무엇인가?

11. 한국은 2003년 칠레와 FTA협정을 체결하였다. 이에 대해 농민단체가 반대하는 이유는 무엇인가?

제 35 장

국제수지

제35장에서는 국제수지 불균형의 조정에 대하여 분석하는 국제수지이론을 살펴본다. 먼저 국제수지표에 대해 상세하게 풀이한 후 한국의 국제수지의 특징을 설명한다. 이어서 국제수지 불균형의 두 가지 자동적인 조정기구를 살펴보는데, 가격기구는 고정환율제도와 변동환율제도의 두 경우로 나누어 보고 케인즈의 소득기구에 대해서도 설명한다.

국제수지의 적자를 줄이는 정책에는 지출감소정책과 지출전환정책이 있는데 이에 대해 살펴본다. 이어서 평가절하가 국제수지에 미치는 영향을 분석하는 탄력도, 총지출 및 통화론적인 접근법의 셋을 서로 비교하면서 설명한 후 한국에서의 평가절하의 효과를 알아본다. 스완의 그림을 이용하여 내부균형과 외부균형을 달성하는 문제에 대해서도 설명한다. 끝으로 고정환율제도와 변동환율제도의 장단점을 비교하며, 한국의 환율제도에 대해서도 언급한다.

35.1 국제수지표

앞의 34장에서 우리는 국제무역의 실물 측면을 분석하는 국제무역론에 관하여 살펴보았다. 이제 35장에서는 국제경제학의 다른 한 분야인 국제무역의 화폐적인 측면을 분석하는 국제무역의 화폐이론에 대하여 보기로 한다. 국제무역의 화폐이론이 주로 다루는 문제는 국제수지의 불균형의 조정에 관한 것이므로 이를 보통 **국제수지이론**이라고도 부른다.

그러면 먼저 일정한 기간 동안에 한 나라의 거주자와 비거주자[1] 사이에

1) 대부분의 경우 거주자는 자국인과 동일하며, 비거주자는 외국인과 같다.

표 35-1 국제수지표(2001년)[2)]

(단위: 백만 달러)

	수 입	지 급	수 지 차
Ⅰ. 경상계정			8,617
수 출	151,371		
수 입		137,979	
무역수지			13,392
서비스수지	29,602	33,128	−3,526
소득수지			−886
경상이전수지			−363
Ⅱ. 자본계정			−3,584
A. 투자수지			−3,141
1. 직접투자			598
2. 증권투자			6,251
3. 기타투자			−9,990
B. 기타자본수지			−443
Ⅲ. 준비자산증감			−7,714
Ⅳ. 오차 및 누락			2,681
합 계			0

일어난 모든 경제적인 거래를 체계적으로 기록한 **국제수지표**에 관하여 살펴보자. 〈표 35-1〉이 2001년 한국의 국제수지표를 나타내고 있다.

국제 간의 거래를 국제수지표에 기록하는 방법을 보면 중앙은행에 의한 **외환**(foreign exchange)의 매입을 초래하는 모든 항목은 차변(debits)의 수입란에 기록이 되며, 반대로 외환의 매출을 가져오는 모든 항목은 대변(credits)의 지급란에 기록한다. 여기서 외환이란 외화(foreign currency) 및 외화에 대한 청구권(예를 들면 은행예금이나 약속어음 등)을 말한다.

외환의 수입을 가져와 국제수지표의 차변에 기록되는 항목의 예를 들어 보면 재화 및 용역의 수출과 자본의 도입을 들 수 있다. 반대로 외환의 지급을 초래하여 국제수지표의 대변에 기록되는 항목으로는 재화와 용역의 수입과 자본의 수출 등이 있다. 재화 및 용역의 수출과 수입이 각각 차변과 대변에 기록되는 것은 쉽게 이해가 되나, 자본의 수입과 수출이 각각 차변과 대변에 기록되는 것은 혼동할 여지가 있다. 그러나 여기서도 예를 들어 차관과 같

2) 한국은행, "2001년중 국제수지동향(잠정)", 「조사통계월보」, 2002. 4, pp. 74~94.

은 외국자본의 도입은 한국의 입장에서 볼 때는 외환의 수입이므로 차변에 기록하며, 반대로 우리가 다른 나라에 자본을 수출하면 이는 한국의 입장에서는 외환의 지급을 초래하므로 대변에 기록한다고 보면 된다.

국제수지표의 내용

위에서 본 바와 같이 모든 거래는 외환의 수입을 초래하는가 또는 지급을 가져오는가에 따라서 각각 차변과 대변에 기록된다. 이제 그러면 〈표 35-1〉의 국제수지표를 보기로 하자. 첫째 경상계정(current account)은 재화와 용역의 수출입처럼 경상국민소득을 발생시키거나 또는 경상국민소득의 지출을 초래하는 경상거래를 기록한다.

경상거래 중에서 재화의 수출과 수입의 차액을 **무역수지**(balance of trade) 또는 상품수지라고 부르는데, 2001년에 우리는 13,392백만 달러의 흑자를 냈다. 한편 경상거래중에서 상품의 수출입을 제외한 **무역외수지**는 4,412백만 달러의 적자를 나타냈다. 이는 운수, 여행 등의 서비스 수지 적자 −3,526백만 달러와 이자, 급료, 배당 등 소득수지의 적자 −886백만 달러를 합한 것이다. 이전거래는 반대급부를 수반하지 않는 증여를 말하는데 순액으로 363백만 달러의 적자가 있었다. 이제 무역수지, 무역외수지 및 이전거래를 합한 것이 **경상수지**(balance of current account)인데 8,617백만 달러의 흑자를 나타내고 있다.

국제수지표의 두번째 구성부문은 자본계정(capital account)인데, 이는 경상국민소득의 생산이나 지출과는 상관이 없는 국가 간의 자본거래를 기록한다. 투자수지 적자 3,141백만 달러와 기타자본수지 적자 443백만 달러를 합해 모두 3,584백만 달러의 자본수지 적자를 기록하였다. 투자수지는 직접투자(direct investment)와 증권투자(portfolio investment) 이외에 기타투자도 포함되는데 여기에는 대출, 차입 등이 기록된다. 이제 경상수지와 자본수지를 합한 것은 오차 및 누락을 참작하고 나면 준비자산의 증감과 같게 된다.

해방 이후 약 반세기 동안 우리 나라 국제수지의 특징은 경상거래에 있어서의 적자가 자본거래의 흑자에 의하여 보전되는 것이었다. 즉, 만성적인 경상수지의 적자에서 헤어나지를 못하였다. 이에 대한 예외가 지난 1986년부터

1989년까지의 3저(低) 호황기와 1998년 이후의 외환위기 기간동안인데 이때 우리는 큰 폭의 경상수지 흑자를 냈다.

이상에서의 논의를 요약하면 국제수지는 정의 자체에 의하여 항상 일치하나 우리가 보통 국제수지의 불균형이 존재한다고 말하는 것은 경상수지의 불균형을 뜻하는 것이다.

35.2 국제수지불균형의 자동적인 조정기구

가격기구

(1) 금본위제도하에 있는 경우

앞의 35.1에서 우리는 국제수지표에 관해 설명하면서 국제수지의 불균형은 경상수지를 기준으로 하여 판단한다고 하였다. 이제 여기에서는 국제수지의 불균형이 발생하였을 때 장기에 이를 시정 또는 조정하는 **자동적인 조정기구**(automatic adjustment mechanism)의 작용에 대하여 살펴보기로 한다. 장기의 국제수지불균형의 자동적인 조정기구는 크게 두 가지로 나누어 볼 수 있다.

하나는 가격의 변동을 통하여 국제수지의 불균형이 자동적으로 조정되는 것인데 이를 **가격기구**(price mechanism)에 의한 조정이라고 한다. 여기서 가격이란 두 가지 뜻으로 해석할 수 있는데, 하나는 어떤 나라의 화폐의 가격이다. 한 나라의 화폐의 가격은 외환율을 지칭하므로 여기서의 가격변동이란 외환율의 변동을 의미하게 된다. 즉, 변동환율제도(flexible or floating exchange rate system) 아래에서 외환율의 변동을 통하여 장기에 국제수지의 불균형이 조정되는 것이다.

둘째로, 가격은 고정환율제도(fixed exchange rate system)를 가정할 때 국내물가수준을 뜻한다. 즉, 장기에 있어서 물가수준의 변동을 통해 국제수지의 불균형이 조정되는 것인데, 금본위제도하에 있는 경제가 그러하다. 따라서 가격기구에 의한 장기의 국제수지불균형의 조정은, 첫째로 국내물가수준은 일정하다고 가정하고 환율의 변동을 통하여 조정이 일어나는 경우(다음

항의 변동환율제도)와 환율은 일정하고 국내물가수준이 변동하여 조정되는 경우(여기서 보는 금본위제도)의 두 가지를 생각할 수 있다.

국제수지불균형의 다른 한 조정기구는 국민소득의 변동을 통하여 작용하는 **소득기구**(income mechanism)인데, 이는 케인즈의 분석에 기초하고 있다.

이제 그러면 가격기구의 작용에 의한 국제수지불균형의 조정 가운데서 환율은 고정되어 있고 국내물가수준이 변동하는 경우인 금본위제도하의 경제를 보기로 하자. 금본위제도는 1880년경부터 1차 세계대전이 시작된 1914년 이전까지가 전성기였는데, 이 제도하에서는 각국의 화폐 사이의 평가(par values; parities)는 각국의 화폐단위가 포함하는 금의 함유량에 의하여 결정되었으므로 고정환율제도에 기초하고 있었다.

가정하기를 금본위제도하에 있는 어떤 국민경제가 국제수지의 적자를 보이고 있다고 해보자. 그러면 금의 해외유출이 발생하게 되는데, 이는 국내의 통화량을 감소시켜 물가수준의 하락을 가져온다. 물가가 하락하면 이 나라의 수출품의 가격이 싸지므로 수출은 증가하는 반면, 수입품의 가격은 비싸져서 수입은 감소하게 된다. 따라서 국제수지는 장기에 다시 균형상태로 돌아가게 된다. 반면에 어떤 나라가 국제수지의 흑자를 보이는 경우에는 금이 국내로 유입되는데, 이는 통화량의 증가를 초래하여 국내물가수준은 상승한다. 물가의 상승은 수출품의 가격을 등귀시켜 수출은 감소하게 되며, 반면에 수입품의 가격은 상대적으로 저렴해져서 수입은 증가하므로 국제수지는 장기에 다시 균형상태로 돌아가게 된다.

(2) 변동환율제도하에 있는 경우

앞에서는 가격기구의 작용에 의한 국제수지불균형의 조정 가운데서 금본위제도하에 있으므로 환율은 고정되어 있고 국내물가수준이 변동하는 경우를 보았다. 이제 여기서는 국내물가수준은 일정하며 외환율이 자유롭게 변동하는 경우를 보기로 한다.

앞의 [그림 21-7]은 **외환시장**에서 외환에 대한 수요(D)와 외환의 공급(S)이 상호작용하여 균형외환율(P_0)이 결정되는 것을 보여주고 있다. 이때 외환에 대한 수요는 35.1에서 본 국제수지표를 가지고 이야기하면, 외환의 매출을 초래하여 대변의 지급란에 기록되는 모든 거래로부터 나온다. 예를 들면, 상품의 수입은 중앙은행의 입장에서 보면 외환의 매출을 초래하므로 국제수지표의 대변의 지급란에 기록되는 거래이나 이를 수입업자의 관점에서 보면 외환에 대한 수요가 된다. 이 밖에 우리가 외국인회사에 운송료나 보험료를 지불하거나, 외국여행을 하거나, 차관에 대한 이자를 갚거나, 우리 기업이 외국에 장기투자를 하기 위하여 공장을 세우거나, 외국은행에 단기로 예금을 하거나, 채권을 구입할 때에도 모두 외환에 대한 수요가 일어나게 된다. 이러한 우리 국민의 외환에 대한 각가지 수요를 모두 합해 놓으면 앞의 외환에 대한 수요를 얻게 된다.

반면에 외환의 공급은 외환의 매입을 초래하여 국제수지표의 차변의 수입란에 기록되는 모든 거래에서 나온다. 예를 들어 보면 다른 나라가 우리의 수출품을 수입하거나, 우리 나라에 관광여행을 올 때나, 우리에게 장기의 차관을 빌려 주거나, 증권투자를 하거나, 단기의 무역신용을 공여할 때 외환의 공급은 발생하게 된다. 이러한 외국인들의 각가지 외환의 공급을 모두 합하면 외환시장에 대한 외환의 공급을 얻을 수가 있다.

이제 외환시장에서 외환에 대한 수요와 공급이 어디로부터 나오는가를 알았으므로 외환에 대한 수요곡선과 공급곡선의 형태에 관하여 분석해 보자. 먼저 외환에 대한 수요곡선이 어떠한 형태를 가지는가 보자. 가정하기를 환율의 인하 또는 **평가절상**이 일어났다면, 수입품의 국내가격은 하락하게 되며 이는 우리 나라 국민들로 하여금 더욱 많은 외국상품을 수입하도록 만듦으로써 외환에 대한 수요는 증가하게 될 것이다. 반대로 환율의 인상, 즉 **평가절하**가 일어나면 수입품의 국내 원화가격은 상승하게 되고 이는 수입품에 대한 수요를 줄임으로써 외환에 대한 수요는 감소하게 될 것이다.

환율의 변동이 상품의 수입에 미치는 이러한 영향은 사실 외환에 대한 수요를 초래하는 다른 모든 경우에도 똑같이 적용된다. 즉, 환율의 인하 또는 평가절상이 일어나면 더 많이 외국여행을 하게 되며, 외국에 대한 장·단기의 투자도 종전보다 더욱 유리해져서 투자를 늘리는 등 외환에 대한 수요는 증가하게 된다. 반면에 환율이 인상되면 외국여행도 줄이고, 외국에 대한 장·단기의 투자도 불리해져서 축소시키게 됨으로써 외환에 대한 수요는 감소할 것이다.

이렇게 볼 때 환율의 인하 또는 평가절상은 외환에 대한 수요를 증대시키며, 환율의 인상 또는 평가절하는 외환에 대한 수요를 감소시킨다는 것을 알 수가 있다. 따라서 외환에 대한 수요곡선은 앞의 [그림 21-7]에서 D로 표시되듯이 우하향의 형태를 취한다.

한편 외환의 공급곡선은 왜 앞의 그림에서처럼 우상향의 형태를 취하게 되는가? 가정하기를 환율이 인하되었다고 해보자. 그러면 우리 나라 수출품의 달러화가격이 상승하게 되며, 이는 외국에서의 우리 상품에 대한 수요를 감소시켜 외환의 공급도 줄어들게 될 것이다. 반면에 환율이 인상되면 우리 수출품의 달러화가격이 하락하여 외국인들의 우리 상품에 대한 수요를 증대시키게 되고, 이는 결국 외환의 공급을 늘리게 되는 것이다. 이처럼 환율의 변동이 외국에서 우리 상품에 대한 수요를 변화시켜 외환의 공급에 영향을 주는 것은, 예를 들어 외국인이 장 · 단기의 투자를 한국에 하는 경우에 환율변동이 어떠한 영향을 미치는가를 분석하는 데 있어서도 그대로 적용된다. 즉, 환율의 인하는 우리 나라에 대한 외국인들의 장 · 단기 투자를 전보다 불리하게 만듦으로써 투자는 줄어들게 되며, 따라서 외환의 공급도 감소할 것이다. 반면에 환율의 인상은 외국인투자를 더욱 유리하게 만듦으로써 투자는 늘어나고, 이는 외환의 공급을 증대시키는 결과를 가져온다.

이렇게 볼 때 환율의 인하는 외환의 공급을 감소시키며 환율의 인상은 외환의 공급을 증대시켜 앞의 그림이 나타내는 것처럼 외환의 공급곡선은 우상향의 형태를 취하게 되는 것이다.

이제 그러면 외환에 대한 수요곡선과 공급곡선의 형태에 대하여 알았으므로 외환시장에서 이 두 곡선이 서로 만나 균형외환율이 결정되는 데 관하여 살펴보기로 하자. 물론 사후적으로는 외환의 매출의 합계와 외환의 매입의 합계는 항상 일치하므로 국제수지표에서 보는 것처럼 차변과 대변의 합계는 정의 자체에 의하여 언제나 똑같다. 그러나 외환시장의 균형을 이야기할 때의 외환에 대한 수요와 공급은 사전적으로 의도하는 외환의 수요와 공급을 뜻하므로 양자가 반드시 일치할 하등의 이유가 없다. 이제 균형외환율과 균형외환수급량은 [그림 21-7]이 보이는 것처럼 사전적으로 의도한 외환의 수요와 공급이 일치하는 데서 결정된다고 볼 수 있다. 이는 단순히 수요, 공급의 분석 용구를 외환시장에 그대로 적용한 것에 불과하다.

그러나 만일 외환에 대한 수요곡선이나 공급곡선 자체가 이동한다면 균형외환율도 이에 따라서 변동하게 될 것이다. 몇 가지 예를 들어 보자. 첫째로 우리 나라의 인플레이션율이 외국보다 더 높다고 하면, 우리 수출품의 외국시장에서의 가격은 비싸지는 반면에 외국상품의 국내시장에서의 가격은

그림 35-1 외환율의 변동

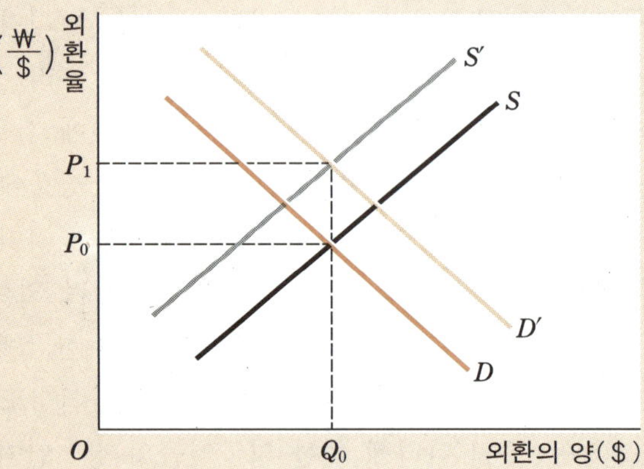

싸지게 된다. 이는 수출을 줄이고 수입은 늘림으로써 외환에 대한 수요곡선을 D에서 D'로 오른쪽으로 이동시키는 동시에 외환의 공급곡선은 S에서 S'로 왼쪽으로 이동시킨다. [그림 35-1]이 이를 보여준다. 여기서 새로운 균형환율은 P_1으로써 종전의 P_0에 비하여 인상되어 평가절하가 일어났음을 알 수가 있다.

사실 외환율의 결정에 관한 **구매력평가설(purchasing-power parity theory of exchange rate determination)**에 의하면 장기적으로는 물가상승률의 차이가 외환율의 변동을 초래하는 가장 중요한 요인이라고 본다.

두번째 예로 국가 간의 단기자본의 이동을 들 수가 있다. 단기자본의 이동에 영향을 미치는 주된 요인은 이자율인데, 만일 예를 들어 미국이 다른 나라에 비하여 고금리를 준다면 단기자본이 미국으로 몰려들게 될 것이다. 이는 미국의 입장에서 볼 때 외환의 수요곡선은 그대로 있으나 공급곡선이 우측으로 이동하는 결과를 가져온다. 따라서 달러화는 다른 나라의 통화에 비하여 평가절상된다. 사실 단기에 있어서는 이자율의 차이가 외환율의 변동을 초래하는 가장 중요한 요인이라고 볼 수 있다.

바로 이러한 현상이 1979~1985년의 기간 중 미국에서 일어났다. 미국은 1979년부터 긴축적인 금융정책을 쓰기 시작하였는데, 이는 자연히 이자율의 상승을 초래하게 되었다. 그 결과로 외국의 자본이 수익률이 높은 미국으로 유입되었으며 이는 대폭적인 달러화의 평가절상을 초래하였다.

이러한 대폭적인 달러화의 평가절상은 미국의 수출은 줄이고 수입은 늘림으로써 경상수지의 악화를 가져왔다. 이제 미국은 경상수지의 적자를 자본수지의 흑자를 사용하여 보전하는 형태를 띠게 되었으며, 그 결과로 1차 세계대전 이후 세계 최대의 채권국의 위치에 있다가 외채의 누적으로 채무국으로 변하였다.

그런데 애초 미국이 긴축적인 금융정책을 써서 이자율이 오르게 된 원인은 막대한 재정적자에 연유한다. 즉, 재정적자로 인해 인플레이션의 위험성이 있자 긴축적인 금융정책을 쓰게 되었던 것이다. 2002년 현재에도 소위 **쌍동이 적자**(twin deficits)로 불리우는 미국의 경상수지 적자와 재정적자는 크게 축소되지 않고 있다.

1985년 9월 미국, 영국, 프랑스, 서독 및 일본 등 5대 선진국 대표들이 **플라자 협정**(Plaza Accord)을 맺어 달러가치의 하락에 합의한 후 일본의 엔화와 서독의 마르크화에 대한 달러가치는 급속히 하락하였다. 즉, 1984년 말 현재 1달러당 251.65엔 및 3.16마르크에 달하던 환율이 1986년 말 현재에는 115.85엔 및 1.54마르크로 급속하게 떨어졌던 것이다.

세번째 예는 어떤 나라가 장기적으로 구조적인 변화를 겪고 있는 경우이다. 여기서 구조적인 변화란 임금과 같은 비용 측면의 변화, 생산성향상 및 기술혁신의 속도 등 비교우위에 영향을 주는 여러 요인들을 뜻한다. 실례를 들면 한국의 임금상승은 빠르나 기술혁신의 속도는 경쟁국들에 비해 뒤짐으로써 많은 공산품에서 비교우위를 잃고 있는 것이다. 이 때는 한국의 입장에서 볼 때 원화에 대한 외국인의 수요는 줄어드나, 한국인들이 외환에 대한 수요는 늘어나게 되어 원화는 평가절하현상을 보인다.

위에서는 환율이 변동하는 이유를 몇 가지 예를 들면서 살펴보았다. 여기서 발견하는 것은 변동환율제도하에서는 언제나 사전적으로 의도한 외환의 수요와 공급이 서로 일치하는 데서 균형외환율이 결정되므로, 국제수지의 불균형은 외환시장에서 자동적으로 조정된다는 점이다. 이와 같이 외환율이 자유롭게 수요와 공급의 작용에 의하여 결정되는 것을 환율의 "깨끗한 유동화"(clean floating)라고 한다면, 세계경제는 1971년에 브레튼 우즈(Bretton Woods)체제가 붕괴된 이후 변동환율제로 이행하였으나 일종의 **관리된 변동환율제도**(managed floating exchange-rate system) 또는 환율의 깨끗하지 못한 유동화(dirty floating)에 기초하고 있다. 즉, 현재의 국제금융제도는 각국의 중앙은행들이 자국의 외환율수준의 과도한 변동을 완화하기 위하여 수시로 외환을 사고 파는 관리된 변동환율제도에 기초하고 있다.

한편 2차 세계대전이 끝난 1945년 이후부터 변동환율제도로 이행해 가지 전인 1971년까지의 국제금융제도는 소위 브레튼 우즈체제라고 불리우는데, 이는 실질적으로 고정환율제도에 기초하고 있었다. 즉, 중앙은행이 환율을 일정한 수준에 고정시키고 이를 유지하기 위하여 외환을 사고 팔았다.

소득기구

지금까지 우리는 국제수지에 불균형이 생겼을 때 이를 자동적으로 조정하는 힘인 가격기구의 작용에 대하여 살펴보았다. 이제 또 하나의 국제수지불균형의 조정기구인 **소득기구**의 작용에 대해 알아 보자. 소득기구의 도입은 케인즈의 분석을 국제수지분야에 적용한 것이다.

예를 들어 어떤 나라가 국제수지의 흑자를 보이고 있다고 가정해 보자. 이는 수출의 증대를 뜻하는데, 수출이 증가하면 불완전고용하에서는 수출승수를 통하여 국민소득이 증가하게 된다. 그런데 수입은 국민소득의 증가함수이므로, 이는 수입의 증대를 가져와 국제수지의 불균형을 조정하는 방향으로 소득기구가 작용하게 된다. 반면에 국제수지가 적자를 보이면 국민소득을 감소시키는 수입이 국민소득을 증대시키는 수출보다 더 커서 국민소득은 감소하고, 이는 다시 수입의 감소를 초래하여 국제수지의 불균형을 조정하는 방향으로 역시 소득기구가 작용하게 된다.

35.3 국제수지정책

지출감소정책과 지출전환정책

앞의 35.2에서 우리는 국제수지에 불균형이 생겼을 때 이를 자동적으로 조정하는 힘인 가격기구와 소득기구가 작용하고 있다는 것을 보았다. 과거의 국제수지이론은 이와 같이 국제수지불균형의 자동적인 조정기구를 주로 분석하였으며 국제수지의 불균형을 경제정책의 문제로 보지는 않았다. 그러나 현실적으로 국제수지의 불균형은 자동적으로 조정되지 않았으므로, 근자에 들어오면서 부터는 국제수지의 불균형을 정책문제로 다루게 되었다.

국제수지의 불균형[3]을 없애기 위한 경제정책에는 크게 나누어 **지출감소정책**(expenditure-reducing policies)과 **지출전환정책**(expenditure-switching policies)의 두 종류가 있다. 지출감소정책이란 국민경제의 총지출을 감소시킴으로써 국제수지의 적자를 줄이려고 하는 것인데, 금융정책 및 재정정책을 긴축적으로 운용하는 것이 여기에 속한다. 다음의 항등식은 개방경제하에서의 GDP(Y)를 나타낸다.[4]

$$Y=C+I+G+(X-M)$$

이를 변형하면,

$$X-M=Y-(C+I+G)$$

즉, 무역수지 $X-M$은 GDP인 Y에서 총지출 $C+I+G$를 뺀 것과 같다. 따라서 무역수지가 적자이어서 $X<M$이면 $Y<C+I+G$가 된다. 이때 무역수지의 적자를 줄이려면 GDP가 일정할 때는 총지출 $C+I+G$를 감소시켜야만 한다. 그런데 총지출을 줄이기 위해서는 지출감소정책인 재정 · 금융정책을 긴축적으로 운용하여야 한다.

국제수지의 불균형(적자)을 줄이기 위해 사용할 수 있는 다른 하나는 지출전환정책이다. 지출전환정책은 지금까지 외국의 재화나 용역에 대하여 지출하던 것을 국내재화나 용역에 대해 지출하도록 전환시킴으로써 국제수지의 적자를 해소시키려고 하는 것이다. 지출전환정책에는 환율의 인상(외국통화에 대한 자국통화의 평가절하)을 비롯하여 수입규제, 수입관세, 쿼터, 수출보조금 및 외환통제(exchange control) 등이 있다.

위에서 우리는 국제수지의 불균형을 없애기 위한 경제정책을 지출감소정책과 지출전환정책의 둘로 크게 나누어 살펴보았다. 그러나 여기서 유의해야

---

3) 현실적으로 볼 때 국제수지의 흑자는 별로 문제를 일으키지 않으며 적자가 문제이므로 여기서 국제수지의 불균형은 국제수지 적자를 의미한다.

4) 22.3을 참조할 것.

할 것은 지출전환정책이 지출감소정책의 대체물이 될 수가 없다는 것이다. 이 말은 지출감소정책이 수반되지 않는 지출전환정책은 그 효력을 제대로 발휘할 수가 없다는 뜻이다.

이는 앞의 항등식이 나타내는 것처럼 국제수지의 적자가 기본적으로 GDP보다 총지출이 더 많은 데 연유한다는 점을 상기할 때 당연한 것이다. 이제 어떤 국민경제가 완전고용상태에 있다고 해보자. 이때 환율의 평가절하나 수입규제와 같은 지출전환정책을 실시하게 되면 지금까지 외국산품에 대하여 지출하던 것이 국산품에 대하여 지출하게끔 전환될 것이지만, 이러한 지출전환으로 인한 국산품에 대한 수요의 증대는 국내에서의 공급증대에 의하여 충족되어야만 할 것이다. 그런데 완전고용하에서는 지출전환으로 인한 수요의 증대를 충족시키기 위하여 수출산업과 수입대체산업이 생산량을 늘리려면 다른 부문들은 산출량을 줄여야 하며, 이는 곧 이들 부문에 대한 지출이 감소되어야만 함을 뜻한다.

평가절하의 효과

(1) 탄력도접근법

앞에서는 국제수지의 적자를 해소하기 위한 정책으로 지출감소정책과 지출전환정책의 둘이 있음을 보았는데, 이제 여기서는 지출전환정책 가운데서 가장 대표적이며 그 영향이 국민경제 전체에 미치는 평가절하의 효과에 대하여 보기로 한다.

평가절하가 국제수지에 미치는 영향을 분석하는 접근방법에는 크게 세 가지가 있는데, **탄력도접근법**(elasticity approach), **총지출접근법**(absorption approach) 및 **통화론적인 접근법**(monetary approach)이 바로 그것이다. 여기서는 먼저 탄력도접근법에 대하여 보자.

탄력도접근법은 평가절하가 초래하는 가격변동의 효과를 강조하고 있다. 즉, 평가절하를 하면 수출품과 수입품의 가격이 자국통화로 표시하였을 때 다른 재화의 가격에 비하여 상승하게 되는데, 이러한 상대가격의 변화가 초래하는 영향을 강조하고 있다. 예를 들어 어떤 나라가 10%의 평가절하를 하였다면 자국통화로 표시된 수입품의 가격도 10%만큼 상승하게 된다. 그러면 이는 수요 측면에 영향을 미쳐 수입품에 대한 수요는 감소하게 되고 상대적으로 가격이 하락한 다른 재화에 대한 수요는 증가할 것이다. 또한 생산 측면에서는 수입품과 동종의 재화를 생산하는 국내의 수입대체산업이 수입품가격의 상승으로 말미암아 이윤율이 늘어나게 되어 생산량을 증대시킬 것이다.

한편 10%의 평가절하는 수출업자들로 하여금 한 단위의 외화를 벌어 들이는 데 대하여 종전보다 국내통화로 나타냈을 때 10%만큼 더 받도록 만들 것이다. 이는 결국 수출업자들이 외화표시 수출품의 가격을 인하시킬 수 있도록 함으로써 세계시장에서 가격경쟁력이 향상되고 수출은 이에 따라 늘어날 것이다. 물론 국내의 수출산업은 늘어나는 수출수요를 충족시키기 위하여 생산량을 증대시킬 것이다.

이처럼 평가절하는 국내의 다른 재화에 비하여 수출품과 수입품의 상대가격을 상승시킴으로써 수출산업과 수입대체산업으로 자원배분이 일어나도록 만들며, 동시에 수출은 증가하고 수입은 감소하는 결과를 초래하게 된다. 그런데 평가절하가 수출과 수입에 영향을 줌으로써 무역수지가 어떻게 변화하는가 하는 것은 수요의 가격탄력도의 크기에 달려 있는데, 이는 소위 **마샬-러너조건(Marshall-Lerner condition)**을 가지고 설명할 수 있다. 마샬-러너조건이란 평가절하가 무역수지를 개선시키기 위해서는 한 나라의 수출품에 대한 세계시장에서의 수요의 가격탄력도(e_X)와 그 나라의 수입품에 대한 국내시장에서의 수요의 가격탄력도(e_M)의 합계가 1보다 커야만 한다는 것이다. 간단한 예를 들어 보면, e_X는 0.8이며 e_M은 0.5이어서 $e_X+e_M>1$의 조건이 충족된다고 해보자. 이때 만일 10%의 평가절하를 하였다면 e_X는 0.8이므로 수출은 8%가 증가하게 되며, e_M은 0.5이므로 수입은 5%가 감소하게 되어 국내통화로 표시하였을 때 모두 13%만큼 무역수지가 개선된다. 여기서 외화로 표시하였을 때 수출품 가격의 하락으로 인한 외화수입의 감소를 참작하기 위하여 평가절하의 폭인 10%를 빼면 3%만큼의 외화표시 무역수지의 순수한 개선효과가 있는 것이다.

그러나 평가절하가 무역수지에 미치는 영향은 **J 곡선 효과(J-curve effect)**가 나타내듯이 상당한 시차를 두고 일어난다. 흡사 J곡선의 모양이 드러내듯이 평가절하 직후에는 수입품 가격의 상승으로 무역수지는 오히려 악화된다. 그런 후에 시간의 경과와 더불어 물량 측면에서 수출량이 늘어나고 수입량은 줄면서 비로소 장기에 들어와서야 무역수지는 개선되기 시작한다. 즉, 단기에는 평가절하가 무역수지를 개선시키지 못함을 유의할 필요가 있다.

또한 우리 나라의 경우에는 수입의 상당 부분이 원자재와 자본재로 구성되어 있어서 수입의 가격탄력도는 비교적 낮다. 반면에 평가절하는 수입품 가격을 높여 물가상승을 초래하게 된다. 그러면 다시 물가상승은 수출단가의 인하를 어렵게 하는 요인이 된다. 동시에 평가절하는 외화표시 대외채무의 원리금 상환부담(원화기준)을 증대시키며, 기업의 외화부채의 환차손도 늘리게 된다.

이처럼 한국의 경우 평가절하는 무역수지의 개선에는 별로 기여를 하지 못하면서, 물가상승을 유발하고 외채상환 부담의 증가와 환차손을 가져오는 부작용이 있으므로 환율을 안정시키는 데 최선을 다해야 할 것이다. 즉, 물가안정과 생산성향상을 통해 환율 안정을 위한 기초를 닦는 것이 필요하다.

(2) 총지출접근법

탄력도접근법이 미시적인 분석인 데 비하여 총지출접근법은 거시적인 분석에 기초하고 있다. 앞에서 본 GDP항등식을 다시 써 보면,

$$X-M=Y-(C+I+G)$$

여기서 무역수지를 나타내는 $X-M$을 B라고 하고 총지출 $C+I+G$를 A(absorption)로 표시하면, 위의 식은 다음과 같이 쓸 수가 있다.

$$B=Y-A$$

이 식에 의하면 평가절하를 하였을 때 무역수지 B가 개선되기 위해서는 GDP인 Y가 증가하든지 또는 총지출인 A가 감소하여야만 한다. 가정하기를 어떤 국민경제가 완전고용 아래에 놓여 있어서 Y가 일정하다고 전제하면 평가절하를 하였을 때 국제수지를 개선시키려면 총지출 A가 감소하여야만 된다.

즉, 총지출접근법에 의하면 국제수지가 개선되기 위해서는 마샬-러너조건에 상관없이 총지출 $C+I+G$가 반드시 감소하여야만 된다고 본다. 총지출이 감소하지 않는 한, 평가절하는 국제수지를 개선시키는 데 아무런 도움을 줄 수 없다는 것이다. 이러한 총지출접근법이 경제정책의 방향에 대하여 가르치는 점은, 지출전환정책인 평가절하가 국제수지를 개선시킬 수 있기 위해서는 평가절하와 병행해서 지출감소정책인 긴축적인 재정 · 금융정책을 동시에 실시하여야만 된다는 것이다. 그렇지 않으면 평가절하는 수입대체산품과 수출

품에 대한 수요의 증가로 말미암아 국내물가만 상승시킴으로써 평가절하의 효과를 상쇄시키고 말 것이다.

(3) 통화론적인 접근법

국제수지의 적자는 기본적으로 과다한 통화량의 공급에 기인한다는 국제수지에 대한 통화론적인 접근에 따르면 국제수지란 궁극적으로 볼 때 화폐적인 현상(monetary phenomenon)이며, 화폐에 대한 수요와 공급이 국제수지를 결정하는 주된 인자라고 생각한다. 즉, 국제수지에 대한 통화론적인 접근법은 화폐주의 또는 통화주의(monetarism)적인 분석방법을 그대로 국제경제학의 분야에 적용한 것이라고 볼 수가 있다.

이제 가정하기를 한 나라에서의 화폐의 공급량 또는 통화량이 화폐에 대한 수요량을 초과하여 공급되었다고 해보자. 그러면 이 초과공급된 통화량은 우선 국내에서 재화와 용역 및 각종의 금융자산에 대한 수요증대를 초래하여 이의 가격을 인상시키게 된다. 그러면 이는 더 나아가서 외국의 재화, 용역 및 금융자산에 대한 초과수요를 빚어내게 됨으로써 이 나라의 무역수지와 자본수지는 적자를 나타내는 것이다.

반대로 통화량은 일정한데, 화폐에 대한 수요가 증가하여 화폐의 초과수요가 발생하였다고 해보자. 그러면 국내에서 재화, 용역 및 금융자산에 대한 수요는 감소하게 되며 이는 가격의 인하를 가져온다. 그러면 외국의 재화, 용역 및 금융자산에 대한 수요도 줄어들어 무역수지와 자본수지는 흑자를 보이게 된다. 이와 같이 통화론적인 접근에 의하면 국제수지의 적자나 흑자는 화폐에 대한 수요와 공급의 불일치에 따라서 재화, 용역 및 금융자산의 보유량을 조절하는 결과로 나타난다.

이제 통화론적인 접근법을 사용해서 평가절하가 국제수지에 어떠한 경로를 거쳐 영향을 미치는지 살펴보기로 하자. 평가절하는 국내통화로 표시된 수출품 및 수입품, 즉 교역재(traded goods)의 가격을 인상시킴으로써 국내물가수준을 상승시키는 결과를 초래하게 된다. 국내물가의 상승은 사람들이 보유하는 실질화폐잔고를 감소시키게 되는데, 이를 상쇄하기 위하여 가계와 기업은 화폐에 대한 수요를 증대시킨다. 그런데 화폐에 대한 수요의 증가는 곧 재화, 용역 및 금융자산을 그 대신 공급하는 것을 뜻하며 이러한 재화, 용역 및 금융자산의 초과공급은 국제수지의 흑자를 가져온다.

여기서 우리는 국제수지에 대한 통화론적인 분석이 경제정책의 수립에 관하여 시사하는 중요한 점을 발견하게 된다. 즉, 평가절하를 실시한 후 화폐에 대한 수요가 증대되었을 때 만일 중앙은행이 이를 충족시키기 위하여 화폐의 공급량을 늘리는 **불태화**(sterilization)정책을 쓴다면 국제수지는 개선될 수가 없다는 것이다. 여기서 불태화정책이란 한국은행이 평가절하로 말미암은 화폐에 대한 수요의 증가를 충족시키는 정책을 공개시장조작을 통하여 행하는 것을 말한다. 오직 통화량의 수준을 일정하게 유지함으로써만이, 평가절하가 초래한 물가수준의 상승이 실질화폐잔고를 줄여 이를 회복하기 위해 화폐에 대한 수요는 늘리고 재화, 용역 및 금융자산에 대한 지출은 감소시키는 가운데 국제수지는 개선되는 것이다.

지금까지 우리는 평가절하가 국제수지에 미치는 영향을 분석하는 세 가지 접근방식인 탄력도접근법, 총지출접근법 및 통화론적인 접근법에 대하여 살펴보았다. 여기서 유의할 것은 이 세 가지 접근방법은 결국 동일한 현상을 상이한 관점에서 분석한 것이어서 어떤 한 이론이 다른 것보다 더 우월하다든가 하는 것은 있을 수 없고, 각 이론은 모두 각자의 장점과 단점을 동시에 지니고 있다. 따라서 이 세 부류의 접근방식은 서로 대체적인 것이 아니라 보완적인 것이라고 볼 수가 있다.

내부균형과 외부균형

지금까지 우리는 국제수지의 균형, 즉 **외부균형**(external equilibrium 또는 external balance)을 달성하는 문제에 대하여 살펴보았다. 그러나 한 나라의 경제정책의 주요한 목표에는 외부균형의 달성 이외에 **내부균형**(internal equilibrium 또는 internal balance), 즉 완전고용하에서의 물가안정의 달성이 추가된다. 거의 모든 나라에서 내부균형과 외부균형은 동시에 달성하기를 바라는 두 가지 주요한 경제정책의 목표인 것이다.

그런데 틴버겐(J. Tinbergen)과 미드(J. E. Meade)에 의하면 두 가지 경제정책의 목표를 동시에 달성하기 위해서는 두 가지 경제정책의 수단을 동시에 사용해야만 된다. 그 이유는 만일 두 가지 정책목표를 동시에 달성하려고 할 때 정책수단이 하나밖에 없다면 정책목표를 달성하는 데 있어서 상충현상이 일어나기 때문이다. 예를 들어 어떤 나라가 불황에 직면하고 있으며 국제

그림 35-2 **내부균형과 외부균형**

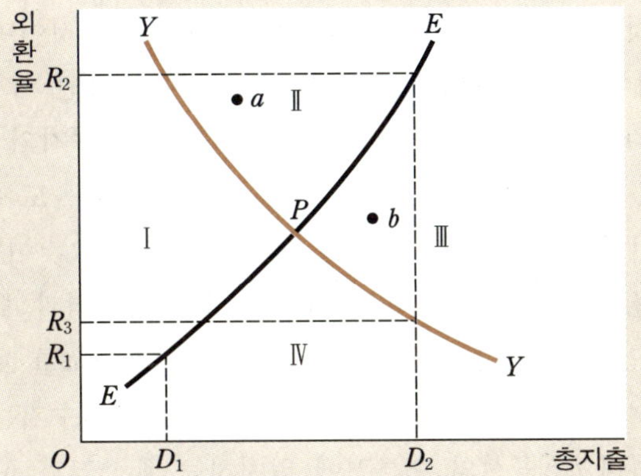

수지는 적자일 때, 내부균형과 외부균형을 동시에 달성하는 것이 목표인데 정책수단은 지출변화정책(expenditure-changing policies)[5]인 금융 · 재정정책 하나밖에 없다면, 불황을 퇴치하고 내부균형을 달성하기 위해서는 화폐 · 재정정책을 확장적으로 운용하여야 하나, 국제수지의 적자를 없애고 외부균형을 달성하기 위해서는 이와 반대로 긴축적인 금융 · 재정정책이 필요한 것이다.

일반적으로 내부균형과 외부균형의 두 가지 정책목표를 동시에 달성하려고 할 때는 내부균형의 달성을 위해서는 지출변화정책인 금융 · 재정정책을 사용해야 하며, 외부균형의 달성을 위해서는 환율의 변동과 같은 지출전환정책을 사용하여야만 한다. 즉, 두 가지 정책목표를 동시에 달성하려면 두 가지 정책수단을 동시에 사용하여야만 하는 것이다.

이제 스완(Trevor Swan)이 만든 [그림 35-2]를 사용하여 내부균형과 외부균형을 동시에 달성하는 문제에 관하여 좀더 자세하게 살펴보기로 하자.

위의 그림에서 종축은 어떤 나라의 외환율을 나타내는데, 원점에서 위로 올라갈수록 이 나라의 환율은 인상되어 평가절하가 일어나게 된다. 한편 횡축은 총지출을 나타낸다. ***EE*** 곡선은 여러 가지 서로 다른 외환율과 총지출의 조합에 의하여 외부균형이 성립되는 점들을 연결한 것이다. ***EE***곡선은 우상

---

5) 지출변화정책은 지출감소정책과 지출증대정책의 둘로 나눌 수 있다.

향의 형태를 취하고 있는데, 그 이유를 살펴보면 예를 들어 D_1점에서와 같이 총지출의 수준이 낮을 때에는 균형국민소득수준도 낮을 것이며 이는 수입도 적게 만들 것이다. 그러면 환율도 R_1에서처럼 낮을 것이며 이는 수출도 낮은 수준에 있게 만든다. 반대로 총지출의 수준이 높다면 국민소득도 높을 것이며 이에 따라 수입도 늘어날 것이다. 그런데 국제수지의 균형을 유지하려면 수출도 크게 늘어나야 할 것이고, 이를 위해서는 환율도 큰 폭으로 인상되어야만 할 것이다. 예를 들면 D_2와 R_2의 경우가 바로 그것이다.

위의 그림에서 EE곡선의 왼편에 위치하는 Ⅰ구역과 Ⅱ구역은 국제수지가 흑자를 보이는 구역이다. 예를 들어 임의의 한 점인 a를 보면 이 점에서의 총지출의 수준에 비하여 외환율이 너무 높으므로 국제수지는 흑자를 보이게 될 것이다. 반면에 EE곡선의 오른편에 위치하는 Ⅲ구역과 Ⅳ구역은 국제수지가 적자를 보이는 구역이다. 앞에서처럼 임의의 한 점 b를 보면, 이 점에서의 총지출에 비하여 환율은 너무 낮으므로 국제수지는 적자를 나타내게 된다.

한편 YY곡선은 내부균형을 성립하도록 만드는 외환율과 총지출의 여러 가지 서로 상이한 조합들을 연결한 것이다. 이 YY곡선은 우하향의 형태를 취하고 있는데, 그 이유는 예를 들어 D_2점에서와 같이 국내 총지출의 수준이 높은 경우에는 완전고용을 유지하기 위해서 수출은 낮아야 되며 수출이 낮으려면 환율은 R_3와 같이 낮아야 하기 때문이다. 다른 말로 하면 YY곡선을 따라서 오른편 아래로 이동할수록 환율이 인하되므로 수출은 감소하는데, 이때 완전고용을 유지하기 위해서는 국내에서의 총지출은 증가하여야만 되는 것이다.

YY곡선의 오른편에 위치하는 Ⅱ구역과 Ⅲ구역은 국민경제내에 초과수요가 존재하므로 인플레이션이 발생하는 구역이다. 즉, 국내총지출과 수출을 합한 것이 완전고용을 달성하기 위하여 필요한 수준을 초과하고 있다. 반대로 YY곡선의 왼편에 있는 Ⅰ구역과 Ⅳ구역은 완전고용을 달성하기 위하여 필요한 만큼의 수요가 없으므로 실업이 발생하는 구역이다.

이렇게 볼 때 YY곡선과 EE곡선이 서로 교차하는 P점에서만 어떤 경제는 내부균형과 외부균형을 동시에 달성할 수가 있으며, 그 밖의 모든 점은 불균형상태를 나타낸다. 구역별로 보면 Ⅰ구역은 국제수지는 흑자이고 실업이 존재하며, Ⅱ구역은 국제수지의 흑자와 인플레이션이 있고, Ⅲ구역은 국제수지는 적자이며 인플레이션이 존재하고, Ⅳ구역은 국제수지의 적자와 실업이 발생하는 구역이다.

지금까지 우리는 스완의 그림을 이용하여 어떤 나라가 당면할 수 있는 여러 가지 형태의 불균형에 대하여 살펴보았다. 그런데 스완의 그림은 경제정책을 수립하는 데 있어서 경제정책의 목표와 경제정책의 수단 사이의 관계를 잘 나타낼 수가 있다. 이미 앞에서 본 대로 어떤 나라의 경제정책의 목표가 내부균형과 외부균형의 둘을 동시에 달성하는 것일 때는 경제정책의 수단도 둘은 있어야만 한다. 그러나 하나의 정책수단은 보통 두가지 정책목표에 모두 영향을 미치게 되므로, 어떤 한 가지 목표를 가장 효율적으로 달성할 수 있는 수단을 하나 정해 이를 그 목표에 배정하는 문제(assignment problem)가 생기게 된다.

이미 앞에서 본 것처럼 지출전환정책인 평가절하는 외부균형의 달성을 위하여 쓰고, 지출변화정책인 금융 · 재정정책은 내부균형의 달성을 위하여 사용하는 것이 타당할 것이다. 그러나 원칙적으로 보면 배정문제는 국가별로 그 나라가 지니는 국민경제의 성격에 따라서 상이하게 정해질 수가 있다.

앞의 스완의 그림에서 가장 흔한 경우는 인플레이션과 국제수지의 적자가 동시에 발생하는 Ⅲ구역인데, 이때 평가절하를 하면 이 나라는 예를 들어 *b*점에 있다가 ***EE***곡선상으로 이동하게 될 것이다. 그러나 이는 ***YY***곡선으로부터는 더욱 멀어져 인플레이션은 심화되므로, 동시에 지출감소정책을 써서 총지출을 줄여야만 비로소 내부균형과 외부균형을 동시에 달성할 수가 있을 것이다. 이는 평가절하가 성공하려면 긴축적인 금융 · 재정정책이 반드시 뒤따라야만 된다는 앞에서의 논의를 다시 한번 확인해 준다.

이상에서는 스완의 그림표를 이용해서 지출전환정책인 평가절하와 지출변화정책인 금융 · 재정정책을 사용하여 내부균형과 외부균형을 동시에 달성하는 문제에 대하여 살펴보았다. 이때 국제 간의 이자율 차이에 따른 자본이동은 존재하지 않는다고 가정하였었다. 그러나 실제로 보면 국제 간의 자본이동은 상당하며 또한 이를 통하여 비록 단기에서지만 외부균형을 이룩할 수가 있는 것이다.

따라서 이자율 차이에 따른 국제 간의 단기 자본이동이 존재하며, 환율은 고정되어 있는 경우를 대상으로 하여 내부균형과 외부균형을 동시에 달성하는 문제에 대하여 간략하게 살펴보기로 하자. 이는 실제로 1973년에 변동환율제도로 이행하기 전까지 존재하였던 국제통화제도로서, 특히 단기 자본이동이 자유로운 선진국의 경우에 적용될 수가 있다.

여기서는 환율이 고정되어 있으므로 경제정책의 수단은 지출변화정책인 금융정책과 재정정책의 둘이며, 목표는 내부균형과 외부균형의 두 가지이다. 여기서도 위에서와 유사한 정책수단의 정책목표에 대한 배정문제가 발생하게 된다. 금융정책과 재정정책은 둘 다 모두 내부균형을 달성하는 데 영향을 미칠 수가 있다. 그러나 금융정책은 추가로 이자율을 변경시킴으로써 단기의 자본이동에 영향을 줄 수 있어 외부균형을 달성하는 데도 기여할 수가 있으므로, 금융정책은 외부균형을 달성하기 위하여 쓰고 재정정책은 내부균형을 이룩하는 데 배정되어야 한다고 뮨델(Robert A. Mundell)은 생각한다.

35.4 고정환율제도와 변동환율제도

고정환율제도

지금까지 우리는 35장의 여러 군데에서 두 가지 종류의 환율제도인 고정환율제도와 변동환율제도에 관하여 자주 언급하였다. 그러나 어떠한 환율제도를 채택할 것인가의 문제는 매우 중요하고도 기본적인 것이므로 여기서는 국제경제학의 분야에서 오랜 동안 논의의 대상이 되어 온 2대 환율제도인 고정환율제도와 변동환율제도의 장 · 단점에 대하여 체계적으로 살펴보기로 한다. 먼저 그러면 고정환율제도의 장 · 단점에 관하여 분석해보자.

고정환율제도가 지니는 가장 기본적인 장점은 환율이 안정되어 있으므로 국제무역이 증진되며 국제 간의 장기자본의 이동도 촉진될 것이라는 점이다. 이는 마치 어떤 한 국가가 공통의 화폐를 사용함으로써 많은 이익을 누릴 수가 있는 것과 흡사하다. 한 나라 안에서 공통의 화폐를 사용할 때 교역은 크게 늘어나고 시장들은 서로 잘 통합, 연결되며 거래에 있어서 불확실성도 줄어들고 자원배분도 효율적으로 이루어지는 등 수많은 잇점이 있는데, 세계경제 전체의 관점에서 볼 때 이와 비슷한 체제가 바로 고정환율제도 아래 세계각국이 놓여 있는 경우인 것이다. 이처럼 고정환율제도를 주장하는 측에서는 그 논의의 근거를 한 나라가 공통의 화폐를 사용하는 데서 얻는 수많은 이익에 비유하고 있다. 그러나 유의할 점은 국제 간의 노동과 자본 같은 생산요소의 이동에는 상당한 제약이 있으므로 국내에서처럼 요소의 자유로운 이동은 기대할 수가 없다는 것이다.

한편 고정환율제도가 지니고 있는 주된 단점은 완전고용과 국제수지의 균형을 동시에 달성하기가 어렵다는 점이다. 즉, 변동환율제도 아래서는 환율의 자유스러운 변동에 의하여 외부균형이 자동적으로 달성되므로 내부균형의 달성만을 위하여 노력하면 충분하여 비교적 자유스럽게 정책들을 사용할 수가 있으나, 고정환율제도하에서는 내부균형과 외부균형을 동시에 달성하여야 하므로 경우에 따라서는 외부균형을 이룩하기 위하여 내부균형은 희생시킬 수밖에 없을 수도 있는 것이다. 여하튼 변동환율제도에 비해서는 내부균형의 달성을 위하여 쓸 수 있는 정책수단이 상당히 제약을 받게 될 것이다.

변동환율제도

고정환율제도를 주장하는 논거가 대체로 실제적인 측면을 강조하고 있는 데 비하여 변동환율제도를 주장하는 근거는 상당히 분석적인 특징을 지니고 있다. 즉, **변동환율제도**를 지지하는 논거는 기본적으로 수요, 공급의 법칙에 연유하고 있다. 외환시장에서 외환에 대한 수요와 공급이 만나는 데서 균형 외환율이 결정될 때 국제수지의 균형 또는 외부균형은 자동적으로 얻어지며, 따라서 개인의 경제적인 자유를 침해하는 정부의 간섭도 최소한으로 줄일 수가 있다고 본다.

또한 이처럼 환율의 자유스러운 변동에 의하여 국제수지의 균형이 자동적으로 달성될 때, 정부는 외부균형의 달성에는 손을 댈 필요가 없어지므로 내부균형을 이룩하는 데만 열중할 수가 있게 되어 정책수단을 선택하는 데 더욱 큰 자율성을 가질 수가 있게 되고, 따라서 물가안정과 완전고용의 달성이 수월해질 것이다. 즉, 국제수지에 구애받지 않고 국내 경제정책을 비교적 자유스럽게 펼 수가 있는 것이다.

한편 변동환율제도가 지니고 있는 주된 단점으로는 인플레이션의 위협을 들 수가 있다. 외환율의 인상 또는 평가절하가 일어나면 수입품의 가격이 상승하게 되고 이는 국내물가의 상승을 초래할 것이다. 특히 어떤 나라가 환율의 인상추세를 나타내는 경우에는 인플레이션을 피할 수가 없게 된다.

또한 고정환율제도를 찬성하는 측에서는 변동환율제도하에서의 빈번한 외환율의 변동이 장래에 대한 불확실성을 증대시킴으로써 국제무역과 국제간 장기자본의 이동을 저해할 것으로 본다. 그러나 변동환율제도를 지지하는 사람들은 오히려 고정환율제도하에서는 환율의 변동이 오랫 동안 억제되는 것이 보통이므로 일단 한번 하게 되면 대폭적인 환율의 변동이 필요하다고 생각한다. 변동환율제도하에서도 환율의 변동요인이 생기지 않으면 환율은 변동하지 않고 안정적인 수준을 유지할 것이다. 이렇게 생각하면 변동환율제도는 원칙에 있어서는 불확실성을 줄일 수도 있고 늘릴 수도 있는 것이다. 그러나 실제로 보면 변동환율제도는 불확실성을 증대시켜 무역과 자본이동을 감소시키는 것 같다.

또 하나의 결점으로 지적되는 것은 변동환율제도하에서는 외환에 대한 투기가 성행하여 환율이 더욱 불안정해진다는 점이다. 이것도 이론적으로 볼 때에는 투기가 환율을 더욱 안정시킬 수도 있으며 반대로 불안정하게 만들 수도 있다. 그러나 실제 경험에 비추어 보면 변동환율제도하에서 환투기는 오히려 환율의 변동폭을 더욱 크게 만들어 불안정하게 하는 경향이 있다.

지금까지 우리는 고정환율제도와 변동환율제도의 장 · 단점에 관하여 차례로 살펴보았다. 여기서 발견한 것은 이 두 가지 제도 중에서 어떤 것이 더 우월한 환율제도인가에 대해서는 절대적인 평가를 내릴 수가 없다는 것이다. 대체로 고정환율제도가 지니는 장점은 변동환율제도의 단점이 되며 반면에 변동환율제도의 장점은 고정환율제도의 단점이 되므로, 각 환율제도의 장 · 단점도 결국은 다른 환율제도에 비교해 보았을 때의 상대적인 장 · 단점인 것이다.

따라서 한 나라가 어떤 환율제도를 선택할 것인가의 문제는 그 나라의 국민경제가 지니는 성격을 참작하여 결정해야만 될 것이다. 예를 들어 어떤 나라가 해외의존도가 높으며 국제무역에 상당히 의존하고 있고 소규모의 국가인 경우에 변동환율제도를 택하면 불확실성이 높아지고 인플레이션의 위협이 있으므로 고정환율제도를 선택하는 것이 바람직할 것이다. 반면에 해외의존도가 낮고 나라의 규모가 큰 경우에는 변동환율제도를 택하는 것이 좋을 것이다.

세계경제는 2차 세계대전이 끝난 이후 브레튼 우즈체제하에서 조정이 가능한 고정환율제도(adjustable peg system)를 유지해오고 있었다. 그러나

1971년에 미국 달러화의 금태환정지가 있자 그 해 연말에 잠정적인 스미소니언(Smithsonian)체제가 수립되었다. 여기서 달러화의 평가절하, 주요통화의 평가재조정 및 환율의 변동허용폭을 종전의 ±1%에서 ±2.25%로 확대하는 등의 조치가 취해졌다. 이러한 고정환율제도를 지키려는 노력에도 불구하고 1973년에 이르러서는 대부분의 주요 국가들이 변동환율제도를 택하기에 이르렀다.

현재는 각국이 자기 나라의 여건에 가장 적합한 환율제도를 선택하는 것이 허용되어 다양한 형태의 환율제도가 나타나고 있으나 주요 국가들은 관리된 변동환율제도(managed floating system)를 택하고 있다.

우리나라는 오랫동안 고정환율제도를 실시해 오다가 1980년에 복수통화바스켓제도로 이행하였었다. 그 후 1990년에는 이를 폐지하고 관리된 변동환율제도의 일종으로서 자유변동환율제의 전단계라고 할 수 있는 **시장평균환율제도(market average exchange rate system)**를 도입하였다. 아울러 환율결정에 있어서 시장기구의 작용에 더한층 의존하는 외환자유화도 추진하였다.

주요개념

국제수지이론 국제수지표 외환 무역수지 무역외수지 경상수지; 자동적인 조정기구 가격기구 소득기구 외환율 외환시장 평가절하 평가절상 구매력평가설 쌍동이 적자 플라자 협정 관리된 변동환율제도; 지출감소정책 지출전환정책 탄력도 접근법 총지출 접근법 통화론적인 접근법 마샬-러너 조건 J곡선효과 불태화정책 외부균형 내부균형; 고정환율제도 변동환율제도 시장평균환율제도

요 약

1. 국제수지표는 일정한 기간 동안에 한 나라의 거주자와 비거주자 사이에 일어난 모든 경제적인 거래를 체계적으로 기록한 것이다.

2. 국가간의 거래를 국제수지표에 기록하는 방법을 보면 중앙은행에 의한 외환의 매입을 초래하는 모든 항목은 차변의 수입란에 기록이 되며, 반대로 외환의 매출을 가져오는 모든 항목은 대변의 지급란에 기록된다.

3. 경상수지는 상품의 수출입의 차이인 무역수지, 용역의 수출입 차이인 무역외수지 및 반대급부를 수반하지 않는 이전수지의 셋을 합한 것이다.

4. 해방 이후 반세기 동안 우리나라 국제수지의 특징은 '80년대 후반의 3저 호황기와 '90년대 후반의 IMF위기 동안을 제외하면 대체로 경상거래에 있어서의 적자가 자본거래의 흑자에 의하여 보전되는 것이었다.

5. 가격기구에 의한 국제수지 불균형의 자동적인 조정에는 첫째로 변동환율제도하에서 국내물가수준은 일정하고 환율의 변동을 통해 조정이 일어나는 경우와, 둘째로 금본위제도하에서처럼 장기에 환율은 일정하고 국내물가수준이 변동하여 조정이 일어나는 경우의 둘로 나누어 볼 수 있다.

6. 외환율의 결정에 관한 구매력평가설에 의하면 장기에 있어서는 물가상승률이 외환율을 결정하는 주된 요인이다. 그러나 단기에는 이자율의 차이가 외환율의 변동을 초래하는 주요한 요인이 된다.

7. 관리된 변동환율제도란 중앙은행이 자국의 외환율의 과도한 변동을 완화시키기 위하여 수시로 외환을 사고 파는 것을 뜻한다.

8. 국제수지불균형의 또 하나의 자동적인 조정기구는 소득기구인데, 이는 케인즈의 분석을 국제수지분야에 그대로 적용한 것이다.

9. 국제수지의 불균형(적자)을 없애기 위한 경제정책에는 지출감소정책과 지출전환정책의 두 종류가 있다.

10. 지출감소정책이란 총지출을 감소시킴으로써 국제수지의 적자를 줄이려고 하는 것인데, 금융·재정정책을 긴축적으로 운용하는 것이 여기에 속한다.

11. 지출전환정책이란 외국의 재화나 용역에 대해 지출하던 것을 국내재화나 용역에 대해 지출하도록 전환시킴으로써 국제수지의 적자를 해소시키려고 하는 것인데, 평가절하가 대표적인 예이다.

12. 평가절하가 국제수지에 미치는 영향을 분석하는 접근방법에는 탄력도접근법, 총지출접근법 및 통화론적인 접근법의 세 가지가 있다.

13. 탄력도 접근법은 평가절하가 초래하는 상대가격의 변화에 따른 영향을 강조

한다. 그런데 마샬-러너 조건에 따르면 평가절하가 무역수지를 개선시키려면 수출품에 대한 세계시장에서의 수요의 가격탄력도와 수입품에 대한 국내시장에서의 수요의 가격탄력도의 합계가 1보다 커야 한다.

14. 한국의 경우 평가절하는 무역수지의 개선에는 별로 기여하지 못하면서 물가상승을 유발하고 외채의 상환부담 증가와 환차손을 가져오므로, 물가안정과 생산성향상을 통한 환율의 안정이 필수적이다.

15. 총지출접근법에 의하면 평가절하를 하였을 때 국제수지가 개선되려면 마샬-러너 조건에 상관없이 반드시 총지출이 감소해야만 한다. 즉, 평가절하와 동시에 긴축적인 금융·재정정책을 동시에 실시해야만 하는 것이다.

16. 통화론적인 접근에 따르면 국제수지의 적자는 기본적으로 과다한 통화량의 공급에 기인한다.

17. 내부균형과 외부균형의 두 가지 정책목표를 동시에 달성하려면 내부균형의 달성을 위해서는 지출변화정책인 금융·재정정책을 사용해야 하며, 외부균형의 달성을 위해서는 환율의 변동과 같은 지출전환정책을 사용해야 한다.

18. 스완의 그림은 지출전환정책과 지출변화정책을 사용하여 내부균형과 외부균형을 동시에 달성하는 문제를 분석하게 해준다.

19. 국제간에 단기 자본이동이 존재하며 고정환율제도하에 있는 경우에는, 금융정책은 외부균형을 달성하기 위하여 쓰고 재정정책은 내부균형을 이룩하는데 써야 한다.

20. 양대 환율제도인 고정환율제도와 변동환율제도는 각각 장·단점을 지니고 있는데, 각국은 자신의 여건을 참작하여 알맞는 환율제도를 선택해야 한다.

21. 우리나라는 관리된 변동환율제도의 일종인 시장평균환율제도를 채택하고 있다.

연습문제

1. <표 35-1>을 사용하여 우리나라 국제수지의 특징을 자세히 설명해보라.

2. 금본위제도하에서 국제수지 불균형의 자동적인 조정기구인 가격기구가 장기에 어떻게 작용하는가 설명해보라.

3. 근자에 한국은 고비용 · 저효율로 말미암아 경쟁국에 비해 많은 공산품들이 세계시장에서 비교우위를 상실하고 있다. 이러한 구조적인 변화가 외환시장에 미치는 영향은 무엇인가?

4. 국제수지의 불균형을 없애기 위해 사용되는 지출감소정책과 지출전환정책에 대해 설명하라. 지출감소정책이 수반되지 않은 지출전환정책은 효력이 없다는 말의 뜻은 무엇인가?

5. 우리나라의 경우 평가절하의 효과는 어떠한가?

6. "평가절하를 실시한 후 화폐에 대한 수요가 증대되었을 때 만일 중앙은행이 이를 충족시키기 위해 화폐의 공급량을 늘리는 불태화 정책을 쓴다면 국제수지는 개선될 수가 없다"는 말의 뜻을 풀이해보라.

7. 스완이 만든 [그림 35-2]를 이용하여 내부균형과 외부균형을 동시에 달성하는 문제에 대하여 설명하라. 특히 가장 흔한 경우인 인플레이션과 국제수지의 적자에 직면해 있는 Ⅲ구역에서 내부균형과 외부균형을 동시에 달성하려면 어떠한 정책을 써야만 하는가?

8. 고정환율제도하에 있으며 단기 자본이동이 존재할 때, 금융정책과 재정정책을 외부균형과 내부균형을 달성하기 위하여 어떻게 배정하는 것이 좋겠는가?

9. 고정환율제도와 변동환율제도가 지니고 있는 장 · 단점을 서로 비교하면서 설명하라. 우리나라는 현재 어떠한 환율제도를 채택하고 있는가?

제 35 장

부록: 개방경제하의 거시경제학

제35장 부록에서는 개방경제하에서 각국이 무역과 금융을 통해 서로 교류하고 있을 때 *IS-LM*분석이 어떻게 수정, 확대되어야 하는가를 본다. 특히 자본의 완전한 이동과 소규모 개방경제를 가정한 문델-플레밍 모형을 이용하여 금융·재정정책이 고정환율제도와 변동환율제도하에서 각각 어떠한 영향을 국민소득과 환율에 대해 미치는지 알아본다. 자본자유화에 따른 단기투기성자금의 빈번한 유출입이 초래하는 교란요인에 관해서도 살펴본다.

35A.1 개방경제하의 거시경제이론

지금까지 우리는 제34장과 35장에서 국제무역이론과 국제수지이론에 관하여 각각 살펴보았다. 이제 여기서는 이처럼 개방경제하에서 앞의 제Ⅲ부에서 본 거시경제이론이 어떻게 수정, 확장되어야 하는지 알아 보기로 한다.

제Ⅲ부의 거시경제학은 전반적으로 볼 때 폐쇄경제를 전제로 하고 있었다. 따라서 여기서는 개방경제를 가정할 때 앞의 제Ⅲ부에서 살펴본 거시경제이론이 어떻게 수정, 확장되어야 하는가를 보려고 한다.

한 나라의 국민경제는 세계의 다른 나라 경제들과 무역과 금융(trade and finance)의 두 측면에서 서로 교류를 하고 있다. 우선 국제무역에 대해 보면 재화의 수출과 수입을 통해 다른 나라들과 교류를 하고 있다. 특히, 한국경제는 해외의존도가 매우 높아서 2001년의 경우 재화의 수출입은 GDP의 69.0%를 차지하였다.

그런데 앞의 24장에서 이미 본 대로 수출은 국민소득을 증대시키며 수입은 국민소득을 감소시키므로 폐쇄경제를 전제로 하는 단기의 국민소득의 결정이론은 의당 이를 참작할 수가 있도록 수정 및 확장되어야 하는 것이다.

둘째로, 세계 각국은 금융면에서 자본거래를 통하여 서로 교류를 맺고 있다. 즉, **금융의 세계화**(financial globalization)로 세계금융시장은 현재 고도로 통합되어 있어서 수익률의 차이에 따라 자본이동이 대량으로 발생하고 있다. 그런데 이러한 이자율의 차이에 따른 국제간 자본이동은 국내경제에 상당한 영향을 주게 된다.

이와 같이 개방경제 아래서는 세계 각국이 무역과 금융을 통하여 상호교류하고 있으므로 이를 참작하였을 때 앞의 제Ⅲ부에서 살펴본 폐쇄경제하의 *IS–LM*분석이 어떻게 수정, 확장되어야 하는가를 알아 보는 것이 여기서 다룰 **개방경제하의 거시경제학**(open economy macroeconomics)의 주된 내용이다.

35A.2 국제무역과 재화시장의 균형

이제 먼저 재화와 용역의 무역이 기존의 거시경제이론을 어떻게 수정, 확장시키는가 살펴보자. 여기서의 가정은 앞의 *IS–LM*분석에서처럼 단기이어서 물가수준은 일정하고, 총수요가 국민소득수준을 결정한다는 것이다.

개방경제하에서 국제무역이 일어나면 국내에서 생산된 재화와 용역 가운데 일부는 외국인에게 팔려지며(수출), 동시에 내국인에 의한 지출의 일부는 외국산의 재화와 용역에 대해 행해진다(수입). 즉, 무역이 발생하면 국내에서 생산된 재화와 용역에 대한 지출만이 국민소득을 결정하게 되므로 폐쇄경제하의 소득결정이론은 수정되어야만 한다. 무역이 없는 폐쇄경제 아래에서는 국내에서의 지출이 그대로 국민소득을 결정하였다.

무역을 하는 개방경제 아래서는 국내에서 생산된 재화와 용역(국산품)에 대한 총지출은 내국인에 의한 지출($C+I+G$)에서 내국인의 수입품에 대한 지출인 수입(M)을 빼고, 외국인에 의한 국산품에 대한 지출인 수출(X)을 더한 것과 같다. 즉,

그림 35A-1 순수출곡선

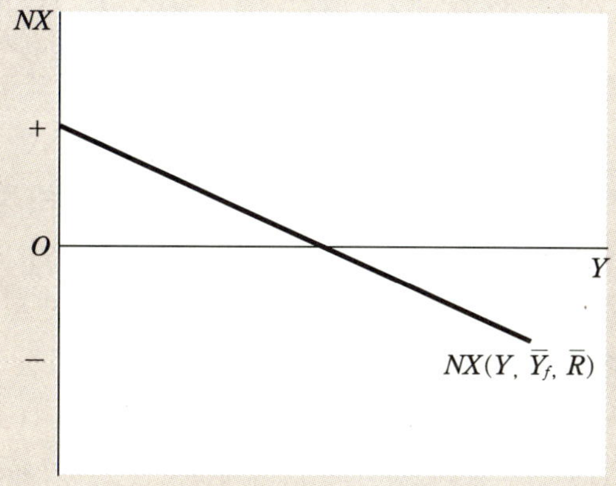

$$\text{국산품에 대한 총지출} = Y = (C+I+G) + X - M$$
$$= (C+I+G) + NX$$

여기서 $X-M$은 무역수지 또는 **순수출**(NX)이다.
양변에서 C와 G를 빼면,

$$Y-C-G=I+NX$$

그런데 $Y-C-G$는 S이므로

$$S-I=NX$$

여기서 $S-I$는 **순해외투자**(net foreign investment)로서 $S>I$인 경우에는 +의 순해외투자를 하는 것이 되며 $S<I$는 −의 순해외투자이다. 한편 NX는 무역수지이다. 따라서 이 항등식은 순해외투자와 무역수지는 항상 동일하며 동전의 양면과 같음을 나타낸다.

그런데 내국인의 총지출(A; absorption)인 $C+I+G$는 국민소득과 이자율의 함수라고 볼 수 있다.

$$A=A(Y, i)$$

한편 순수출 NX는 수입에 영향을 미치는 우리의 소득, 수출을 좌우하는 외국의 국민소득 Y_f 및 외환율(R)의 함수라고 볼 수가 있다.

$$NX = X(Y_f,\ R) - M(Y,\ R) = NX(Y,\ Y_f,\ R)$$

그런데, Y_f가 증가하면 X가 늘므로 무역수지는 개선되고 총수요도 증가할 것이다. 한편 평가절하도 무역수지를 개선시켜 총수요를 증가시키게 될 것이며, Y의 증가는 수입을 늘리므로 무역수지를 악화시킬 것이다.

이제 [그림 35A-1]은 외국의 국민소득과 외환율이 일정하다고 전제할 때의 순수출곡선을 나타낸다. 순수출곡선 NX가 우하향의 형태를 취하는 까닭은 국민소득이 높아질수록 수입이 늘어나 NX는 줄어들 것이기 때문이다. 즉, 소득수준이 낮을 때는 수입도 적으므로 NX는 +이나 소득이 증가할수록 수입은 늘어나 NX는 감소하게 되며 결국에 가서는 −가된다.

만일 일정하다고 전제하였던 Y_f가 증가한다면 이는 수출을 늘릴 것이므로 NX곡선은 그 전체가 위로 이동할 것이다. 또한 평가절하도 각각의 소득수준에서 NX를 증가시키므로 NX곡선은 상향이동하게 될 것이다. 반면에 평가절상은 NX곡선을 하향이동시킨다.

이제 개방경제하의 IS곡선은 다음과 같이 쓸 수가 있다.

$$Y = A(Y,\ i) + NX(Y,\ Y_f,\ R)$$

즉, 총수요는 $A(=C+I+G)$ 이외에 NX도 포함하며, 단기의 균형국민소득은 이제 Y와 i 이외에 Y_f와 R에도 달려 있음을 알 수가 있다.

그러면 Y_f 또는 R이 변화할 때 단기의 균형국민소득수준에 어떠한 영향을 미치게 되는가 살펴보자. [그림 35A-2]가 Y_f의 증가가 초래하는 영향을 보여준다.

이 그림에서 Y_f가 증가하면 수출이 늘어나 각각의 소득수준에서 NX가 증가한다. 이는 (가)에서 IS곡선을 IS'으로 상향이동시킨다. 따라서 새로운 균형국민소득도 Y에서 Y'으로 증가한다. (나)에서 Y_f의 증가는 NX곡선을 상향이동시키며 이에 따라 새로운 균형소득수준인 Y'에서 순수출은 증가하였음을 볼 수가 있다.

평가절하가 일어나도 효과는 마찬가지이다. 즉, 평가절하는 수출은 늘리

1) 폐쇄경제하의 IS곡선인 $Y=A=C+I+G$와 비교할 것.

그림 35A-2 개방경제하에서의 재화시장의 균형: Y_f의 증대가 미치는 영향

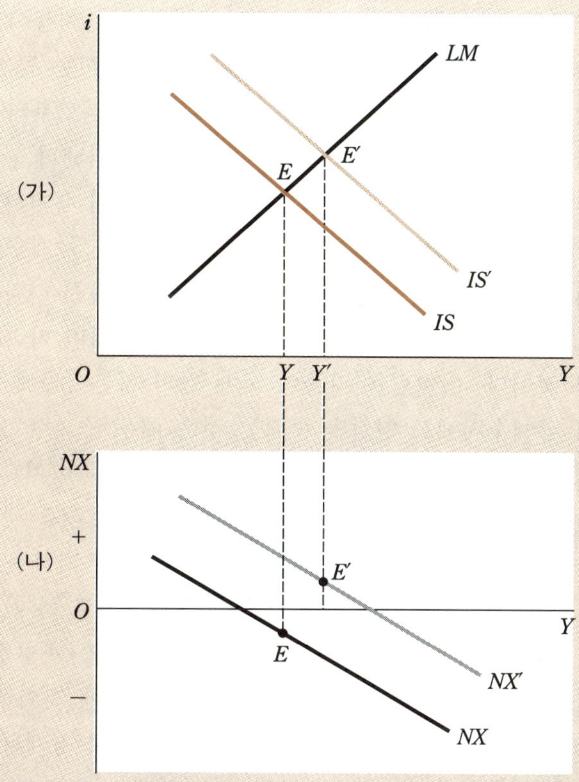

고 수입을 줄이므로 (가)에서 *IS*곡선은 상향이동하게 되고 따라서 균형소득도 증가한다. (나)에서도 *NX*곡선은 상향이동한다.

35A.3 국제간 자본이동

앞의 35A.2에서는 국제 간의 경제교류가 재화와 용역의 무역에만 한정되어 있다고 전제하고 논의를 전개하였다. 이제 여기서는 국제 간에 자본거래가 일어나는 경우, 이러한 자본이동이 국내경제에 어떠한 영향을 미치며 이

때 생기는 경제정책의 문제는 무엇인지 살펴보기로 한다.

주식과 채권이 거래되는 세계 각국의 금융시장 또는 자본시장은 서로 잘 통합되어 있어서 수익률이 높은 나라로 국제간 자본이동이 활발히 일어나므로 수익률은 세계적으로 균등화되는 경향이 있다. 이는 곧 어떤 나라의 이자율이 세계시장에서의 이자율과 다를 때에는 이 나라로부터 자본이동이 활발하여 세계 수준에 다시 돌아가는 경향이 있음을 나타낸다.

그런데 한 나라의 국제수지의 흑자를 경상수지의 흑자와 자본수지의 흑자를 합한 것이라고 보면,[2)] 한 나라의 이자율 수준은 국제수지에 상당한 영향을 미치게 된다. 예를 들어 어떤 나라의 이자율이 다른 나라에 비하여 높다면 이 나라로 자본이 유입되므로 자본수지가 흑자가 되며 따라서 전체 국제수지도 호전될 것이다. 이처럼 이자율이 국제 간의 자본이동에 영향을 끼치며 이에 따라서 국제수지에도 영향을 준다는 것은 매우 중요한 정책적인 시사점을 지니고 있다. 즉 금융 · 재정정책은 이자율에 영향을 미치므로 이는 곧 한 나라의 자본수지 및 전체 국제수지에도 영향을 준다는 것을 뜻한다.

이제 그러면 고정환율제도하에서 자본이동이 존재하는 경우 국내경제에 미치는 영향과 경제정책의 문제에 대하여 살펴보기로 하자. 완전한 자본이동(perfect capital mobility)을 전제한 후 소규모 개방경제(small open economy)를 대상으로 *IS*–*LM* 분석을 수정, 확대한 것이 바로 **문델–플레밍 모형**(Mundell–Fleming model)이다. 여기서 소규모 경제라 함은 세계시장에서의 이자율을 주어진 것으로 받아 들이며, 이에 대해 아무런 영향도 미칠 수 없는 경제를 뜻한다. 따라서 문델–플레밍 모형은 *IS*–*LM* 모형을 소규모 개방경제를 대상으로 하여 수정, 확대한 것이라고 할 수 있다. 문델–플레밍 모형은 금융 · 재정정책이 단기의 국민소득과 외환율에 어떠한 영향을 미치는가를 분석할 수 있게 한다.

먼저 한 나라에로의 자본유입(*CF*) 또는 자본수지의 흑자는 이자율의 증가함수인데, 만일 이 나라의 이자율 i와 세계 전체의 이자율 i_f가 같다면, 즉 $i=i_f$이면 자본유입은 0이 될 것이다. 그러나 $i>i_f$이면 자본유입이 발생하며, $i<i_f$이면 자본유출이 일어나게 된다. 그런데 한 나라의 전체 국제수지(*BP*)는 무역수지 *NX*와 자본수지 *CF*를 합한 것이다. 즉,

2) 즉, 국제수지 흑자=경상수지 흑자+자본수지 흑자.

$$BP = NX(Y,\ Y_f,\ R) + CF(i,\ i_f)$$

Y_f, R 및 i_f가 일정하다고 가정하면 무역수지는 소득의 함수이며 자본수지는 이자율의 함수가 된다. 이때 Y의 증가는 앞에서 본 대로 무역수지를 악화시키며, 이자율의 상승은 자본유입을 초래하여 이 나라의 자본수지를 개선시킨다. 따라서 소득이 증가할 때 무역수지는 악화되나, 동시에 이자율을 인상시키면 자본수지의 개선을 통해 전체 국제수지의 균형을 유지할 수가 있게 되는 것이다. 즉, 무역수지에 적자가 나도 자본수지의 흑자에 의해 전체 국제수지는 균형을 이룩할 수 있게 되는 것이다.

그런데 M-F 모형에 따르면 완전한 자본이동과 고정환율제도 하에서는 금융정책은 국민소득에 아무런 영향도 미칠 수가 없다. 보기를 들어 긴축적인 금융정책을 써서 이자율 i가 세계 금융시장에서의 이자율 i^*보다 높아졌다면 해외자본이 물밀듯이 유입되어 국제수지는 큰 폭의 흑자를 나타낼 것이다. 이는 외환율의 평가절상을 초래할 것이므로 중앙은행은 고정환율을 유지하기 위해 국내통화를 내다 팔고 외환을 사들일 수 밖에 없게 되어 국내의 통화량은 증가하게 됨으로써 원래의 긴축적인 금융정책은 상쇄되게 된다. 이 과정은 이자율이 i^*로 되돌아 올 때까지 계속될 것이다.

반면에 확장적인 재정정책은 소득을 증대시키는 데 매우 큰 효력을 지니고 있다. 보기를 들어 정부지출이 증가하면 *IS*, *LM* 분석에서 *IS*곡선은 위로 이동하게 되고, 이에 따라 이자율과 국민소득은 늘어 난다.[3] 이자율의 상승은 자본유입을 초래하여 환율은 절상되므로 고정환율을 유지하기 위해서는 통화량을 증대시켜야만 하는데, 이는 *LM*곡선의 오른쪽으로의 이동을 가져온다. 따라서 소득은 더욱 증대되며, $i=i^*$가 될 때까지 통화공급의 증가는 계속된다. 이는 곧 정부지출의 증가는 앞에서 본 단순한 케인즈 모형에서와 똑같은 영향을 소득에 미치게 됨을 알 수가 있다.

한편 M-F 모형에 의하면 변동환율제도 하에서는 오직 금융정책만이 국민소득 수준에 영향을 미친다. [그림 35A-3]이 이를 보여준다.

앞의 그림에서 통화량의 증가는 *LM*곡선을 *LM′*으로 오른편으로 이동시킨다. 새로운 균형점은 E'인데 여기서의 이자율은 i^*보다 낮으므로 자본유출이 일어나게 되고 따라서 환율의 평가절하가 발생한다. 그러면 *NX*는 증가하게

3) 스스로, *IS*, *LM*곡선을 그려 보면서 논의 전개를 따라가 볼 것.

그림 35A-3 개방경제하의 금융정책의 효과

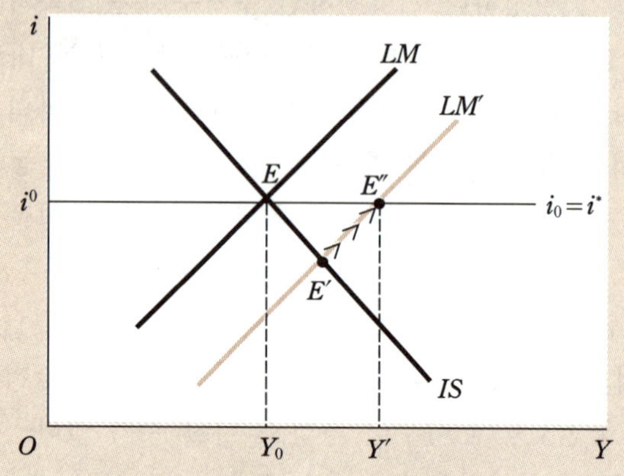

되어 그림에는 표시하지 않았으나 *IS*곡선도 오른쪽으로 이동하게 된다.[4] 새로운 균형점은 *E″*에서인데, 여기서 *LM′*과 *IS′*이 서로 만나게 되며 $i=i^*$가 된다. 즉 평가절하는 소득을 더욱 증대시켜 *Y′*이 된다.

이는 폐쇄경제 하에서 통화량의 증가가 이자율을 낮추어 투자를 증대시킴으로써 국민소득을 높이는 것과는 대조를 이루는 것이다. 변동환율제도 하에서는 중앙은행이 통화량을 뜻대로 통제할 수가 있다는 점을 다시 한 번 유의할 필요가 있다.

반면에 재정정책의 효과를 보기 위해서 정부지출이 증가한 경우를 살펴보자. 정부지출이 늘면 수출이 증가한 경우와 똑같이 *IS*곡선이 위로 오른편으로 이동하므로 이자율이 상승하게 된다. 이자율의 인상은 평가절상을 초래하여 수출은 줄고 수입은 늘게 된다. 즉, 완전한 **구축효과**(crowding-out effect)가 작용하는 것이다. 폐쇄경제 하에서는 이자율의 상승이 투자를 줄이는 형태로 구축효과가 작용하는 데 비해 여기서는 평가절상이 순수출을 감소시키는 형태를 띤다.

지금까지 우리는 완전한 자본이동을 전제하고 소규모 개방경제를 대상으로 하여 *IS*, *LM*모형을 수정, 확대한 문델-플레밍 모델을 사용하여 단기에 금

4) 각자 연필로 표시해 볼 것.

융 · 재정정책이 국민소득과 외환율에 미치는 영향을 살펴 보았다. 여기서 발견하는 것은 경제정책의 효과는 어떠한 환율제도(즉, 고정환율제도 또는 변동환율제도)를 택하고 있는가에 달려 있다는 점이다.

우리나라는 '97년 말의 외환위기 이후 외국인에게 주식시장을 개방하는 **자본자유화**를 시행하였다. 그 결과 금리와 환율의 변동에 민감한 **단기투기성자금**(hot money)의 유출입을 초래하게 되었다. 또한 자본유입은 단기적으로 균형환율보다 높게 자국화폐를 평가절상시키는 **오버슈팅**(overshooting)을 초래함으로써, 환율의 변동폭을 증대시키는 동시에 수출은 줄이고 수입은 늘려 경상수지의 악화를 초래하게 된다.

아울러 자본유입은 통화량을 증대시켜 물가를 자극할 우려도 내포하고 있다. 이 때 중앙은행이 불태화정책을 써서 외환시장에 개입해 외환을 내다 팔고 통화를 거두어 들이면 이자율은 더욱 상승하게 되고 이는 다시 자본유입을 촉진하는 결과를 가져올 수 있다.

따라서 개방경제하에서는 자본유입이 환율, 금리, 물가 등에 미치는 영향을 충분히 참작하면서 금융정책을 집행해야 한다.

주요개념

개방경제하의 거시경제학 순수출(*NX*) 순해외투자 문델-플레밍 모형
구축효과 자본자유화 단기투기성자금(hot money) 오버슈팅

요 약

1. 개방경제하의 거시경제학은 세계 각국이 무역과 금융을 통해 서로 교류하고 있으므로, 이를 참작하였을 때 *IS-LM*분석이 어떻게 수정, 확대되어야 하는가를 살펴본다.

2. 항등식 $Y=(C+I+G)+NX$는 $S-I=NX$로도 나타낼 수가 있는데, 이는 순해외투자와 무역수지가 항상 동일함을 표시한다.

3. 문델-플레밍(*M-F*)모형은 소규모 개방경제와 완전한 자본이동을 전제하고 *IS-LM*모형을 수정, 확대한 것인데, 금융 · 재정정책이 국민소득과 외환율에 미치는 영향을 분석할 수 있게 한다.

4. M-F모형에 따르면 고정환율제도하에서는 금융정책은 국민소득에 아무런 영향을 미칠 수 없는 반면에, 재정정책은 국민소득을 증대시키는 데 큰 효력을 가지고 있다.

5. M-F모형에 의하면 변동환율제도 하에서는 금융정책만이 국민소득에 영향을 미칠 수가 있으며, 재정정책은 전연 효력이 없다.

6. M-F모형이 가르치는 것은 금융 · 재정정책의 효과는 어떠한 환율제도를 택하고 있는가에 달려 있다는 점이다.

7. 우리나라는 외환위기 이후 자본자유화에 따라 단기 투기성자금(hot money)의 유출입이 빈번해짐으로써, 오버슈팅이 일어나며 물가가 상승하는 등 거시경제에 교란요인으로 작용하고 있다.

연습문제

1. 개방경제하의 거시경제학이 다루는 주요한 내용은 무엇인가?

2. GDP 항등식을 사용하여 순해외투자와 무역수지는 동일한 현상을 각각 다른 측면에서 나타내는 것임을 보여라.

3. 문델-플레밍 모형의 전제, 분석대상, 내용, 용도 및 시사점 등을 설명해 보라.

4. M-F모형을 이용하여 변동환율제도하에서 통화량의 증가가 미치는 영향을 그림표를 가지고 설명해보라.

5. 자본자유화에 따른 단기 투기성자금의 빈번한 유출입이 환율, 물가 및 이자율 등에 미치는 영향은 무엇인가 생각해보라.

경제성장: 장기분석

제 V 부

제12편 경제성장

제 V 부의 개요

제 Ⅲ 부의 단기분석이 반복적으로 발생하는 경기변동을 전제로 한 것이라면, 제 V 부의 장기분석은 경제성장에 대하여 다루므로 발전도상국인 한국경제의 관점에서 볼 때는 현실적으로 매우 중요한 논의이다.

제12편

경제성장

요 약

제12편은 제36장 경제성장의 한 개 장으로 구성되어 있다. 여기서는 발전도상국들 중에서 가장 성공적인 사례인 한국경제를 중심에 놓고 경제성장의 요인을 총체적인 생산함수의 이론적인 윤곽을 사용하여 설명해 본다.

제12편
경제성장

제 36 장

경제성장

제36장에서는 먼저 장기의 경제성장과 단기의 경기변동을 구별하는 데서 시작한다. 그리고 나서는 경제성장을 협의의 성장, 형평의 증진 및 국제경쟁력을 갖춘 경제의 세 요소를 포함하는 것으로 규정한 후 이에 비추어 지난 40여년 동안의 한국경제의 성장을 평가해 본다. 이어서 경제성장의 요인으로 실물자본의 축적, 인적자원 및 기술진보에 대하여 차례로 살펴 본다. 이 밖에 개방체제를 유지하며, 바람직한 경제제도와 경제정책을 택하는 것도 경제 성장을 좌우하는 중요한 요인임을 설명한다.

36.1 경제성장과 경기변동

매년 경기를 보면 호경기가 되었다가 불경기가 오는 경기변동이 계속되고 있다. 즉, 단기에는 **경기변동**이 끊임없이 일어나고 있는 것이다. 반면에 장기에 있어서는 GDP가 지속적으로 증가하는 **경제성장**을 체험하게 된다.

가상적으로 [그림 21-2]가 단기에는 경기변동이 발생하다 장기에는 경제성장이 지속되고 있음을 나타낸다. 또한 [그림 21-1]은 제 1 차 경제개발 5개년 계획이 시작된 1962년 이후 2001년까지 만 40년 동안 우리나라에서 고도의 경제성장이 지속되어 왔음을 보여준다.

앞의 제Ⅲ부는 단기에 있어서 국민소득이 어떻게 결정되는가를 분석하였다. 즉, 재화시장, 금융시장 및 노동시장을 차례로 살펴 봄으로써 단기에 국민소득, 고용, 물가 및 이자율이 어떻게 결정되고 또한 변동하는가를 분석하였다.

이제 제Ⅴ부, 제12편, 제36장의 장기분석에는 GDP의 지속적인 증가인 경제성장에 대하여 살펴 보기로 한다. 경제성장은 생활수준의 향상을 초래하므로 선진국의 경우에도 매우 중요하다. 그러나 한국과 같은 **발전도상국**(developing economy)의 경우에는 경제성장은 제일 중요한 목표가 된다. 따라서 여기서 다룰 경제성장의 문제는 우리에게는 현실적으로 지극히 중요한 문제이다.

36.2 경제성장의 의의

산업혁명

우리 주위를 보면 선·후진국들 간에 엄청난 소득격차가 존재하고 있음을 발견하게 된다. 2001년의 1인당 GDP를 보면 미국이 35,702달러, 일본이 32,524달러 그리고 독일이 22,654달러인데 비해 한국은 8,918달러이었다. 더구나 남미, 서남아시아 및 아프리카의 여러 나라를 보면 우리보다 국민소득이 훨씬 낮다.

1998년의 1인당 GNP를 보면 브라질이 4,570달러, 멕시코가 3,970달러이며, 인도가 430달러, 파키스탄이 480달러, 방글라데시가 350달러이었다. 나이지리아는 300달러이었다.[1] 즉 **빈곤**(Poverty)이 만연되어 있는 서남아시아와 아프리카가 특히 저소득수준에서 벗어나지 못하고 있음을 본다.

이처럼 국별 소득차가 심하고 빈곤이 만연되어 있으나 경제성장에 대한 관심은 1980년대 이전에는 별로 없었다. 즉, 단기의 거시경제학에 치중해왔으며 현실적으로 가장 중요한 당면과제인 빈곤을 퇴치하기 위한 수단인 경제성장의 문제는 학계에서 소홀히 취급하였다.[2] 이는 앞의 2.1에서 살펴 본 것처럼 고전학파 경제학자들이 장기의 경제발전 현상을 가장 중요하게 취급하

---

1) The World Bank, *World Development Report 1999/2000*, Oxford University Press, Oxford, 2000, pp. 230~1.

2) "Economic Growth: the poor and the rich," *The Economist*, 1996. 5. 25, pp. 15~6, 23~25.

였던 것과는 대조를 이루는 것이다.

그런데 **현대의 경제성장**(modern economic growth)은 쿠즈네츠(Simon Kuznets)가 지적한 대로 18세기 후반 영국의 **산업혁명**(Industrial Revolution)과 더불어 **선두주자**(first comers)인 영국은 1780년경부터 **공업화**(industrialization), 산업혁명 또는 **도약**(take-off)을 시작하여 60년 쯤 지난 1840년경에는 이미 선진국으로 진입하였다.

후발주자(late comers)인 일본의 경우에는 명치유신 이후 1880년경부터 공업화를 시작하여 40년쯤 지난 1920년경엔 선진국이 되었다. 한편 한국은 더 늦은 후발주자(late latecomers)로서 1960년대 초 이후 본격적인 공업화를 개시하였다. 이는 선발주자인 영국, 프랑스에 비해서는 물론이고 후발주자인 독일, 일본에 비해서도 산업화에 매우 뒤늦게 참여하였음을 보여 준다.

도약을 시작한 후 40여년 동안 한국은 고도성장을 지속함으로써 선진국을 **따라 잡기**(catch up)하는데 모든 힘을 경주해 왔다. 그 결과 발전도상국들 중에서는 대만, 홍콩, 싱가포르와 더불어 네 호랑이(four tiger)로 불리울 정도로 성공적인 경제성장을 이룩하였다. 그 뒤를 이어 태국, 말레이시아, 인도네시아 및 중국이 고도성장을 실현함으로써 일본과 더불어 소위 **동아시아의 기적**을 이룩한 나라들로 평가받게 되었다.[3] 그러나 세계 전체로 보면 이들 소수의 국가는 예외적인 경우로써 대부분의 발전도상국은 정체상태를 계속하고 있다.

협의의 경제성장과 형평의 증진

흔히 **경제성장**(economic growth)은 **경제발전**(economic development)과 동의어로 사용하며, 한 나라의 1인당 GDP가 지속적으로 증가하는 과정이라고 규정한다. 그런데 경제성장 및 발전이 일어나고 있을 때는 국민소득이 증가하는 이외에 각종의 **구조적인 변화**(structure change)가 수반되기 마련이다. 즉 **산업구조**(industrial structure)가 변화하여 GDP 가운데서 공업부문이 점유하는 비중이 증가하는 공업화가 일어나며, 인구가 농촌으로부터 도시로 집중되는 도시화(urbarization)가 진행된다.

---

3) The World Bank, *The East Asian Miracle: Economic Growth and Public Policy*, Oxford University Press, N.Y., 1993.

한국의 경우 1962～2001년의 기간 중 연평균 실질 GDP의 성장률은 약 8%로서 매우 높았다. 그 결과 동일한 기간 중 1인당 GDP는 경상가격기준 87달러에서 8,918달러로 급속히 늘어났다. 고도의 경제성장에 수반해서 산업구조도 커다란 변화를 나타냈다.

1961년의 산업구조를 보면 경상가격 기준으로 GDP 대비 농림어업부문의 비중은 39.1%이었으며, 광공업(제조업)은 15.5%(13.6%), **사회간접자본**(social overhead capital; SOC) 및 기타 서비스는 45.4%이었다. 즉 당시 한국경제는 농업사회이었다. 그러나 2001년에는 농림어업의 비중은 4.4%로 급속히 감소하였고, 광공업(제조업)의 비중은 30.3%(30.0%)로 거의 배로 늘었으며 SOC 및 기타 서비스도 65.3%로 크게 늘어났다.[4] 이는 우리 경제가 40년만에 산업화된 사회로 탈바꿈하였음을 보여준다.

주력산업의 추이를 살펴 보면 지난 '60년대에는 섬유, 합판, 가발 등 노동집약적인 경공업이 주를 이루고 있었다. '70년대에는 화학, 철강 등 자본집약적인 중화학공업이 주축이었으며, '80년대에서 '90년대 중엽까지는 전자, 자동차, 조선 등 기술집약적인 중공업 부문이 주력산업이었다. 그 후에는 정보통신산업과 반도체, 정보통신기기 등 IT산업이 크게 발달하였다. 반도체 · 컴퓨터 등 IT제조업과 정보통신서비스를 합한 IT산업이 GDP에서 차지하는 비중은 2002년에 16.8%나 된다.

그리하여 한국경제는 중화학공업과 IT산업이 골고루 성장하고 있는 산업구조를 나타내고 있는데 이는 전세계적으로 한국과 일본뿐이다. 아울러 '90년대에 들어와 초고속통신망의 구축으로 정보화 인프라도 세계 최고수준으로 발전하였다. 즉, 초고속 인터넷 가입자수는 2001년 말 780만 가구로 세계 1위이며, 인터넷 이용자수도 2002년 상반기 말 2천 5백만명에 달했다.

이 밖에 '90년대에 들어오면서 한국경제는 **탈공업화**(deindustrialization)와 서비스화를 나타내고 있다. 즉, 서비스 부문의 취업자 구성비는 증가하는 반면 제조업은 '90년을 고비로 하여 그 비율이 감소하고 있다. 이러한 현상은 선진국에서는 이미 '70년대 초부터 나타나기 시작하였다.[5]

위에서 우리는 경제성장을 좁은 의미의 성장(growth)만을 뜻하는 것으로 보아 1인당 국민소득의 지속적인 증가와 이에 수반한 산업구조의 변화라고

---

4) 정창영, 「경제발전론」, 제 3 판, 법문사, 2000년 11월, 제 8 장.

5) 한국은행, "1985～95년중 우리나라의 취업구조 변화", 「조사통계월보」, 1998. 9.

정의한 후, 우리 나라를 중심으로 하여 살펴 보았다. 경제성장을 규정하는 두 번째 요소는 형평(equity)의 증진이다. 즉, 좁은 의미의 성장이 일어나는 이외에 점점 공평한 사회가 될 때 우리는 비로소 경제성장을 하고 있다고 말할 수 있는 것이다.

형평의 증진을 위해서는 의 · 식 · 주에 관한 기본적인 욕구(basic human needs)도 충족시키지 못하는 **절대빈곤**(absolute poverty)이 감소되어야 하며 또한 **상대빈곤**(relative poverty)의 문제인 **소득분배**도 개선되어야만 한다. 앞의 14장에서 이미 살펴 본대로 '99년 한국의 빈곤 인구는 약 10%나 되며, 소득분배의 불공평도를 나타내는 지니계수도 큰 변동이 없다. 이는 곧 형평의 증진이라는 관점에서 보면 아직 개선할 여지가 많이 남아 있음을 가르킨다.

국제경쟁력

좁은 의미의 성장과 형평이외에 경제성장을 규정하는 세번째 요소는 **국제경쟁력**을 갖춘 경제이다. **세계화**(globalization)와 **정보화**의 급속한 진전으로 세계경제는 하나로 통합되고 있다. 이에 따라 글로벌 경쟁이 펼쳐지면서 **국가경쟁력**의 확보가 중요한 과제로 등장하고 있다. 특히 우리 이웃에는 "세계의 공장"으로 급부상하고 있는 중국 경제의 도전이 심각한 상황이다.

한편 우리 경제는 '97년의 외환위기 이후 증권시장을 대외개방하였으며 외환시장을 자유화하였다. 이에 따라 급격한 **외부 충격**(external shocks)에 완전히 노출되어 있다고 해도 과언이 아니다. 그러나 이미 앞에서 본 대로 지난 5년 동안의 금융, 재벌, 노사관계 및 공공부문의 개혁과 구조조정으로 우리 경제는 글로벌 스탠다드에 따라 상당한 제도적인 개선이 이루어졌다. 이는 우리 경제에 대한 해외 투자자들의 신뢰(confidence)를 확보할 수 있도록 하였다.

앞으로의 과제는 외부충격에 견딜수 있으며, 또한 국제경쟁력이 있는 국민경제를 구축하는 것이다. 즉, 무역과 투자를 통한 개방체제의 이점을 충분히 누리면서도 국가경쟁력을 확보하는 것이 급선무이다. 현재로서는 우리 경제가 여러 가지 취약점을 지니고 있으며 아직도 국제경쟁력을 제고하기 위해 해야 할 일이 많다고 하겠다.

지금까지 우리는 경제성장을 협의의 성장과 형평의 증진 및 국제경쟁력의 확보 등 세 가지의 요소를 가지고 규정하겠다. 즉, 지속적인 성장과 구조적인 변화가 일어나면서 분배가 공평해지고, 또한 국제경쟁력이 제고되면 한 나라는 경제성장을 하고 있다고 볼 수가 있는 것이다.

36.3 경제성장의 요인

생산함수

영국의 고전학파 이후 경제학에서는 전통적으로 경제성장의 요인으로 **자본축적**(capital accumulation), **인적자원**(human resources) 및 **기술진보**(technological progress)의 세 가지를 강조해 왔다. 이들 국민경제 전체에 대한 총체적인 **생산함수**(aggregate production function)를 사용해서 나타내면 다음과 같다.

$$Y=F(L, K, T)$$

여기서 Y는 GDP, L은 노동투입량, K는 자본투입량 그리고 T는 기술이다. 그러면 경제성장의 원천(sources of economic growth)은 셋이 된다. 즉, ΔY는 노동의 투입증가 ΔL, 자본의 투입증가 ΔK 및 기술진보에 의해서 초래되는 것이다. 이제 이들 세 가지 요인에 대하여 차례로 살펴보기로 하자.

자본축적

첫째는 자본축적이다. 자본축적은 경제성장의 요인으로 제일 중요시 되었는데, 이는 다음과 같은 인과관계를 상정한 것이다.

저축↑→투자↑→자본축적↑→생산(공급)능력↑→경제성장↑

소득 가운데 소비를 줄이고 저축을 늘이면 이는 투자를 위한 재원이므로 투자도 증가한다. 투자의 결과로 공장, 기계, 도로 등 **실물자본**(physical capital)의 축적이 일어나며, 이는 생산능력의 증대를 초래함으로써 경제성장을 촉진시키게 된다. 즉, 여기서 강조하는 것은 분석대상이 단기인 제Ⅲ부에서 총수요를 중시하는 것과는 달리 장기에 있어서의 총공급능력의 증대를 중시하는 공급위주의 경제학(supply-side economics)이다.

실제로 여러 나라에 대한 일정한 시점에서의 **횡단면자료**(cross-section data)를 보면 투자율과 경제성장률 사이에는 높은 **상관관계**(correlation)가 발견된다. 물론 이것이 그 자체로 **인과관계**(causality)를 뜻하는 것은 아니지만, 자본축적은 경제성장을 촉진하는 것이 분명하므로 우리는 흔히 높은 투자율이 높은 경제성장률을 초래하는 것으로 받아 들이고 있다.[6)]

그러나 자본축적이 점점 늘어나면 앞의 [그림 18-1]이 나타내듯이 자본의 한계산출물(MP_k)이 체감하는 **수확체감**(diminishing returns) 현상이 일어나게 된다. 즉, 추가로 자본재를 한 단위 증가 투입하였을 때 여기서 나오는 산출물의 증가분은 점점 줄어들게 된다. 따라서 장기에는 경제성장률은 점점 떨어진다. 심한 경우에는 자본축적이 너무 커져서 MP_k가 0이 되어 자본축적이 정지되고 이에 따라 경제성장도 멈춰질 수 있는 상황까지도 가상할 수가 있다.

이러한 분석이 가르치는 것은 아주 장기에는 높은 투자율은 높은 소득을 보장하나 높은 성장률까지 초래하는 것은 아니라는 점이다. 그러나 현실적으로는 자본축적이 이렇게 클 수는 없으므로 저축률의 증대는 높은 성장률을 초래하기 마련이다.

그런데 선진국에 비해 발전도상국은 자본축적이 적으므로 MP_k는 더 클 것이다. 따라서 자본축적과 더불어 경제성장은 더 빨리 일어나게 되고, 그 결과 1인당 소득수준이 선진국과 비슷해지는 **수렴**(convergence) 현상이 일어날 수 있다. 그러나 실제로 수렴을 보인 것은 발전도상국들 가운데 극소수인 동아시아 국가들뿐이었다.

인적자원

종전에는 자본이라는 개념안에 실물자본만을 포함시키는 것이 보통이었다. 즉, 기계, 컴퓨터, 공장설비와 같은 실물자본만을 자본으로 간주해 왔다.

---

6) N. Gregory Mankiw, *Principles of Economics*, 2nd ed, Harcourt College Publishers, Fort Worth, 2001, ch. 24.

그러나 우리가 자본이라는 개념을 광의로 해석하여 장래에 소득의 흐름(future income stream)을 제공하는 모든 원천이라고 규정하면, 이러한 광의의 자본 안에는 실물자본은 물론이고 **인간자본**(human capital)도 마땅히 포함시켜야만 한다.

즉, 교육받는 사람인 인간자본도 실물자본인 기계와 똑같이 장래에 오랫동안 소득의 흐름을 발생시키는 원천임에는 아무런 다를 바가 없는 것이다. 이러한 생각은 슐츠(Theodore W. Schultz)에 의해 처음으로 제기된 이래 현재에 와서는 경제학에서 널리 받아들여지게 되었다.

전통적으로 노동 투입량이라고 하면 비숙련 노동을 뜻하나, 교육에 의해 획득된 기능은 인간자본을 나타내며 이는 노동의 질이 개선된 것이다. 교육이외에도 노동의 질을 향상시키는 것으로는 직장에서의 훈련(on-the-job training: *OJT*), 건강 및 영양상태의 개선, 농업부문에서 신기술의 보급을 위해 행해지는 성인교육(extension program) 및 더 좋은 일자리를 찾기 위해 도시로 이주(migration)하는 것 등도 모두 인간자본에 대한 투자이며 그 결과 노동의 질은 개선된다. 이는 다시 그의 생산성과 소득도 증대시키게 된다.

하비슨(Frederick Harbison)의 말대로 "인간자원이야 말로 국부의 궁극적인 기초를 형성한다." 특히 우리나라의 경우에는 가진 자원이라고는 인적자원 밖에 없으므로 이를 효율적으로 활용하는 것은 국가의 장래가 달린 것이다.

이제 세계경제는 지난 2백여 년 동안의 산업사회에서 **지식기반사회**(knowledge-based society)로 이행중에 있다. 이는 곧 경제의 중심이 제조업에서 정보 · 지식 집약적인 서비스업으로 바뀌고 있음을 뜻한다. 세계은행도 경제발전을 위해서는 지식이 중요하다(knowledge matters)는 전제하에서 선 · 후진국가간의 **지식격차**(knowledge gap)를 축소시키는 것이 필수적임을 강조하고 있다.[7)]

우리는 흔히 미국경제를 **지식경제**(knowledge economy)라고 부른다. 지식경제에서는 노동력 가운데 제일 중요한 것이 **지식노동자**(knowledge workers)인데 현재 미국 노동력의 1/3을 점유하고 있고 공장노동자의 수보다 2배나 된다.[8)]

7) The World Bank, *World Development Report 1998/99*, "Knowledge For Development," Oxford University Press, Oxford, 1999.

인적자원이 풍부한 한국은 지식기반 또는 정보화사회의 도래로 좋은 기회를 맞고 있다. 흔히 말하는 산업화에는 늦었지만 정보화에는 앞서 나가자는 구호가 이를 나타낸다.

그러나 **고령화**가 급속히 진전되고 있는 것은 특히 관심을 기울여야 할 부분이다. 즉, 출산률의 급감과 평균수명의 연장은 고령화 사회가 다가오고 있음을 나타낸다. 출산률은 2000년 현재 1.4% 수준으로 급격히 떨어졌고 평균수명은 75세로 크게 늘어난 것이다. 그 결과 노인인구 비율이 7.1%에 도달해 고령화 사회(aging society)로 진입했으며 이 비율이 14%를 넘어서는 고령사회(aged society)로는 2020년 경에 도달할 것이 예상된다. 이는 세계적으로 가장 급속한 고령화의 진전이다.

고령화는 취업자의 감소, 저축의 감소, 투자의 위축 등을 통해 경제성장을 둔화시키는 반면 재정수지는 악화시킨다. 고령화의 영향은 2010년 이후 드러나기 시작하겠으나, 지금부터 연금을 개혁하는 등 대응책을 마련해야만 비로소 그 때 쯤이나 효과가 나타나게 될 것이다.

기술진보

위에서 우리는 경제성장의 요인으로서 자본축적과 인적자원에 대하여 살펴보았다. 그러나 장기에 있어서 자본재의 투입량을 한 없이 늘릴 수는 없는 것이며, 노동의 투입량도 기본적으로 인구증가에 의하여 제약을 받게 마련이다. 따라서 경제성장은 궁극적으로는 **기술진보**, **총요소생산성**(total factor productivity; *TFP*) 또는 줄여서 **생산성**의 향상에 의하여 좌우되기 마련이다.[9)]

경제학에서는 이미 오래 전부터 기술진보가 경제발전에 중요한 영향을 미친다는 것을 인식하였다. 앞의 2.1에서 본 것처럼 고전학자들은 자본주의경제의 발전이 기술진보와 인구증가 사이의 경쟁에 달려 있다고 보았다. 마르크스(Karl Marx)도 기술진보를 자본주의 경제발전의 원동력이라고 생각하였으며, 슘페터(Joseph A. Schumpeter)도 자본주의 경제에서 경제발전의 중추적인 기능을 수행하는 사람은 **기업가**(entrepreneur)인데, 이는 기업가가

8) Peter Drucker, "The Next Society", *The Economist*, 2001. 11. 3.

9) Olivier Blanchard, *Macroeconomics*, 3rd ed, Prentice Hall, N.J. 2003, ch. 12.

혁신(inovation)의 기능을 수행하기 때문이다.

쿠즈베츠도 지난 2백여년 동안의 현대의 경제성장의 독특한 속성은 과학 · 기술을 생산활동에 대거 적용한 데 있다고 보고 이를 과학의 시대(scientific epoch)라고 규정하였다. '80년대 후반에 제시된 **신성장이론**(new growth theory) 또는 **내생적인 성장이론**(endogenous growth theory)도 경제성장 과정에서 기술진보가 차지하는 중요성을 강조하고 있다.

즉, 신고전학파가 기술진보를 외생적으로 보아 마치 하늘에서 떨어지는 떡(manna from heaven)처럼 여겼던 데 비해, 내생적인 성장이론에서는 기술진보가 연구 및 개발(research and development; R&D)에 의해 내생적으로 일어난다고 보았다.

그런데 경제학에서는 기술진보 또는 생산성의 향상을, GDP의 증가 또는 경제성장 가운데 자본과 노동투입량의 증가를 가지고 설명할 수 없는 나머지(unexplained residual)라고 규정하고 있다. 따라서 기술진보나 생산성의 향상에는 여러 요소들이 포함되어 있다(catch-up all term)고 하겠다.

우리는 GDP(Y)를 노동자의 수(L)로 나눈 1인당 산출량을 **노동생산성**(labor productivity)이라고 부르며 생산성을 나타내는 지표로 흔히 사용하나 생산요소에는 자본도 있으므로 다음과 같은 *TFP*를 사용하는 것이 바람직하다.

$$TFP = \frac{Y}{\alpha L + \beta K}$$

여기서 α와 β는 가중치로서 각각 GDP가운데 노동의 몫(labor's share)과 자본의 몫(capital's share)이다.

이 *TFP*가 증가할 때 우리는 생산성이 향상되었다든가 또는 기술진보가 일어났다고 간주하는 것이다. 그런데 기술진보의 과정을 다음과 같이 단순화해서 볼 수도 있다.

R&D → 발명 → 혁신 → 확산 → 기술진보 → 경제성장

즉, R&D에 의해 **발명**(invention)이 일어나며, 이를 최초로 상업적으로 적용한 것이 혁신이다. 발명은 과학자나 기술자의 영역이며 혁신은 기업가가 한다. 그런데 혁신이 동종 산업의 다른 기업들에게 전파되는 것이 **확산**

(diffusion)이며 이를 통해 기술진보가 일어나 경제성장을 초래하게 된다.

우리나라는 '60년대와 '70년대에는 주로 턴키(turn key)공장의 가동과 역엔지니어링(reverse engineering)을 통해서 선진기술을 배웠다. 그러나 '80년대에 들어오면서 선진국들의 기술보호주의가 만연하게 되자 민간 기업들이 본격적으로 R&D활동을 시작하게 되었다. 그리하여 '80년대 말부터는 일부 기술선도적인 대기업들을 중심으로 선진기업들이 이미 시장에 내놓은 상품을 모방하는 데서 벗어나 몇몇 전략상품의 경우에는 그들과 동일한 품질의 고가품을 동일한 시기에 출하할 수 있게 되었다.

개방체제

경제성장의 세 가지 요인인 자본, 노동, 기술 이외에 **개방체제**를 유지하는 것과 바람직한 경제제도와 정책을 실시하는 것도 경제성장에 커다란 영향을 미친다. 먼저 개방체제는 무역, 투자, 금융을 통해 세계의 여러 나라와 교류하는 것을 가능하게 한다. 사실 지난 40여년 동안 한국처럼 개방체제의 이득을 많이 본 나라도 드물다.

우리는 흔히 경제발전전략을 대외지향적인 **경제발전전략**(outward-looking strategy of economic development)과 대내지향적인(inward-looking) 경제발전전략으로 나눈다. 전자를 따른 나라들이 한국을 비롯한 동아시아의 국가들이며 후자를 따른 경우가 남미제국이다.

우리는 세계시장을 대상으로 하여 공산품을 수출함으로써 공업화를 달성하였으나, 남미 여러 나라는 좁은 국내시장을 대상으로 공산품에 대한 국내수요 또는 내수를 충족시키는 형태로 경제성장을 추구하였다. 그 결과는 현실에서 보듯이 우열을 쉽게 가를 수 있게 한다. 북한경제가 장기침체에서 벗어나지 못하고 있는 주된 이유도 극도의 폐쇄경제체제를 유지한 데 연유한다.

근자에는 **외국인직접투자**(foreign direct investment; FDI)의 도입도 크게 늘어났다. '62년 이후 '98년 5월까지 한국에 대한 FDI는 264억 달러에 불과하였다. 그러나 IMF기간중 FDI는 크게 늘어나 2002년 9월 말 현재 839억 달러에 이르렀다. FDI는 자본뿐만이 아니라 기술과 경영방식까지 도입되므로 발전도상국의 경제성장에 크게 기여한다.

또한 최근에는 지리적인 이점을 활용하여 동북아의 비즈니스 중심지

(hub)로 도약하기 위한 노력이 한창이다. 즉, 동북아의 물류 및 금융중심지가 되려고 하는 것이다. 그러나 인구 1천5백만명의 네델란드가 2001년에 파이낸셜 타임즈가 선정한 세계 500대 기업(FT 500)에 15개나 들어 있는데 비하여 한국 기업들은 6개 밖에 없는 것은 아직도 우리가 진정한 개방체제로 이행해 나가는 데 크게 미흡함을 나타낸다.[10)]

경제제도와 경제정책

제도(institutions)란 공정한 경기법칙(fair rule of the game)을 수립하기 위한 것이다. 고전학파 학자들은 바람직한 경제제도만 구축되어 있으면 경제성장을 달성하기는 쉽다고 보았다. 오늘날의 **신제도학파 경제학**(new institutional economics)에서도 경제성장을 달성하는데 제일 중요한 것은 제도라도 본다(Institutions matter most).

경제성장을 촉진시키는데 적합한 제도는 시장경제이다. 그런데 시장경제가 제대로 작동하기 위해서는 이를 뒷받침할 수 있는 **사유재산제도** 등의 확립이 필수적이다. 아울러 세계화의 급진전과 더불어 각종의 경제제도가 글로벌 스탠다드(global standard)에 부합해야 할 필요성이 절실하다. 예를 들어 우리가 경제위기를 당하여 추진한 금융 및 재벌개혁은 모두 외국투자자들의 신뢰를 확보하기 위해 미흡한 제도를 수정, 보완한 것이라고 할 수 있다.

앞에서 우리가 강조한 국가경쟁력의 핵심을 기업의 국제경쟁력이라고 볼 때, 이에 결정적인 영향을 미치는 것은 경제를 움직이는 소프트웨어인 제도적인 인프라스트럭추어(institutional infrastructure)라고 볼 수 있다. 이의 획기적인 업그레이드를 통해서만이 우리 경제는 선진국으로 진입할 수 있는 것이다.

사실 경제제도 뿐만이 아니라 정치, 행정, 사법, 언론, 교육, 문화 등 모든 측면의 제도적인 개혁이 있어야만 비로소 사회전체의 능력(social capability)이 향상될 수 있으며 이 때 우리 기업들의 국제경쟁력도 크게 높아질 것이다.

바람직한 제도 이외에 좋은 **경제정책**도 경제성장의 성패를 좌우하게 된다. 개방체제를 확대하며, 시장에서의 경쟁을 촉진시키고, 교육투자를 강조

---

10) *Financial Times*, 2002. 5. 10, "FT 500".

하고, 금융부문의 건전성과 안전성을 감독하며, R&D를 촉진시키고 과도한 정부규제를 철폐하는 것 등이 모두 바람직한 경제정책의 대표적인 보기이다.

좋은 경제제도와 경제정책은 발전도상국들이 선진국의 1인당 국민소득을 따라 잡는 데 필수적인 전제조건이 된다.

주요개념

경기변동 경제성장 발전도상국; 빈곤 현대의 경제성장 산업혁명 선두주자 공업화 도약 후발주자 따라잡기 동아시아의 기적 경제발전 구조적인 변화 산업구조 사회간접자본 주력산업 탈공업화 절대빈곤 상대빈곤 소득분배 국제경쟁력 세계화 정보화 국가경쟁력 외부충격; 자본축적 인적자원 기술진보 생산함수 실물자본 횡단면자료 상관관계 인과관계 수확체감 수렴 인적자원 인간자본 OJT 지식기반사회 지식격차 지식경제 지식노동자 고령화 기술진보 총요소생산성(TFP) 생산성 기업가 혁신 신성장이론 내생적인 성장이론 R&D 노동생산성 발명 확산 개방체제 경제발전전략 외국인직접투자 경제제도 신제도학파 경제학 사유재산제도 경제정책

요 약

1. 단기에는 경기변동이 반복적으로 일어나나 장기에는 경제성장이 주를 이룬다.
2. 세계 전체로 보면 국가별로 엄청난 소득격차가 존재하고 있다.
3. 공업화의 선두주자는 영국과 프랑스이며 후발주자는 독일과 일본이다.
4. 한국은 지난 40여년 동안 선진국을 따라잡기 하는 데 온갖 노력을 기울였다.
5. 협의의 경제성장은 1인당 국민소득의 지속적인 증가와 이에 수반해서 발생하는 구조적인 변화로 규정된다.

6. 한국경제의 탈공업화와 서비스화는 '90년대 초부터 시작되었다.
7. 경제성장의 두번째 요소는 형평의 증진인데 우리 경제는 아직 개선의 여지가 많이 남아 있다.
8. 세계화의 급진전으로 국제경쟁력을 확보하는 것이 필수적인 과제가 되었고, 경제성장을 규정하는 세번째 요소이다.
9. 경제성장의 원천은 생산함수를 사용해서 분석할 수 있다.
10. 높은 투자율(자본축적률)은 높은 경제성장률을 초래한다.
11. 선 · 후진국들 간에 1인당 소득수준이 비슷해지는 수렴 현상은 발생하지 않았다.
12. 교육 등 인간자본에 대한 투자는 생산성을 높여 소득을 증대시킨다.
13. 지식경제에서는 지식노동자가 제일 중요한 노동력의 구성부분이다.
14. 한국의 고령화는 세계적으로 가장 급속하게 진행되고 있다.
15. 경제성장 가운데 노동과 자본의 투입 증가를 가지고 설명할 수 없는 나머지를 모두 기술진보 또는 총요소생산성의 향상에 연유하는 것으로 간주한다.
16. 개방체제를 유지하는 것은 무역, 투자, 금융을 통해 경제성장에 크게 기여한다.
17. 좋은 경제제도와 경제정책은 수렴이 일어나려면 필수적이다.

연습문제

1. 제Ⅲ부의 단기분석과 제Ⅳ부의 장기분석을 서로 비교해보라.
2. 산업혁명의 선두주자와 후발주자는 어떤 나라들인가?
3. "동아시아의 기적"을 이룩한 나라들은 누구인가?
4. 지난 40년 동안 한국의 산업구조는 어떻게 변화하였는가?
5. 한국의 주력산업의 변천 추이를 살펴보라.

6. 탈공업화와 서비스화는 바람직하지 않다는 견해에 대하여 평가해보라.

7. 한국의 형평의 수준을 다른 나라들과 비교해보라.

8. 북한사태의 발발로 외국투자가들이 한국경제에 대한 신뢰를 상실했다고 가정하면, 이 사태가 증권시장과 외환시장 및 자금시장에 미칠 영향은?

9. 자본축적이 증대됨에 따라 MP_K가 감소할 때, 경제성장률에 미치는 영향은?

10. 경제발전을 위해 인적자원이 중요한 까닭은?

11. 지식노동자의 예를 들어보라.

12. 고령화가 미치는 주요한 영향은 무엇인가?

13. 장기에는 궁극적으로 경제성장이 생산성의 향상에 의하여 좌우된다는 말의 뜻은 무엇인가?

14. 신기술의 혁신과 확산을 비교해보라.

15. 동아시아와 남미의 경제발전모델을 서로 비교, 평가해보라.

16. 한국의 동북아 비즈니스 중심지로의 도약을 위해 필요한 조건은 무엇인가 생각해보라.

17. 경제성장을 위해서는 좋은 제도와 정책이 필수적이라는 말의 뜻은?

◉ 연습문제 해답 ◉

제 1 장 경제학의 정의와 방법론

3. 일본은 한국에 비해 국민소득 수준이 높아서 내수시장의 규모가 훨씬 크다. 또한 부품, 소재 및 기계류를 거의 국산화하고 있어서 해외의존도가 낮다.
4. 5.1을 참조할 것.
5. 이론은 현실을 설명하기 위한 것이므로 현실이 틀릴 수는 없으며, 틀린다면 언제나 현실을 설명하려고 하는 이론이 틀린 것이다.
7. 1) 실증경제학 2) 규범경제학 3) 규범경제학 4) 규범경제학

제 2 장 경제학의 발달과정

1. 서비스업에는 유용한 기능을 수행하는 분야가 많이 있다. 그러나 사치적이고 낭비적인 부문의 과도한 팽창은 특히 통일비용의 비축이라는 관점에서 볼 때 문제가 된다.
2. 지난 200여 년 동안의 선진국의 경험에 비추어 볼 때, 장기에 있어서는 기술진보가 인구증가보다 빠를 것이라는 낙관적인 전망이 가능하다.
5. 시장에서 수요와 공급이 서로 만나는 데서 가격이 정해지는 것을 말한다. 즉, 가격기구 또는 시장기구의 작용을 뜻한다.
6. 우리는 선진국에 비해 뒤늦게 산업혁명을 겪고 있으므로, 이에 수반해서 발생하는 경제발전의 문제를 중점적으로 다루어야 한다.

제 3 장 수요와 공급에 의한 균형가격의 결정

2. 각국의 요소부존 양상에 적합한 생산방식을 선택한 것이다.
7. 유량: 국민소득 저량: 인구
8. ①

제 4 장 수요와 공급의 탄력도

2. $\frac{CH}{OC}$; [그림 4-2]를 참조할 것.
3. $\frac{CH}{OC}$;

4. ∞　5. $e_d < 1$　6. $e_Y = 2$

제 5 장 현실문제에의 응용

6.

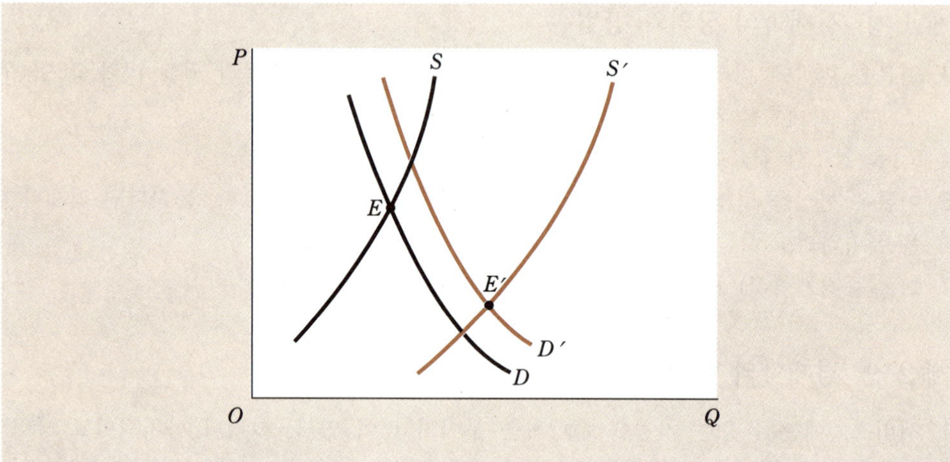

S와 D가 만나는 E점은 몇 십년 전의 균형상태를 나타낸다. 그러나 농업의 기술혁신으로 공급은 S'으로 크게 늘었으나 수요는 D'으로 별로 늘지 않아서 가격은 현재 E'이 보이듯이 현격히 떨어졌다. 더구나 가파른 수요곡선이 보이듯이 수요의 가격탄력도가 낮으므로 농민들의 수입도 상당히 떨어졌다.

9. [그림 5-5]를 참조할 것.

제 6 장 한계효용분석

2. TU가 감소하면 MU는 부(−)가 된다.
3. TU곡선이 오목한 이유는 한계효용이 체감하기 때문이다.
4. 한계효용체감의 법칙이 작용하기 때문이다.
5. $\frac{MU_A}{MU_B} = \frac{P_A}{P_B}$, 단 제약조건은 $Q_A \cdot P_A + Q_B \cdot P_B = Y_0$
9. 소비자잉여의 크기는 100만명×3만원=300억원으로서, 공원 조성비용인 200억원보다 크므로 새 공원은 지어야 한다.

제 7 장 무차별곡선분석

1. 대부분의 가계는 수요의 이론이 예측하는 대로 행동하므로 수요의 이론은 현실과 부합

된다.

2. 대체효과 > 소득효과
4. 내기의 기대치가 부(−)이므로 위험을 선호하는 것이 된다.
7. 이 때 비로소 보험회사는 개인에게는 큰 위험을 수많은 사람들에게 널리 분산시킬 수가 있다.
8. 역선택의 가능성이 크기 때문이며, 정부가 담당함으로써 수혜폭이 확대되어 국민들의 후생이 증대된다.
9. 믿을 수 있는 친지로부터 중고차를 구입하려고 한다.

제 8 장 생산의 이론

4. TP가 극대가 될 때 MP는 0이 된다.
5. AP_L이 증가할 때는 $MP_L > AP_L$이며, AP_L이 감소할 때는 $AP_L > MP_L$이므로, AP_L이 극대일 때는 $MP_L = AP_L$이 된다.
7. $\frac{MP_L}{P_L} = \frac{MP_K}{P_K}$이 극소비용조건인데, 등량곡선과 등비용곡선이 서로 접하는 점에서 충족된다. 도출과정은 8.4를 참조할 것.

제 9 장 비용의 이론

1. 〈표 9-1〉을 사용하여 설명해볼 것.
2. 2) 암묵적인 이자, 임금이 기회비용이다.
3. 이 회사의 입장에서는 사적인 비용 > 사회적인 비용이 된다.
6. 자본생산성은 $\frac{Q}{K}$, 총요소생산성은 $\frac{Q}{\alpha L + \beta K}$
(여기서 Q는 산출량, L과 K는 각각 노동과 자본투입량, α와 β는 각각 노동과 자본의 가중치이다.)
7. 공정혁신, 제품혁신, 투입물의 질적인 개선
11. 1) 2,000 2) 700 3) 500

제10장 완전경쟁시장

2. 특히 완전한 정보(perfect information)의 가정은 현실적으로 충족될 수가 없다; 불완전경쟁시장을 평가할 수 있는 기준(norm)을 제공한다.
3. 시장점유율(market share)이 지극히 낮기 때문이다.
4. [그림 10-2]를 이용하여 설명할 것.

6. 조업여부에 상관없이 *AFC*는 부담해야 하기 때문이다.

제11장 독점시장

1. 협소한 국내시장의 크기에 비하여 효율적인 공장의 시설규모가 상대적으로 더 크기 때문이다.
2. [그림 11-1]에 대한 설명을 참조할 것.
3. 추가로 산출량을 한 단위 더 팔기 위해서는 지금까지 이보다 더 높은 가격으로 팔렸던 산출량을 모두 낮은 가격으로 팔아야 하므로 맨 끝 단위 재화의 가격보다는 한계수입이 적게 마련이다.
4. 총수입은 $P \cdot Q$인 $OB \times OH$이다. 또한 총수입은 *MR* 이하의 면적인 *ABOHGF*와도 같다. 즉, $OBCH = ABOHGF$. 따라서, 두 삼각형 *ABF*와 *FCG*의 면적은 같다.
5. [그림 11-3]에 대한 설명을 참조할 것.

제11장 부록: 독점적 경쟁시장

3. $TR = p \cdot q = (13 - 0.5q) \cdot q = 13q - 0.5q^2$
   $MR = \dfrac{d(TR)}{dq} = 13 - q$;　$MC = \dfrac{d(TC)}{dq} = 1 + q$
   이윤극대화조건 $MR = MC$는 $13 - q = 1 + q$, $\therefore q^* = 6$
   그런데 $P = 13 - 0.5q = 13 - (0.5 \times 6) = 10$, 즉, $P^* = 10$
   $\pi = TR^* - TC^* = 6 \times 10 - (6 + 0.5 \times 36) = 36$
   * 표시는 이윤극대화를 초래하는 수준임.

제12장 과점시장

4. 상표분열을 통해 신규기업의 시장진입에 대해 장벽을 쌓기 위해서이다.
5. 경쟁가능한 시장은 현실에 있어서는 적다; 정책은 진입장벽을 낮추는 데 초점을 맞추어야 한다.
7. 성공의 배경은 OPEC가 당시에 세계 전체의 원유 공급량과 수출량에서 높은 비중을 점유하였기 때문이다; 붕괴이유는 높은 원유가격을 유지하기 위해서는 회원국들의 생산량 쿼터를 감축시켜야만 하였는데 이는 어려운 일이었다.
8. 1) 존재한다; 갑 2/3, 을 2/3
   2) *D*
   3) *D*

9. 2) 일본과 미국의 우월전략은 보호무역이므로 내쉬균형은 D에서 이루어진다.
   3) 양국이 비협조적으로 무역전쟁을 벌였을 때의 내쉬균형보다 양국 모두 2,000의 이득을 얻는다.
   4) 양국이 모두 자유무역을 하였는데, 이제 일본이 보호무역을 하게 되면 200의 추가이득을 얻을 수 있다. 이를 알아 차리고 미국도 보호무역을 하게 되며 따라서 D로 결국 이동한다.

제13장 한국의 독과점과 경제력집중

2. 독점형 시장
9. 치열한 경쟁으로 낮은 가격에 수주한 원사업자가 다시 영세한 하청업자에게 더 낮은 가격에 부담을 떠넘김으로써 부실공사가 구조적으로 초래되는 것을 바로 잡아야만 한다.
12. 지주는 항상 산출량을 극대화하는 것을 원하나, 소작인은 자신에게 돌아오는 이익이 있을 때에만 열심히 일하고자 하는 인센티브를 갖게 된다.
14. 효율적인 기업경영을 촉진시키는 유용한 기능도 수행한다.

제14장 기능별 소득분배와 계층별 소득분배

2. 비법인기업소득 때문이다.
3. [그림 14-1]에서 대각선 OO'; OTO'; 활 모양의 OAO'
4. 0; 1; $0 < G < 1$
5. 미국에 비해 영국은 오래된 국가로서 자본축적의 역사가 더 길다.
6. 경제성장이 초래한 여러 부작용에도 불구하고, 올바른 주장이다.

제15장 신고전학파의 한계생산성에 의한 분배이론

2. $VMP_f(=MP_f \times P_0) = (P_f)_0$
3. 대체효과 > 소득효과

제16장 지 대

2. 오히려 이와는 반대로 곡물의 가격이 높기 때문에 지대가 높았다.
3. 토지의 이전수입은 0이다.
4. [그림 16-2]에 대한 설명을 참조할 것.
5. 수평선인 경우에는 경제지대가 없으며, 수직선인 경우에는 이전수입이 없다.

6. 경제지대가 대부분이다.

제17장 임 금

2. [그림 17-3]이 보이듯이 최저임금제는 고용량을 L_1에서 L_2로 줄이게 된다.
4. 전통적인 노동력 접근법으로는 포착할 수 없는 방대한 양의 노동의 저수준 활용이 존재하고 있다.
5. 노동시장의 경직성에 주로 연유한다.
6. 유연성제고를 위한 것이 고용조정제, 탄력적 근로시간제 등이며 국제규범에 따른 것이 복수노조, 무노동 무임금 등이다.

제18장 이자와 이윤

2. $\frac{X}{P}$
4. 1,000만원÷0.1=1억원
5. 현재가치
6. $\frac{X}{i}>P$ 또는 $\frac{X}{P}>i$
7. $MEC=i$

제19장 일반균형이론 및 후생경제학

3. 시장의 불완전성, 외부효과, 정보의 비대칭성, 공공재
4. 사적인 비용＞사회적인 비용, 즉 외부경제가 창출되기 때문이다.
5. 기업은 사적인 이익만 고려한다.
8. 의료보험, 연금, 실업보험 등 보험회사의 입장에서 보았을 때 역선택의 가능성이 높은 분야는 정부가 사회보험의 형태로 운영함으로써 수혜의 폭을 크게 넓혀 국민들의 후생수준을 증대시킬 수 있다.

제20장 정부와 국민경제

2. [그림 20-2]에 대한 설명을 참조할 것.
4. 사회보장관련 지출이 높은 데 주로 연유한다.
6. 간접세 중심이어서 소득분배를 개선하는 데 별다른 역할을 수행하지 못한다. 선진국은 직접세 중심이다.

제21장 거시경제학의 개관

1. 사실이다.
2. 노동투입량의 증가율이 떨어질 것(인구증가율의 둔화와 노동시간의 감소에 연유함)이며, 자본투입량은 더 이상 늘어나기가 어렵고(이미 저축률은 매우 높음), 생산성의 증가율도 둔화될 것(생산성의 증가율이 제조업에 비해 낮은 서비스업의 비중이 늘어나고 있으며, 농업의 비중은 이미 크게 줄어들었음)이기 때문이다.
3. $Y_P > Y_a$이면 리셋션 갭이 있으며, $Y_P < Y_a$이면 인플레이션 갭이 있다.
4. 한 저점에서 다음 저점까지
5. 마찰적인 실업과 구조적인 실업만이 존재할 때가 완전고용이다.
8. [그림 21-10]에 대한 설명을 참조할 것.
11. 인플레이션과 국제수지의 적자

제22장 국민소득의 기초개념

1. [그림 22-1]을 사용하여 설명해 볼 것.
2. 최종재의 가치만을 더하는 것이 되기 때문이다.
4. 〈표 22-2〉에 기초하여 답할 것.
7. 농가의 소득을 영업잉여로 간주하고 있고, 피용자의 비중도 낮기 때문이다.

제23장 국민소득에 관한 추가적인 몇 가지 문제

2. 직선으로 표시된다; GDP의 증가율을 보기 위해서이다.
3. $\frac{\text{명목 GDP}}{\text{실질 GDP}}$
5. 품목과 가중치의 현실성을 높이기 위해서이다.
9. 시장화의 정도와 물가수준(특히 비교역재의 가격차이)이 서로 다르기 때문이다.

제24장 국민소득의 결정이론

1. 고전학파이론은 임금과 물가의 신축성을 전제로 하며, 케인즈이론은 경직성을 가정한다.
2. [그림 24-1]에 대한 설명을 참조할 것.
3. 자원의 불완전고용, 일정한 물가수준, 고정된 투자
4. $S = -200 + 0.3Y$
5. [그림 24-5]의 (가)에 대한 설명을 참조할 것.
6. [그림 24-5]; [그림 24-6]

제24장 부록: 승수원리

1. [그림 24A-1]에 대한 설명을 참조할 것.
2. 5,000억원; 4,000억원
3. ΔI는 100억원인데, ΔS는 $\Delta Y(=400$억원$)\times MPS\left(=\frac{1}{4}\right)$이므로 역시 100억원이다.

제25장 저축과 소비

1. 고전학파는 자본축적을 위해 저축을 강조하였으며, 케인즈는 총수요의 부족을 타개하기 위해 소비를 중시하였다.
2. 종축을 끊는 절편의 영향이다.
3. 가계조사자료에 의해서는 지지를 받으나, 국민소득통계에 의해서는 배격된다.
4. [그림 25-2]에 대한 설명을 참조할 것.
5. 당기의 소비지출을 당기의 소득만의 함수라고 봄으로, 당기는 어떤 해, 어떤 달 또는 어떤 날로 해석할 수도 있는 것이다.
7. 이 말은 젊었을 때는 소득도 많으므로 잘 써야 한다는 뜻이나, 평생소득가설에서는 소비자의 시계(time horizon)가 평생에 걸쳐 있으므로 정년 후의 소득이 없을 때를 미리 참작하게 된다.
9. 가계조사자료와 국민소득통계에 의해 모두 지지를 받는다.

제26장 투 자

1. 총투자(총자본형성)＝고정투자(총고정자본형성)＋재고투자
2. 고정투자(총고정자본형성)＝건설투자＋설비투자
4. [그림 26-2]에 대한 설명을 참조할 것.

제27장 금융시장의 개관

4. 증권시장은 효율적인 시장이며, 주식가격의 변동은 지극히 불규칙적이어서 전연 예측이 불가능하다.
6. 단기 투기성 자금의 빈번한 유출입은 통화량, 금리, 환율 등 주요한 거시경제변수를 교란시킨다.
7. 한국종합주가지수, 뉴욕증권시장 종합지수, 동증(東證)지수; 한경다우지수, 다우 · 존스, 니케이
9. 주식투자에는 배당 이외에 주식가격의 상승에 따른 자본이득이 있다.

10. $PER=10,000\div\frac{40억}{200만}=10,000\div2,000=5$

11. $P_0=\sum_{t=1}^{n}\frac{C}{(1+r)^t}+\frac{F}{(1+r)^n}$

제28장 화폐의 공급

4. 예금통화의 창조액=본원적 예금×신용승수$\left(=\frac{1}{\text{법정지불준비율}}\right)$
5. 본원통화=자산−비통화성부채=화폐발행액+예금은행 지불준비예치금
6. $M_1=\frac{1}{c+r(1-c)}B=kB$

제29장 화폐의 수요

3. $\frac{M}{P}=f(y,\ w,\ i,\ \frac{\Delta P}{P})$; 고전적인 화폐수량설은 물가수준 또는 명목국민소득의 결정이론이나, 신화폐수량설은 화폐에 대한 수요이론이다.
4. $L=L_1(Y)+L_2(r)$
6. 화폐부문의 변화는 이자율의 변동을 통하여 "간접적"으로 실물부문에 영향을 미친다. 즉,
   $M\uparrow\rightarrow r\downarrow\rightarrow I\uparrow\xrightarrow{(\text{승수효과})}AD\uparrow\rightarrow Y\uparrow,\ P\uparrow$
8. 금융부문에 대한 규제완화와 금융혁신 때문이다.

제30장 금융정책

3. 중앙은행이 필요하다고 느끼면 언제든지 수시로 행할 수 있는 장점이 있다.
4. 만성적인 인플레이션과 저이자율정책으로 자금에 대한 초과수요가 늘 존재하고 있는 가운데서 경제발전을 촉진시키기 위하여는 통화당국이 직접 자금의 배분에 개입해야 했다.
10. 금융정책은 내부시차는 짧고 외부시차는 길며, 재정정책은 내부시차는 길고 외부시차는 짧다.

제31장 *IS-LM* 모형

1. [그림 31-1]에 대한 설명을 참조할 것.
3. [그림 31-2]에 대한 설명을 참조할 것.
4. $Y=C(Y-T)+I(r)+G$: *IS*함수
   $M/P=L(r,\ Y)$: *LM*함수
   외생변수는 G와 T, M, P이며 내생변수는 r과 Y이다.
5. [그림 31-4]와 [그림 31-5]에 대한 설명을 참조할 것.

케인즈의 단순모형에서는 국민소득이 Y_1에서 Y_2로 증가하나, *IS–LM* 모형에서는 이자율의 상승에 따른 구축효과의 작용으로 Y_1에서 Y_3로 까지만 증가한다.

6. [그림 31-6]과 [그림 31-7]에 대한 설명을 참조하면서 반대방향으로 생각해 볼 것: $M\downarrow \rightarrow r\uparrow \rightarrow I\downarrow \rightarrow Y\downarrow$

제32장 *AS–AD*모형

1. [그림 32-1]에 대한 설명을 참조할 것. $P\downarrow \rightarrow \frac{M}{P}\uparrow \rightarrow r\downarrow \rightarrow I\uparrow \rightarrow Y\uparrow$
3. 장기에 있어서의 임금–물가의 신축성(wage–price flexibility); 단기에 있어서의 W–P의 경직성(rigidity); 총수요에 영향을 미치는 금융 · 재정정책은 장기에는 산출량 등 실물변수에 영향을 줄 수가 없으나, 단기에는 효력이 있다.
4. [그림 32-5]에 대한 설명을 참조할 것.
10. [그림 32-6]에 대한 설명을 참조할 것

제33장 인플레이션과 실업

1. π와 i 간에는 1:1의 관계가 있다; 엄격한 형태로서는 아니나, 대체적으로는 피셔효과가 작용하고 있다.
2. 구두가죽비용과 메뉴비용 등으로 적다; 소득의 재분배, 자원배분의 비효율성, 불확실성의 증대 등으로 비용이 훨씬 더 크다.
3. 새로운 supply 또는 demand shocks이 일어나면 변동한다.
7. [그림 33-5]에 대한 설명을 참조할 것.
8. 급격한 방법이 오히려 희생률이 적은 것으로 나타났다.

제33장 부록: 합리적인 기대의 가설

2. 노동시장에서 임금이 신축성을 지니고 있다고 전제하기 때문이다.
3. [그림 33A-1]에 대한 설명을 참조할 것.
5. [루카스는 경제정책이 달라지면 사람들의 행동도 이에 맞추어 달라진다고 생각하였다.
7. [보기를 들어 보면, 장래에 대한 기대가 중요하다는 생각은 이제 모두가 받아들이고 있다.

제34장 국제무역

4. 제품차별화, 독점적 경쟁시장, 규모의 경제

5. [그림 34-1]에 대한 설명을 참조할 것; 세계시장에서의 점유율이 낮다; 1970년대의 두 차례 석유파동과 1996년의 반도체 쇼크때에 크게 악화되었다.
7. 유치산업보호론이 보이듯이 결과적으로 볼 때 일본의 자동차산업 육성은 올바른 선택이었다.
9. 자유무역지역의 대표적인 보기는 NAFTA이며, 공동시장의 보기는 EU이다.
10. GATT 체제는 주로 공산품의 자유무역을 지향하였으나, WTO체제는 공산품은 물론이며 농산품, 서비스 등 모든 산업의 자유무역을 목표로 하고 있다; 국제경쟁력이 없는 산업은 어떤 것이든 생존할 수가 없게 되었다.

제35장 국제수지

2. $[X<M]$→금의 해외유출→통화량↓→P↓→X↑, M↓
3. [그림 35-1]이 보이듯이 환율은 P_0에서 P_1으로 인상되어 원화의 평가절하가 일어난다.
4. 현재의 선물환율로 외국환은행과 선매입 계약을 체결한다.
7. 통화량을 일정하게 유지해야만이 평가절하가 초래한 물가수준의 상승이 실질화폐잔고를 줄여, 이를 회복하기 위해 화폐에 대한 수요는 늘리고 재화, 용역 및 금융자산에 대한 지출은 감소시키는 가운데 국제수지는 개선되기 때문이다.
8. [그림 35-2]에 대한 설명이 보이듯이, 평가절하와 동시에 긴축적인 금융 · 재정정책을 함께 써야만 된다.
9. 금융정책은 외부균형을 달성하는 데, 재정정책은 내부균형을 이룩하는 데 배정되어야 한다.

제35장 부록: 개방경제하의 거시경제학

2. $Y=C+I+G+NX$: 양변에서 C와 G를 빼면,
   $Y-C-G=I+NX$; $Y-C-G=S$이므로
   $$S-I=NX$$
4. [그림 35A-3]에 대한 설명을 참조할 것.
5. 자본유입의 경우를 생각해 보면 오버슈팅을 초래하여 경상수지의 악화를 가져올 수 있으며, 통화량을 증대시켜 물가를 자극할 수 있고, 중앙은행이 불태화정책을 쓰면 이자율을 더욱 상승시키게 된다.

제36장 경제성장

3. 일본, 한국, 대만, 홍콩, 싱가포르, 태국, 인도네시아, 말레이시아, 중국
7. 남미제국의 소득분배는 매우 불공평하다.
8. 보유주식의 대량매각으로 주가가 폭락하고 금리는 폭등하며 외환율도 급등한다.
15. 동아시아는 성장과 형평을 동시에 달성한 반면, 남미는 높은 인플레이션, 재정적자, 국제수지의 적자 및 외채의 누적, 소득분배의 불공평이 특징이다.

사항색인

인명색인

저자소개

연세대학교 상경대학 경제학과 졸업(경제학사)
미국 남가주대학교 대학원 졸업(경제학석사, 박사)
현재, 연세대학교 상경대학 경제학과 교수

경 력

연세대학교 부총장
한국경제학회장
국민경제자문회의 위원

주요저서

「경제발전론」(2000)
「IMF 고통인가 축복인가」(1998)
「정교수의 경제교실」(1993)

경제학원론(제 2 판)

1997년 8월 25일 신판발행
2000년 1월 3일 신판 5쇄발행
2013년 2월 28일 제 2 판 6쇄발행

저 자 정 창 영
발행인 배 효 선
발행처 도서출판 法 文 社

413-832 경기도 파주시 교하읍 문발리 526-3
등록 1957년 12월 12일 / 제2-76호(윤)
전화 (031)955-6500~6 Fax (031)955-6525
e-mail(영업): bms@bobmunsa.co.kr
e-mail(편집): edit66@bobmunsa.co.kr
홈페이지 http://www.bobmunsa.co.kr

조 판 (주) 성 지 이 디 피

정가 32,000원 ISBN 978-89-18-10326-6